井坂清信著

江戸時代後期の水戸藩儒

──その活動の点描──

汲古書院

まえがき

徳川家康によって長い戦乱の時代に漸く終止符が打たれてから約半世紀が経過した頃、ついに日本全国の政治的な統一が完成をみた。折しもわが国では、この時期頃から学問が興隆し、書物の出版も増加の傾向をみるようになってきた。そしてこの時期には、幕府による『本朝通鑑』の編纂等が行われるなど、いわゆる第一次歴史ブームともいうべき現象が生起した。水戸徳川家の第二代藩主光圀が『大日本史』の編纂を始めた明暦年間とは、このような時代であった。『大日本史』の編纂が開始されて以降、この事業は水戸藩儒にとって最大の関心事となり、最も重要な課題として認識されることとなった。水戸藩では、この編纂事業に関連して、史実の考証に資するため、古典籍の校訂、諸工具書の編纂等も行ったのであるが、その成果は、その後の近世の学問の発展に大きく貢献したと評価されている。

享保五（一七二〇）年に『大日本史』紀伝の浄書本が幕府に献上された後、同十九年には幕府からその出版の許可がおりた。それから、これより先の享保十二年には、『大日本史』が採った紀伝体という史体に求められる志表の部分を、五年を限って完成させるべき旨の藩命が下されている。けれども、この両方共なかなか実現には至らず、この頃からの四、五十年間というものは、水戸藩の修史事業はさしたる進展もなく低迷を続けることとなった。

さて、江戸時代も半ば以降になると、多種多様な出版物が大量に刊行され、社会全般に亙って各種情報の獲得が容易になり、情報化社会が進展してきていたことは既に知られているところである。暫く停滞していた水戸藩の修史事業に中興の萌しがみえ、再び活況を呈してきたのは、天明六（一七八六）年に立原翠軒が彰考館総裁に就任し、『大日本史』の編纂に専念するようになってからのことであるが、本書では、特に文政期における同書編纂事業の進捗状況を瞥見しておいた。奇しくもこの時期は、わが国に第二次歴史ブームの到来をみた時期であったのである。

当時の知識人社会は、平賀源内や木村蒹葭堂、少し遅れて大田南畝・屋代弘賢など、いくつかの核を中心として縦横に交友関係が結ばれ、身分や職業の違いを問わず、好事家同士がサロンを形成しての情報の交換も活発化していた。そのような状況下で、とりわけ考証学的な学問の盛行には目を見張るものがあり、また、文芸の分野でも新しいスタイルの成果が数多く生み出されていったのである。また、そうして得られた成果が、須原屋市兵衛や蔦屋重三郎といった書肆によって刊行され流布されることで、知的世界がさらに大きく時空を越えて広がっていくこととなった。本書中で取り上げた『島友鷗手簡』からも、小宮山楓軒と島友鷗のそれぞれの交友の広さや、両者の情報収集への飽くなき情熱のようなものが十分に読み取れるであろう。

一方、この時期になると街道と宿駅が整備され、全国の街道沿いの治安状態も比較的良くなって、旅のしやすい環境が整ってきた。本書中にみえる小宮山楓軒の東北への湯治旅行や筑波山登山の旅、また島友鷗の水戸方面への旅や川口緑野の水戸藩領内各所遊覧等からも、まさにそうした時代の到来の恩恵に与り、十分に旅が楽しめると同時に、知友との直接的な交流の機会を持つことも容易になった様子を窺うことができるのである。

本書に収載した論稿の大部分は、水戸藩の修史事業中興期以降の、しかし幕末の血で血を洗う激動期を迎える少し前の、まだ全てにおいて多少のゆとりを残していた時代を背景に営まれた水戸藩儒の諸活動の一端を概観したものである。

目　次

江戸時代後期の水戸藩儒——その活動の点描——

第一章　文政期における水戸藩の『大日本史』編纂事業（年次順考察）

――国立国会図書館所蔵『藤田幽谷書簡』所収書簡にみる――

筆者は、国立国会図書館古典籍課在籍中、同課所管の『藤田幽谷書簡』の翻刻に携わった。翻刻作業は昭和六十三年に終了し、『国立国会図書館所蔵貴重書解題』第十四巻として刊行された。この『藤田幽谷書簡』中には、文政六年から同九年に至る間の水戸藩修史事業に係わる内容を有する書簡が多数含まれている。同解題刊行後、筆者は、同館発行の雑誌「参考書誌研究」第三十六号（平成元年八月）に、翻刻終了の報告を兼ねて「文政期における水戸藩修史事業の一斑――当館所蔵『藤田幽谷書簡』の翻刻を終えて――」と題する論考を発表した。この論考は、それらの修史事業関連書簡を用いて、当時の水戸藩における同事業の実態を、書簡の年次を追って明らかにしようと試みたものである。

ところが、同論考の前書きにも記しておいたように、この時点では、紙数の関係もあり、文政六・七年分の書簡の考察しか掲載できず、残りの文政八・九年分の書簡の考察は、後日機会が与えられれば発表するということにしておいた。しかし、残りの分の発表の機会はなかなか得られず、時間ばかりがいたずらに経過して現在にまで至ってしまった。

そこで筆者は、この既発表分に若干の手直しを加えたうえで、文政七年書簡の補足分、文政八・九年分及び執筆年次未確定分の書簡の考察を追加し、タイトルを表記のように変更して本書に収載することにした。

はじめに

昭和六十三年九月、『国立国会図書館所蔵貴重書解題』第十四巻「藤田幽谷書簡」が刊行されたが、これには江戸時代後期の水戸藩儒藤田幽谷（一七七四―一八二六）が、同じく水戸藩儒青山拙斎（一七七六―一八四三）に宛てた書簡二百八十二通が翻字・収載されている。

この書簡集は、ある時期まで青山家に保存されてきたが、古書肆に処分されたところを、旧帝国図書館が大正九年に一括購入したものである。大部分が文政期、それも六年以降に認められているのは、この当時、幽谷が水戸の、拙斎が江戸の彰考館総裁を勤めていたことから、館務について相談する必要が多く生じたためと考えられる。文事に関する内容のものが多いのは、二人の職掌柄当然のことである。我々は、本書簡集から、幽谷と拙斎が様々な問題について、ある時は協議し、ある時は確認しあい、又ある時は論争したりしながら、仕事を進めていた様を窺うことができる。因みにこの両者は、ともに当時の水戸藩を代表する学者であった。

本章では、この全二百八十二通の書簡の中から『大日本史』の編纂に係わる記事のみを抽出し、この時期の水戸藩修史事業の進行状況を瞥見してみることにする。

そもそも水戸藩の修史事業は、明暦三（一六五七）年、徳川光圀が江戸駒込の中屋敷に史局を開設したときに始まった。寛文元（一六六一）年第二代藩主に就任した光圀は、同十二年には史局を小石川本邸に移し、「彰考館」と命名して事業を継続した。

『大日本史』は、中国の司馬遷の『史記』に倣って紀伝体の史体を採り、本紀七十三巻・列伝百七十巻・志百二十六巻・表二十八巻・目録五巻、全て四百二巻から成る大部な史書である。事業はまず紀伝の編纂から着手され、元禄十（一六九七）年、神武天皇から後小松天皇に至る本紀が脱稿した。しかし、光圀の督励と館員の精勤とにも拘らず、光圀生前に列伝の完成をみることはできなかった。その没後十五年が経過した正徳五（一七一五）年十二月、漸く本紀七十三巻、列伝百七十巻が完成して光圀の廟前に献じられた。越えて享保五（一七二〇）年には、安積澹泊の手に成る論賛を付けて幕府に献上することができた。

ところが、この後四、五十年間というもの、修史事業はさしたる進展もなく低迷を続けた。やっと中興のきざしがみえてきたのは、立原翠軒が彰考館総裁に就任した天明六（一七八六）年以後のことである。この翠軒を中心に、紀伝の刊行に向けて校訂を急いだ結果、寛政十一（一七九九）年の光圀百年忌には、その浄写本八〇巻を廟前に献じることができた。しかし、この前後から翠軒と弟子の幽谷との対立が次第にエスカレートし、享和三（一八〇三）年の翠軒失脚後は、幽谷一派が修史事業の主導権を掌握するとともに、その対立は党派的なものへと進展していった。

文化三（一八〇六）年から再訂を終えた分の上木に取り掛かり、同六年、神武紀より天武紀に至る本紀二十六巻分の刻本が、はじめて幕府に献上された。さらに翌年十二月には、幽谷が代作した藩主治紀の上表文を付して、水戸藩長年の宿願であった朝廷への進献も済ませることができた。この進献本には、先に高橋坦室が提案した論賛削除論が容れられたため、論賛は付されていない。これに続く第二回目の進献は文政二（一八一九）年に行われ、紀伝刻本四十五巻が幕府と朝廷に献上された(1)。

本章で取り上げようとしているのは、この後文政六（一八二三）年七月に拙斎が彰考館総裁に就任してから、同九年十二月に幽谷が没するまでの約三年半の修史事業の実態についてである。

ところで、この期間の水戸藩修史の実態を知る上での基本的な文献としては、栗田勤著『水藩修史事略』（茨城県教育

会　明治四二）が挙げられる。そこで、同書に記されているところを以下に列挙してみると、
㈠立原翠軒が文政六年に没したこと及びその略伝。

㈡同年、高橋坦室が没したこと及びその略伝。

㈢同年、青山拙斎が彰考館総裁となったこと。

㈣翌七年、拙斎がその著書『皇朝史略』を藩主哀公に献じたこと。

㈤九年、藤田幽谷の江戸邸祇役及び十二月朔日の死。門人会沢正志斎が撰した幽谷墓表の略記。

㈥同年、正志斎が彰考館総裁の事務をとったこと。


等のごとくである。いずれも重要な記事ではあるが、『大日本史』の紀伝の再訂・上木の実際については全く触れられていない。また、近人の業績としては、吉田一徳著『大日本史紀伝志表撰者考』（風間書房　昭和四〇）が、その編纂経過を全期間に亙って詳細に跡付けているが、この期間に関する限り、具体的記述に乏しいようである。

そこで本章では、当時、紀伝の再訂・上木作業に如何なる進展がみられたか、この作業をめぐって幽谷と拙斎の間でどのような議論が展開され、それがどのようなところに落着したのか、といった点につき、書簡の年次を追いつつみていくことにしたい。

なお、本書簡集の中には彰考館の人事に関する記事も数多くみられるが、これについては別稿に譲ることにして、ここでは検討の対象からはずした。しかし、『大日本史』編纂に関する史料を紹介しつつ、当時の修史事業の実態を瞥見するのが目的である本章の性格上、その外は細大漏らさず記すよう心掛けた。

第一節　文政六年書簡にみる作業の状況

○一六通目・九日付書簡

此度之御転任恐悦至極、御同意奉存候。上公にも御満悦之御様子ニ被為在候由、乍恐御尤奉存候。御玄関前抔賑々敷可有御坐候。昨日ハ御登城御礼も被為済候御儀ニ奉存候。御不例も早速御全快被游、旁以恐悦之至奉存候。

拙斎は、文政六年七月江戸彰考館総裁に任じられ、九月もしくは十月に家を江戸に移している(2)。本書簡は、出府直後の拙斎からの近況報告に対する幽谷の返信で、拙斎の栄転及び病気の全快を祝福している。この後二人は、それぞれ江・水両彰考館の総裁として、協力して館務を遂行していくことになる。

○一二九通目・十月廿九日付書簡

貴館々員出仕刻限等、四ツ迄ニハ相揃候様御達被成候由、御尤奉存候。諸子いろ〳〵相引ケ候事有之揃兼候由、是ハ致方無之候。此方之事も、御存之通、短日之砌抔ハ何をいたし候間も無之候。何卒督課之事に付候而ハ、君上より別段なる特旨御発被遊候而、一統引立候様仕度候。

江戸の拙斎は、江館館員に対して四ツ時（午前十時頃）までに全員出勤するよう通達したが、各々いろいろな事情があって思うようには揃いかねる、と水戸の幽谷に苦情を言ってきたらしい。幽谷は、それも止むを得ないこととしながらも、国史督課の件につき藩主斉脩から特段の配慮など賜り、全員が奮起して事に当たるようにしたいものだ、と述べている。

本書簡の後半には、献金によって水戸藩に取り立てられ、格式・禄高とも昇進の途をたどった大久保今介の事が記されている。一五八通目・十月十九日付書簡にも同じく今介の事が記され、同時に「西丸一件」の事も記されている(3)ことから、ともに文政六年のものと推定される。

○一二二通目・十二月四日付書簡

武則伝等之事、介九郎方をも為念承合候処、別紙之通申来候。且御用状をも検査いたし候ヘハ、別紙書抜之通ニ相見へ候。何とそ貴地ニて此趣を以御吟味可被下候。

清原武則伝等のことにつき拙斎から何か問い合わせがあったらしい。幽谷が介九郎（川口緑野）に尋ねたところ、別紙のとおりの回答を得、これが御用状にみえるところと一致していた。そこで幽谷は、この別紙を拙斎に送付し、その線に沿っての吟味を依頼している。さらに、「夫にても不相分候ハヽ、別に書写いたさセ候外無之候」と書き、続けて

但清衡の事跡等ハ中清書へ朱書にて書入、遣候様ニ覚候。中清書紛失にてハ二度之造作ニ御坐候。

と書いているのを見ると、どうやら水館から送られた中清書本を江館が紛失してしまったようである。「清衡」は藤原清衡で、現行本『大日本史』(4)では巻一四四に武則伝に続けて立伝されている。

本書簡の執筆年次は、後出の六七通目書簡の項を参照されたい。

○四一通目・十二月十九日付書簡

「尚々」で始まっている本書簡は、いずれかの書簡の追而書の部分である。

伊通伝中清書板下之方、御吟味被成候所、三十郎宅ゟ見出し候由、清書の方きれ候ハヽ、是を御懸被成候而も宜候。

藤原伊通伝（現行本巻一四九）の中清書本が紛失してしまっていたのが、三十郎（根本敬義）宅から見つかったとの報

告が拙斎からあった。幽谷は、清書済みの版下が途切れたらこれを彫りに回してもよかろう、としながらも、「同しくハ今一遍一覧いたし度候」と述べている。水館にある青表紙本が反故のようになってしまって見にくいため、この中清書本と照合してみたかったらしく、済んだら早々に送り返す、と付言している。

　次に拙斎は、その著書『国史補遺』[5]を別封にして幽谷のもとに送り届けてきたようである。幽谷はこれを落手した旨を記した後、藤原有国伝（現行本巻一三八）について、「有国伝へ書入之儀ハ、貴地に有之候本にて為御写候由、致承知候」と記している。拙斎が江館にある本を使って同伝に何か書き入れさせたことを、幽谷が了承しているのである。そこで当館が架蔵する『国史補遺』を見てみると、同伝の頭注に「藤惣裁云内麻呂伝上木既畢宜従旧本故今以真夏附載于此」と記されている。本書簡にいう「有国伝へ書入之儀」とは、あるいは「以真夏附載于此」とあることか。現行本の同伝冒頭は「藤原有国、字は賢、右大臣内麻呂の裔なり。六世の祖真夏。尊卑分脈。字は江談鈔に拠る」の如くになっている。[6]また、同伝中にみえる「有国命を泰山府君に請ひ、祈求懇に至る」という記述中の「請命」二字の使用の当否につき、幽谷から疑義が呈せられたのに対し、拙斎は、『三国志』「呉書」の巻九呂蒙伝から典拠を書き抜いて届けてきた。[7]幽谷は、これに対して謝意を表するとともに、

　　貴兄御書被成候事故、出典は可有之存候へ共、諸子之内疑惑も有之、其節呂蒙伝之事心付不申候ゆへ、及御相談候事ニ御坐候。

と記している。諸子のうちに疑問をもつ者がおり、自分もその節呂蒙伝のことに思い至らなかったため、お尋ねした次第であると云い、続けて「請命旧のままにて相済候へバ、字句も簡潔ニ相成致大慶候」と結んでいる。

　本書簡の執筆年次も、次の六七通目のところで検討する。

○六七通目・十二月廿四日付書簡

武則伝上木出来、伊通伝清書も御見出し候由、致大慶候。伊通之内にハ、少々後にて相考候事御坐候間、清書一ト通御下し可被下候。早春にハ為差登可申候。

幽谷は、清原武則伝の上木が済んだこと及び藤原伊通伝の清書本が見つかったことを拙斎から知らされ、喜びの意を表わすとともに、伊通伝につき後から少し考えたことがあるので、この清書本を水戸の方に送ってくれるよう依頼している。

なお、館務は今日までで終了とある。

ところで本書簡の執筆年次であるが、小宮山楓軒の『楓軒年録』（国立国会図書館所蔵「小宮山叢書」所収。同叢書についての詳細は本書第三章を参照）や斎藤月岑の『武江年表』（平凡社　一九六八）等をみると、文政六年十二月に彗星の観測されたことが記録されており、本書簡中にも「近頃彗星紫微垣を侵候由云々」という記述がみえることから、この年のものかと思われる。先にみた一二二通目書簡にも、本書簡に同じく清原武則伝のこと及び高根千蔵のことが記されているので、同年のものと推定した。また、四一通目書簡には、紛失していた藤原伊通伝中清書本の見つかったことが記されていたが、本書簡中にも、同じく紛失していたらしい同伝清書本が見つかったとあるので、文政六年のものと推定してみた。侍読や諸有司への応対に忙しく、一人ではとても務めきれるものではない、と拙斎が幽谷にこぼしている記述などもみえることから、拙斎が江館総裁として赴任して間もない頃のものではないかと推察されるのである。

第二節　文政七年書簡にみる作業の状況

○五三通目・正月廿四日付書簡

「追啓」で始まる本書簡は、いずれかの書簡の追而書の部分である。

義家伝今日為差登候様御用書相認候処、別紙御相談之俗牘等相認候内時刻相移り、再閲之朱句間ニ合兼候間、後便為差登可申候。

幽谷は、源義家伝（現行本巻一四三）を今日送り届けるつもりでいたが、時間がなくて目を通せなかったため、後便で送ることにする、と述べている。

次に、拙斎が「衣のたてハ綻云々」の歌を『国史補遺』で安倍貞任伝（現行本巻二二八安倍頼時伝に付伝）に入れたこと[8]に対して、幽谷は、

旧本義家伝の注ニ有之候。一体義家伝本文ニ入申度候へ共、古来好事者所為と説破いたし、元禄中呈覧之稿より既已如此に候間、注文議論ハ西山公の御意歟とも難奉測候間、只今に至候而ハ、乍残念義家伝之注文に存し、備考候外無之様奉存候。此段及御相談候。

と記している。「旧本」も「元禄中呈覧之稿」も、この歌を義家伝の注文中に入れてきたので、今はそのままにしておくのがいいだろう、というのが幽谷の見解であった。そこで現行本『大日本史』の義家伝をみてみると、「康平五年、衣川関を攻めて大に之を破り、貞任誅に伏す」という記述の下の割注に、

古今著文集に曰く、衣川の戦、貞任敗走す。義家追ひ及び、矢を注ぎて将に之を射んとし、大呼して和歌を唱えて曰く、ころものたては綻びにけりと。貞任馬を駐めて回顧し、続ぎて上句を成して曰く、年を経し糸のみだれのくるしさにと。義家乃ち矢を斂めて還ると。按ずるに此の説他に見る所無し。疑ふらくは和歌者流好事者の所為に出でしならん。故に今取らず。

と記されている。これをみると拙斎は、『大日本史』本伝においては自説に固執せず、幽谷の見解を容れたもののよう

である。

本書簡の執筆年次は、次の一〇九通目書簡の項でまとめて考証する。

〇一〇九通目・二月十九日付書簡

本書簡は「別啓」で始まっているが、主文がどれにあたるかは分からない。

板下尽候様相成候間、義家伝為差登候様、不残相済不申候ハヽ、切はなし候而成共為差登候様来諭之趣、具致承知候。

手元に版下が尽きたので義家伝を送ってほしい、全部済んでいなければ済んだところだけでもいいからお願いしたい、との催促の手紙が幽谷のもとに届いたらしい。幽谷はこれに対して、

瑞竜出立前にも、右之手当ニいたし置候所申付置候。中清書反故の様成処、書直し間に合兼候間、後便差登可申候。

と応えている。瑞竜へ出立する前、そのように取り計らうよう申し付けては置いたのだが、中清書本のうち反故のようなところの書き直しに手間取り、送れなかったというのである。「瑞竜」は水戸徳川家の墓所となっている「瑞竜山」（常陸太田市）のこと。文政七年正月二十七日、藩主斉脩の生母小池氏が卒し、その遺骸を瑞竜山に葬るにあたり、幽谷は二月十三日同地に赴いている。(9) これによって本書簡の執筆年次は明らかであるが、先にみた五三通目書簡にも同伝送付のことが記されていたので、同年のものと推定しておいた。

〇五四通目・二月廿四日付書簡

義家伝再訂之分、初之方書直し今日為差登可申と存候処、二十張不残上木出来候由ニ付、先相扣申候。

先に五三・一〇九両書簡のところでみたごとく、この頃、幽谷と拙斎のあいだでは源義家伝の江館送付のことが問

題になっていた。本書簡にも、同伝の初めの方の書き直した部分を今日送り届けようと思ったが、既に全二十張上木済みとのことなので取り止めにした、と記されている。二月十九日付の一〇九通目書簡で幽谷は、「後便為差登可申候」と書き送っているのであるが、恐らくはこれと行き違いに、拙斎から同伝の上木が済んだ旨の連絡があったのであろう。結局、拙斎は幽谷からの同伝の送付を待たず、上木に踏み切ったもののようである。幽谷は、こうして同伝の江館送付を取り止めたものの、次のごとく記している。

乍去諸子も骨折増補等いたし候事ニ御坐候間、刻本江引合候而可及御相談候。刻成候分早々為御摺、被遣可被下候。

増補等に骨を折った水館諸子への手前もあるので、刻本との引き合わせはするつもりであるから、上木の済んだ分を至急摺らせて送ってほしい、と頼んでいるのである。

次は、藤原伊通伝と清原武則伝について、次のように記されている。

伊通伝武則伝摺立候本、何方へ歟紛失候由、武則伝ハ一通此方へ御下し被成候。伊通伝ハ此方ニ無之候。職人罷出候ハヽ、為御摺、被遣候様致度候。

これによると、伊通・武則両伝の摺本の所在が分からなくなってしまった旨の連絡が、江館の拙斎からあったらしい。幽谷は、これに対して、武則伝は当方へ送ってもらっているが、伊通伝はまだなので、職人が出てきたら当方の分もついでに摺らせて送ってほしい、と頼んでいる。

ところで、一二二通目書簡には清原武則・藤原清衡両伝の中清書本が、四一通目書簡には藤原伊通伝の中清書本が、六七通目書簡には同伝の清書本が、それぞれ紛失してしまったことが記されていた。これをみると、当時の江館は相当混乱した状態にあったように見受けられる。文政五年十二月、当時の江館総裁川口緑野が失行により罷免されてから、翌年七月に拙斎が総裁に補せられるまで、約半年間総裁を欠いていたことが、その一因として考えられるかもしれない。

本書簡中には、もうひとつ『大日本史』関係の記述がみえる。

薩州へ被遣候薄様刷之儀、再進献迄遣候由御承知之由、左様可有之候。紙バかりハ先方ゟ遣候而摺立候。御物入ハ此方御取扱之由、琉球氏之取次故、左様出来候事と存候。

水戸藩では、文政二年一月、『大日本史』紀伝の刻本四十五巻を幕府に、さらに十二月には朝廷に、それぞれ第二回目の献上をした。ここにいう「再進献」が即ちそれである。その折、薩摩藩の依頼により、この再進献の分までを「薄様刷」にして遣わしたのであるが、その料紙は先方が調達したもので、幽谷は、琉球経由で入手した舶来品であろう、と推測している。続けて幽谷は、

彼祖頼朝遺腹云々彫刻之事、いつ方ニ而取扱候哉。奇怪千万ニ御坐候。此所も内々御聞糺被成置候様仕度奉存候。

と書き、薩摩藩の始祖に関する記述に問題があることを述べている。この件及び本書簡の執筆年次については、さらに詳細な記述のみえる次の三月四日付書簡のところで、一括して検討することにする。

○五四通目・三月四日付書簡

本書簡は、何らかの事情により、先の二月廿四日付書簡と同一台紙上に貼付され、一通として数えられているが、本来別個のものであるから、ここでは切り離して検討を加えることにした。

先ず初めに源義家について、

源義家伝等之儀、委曲承知いたし候。但目録にハ成書刻成と有之、付札ニ而ハ中清書前後不足之由、是ハ全篇刻成候上ニ而中清書他へ紛れ居候哉、又ハ刻成と申候も、中清（ママ）揃居候所のみニ而、前後ハ未刻ニ御坐候哉、

　不審に御坐候。とく揃候而見不申候ハヽ分り兼可申候。

と記されている。拙斎が書き送ってきた義家伝等のことについては全て承知したが、「目録」に「成書刻成」とあるにも拘らず、「付札」に「中清書前後不足」とあるのはいかなる意味か分かり兼ねる、という疑義を幽谷は呈している。つまり、全部の刻が成ったうえで中清書本を紛失してしまったというのか、刻が成ったといっても中清書の揃っているところだけについてのことなのか判然としない、というのである。先に幽谷が二月廿四日付の書簡を認めた段階では、「二十張不残上木出来候由」と幽谷に記述せしめるような内容の通知が、拙斎からあったものと推測される。とにかく刻の成った分を全部取り揃えたうえで、この点の確認をしたい、と幽谷はいう。

ところで、当時上木の手順として、版木が一枚出来上がるごとにその試し刷りをし、出来具合を確かめることにしていたようである。

　彫工一枚刻成候を、試に摺立申候。それを集候而一巻に致候外ニハ彫工摺り不申候由、仍而別に一巻取立候事に候へバ、職人を呼候而為摺不申候而ハ不相成候間、おつくう之由、委曲致承知候。

その試し摺りを集めて一巻としたものの外にもう一巻作るということになると、改めて職人を呼んで摺らせなければならないので大変だ、と拙斎が書いてきた。これは、先にみた二月廿四日付書簡のなかで、幽谷が藤原伊通伝を水館の分まで摺らせて送ってくれるよう依頼したことに対する拙斎の回答か。これに対して幽谷は、

　愚案にハ、是迄之儀ハ其通にて致方無之候間、是非共見合之為メ為摺可申候分ハ、別に巻数揃候而為摺候外無之候へ共、已後刻成之分ハ別に課程を立候而、一枚刻成候節試摺二枚と相極申度候。夫を集め候而両館各一巻つ、出来可申候。

と提案している。つまり、今後は試し摺りを二枚ずつ摺って、江・水両館がそれぞれ一巻ずつ持てるようにしては如

何か、というのである。

左候へバ、新刻之本両館に一通つ、有之、手くり次第見合置、進献前にハ格別隙費無之様致度候。貴意如何、宜御工夫可被下候。

そうすれば校訂作業が進めやすくなり、能率も上がるだろう、というのが幽谷の見解であった。

扨、次は薩摩藩始祖の件[10]についてであるが、先の二月廿四日付書簡で幽谷は、「彼祖頼朝遺腹云々」の記事を彫刻してしまったことを知り、全く自分の与り知らないことなので、誰がこのような取り扱いをしたものか、内々聞き合わせておいてほしい、と拙斎に書き送っていた。これに対して、本書簡に

薩州始祖源幕府之遺腹と申説を致彫刻申候事、曾昌啓ゟ咄候由、甚太郎物語ニ御坐候旨、如貴諭、扨々気之毒千万奉存候。

とあるのをみると、拙斎は、この件が薩摩藩侍医曾昌啓を通して同藩から提起されたものであることを甚太郎（立原杏所）から聞きつけて、幽谷に報告してきたようである。一方幽谷も、

小子も先年、青木多善物語ニ而昌啓申候趣を承、是まて不審に存居候処、立原物語も昌啓より伝承、其顚末委細に存居候由、左候へバ相違無之事と存候。

と述べており、少年時代からの知友青木多善から既にこのことについて聞き及び、不審に思ってはいたらしい。拙斎からもたらされた情報と、自分の耳にしていた情報とが一致したことから、それに間違いなかろうとしている。行間補記によれば、多善と昌啓とは、多紀家で共に医学を学んだ仲であったという。さらに幽谷は、

御同様是まて左程之次第をハ不承候処、姦人共它にて申合、外藩まて関渉いたし候て、御家之御恥辱をも不顧候事、扨々可憎候。御同様此節他へ沙汰ハ無用勿論に候へ共、始終之取扱方、とくと御工夫被成置候様致度奉存候。

と記し、御家の恥辱となるのも顧みず、江・水両館総裁に何の相談もなく、このような重大な事を決定してしまった「姦人共」に対して怒りをぶちまけるとともに、この件についての今後の対応策を十分に講じておく必要があることを強調している。

ところで、現行本をみてみると、巻一八〇源頼朝伝の頼朝の子女について記した部分の割注に、『島津家伝』等によると島津忠久が頼朝の子であるように書かれているが、「凡そ諸書に頼朝の子孫を載せたるもの、此の如きの類、錯雑牴牾、皆確拠無し。故に今皆取らず」と記されている。本書簡末尾に補記のような形で「とかく貴諭之通、栄翁殿御存生之内ハ六ケ敷可有之候」とあるのをみると、「栄翁殿」即ち将軍家斉の岳父として権勢を誇った島津重豪が没した天保四（一八三三）年以降、現行本のような形に書き改められたものと思われる。

この五四通目の二通の書簡は、一〇九通目書簡等との関連から、ともに文政七年のものと推定した。

○三五通目・三月十九日付書簡

幽谷が、館員諸子の校史の労をねぎらう賜宴のことについて、拙斎に意見を述べたのに対して、拙斎は、「考工局又ハ綴衣家と違ひ、史館疎外之事ハ、詭遇無之ゆへに却而可貴」というのが自分の考えであり、さらに江館諸子のなかには、「特旨より出候恩賜に候ハヽ、格別、左も無之候而ハ無之方宜候」という意見をもつ者もいる旨を書き送ってきた。これを受けて幽谷は、貴兄ならびに貴館諸子のご意見ご尤もとした上で、「小子ハ告朔之餼羊に候間、何にも不構、前々有来之分之事は有之方宜様ニ存候」と述べ、続けて

尚更此方之事ハ遠方にて、貴館とも違ひ平生恩意も及兼、殊に刻限過迄残り居候事抔も、貴館にてハ自分持前之勤方と申、毎暮御心付等も有之、諸子当り前と存居候へ共、此方にてハ八鼓後残居候ハヽ、我々物数奇の様にて指支候。

と述べて、残業すれば毎暮に手当ての支給される江館と、手当てどころか残業など「物数奇」のすることと見做されがちな水館との事情の違いを説明し、拙斎に理解を求めている。

次に、幽谷は水館人事について、[11]

本館淹滞之人云々、是ハいつもさつはりと相済候事ハ無之候へ共、旧冬より段々御沙汰も有之候へバ、格別はり合ハ宜候。

と拙斎に報じている。人事の問題というものは、いつでもスッキリとはいかないものなのだが、この度は存外順調に運んでいるようであるという。続けて幽谷は、

大竹幷安松、本紀校訂取懸候所、至極精密に御坐候。竹翁ハ老人にて折々病気引も御坐候へ共、安生ハ近頃別而綿密に相勤申候。会生ハ不断文辞等相談仕候。宇・飛両生も近頃ハ空談相止候而、列伝校訂へ為取懸候。

と述べている。これをみると、大竹（親従）と安松（重明）を本紀の校訂に取り掛からせたところ、仕事ぶりが至極精密であること、大竹は老人なので時々病気で休んだりもするが、安松の方はとりわけ精勤であること、会生（会沢安）には平生文辞等につき相談していること、宇・飛両生（宇佐美充と飛田勝）には列伝の校訂に取り掛からせたこと等が記されており、幽谷を中心とした当時の水館の活動状況の一端を窺うことができる。

幽谷はまた、「志類之事ハ別に一工夫御坐候。追而可得貴意候」と記している。志類については、享和三（一八〇三）年正月に至り、翠軒が寛政元（一七八九）年に提唱した廃志論が完全に否定され、幽谷に志表編修の命が下された。さらに同年二月には、十三種の志目とその分担者が決定され、幽谷には天文・兵馬二志が割り当てられている。[12] 幽谷は、この志類の編修についても思うところがあったらしく、追って相談したい、と書き添えている。因みに、このとき拙斎には神祇・礼儀の二志が割り当てられ、前者は享和三年十一月に、後者は文化三年頃に一応の成稿をみている。[13]

本書簡の執筆年次については、書中「松永氏一件」「御一周忌御建碑之前迄云々」等の記述がみえ、これは文政七年正月二十七日に卒した浄生院（藩主斉脩生母）の一周忌建碑に係わる記事であることから、文政七年と推定される。なお、この件については、本書簡集中の二二三・二三八・二四〇通目書簡等でも取り上げられている。

○三七通目・三月廿四日付書簡

拙斎は、「中清書之儀」について幽谷に意見を書き送ってきたらしい。書中に、

> 中清書之儀、委曲貴諭之趣御尤、致承知候。一昨年ゟ彫刻相止居候ゆへ職人出兼、漸近頃揃候様相成候所、又々止候而ハ、此後ハ急に職人罷出申間敷との御儀、成程左様に可有之候。

とあるのによれば、江館の拙斎は、一昨年以来の彫刻作業中断が災いし、[14]いざ再開という段になってもなかなか職人が揃わず苦労したもののようである。最近やっと軌道に乗ってきたというのに、ここで中断ということにでもなると、同じ轍を踏むことになりはしまいかと危惧していたらしい。中清書についての拙斎の意見というのは、恐らく、江・水両館とも鋭意努力して、これが途切れることのないようにしよう、ということだったのではあるまいか。幽谷は、拙斎の意見に同意したうえで、

> 愚意にハ、彫刻中断さへ無之候へハ、いつれの篇ニて前後引はり無之伝御吟味にて、清書之上板下へ御懸ケ置被成候方可然奉存候。

と応えている。どの篇からでも、前後の係り合いの少ないところから吟味・清書のうえ、彫刻に回していけばよかろう、というのである。後になって変更の可能性のある巻数の部分などを彫り残すようにしておけば、「鎌倉武士にても南北朝の人物にても、又は名目伝にても」差し支えなく、必ずしも「進献前後の順」に拘泥する必要はあるまい、というのが幽谷の見解であった。さらに幽谷は、皇妃・皇子等の伝のごとく比較的問題のないところを後に回すことに

なったのは、諸事の照合等にひどく手間取ってしまったためである、と説明している。

次は、源隆国伝（現行本巻一四七）について、以下のごとく記されている。

先日為差登候隆国伝之事、追而心付相改候分、別封為差登申候。宜御是正可被下候。

これをみると、幽谷は、隆国伝について先になにか拙斎宛に書き送っていたらしい。その後思い付いて改めた分を別封にして届けたので訂正してほしい、と頼んでいる。

さらに、尚々書のところでは、先にみた三五通目書簡同様、校訂作業を捗らせるために、是非とも「別段御意」など賜りたいものだ、と述べている。「八鼓限」（午後二時）に仕事を仕舞っていたのでは、思うように作業が進まない。館員の志気を鼓舞し、刻限過ぎまで残って仕事をするように仕向けるには、どうしてもこうした措置が必要なのだ、というのが水館総裁幽谷の認識であった。

なお、「一昨年ゟ彫刻相止居候云々」及び「当春も其前ニ、浄生院様御事抔にて春の半も空相過云々」等の記述がみえることから、本書簡の執筆年次を知ることができる。

○五二通目書簡・六月四日付書簡

満仲伝刻本之事ニ付貴諭之次第、一々御尤奉存候。扨此間中異船一件に付彼是心配、本業もはか取兼候間、後便刻本ハ為差登可申候。

幽谷は、源満仲伝（現行本巻一四〇）の刻本について拙斎から言ってきた何事かに同意しつつ、「異船一件」で作業が遅れたため、この刻本は後便で送付する、と書き送っている。

ところで、本書簡中には「異船之事」について、「去年中も貴兄御筆談に御当り被成候所、当年も会沢等罷出候」と記されている。文政六年六月九日湊沖に異国船が現われ、翌日再来したため、水戸藩は防備のために兵を現地に派遣した。この折、拙斎も筆談役として同行し、十数日間任務に就いている。また翌七年五月二十八日には、英国船の船員十二名が領内大津浜に上陸して捕えられるという事件が発生し、今度は会沢正志斎らが筆談役として現地に赴いた。ともによく知られた出来事であり、よって本書簡の執筆年次も明らかである。幽谷は、「中々異賊の為に国史をも妨られ申候」と慨嘆している。

○一一五通目・七月四日付書簡

水館総裁の「召登」が停止となっていることについて幽谷は、

当職之登り、外の役筋と違ひ江水一体、国史訂正之御用申合も有之、尚更上公御代作之事をも相勤候職分にて、永く左右に侍候事不相成候而ハ、職分ハ相立兼候。

と述べ、彰考館総裁の職掌の特殊性を強調し、事の不当性を訴えるとともに、続けて

御近習衆召登御止と申ハ、全く当職之登りを防き候方便と奉存候。御近習勤之事ハ貴地にも御人沢山有之、御倹約中暫御見合ニても、其人少々不本意と申迄にて、御用之滞にハ不相成候。当職之儀ハ（中略）一ト通御近習向之召登とハ次第大に違申候。

と述べている。「御近習衆」の召登も停止されているが、これは全く当職の召登を止めさせる方便として採られた措置と思われる。当職の召登は、並みの近習のそれなどとは比較にならぬ重要な意味合いをもつものなのだ。これが幽谷の認識であった。これに対して拙斎の方は、

然るに貴兄御了簡にてハ、史館ゟ召登始候事、とても行ハれ申間敷云々、愚意にハ、行否ハともかくも、職分之次第外とハ違ひ候段、はき〳〵と御弁明ニ致度候。

とあるのによって窺うに、近習衆の召登も停止になっているこのとき、史館から率先再開というわけにもいくまい、

という消極的な意見であったらしい。そのような拙斎を、幽谷は、事の成否は別として、とにかく当職の他と異なる点をその筋へしっかりと申し立てるべきだ、と叱咤している。加えて幽谷は、

職分之事ハ筋にても御了簡付キ候とも、小子に限り候而は御故障御坐候ハヽ、左様之もの永く当職江被指置候而、文事の衰廃に相成候事不宜候間、小子儀如何様とも被遊可被下候。

とも述べている。もしこれが自分一個の出府を妨げるために採られた措置であるならば、自分には職をも辞する覚悟がある、とその心の苛立ちを拙斎にぶつけているのである。

ところで、当時は武人の召登も止めになっていたが、これもまた「史館の止候相伴」であり、「文武共棄物に被成候有司の御了簡にてハ致方無之候」と、「匪文匪武」の胥吏がはびこる現状に、幽谷は藩の将来を憂えている。この部分は、当時武事が弛廃していたのを憂慮して、拙斎が武人の志気を昂めるため召登を再開するよう筋へ具申した、と報じてきたことに対する幽谷の評言で、ここでも幽谷は、

武人召登もたま〳〵之特例に御坐候。史館之儀ハ常例に候。特例によりて常例を御引起し被成候事、迂遠之様に御坐候。

と述べ、こうした拙斎の手の打ち方を「迂遠」であると批判している。幽谷は、「文事さへ明に相成候ハヽ、武事は自然と引立可申候」という考えの上に立っていたのである。これをみると、当時幽谷と拙斎の間には、一種険悪なムードが漂っていたように思われる。(15)

さらに幽谷は、次の一つ書きのところで、再度「退休」のことに言及している。

国史之儀、上木等半々に候へ共、貴兄御任職之上、此方にも段々俊秀之後進御引立に相成候へば、小子たとへ退休被仰付候共、館閣之事、数年前と違ひ遺憾無之様奉存候。

国史の上木はまだ半分しか済んでいないが、貴兄も総裁となり俊秀の後進も育ってきていることだから、たとえ自分がここで退休しても、もはや少しも館務に支障をきたすようなことはないものと思う、と述べ、続けて

小子愚案時宜に叶ひ兼候は、、御同僚之好、宜御周旋被下候而、退休に相成候様奉希候事に御坐候。

と述べて、拙斎に退休の周旋方を依頼しているのである。というのも幽谷には、

小子職分之儀、国史之事は勿論、此方へ罷下り候節、文公様より御内命を蒙候儀も有之、いかにも区々之愚忠を竭申度志願に御坐候。

と述べているのによって推知されるように、彰考館総裁として国史の校訂・上木に挺身精励してきただけでなく、文公（水戸藩第六代藩主治保。斉脩の祖父。文化二年没）から特別の内命を受けて仕事をしてきたという誇りがあった[16]。それが現在、いろいろ行き違いも生じ、その職責を十分果たせなくなってきている。事ここに至っては尸位を貪らず、退休するより外に採るべき道はない、というのである。もちろん、これが「安逸之為メ」でも「自分ゟ安閑を求候ため」でもなかったことは、幽谷の繰り返し強調しているとおりであったろう。

本書簡の執筆年次は、書中「一昨年小子病用出府之節云々」とあることから、文政七年であることが分かる。幽谷の「病用出府」は文政五年春のことであった。

○一三六通目・七月廿九日付書簡

拙斎から廿四日付の書簡が届いたが、これによると、先日家族全員が中暑を煩い、拙斎自身も欠勤してしまったらしい。やっと良くなって今日から出勤したとの報告に、幽谷は「珍重奉存候」と応えている。

次は「当職出府之儀」についてであるが、拙斎は、最近の情勢が先年と違ってきていることを理由に、これの年内実現を強くその筋まで上申したものらしい。拙斎のこの措置に、幽谷は至極満足しているようにみえる。というのは、

書中に、

御別紙之趣にて此節之御振合相分り申候間、当年出府無之儀シカト心得ニ相成申候間、館務之儀、御文通にて御相談すみ候分ハ御文通可申、御文通にて相分り兼候儀ハ期它日之外無之候。

とあり、結局今年の出府は不許可となったにも拘らず、幽谷が、先にみた一一五通目書簡のような辞める辞めないの騒ぎもなく、「シカト心得」た、と至って平静に受け止めているからである。そして、館務は文通による相談で埒の明くものから順次遂行していくしか方途はあるまい、と述べている。

また、「国史上木督課」の件について幽谷は、

両館一体之事故御申合、相成候たけハ御同様に功課相立候様仕度（中略）貴館にて、去年御登巳来折角諸子就功之所ヲ、此方埒明兼候に付掣肘いたし候様にてハ、気の毒仕候。貴館之儀ハ貴兄御持前之御事ゆへ、宜御督課被成候而（後略）

と述べている。江・水両館が同じペースで仕事を進められれば、それが最も理想とするところではあるが、実際には容易に足並みが揃い兼ねたようである。そこで幽谷は、貴館は貴兄の責任において督課していけば宜しかろうという。「此方埒明兼候に付云々」とあるのをみると、水館の方の仕事が遅滞気味だったのであろう。そして、「盛衰記時代と太平記時代と打込に上木云々」という上木の仕方についての拙斎の意見に対しては、「何レにても、校訂早く出来候分為彫候事、於小子別に存意も無之候」と応えている。幽谷は、先に三七通目書簡で、同様の考えを拙斎宛に書き送っていたのであるから、これに異存のあろうはずはなかった。

ところで、川口緑野がまだ総裁職に就いていた時分、幽谷の横槍で上木が差し止められたことがあったらしい。江館諸子もその事実を聞き知っており、この度の水館の仕事の遅れは、幽谷が再び同様な行動に出たために生じたもの

ではないか、と憶測する者もいたようである。拙斎がこのことに書中で触れたのに対して、幽谷は、「成程左様之事も可有之候」と、かつてそうした事実のあったことを認めながらも、それには理由があってのこと、と次のように記している。

川口ハ、台湾志流の小説家の文章ニ而国史をも悉く手を入候故、夫を書面にて一々弁破候而は、筆戦ニ相成埒明不申候間、面談之節を期候迄列伝等上木ハのべくり候（後略）

すなわち、川口が国史にふさわしくない「台湾志」流の文章であちこち手を入れてしまったため、これを訂正するまでは上木を延期せざるを得なかった、というのである。そして、その経緯は、「貴兄御当職已前之事にハ候へ共、校本追々御相談も申候故」、貴兄もよく承知のはずのこと、と聊か不満気である。まして現在は、貴兄が同職となっているることでもあるから、

たとえ小子再閲不仕候とも、貴兄御吟味被成候分ハ安心仕候事ニ御坐候間、貴地之上木を無故掣肘いたし候筈ハ無之候。

と述べ、上木の差し止めなどするはずがない、とこれをきっぱりと否定している。しかし、ここで「無故掣肘いたし候筈ハ無之候」と言い、またその後のところで「一概に御扣被成候様ニとの事ニハ無之候」と言っているのをみると、こうした憶測を生ぜしめるような何かが、幽谷の側にあったものかもしれない。さらに続けて、

国史之儀、両館行違候而束閣に相成候様にてハ貴兄御指支に付き、御役をも御願被成候外無之旨、扨々夫にてハ以之外、こまり申候。

とあり、先の一一五通目書簡のときとは反対に、今度は拙斎の方が、国史関係の仕事が両館の行き違いから進捗しないようならば、自分は総裁職を辞するしかない、と幽谷に書き送ってきていたのも、このことと関連があるように推

察される。

これに対して幽谷は、こちらからの先便に何か不行届きの点でもあって貴兄の気に障ったものか。自分の考えはこれまで述べてきたとおりであり、貴兄に辞められるようなことがあっては困るので、どうか考え直してほしい、とこれを宥めにかかっている。

なお、本書簡の執筆年次は、書中「貴館にて、去年御登已来、折角諸子就功之所ヲ云々」とあることから、拙斎が江館総裁に就任した翌年、すなわち文政七年であることが分かる。

○四八通目・八月四日付書簡

貴館ニ而御引受被成候国史校正出来候分、貴兄一ト通御吟味之上、吉村等へ中清書御廻被成置候所、今以出来不申候由、出来次第被遣御相談可有御坐旨、致承知候。

江館で引き受けた国史の校正のうち、作業の済んだ分を吟味の上、吉村（伝九郎）等へ中清書に回しているが、まだ出来上がらないこと、また出来上がり次第送り届けて相談するつもりであること、拙斎は幽谷宛にこの二点を書き送ってきたようである。これに対して幽谷は、

中清書已前は反古の様ニて差支候。中清書被遣候ハヽ、此方ニ而も一ト通検閲いたし、心付候事も御坐候ハヽ可得貴意候。

と応えている。どうやら水館には反古のような稿本しかなくて困っていたらしい。中清書本が送られてきたら当方でもひととおり吟味し、気付いた点があれば相談する、と述べている。

次に、拙斎が「名目伝」を送り届けてくれるよう書いてきたのに対して、幽谷は、「孝子ゟ方伎迄一冊、青表紙・黄表紙共、両様取揃遣候」と返答している。現行本『大日本史』では、孝子伝が巻二二二、義烈伝が巻二二三、列女伝

が巻二二四、隠逸伝が巻二二五、方技伝が巻二二六となっている。当時、校訂作業を進める過程で、この五つの名目伝が一冊に綴じられていたらしい。青表紙本・黄表紙本共、取り揃えて送付した、というのである。[18]

また、拙斎が、これからは涼しい季節となるので、遅くまで残って仕事をし、校正作業が少しでも捗るようにしたい、と述べているのに対して、幽谷は、当方も晒書が済んだら、同様に頑張るよう申し合わせるつもりだ、とこれに歩調を合わせている。

なお、本書簡の執筆年次は、次の五六通目書簡の項を参照されたい。

○五六通目・八月九日付書簡

先に一三六通目書簡でみたごとく、水館総裁幽谷の江戸出張は今年は実現しないことが判明した。同書簡中で幽谷は、館務の進め方について、手紙によって相談すれば済むことは手紙で済ませるとして、済まないことについては「期它日之外無之候」と述べていた。

ところが本書簡をみると、こうした幽谷の提案に対して拙斎は、手紙で済まないような難しい問題が生じた場合には自分の方から水戸に出向いてもよい、と書いてきたようである。やはり拙斎の目には、幽谷が故意に仕事の進捗を遅らせているように映じていたものらしい。幽谷は、こういう拙斎を諭すような口吻で、

御登後間も無之御下り之儀、何か御序ニよろしき名無之候而ハ、川口之弊風を襲候様にて、諸子心服仕間敷候。来春迄之内ニハ御互に工夫いたし、何か都合宜致方も可有之候。

と述べている。江館総裁として赴任したばかりの拙斎が、何か特別の用事でもあれば別だが、左程のこともないのに水戸に出張するわけにもいくまいから、来春迄のうちに何か良い手立てを考えよう、というのである。

幽谷はまた、先に四八通目書簡で名目伝を送付した旨を記していたが、本書簡中でも「前便登セ申候」と、もう一

度念を押している。

さて、本書簡の執筆年次であるが、書中「御登後間も無之云々」とあり、拙斎が江戸に赴任したのは文政六年の九月か十月のことであるから、八月九日の日付をもつ本書簡は翌七年のものと思われる。よって四八通目書簡も同年のものということになる。

○九〇通目・閏月九日付書簡

師賢・藤房等伝二冊被遣、来諭之趣至極御尤、致承知候。

幽谷は、藤原師賢（現行本巻一六四）・藤原藤房（現行本巻一六三）等の伝二冊と書簡を拙斎から寄せられ、書簡の内容に同意を示すとともに、何かを請け合っている。

また、書中に、

此間中貴館にてハ侍読等御続キ、校訂之御間無之に付、御引ケ後御宅ニ而も御勤被成候由、御賢労千万奉存候。

とあるのによれば、江館の拙斎は、当時侍読等の仕事が続き、校訂作業のための時間がなかなか取れなかったようである。結局、この仕事は自宅持ち帰りということになってしまったらしく、そうした拙斎の苦労に幽谷は同情している。そして、幽谷の方からも、

此方之儀、御存之通晒書隙取候へ共、盛暑之節と違ひ涼秋にも向ひ候而ハ、校訂はか取候様いたし度、先月末ゟハ小子毎日登館いたし、校局之内一両輩つゝ、晒書当番之外ニも段々引出し候筈ニ申合候。

と報じている。これによると幽谷は、漸く涼しくなってきたので、校訂作業を捗らせるため、先月末から毎日出勤してきていたようである。そして、校局の方からも超勤要員を一、二名ずつ出す手筈になっていたものらしい。先に四八通目書簡で、拙斎が、残業してでも校訂作業を捗らせたいと書いてきたのに対して、幽谷は、水館の方もこれに歩

調を合わせるようにしたい旨を書き送っていた。このときの考えを幽谷は実行に移し始めていたようである。ところが、「四日夕ゟ不快ニ而、其後ハ廃業」となってしまった。他の諸子がこうした事態を憂慮し、幽谷が出勤できるようになるまで、せめて下調べだけでもしておこうということになったらしいが、幽谷は「所詮小子罷出候迄ハ存候様に埒明兼候」と述べ、これにあまり期待はしていないようであった。諸子の仕事は、まだまだ幽谷の意に適うようなものではなかったのであろう。

本書簡の執筆年次は、拙斎の江館総裁就任後の秋で閏月のある年ということになるので、文政七年と考えられる。四八・五六両通書簡の執筆年次は、本書簡からも推定できる。

○一六六通目・重陽付書簡

本書簡集中には、「忠房之事、景繁伝に有之由、致承知候」という記述がみえる。そこで、現行本『大日本史』巻一七六の大江景繁伝を見てみると、

景繁帝を擁して馬に上せたてまつり、神器を受荷し、太平記。侍従忠房姓闕く。と倶に之に従ふ。（後略）

と記されている。この「忠房」のことで幽谷が何か疑問を抱き、拙斎に問い合わせたものらしいが、両者のやり取りの詳細については不明である。

次に、藤原師賢の孫長親のことについて、

師賢伝之末長親字子晉号明魏等ノ〻、何書に拠候哉、引書不分明に候。校本御吟味、可被仰越候。

と記されている。長親の字が子晉、号が明魏というのは、如何なる書物を典拠にして書いたものか、校本を吟味した上で知らせてほしい、と幽谷が拙斎に依頼しているのである。因みに現行本巻一六四藤原師賢伝をみると、その末尾の方に、

長親は文学有り、（中略）剃髪して法名は明魏、耕雲散人と号す。古本仙源鈔跋。（中略）新葉和歌集を撰ぶに与る。（後略）

とある。これによれば、「明魏」は号ではなく剃髪後の法名であり、その典拠は「古本仙源鈔跋」と明記されている。しかし、字が子晉という記述はどこにも見当たらない。これは典拠不分明のため削除されたものか。

本書簡の執筆年次は、書中に「台湾志跋貴稿之内云々」という記述がみえ、先にみた九〇通目書簡中にも「台湾志御跋文、早速御立稿云々」とあること等から、文政七年と推定した。

○四九通目・九月十四日付書簡

錦織伝中先祖の事、校本―蓋俊政之先也と有之不得体候間、俊政蓋其後也ニ改申度、及御相談申候処、御同意之由致安心候。

幽谷は、錦織俊政伝（現行本巻一六八）中「蓋俊政之先也」となっているところを「俊政蓋其後也」に改めたい、と拙斎に提案したらしい。拙斎の同意が得られて安堵している。現行本も幽谷の提案どおりになっている。また、その出自の書き方について、

分脈に元弘時代之人名見へ不申候に付、其已前之分本文にハ取合兼可申候間、注文へなり共書入可申旨、御尤奉存候。

と記されている。南北朝時代の系譜『尊卑分脈』をみると、元弘時代（一三三一―一三三四）の人でさえその名がみえないのだから、それより以前のものを本文に入れることはとてもできない。注文の中にでも書いておいたらどうか、というのが拙斎の意見であった。今度は幽谷が、これに同意している。現行本に、

承久の役、錦織判官代といふもの有り、勅を奉じて王に勤め、戦ひ敗れて虜に就く。東鑑。○尊卑文脈に曰く、錦織判官代義継は、山本義経の孫と。疑ふらくは此人ならん。

と記されているのをみると、結局、拙斎のこの意見が採用されたようである。

次は名目伝について、

名目伝ハ貴地ニて御引受、段々上梓に御取扱可被成候間、其内三進献之分、此方にて急キ取調可申旨、相心得申候。

と記されている。これをみると、列伝中の名目伝は江館が責任をもって校訂を進めてきていたらしい。これを少しずつ上梓していきたいので、三進献の分を水館でも急いで取り調べてほしい、と拙斎が依頼してきたのに対して、幽谷は承知の旨を伝えるとともに、

扨右に付小子心付申候ハ、伝中分析・合併・前後巻次くりかへ等之儀、御面談之節熟議相極申候迄ハ、未定之分も御坐候間、刻本ニ巻之第幾ト申候所指支候様に御坐候。名目伝抔ハ末之方に候へ共、将軍家族又は家臣等之内ニも、校訂之時次第も可有之候哉難計候。但外国伝ハかりハ全く末の方へ附候事ゆへ巻数動キ申間敷、且其事跡紀伝中之引はり、他伝よりハ紛敷事少く可有之候。然ハ名目伝之内にも、まつ外国伝御吟味にてハ如何可有之哉。宜御工夫可被下候。

と述べている。名目伝中にもまだ未定のところがあるので、外国伝のように他の部分との係わりが比較的少ないものから片付けていっては如何か、というのである。名目伝に関する記述は、三七・四八・五六の各通書簡に既出するが、うち三七通目でも、幽谷は本書簡と同趣旨の提案をしていた。

ところで、一六六通目書簡で問題になった藤原師賢伝末の藤原長親について、幽谷は本書簡で改めて次のように言及している。

扨々よく〳〵相考候へハ、所著有仙源抄ハ全く間違ニ御坐候。本書見合候へは、此書は南朝人主之御作に御坐候。

先皇之御草本云々、求法沙門之跋ニも相見へ申候。仙源之仙ハ仙洞之仙と見へ申候。校本本紀ニ、此書之事ハ長慶紀末ニ御撰之様に認置候。然ハ長親伝ハ刪申はづに御坐候。長親の跋も仙源抄有之候へ共、一ト通之事ニて、其著述と申証ハ無之候。

これをみると、当時の稿本には長親が『仙源抄』の著者と記されていたものか。それは間違いで、この書物は「南朝人主」即ち長慶天皇の著わしたものであるとして、幽谷は求法沙門の跋文をその典拠に挙げている。そして、本紀の長慶紀末に御撰と認め、長親伝の方の誤った記述は削除するつもりであったらしい。幽谷はさらに続けて、

右中清書のみにてハ相分り兼候間、校本御引わけ被成候而成共、御遣可被下候。見合申度候。

と述べ、水館の中清書本を江館の校正本と照合してみたいので、分割してでもいいから送ってくれるよう拙斎に頼んでいる。

いま現行本の長親伝を見てみると、長親が『仙源抄』の著者という記述は、幽谷の考えの如く削除されている。しかし、その著者が長慶天皇であるという記述は、長慶紀のどこにも見当たらない。こちらの考えは採用されなかったものか。

また、藤原（日野）邦光をその父資朝の付伝とするか、孝子伝に入れるかも問題となっていたようである。

資朝伝の末へ邦光を入候も、日野左少弁戦死之事、太平記菊池合戦之段ゟ見出し候間、復讐のみに無之死節の人に候へバ、孝子伝より抜き出し附伝可然と申合候様先年の事なり覚候。

幽谷と拙斎の間で先年申し合わせた際には、邦光は本間山城入道に殺された父資朝の仇を討ったということで孝子伝に入れられてきたが、『太平記』巻三三菊池合戦の段に「日野左少弁（中略）宮ヲ落シ進セント蹈止テ討レ給フ」とあり、「死節の人」でもあるので資朝伝（現行本巻一六三）に付伝しよう、ということで合意に達していたらしい。とこ

ろが幽谷は、本書簡において、

是ハ金勝院本ニ国充ト有之、邦光と同訓故同人歟と存候故に御坐候。乍去中納言左少弁、其官も不同候へハ同人とも難極候。左候へバ、ヤハリ孝子へ入候方穏の様ニ被存候。

と述べている。つまり、『太平記』菊池合戦の段で戦死したのは日野左少弁で、これは邦光の官位中納言と一致しないから、いま一概に同人と断定することはできない。やはり従来どおり孝子伝に入れておいた方が無難のように思うが如何なものか、というのである。

なお、本書簡の執筆年次についてであるが、書中に「上木も来年ハ何卒半途にて相止不申候様仕度段、御同意ニ存候」とあるのをみると、この年は上木が中断してしまい、あまり順調にはいかなかったようである。先にみた三七通目書簡に、彫刻の中断は避けたいという記述のみられたのが思い出される。また、先に五六・一一五・一三六の各通書簡で、江・水両館総裁が職務上の打ち合わせをする機会を持つことが切望されていたけれども、本書簡に「江水会議之儀、日光後一述議被成候上にて、いつれとも御決可被成旨致承知候」とあるのが、これと同一内容の記述であるように思われる。加えて、ここに「日光云々」というのは、文政八年四月に予定されていた日光山参詣を指すものと思われ、これが文政七年十月廿二日の目付からの布達により、九年の四月まで延期されることとなった。本書簡は、この布達の出される前に執筆されたものとみて良いのではあるまいか。

○五八通目・九月廿四日付書簡

藤原実政の事、匡房伝再訂の節入組候事跡有之候所、匡房語中江ハ長過キ書入兼候間、別に為書立申候。有国伝ノ末資業を載候間、資業の子実政といたし候而、別紙之通書加へ可然歟と存候。

ここでは、藤原資業の子実政の伝をどこに入れたらよいかが問題になっている。大江匡房の伝（現行本巻一四七）に入れるには長過ぎるので、資業の父有国の伝（現行本巻一三八藤原道長伝に付伝）中に、別紙のごとく書き加えてはどうか、というのが幽谷の意見である。別紙の内容が具体的にどのようなものであったかは分からない。

本書簡の執筆年次については、後出する六〇・八二の両通書簡の項を参照されたい。

○四五通目・十月四日付書簡

国史督課之事に付（中略）全体之裁定ハ、御面談之上に無之候而ハ参り兼候儀勿論之処、此方校正等出来候上に無之候而ハ、貴面取きめ候事も成兼候間、夫迄に下地出来候様督課可仕旨御尤奉存候。

水館の方の校正作業を急いでほしい、と拙斎が催促してきたようである。そうしなければ、たとえ面談の機会が持てたとしても何ひとつ取り決めることはできないだろう、というのである。先に一三六通目書簡でも、拙斎が同様の催促をしてきていたのが思い出される。その際幽谷は、江・水両館の足並みがなかなか揃い兼ねるので、貴館は貴兄の責任において督課すれば宜しかろう、と述べていた。ここでは、

督課之儀も油断ハ不致候へ共、是まて因循之弊、一新いたし候機会無之候而ハ、十分ニ届兼候。一新之機さへ発動候へバ、其後ハ破竹之勢と奉存候。

と述べている。幽谷は、督課も大事ではあるが、従来の因循の弊を一新することの方が先決と考えたらしく、そうしてはじめて督課の効果も十分に現れてくるのであるという。

次に幽谷は、召登の話を持ち出している。一三六通目書簡で当年中の召登の実現を断念した幽谷であったが、来春の実現に向けて再び動き出したようである。

監察当暮ゟ召登始り候由御書面も有之、段々承合候処、相違も無之由ニ御坐候。（中略）来夏日光御坐候共、初春召登候様御申出可被成由、且又日光有無之御沙汰、十月には可有之候間、其節御申出可被成旨、至極御尤奉存候。

宜御取扱可被下候。たとえ日光来夏御坐候共、初春出府に候ハ、差合ハ無之様奉存候。

当暮より監察の召登が始まるという情報を得た幽谷は、来春の実現に期待感を抱いたのであろう。江戸の拙斎からは、たとえ来夏日光参詣が実施されようと、初春のうちに実現するよう申し出るつもりであり、また日光有無の沙汰は十月中には出るであろうから、其時を待って申し出たい、と言ってきた。幽谷は、宜しく頼む、とその取扱い方を拙斎に一任するとともに、先に一一五通目書簡において表明した召登停止反対の意見を、尚々書で再び繰り返している。そして、

来春抔出府にて御面談出来不申候様にてハ、国史之儀束閣より外無之、残念千万ニ御坐候。斯文之興廃も天命次第に候へバ、致方無之候へ共、職分之上、人事をハ尽し申度候。

と述べ、国史校訂・上木の作業が束閣とならぬよう人事を尽くしたいとしている。

本書簡の執筆年次は、「当年ハ嘉穀不熟云々」とあり、また「日光有無之御沙汰、十月には可有之云々」とあること等から、文政七年と推定した。この年の八月十五日、水戸藩領内は「天明丙午以来ノ大水」(石川慎斎編著『続水戸紀年』〈『茨城県史料』近世政治編Ⅰ〉に所収)に見舞われている。

○一三一通目・十月十四日付書簡

六歌仙の一人に数えられている喜撰の事績について拙斎が何か尋ねてきたのに対して、幽谷は、

喜撰之事跡無所考候。古今目録にハ如何有之候哉。見合申度候。一寸御書付させ、御示可被下候。

と応えている。喜撰については特に何も考えていないが、『古今和歌集目録』にどのように記されているかを見てみたいので、当該個所を書き抜いて送ってほしい、と逆に拙斎に依頼しているのである。ところで、『古今和歌集』の仮名序をみると、「宇治山の僧きせんは(中略)よめるうたおほくきこえねば、かれこれをかよはして、よくしらず」と記

されている。当時から、喜撰は既に伝説的人物であったようである。現行本『大日本史』には、伝は立てられていない。

次に拙斎は、牧園進士（柳川藩儒。亀井南溟門人。諱瑞、字大野、号茅山、通称進士。天保七年没）と会って対談したことを幽谷に報じてきたものらしい。

牧園進士御対話之由、右物語之内、南朝之事ハ至而巧者ニ御坐候由、致大慶候。国史異同之儀、話候ま、御書留被成候分御示被下、一覧書留置、御別紙ハ致返進候。追々御相談、相改候様可仕候。

この人物は、九州の古文書を蔵し、南朝史に通暁していたといわれている。(19) 拙斎は、牧園との対話のうち国史の異同に関する部分を書き留め、幽谷のもとに送り届けてきた。幽谷は、この牧園の話を参考にし、相談の上、改めるべきところは改めていこう、と述べている。ただし、「筑前佐田氏系図」や「後醍院系図」等は容易に信用し兼ねるし、「薩州禰寝系図」で清盛の後裔と称している部分等は、後人の贋造と思われる、と評している。

拙斎はまた、『太平記』時代の諸伝について、幽谷までその所見を書き送ってきていたようである。その内容は詳らかでないが、これに応えて幽谷は、「是ハ国史之内、別而大眼目之処ニ御坐候間、いかにも精撰に出来候様、御面談可相極候」と述べている。『太平記』の時代は南北朝の内乱期にあたり、『大日本史』の三大特筆の一つである南朝正統論とも係わる大事な時期である。(20) よって諸伝の記述は十分吟味し、よく相談した上で決定したい、と考えていたようである。

ところで幽谷は、本書簡でも、国史督課と召登のことに触れている。

五、六年限にて御上木仕舞候様被成度旨、御尤奉存候。御面談之上、督課行届候勢に相成候ハヽ、随分其年限ニ而も出来可申存候。是迄之形にてハ、幾十年過候而も、成功之期ハ無之候。いつれとも来春御面談、片付申度候。

これをみると、五、六年内に紀伝の上木を終えたい、というのが拙斎の希望だったことが分かる。これに対して幽谷は、督課が行き届くようになればそれも可能であろうが、このままでは何十年掛っても成功は覚束ない。とにかく、来春召登が実施され、貴兄と面談できることを願う、と述べている。その後尚々書で「当年凶作ニ付、来春之儀、安心無之存候次第も御坐候」と心配する幽谷に対して、拙斎は「国史之儀埒明兼候儀ハ、兼而御聴ニも達候事故、大抵ハ相止申間敷候」と述べ、これを安心させようと努めていたものらしい。

なお、本書簡の執筆年次は、「当年凶作ニ付云々」とあること等から、文政七年と推定した。

○六〇通目・十月廿四日付書簡

冒頭に「師基伝幷清忠伝之儀、貴諭之趣致承知候」とあるのをみると、拙斎は、藤原師基（現行本巻一六七藤原道平伝に付伝）及び藤原清忠（現行本巻一六七）の伝につき、何事かを幽谷に書き送ってきたらしい。しかし、その具体的な内容については、何も記されていないので分からない。

次は、先に五八通目書簡で問題になっていた藤原実政の伝につき、本書簡で幽谷は、

実政之事、有国伝末明置候所へ御入可被成候由、御尤致承知候。匡房ハ不残彫刻出来候由之処、是も伝末へ入候事ゆへ、彫直し可申程ニも有之間敷候。但初の伝首へ附伝ノ名を塡め候迄ニ御坐候。事迹ハ匡房伝之方宜様ニ御坐候。

と述べている。拙斎は、実政を有国伝末に入れることにした、と報じてきた。これは、五八通目書簡にみえる幽谷の意見に沿った決定かと思われる。ところが、幽谷は本書簡では、実政の事迹からすれば匡房伝に入れる方が適当なのだがと述べ、その場合の扱い方をあれこれ思い巡らしたりしており、いずれとも決め兼ねていたようである。そして結局は、

乍去六ケ敷候ハヽ、有国の孫に候間、其祖の伝中へ書入候事当然に候。何レにても宜候間、宜御了簡御極可被下候。

と述べ、拙斎にその決定を委ねている。

幽谷はまた、僧円観・文観等に関する記事を、『常楽記』から書き抜かせて送ってほしい、と拙斎に依頼している。同書（群書類従本）中、円観については文和五年二月の条に、「法勝寺長老円観上人入滅」とあり、文観については延文二年八月の条に「文観僧正入滅号二小野前大僧正弘真一」とある。次に現行本『大日本史』をみると、この両者は巻一六八に「文観敗れ退き、太平記。正平十二年を以て卒す。円観は正平十一年を以て卒す」と記されており、その下の割注に『常楽記』が典拠として挙げられている。群書類従本では北朝の元号が使用されているが、『大日本史』のは言うまでもなく南朝の元号である。

最後に、土岐頼兼・足助重範・錦織俊政等について、

土岐・足助・錦織等出自之儀、伝首へ書加へ申度、試に相認及御相談候。ちと長過キ如何に候。御存分に御直し可被下候。

と記されている。この三者の出自について書き加えたいと思っていることを、幽谷は各々の伝首に認めて拙斎に送り、斧正を請うているのである。この三者は、現行本ではいずれも巻一六八に収載されている。

本書簡の執筆年次は、先にみた四九通目書簡や次にみる八二通目書簡に関連記事がみえることから、文政七年と推定した。

○八二通目・十一月四日付書簡

藤原実政の事について幽谷は、先にみた六〇通目書簡では、有国伝末に入れるか匡房伝末に入れるか決め兼ね、拙

斎に下駄を預けていた。その拙斎から、「実政者参議有国之孫也云々語在有国伝」として、匡房伝は既に上木が済んだ旨が報じられてきた。この報を受けた幽谷は、本書簡で、

　左候而ハ、わざ〳〵ほり直シも六ケ敷候間、ヤハリ有国へ書込候外無之奉存候。

と述べ、未練を残しながらも、止むなくこれに従った感がある。そこで、現行本の有国伝を見てみるに、

　資業の子は実政。尊卑分脈。実政は長元の末、学料を賜ひ、尋で文章得業生に補せられ、対策及第す。公卿補任。（後略）

と詳細な記述がみえ、匡房伝中には、

　実政は参議有国の孫なり。尊卑分脈嘗て帝の侍読と為り、甚だ眷遇を被る。今鏡語は有国の伝に在り。

と簡略な記述がみえるのみである。この問題は、結局、幽谷が五八通目書簡で提案した方向で落着したもののようである。

次は円観・文観のこと。先に六〇通目書簡で、幽谷はこの両名に関する記事を『常楽記』から書き抜いて送ってくれるよう、拙斎に依頼していた。幽谷が本書簡でこれを落手した旨を記しているのをみると、拙斎は早速この依頼に応えたらしい。拙斎からの書き抜きを見た幽谷は、「此通にてハ、原本之如く卒于吉野とも書兼候事ニ御坐候」と述べている。先に引用した『常楽記』のこの両名に関する記事の中には、「卒于吉野」という記述はみられない。この点を指摘して、幽谷は、「原本」の記述には問題があるというのである。ここにいう「原本」は当時校訂の底本として使用されていた『大日本史』稿本を指すものと思われるので、現行本にこの記述がみえないのは、この後で手を入れ削除したものであろう。

次は橘良利のこと。幽谷は、この人物のことで昨年来拙斎から相談を受けていたらしい。それが、いよいよ方伎伝を校訂する段となり、改めて拙斎から相談されたもののようである。

此度方伎伝御校訂之処、右良利弥良基へ附可申哉、又は方伎へ入可申哉、如何と御相談之趣、致承知候。

とあるのをみると、それは良利を橘良基伝に付伝すべきか、方伎伝に入れるべきかの相談であったことが分かる。これに対する幽谷の返答は、

良基伝ほり直し等六ケ敷候ハヽ、方伎へ入候も可然候へ共（中略）良基の伝へ附し候而方伎へ不入候も宜様ニ御坐候。

というものであり、結局、どちらとも定見はなかったようである。現行本では、良利は橘良基伝（巻一一五）にも方技伝（巻二二六）にも入れられておらず、宇多天皇の本紀（巻三一）中に、次の如く記されている。

初め法皇薙髪したまひしとき、親臣橘良利といふ者、亦披剃して寛蓮と号す。法皇既に脱屣して、屢々比叡・石上に幸したまふ。遊幸ごとに人の之を知ることを欲せず、常に従衛を屏け去り、惟々寛蓮一人のみ従ふことを得たり。帝或は近臣に命じて法皇に扈従せしむれども、輒ち避けて潜に出でたまふ。大和物語。

次は藤原公宗のこと。公宗は叛臣伝に入れるべき人物であり、もしそうしなければ歴史家としての正しい筆法を貫くことができない、という拙斎の意見に幽谷も同意するとともに、「少々避嫌候事ハ、於大義は構ひ不申候事と存候」と述べている。[21] 現行本では巻二三〇列伝一五七叛臣四に入れられているが、このように落ち着くまでには色々な経緯があったのである。

次は土岐・足助等の出自のこと。六〇通目書簡で幽谷は、この件につき拙斎に自分の意見を書き送り、批削を請うていた。これに対して拙斎は、特に考えていることがあるわけではないが「它伝中如此系譜詳に書候ハ無之」、と応えてきたらしい。幽谷はこれを受け、「御尤存候」としながらも、

但将軍家臣伝等ニハ、武人之先くわしく書候も有之様覚候。（中略）元史抔にハ先祖之儀くわしく書候伝不少候。

と応じている。さらに、拙斎の「氏族志も立候上ハ、此頃之著姓くわしく載候程に可相成候ハヽ、伝之方と詳略御坐候様」にしてはどうか、という意見に対しては、

氏族之方何姓之別、有某氏有某氏と申事ハ、大抵載候様可相成候へ共、武人の系譜迄ハのセ兼可申候。然ハ伝之方へも詳にいたし度候。

と述べている。氏族志には武人の系譜までは載せられないであろうから、やはり伝の方で詳記しておきたい、というのである。ただ、先頃お目に掛けた分は少々詳し過ぎたかもしれないので、刪潤の後再度ご相談したい、と付言している。

次は彫刻及び清書のこと。

彫刻当年ハとても始候様ニハ不相成候所、清書等も惟今ゟ始不申候而ハ、来春も急にハ始候様相成申間敷旨、御尤奉存候。あまり曠日弥久ニ而御同様恐入候間、宜致工夫候様貴諭承知仕候。

先にみた四九通目書簡によって上木の中断したことが知られるが、本書簡からは、その年内再開のメドが立たない状況にあることが窺われる。また彫刻ばかりでなく、清書さえも滞ってしまっていたようである。あまり延び延びになるのは如何かと思われるので、なんとか工夫していきたい、という拙斎の意見に幽谷も同意している。そして、

短景御間ニ合兼、休日にも貴兄御一人御登館之由、御賢労千万奉存候。小子此節之痰咳抔も、先日中刻限過迄残居候節、火鉢無之、寒邪ニこまり申候故と存候。

とあるのをみると、当時両人とも、休日出勤や残業をしながら、校訂作業と精力的に取り組んでいたことが分かる。まさに「不遺余力候様に吟味」していた様が窺われるのである。

それにつけても、この両人にとって実現が俟たれたのは、江・水両館総裁の面談であった。

異同出入増刪訂正之儀、一々毛穎を借候而御相談申候様にてハ難尽候間、其節ハ御面談にて相決申度儀ハ、兼々得貴意候通ニ御坐候。（中略）日光も御年延に相成候ヘハ、来春にも成候ハヽ、貴兄御下りとも又ハ此方ゟ登り候とも、追而御相談之上、筋へ申立候外無之様奉存候。

「異同出入増刪訂正」等のことは、以前から申し上げているように、手紙では解決が困難であるから、来春にもなったら、貴兄が下るか当方が上るか、相談の上でその筋へ申請してはどうかと考えている、としながらも幽谷は、「容易之談にも無之候間、ゆる〳〵御熟議に仕度候」と付け加えて、その実現の容易ではなかろうことを予想している。なお、本書簡の執筆年次は、彫刻の中断や日光参詣の延期決定等の記述のみえることから、文政七年と推定した。

◎以下には、日だけしか記されていないもの、及び月日共に明記されていないもののうち、文政七年に執筆されたと推定できるものを、通し番号の順に列挙し、検討を加えてみることにする。

○六九通目・十四日付書簡

土岐頼兼については、先の六〇及び八二通目書簡に既出したが、本書簡において幽谷は、頼兼が多治見国長と共に京師に番直したように記されているのが、何を典拠としたものか分からないと疑義を呈している。これに続けて「如貴諭、京中ニ而無礼講にも預候故、番直の事と推し候而書候事と存候」と述べ、京の都で無礼講に与ったのを、推して番直の事と記してしまったのではないか、という拙斎の説に同意を示している。さらに拙斎が、川口（緑野）の直し過ぎにより、かえって文意不通となってしまった個所もあるので、そのようなところは改めておいた、と書いてきたのに対して、幽谷は「近日校本為差登候節、委細可得貴意候」と応えている。そこで現行本の同伝を見てみるに、「後醍醐帝の北条高時を誅せんことを謀るに及び、二人適々京師に番直す」の如く記されている。幽谷も拙斎も、ともにこの記述には疑問を抱いていたにも拘らず、結局、訂正されずに終ってしまったようである。

次に、一六六通目書簡に既出の三条景繁伝中の侍従忠房について、幽谷は拙斎から典拠を記して送ってほしい、と依頼された。「新葉作者抔にも有之様覚申候」と幽谷は言うが、『新葉和歌集』の作者の中に「忠房」という名は見当たらない。鎌倉・南北朝期の歌人で『玉葉和歌集』等に二十一首入集されている忠房（中西弾正親王と号す）がいるが、幽谷はこの人物と勘違いしていたものか。「此節相引居行届兼候。跡ゟ可得貴意候」と記して、本書簡を結んでいる。

ところで、本書簡の執筆年次であるが、書中、一六六通目書簡中に既出する「忠房」が問題にされていることから、文政七年と推定される。

○七〇通目書簡

本書簡では、藤原実政のことが問題にされている。実政のことは、先にみた通し番号五八・六〇・八二の各書簡に既出する。本書簡には先ず、

実政の事、附伝ニ為書候而為差登及御相談候処、有国も附伝之事に有之候間、実政を掲候而書候事ハ相成申間敷候。仍而ハ、資業より引続書不申候而は相成申間敷旨、御尤奉存候。

とある。これをみると、幽谷は、実政を有国の付伝として書いた草稿を、これより以前に拙斎に送って相談していたもののようである。この時に書かれたのが、おそらく五八通目書簡であろう。これに対する拙斎の見解は、有国も道長に付伝されているので、重ねて付伝することはできないから、有国伝中のその子資業を記した後に、実政も続けて書くしかないのではないか、というものであった。幽谷は、「有国、伝に立候へ共、附伝に入候事は不心付、特伝のつもりニ而」このように書いてしまったのだ、と弁解した後で、次の如く記している。

実政の事跡ハ、東宮学士にて後三条帝御優待之事、眼目ニ御坐候。匡房も此朝廷にて讜言を進候事も有之、且又同伝源隆国父子など皆此時の人に候間、同しくハ実政事匡房伝江附見候ハヽ、当時の様子よく相分り可申候。

つまり実政のことは、匡房伝に付けてみると当時の様子がよく分かるようになるので、同伝に「藤原実政参議有国孫式部大輔資業子云々」のような書き出しで付伝してみては如何か、と提案しているのである。そして、同輩の人物を付伝にした例として、藤原義懐（現行本巻一三六）に藤原惟成を付けたのを挙げている。

なお、先にみた六〇及び八二通目書簡では、既に匡房伝の彫刻が済んでしまった旨が記されていたが、本書簡にはまだ彫刻云々の記述がみえないので、五八通目と六〇通目の間に書かれたものと思われる。

○七一通目書簡

幽谷が、藤原師基伝末にその子教基の和歌を記載して拙斎のもとに送ったところ、拙斎から、他にさしたる事績もない人物であるにも拘らず、和歌ばかり記載するのは如何なものか、という返事があった。これに対して幽谷は、唐人がこの文章をみたならば何のことやら分からないだろうが、梓弓の歌は本文中の「討足利義詮」に応じ、君が代の歌は「為関白」に応ずるわけであるから、他の事績は伝わらなくとも、この二首の歌[22]によってその人となりも分かるので、載せた方が良かろうと思ったまでである。これでは伝の体がよろしくないとのことであるならば如何様にも訂正する、と述べている。

幽谷はさらに続けて、先に、稿本に「後陸左大臣関白如故新葉集」と認めて送り届けたが、よく考えてみると短い記事にわざわざこのように記すのは、体を得ないように思われるので、はじめの「為関白」の下へ直に「左大臣」と記し、「左大臣拠新葉和歌集」とした方が良かろう、と前案を改めている。現行本では、教基はその父師基の伝（巻一六七藤原道平伝に付伝。師基は道平の弟）の末尾に、教基は正平八年、山名時氏と倶に足利義詮を京師に討ち、園太暦。後関白・左大臣と為る。天授元年哥合・新葉和歌集・公卿補任を参取す。と記されている。「左大臣」の記し方については幽谷が改めたとおりになっているが、問題の和歌は記載されなかったものらしい。

次に幽谷は、藤原清忠の伝末へ『新葉和歌集』所収の後醍醐帝の歌を記載することにつき、「吉野小朝廷偏安不振の形勢も見へ可申存候」としながらも、清忠ごとき人物にはこのような「御哀痛御歌詠」があるのに、「藤房の去、正成の死」を惜しまれたご様子も見られないというのでは、後世無識の者がこれを見たならば、記者が清忠に贔屓しているように思うやも知れず、そうなっては甚だ迷惑なことである、と述べている。拙斎も、已むを得ない場合以外は伝中に和歌は載せない、というのが基本的な考えであったようであったが、「清忠伝の末も御同心ニハ有之間敷候へバ云々」と幽谷が記しているのをみると、この件に関しては、拙斎は「已むを得ない場合」と判断したものか。現行本巻一六七の清忠伝末には、

清忠の官に在るや、藤原定房と並に帝に寵待せられ、屢々顧問を蒙る。二人相継ぎて薨逝するに及び、帝尤も悼惜し、歌を作りて曰く、「こと問はん人さへまれになりにけりわが世のすゑのほどぞ知らるゝ」と。新葉和歌集。

とあり、この歌が記載されているのである。

本書簡は、六〇通目書簡に関連記事がみえるので、文政七年のものと推定した。

○七二通目書簡

先ず藤原師賢伝校本のこと。

師賢伝校本、後便可被遣旨致承知候。黄表紙之方を御示被下候様仕度候。紺表紙之分け本ハ、先達而中清書一同相下り候事ニ御坐候。

拙斎から幽谷のもとへ、師賢伝の校本を後便で届ける、との連絡があったようである。これは、四九通目書簡で幽谷が、たとえ分割してでもいいから校本を送ってほしい、と頼んだのに拙斎が応えたものか。幽谷は本書簡では、「紺表紙之分け本」は既に届けられているので「黄表紙之方」を送ってほしい、と拙斎に注文している。さらに幽谷は、『常楽記』から「長親卒去之事」に関する記事を書き抜いて送ってくれるよう依頼している。

次は藤原（日野）資朝伝末邦光のこと。この件に関する拙斎の考えは、邦光の事績はその父資朝の伝への付伝で続き具合も良いし分かりやすい、というものだったらしいが、なおよく考えてみたい、と書いてきていたようである。これも四九通目書簡で幽谷から意見を求められたのに応えたものらしい。そして拙斎のこの意見を容れたものか、幽谷は孝子伝編入説を放棄して、「邦光ハヤハリ資朝の附伝にても宜様に御坐候」と述べている。但し「太平記菊池合戦之段、日野左少弁戦死之事」は、この邦光のこととも決め兼ねるので、本文には入れず注文に入れて備考にしたい、としている。そこで現行本を見てみると、邦光は資朝伝に付伝されているが、「太平記菊池合戦之段云々」の記事は、本文にも注文にも見当たらないようである。

○八一通目書簡

初めに「列伝之儀、別紙得貴意候」とある。幽谷が拙斎に、列伝のことで何か別紙に認めて送ったらしい。しかし、その具体的内容は分からない。

次は、幽谷が藤原長親のこと関する『常楽記』からの書き抜きを拙斎から送られ、落手した旨が記されている。これは、七二通目書簡での幽谷の依頼に拙斎が応えたものであろう。

ところで幽谷は、長親の号が「耕雲山人」であることは『仙源抄』の跋文や『東海璚華集』等にもみえるが、字が子晉で号が明魏ということは確たる典拠が何もない、と言っている。先に一六六通目書簡でも、幽谷はこのことを問題にしており、そこでは、校本の吟味を拙斎に依頼していた。ここでは、典拠不明ということでこの記述を全く削除してしまうのは惜しい気もするので、何か名案はないものか、と拙斎に相談を持ち掛けている。

本書簡中には、「松氏系纂之一件」「御碣文御再伺」等の語句がみえるが、これは文政七年正月に卒した斉脩生母浄生院の碑文の表現に係わる記述であることから、その執筆年次を文政七年と推定できる。また、本書簡との係わりから、先の七二通目書簡も同年のものであることが分かる。

○一二五通目・廿九日付書簡

「西行之事」、すなわち水館総裁幽谷の江戸出張は、凶作で年貢収入が大幅に減少したこともあって、実現の可能性如何は来春にならなければ分からない、といった状況であった。国史校訂・上木の業務を進捗させるため、できることなら来年の二月には出府したい、というのが幽谷の希望するところではあった。

本書簡の執筆年次は、書中「当年凶作にて云々」とあることから、文政七年と推定した。

○一二八通目書簡

「別啓」で始まる本書簡には日付がないが、「初春之内ハ不慮之事ニ而云々」「暮春風咏之時節ニ相成云々」「折悪敷御中陰可有之云々」とあるのによって、斉脩生母小池志氏の卒した年の三月のものと推定される。

館務督課之事、御同様我々儀ハ身にかゝり候事に候間、たとへ上より之御取扱如何様ニても、先公へ之御奉公と奉存候間、何分相勤可申候へ共、諸子きほひを付候様ニハ、折々賜宴等之事に而も無之候而ハ、礼数如何ニ御坐候。

幽谷はここでも、「館務督課」を効果あらしめるため、折にふれて「賜宴等之事」を行うべきことを提唱している。自分は先公への御奉公と思っているから、たとえ現在如何なる待遇を受けようとも、これに甘んじる覚悟であるが、他の諸子の場合はそうはいかない。「折悪敷御中陰」すなわち斉脩生母小池志氏の四十九日の法要もあり、格別のことはできないにしても、「一卜通館務引立位之事ハ、別而御物入も無之」できるだろうから、一工夫してみてほしい、というのである。『大日本史』紀伝の三度目の進献にむけて、難航する校訂・上木作業の推進に腐心する幽谷の苦労が、「賜宴」を望むこれら一連の書簡から、よく窺えるであろう。

＊　文政七年書簡にみる作業の状況（補足分）

以下には、先の論稿を発表した時点ではまだ執筆年次が未確定であった書簡の中から、後に検討を加えた結果文政七年に執筆されたことが判明したものを纏めて掲出し、先の論稿を補足しておきたい。

○五七通目・八月九日付書簡

拙斎から幽谷のもとへ、小野小町（現行本巻二二四烈女）のこと、及び孝子伝のことについての平四郎（中山信名）の考証結果の書付を送付してきたらしい。幽谷は、ひととおり見合わせた上で返進する、と書いている。また、尚々書に「平四郎考証之儀、扨々得益多く、御同慶奉存候」とあるのをみると、幽谷・拙斎共に、中山が紀伝の校訂に大きく貢献してくれていることに大変満足していたもののようである。(23) その功に報いるべく、幽谷は彼の処遇について重ねて相談したい、と拙斎に書き送っている。

本書簡中には「平四郎家内大病之由云々」という記述がみえるが、後出八三通目書簡中にも、「平四郎病人も快方之由云々」という記述がみえることから、その執筆年次を同じく文政七年と推定した。なお、本書簡は、同一日付を有する前出の五六通目書簡の片割れと推され、そのことからも同年に執筆されたものであることが分かる。

○四四通目・九月廿四日付書簡

本書簡は、いずれかの書簡の「別啓」であるが、このなかで幽谷は、水館の国史校訂作業の現状について、

此方勤方之儀、随分無油断様にハ心懸申候へ共、子大免職已来、館中別而寝入候姿に相成居候間、何程引立申候而も、はか〱敷無之候。

と記している。「子大」（高橋坦室）が書院番頭となって史館を去った文政三（一八二〇）年の九月以降、[24]館員の士気がすっかり低下してしまっていることを嘆じつつも、幽谷は、「引合セ等ハ諸子へ分任」して、作業の継続を図っていた。しかし、「全体之裁定相極候事ハ、貴面御相談之上に無之候而ハ片付不申候間」、来春には是非とも会って話をする機会を持ちたい、と述べている。そして、もしそれも叶わぬとならばこれも天命と考え、「督課之任」を解いていただくしかない、と再び前出一一五通目（七月四日付）書簡同様のことを述べ、さらに「尚々書」では、

国史成功埒明候、一段貴兄御骨折ニ無之候而ハ、出来兼候ハ勿論也。小子も乍不及御同職之事に候へバ、得貴面候様にも相成候ハヽ、何分御相談にて、御一同取懸り相定可申候。

と記して、国史の成功は拙斎に期待するところ大であること、自分も同じく総裁職にある者として、相談しながら共に尽力してゆきたいと考えていること、の二点を付言している。

幽谷はまた、「補伝草稿等其外文章の手廻し」は、量太郎殿（拙斎の長子延光）と豊田生（天功）に分担して受け持ってもらうよりほかにない、と述べている。幽谷が教えた者では、他に杉山生（復堂）などもいるにはいるが、とてもまだ任せきりにできるところまでは達していない、というのが師幽谷の評価であった。いずれにしても史館の仕事は、幽谷も言うごとく精敏で筆が立たなければ勤まるものではなかったのである。

前出一三六通目七月廿九日付書簡により年内の出府が不許可となったことが分かるが、幽谷はこの決定をうけて、

同じく前出四五通目・一三一通目両書簡等にみるごとく、来春の出府実現を強く希望することとなった。本書簡では、文政七年のものと推定したこの両書簡同様、国史督課が話題に上され、来春の出府が望まれていることから、文政七年のものと推定した。

なお、本書簡は、先に検討したこれと同一日付をもつ五八通目書簡の「別啓」であるかも知れない。

○六一通目・十一月九日付書簡

初めは新田義貞始祖のこと。

義貞伝ノ首ニ、源義家十世孫也トアリ、又出自—蔵人義兼—生—ト歴叙イタシ候処、新田ノ始祖ハ義重ニテ、伝モ有之、人コレヲ略シ、義兼ヨリ系ヲ引キ候事、如何と存候。

幽谷は、新田義貞伝首の新田氏始祖の記述が、義重を略して義兼からになっているのは、たとえ義兼が「小新田ノ祖」であるとはいえ当を得ないことである、と述べている。そこで現行本義貞伝（巻一七二）を見てみると、

新田義貞（中略）源義家十世の孫なり。義家の子義国、義重を生み、義重、義兼を生み、義兼、上西門院蔵人義房を生み、（後略）

となっており、幽谷の意見のごとく義重が書き加えられている。幽谷が、ここでこの点を問題にしたのは、足利氏の祖義康が新田の祖義重の弟であるため、新田・足利両氏の「出自ノ由テ分レタル𛀁明白ニ相分候様」にしたいがためであった。「新田・足利ノ争ハ天下ノ大関係、猶南北両宗アルカ如シ」とみる幽谷であってみれば、これは極めて当然の主張といえよう。

次は孝子伝曾我兄弟のこと。祐成・時致兄弟の伝記の文章は、『曾我物語』に依拠して書かれたものらしい。幽谷は『東鑑』からも引用すべきであると考えていたが、かといって「旧本」の如く両者の文体を混交させてしまうのは好ま

しくない、と述べている。なお、現行本の同伝（巻二二二）割注をみると、この両書のほかにも『尊卑分脈』『曽我社縁起』等が資料として用いられていることが分かる。

次に幽谷は、中原章兼・章信兄弟伝の終わりの方に、元僧楚俊が兄弟の父章房を相したことが記されているが、これは「参考」（『参考太平記』カ）にもみえないことなので、削除したほうが良かろう、と述べている。また、「注ニ新葉集ノ〡入申度候」と述べているが、具体的に如何なることを指すものかは分からない。現行本同伝中にも『新葉和歌集』に係わる記述は見当たらない。

それから、この章房のことにつき、その官職が「大判官」となっている書物もあるようであるが、『太平記』によって「大判事」とするのが良いのではなかろうかと述べ、続けて「此官ハ中原氏世職ノ由、職原抄書抜懸御目候」と記している。この個所は現行本では、「中原章兼・章信は父を章房と曰ひ、後宇多・後伏見・後二条・花園の四帝に歴仕して、大判事と為る」と記述されている。さらに幽谷は、章房が四朝に仕えたとして「旧本」が列挙している帝号の記述には誤りがあるという。現行本では、先の引用文の如くになっている。

本書簡の執筆年次であるが、後出する六六通目書簡に「中原章信伝末元僧楚俊云々」と、本書簡と関連する記述がみえる。そして、六六通目書簡中の「相者登照」に関する記述が文政七年の七八通目書簡にもみえることから、本書簡の執筆年次も文政七年と推定した。

○二八通目・仲冬十四日付書簡

尚々書のところで幽谷は、国史校訂の件で面談の上決めたいことがあるのだが、自分の方からの出府は難しそうなので、そちらの方が来春水戸に下っては如何か、と提案している。また、もしそれが可能ならば、当方でもその筋へ提出する申請書の案文を作成してみるので、そちらで作成したものと内容の齟齬をきたさぬよう、予め打ち合わせておきたい、とも述べている。

本書簡の執筆年次は、次の六二通目書簡にも来春の出府云々の件について関連記事がみえることから、同じく文政七年と推定した。

○六二通目・十一月十九日付書簡

方伎伝補入人物之儀、書付披索いたし候へ共、見出し兼候。見出し次第、可及御相談候。

幽谷は、方伎伝に補入すべき人物に関して、なにごとかを拙斎に相談すべく「書付」を捜したが、うまく見つけ出すことができなかったようである。この「書付」というのは、十一月四日付の八二通目書簡に、

方伎伝へ補入人物之事、先達而中山平四郎心付候而遣候書付有之候。見出し候而可及御相談候。

とあるところの中山平四郎が送り届けてきたものをいうのであろうか。そこでは見つけ次第相談したい、と述べていた。

次に幽谷は、「義貞伝幷孝子伝等之儀」について拙斎に相談したところ、早速拙斎からの返書が届いたようである。幽谷のもちかけた相談とは、おそらく先にみた六一通目書簡に記されていたところのものを指すのであろう。拙斎の返書の内容は分からないが、それについて幽谷は、「逐一致承知候」と応えている。

ところで、この頃鎌倉の鶴岡八幡宮別当から、『大日本史』版本の奉納願いが出されたものらしい。この件につき江戸の拙斎が、かねてよりの幽谷との申し合わせどおり、上木が完済するまではどちらへも奉納しないが、済んだ折には願出のあるなしに係わらず、「伊勢・鶴岡・鹿島等」へは奉納する旨通達してくれるよう有司に申し出たところ、有司もこれを聴き入れてくれた、と幽谷に報じてきた。拙斎はさらに、この後この種の願出があれば、いちいち相談したりせずに処理する旨を言ってきたらしく、幽谷がこれを了承している。

最後に尚々書のところで幽谷は、「日光御延ニ相成候ヘバ、此方ゟ罷出兼候節ハ、貴地ゟ御下りに仕度候」と記し、前出二八通目書簡と同様の提案を繰り返している。

本書簡の執筆年次は、「日光御延ニ相成候ヘバ云々」の記述、及び前出六一通目書簡との関連等から文政七年と推定した。

○六六通目・十二月四日付書簡

先に六一通目書簡において、幽谷は、中原章兼・章信伝末の元僧楚俊についての記述の削除を提案していたが、本書簡に「是ハ載セ不申候事御同意之由、致承知候」と記しているところをみると、拙斎の賛意が得られたもののようである。現行本巻二二二の同兄弟伝中に、この記述は見当たらない。

次に幽谷は、「相者登照伝料」として「平山平四郎」（中山の誤り）が書き集めておいたものを拙斎から届けられ、その写しを作って返進した旨を記している。登照は、現行本巻二二六方技に収載されている。また、如何なる内容かは詳らかにしないが、「方伎補伝」についての拙斎の意見に同意を示し、追って相談したい、と述べている。

拙斎はまた、伊賀局に関する『吉野拾遺』からの書抜きも送ってきたらしく、幽谷はこれも書写して送り返している。さらに、拙斎が言ってきた「列女伝云々之儀」は、「旧本」では篠塚伝の注文中に記されているが、「怪誕之事ハ、採兼候様ニ御坐候」というのが幽谷の見解であった。現行本巻一七五篠塚某伝に、

> 女は伊賀局と称す。新待賢門院に事ふ。高師直の吉野を犯すに及び、帝賀名生に幸したまふ。門院僅に後宮数人を従へて同じく赴く。吉野川に至る比ひ、橋板半断え、為さん所を知らず。伊賀局巨樹の枝を折り、接して以て門院及び諸妃を済す。敵の退くに及び、試に多力のものをして之を折らしめしが、能はずして止む。後、楠正儀に嫁す。吉野拾遺。

という記述がみえるが、ここに幽谷の言う「怪誕之事」とは、この記述の内容のようなことを言ったものか。果たしてそうであるならば、現行本では、幽谷の意に反して「怪誕之事」が採られてしまったことになる。

次は随身公助の姓が「下野」であるということにつき、幽谷は、確証が得られないのでなお良く吟味させたい、と述べている。

最後に幽谷は、「八田知家諌実朝上洛之事」が『沙石集』にみえる旨を拙斎が言ってきたのに対して、これを知家伝に補入するか否かの決定は該書を吟味してからにしたい、と応えている。現行本同伝（巻一九八）にはこれに関する記述はみられず、同じく実朝伝（巻一八一）にもみられない。

本書簡の執筆年次は、前出六一通目書簡との関連等から文政七年と推定した。

○六三通目・十二月九日付書簡

歌人伝之儀、池翁御懸合被成候処、別紙之通御答申候ニ付、御示被下致一覧候。貴諭之通、当人竭力候事ニ御坐候間、此節御繙閲にて、御取捨御坐候様致度候。子大へ為見置候事之由に候へハ、子大悴之方捜索為致可申旨、致承知候。丹生彼一冊書立候姿覚居候間、豪助へ懸合相尋候様、今日申達候。

歌人伝のことについて、拙斎が「池翁」（小池友識）に何事かを相談したところ、これに応えた書簡が池翁本人から拙斎のもとに届いたようである。この書簡を拙斎が幽谷のもとに送ってきたようで、一覧した旨を幽谷は記している。ところで池翁は、かつて同伝について記したものを一冊に纏めておいたらしく、拙斎も幽谷も、かねがねこれを見てみたいと思っていた。というのも、池翁が随分これに力を入れていたらしく思われたからである。ところが、当時それはどこかに紛れて所在が分からなくなっていた。拙斎は、池翁が子大（高橋坦室）存命中にこれを見せていたようなので、子大の悴宅も捜させて欲しい、と幽谷に依頼してきた。幽谷は、承知の旨を述べると共に、池翁の弟子「丹生」

（丹子正）が、これについて何事かを記憶しているようなので、「豪助」に尋ねさせてみる、と拙斎に書き送った。幽谷は、さらに「又啓」として、万一豪助に尋ねさせてみても何も分からなかった場合、この池翁書簡を示して「嬰卿」（川口緑野）にも尋ねてみようと考えているので、暫くの間これを預からせて欲しい、と頼んでいる。

次は「方伎伝補入之人物」のこと。

先日被遣候一冊之外ニも追々可被遣旨、致承知候。国史遺事等多分有之、委細御書留置被成候間、追々御相談可被仰越旨、致承知候。

拙斎は、先に方伎伝に補入すべき人物について記した一冊を、幽谷のもとに送ってきた。そして、このほかにも追々送り届けることにする、と書いてきたもののようである。拙斎のみるところ、国史にはまだまだ遺事が多く、気付いた点を折にふれ書き留めておいたので、御相談に与りたいと述べ、幽谷はこれに「致承知候」と応えている。

十二月九日の日付をもつ本書簡の執筆年次は、高橋が死去した文政六年五月以降で、小池及び丹が死去した同八年以前の十二月ということになるので、そうすると文政六年か七年ということになる。そして、本書簡には、尚々書のところに「去ル三日夜降雪之由」と記されているので、松崎慊堂著の『慊堂日歴』（平凡社　一九八三）を見てみると、文政六年十二月三日の江戸は、「四更に雨いたる」とはあるが、「暖風は春の如し」ともあるので、「夜降雪」はとても考えられない。これに対して、翌年の同日は天気に関する記述はみられないが、翌四日は「暁雨。終日微雪を兼ぬ」と記されているので、本書簡は文政七年に執筆されたものと推定しても差支えはなかろう。

○七八通目・十二月十四日付書簡

方伎伝之内、小右記・顕広王記等一ヶ所引用之分、別紙御書付被遣、来諭之趣致承知候。小川へ申達披索為致候処、本書別紙之通ニ御坐候間、書抜之ま丶、遣候。宜御吟味可被下候。

拙斎が、『小右記』及び『顕広王記』より引用した方伎伝中のある一個所を書き抜き、幽谷のもとに送ってきて原典の確認を依頼したようである。幽谷が、小川（修理）にこれらの書物を披索させたところ、拙斎から送られてきた書抜きのとおりであることが分かり、これをそのまま拙斎に送り返している。

ところで幽谷は、前出六六通目書簡のなかで、拙斎から送られてきた相者登照伝に関する中山平四郎の書付けを、書写のうえ返進した旨を記していたが、本書簡に「慥相達候由、致承知候」とあることにより、これが拙斎の手元に届いたことが分かる。

また、方伎補伝のことにつき、幽谷が試みに豊田生（天功）に書いてみるよう話してみたところ、早々に成稿したとのことなので、「一ト通吟味之上、後便遣候而可及御相談候」と記している。

次は伊賀局のこと。

伊賀局書抜返進候処、慥御落手之由、致承知候。扨怪誕之事、一々本書之通認兼候ハ勿論に候へ共、見怪異候而も神志自若たる事、其為人も見へ候間、記者の扱様ニ而、何とか略記いたし候様被成度旨、御尤存候。

幽谷は、前出六六通目書簡に、拙斎が送ってきた伊賀局に関する『吉野拾遺』からの書抜きを、書写して返進したことを記すと共に、「怪誕之事」は採りかねるとの意見を述べていた。この幽谷の意見に対して、拙斎は、「怪誕之事」はそのままは認めかねるが、伊賀局という人物の人となりを知るよすがともなるであろうから、せめて略記くらいはしておきたい、と言ってきたらしい。先に六六通目書簡のところでみたごとく、現行本にはこの「怪誕之事」が記載されてしまっているのであるが、その責任の一半は、この時拙斎の意見にきっぱりと反対しなかった幽谷の側にもあることになる。

次は、「随身公助之事、下野姓と申儀」についてであるが、拙斎は、『今昔物語』中に確かにこの記述がみえると中

山が話している旨を幽谷に知らせてきた。幽谷は、水館にある校本も同書を引き、その姓を「下野」としていると記した後、続けて

今昔本条ニハ下野とハ見へ不申、他の所に出候事ニ可有之候所、いまたたしかに見当り不申候。尚又披索為致候様可仕候。

と記している。すなわち、いまだ確証が得られない状態なので結論は今後の調査に俟ちたい、ということであり、結局は六六通目書簡での意見を繰り返しただけであった。

次は興良親王のこと。先頃「興良」を「陸良」と改めたが、「陸良」は「常陸宮」と称したことから誤ったものであり、やはり「興良」で良かったのだ、と中山が言っている旨を拙斎が知らせてきたようである。同時に、江館所蔵本『紹運録』には護良の皇子についての記述は見当たらない、とも報じてきたらしい。幽谷がこれに応えて、「此方の御本ニも護良ハ有之候へ共、其御子ハのセ不申候」と書いている。

ところで、「尚々書」に、

此度文学伝校正に付、校局ゟ申出候別紙被遣、相心得申候。御書物だん〳〵為登候様申達候而、今日も別紙之通遣候。其内残し候分ハ、委細管庫書付にて相分候様為認候。

とあるのをみると、この頃文学伝校正のため、江館校局から水館に対して、書物貸出の依頼があったようである。別紙に書名を列記してきたというのであるから、かなりの部数に上ったものであろう。水館の方では、これらを一遍に貸出すわけにはいかなかったようであり、既に貸出し済みのものとまだのものとが、一見しただけで明瞭となるような書付を作っておき、分割して送り届けることにしたらしい。

また、この尚々書の後に、弓削是雄・賀茂忠行の伝稿を書写させて送り届けた旨、及び歌人伝考についての池翁の

書面を返進した旨がさらに追記されている。

本書簡の執筆年次は、歌人伝考についての池翁の書面が話題になっている六三通目書簡との関連等から、文政七年と推定した。

○六四通目・十二月十九日付書簡

先に六三通目書簡で問題になっていた歌人伝に関する池翁の書付につき、本書簡には、「歌人伝考之儀、豪助方より見出し候間、先便為差登申候」と記されている。ここにいう「先便」とは、前出七八通目書簡のことと思われるが、そこでは「池翁書面」のみを返進したように記されていた。しかし、本書簡の記述をみると、その際池翁の「歌人伝考」も一緒に送っていたように受け取れなくもない。

次は方伎伝補入の件。

> 天文博士之儀等平四郎心得違之由、別紙申来候趣、為御見被下、一覧致返進候。如貴諭、太平記時代と違ひ、古代之事ハ不案も多く相見へ申候。

天文博士のことなどにつき心得違いをしていた、と平四郎（中山）から拙斎に知らせてきたらしい。古代のことはあまり得意ではないようだ、という拙斎の中山評に幽谷も同意を示しながらも、

> 乍去国書考証之方ハ、至而精細に諳練いたし候間、大に得益候事に御坐候。何とそ如此考証家をも、館中にほしきものニ御坐候。

と記している。幽谷は、中山が国書の考証に大変秀でていることを高く評価し、このような考証家が是非とも史館に欲しいものだ、と考えていたのである。

最後に幽谷は、「義朝贈大臣の事」について、

真福寺の古書に有之趣、先達而平四郎申聞候処、小子は偽説不足拠と奉存候。頼朝の大功すら、其官納言に不過候所、叛党之義朝へ大臣位を贈候筈無之候。平家物語等閭巷の妄説と奉存候。

と記している。すなわち、このことは真福寺の古書にみえる旨を先頃平四郎が伝えてきたが、これは偽説であろう、というのが幽谷の見解であった。なぜなら、大功ある頼朝でさえも納言に過ぎないのに、叛党の義朝が大臣位を贈られるなど到底考えられないことであり、恐らくは『平家物語』あたりから採った信ずるに足りない説と思われる、というのである。

本書簡の執筆年次は、歌人伝に関する池翁の書付けが話題になっている前出七八通目書簡との係わり等から、文政七年と推定した。

○六八通目・十二月廿八日付書簡

本書簡では、前出六四通目書簡でも問題にされていた「義朝贈官」のことが取り上げられている。

義朝贈官之事、疑敷存候所、真福寺本年代記には贈中納言と御坐候由、頼朝之により候事とハ相見へ申候へ共、東鑑ニ不載候事、安心不仕候。但頼朝大納言に至候へハ其父江中納言を贈候と申は、後人の附会の様にも被存候。平家諸本の贈大臣、素より妄説不足信候所、真福寺本年代記も、跡より彼斟酌之説には無之候哉。年代記、贈官之年月日有之候ハヽ、承度候。

拙斎が、『真福寺本年代記』に「贈中納言」とある、と言ってきたのに対して、幽谷は、『東鑑』に記載されていないので即座には信じかねる、と六四通目書簡同様これに疑念を抱いている。さらに、後人の附会のようにも思われるので、もし『真福寺本年代記』に贈官の年月日が記されていれば教えて欲しい、と書き送っている。そこで、現行本源義朝伝（巻二一九叛臣三）を見てみると、伝末割注に、按ずるに平家物語に曰く、朝廷使を遣はして義朝に正二位内大臣を贈りたりと。盛衰記には太政大臣と為す。他に確拠なし。故に今取らず。

と記されており、「義朝贈大臣」説は不採用になっている。

本書簡の執筆年次は、前出六四通目及び七八通目書簡との係わり等から、文政七年と推定した。

◎以下には、日だけしか記されていないもの、及び月日共に記されていないもののうち、文政七年に執筆されたと推定できるものを、通し番号の順に列挙し、検討を加えてみることにする。

○四六通目・廿四日付書簡

拙斎は、『太平記』の時代に該当する部分でこれから上木する分につき、巻数等に出入りがあって差支える個所は、そこだけ彫り残して作業を進めてゆきたい、と幽谷に伝えてきたらしい。この時代のところは、

貴地諸子、当時取懸り鍛錬いたし候間、引はりぬけ不申候様、御手分御懸置候旨、御尤奉存候。

とあるのによって、江館の担当になっていたことが分かる。拙斎は、館員諸氏の気が緩まぬように、分担して作業を進めるという方法を採った。ここ十年くらいの間に全紀伝の上木を済ませるというのが拙斎の方針であり、幽谷もこれに対しては、「縷々来諭、御尤存候」と同意を表明している。

このように作業の進捗に心を砕いていた二人にとって、「彫刻の良工一人病死」という出来事は、大きな打撃であったに違いない。拙斎からこの知らせを受けた幽谷は、「可惜事ニ御坐候」と残念がると共に、「右に付候而も、督課之儀、何卒早く形付候様仕度候」と述べている。

先に文政七年のものと推定した一三一通目書簡に、本書簡と同様、『太平記』時代の諸伝の上木のことや督課のこと等が言及されている点、また、「五、六年限にて御上木仕舞候様」にしたいと、本書簡同様具体的数字をあげていたりすること等から、本書簡も文政七年に書かれたものと推定した。

○八三通目・十九日付書簡

幽谷は六六通目（十二月四日付）書簡において、「相者登照伝料」として平山平四郎（「中山」の誤記）が書き集めておいたものを拙斎から届けられ、その写しを作って返進した旨を記している。また、七八通目（十二月十四日付）書簡には、これを落手したという返事が、拙斎から幽谷のもとに届いた旨が記されていた。

ところが、本書簡にも「平四郎（中略）登照等之考、此方へ一通為写置、致返信候。御落手可被下候」という記述がみえる。本書簡は、書中「秋冷云々」とあるので、「十二月」の日付をもつ先の両書簡より以前のものであることが分かる。ということは、中山は、本書簡にいう「登照等之考」を提出した後で、これとは別に「登照伝料」を差し出した、ということになるようである。

本書簡の執筆年次は、通し番号六六・七八の両書簡との関連から文政七年ということになる。

第三節　文政八年書簡にみる作業の状況

○五一通目・正月廿四日付書簡

幽谷は、先に国史のことで当局に何事かを具申するよう拙斎と話し合ったらしいが、本書簡において、それがその後どうなったかを拙斎に尋ねている。これは、「もし御述議之趣六ヶ敷次第、御挨拶御坐候ハヽ、貴兄御東行より外無之候」とあるのをみると、幽谷の出府許可申請に関することのようである。もし出府の許可が下りない場合、そのことが水館諸子の志気に悪い影響を及ぼすやも知れない、と幽谷は危惧していたのである。

ところで本書簡の執筆年次であるが、書中「国老衆も、弥一両日之内、海岸見分として出立云々」とあり、小宮山楓軒編『防海録』（前掲「小宮山叢書」所収）文政八年正月廿九日の条に、立原甚太郎からの情報として「此以前赤林八郎左衛門海岸見分として出られ候云々」の記事があるのにより、文政八年と推定した。

○六五通目・正月廿四日付書簡

先に八二通目書簡で方伎伝の校訂、及び同伝への「補入人物」についての中山平四郎の書付が話柄に上されていたが、本書簡をみると、同伝への「補入」のことにつき、拙斎から幽谷に何か言ってきたようである。これに応えて幽谷は、

是ハ旧冬豊田生へ申達、乍稽古属稿為仕候所、別紙之通出来候間、今日遣候而懸御目申候。宜様ニ御删潤可被下候。

と書いている。即ち、この件は旧冬豊田生（天功）に練習のつもりで書いてみるよう申付けておいたところ、別紙の如く出来上がったのでご删潤願いたい、というのである。別紙の内容は不明。

次に幽谷は、弓削是雄の伝を送り届けることを拙斎に約束していたらしかったが、何か事情でもあったものか、「今日間に合兼候間、跡より為差登可申候」と記している。同伝は、現行本巻二二六方伎に収載されている。

ところで、正月廿四日の日付をもつ本書簡中には「度々の春雪云々」という記述がみえる。今、前出の松崎慊堂の『慊堂日歴』文政八年一月二十四日の条をみてみると、明け方まで前日からの雪が降り続いていたことが記されている。同書中にはまた、同月十五日にも降雪のあったことが記されており、この時は水戸でも大雪の降ったことが、本書簡

中の二六六通目・正月十九日付書簡から知ることができる。二十四日にも、おそらく江戸と同様水戸でも雪が降ったものと思われ、本書簡の執筆年次を文政八年と推定してみた。また、「別啓」で始まっている本書簡は、おそらく前出五一通目書簡の別啓かと思われる。

○二二四通目・正月廿九日付書簡

幽谷は、出府の件につき拙斎が有司へ繰り返し催促してくれていることに謝意を表している。しかし、「旧冬御伺之節ハ来春云々、春ニ相成候而も何か遷延、扨々六ヶ敷事ニ御坐候」とあるように、有司からの返事は決して色よいものではなかったようである。幽谷は、病後のことでもあるので、「小子一分に取候而ハ」出府などしない方が都合が良いのであるが、「職事之上ニ而ハ」それでは業務の停滞を招くこととなり好ましくないので、追って相談したい、と述べている。

本書簡の執筆年次は、文政七年の冬に書かれた通し番号二八・六二・八二等の各書簡に幽谷の出府許可申請のことがみえること、そして前出の五一通目書簡に「もし御述議之趣六ケ敷次第云々」とあること等から、文政八年と推定した。

○五五通目・三月四日付書簡

幽谷が通し番号三五・三七・一二八・一二九の各書簡で切望していた「賜宴」が、ついに実現したようである。幽谷は、

　如貴諭此度之賜宴ハ、一ト通り有司之取扱斗に無之、御使まで被成下、国史之儀被仰下候儀、誠に近来之異数、御同意難有仕合奉存候。

の如く記して、藩主斉脩から使者を通じて国史校訂の労がねぎらわれたこの度の賜宴を、近来にない有難い措置と評

価し、拙斎と共にたいへん喜んでいる。しかし、「但此方之儀ハ、全く貴館之波及と奉存候」と付け加えているところをみると、幽谷の心中からは、江館に比して冷遇されている水館の現状に対する不満の念が消え去ることはなかったようである。一方拙斎は、この賜宴を記念して編まれた詩巻を幽谷から送られ、通事のもとまで届けるという仲介の労を早速とっている。

ところで、校正局から申し出のあった文学伝引用書送付の件につき、幽谷は、管庫へ申し付けておいたので別紙のとおり送り届けることになるだろう、と述べている。また、歌人伝校正本については、先頃「青表紙」本と共に江館へ送ったはずだと管庫が知らせてきている旨を拙斎に報じている。

当時は、藤原定家伝の引用書のことも問題になっていたらしい。幽谷は、拙斎から送られてきた別紙（不明）の内容に対して、「相心得申候」と応えた上で、ただ『正徹物語』だけは水館の本が久しく不明となってしまっているので分かり兼ねると述べ、さらに続けて「外ニ引書脱候哉。追而分り次第、可得貴意候」と述べている。定家は、現行本巻二二一歌人四藤原俊成に付伝されている。

本書簡の執筆年次は、書中「攘夷之儀に付幕府より之大号令云々」とあり、これは文政八年二月に幕府から出された異国船打払令を指すこと、また「池翁……凋落云々」とあるのが同年同月の小池友識の死を指すこと（前掲『続水戸紀年』）等から明らかである。

○七五通目・五月九日付書簡

正徹物語、先達而為差登候処、定家一件も此中ニ有之候。塙より御かりよセ候本も、抄録ものと相見へ申候。

幽谷は、前出五五通目書簡で水館の『正徹物語』が久しく不明となってしまっていることを記していた。しかし、後出三九通目書簡においてこれが見つかったことを報じたが、拙斎から調査を依頼された歌人伝藤原定家に関する記述は書中に見当たらないので、次便で該書を送付するからそちらでも確認してみてほしい、と書いている。ところが、後出七六通目書簡をみると、該書を送る前にこの記述が見つかったようで、幽谷は該書と当該個所の書抜きとを拙斎のもとに送っている。ここに引用した本書簡の記述からは、拙斎が、幽谷から該書が送られてくるまでの間、塙（勝文）から借用した『正徹物語』を使って検討を加えていたらしいことが分かるが、幽谷はこの塙の本を「抄録もの」とみていたようである。

次は本間資氏のこと。幽谷が「本間資氏、建武記に従ひ忠秀に作り候方御同意之由、致承知候」と記しているところをみると、拙斎は、後出七六通目書簡で幽谷が提案している「資氏」を「忠秀」に改めることに同意を示したものとみえる。続けて幽谷は、忠秀伝の資料として用いた『太平記』の記述のうち「初事尊氏後属義貞尊氏悪其反覆」という部分は、全く「逆順之理」を知らない者の書法である、と批判を加えた上で、『建武記』によって書けば忠秀は「勤王家」ということになり、「反覆之人」とは言いかねるので、列伝の叙次も少々変更しなくてはなるまい、と述べている。そして、七六通目書簡同様、「貴面御相談、相究申度候」と結んでいる。

本書簡の執筆年次は、前出五五通目書簡との関連から、文政八年と推定される。

○一四三通目・七月十九日付書簡

「紀淑人之事」につき、本書簡には「別紙得貴意候」とあるのみであるが、四二通目書簡にも「文学伝紀長谷雄附伝淑人之事」が記されている。日付が「十九日」になっているだけでなく、この件のみが縷々記されているところをみると、あるいはこの書簡が本書簡にいうところの「別紙」ではあるまいか。そこでこの件については、この四二通目書簡によって、以下にその内容を見ておくことにしたい。

文学伝紀長谷雄附伝淑人之事、貴諭ニハ淑人モ武人に候間、校正本小野好古伝へ附候方宜様に思召候所、上木之本ニハ脱居候間、もし此度彫直ニ相成候ハ、入可申哉、又旧ニ依候哉、如何可致哉との御相談、致承知候。

拙斎は、紀淑人は武人であるから小野好古伝に付伝したほうが良い、と考えていたようである。ところが、すでに上木の成った好古伝をみると淑人が付けられていないので、もし彫り直すようなことにでもなったらどのように処置したものかと幽谷に相談している。これに対して幽谷は、

淑人、純友叛乱之時に当て伊予守に任セられ、盗賊帰降、海表廓清候事も有之候へバ、好古伝へ附候方宜様にハ御坐候。乍去先輩も心付キ不申筈も有之間敷候へ共、長谷雄へ附置候ハ、其事跡（中略）皆々吏務ノ上、政事之方ニテ績ヲ効候事、一切ノ武人トハ次第モ違ひ候間（中略）好古ノ戦功ヲ以テ顕候トモ格別ノ様ニ御坐候。

と応えている。淑人も純友の乱鎮圧に功があったので好古伝に付けた方が良いようでもあるが、かといって淑人は、好古のように戦功のみで名を顕した者とも異なる。一方ではまた、「文学長谷雄の子ニモ、文華ハカリニ無之、如此政事の実才有之子ヲ附候モ一段ノ奇」ともいえるので、いまは取りあえず「旧のま、ニ文学へ附シ置候方可然トノ了簡ニテ、上木の時ハ旧ノマ、差置候様ニ覚候」と述べた上で、幽谷は「乍去」、と次のごとく続ける。(25)

経基ノ事跡、此度平四郎考ニテ補入ノ条モ出来、ホリ直シニ相成候ハ、、ヨキ序ニ候間、淑人之事も至当の所へ帰宿いたさせ度候。

結局幽谷は、源経基伝（巻一三七）などを彫り直すようなことにでもなれば、その時は淑人も至当の個所に付けるようにしたい、と述べるに留めているのである。

そこで現行本を見てみるに、淑人は小野好古伝（巻一三七）に付伝されており、紀長谷雄伝（巻二一五文学三）には、その末尾に「淑人は小野好古の伝に見ゆ」と記されているのみである。結局、拙斎の提案したごとくに訂正されたものらしい。

次に幽谷は、水館蔵書の虫干しのことにふれ、国史校訂業務を捗らせるため、管庫らと相談の上、今年は例年より早めに済ませることにした、と述べている。

ところで幽谷は、江戸に登り拙斎と業務上の打ち合わせをしたいと思っていたのであるが、なかなか当局から許可が下りず、再三再四拙斎を通じて願書を提出してきていた。その様子は、文政七年の通し番号四五・一一五・一三六の各書簡等にもみえたところである。本書簡をみると「来年云々之説、待遠に候へ共、致方無之候」とあるので、拙斎から、来年にはなんとか希望が持てそうだ、といった連絡があったもののようである。加えて拙斎は、幽谷の出府実現の前に、片を付けておくべきことは付けておきたい、とも言ってきたらしい。幽谷はこれに対して、文通による意思の疎通の困難なことを理由に、重要な問題の決定は面談実現の時まで待たざるを得ない旨を書き送っている。

本書簡の執筆年次は、「史略拙序云々」や虫干しについての記述などから文政八年と推定した。幽谷は拙斎の著書『皇朝史略』に序文を書いているが、その日付は「文政丙戌七月既望」となっている。「丙戌」は九年に当たるが、九年七月には幽谷は出府して江戸に滞在していたわけであるし、六年には拙斎の方がまだ江館総裁に就任していなかった。また七年は、九〇通目書簡でみた如く虫干しが遅れたというのであるから、結局、本書簡は八年に執筆されたものということになるのである。

○一四六通目・七月廿九日付書簡

幽谷は、江戸出府の件につき本書簡でも、

> 国史之儀、来春云々待遠にハ候へ共、左様御規定之上ハ、今更致方無之段ハ、此方にても左様相心得罷在候。

と記し、出府が来春になるのも止むを得ないこと、と受け止めていたようである。そして、これに続けて幽谷は、

> 京都官人の説云々、筋へ御申述被成候由被仰下候ニ付、国史之儀王事同様に候間、当路ニてわけの分り候人有之、

被急候程に候ハヽ、当年迚も致方無之ニも限り申間敷候へ共、来春云々に決定之勢に候へハ、何ほど竹熊之書御差出し被成候共、夫なりニてはかく〳〵敷儀ハ有之間敷奉存候。

と記している。この記述からはどのような内容のものであるかは分からないが、「京都官人の説云々」をその筋へ申し述べるなどして、拙斎が、当年中の出府実現にむけて当局へ積極的に働きかけていた事実を窺うことができる。しかし、幽谷は、今年中の出府の実現にはかなり悲観的であったようである。

ところで、江館が進めていた「義烈・列女二伝」の校正が済み、これに平四郎（中山）の貼札を付したものが、拙斎から幽谷のもとに送られてきたようである。幽谷は、早速これに目を通し、

義烈之方ハ出入も少く相見へ申候間、近日少々書入いたし候而為差登可申候。列女の方ははり札ニてハ埒明兼候様に御坐候。

と、その所感を述べている。義烈の方はさほどでもないが、列女の方はかなり問題があるようだ、というのである。もっとも、この後の尚々書の部分をみると、

今度被遣候校本は、太平記時代と違ひ、余り入組六ヶ敷事も少キ様に候間、永く留置つもりハ無之候。

とあり、『太平記』の時代を扱った部分に比べれば難しいところも少ないようなので、長期間に亙らずに返却できるだろう、と述べている。

本書簡の執筆年次は、先にみた一四三通目書簡同様、江戸出府の件や拙斎の著作『皇朝史略』中の記事「持統帝紀元之事」等が記されているので、同じく文政八年と推定した。

○一八四通目・十二月十四日付書簡

先便御用書御認了、御退館之後、中山平四郎罷越、忠行等伝持参之由ニ而被遣候間、早速為写、今日返進いたし

候。

拙斎は、中山平四郎が持参したという賀茂忠行等の伝を幽谷のもとに送ってきた。幽谷は、例の如く書写した後、これを返進している。

この折の拙斎からの書簡には、「護良親王之子興良之事」及び「安倍晴明作大刀契図之事」につき、『南朝事跡』及び『中右記』から何事かを書き抜いて送って欲しい、と記されていたようである。幽谷はこれに、「今日間に合兼候間、跡より遣可申候」と応えている。

本書簡の冒頭には、異筆で「酉十二月聿脩録懸合之一件」と墨書されている。「聿脩録」については本書の第七章を参照されたい。ここに記されている干支の「酉」は文政八年と思われるのと、次の七九通目書簡との関連から、本書簡の執筆年次を同年と推定した。

○七九通目・十二月廿四日付書簡

陸（興）良之事、南朝事跡に有之、見合可申旨被仰下候処、南朝事跡ハ、去ル申年中為差登置候旨、管庫中聞候間、
貴館にて御吟味可被下候。

先に一八四通目書簡で、幽谷は拙斎から、「護良親王之子興良之事」につき、『南朝事跡』を調べて書抜きを送って欲しい、と頼まれていた。この件で幽谷は、本書簡において、同書は申年（文政七）中に江館に送っているはずだと管庫が言っているので、そちらで調査してみて欲しい、と述べている。また、「護良親王之子興良之事」について、当時「興良」か「陸良」かが前年からの懸案とされていたようであり、本書簡では、本文を「陸」にしてその右側に「興」と傍記している。この時点では、いまだどちらとも決めかねていたものらしい。これは現行本では「陸良」となっており、その父護良親王の伝に「陸良、母は源親房の妹なり。太平記・保暦間記。陸良は細細要記に拠る。○古本帝王系図には興良に作る。」と付記されている。因み

に「興良」は、宗良親王の伝末に「一子興良先つて卒す。新葉和歌集。興良は細細要記に拠る。」とあり、宗良親王の子とされている。

次に幽谷は、やはり一八四通目書簡に出てきた「安倍晴明作大刀契図之事」につき、拙斎から、ある年号の調査を依頼されていたようである。それが『中右記』を調べた結果分かったらしく、幽谷は書抜きを作らせて拙斎のもとに送っている。現行本安倍晴明伝（巻二二六）をみると、

初め天徳中、節刀災に罹りて、人其の制を知るもの莫し。詔して晴明に問ひたまふ。晴明木様を作りて之を献る。中右記寛治八年。

の如く記されており、その典拠が「中右記寛治八年」となっているので、幽谷が調査を依頼されていた年号とは、あるいはこれを指すものか。なお「節刀」とは、将軍出征の際に天皇より賜る刀のことである。

最後は「随身公助の事」。当時、公助の姓が「下野」であるか否かが前年からの懸案となっていたが、幽谷は本書簡において、確かな典拠の見つからないことを理由に、拙斎に更なる検討を促している。現行本では、巻二二二に「下野」ではなく「下毛野」として伝が立てられ、「下毛野公助。公助の姓は今昔物語に拠る。父武則は摂政兼家の随身なり云々」と記されている。典拠として挙げられているのは『今昔物語』である。また、「随身」を勤めたのは公助ではなく、その父武則とされている。

本書簡の執筆年次は、書中「去ル申年中云々」とあること、及び一八四通目書簡等との係わりから、文政八年と推定される。

◎以下には、日だけしか記されていないもの、及び月日共に明記されていないもののうち、文政八年に執筆されたと推定できるものを、通し番号の順に列挙し、検討を加えてみることにする。

○三九通目・廿九日付書簡

花鳥余情・小右記等引用之書、別紙御書抜被遣候分、見合候儀相心得、早速諸子へ致配分候。廿七・八両日休日ゆへ、今日為登候様に八間に合兼候。此次為差登可申候。

拙斎は、『大日本史』の引用書として挙げられている『花鳥余情』『小右記』等からの引用個所の書抜きを幽谷のもとに送り、その稿本との照合を依頼してきた。幽谷はこれに応えて、早速諸子に分担して調べさせたようであるが、休日が続いたため作業が捗らなかったらしく、今日の便に間に合わなかったので後便で送り届ける、と記している。

次に幽谷は、前出五五通目書簡で不明本とされていた『正徹物語』が見つかったことを報じている。

正徹物語之儀、此方之御本見出し申候。因而先達而之一条可有之歟と、小子一ト通繙閲いたし候へ共、見え兼申候。他書引違に可有之哉。此次彼物語遣候様可仕候。尚又宜御考可被下候。

しかし、先に拙斎が問い合わせてきた個所は、調べてみたがどうも見当たらなかったらしく、この本を次便で送り届けるからそちらで検討してみて欲しい、と書き送っている。

本書簡の執筆年次は、前出五五通目書簡との関連から文政八年と推定した。

○四〇通目・九日付書簡

本書簡で幽谷は、先に三九通目書簡で拙斎から依頼されていた『花鳥余情』『小右記』等見合わせの件は、「引合セ半々にて、いまた見へ兼候ヶ条有之候間」、後ほど書付を差出すつもりでいる、と記している。

次に幽谷は、後出七六通目書簡で、藤原定家のことに関する『正徹物語』からの引用個所を見つけ出し、書抜いて拙斎のもとに送ったことを記しているのであるが、本書簡では、その書抜きを「定而御一見被下候事奉存候」と記し、さらに続けて、

> 右之外、歌書等大和詞にて、容易ニ難解儀も御坐候処、池翁幷丹生皆々泉客と相成候ゆへ、往々差支も出来候。如貴諭、当年ハ歌人の大厄歳と相見へ、池・丹師弟ともに、一両月之間易簀候儀、扨々可歎事御坐候。

と記している。「大和詞」で書かれた歌書等で大いに難儀してきていたところ、「池翁幷丹生」が共に他界したため、ますます支障をきたすようになった、というのである。ここにいう「丹生」は丹子正のことで、文政八年三月没（前掲『続水戸紀年』）。「池翁」すなわち小池友識の死は、先にみた五五通目書簡に既出する。依って本書簡の執筆年次が分かると同時に、本書簡と内容的に関連のある三九・七六両通目書簡も同年のものと推定できる。

○七四通目・十七日付書簡

> 都良香之事、腹赤子と旧本有之候ハ、全く謬に相違無之候段、御同意ニ御坐候。古今集目録に貞継子と御坐候由、是を引候而本伝御改可被成旨、御尤千万奉存候。

都良香（現行本巻二一五）のことにつき、「旧本」が腹赤の子としているのは誤りである、というのが拙斎の意見であり、幽谷もこれに同意の旨を述べている。拙斎はさらに、「古今集目録」に良香が「貞継子」とあるので、これに依って本伝を改めるべきであると言ってきたようである。これに対して幽谷は「御尤千万奉存候」と述べ、続けて

> 国史を引候而、伯父腹赤と彼目録に相見へ候儀、貞継兄腹赤と申文ニ符合いたし候へバ、いよ〳〵貞継の子たる事明白と存候。

と述べている。この件に関しては、両者は同一見解であったようである。そこで現行本の都良香伝を見てみると、「父貞継は父貞継は古今和歌集目録に拠る。弘仁中、兄腹赤と請ひて云々」と記されている。結局、この件は両者が考えたように書き改められたことになる。

次は本間資氏のことについてであるが、幽谷が前出七五通目書簡において、旧稿のうち『太平記』によって記した

大部分に誤りがあり、これを『建武記』の記述によって改めたい旨を拙斎に相談したところ、その同意を得ることができたことをみた。そして、本書簡をみると、この件につき拙斎は、忘れないうちに改めておいたほうが良い、とも言ってきていたようである。これは前出七五・後出七六の両書簡で幽谷が、「貴面御相談」の上で決定したいと繰り返しその意向を表明しているのに対して、実現の見通しの立っていない面談を待って改めるというのでは機を逸してしまいはしないか、と危惧してのことのように思われる。拙斎の抱いたこの危惧の念を察知してか、幽谷は「字句相直し候事とも違ひ、列伝序次くりかへ」をも伴うやも知れぬ重要な問題であるから、このように申し上げたわけである、と本書簡中でその意のあるところを説明している。

ところで現行本においては、巻一七六に

本間忠秀（名は建武二年記に拠る。○本間系図に持季に作り、太平記及び異本には重氏に作る。）孫四郎と称す。相模の人なり。（太平記。）（中略）忠秀騎射絶倫なり。初め足利尊氏に事へたりしが、尊氏の降るに及び、忠秀も亦従ひて帰順す。（太平記。）左衛門尉と為り、武者所に直す。（建武二年記。）尋で新田義貞に従ひて、尊氏を和田崎に拒ぎ、（中略）乃ち大呼して名を敵陣に伝へて曰く、（中略）万衆之が為に引き卻く。（○本書名を呼ぶの条に資氏に作れるは誤なり。）後、車駕に随ひて京師に入りしが、尊氏之を六条河原に斬る。（太平記。）（後略）

と記されており、幽谷の提案どおりに「資氏」は「忠秀」と改められて立伝され、また「左衛門尉と為り、武者所に直す」という文言もみえている。そして、資氏はこの忠秀伝末に「子資氏は彦四郎と称し、亦騎を善くせり」と忠秀の子として記されている。

本書簡の執筆年次は、先の七五通目書簡ともども、次の七六通目書簡との関連から文政八年と推定される。

○七六通目・四日付書簡

本書簡はいずれかの書簡の「別啓」である。幽谷は、拙斎が「国史考」の件につき意見を述べてきたのに対して、承知の意を伝えると共に、所用で忙しく、別に一書を認める暇がなかったため、拙斎からの書簡に朱書して返信したことの非礼を詫びた上で、

已後とても、如此間に合兼候時ハ、簡便に従ひ申度候へ共、貴意も難計候間、先此段及御相談候。

と拙斎の考えを質している。

次に幽谷は、「歌人伝定家之事、正徹物語にて見出し候間、別紙書抜遣候」と記している。先に三九通目書簡で見当たらないとされていた個所が、どうやら見つかったものとみえ、当該個所を書き抜いて送っている。

次は桃井直和のこと。「桃井直和之儀、写本文脈、別紙之通ニ御坐候」とあるが、具体的内容については何も分からない。現行本では巻一七七の桃井直常（直和の父）の伝末に付記されている。

最後は本間資氏のこと。幽谷は、

本間資氏の伝、太平記により候而、初事尊氏々々悪其反覆斬之、と出来居候所、愚案には左様有之間敷存候。

と記し、『太平記』に依った稿本の記述に疑義を呈している。さらに続けて、

系図幷文禄清談にハ、其名資氏ト有之候へ共、建武二年記ハ当時之記録にて、忠秀と御坐候。建武記に従ひ、直武者所為左衛門尉事をのセ申度候。其外竜馬を駁候事抔も書加へ可然様ニ御坐候。

とあるのをみると、従来、『本間系図』や『文禄清談』によってその名を「資氏」としてきたのを、当時の記録である『建武二年記』により「忠秀」と改め、さらに「直武者所為左衛門尉事」や「竜馬を駁候事」等を書き加えた方がよかろう、というのである。そして最後は、「委細ハ考置候事御坐候へ共、重而貴面御相談可申候」と結んでいる。最終的にどのように落着したかは、先に七四通目書簡のところで見ておいたとおりである。

本書簡の執筆年次は、前出の五五通目書簡との関連から文政八年と推定される。

第四節　文政九年書簡にみる作業の状況

○二通目・二月十九日付書簡

幽谷は、長いこと江戸出張を希望してきていたが、藩庁からの許可がなかなか下りなかった。それがこの度、やっと念願が叶い、「九十日程相詰候心得ニ而」「来月十六日方出立と相極申度候」と、拙斎宛に書き送っている。幽谷としては、出来得ることなら来月早々にでも出向いて、「国史之儀其外」につき相談したかったらしいが、「来月中旬過」との御達しだったのでこの日に決めたいと述べ、さらに「為念津大夫殿へ御伺、否之儀」であれば後便で知らせてほしい、と拙斎に依頼している。

幽谷はまた、「尚々書」のところで、

登り前国史取調之儀ハ、両三日余計ニ隙取候而も、隙取候程之儀も出来不申候。委細ハ登後御申合可仕候。

と述べている。すなわち、出府前はあまり時間もないので、国史に関する問題点をあらかじめ整理・検討しておくことは難しく、すべては出府後の拙斎との話し合いに俟ちたい、というのである。

○一三三通目・二月廿四日付書簡

前出二通目書簡のなかで、幽谷は、出府の日時を来月十六日にしたいという意向を述べていた。ところが、その書簡と行き違いに拙斎からの書簡が幽谷のもとに届いた。その中には、「中旬過と申候御事に候へハ、廿日前登ニも相成間敷候間、廿日着ニ相成候様、十八日立ニ致候而可然」と記されていたらしい。これに対して幽谷は、「十八、廿日両日共差合有之候間、十六、七之内出立候歟、又ハ其後罷登候様ニも仕度候。廿日後ニ候へハ下旬に御坐候」と応え、さらに「中旬とか下旬とか御達に候ハヽ明了に候へ共、過の一字、何共解兼候」と述べ、藩庁からの通達の曖昧な表現をどう解釈すれば良いのか、いささか戸惑っている様子である。

また、当時「藤原師長」のことが問題になっていたものか、幽谷は師長の伝について何事かを別紙に認め、拙斎のもとに送り届けたようである。師長は、現行本では巻一四八藤原頼長伝に付伝されている。

○二六七通目・二月廿九日付書簡

前出の通し番号二、一三三の両書簡で問題になっていた出府の期日について、幽谷は拙斎に「貴地御故障も無之候ハヽ、十六日出立之振ニ極申度」と、重ねて書き送ったものらしい。これを受けた拙斎が、内々にその筋へ問い合わせてみたところ、それで良い旨の返事があったらしく、これを幽谷に報じてきた。幽谷は「大に安心仕候」と記し、続けて

仍而於此方も十六日方出立ニ可仕、江戸同職方へも懸合之上、日限右之積ニ而、定式拝借等受取之儀、御断ニ仕度、筋へも申出候所、十六日出立ニ宜候旨、手紙達有之候。仍而弥十六日出立可仕候。

と記している。すなわち幽谷からも、十六日出立ということでその筋へ申し出たところ、これを許可する旨の「手紙達」が届き、先に二通目書簡で希望していたとおり十六日出立と決定した、というのである。幽谷はさらに続けて、

今日ゟ支度引ニ相引申候。是迄取ちらし置候公私之書冊等、取調形付相済ハヽ、支度引中ニ而も史館へ罷出、貴地へ致持参候御書物等扱振之儀、管庫へ可申合候。

と記している。これをみると幽谷は、早速休暇を取って出立の準備に取り掛かっている。先ず「公私之書冊等、取調形付」を済ませ、次いで江戸へ持参する「御書物等扱振」について管庫と相談することにしたもののようである。

本書簡の執筆年次は、前出の通し番号二、一三三両書簡ともども、拙斎が江館総裁となった後の幽谷の出府決定に

ついて記されているので、文政九年であることが分かる。

○二〇三通目・八月廿九日付書簡

小子儀帰郷後無事、乍憚御安意可被下候。先日之御病後、御出仕ハ被成候へ共、冷気にて御気分不佳候由、折角御自愛可被成候。

江戸出張を終えて帰水した幽谷は、体調も良かったようである。むしろ拙斎の方の具合が芳しくなかったようで、健康に留意するよう幽谷の方から拙斎に注意を促している。

その後で幽谷は、近況を報じて、

下り後十日休定式之通有之、格別悠々と仕候。乍去五、六日之間ハ打続来客、何も出来不申、漸一両日静に相成候。

と記している。当時は、こうした出張から帰ると十日間の休暇がもらえることになっていたものらしい。通例の如く休暇をとっていた幽谷は、初めの五、六日の間は来客の応接に忙しく、何もできないような状態であったが、やっとこの一両日静かになり一息つくことができた、と述べている。

○二〇九通目・十一月廿九日付書簡

江館ではこの頃人事異動があり、中清書担当の人員が不足していたらしい。そこで拙斎は、臨時に一人手当てをしてくれるようその筋へお願いするつもりだが如何なものであろうか、と幽谷に相談してきた。幽谷は、「貴地ハ何事も御申立次第無滞相済候勢ニ御坐候間、御都合次第宜可被仰立候」とこれに応え、続けて「此方ハ何事も埒明兼、指支中候」と記し、水館の業務が全ての面で円滑に進まないのを嘆いている。

ところで幽谷は、本書簡の冒頭部分に、

小子儀、病後今以頭痛等相止兼、往来之熱気少々相残候。乍去忌明之後ハ打続出勤、押張罷在候間、御苦労被下間敷候。

と記している。文政九年十一月初旬に幽谷の兄が没した。幽谷は、この亡兄の忌明け後、頭痛が止まず微熱もあったが、無理をして出勤していた。しかし、この書簡が拙斎の手元に届いた頃には、すでにこの世の人ではなかったのである。幽谷の没年は文政九年十二月朔日、すなわち本書簡執筆の翌々日のことである。

なお、書中に「新局も十三日ゟ御開」とある「新局」が、『東藩文献志』(26)編纂のため文政九年に藩主斉脩によって設置された機関であることも、本書簡の執筆年次推定の手掛かりとなる。

第五節　執筆年次未確定書簡にみる作業の状況

以下には、執筆年次の確定できない書簡を、通し番号順にみていくことにする。

○三八通目・六月廿九日付書簡

先年貴兄此方にて国史御通観被成候節、正誤之一書御書立被成候由之処、此度被遣、慥致入手候。

拙斎は、江館総裁となって赴任する前、国史を通覧し、誤っていると思われる個所を摘出・訂正して、一書にまとめておいたらしい(27)。それが幽谷のもとに送り届けられてきた。

上木に相成候分、追々為直置候様被成度に付、右御一書一覧之上、心付等も候ハヽ、付札に而為差登候様来諭之趣、具致承知候。

拙斎は、これから上木する分に予め少しずつ手を入れておきたかったらしく、一覧して気付いた点があればこれに付札して送り返して欲しい、と幽谷に頼んでいる。これに対して幽谷は、「拝見之上、心付候事も候ハヽ、何分可及御相談候」と応えている。

本書簡は、書中「先年貴兄此方にて」「為差登」等の語句がみえることから、拙斎の出府後に執筆されたものと思われる。そして、文政九年のこの時期には幽谷は江戸にいたのであるから、七年か八年のものということになろう。

○四三通目・二月廿九日付書簡

幽谷は、三統理平伝に付箋を施して、拙斎のもとへ送ったようである。これに目を通した拙斎は、「経の字ハ歴字之誤」である旨を言ってきた。これに対して幽谷は、「小子も左様可有之推察いたし候」と応えている。そこで、現行本の同伝（巻二一五）を見てみると、理平の子元夏について記したところに、

天暦中、式部少輔・文章博士を歴て、本朝文粋・二中歴・類聚符宣鈔・政事要略。東宮学士と為り、（後略）

とある。ここでは、両者の間で意見の一致をみたごとく、「歴」字が用いられている。

幽谷はまた、「召当時文士云々」という表現中の「当時」という語は、俗文で使われるそれの語勢に紛らわしいので付箋を付けておいたが、必ずしもこの語でなくても良いということであれば改めては如何か、とも記している。これに対して拙斎は、『後漢書』巻七五周栄伝の付伝孫景伝の中から、「当時」についての用例を書き抜いて幽谷のもとに送ってきたものらしい。それは、同伝中の「故当時論者議此二人云々」の個所らしく、幽谷は「為心得御抄示被下奉謝候」と礼を述べている。

この部分は現行本では、

時に帝学を好みたまひ、藤原春海をして日本紀を講ぜしめ、一時の文士を召して講に侍せしむ。理平も亦これに

与りしが、（後略）

となっており、幽谷の主張のごとく「当時」が「一時」に改められている。

本書簡は、書中「後便為差登」とあることから、拙斎の江戸赴任後に執筆されたものであることが分かる。

○五九通目・十月十九日付書簡

後村上紀大宝落城之事に付、常楽記書抜見出し候間、本書御見合被下候様得貴意候処、書付之通相違無之由、然ハ本紀一年ちかひ候間、為御改被成候様、御記置に被仕度候。

幽谷は、「後村上紀大宝落城之事」に関する『常樂記』からの書抜きを見つけたため、これを拙斎のもとに送って原本との照合を依頼していた。拙斎が調べてみたところ、書抜きの記述に間違いのないことが分かった。その結果、従来の本紀の記述が一年違っていたことになるので忘れずに改めさせて欲しい、と拙斎に依頼している。そこで『常楽記』(28)を見てみると、北朝康永三年甲申（南朝興国五年）の条に、

三月八日。春日侍従顕邦朝臣、甥右兵衛佐同時生捕、則誅也。下野国大宝城合戦。

とあり、「大宝城合戦」のことが記されている。そして、現行本『大日本史』後村上天皇本紀（巻七〇）には、

四年（南朝興国。北朝康永二年）癸未（中略）是の歳、関・大宝の城陥り、準大臣源親房等走りて吉野に至り、別府文書・常陸税所文書。結城親朝、足利尊氏に降る。結城文書。

と記されている。現在の研究成果によれば、大宝城は、南朝興国四年（北朝康永二年）の十一月十一、十二日の合戦で関城とともに落城し、関城にいた北畠親房は逃れて吉野に帰った。しかし、春日顕国はなお常陸に留まり、一時は大宝城を奪回したが、翌年三月八日に再び奪われ、顕国は捕われて殺された、とされている。(29)そこで今、『常楽記』と『大日本史』の記述を比べてみると、前者は二度目の落城のことについての記述であり、後者の方は一度目の落城につい

て記されたものであることが分かり、どちらも誤りとはいえないようである。現行本の『大日本史』に訂正が加えられていないのは、後に熟考した結果、この事実に気付いたからではなかろうか。

次は「列女補伝篠塚氏之事」。この件について彦次郎（豊田）が認めたものを、幽谷が拙斎に送付したところ、拙斎から一個所不明の点を指摘された。幽谷は、

小子も一覧之節、彼二字目出候間、当人へ問返し申候事ニ御坐候。是ハ追而為相改候心得ニ御坐候。

と記した後、この草稿が「彦次郎書立候まゝ」のものであり、「当人之手際」を見てもらうため、一字も手を入れずに送り届けたのだ、と述べている。

前出の六六通目文政七年書簡で拙斎が言ってきた「列女伝云々之儀」は、旧本では篠塚伝の注文中に記されているが、「怪誕之事」は採り兼ねる、というのが幽谷の見解であった。いま本書簡で話題になっている「篠塚氏之事」は、これとは別の豊田が認めたものについてのことである。

本書簡の執筆年次は、書中に「為差登云々」とあることから、拙斎出府後のいずれかの年のものであろう。

○七三通目・廿九日付書簡

江館の拙斎から幽谷のもとに、「校正本茶表紙」を送って欲しい、との依頼があったらしい。幽谷は、今日中には揃え兼ねると管庫が言うので次の便で届けることにする、と応えている。

幽谷はまた、「保昌伝残本」を先便で送ろうと、別封して管庫に渡しておいたのであるが、なにか手違いでもあったものか送り漏れになってしまったらしく、管庫の方から今日の便で送ったとの連絡があった、と拙斎に報じている。藤原保昌伝は、現行本巻一四〇に収載されている。

本書簡中には、「此次遣」「先便遣」等とあって「為差登」という表現は採られていないが、「廿九日」の日付になっ

ていることから、藩公用の定期便を利用したように思われるので、拙斎の江館総裁就任後に書かれたものとみて良いのではあるまいか。

○七七通目・廿四日付書簡

加茂忠行伝立稿、出来候由ニ而、一昨日豊生より指出候。一覧之上、今日為差登可申存候所、外ニ下書無之由ニ御坐候間、刪潤を加へ候為メにも、今一通写候而出し候様、只今申達候。仍而今日ハ為差登不申候。後便遣可申候。

幽谷が豊生（豊田天功）に執筆するよう命じておいた加茂忠行伝が成稿し、幽谷のもとに提出された。幽谷は、これを一覧した後、拙斎のもとに送ろうとしたのであるが、他に下書きもないとのことだったので、もう一部写しを作るよう豊田に命じたものらしい。そのようなわけなので後便で送り届けることにする、と書いている。この加茂忠行伝のことは、前出の通し番号七八・一八四の両書簡にも出てくるが、それは豊田が認めたものとは別物についての記述のようである。

ところで、加茂忠行伝は現行本巻二二六方技伝に入れられているが、本書簡集中の書簡のうち、方伎伝に関する記述は文政七年と翌八年の書簡のなかに多くみえるので、本書簡の執筆年次は文政七年もしくは八年と推定できそうである。

○八〇通目・十四日付書簡

調伊企儺（ツギノイキナ）の伝の収載の仕方に変更が生じたようである。幽谷が、

義烈伝中ニ書込ニ相成候時ハ、旧本之通にても宜候。此度は伝中開巻第一ニ相成候間、同しくハ何所人と申事、書入申度候。

と書いているのによれば、同伝は義烈伝の第一番目に据えることとなったらしい。そこで幽谷は、「旧本」に手を入れ、「何所人」というようなことも書き入れた方が良かろう、と提案すると共に、「本書の歌詞、姓氏録等考合、別紙之通相認、及御相談候。宜御裁定可被下候」と述べている。そこで、現行本の同伝を見てみると、巻二二三義烈の第一番目に、

調吉士伊企儺、難波の人、日本紀。難波の人は本書の大葉子の歌に和する歌詞及び姓氏録に摂津に調曰佐あるに拠る。応仁の朝に、努理使主といふもの有りて百済より帰化す。（中略）伊企儺は蓋し其の後ならん。

の如く記されており、出自を記述すべし、という幽谷の意見が採用されている。

次に幽谷は、「孝子・方伎等之事」も早く送り届けたいと考えていたようであるが、「考訂・改正等之所」が相当入り組んでいて、書面では分かりにくそうだったので、ひとまず残して置くことにしたらしい。そして、「一ト通下ケ札位にて相済候分ハ、追々為差登可申候」、とこの書簡を結んでいる。

本書簡は、書中に「為差登」とあることから、拙斎の江戸赴任後に書かれたものと思われる。

○一〇一通目・十一月十一日付書簡

「別啓」で始まる本書簡の冒頭に、幽谷は、「外国伝之内先達而粛慎之条へ女真補入いたし候事、御承知之通ニ御坐候」と書いている。そこで、現行本巻二四一諸蕃一〇(30)を見てみると、「女慎」は「粛慎」中に補入されているのではなく、これと並べて立伝されている。後にまたこのように変更になったものであろう。

次に「琉球」について幽谷は、懸案となっていた称呼上の問題が解明されたので、いよいよ同伝を立てることとしたいが、その際その中に「為朝等之事」を「さっと書入申度御坐候」と述べている。現行本の同伝（巻二四一諸蕃一〇）には、

初め源為朝伊豆の大島に配流せらる、や、諸島を侵略して、遂に鬼島に至りて、島人を懾服せしめ、一人を掠めて還り、歳ごとに絹百匹を納れしむ。保元物語。所謂鬼島も亦琉球なり。後、為朝の子島中に逃れ、天孫氏に代りて王と為れりと云ふ。

と記され、これに「南浦文集・中山伝信録を参取す。（中略）附して以て考に備ふ」という割注が施されているが、ここにいう「為朝等之事」とは、この記述のごとき内容のことであったものか。こうしておけば、「義家附伝の為朝の条注文薩州釈玄昌云々ノ一段」は削除しても良かろう、と幽谷は言う。現行本為朝伝（巻一四三源義家伝に付伝）中に「薩州釈玄昌云々」の注文がみえないところをみると、幽谷の意見が容れられたものと思われる。

次に幽谷は、

蝦夷の巻ニ粛慎ハ附し候間、蝦夷の次ニ流求を標し、其次ニ西南夷国漂流人等之事ヲ載候へバ、都合も宜相成候。

と記している。「蝦夷」は、現行本では巻二四〇諸蕃九に「上」が、巻二四一諸蕃一〇に「下」が収載されており、既出の「粛慎」、「女慎」、「琉球」等も、この諸蕃一〇の中に並列して立伝されている。ここに提示されている幽谷の構想とは若干その趣を異にしている。そして、「吐火羅」「舎衛」「崑崙」「波斯」等のいわゆる「西南夷国」についてみると、現行本では巻二四三諸蕃一二中に、中国の宋・元・明朝の後へ、これと並べて立伝されている。ただし、「舎衛」と「波斯」は「吐火羅」中でふれられているのみで、独立した伝が立てられているわけではない。幽谷は、これらの国々については「詳なる事ハ唐の書に譲候事勿論に候へ共、あまり疎略に過候様」にならぬよう、豊田生にいろいろ指示して書き立てさせているところなので、出来上がり次第送付して相談することにしたい、と述べている。

先に文政七年のものと推定した四九通目書簡の中で、幽谷は名目伝のことにふれ、外国伝のように他の部分との係わりの少ないものから先に上木を済ませては如何か、と提案していた。本書簡も、この四九通目書簡と近い時期に執筆されたもののようであるが、年次を特定することはできなかった。

○一三〇通目・三月廿九日付書簡

国史督課の件につき、幽谷は拙斎からの書簡に貼札を付けて返信としたが、今度はその貼札の中味に対して拙斎が承知をした旨、幽谷のもとへ書き送ってきたらしい。幽谷は、張札の中味に対する拙斎の見解が気掛かりであっただけでなく、急いで認めたために礼を失した表現などなかったかと心配もしていたのであるが、拙斎からの丁重な書簡をみて安堵している。拙斎の方では、書簡によっては意を尽しがたく、行き違いが生じたりしてはまずいと考え、込み入った議論を避けたもののようである。

ところで、拙斎はこの件について国老・参政等へ上申もしたらしく、その旨報告を受けた幽谷は、「とかく来月にも入候ハヽ、何レとか御沙汰可有之奉存候」と述べている。

本書簡の執筆年次については、書中「貴地にてハ云々」とあることから、拙斎の江館総裁就任後のものであることが分かる。ただし、「三月廿九日」の日付になっているので、この時期幽谷が江戸に出張していた文政九年は除かれ、七年か八年ということになる。

おわりに

以上、本章では、藤田幽谷と青山拙斎とが並んで彰考館総裁の地位にあった、約三年半の間の水戸藩修史事業の実態を、国立国会図書館が架蔵する『藤田幽谷書簡』によってみてきたわけである。その結果、この両者の間で、短い期間ではあるがかなり頻繁に、多くの問題について意見の交換が行われていたことを確認することができた。そこで以下には、この期間に展開された修史事業のうち、いくつかの特徴的な事柄を、年次を追いつつ、もう一度ざっと振り返ってみることにする。

文政六年に江戸に赴任した拙斎は、館員の出勤時間を「四ッ時迄」（午前十時頃）と定めるなどして、新総裁として『大日本史』紀伝の校訂・上木作業に積極的に取組む姿勢を、江館諸子の前に明確に示した。しかし、この時間でも思うようには揃い兼ねるような状態だ、と幽谷に溢している。光圀が寛文十二（一六六二）年に小石川邸内に歴史編纂所を移し、これを「彰考館」と命名した折に定めた「史館警」という館員の服務規則では、「辰の半」（午前八時半頃）が出勤時間と定められていたのであるから、この出勤時間ひとつをとってみても、当時の館員の志気はかなり弛緩していたように見受けられる(31)。

加えて、この年の書簡中には、清原武則・藤原清衡両伝の中清書本及び藤原伊通伝の中清書・清書両本が、江館で所在不明の状態になってしまっていたことが記されていた。それらは後に発見されはしたものの、幽谷の睨みの効いていた水館に比して、半年間総裁が不在であった江館のタガの緩みがかなりひどかったようであることを示す出来事といえよう。勇躍して江戸に上った新総裁の拙斎は、完全にその出鼻を挫かれてしまった感がある。そして、この年の十二月二十四日付（六七通目）書簡をみると、館務は今日までとあるので、当時は二十四日が御用納めであったことが分かる。

拙斎赴任後のこの年後半には、前出の清原武則など三名のほかに藤原有国の伝が話柄に上されていたことが、残された書簡から窺える。

さて文政七年に入ると、正月二十七日に藩主斉脩の生母小池氏が卒し、三月にはその四十九日の法要が営まれた。

また五月二十八日には、英国船の船員が領内大津浜に上陸するという大事件が発生した。これらの出来事によって史館の業務は、その進捗を大分阻まれるかに思われた。事実、九月十四日付（四九通目）書簡には、ついに上木中断に立ち至ったことが記されており、また十一月四日付（八二通目）書簡には、上木作業の年内再開の目途が立たないばかりか、版下の清書作業すら滞ってしまっていたことが記されていた。この原因の一つとしては、四六通目書簡にみえていた「彫刻の良工一人病死」という出来事も、あるいは大きく係わっていたのかもしれない。しかし、幽谷・拙斎ともに自ら進んで残業をし、館員を督励して精力的に作業を進めた結果、校訂の仕事の方はかなりの進捗をみたようである。本書簡集中、本件について両者の間で遣り取りされた書簡は六十九通に上るが、そのうちの三十八通をこの年の書簡が占めていることからも、両者の精励ぶりを窺うことができるであろう。

その当然の結果として、この年に何らかの形で検討を加えられた人物の数は実に多数に上る。煩を厭わずその名を挙げれば、源義家、安倍貞任、藤原伊通、清原武則、藤原清衡、源隆国、源満仲、藤原師賢、藤原藤房、大江景繁侍従忠房、錦織俊政、藤原長親、藤原（日野）邦光、藤原実政、藤原有国、喜撰、藤原師基、藤原教基、藤原清忠、円観・文観、土岐頼兼、足助重範、橘良利、藤原公宗、小野小町、篠塚某の娘伊賀局、新田義貞、曾我祐成・時致、中原章兼・章信の父章房、源義朝、相者登照、随身公助、八田知家、興良、賀茂忠行、弓削是雄等となる。また、各書簡中には、方伎（技）・歌人・孝子・列（烈）女・文学・叛臣・外国等多くの名目伝名がみえることから、当時の校訂作業の主な対象領域のひとつが名目伝であったことが分かる。

ところで、この年は、幽谷・拙斎両者間の関係が冷え込んだ年でもあった。当時、拙斎の方は、水館の作業の進捗が果々しくなかったこともあってか、神経がピリピリしていたようであり、幽谷もまた、出府の許可が下りないので苛立っていた。こうした折柄、津藩の『聿脩録』に藩主斉脩の序文を遣わす件をめぐって意見の対立が生じたりもしていたため、[32] 相互に不信感を拭い去れずにいたもののようである。

翌文政八年は、二月に小池友識が、また三月には丹子正が没したため、大和詞で書かれた歌書等の良く分かる者が少なくなり、作業に支障をきたすといったマイナス要因もなくはなかった。しかし、幽谷が切望していた賜宴が春のうちに行われ、藩主斉脩から国史校訂の労をねぎらわれたことが、館員の士気の振起に大きく作用したであろうことは、想像するに難くない。さらに加えて、前年に拙斎が国史校訂作業の手伝いとして藩主斉脩に紹介した中山平四郎（信名）と、幽谷が門人中の俊秀として目を懸けてきた豊田天功、及び拙斎の長子延光の三名が、この年あたりから作業にだいぶ貢献するようになってきていたことなどもあり、作業を統括する幽谷と拙斎にとっては、これからの仕事の推進に明るい展望が開ける兆しを感じられるようになってきたものと推察される。

この年には、弓削是雄、藤原定家、桃井直和、本間資氏、都良香、紀淑人、源経基、賀茂忠行、安倍晴明、興良、随身公助等の伝が俎上に上されている。また、昨年に引き続き、方伎（技）・文学・歌人・義烈・列（烈）女等の多くの名目伝が吟味されているのも確認できた。しかし、この年は拙斎の著書『皇朝史略』の刊行をめぐる書簡及び昨年同様『聿脩録』関連の書簡等は相当数みられたのであるが、『大日本史』関連の書簡はそれほど多くはなかった。[33] それでも、昨年には及ばないながらも校訂作業にはある程度の進捗がみられたようである。

文政九年の三月から八月まで、幽谷は江戸に出張した。この出張は文政五年以来のことであり、幽谷が一昨年、昨年と強く希望しながら、容易に藩庁の許可が下りずにいたものであった。この出張があったこともあって、この年のものと思われる書簡は、本書簡集中には僅かしか見られなかった。そのうち校訂作業に係わる記述がみえるのは一三三通目（二月廿四日付）書簡のみで、そこには藤原師長の伝（現行本巻一四八藤原頼長伝に付伝）について幽谷が何事かを別紙に認め、拙斎のもとに送り届けたことが記されていたが、その内容については何も分からない。結局、この年の校訂作業の具体的な進行状況は、本書簡集所収の書簡からは全く窺い知ることができなかった。

それから、執筆年次を確定できなかった書簡が若干残ってしまったが、それらも全て拙斎の総裁就任・江戸出府後のものであることが確認された。

執筆年次未確定のものの中では、まず本紀中の後村上紀が検討に付されていた。それから、実際に名前を挙げて検討されていた人物は三統理平、篠塚某の娘伊賀局、藤原保昌、賀茂忠行、調伊企儺（ツギノイキナ）、源為朝等で、外には文学・列（烈）女・義烈・孝子・方伎（技）・外国等の名目伝が何らかのかたちで話柄に上されていた。

幽谷と拙斎がともに彰考館総裁の地位にあったこの約三年半という期間の拙斎宛幽谷書簡には、当時江館が責任をもって作業を進めていた方伎、孝子、義烈、列女といった名目伝に関する記述が多くみられるのが、その特徴のひとつとして挙げられる。また、当時上木作業に取り掛かっていた『太平記』時代の諸伝について、資料の検討の不十分なところを再検討している個所の多いのも特徴といえるであろう。南北朝の内乱期にあたるこの時代は、前述したように『大日本史』の三大特筆のひとつである南朝正統論とも係わる重要な時期であることもあり、上木を前にして稿本の記述を慎重に吟味している様子が窺えるのである。


さて、ここに本章を結ぶにあたり、幽谷が没した文政九年十二月朔日以降の水戸藩修史事業の展開を概観しておくことにする。

拙斎は、天保元（一八三〇）年に総裁職を辞するまで、江戸にあって館務を統括した。この年、藩主斉昭（斉脩の弟、文政十二年水戸藩第九代藩主となる）は、江館を縮小して館員の大半を水戸に移した。水戸では、拙斎の嗣子延光等によって紀伝の校訂作業が引き続き進められ、嘉永二（一八四九）年、紀伝全巻の上木が完了し、光圀百五十年忌の廟前に刻本が献納された。さらにその後誤脱などを訂正し、同五年には朝廷及び幕府への進献も無事に済み、ここにようやくにして、紀伝についてのみは決着をつけることができた。

ところで、文政七年のものと推定した三月十九日付書簡（三五通目）の中で、幽谷は「志類之事ハ別に一工夫御坐候」と述べていた。しかし、紀伝の上木が完了したこの時に至っても、志表の編修の方は依然として大きな進展がみられなかった。こうした状況を打開し、志表の編修を軌道に乗せたのが豊田天功であった。天功は、天保十三（一八四二）年に「仏事志」を、翌十四年に「氏族志」を成稿させた後、国史志表編修頭取に任命されて編修業務に専念することとなった。ところが、その矢先の弘化元（一八四四）年に所謂「甲辰の国難」に遭い、その後約十年間のブランクを余儀なくされた。しかし、同職に復帰した後には、激務の中でさらに「食貨志」「兵志」「刑法志」と次々に成稿させていったが、元治元（一八六四）年、いまだその完成を見ることなく病没してしまった。

やがて江戸幕府が倒れて新たに明治政府が成立し、明治二（一八六九）年、彰考館は水戸徳川家に帰属して存続することとなり、館員の整理が行われて人数が大幅に削減された。しかし、志表編修の仕事は、天功の門人栗田寛をはじめ、菅政友・津田信存・青山延寿・清水正健・栗田勤らによって引き継がれた。彼らは恵まれない状況の下で、一方では天功の残した草稿を校訂しつつ他方では新たに稿を起こして、明治三十九年十二月、ついに十志五表を完成させた。こうして水戸藩の『大日本史』編纂事業は、明暦三年の光圀創業以来じつに二百五十年の歳月を費やして、本紀・列伝・志・表と目録の全四百二巻が完成し、ここにようやくその終結の時を迎えることができたのである(34)。

なお、本章においては、幽谷と拙斎がともに彰考館総裁の地位にあった約三年半という期間の『大日本史』編纂の進行状況を、国立国会図書館所蔵の『藤田幽谷書簡』所収書簡により、年次を追って辿ってみることを主たる眼目とした。そのため両者の議論のどちらに理があるか、またこうした議論を経て成った『大日本史』の記述が、現在の学問研究の成果からみて妥当なものであるか否か、といった点には全く触れることがなかった。本章は、このような点からすればきわめて不十分なものとなったが、この期間における水戸藩の『大日本史』編纂事業に関する歴史の空白を、ほんの僅かではあるが補足できたという手応えは確かに感じている。

注

(1) 以上の『大日本史』編纂過程の叙述は、主として『水戸市史』中巻(一)(二)(三)及び『茨城県史料』「近世思想編　大日本史編纂記録」の解説に依った。

(2) 吉田前掲書七六四頁には九月となっているが、山川菊枝著『覚書幕末の水戸藩』(岩波書店　昭和四九)三九頁には十月と記されている。

(3) 「西丸一件」とは、文政六年四月二十二日、西の丸書院番松平外記が、江戸城中で本多伊織ら三名を斬殺のうえ自殺した事件。

(4) 本章中の「現行本」とは、大日本史普及会編『訳注大日本史』(川崎紫山訳注)をいう。以下同じ。

(5) 国立国会図書館に写本一冊架蔵。扉に「国史補遺青山延于」と墨書されており、「水戸青/山氏蔵」の印記がある。清水正健著『増補水戸の文籍』にいう文政十年の江邸火災の「燼余の数巻」が本書か。

(6) 引用文の読み下しは、大日本史普及会編『訳注大日本史』(川崎紫山訳注)に依った。以下同じ。

(7) 『国史補遺』の有国伝の項をみると、「蒙疾発帝募封内有能愈蒙疾者賜千金更命道士於星辰下為之請命呉志呂蒙伝」と記した付箋が貼付されている。拙斎が幽谷に送った書き抜きには、おそらくこれと同じことが書かれていたものであろう。この付箋には、さらに続けて「請命爵命を請候分人ノ命ヲ請候事ニ用候事前文之分晉書ニも御坐候様ニ覚申候」と記されている。

(8) 前出の『国史補遺』をみると、この歌はたしかに安倍貞任伝中に記されている。

(9) 本書簡集中の二三五通目書簡は二月十二日の日付になっているが、そのなかに「明朝より瑞竜へ発足云々」とある。

(10) この件については、吉田前掲書七四〇—七四五頁を参照。
(11) 人事については稿を改めて検討するつもりであるが、この個所には、『大日本史』の編纂に直接係わりのある記述がみられるので、特に取り上げておいた。
(12) 岡崎槐陰著『修史復古紀略』享和三年の条。
(13) 川口緑野著『史館事記』文化三年の条。
(14) 吉田前掲書七六三—七六四頁参照。文政五年十月に当時の江館総裁川口が水館総裁藤田に書簡を送り、三進献の分は入り組んでいるところが多いので十分に熟議する必要があるため、彫刻は暫く扣えるようにしようと提案してきたことが記されている。
(15) 本書簡集中には、拙斎の著書『皇朝史略』の書名・内容やその刊行のこと等につき、この時期、幽谷と拙斎が激論を闘わせていたことの窺える書簡が幾通か含まれている。それらの中には、随分と過激で感情的なことばも見えるのである。この両者の応酬については、小松徳年「青山延于著『皇朝史略』の刊行をめぐる二、三の問題——延于宛藤田幽谷書翰を中心として——」(『茨城県立歴史館報』十五)を参照。
(16) 岡崎前掲書文化二年四月二十六日の条に、「藤田一正を召し左右を退け懇命有り。談、水館諸務の事に及ぶ。且つ学術の論有り、敬服に堪へずと云ふ。時に総司渡辺騰侍坐す」とあり、同二十七日の条には「藤田一正発軫し水館に帰る。同僚松戸の関に送別す」とある。幽谷の脳裏からこの折の情景が消え去ることは、決してなかったものと思われる。
(17) 「台湾志」は川口の著作の『台湾鄭氏紀事』のこと。詳細は本書第五章を参照されたい。
(18) 本書簡集中では「列女伝」「方伎伝」と表記されているが、現行本では、それぞれ「烈女伝」「方技伝」となっている。以下、現行本に関する記述の個所では「烈女伝」「方技伝」と表記することにする。
(19) 吉田前掲書の七八一—七八二頁参照。なお拙斎は、幽谷没後も牧園から九州方面の古文書を借用し、紀伝の校訂に利用させてもらっていたようである。
(20) 『大日本史』の三大特筆とは、(1)神功皇后を本紀に入れず后妃伝に列したこと、(2)大友皇子の即位を認めて天皇大友紀を立てたこと、⑶南朝の天皇を正統としたこと、の三つをいう。いずれも皇統に関する問題を扱ったものである（鈴木暎一著『水戸藩学問・教育史の研究』の二八頁等を参照）。

(21) 吉田前掲書六四五頁および岩波日本思想大系四八『近世史論集』解題（小倉芳彦著）を参照。

(22) 「梓弓のうた」　たらちねのとりはじめにしあづさ弓これさへ家の風となりぬる（関白）、「君が代の歌」　君か代のやすきにゐてもくるしきはあやふき民のこころなりけり（同）。この二首は「天授元年五百番歌合」（後亀山天皇等詠、宗良親王判）に収載されている。

(23) 中山の『大日本史』校訂事業への貢献については、吉田前掲書七八二―七八七頁を参照。

(24) 文政三年九月十九日、高橋は総裁職を免ぜられて書院番頭となり、代わって川口緑野が幽谷と共に総裁職を勤めることになった（西村文則著『藤田幽谷』二三九頁）。

(25) 承平年間伊予掾となった藤原純友は、瀬戸内海の海賊勢力と結び朝廷を脅かしたが、承平六（九三六）年、紀淑人によって一時鎮圧された。しかし、再び勢力を盛り返したため、天慶三（九四〇）年、今度は小野好古と源経基とが追捕使として西下。配下の藤原恒利の離反などによって敗れ、翌四年に殺された（吉川公文館『国史大辞典』等参照）。

(26) 水戸藩史である『東藩文献志』は、拙斎が藩主斉脩の命を奉じてほとんど独力で編修に携わったが、文政十二年の斉脩逝去によって作業は中止となり、未完に終わった。詳細は、吉田前掲書七七一―七七七頁参照。

(27) 吉田前掲書七七〇頁に、文政十年十一月二十四日夜の小石川本邸火災の際、史館も類焼し、拙斎が認めておいた「国史補遺」「国史正誤」の二書が焼失してしまったことが記されている。ここにいうところの「正誤之一書」とは、あるいはこの「国史正誤」のことであろうか。

(28) 「群書類従」第二九輯雑部第五（続群書類従刊行会本）所収。

(29) 吉川弘文館『国史大辞典』参照。

(30) 「外国伝」が明治三十年に現行本のごとく「諸蕃伝」と改刻された事情については、吉田前掲書の三六〇―三六一頁を参照。

(31) 『水戸市史』中巻一の六六九―六七〇頁を参照。

(32) 津藩の『聿脩録』に水戸藩主斉脩の序文を遣わす件を巡る両者の遣り取りについては、本書の第七章を参照されたい。
(33) 本章補説の「青山拙斎略伝」を参照されたい。
(34) 幽谷没後の水戸藩修史事業の展開については、栗田前掲書、『水戸市史』中巻三の九九七—一〇二五頁、『茨城県史』近世編の六一九—六二一頁等を参照。

補説　藤田幽谷・青山拙斎略伝

藤田幽谷と青山拙斎は、共に当時の水戸藩を代表する学者であった。本章中に両者の伝記事項を記すことができなかったので、その略伝を以下に掲げておくことにする。

○藤田幽谷略伝

本書簡集の差出人である藤田幽谷（諱一正、字子定、通称熊之介、のち与介と改め、さらに次郎左衛門と称した。幽谷は号）は、安永三（一七七四）年、水戸城西南の下谷（現在の宮町）に、古衣商を営む与右衛門の次男として生まれた。天明四（一七八四）年に立原翠軒に入門、同八年、十五歳のとき翠軒の推薦で彰考館に入った。翌寛政元年には留付並で正式の館員となり、同三年十八歳のとき、切符を賜って下士の列に加わり、彰考館編修として『大日本史』の編纂に携わることとなった。

この年、幕府の老中松平定信は幽谷の才名を聞いて文を徴したが、この時書かれたのが「正名論」であるといわれている。この文章は、幽谷の名分思想形成の原点となった重要なものであり、これがさらにその門人らによって発展

させられ、水戸学の思想の主要な柱となったとされている。(1)

寛政七（一七九五）年二月、幽谷は同門の小宮山楓軒らと師翠軒に随伴して上京した。江戸を経て京都・奈良・高野山・和歌山・大坂等を巡遊し、帰途、伊勢・名古屋・富士を廻り、八月に帰水。本書簡集中の一九二通目（正月九日付）書簡は、この西遊直前のものかと思われる。そのなかで幽谷は、西遊以前に拙斎所蔵の「水経」（北魏酈道元撰『水経注』四十巻のことか）を借覧し、「山水勝概胸中に蓄候助」にしたいと述べている。翌八年、幽谷は居宅を水戸の梅香に賜った。幽谷の自筆書入れのある国立国会図書館所蔵『大戴礼記』に押捺されている蔵書印「梅巷／図書」は、この居宅の町名に因んだものであろう。

翌寛政九年七月十六日、藩命を奉じて江戸に上った幽谷は、十一月八日まで小石川の水戸藩邸宿舎に滞在した。この間、八月二十九日に水戸彰考館の同僚宛に意見書を送り、翠軒が中心となって校訂作業を進めていた『大日本史』の題号について異議を唱えた。これがすなわち「校正局諸学士に与ふるの書」である。また、十月二十二日には『修史始末』を著して翠軒に提出し、さらに同じ頃、第六代藩主治保（諡文公）に封事を上呈し、(2)藩政の改革を主張している。この封事上呈が文公の怒りに触れたものか、幽谷は彰考館編修を免ぜられて小普請組に入り、水戸に帰って謹慎の身となった。本書簡集所収の二一〇通目（十二月十八日付）書簡のなかで幽谷は、師翠軒から十二月九日付の絶交状が届いたことを拙斎に報じている。ここに至って幽谷と翠軒との対立が表面化してきたわけである。

幽谷が、赦に遭って再び入館し編修に復したのは、光圀の百年忌に当たる寛政十一年十二月六日のことである。この年幽谷は、『勧農或問』を著して農政改革論を展開している。

享和二（一八〇二）年、幽谷は梅香の自宅に私塾青藍舎を開き、門弟の教育に当たることになった。その門からは、のちに会沢正志斎、豊田天功をはじめ、多くの逸材が輩出するのである。この幽谷の学風と教育とについては、高弟

正志斎が著した『下学邇言』ならびに『及門遺範』等から窺い知ることができる。(3)

翌三年には、後述するように『大日本史』志表編修のことを命ぜられ、二月に居を江戸に移し、文化二（一八〇五）年四月まで当地で任に当たった。そして翌三年の三月には次子東湖が誕生している。幽谷は二男五女を設けたが、長子熊太郎の夭逝により、この東湖がやがて家督を継ぐことになるのである。

幽谷が水戸彰考館の総裁となったのは文化四年のことであり、さらにその翌年には総裁職兼務のまま郡奉行に任じられ、同九年まで民政にも携わった。この間、同七年には、幽谷の代作になる第七代藩主治紀（謚武公）の上表文を付した『大日本史』紀伝刻本二六巻が朝廷に献上されている。

越えて文政二（一八一九）年、幽谷は嗣子東湖と天功を伴って出府し、二人を亀田鵬斎、大田錦城らに引き合わせた。天功は文化二年の生まれで、東湖よりひとつ年上であるが、二人は青藍舎の学友として互いに切磋し、その交友関係は以後も長く続いた。

文政七年五月には、水戸領大津の浜に英国船の船員十二名が上陸するという事件が発生した。幽谷は、遠く寛政四（一七九二）年九月のロシア使節ラクスマンの根室来航以来、北方問題に関心を示してきたが、この事件で領土的野心を持つ西欧列強に対する危機意識をいちだんと強め、ために東湖を大津浜に遣わし、「洋夷」を斬らせようとしたほどであった。このことは成らなかったが、幽谷のこの攘夷思想は、その翌年三月に成った門人正志斎の『新論』の中に結実している。

ところで幽谷は、文政五、九の両年にも江戸に上っているが、五年のは病用の出府であった。当時の幽谷は健康状態が勝れず、不如意な日々を送っていたらしい。それは本書簡集所収の多くの書簡から窺える。それにもかかわらず幽谷は、彰考館の館務の外に自分の著述を纏めたいと思っていたようで、「経史之儀、兼而考究いたし置候事共、段々書立中度儀も御坐候へ共、（中略）老境ニも至候而無述候も不本意ニ御坐候間、何とそ一工夫可仕候」と、二一二通目（年月日未記入）書簡に書いている。しかし、ついに果たさずして、文政九年十二月一日、梅香の居宅で没した。享年五十三であった。(4)

○青山拙斎略伝

藤田幽谷の書簡の受取人である青山拙斎（諱延于、字子世、量介と称し、雲龍又拙斎と号した）は、安永五（一七七六）年に青山瑤谿（延彝）の第三子として水戸に生まれた。拙斎は、父瑤谿及び立原翠軒に学び、二歳年上の幽谷とは年少時から翠軒門下の学友であった。寛政六（一七九四）年、拙斎十九歳のとき彰考館に入り、享和元（一八〇一）年に父瑤谿が没して家督を継ぎ、翌二年に彰考館編修となった。

寛政元年に師翠軒が立てた志表廃止の方針は、享和三年二月の翠軒致仕後に撤回され、志表の編修が再開された。拙斎は、十三の志目中の「神祇志」と「礼儀志」を担当することになった。この時決定された分担には、後にいくらか変更があったらしく、その子佩弦斎（延光）が撰した「先考拙斎先生墓表」によると、拙斎は「輿服志」も撰したことになっている。また同年九月、拙斎は幽谷及び川口緑野らと高橋坦室宅に会し、志類の編集方針について協議したりしているから、この頃には既に館の中心的存在の一人となっていたようである。越えて文化五（一八〇八）年、幽谷が郡奉行に転出すると、拙斎は総裁代役に任じられている。同十三年、藩主治紀（武公）が没して斉脩（哀公）が襲封した。拙斎は文政二年、前君治紀の事跡を録した『武公遺事』を著すとともに、現君斉脩に対して封事を上呈し、藩政刷新を建言した。拙斎の封事は、現在十三ほどが確認されているという。(5)また、翌三年には彰考館先賢の事績を録して『文苑遺談』に纏めた。同書には続集もある。

ところで、水戸近海に初めて異国船が姿を現わしたのは文化四年のことであったが、文政六、七年頃になると頻繁に出没するようになってきていた。なかでも文政六年六月には、異国船一艘が九日、十日と続けて那珂湊沖の海上に現われたため、水戸藩から郡奉行、先手物頭はじめ数十名が湊に出動した。この際、拙斎も筆談役としてこの一隊に従い、十数日間湊で任務についている。この時の模様をまとめたのが『蕃舶記』である。

この年の七月十六日、拙斎は江戸彰考館の総裁となった。これに先立つ三月十四日には師翠軒が八十年の生涯を終え、五月二十一日には僚友高橋坦室が五十三歳で没している。既に前年十二月、江戸彰考館総裁川口緑野が失行により罷免されていたので、『大日本史』紀伝校訂・上木のことをはじめとして、史館の業務は拙斎と幽谷の二人が協力して進めていくこととなったのである。

拙斎は、文章に秀でており著作も多かったが、代表作はやはり正続の『皇朝史略』であろう。その正編は文政六年に成稿し、翌年斉脩に上呈された。同書は『十八史略』等の体裁にならい、漢文で書かれた編年体の日本通史で、当時においては類書のない便利なものであった。加えて、多年に亙る『大日本史』編修の成果に基づき、内容的に優れていたこともあって、文政九年に初版が刊行されてのち、明治初年に至る間に幾度も版を重ね、広く普及した(6)。同書には続編があり、こちらは天保二（一八三一）年に刊行されている。なお、文政九年に刊行された正編には、藩主斉脩と僚友幽谷の序文が付されていた。しかし、斉脩の序文は初版の非売品にのみという条件付きで掲載を許可されたものであり、幽谷の序文も以後の版からは姿を消し、亀田鵬斎と朝川善庵の序文のみが付されている。本書簡集中には、同書の書名・内容やその刊行のこと等について、幽谷が拙斎に所感・所説を書き送ったものが数多く収載されている。それらを見ると、拙斎の方から草稿が送られ意見を求められたのに対して幽谷が応え、幽谷のその意見をめぐってさらに両者の間で様々な議論が戦わされる、といった展開となっていることが分かる。この両者の応酬をつぶさに眺めることにより、両者の思想の相違点が明確に浮き彫りにされてくる。[7]

拙斎はまた、『皇朝史略』の刊行されたこの年から、斉脩の命を受けて『東藩文献志』の編纂にも携わった。同書は、「水藩君臣の賢否得失を詳にし、法制の弛張興廃を明らめて、当時為政者の鑑戒に供する」[8]ために編纂を企てられたのであるが、文政十二年の斉脩病没により、事業は中途で打ち切られ、ついに完成を見ずに終わった。

斉脩没後は、斉昭(烈公)が第九代藩主に就任した。この斉昭襲封は、正志斎はじめ幽谷門下生を中心とする藩政改革派が、将軍家斉の第四五子清水恒之允を擁立する門閥派重臣に対抗し、死を賭して陳情運動を展開した末にやっと実現をみたものであった。当時江戸彰考館総裁を勤めていた拙斎は改革派に与し、斉昭擁立に挺身した。拙斎は、治保・治紀・斉脩・斉昭の四代の主君に仕えてきたが、なかでも斉脩・斉昭二君の篤い信頼を得、斉昭からは、その部屋住み時代から「青山先生」と呼ばれて尊敬されていた。[9]

天保元(一八三〇)年、拙斎は水戸に帰って総裁を辞任するのであるが、まもなく書院番に補せられ、同三年には通事となった。

ところで斉昭は、藩主に就任後、様々な改革政事を断行していったが、そのひとつに天保十二年の藩校弘道館の開設がある。その前年に小姓頭となった拙斎は、正志斎とともに、開設を間近にひかえた弘道館の初代総教(教授頭取)に任命されている。天保十四年九月六日没、享年六十八。[10]

注

(1)　瀬谷義彦著「水戸学解題」(日本思想体系五三『水戸学』所収)参照。

(2)　幽谷は、文公・武公・哀公三代の藩主に対して、数多くの封事を上呈している。封事とは、密封して直接主君に奉る意見書のことである。幽谷には纏まった著作が少ないため、これがその思想を知る上で重要な資料となっている。

(3) 鈴木暎一著『水戸藩学問・教育史の研究』四五九—四六二頁参照。

(4) 以上の幽谷の伝記事項は、主に『水戸市史』中巻二及び三に依って纏めた。

(5) 小松徳年「青山延于の歴史思想についての一考察」(『茨城県立歴史館報』四　所収)を参照。

(6) 『水戸市史』中巻三　九五三—九五六頁を参照。

(7) 小松徳年「青山延于著『皇朝史略』の刊行をめぐる二、三の問題」(『茨城県立歴史館報』一五　所収)を参照。

(8) 清水正健著『増補水戸の文籍』一五頁を参照。

(9) 瀬谷義彦著『水戸の斉昭』一一六頁を参照。

(10) 以上の拙斎の伝記事項は、主に『水戸市史』中巻二及び三に依って纏めた。

第二章　文政期における水戸藩の『大日本史』編纂事業（主題別考察）

——国立国会図書館所蔵『藤田幽谷書簡』所収書簡にみる——

はじめに

国立国会図書館所蔵の『藤田幽谷書簡』には、江戸時代後期の水戸藩儒藤田幽谷（一七七四—一八二六）が、同じく水戸藩儒青山拙斎（一七七六—一八四三）に宛てた書簡二百八十二通が収載されている。本書簡集は、『国立国会図書館所蔵貴重書解題』第十四巻として、同館図書部から昭和六十三年に翻刻されている。その解説によれば、本書簡集はある時期まで青山家に保存されていたもので、その多くは文政期、それも文政六（一八二三）年以降に執筆されたものが多いようである。

本章では、この全二百八十二通の書簡の中から、この時期の水戸藩修史事業に係わる記事のみを抽出し、第一節では『大日本史』紀伝の校訂・上木作業の進捗状況について、また、第二節では『大日本史』紀伝の校訂・上木作業推進をめぐる諸課題等について、それぞれ人物やテーマ等の別に整理し検討を加えてみた。使用した資料が第一章と同じであるから、当然のことながら内容的には第一章と重複するが、当時の修史事業の実態をより把握しやすくするために、試みにこのような形に纏めてみたものである。

なお、『藤田幽谷書簡』についての詳細、及び幽谷と拙斎の伝記事項等については、本書第一章を参照されたい。また、使用した各書簡の年代考証も同じく第一章でしておいたので、そちらに譲ることとする。

第一節　文政期における『大日本史』紀伝の校訂・上木作業の進捗状況

(1)　本　紀

①　宇多天皇本紀中の橘良利のこと

文政七年の八二通目（十一月四日付）書簡をみると、幽谷は橘良利のことで、昨年来拙斎から相談を受けていたらしい。それがいよいよ方伎伝を校訂する段となり、改めて拙斎から相談をもちかけられたようである。

此度方伎伝御校訂之処、右良利弥良基へ附可申哉、又は方伎へ入可申哉、如何と御相談之趣、致承知候。

とあるのをみると、それは良利を橘良基伝に付伝すべきか、方伎伝に入れるべきかの選択の問題であったことが分かる。これに対する幽谷の返答は、

良基伝ほり直し等六ヶ敷候ハヽ、方伎へ入候も可然候へ共、碁聖バかりにも無之、寛平法皇江奉仕候次第、其人恩足奇候へバ、良基の伝へ附し候而方伎へ不入候も宜様ニ御坐候。

というものであり、結局、どちらとも定見はなかったようである。

現行本『大日本史』(1)では、良利は良基伝（巻一一五）にも方技伝（巻二二六）(2)にも入れられておらず、宇多天皇の本紀（巻三一）中に、次の如く記されている。

初め法皇薙髪したまひしとき、親臣橘良利といふ者、亦披剃して寛蓮と号す。法皇既に脱屣して、屢々比叡・石

上に幸したまふ。遊幸ごとに人の之を知ることを欲せず、常に従衛を屏け去り、惟々寛蓮一人のみ従ふことを得たり。帝或は近臣に命じて法皇に扈従せしむれども、輒ち避けて潜に出でたまふ。大和物語。

どの段階でいかなる経緯によってこのように落着したのかは分からないが、いずれにせよこの件に関しては、この時点で幽谷・拙斎共に確たる意見は持ち合わせていなかったようである。

②　後村上天皇本紀大宝落城のこと

幽谷は、五九通目（十月十九日付。執筆年次未確定）書簡に、

後村上紀大宝落城之事に付、常楽記書抜見出し候間、本書御見合被下候様得貴意候処、書付之通相違無之由、然ハ本紀一年ちかひ候間、為御改被成候様、御記置に被仕度候。

と記している。これによると、当時幽谷は、「後村上紀大宝落城之事」に関する『常楽記』からの書抜きを見つけたため、これを拙斎のもとに送って原本との照合を依頼していた。拙斎が調べてみたところ、書抜きの記述に間違いのないことが分かり、その旨を幽谷のもとに知らせてきた。それを受けて幽谷は、従来の本紀の記述が一年違っていたことになるので忘れずに改めさせて欲しい、と拙斎に依頼している。

そこで『常楽記』(3)を見てみると、北朝康永三年甲申（南朝興国五年）の条に、

三月八日。春日侍従顕邦朝臣、甥右兵衛佐同時生捕、則誅也。下野国大宝城合戦

とあり、「大宝城合戦」のことが記されている。そして、現行本『大日本史』後村上天皇本紀（巻七〇）には、

四年癸未（中略）是の歳、関・大宝の城陥り、準大臣源親房等走りて吉野に至り、別府文書・常陸税所文書。結城親朝、足利尊氏に降る。結城文書。

と記されている。現在の研究成果によれば、大宝城は、南朝興国四年（北朝康永二年）の十一月十一、十二日の合戦で関城とともに落城し、関城にいた北畠親房は逃れて吉野に帰った。しかし、春日顕国はなお常陸に留まり、一時は大宝城を奪回したが、翌年三月八日に再び奪われ、顕国は捕われて殺された、とされている。(4) そこで今、『常楽記』と『大日本史』の記述を比べてみると、前者は二度目の落城のことについての記述であり、後者の方は一度目の落城について記されたものであることが分かり、どちらも誤りとはいえないようである。現行本の『大日本史』に訂正が加えられていないのは、後に熟考した結果、この事実に気付いたからではあるまいか。

（2）列　伝

①　皇子伝

（イ）　陸（興）良のこと

文政七年のものと推定される七八通目（十二月十四日付）書簡をみると、先頃「興良」を「陸良」と改めたが、「陸良」は「常陸宮」と称したことから誤ったものであり、やはり「興良」で良かったのだと中山（諱信名・通称平四郎）が言っている旨を、拙斎が幽谷に知らせてきたようである。同時に、江館所蔵本『紹運録』には護良の皇子についての記述は見当たらない、とも報じてきたらしい。幽谷がこれに応えて、「此方の御本ニも護良ハ有之候へ共、其御子ハのセ不申候」と書いている。これをみると、当時「護良親王之子興良之事」について、「興良」か「陸良」か、また果して護良親王の子であるのか否か、が問題にされていたようである。

この件は、なかなか結論が出なかったようで、翌文政八年の一八四通目（十二月十四日付）書簡でも話柄に上されている。ここでは拙斎から「護良親王之子興良之事」について『南朝事跡』から何事かを書き抜いて送って欲しい、と言ってきたようである。幽谷は、これに応えて、「今日間に合兼候間、跡より遣可申候」と記している。そして、同じく文政八年の七九通目（十二月廿四日付）書簡には、次のように記されている。

　陸（興）良之事、南朝事跡に有之、見合可申旨被仰下候処、南朝事跡ハ、去ル申年中為差登置候旨、管庫中聞候間、
　貴館にて御吟味可被下候。

すなわち、『南朝事跡』は申年（文政七）中に江館に送っているはずだと管庫が言っているのでそちらで調査してみて欲しい、と幽谷は返事をしているのである。そして、この書簡では、本文を「陸」にしてその右側に「興」と傍記している。つまりは、この時点に至っても、両者共にいまだどちらとも決めかねていたもののようである。

これは、現行本『大日本史』では「陸良」となっており、護良親王の伝（巻九九皇子十四）に「陸良、母は源親房の妹なり。太平記・保暦間記。陸良は細細要記に拠る。○古本帝王系図には興良に作る」と付記されている。因みに、「興良」は宗良親王の伝末に「一子興良先つて卒す。新葉和歌集。興良は細細要記に拠る」とあり、宗良親王の子とされている。

②　諸臣伝

（イ）　紀淑人のこと

「紀淑人之事」につき、文政八年の一四三通目（七月十九日付）書簡には「別紙得貴意候」とあるのみであるが、四二通目（十九日付）書簡にも「文学伝紀長谷雄附伝淑人之事」が記されている。日付が「十九日」になっているだけでなく、この件のみが縷々記されているところをみると、あるいはこれがこの書簡にいうところの「別紙」ではあるまいか。そこでこの件については、この四二通目書簡によって、以下にその内容をみておくことにしたい。

　文学伝紀長谷雄附伝淑人之事、貴諭ニハ淑人モ武人に候間、校正本小野好古伝へ附候方宜様に思召候所、上木之

本ニハ脱居候間、もし此度彫直ニ相成候ハヽ入可申哉、又旧ニ依候哉、如何可致哉との御相談、致承知候。

拙斎は、紀淑人は武人であるから小野好古伝に付伝したほうが良い、と考えていたようである。ところが、すでに上木の成った好古伝をみると淑人が付けられていないので、もし彫り直すようなことにでもなったらどのように処置したものか、と幽谷に相談している。これに対して幽谷は、

淑人、純友叛乱之時に当て伊予守に任セられ、盗賊帰降、海表廓清候事も有之候ヘバ、好古伝へ附候方宜様にハ御坐候。乍去先輩も心付キ不申筈も有之間敷候へ共、長谷雄へ附置候ハ、其事跡（中略）皆々吏務ノ上、政事之方ニテ績ヲ効候事、一切ノ武人トハ次第モ違ひ候間（中略）好古ノ戦功ヲ以テ顕候トモ格別ノ様ニ御坐候。

と応えている。淑人も純友の乱鎮圧に功があったので好古伝に付けた方が良いようでもあるが、かといって淑人は好古のように戦功のみで名を顕した者とも異なる。一方ではまた、「文学長谷雄の子ニモ、文華ハカリニ無之、如此政事の実才有之子ヲ附候モ一段ノ奇」ともいえるので、いまは取り敢えず「旧のまヽニ文学へ附シ置候方可然」ということで、「上木の時ハ旧ノマヽ、差置候様ニ覚候」と述べた上で、幽谷は「乍去」、と次のごとく続ける。

経基ノ事跡、此度平四郎考ニテ補入ノ条モ出来、ホリ直シニ相成候ハヽ、ヨキ序ニ候間、淑人之事も至当の所へ帰宿いたさセ度候。

すなわち、源経基伝（巻一三七）など平四郎（中山）の考証結果によって彫り直すようなことにでもなれば、その時は淑人も至当の個所に付けるようにしたい、と述べるに留めている。

そこで現行本を見てみると、淑人は小野好古伝（巻一三七）に付伝されており、紀長谷雄伝（巻二一五文学三）には、その末尾に「淑人は小野好古の伝に見ゆ」と記されているのみである。結局、拙斎の提案したように訂正されたものらしい。

（ロ）　藤原実政・藤原有国のこと

藤原実政のことにつき、文政七年の五八通目（九月廿四日付）書簡に次のように記されている。

> 藤原実政の事、匡房伝再訂の節入組候事跡有之候所、匡房語中江ハ長過キ書入兼候間、別に為書立申候。有国伝ノ末資業を載候間、資業の子実政といたし候而、別紙之通書加へ可然歟と存候。

ここでは藤原資業の子実政の伝をどこに入れたら良いかが問題になっている。大江匡房の伝（現行本巻一四七）に入れるには長過ぎるので、資業の父有国の伝（現行本巻一三八藤原道長伝に付伝）中に、「別紙」の如く書き加えてはどうか、というのが幽谷の意見である。

また七〇通目（年月日未記入。文政七年と推定）書簡をみると、

> 実政の事、附伝ニ為書候而為差登及御相談候処、有国も附伝之事に有之候間、実政を掲候而書候事ハ相成申間敷候。仍而ハ、資業より引続書不申候而は相成申間敷旨、御尤奉存候。

とある。これによると幽谷は、実政を有国の付伝として書いた草稿を、これより先に拙斎に送って相談していたもののようであり、その時に書かれたのが恐らく先の五八通目書簡の「別紙」であったのであろう。これに対する拙斎の見解は、有国も道長に付伝されているので、重ねて付伝することはできないから、有国伝中にその子資業を記した後に、実政も続けて書くしかないのではないか、というものであった。この点については、実は幽谷も同じ考えであったようであるが、幽谷の「別紙」の書き方が「実政を別に引離候様」にみえたので、拙斎が確認の意味で自分の見解を伝えてきたらしい。幽谷は、「有国伝に立候へ共、附伝に入候事は不心付、特伝のつもりニ而」このように書いてしまったのだ、と弁解した後で、次の如く記している。

> 実政の事跡ハ、東宮学士にて後三条帝御優待之事、眼目ニ御坐候。匡房も此朝廷にて讜言を進候事も有之、且又

同伝源隆国父子など皆此時の人に候間、同しくハ実政事匡房伝江附見候ハヽ、当時の様子よく相分り可申候。

つまり実政のことは、匡房伝に付けてみると当時の様子がよく分かるようになるので、同伝に「藤原実政参議有国孫式部大輔資業子云々」のような書き出しで付伝してみては如何か、と提案しているのである。そして、同輩の人物を付伝にした例として、藤原義懐（現行本巻一三六）に藤原惟成を付けたのを挙げている。

幽谷は、同様の意見を、同じく文政七年の六〇通目（十月廿四日付）書簡でも述べている。

実政之事、有国伝末明置候所へ御入可被成候由、御尤致承知候。匡房ハ不残彫刻出来候由之処、是も伝末へ入候事ゆへ、彫直し可申程ニも有之間敷候。但初の伝首へ附伝ノ名を塡め候迄ニ御坐候。事迹ハ匡房伝之方宜様ニ御坐候。

拙斎が実政を有国伝末に入れることにした、と報じてきたのに対して、「御尤致承知候」と応えはしたものの、実政の事績からすれば匡房伝に入れる方が適当なのだがと述べ、決して二つ返事で賛意を表明してはいない。しかし、いずれとも決めかねたようで、結局は、

乍去六ヶ敷候ハヽ、有国の孫に候間、其祖の伝中へ書入候事当然に候。何レにても宜候間、宜御了簡御極可被下候。

と述べ、拙斎にその選択を委ねている。

そして同年の八二通目（十一月四日付）書簡をみると、拙斎から、匡房伝は「実政者参議有国之孫也云々語在有国伝」という文言を含めたかたちで既に上木が済んでいる、と報じられてきたようである。この報告を受けた幽谷は、

左候而ハ、わざ〳〵ほり直シも六ヶ敷候間、ヤハリ有国へ書込候外無之奉存候。

と述べている。未練を残しながら、止むなくこれに従ったように見受けられる。

そこで現行本『大日本史』の有国伝を見てみると、

資業の子は実政。尊卑分脈。実政は長元の末、学科を賜ひ、尋で文章得業生に補せられ、対策及第す。公卿補任。（後略）

と詳細な記述がみえ、匡房伝中には、

実政は参議有国の孫なり。尊卑分脈。嘗て帝の侍読と為り、甚だ眷遇を被る。今鏡。語は有国の伝に在り。

と簡略な記述がみえるのみである。

ところで資業の父有国についても、若干のやりとりがあったようである。文政六年の四一通目（十二月十九日付）書簡によると、拙斎は、その著書『国史補遺』[5]を、別封にして幽谷のもとに送り届けてきたらしい。幽谷はこれを落手した旨を記した後、「有国伝へ書入之儀ハ、貴地に有之候本にて為御写候由、致承知候」と記している。拙斎が江館の本を使って藤原有国伝に何か書入れさせたことを幽谷が了承しているのである。そこで『国史補遺』を見てみると、同伝の頭注に「藤惣裁云内麻呂伝上木既畢宜従旧本故今以真夏附載于此」と記されている。本書簡にいう「有国伝へ書入之儀」とは、あるいは「以真夏附載于此」ということか。現行本の同伝冒頭の部分は「藤原有国、字は賢、右大臣内麻呂の裔なり。六世の祖真夏。尊卑分脈。字は江談鈔に拠る」のようになっている。

また、同伝中にみえる「有国命を泰山府君に請ひ、祈求懇に至る」という記述中の「請命」二字の使用の当否について幽谷から疑義が呈せられたのに対して、拙斎は、『三国志』「呉書」の巻九呂蒙伝から典拠を書き抜いて届けてきた[6]。幽谷は、これに対して謝意を表するとともに、

貴兄御書被成候事故、出典は可有之存候へ共、諸子之内疑惑も有之、其節呂蒙伝之事心付不申候ゆへ、及御相談候事ニ御坐候。

と記している。諸子のうちに疑問をもつ者がおり、自分もその節呂蒙伝のことに思い至らなかったため、お尋ねした

次第であると述べ、続けて「請命旧のまゝにて相済候へバ、字句も簡潔ニ相成致大慶候」と結んでいる。

（八）　藤原保昌のこと

幽谷は、七三通目（廿九日付。執筆年次未確定）書簡に、

保昌伝残本、別封ニて先便遣候様、御便已前管庫へ渡置候所、此前脱落、今日遣候旨、管庫申聞候。

と記している。すなわち、「保昌伝残本」を先便で送るつもりで別封して管庫に渡しておいたのであるが、なにか手違いでもあったものか送り漏れになってしまったらしく、管庫の方から今日の便で送ったとの連絡があった、と拙斎に報じているのである。この藤原保昌伝は現行本『大日本史』巻一四〇に収載されている。

（二）　源満仲のこと

文政七年の五二通目（六月四日付）書簡には、源満仲について、

満仲伝刻本之事ニ付貴諭之次第、一々御尤奉存候。扨此間中異船一件に付彼是心配、本業もはか取兼候間、後便刻本ハ為差登可申候。

のように記されている。幽谷は、源満仲伝（現行本巻一四〇）の刻本について拙斎から言ってきた何事かに同意しつつ、「異船一件」で作業が遅れたため、この刻本は後便で送付する、と書き送っている。

因みに、この「異船一件」については、同書簡に、

異船之事、委細御用書にも相認候通ニ御坐候。去年中も貴兄御筆談に御当り被成候所、当年も会沢等罷出候。中々異賊の為に国史をも妨られ申候。

と記されている。文政六年六月九日湊沖に異国船が現れ、翌日再来したため、水戸藩は、防備のために兵を現地に遣わした。この折、拙斎も筆談役として同行し、十数日間任に就いている。また翌七年五月二十八日には、英国船の船

員十二名が領内大津浜に上陸して捕えられるという事件が発生し、今度は会沢正志斎らが筆談役として現地に赴いた。ともによく知られた出来事である。(7) 幽谷は、「中々異賊の為に国史をも妨られ申候」と慨嘆している。

（ホ）　源義家のこと

「追啓」で始まる文政七年の五三通目（正月廿四日付）書簡は、いずれかの書簡の追伸の部分である。そこには、

　義家伝今日為差登候様御用書相認候処、別紙御相談之俗牘等相認候内時刻相移り、再閲之朱句間ニ合兼候間、後便為差登可申候。

とあり、源義家伝（現行本巻一四三）を今日送り届けるつもりでいたが、時間がなくて目を通せなかったため、後便で送ることにする、と述べている。

また、同様に「別啓」で始まる同年の一〇九通目（二月十九日付）書簡には、義家伝について次のように記されている。

　板下尽候様相成候間、義家伝為差登候様、不残相済不申候ハヽ、切はなし候而成共為差登候様来諭之趣、具致承知候。

手元に版下が尽きたので義家伝を送ってほしい、もし全部済んでいなければ済んだところだけでもいいからお願いしたい、と拙斎が催促してきたらしく、これに対して幽谷が、

　瑞竜出立前にも、右之手当ニいたし置候所申付置候。中清書反故の様成処、書直し間に合兼候間、後便為差登可申候。

と応えている。瑞竜へ出立する前、そのように取り計らうよう申し付けては置いたのだが、中清書本のうち、反故のようなところの書直しに手間取ったため、送ることができなかったというのである。因みに、「瑞竜」は水戸徳川家の

墓所となっている瑞竜山（常陸太田市）のこと。文政七年正月二十七日、藩主斉脩の生母小池氏が卒し、その遺骸を瑞竜山に葬るにあたり、幽谷は二月十三日に同地に赴いている。(8)

このように、当時幽谷と拙斎のあいだでは、源義家伝の江館送付のことが問題になっていた。この件に関しては、同年の二月廿四日付五四通目書簡にも、次のような記述がみえる。

義家伝再訂之分、初之方書直し今日為差登可申と存候処、二十張不残上木出来候由ニ付、先相扣申候。

同伝の初めの方の書き直した部分を今日送り届けようと思ったが、既に二十張残らず上木済みとのことなので取り止めた、というのである。幽谷は、先に二月十九日付の一〇九通目書簡で「後便為差登可申候」と書き送っていたのであるが、恐らくこれと行き違いに、拙斎から同伝の上木が済んだ旨の連絡があったのであろう。結局拙斎は、幽谷から同伝の校正済み中清書本が送付されてくるのを待たずに、手持ちの稿本によって上木に踏み切ったもののようである。こうして幽谷は、同伝の江館送付を取り止めたものの、次のように記している。

乍去諸子も骨折増補等いたし候事ニ御坐候間、刻本江引合候而可及御相談候。刻成候分早々為御摺、被遣可被下候。

すなわち、増補等に骨を折った水館諸子への手前もあるので、刻本との引き合わせはするつもりであるから、上木の済んだ分を至急摺らせて送って欲しい、と頼んでいるのである。

これでこの件は落着したかにみえたが、どうやらそうではなかったらしい。三月四日付の五四通目書簡をみると、

義家伝等之儀、委曲承知いたし候。但目録にハ成書刻成と有之、付札ニ而ハ中清書前後不足之由、是ハ全篇刻成候上ニ而中清書他へ紛れ居候哉、又ハ刻成と申候も、中清（ママ）揃居候所のみニ而、前後ハ未刻ニ御坐候哉、不審に御坐候。とく揃候而見不申候ハヽ、分り兼可申候。

と記されている。拙斎が書き送ってきた義家伝等のことについては全て承知したが、「目録」に「成書刻成」とあるにもかかわらず、「付札」に「中清書前後不足」とあるのは如何なる意味か分かり兼ねる、という疑義を幽谷は呈しているのである。つまり、全部の刻が成った上で中清書本を紛失してしまったというのか、刻が成ったといっても中清書本の揃っているところだけについてのことだったのか、その点が判然としないというのである。先に幽谷が二月廿四日付書簡を認めた段階では、「二十張不残上木出来候由」と幽谷に書かしめるような内容の通知が拙斎からあったものと推測される。とにかく刻の成った分を全部取り揃えた上でこの点の確認をしたい、と幽谷は言っている。

（ヘ）　源隆国のこと

幽谷は、源隆国伝（現行本巻一四七）について、文政七年の三七通目（三月廿四日付）書簡に、

先日為差登候隆国伝之事、追而心付相改候分、別封為差登申候。宜御是正可被下候。

と記している。これをみると幽谷は、隆国伝について先に何かを拙斎宛に書き送っていたらしい。その後思い付いて改めた分を別封にして届けたので訂正して欲しい、と頼んでいるのである。

（ト）　藤原師長のこと

文政九年の一三三通目（二月廿四日付）書簡をみると、藤原師長の伝について幽谷が何事かを別紙に認め、拙斎のもとに送り届けたことが記されているが、その内容については何も分からない。師長の伝は、現行本『大日本史』では巻一四八藤原頼長伝に付伝されている。

（チ）　藤原（日野）邦光のこと

当時、藤原（日野）邦光をその父資朝の付伝とするか、孝子伝に入れるかが問題になっていたようである。文政七年の四九通目（九月十四日付）書簡をみると、

資朝伝の末へ邦光を入候も、日野左少弁戦死之事、太平記菊池合戦之段ゟ見出し候間、復讐のみに無之死節の人に候へバ、孝子伝より抜き出し附伝可然と申合候様先年の事なり覚候。

とあり、これによると、幽谷と拙斎の間で先年申し合わせた際には、邦光は本間山城入道に殺された父資朝の仇を討ったということで孝子伝に入れられてきたが、『太平記』巻三三菊池合戦の段に「日野左少弁（中略）宮ヲ落シ進セント蹈止テ討レ給フ」とあり、「死節の人」でもあるので資朝伝（現行本巻一六三）に付伝しよう、ということで合意に達していたらしい。ところが幽谷は、この書簡中で、

是ハ金勝院本ニ国充ト有之、邦光と同訓故同人歟と存候故に御坐候。乍去中納言左少弁、其官も不同候へハ同人とも難極候。左候へバ、ヤハリ孝子へ入候方穏の様ニ被存候。

と述べている。つまり、『太平記』菊池合戦の段で戦死したのは日野左少弁で、これは邦光の官位中納言と一致しないから、今は一概に同人と断定することができない。やはり従来どおり孝子伝に入れておいた方が無難のように思われるが如何なものか、というのである。

ところで、この件に関する拙斎の考えは、七二通目（年月日未記入。文政七年のものと推定）書簡によれば、邦光の事績はその父資朝の伝への付伝で続き具合も良いし分かりやすい、というものであったらしいが、なお良く考えてみたい、と書いてきたようである。これは四九通目書簡で、「貴意如何、承度候」と幽谷から意見を求められたのに応えたものらしい。そして結局、拙斎のこの意見を容れたのか、幽谷は孝子伝編入説を放棄して、「邦光ハヤハリ資朝の附伝にても宜様に御坐候」と述べている。ただし、「太平記菊池合戦の段、日野左少弁戦死之事」は、この邦光のこととも決めかねるので、本文ではなく注文に入れて備考にしたい、としている。そこで現行本『大日本史』を見てみると、邦光は資朝伝に付伝されているが、「太平記菊池合戦之段云々」の記事は本文にも注文にも記されていない。

（リ）　藤原長親のこと

藤原師賢の孫長親のことにつき、幽谷は文政七年の一六六通目（重陽付）書簡に、

師賢伝之末長親字子晉号明魏等ノヿ、何書に拠候哉、引書不分明に候。校本御吟味、可被仰越候。

と記している。長親の字が子晉、号が明魏というのは、如何なる書物を典拠にして書いたものか、校本を吟味した上で知らせて欲しい、と拙斎に依頼しているのである。この書簡より以前の同年の九〇通目（閏月九日付）書簡には、拙斎から師賢伝そのものが幽谷の元に送られてきたことが記されていた。その書簡のなかで幽谷が「来諭之趣至極御尤、致承知候」と言っているのは、急ぎ吟味の上で送り返す、といった意味のことででもあったのであろうか。吟味した結果、長親に関する記述についての典拠を、この一六六通目書簡で尋ねたものであろう。幽谷はまた、八一通目（年月日未記入。文政七年のものと推定）書簡でも、長親の号が「耕雲山人」であることは『仙源抄』の跋文や『東海璚華集』等にもみえるが、字が子晉で号が明魏ということは確たる典拠が何もない、と同様のことを言っている。しかしそこでは、典拠不分明ということでこの記述を全く削除してしまうのは惜しい気もする、なにか名案はないものか、と拙斎に相談をもちかけているのである。

因みに現行本『大日本史』巻一六四藤原師賢伝をみると、その末尾のほうに、

長親は文学有り、（中略）剃髪して法名は明魏、耕雲山人と号す。古本仙源鈔跋。（中略）新葉和歌集を撰ぶに与る。（後略）

とある。これによれば「明魏」は号ではなく剃髪後の法名であり、その典拠は「古本仙源鈔跋」と明記されている。しかし、字が子晉という記述はどこにも見当たらない。これは典拠不分明のため削除されたものか。

この長親については、同年の四九通目（九月十四日付）書簡にも、

師賢伝之末長親之事ニ付、先便も得貴意候へキ。扨又よく〳〵相考候へハ、所著有仙源抄ハ全く間違ニ御坐候。

本書見合候へハ、此書は南朝人主之御作に御坐候。先皇之御草本云々、求法沙門之跋ニも相見へ申候。仙源之仙ハ仙洞之仙と見へ申候。校本本紀ニ、此書之事ハ長慶紀末ニ御撰之様に認置候。然ハ長親伝ハ删申はづに御坐候。長親の跋も仙源抄有之候へ共、一ト通之事ニて、其著述と申証ハ無之候。

というようなことが記されている。これをみると、当時の稿本には長親が『仙源抄』の著者と記されていたものか。それは間違いで、この書物は「南朝人主」即ち長慶天皇の著したものであるとして、幽谷は求法沙門の跋文をその典拠に挙げている。そして本紀の長慶紀末に御撰と認め、長親の伝の方の誤った記述は削除するつもりであったらしい。

幽谷はさらに続けて、

右中清書本のみにてハ相分り兼候間、校本御引わけ被成候而成共、御遣可被下候。見合申度候。

と述べ、水館の中清書本を江館の校正本と照合してみたいので、分割してでもいいから送ってくれるよう拙斎に頼んでいる。

これに対しては、七二通目（年月日未記入。文政七年のものと推定）書簡に、

師賢伝校本、後便可被遣旨致承知候。黄表紙之方を御示可被下候様仕度候。紺表紙之分け本ハ、先達而中清書一同相下り候事ニ御坐候。

と記されていることから、拙斎から幽谷のもとへ、師賢伝の校本を後便で届ける、という連絡のあったことが分かる。本書簡中で幽谷は、「紺表紙之分け本」は既に届けられているので「黄表紙之方」を送って欲しい、と拙斎に注文している。

いま現行本『大日本史』の長親の伝を見てみると、長親が『仙源抄』の著者という記述は、幽谷の考えの如く削除されている。しかし、同書の著者が長慶天皇であるという記述は、長慶紀のどこにも見当たらない。こちらの考えは

採用されなかったもののようである。

幽谷はまた、この書簡中で『常楽記』から「長親卒去之事」に関する記事を書き抜いて送ってくれるよう依頼している。そして八一通目書簡をみると、拙斎から送られてきた書抜きを幽谷が落手した旨が記されている。

（ヌ）　藤原師基・藤原清忠のこと

文政七年の六〇通目（十月廿四日付）書簡に、「師基伝幷清忠伝之儀、貴諭之趣致承知候」とあるのをみると、拙斎は、藤原師基（現行本巻一六七藤原道平伝に付伝）及び藤原清忠（現行本巻一六七）の伝について、何事かを幽谷に書き送ってきたらしい。その具体的な内容については、この書簡からは何も分からない。しかし、七一通目（年月日未記入。文政七年のものと推定）書簡によって、当時幽谷と拙斎の間で、この両者についてどのようなことが問題にされていたかを窺うことができる。

まず藤原師基についてであるが、幽谷が師基の伝末にその子教基の和歌を記載して拙斎のもとに送ったところ、拙斎から、他にさしたる事績もない人であるにもかかわらず和歌ばかり記載するのは如何なものか、という返事があったらしい。これに対して幽谷は、唐人がこの文章をみたならば何のことやら分からないだろうが、梓弓の歌は本文中の「討足利義詮」に応じ、君が代の歌は「為関白」に応ずるわけであるから、他に事績は伝わらなくとも、この二首の歌によってその人となりも分かるので、載せた方がよかろうと思ったまでである。これでは伝の体がよろしくないということであるならば、どのようにでも訂正する、と述べている。(9)

幽谷はさらに続けて、先に、稿本に「後陸左大臣関白如故新葉集」と認めて送り届けたが、よく考えてみると短い記事にわざわざこのように記すのは体を得ないように思われるので、初めの「為関白」の下へ直に「左大臣」と記し、「左大臣拠新葉和歌集」とした方が良かろう、と前案を訂正している。

現行本『大日本史』では、教基はその父師基の伝の末尾に、

教基は正平八年、山名時氏と倶に足利義詮を京師に討ち、園太暦。後関白・左大臣と為る。天授元年歌合・新葉和歌集・公卿補任を参看す。

と記されている。「左大臣」の記述の仕方については幽谷が改めたとおりになっているが、問題の和歌は記載されていない。

次に幽谷は、藤原清忠の伝末へ『新葉和歌集』所収の後醍醐帝の歌を記載することにつき、「吉野小朝廷偏安不振の形勢も見へ可申存候」としながらも、清忠ごとき人物にはこのような「御哀痛の御歌詠」があるのに、「藤房の去、正成の死」を惜しまれたご様子も見られないというのでは、後世無識の者がこれを見たならば記者が清忠に贔屓しているように思うやも知れず、そうなっては甚だ迷惑である、と述べている。元来拙斎は、已むを得ない場合以外は伝中に和歌は載せない、というのが基本的な考えであったようである。しかし、この件に関しては、拙斎は已むを得ない場合と判断していたらしく、そのことを察知した幽谷は、「清忠伝の末も御同心ニハ有之間敷候へバ、無用之事とハ存候へ共、試みに及御相談候」と書き送っている。結局、現行本『大日本史』の清忠の伝末には、

清忠の官に在るや、藤原定房と並に帝に寵待せられ、屢々顧問を蒙る。二人相継ぎて薨逝するに及び、帝尤も悼惜し、歌を作りて曰く、「こと問はん人さへまれになりにけりわが世のすゑのほどぞ知らるゝ」と。新葉和歌集。

のようにこの歌が記載されているのである。

（ル）　円観・文観のこと

幽谷は、文政七年の六〇通目（十月廿四日付）書簡において、僧円観・文観に関する記事を『常楽記』から書き抜かせて送って欲しい、と拙斎に依頼している。そして、同年の八二通目（十一月四日付）書簡で幽谷がこれを落手した旨を記しているのをみると、拙斎は早速この依頼に応えたらしい。拙斎から送られてきた書抜きを見た幽谷は、「此通に

てハ、原本之如く卒于吉野とも書兼候事ニ御坐候」と述べている。そこで同書を群書類従本で見てみると、円観については文和五年二月の条に「法勝寺長老円観上人入滅」とあり、文観については延文二年八月の条に「文観僧正入滅号二小野前大僧正弘真一」と記されているが、「卒于吉野」という記述はどこにも見当たらない。この点を指摘して幽谷は、「原本」の記述には問題があるというのである。ここにいう「原本」とは、当時校訂の底本として使用されていた『大日本史』稿本を指すものと思われる。

いま現行本『大日本史』を見てみると、この両者は巻一六八に「文観敗れ退き、太平記。正平十二年を以て卒す。円観は正平十一年を以て卒す」と記されており、その下の割注に『常楽記』が典拠として挙げられている。現行本にこの「卒于吉野」という記述がみえないのは、この後に手を入れて削除したものであろう。因みに、ここで群書類従本『常楽記』で使用されているのは北朝の元号であるが、現行本『大日本史』のは言うまでもなく南朝の元号である。

（ヲ）　土岐頼兼・足助重範・錦織俊政のこと

土岐・足助・錦織の三名（現行本巻一六八）について、幽谷は文政七年の六〇通目（十月廿四日付）書簡において、

土岐・足助・錦織等出自之儀、伝首へ書加へ申度、試に相認及御相談候。ちと長過キ如何に候。御存分に御直し可被下候。

と記している。土岐・足助・錦織の出自について書き加えたいと思っていることを、幽谷はその伝首に認めて拙斎に送り、斧正を請うているのである。

これに対して拙斎は、同年の八二通目（十一月四日付）書簡によれば、特に考えていることがあるわけではないが、「它伝中如此系譜詳に書候ハ無之」と応えてきたらしい。幽谷はこれを受けて、「御尤存候」としながらも、

但将軍家臣伝等ニハ、武人之先くわしく書候も有之様覚候。（中略）元史抔にハ先祖之儀、くわしく書候伝不少候。

と応じている。さらに、拙斎の「氏族志も立候上ハ、此頃之著姓くわしく載候程に可相成候ハヽ、伝之方と詳略御坐候様」にしてはどうかという意見に対しては、

氏族之方何姓之別、有某氏有某氏と申事ハ、大抵載候様可相成候へ共、武人の系譜迄ハの乄兼可申候。然ハ伝之方へも詳にいたし度候。

と述べている。氏族志には武人の系譜までは載せられないであろうから、やはり伝の方で詳記しておきたい、というのである。ただ、先般お目にかけた分は少々詳し過ぎたかもしれないので、刪潤の後、再度ご相談したい、と付言している。

具体的記述としては、土岐頼兼について幽谷は、同年の六九通目（十四日付）書簡で、頼兼が多治見国長と共に京師に番直したように記されているのが、何を典拠としたものか分からない、と疑義を呈している。これに続けて「如貴諭、京中ニ而無礼講にも預候故、番直の事と推し候而書候事と存候」と述べ、京の都で無礼講に預かったのを、推して番直のことと記してしまったのでは、という拙斎の説に同意を示している。さらに拙斎が、川口（緑野）の直し過ぎにより、かえって文意不通となってしまった個所もあるので、そういうところは改めておいた、と書いてきたのに対して、幽谷は「近日校本為差登候節、委細可得貴意候」と応えている。そこで現行本『大日本史』の土岐頼兼伝を見てみると、「後醍醐帝の北条高時を誅せんことを謀るに及び、二人適々京師に番直す」のごとく記されている。幽谷も拙斎も、ともにこの記述には疑問を抱いていたにも拘わらず、結局、訂正されずに終わってしまったようである。

足助重範については特に具体的記述は見当たらないが、錦織俊政については同年の四九通目（九月十四日付）書簡に、

錦織伝中先祖の事、校本―蓋俊政之先也と有之不得体候間、俊政蓋其後也ニ改申度、及御相談申候処、御同意之由致安心候。

と記されている。幽谷が、錦織俊政伝中の「蓋俊政之先也」となっているところを「俊政蓋其後也」に改めたい、と拙斎に提案していたらしく、これに対する拙斎の同意が得られて安堵している。また、その出自の書き方については、

文脈に元弘時代之人名見へ不申候に付、其已前之分本文にハ取合兼可申候間、注文へなり共書入可申旨、御尤奉存候。

と記されている。『尊卑分脈』を見ると元弘時代（一三三一―一三三四）の人でさえその名がみえないのであるから、それより以前のものを本文に入れることはとてもできない、注文の中にでも書いておいたらどうか、というのが拙斎の意見であった。今度は幽谷がこれに同意を示している。結局、幽谷が拙斎のこの意見に沿って書き加えた上で、後は拙斎に任せるということにしたようであることは、冒頭に引用した六〇通目書簡の記述から窺うことができる。ここは現行本『大日本史』には、

承久の役、錦織判官代といふもの有り、勅を奉じて王に勤め、戦ひ敗れて虜に就く。東鑑。〇尊卑分脈に曰く、錦織判官代義継は、山本義経の孫と。疑ふらくは此の人ならん。

のごとく記されている。

（ワ）　新田義貞始祖のこと

幽谷は、文政七年の六一通目（十一月九日付）書簡で新田義貞始祖のことにふれ、

義貞伝ノ首ニ、源義家十世孫也トアリ、又出自―蔵人義兼―生―ト歴叙イタシ候処、新田ノ始祖ハ義重ニテ、伝モ有之人コレヲ略シ、義兼ヨリ系ヲ引キ候事、如何と存候。

と記している。新田義貞伝首の新田氏始祖の記述が、義重を略して義兼からになっているのは、たとえ義兼が「小新田ノ祖」であるとはいえ当を得ないことである、というのである。そこで現行本『大日本史』の義貞伝（巻一七二）を

見てみると、

新田義貞（中略）源義家十世の孫なり。義家の子義国、義重を生み、義重、義兼を生み、義兼、上西門院蔵人義房を生み、（後略）

となっており、幽谷の意見のごとく義重が書き加えられている。幽谷が、ここでこの点を問題にしたのは、足利氏の祖義康が新田の祖義重の弟であるため、新田・足利両氏の「出自ノ由テ分レタル〡明白ニ相分候様」にしたいがためであった。「新田・足利ノ争ハ天下ノ大関係、猶南北両宗アルカ如シ」とみる幽谷であってみれば、これは極めて当然の主張といえよう。

同じく文政七年の六二通目（十一月十九日付）書簡に、「義貞伝幷孝子伝等之儀」について拙斎に相談したところ、拙斎から返書が届いたことが記されているが、ここで幽谷のもちかけた相談とは、おそらく六一通目書簡に記されているところのものを指すのであろう。拙斎からの返書の具体的な内容は分からないが、幽谷の意見のごとく義重が書き加えられたところをみると、おそらく幽谷の意見に同意を示したものであったのであろう。幽谷は、「逐一致承知候」と応えている。

（カ）　篠塚某の娘伊賀局のこと

文政七年の六六通目（十二月四日付）書簡をみると、拙斎が伊賀局に関する『吉野拾遺』からの書抜きを送ってきたらしく、幽谷はこれを書写した後に送り返している。さらに、この書簡で拙斎が言ってきた「列女伝云々之儀」は、「旧本」では篠塚伝の注文中に記されているのであるが、「怪誕之事ハ採兼候様ニ御坐候」というのが幽谷の見解であった。この幽谷の意見に対して拙斎から、「怪誕之事」はそのままは認めかねるが、伊賀局という人物の人となりを知るよすがともなるであろうから、せめて略記くらいはしておきたい、と言ってきたらしいことが、同年の七八通目

（十二月十四日付）書簡の次の記述から分かる。

伊賀局書抜返進候処、慥御落手之由、致承知候。扨怪誕之事、一々本書之通認兼候ハ勿論に候へ共、見怪異候而も神志自若たる事、其為人も見へ候間、記者の扱様ニ而、何とか略記いたし候様被成度旨、御尤存候。

ところで現行本『大日本史』巻一七五の篠塚某伝には、

女は伊賀局と称す。新待賢門院に事ふ。高師直の吉野を犯すに及び、帝賀名生に幸したまふ。門院僅に後宮数人を従へて同じく赴く。吉野川に至る比ひ、橋板半断え、為さん所を知らず。伊賀局巨樹の枝を折り、接して以て門院及び諸妃を済す。敵の退くに及び、試に多力のものをして之を折らしめしが、能はずして止む。後、楠正儀に嫁す。吉野拾遺。

という記述がみえるが、ここに幽谷の言う「怪誕之事」とはこの記述の内容のようなことを言ったものか。果たしてそうであるならば、現行本では、幽谷の意に反して「怪誕之事」が採られてしまったことになる。このように「怪誕之事」が記載されてしまったその責任の一半は、この時に拙斎の意見にきっぱりと反対しなかった幽谷の側にもあるといえるであろう。

なお、執筆年次未確定の五九通目（十月十九日付）書簡に、「列女補伝篠塚氏之事」について彦次郎（豊田天功）が認めたものを幽谷が拙斎に送付したところ、拙斎から一個所不明の点を指摘された、という記述もみえる。幽谷は、

小子も一覧之節、彼二字目出候間、当人へ問返し申候事ニ御坐候。是ハ追而為相改候心得ニ御坐候。

と記した後、この草稿が「彦次郎書立候まゝ」のものであり、「当人之手際」を見てもらうため、一字も手を入れずに送り届けたのだ、と述べている。ここでの幽谷と拙斎の遺り取りと直接的に係わるものではないが、ここに掲出しておくことにする。

（ヨ）　本間資氏のこと

本間資氏のことについて、幽谷は文政八年の七六通目（四日付）書簡で、

本間資氏の伝、太平記により候而、初事尊氏々悪其反覆斬之、と出来居候所、愚案には左様有之間敷存候。

と記し、『太平記』に依った稿本の記述に疑義を呈している。さらに続けて、

系図并文禄清談にハ、其名資氏ト有之候へ共、建武二年記ハ当時之記録にて、忠秀と御坐候。建武記に従ひ、直武者所為左衛門尉事をのセ申度候。其外竜馬を駁候事抔も書加へ可然様ニ御坐候。

とあるのをみると、従来、『本間系図』や『文禄清談』によってその名を「資氏」としてきたのを、当時の記録である『建武二年記』により「忠秀」と改め、さらに「直武者所為左衛門尉事」や「竜馬を駁候事」等を書き加えた方がよかろうというのである。そして最後は、「委細ハ考置候事御坐候へ共、重而貴面御相談可申候」と結んでいる。

これに対して、同年の七五通目（五月九日付）書簡で幽谷が「本間資氏、建武記に従ひ忠秀に作り候方御同意之由、致承知候」と記しているところをみると、拙斎は、「資氏」を「忠秀」に改めたいという幽谷の提案に賛意を示したものとみえる。

続けて幽谷は、忠秀伝の資料として用いた『太平記』の記述のうち「初事尊氏後属義貞尊氏悪其反覆」という部分は、全く「逆順之理」を知らない者の書法である、と批判を加えた上で、『建武記』によって書けば忠秀は「勤王家」ということになり、「反覆之人」とは言い兼ねるので、列伝の叙次も少々変更しなくてはなるまい、と述べている。そして、七六通目書簡同様「貴面御相談、相究申度候」と結んでいる。

幽谷が通し番号七五、七六の二通の書簡において、旧稿のうち『太平記』によって記した大部分に誤りがあり、これを『建武記』の記述によって改めたい旨を拙斎に相談したところ、その同意を得ることができたことをみたわけで

あるが、同年の七四通目（十七日付）書簡をみると、この件につき拙斎が、忘れないうちに改めておいたほうが良い、と言ってきていたことが分かる。これは七五、七六の両書簡で幽谷が、「貴面御相談」のうえ決定したいと繰り返しその意向を表明していたのに対して、実現の見通しの立っていない面談を待って改めるというのでは機を逸してしまいはしないか、と危惧してのことのように思われる。拙斎の抱いたこの危惧の念を察知してか、幽谷は「字句相直し候事とも違ひ、列伝序次くりかへ」を伴うやも知れぬ重要な問題であるから、このように申し上げたわけである、とその意の在るところを述べている。

ところで現行本『大日本史』においては、巻一七六に

本間忠秀。名は建武二年記に拠る。○本間系図に持季に作り、太平記及び異本には重氏に作る。孫四郎と称す。相模の人なり。太平記。（中略）忠秀騎射絶倫なり。初め足利尊氏に事へたりしが、尊氏の降るに及び、忠秀も亦従ひて帰順す。太平記。左衛門尉と為り、武者所に直す。建武二年記。尋で新田義貞に従ひて、尊氏を和田崎に拒ぎ、（中略）乃ち大呼して名を敵陣に伝へて曰く、（中略）万衆之が為に引き卻く。○本書名を呼ぶの条に資氏に作れるは誤なり。後、車駕に随ひて京師に入りしが、尊氏之を六条河原に斬る。太平記。（後略）

と記されており、幽谷の提案どおり「資氏」は「忠秀」と改められて立伝され、また「左衛門尉と為り、武者所に直す」という文言もみえている。そして資氏については、この忠秀伝末に「子資氏は彦四郎と称し、亦騎を善くせり」と、忠秀の子として記されている。

（タ）　大江景繁伝中の侍従忠房のこと

侍従忠房のことにつき、文政七年の一六六通目（重陽付）書簡に「忠房之事、景繁伝に有之由、致承知候」という記述がみえる。この「忠房」のことで幽谷が何か疑問を抱き、拙斎に問い合わせたものらしい。拙斎からは、景繁伝の中に出てくるという返事があったようであるが、遣り取りの詳細については不明である。

この忠房のことについては、同年の六九通目（十四日付）書簡にも記述がみえる。その中で幽谷は、記述の典拠を記して送って欲しいと拙斎から依頼されたようで、「新葉作者抔にも有之様覚申候」と応えている。しかし、『新葉和歌集』の作者の中に「忠房」という名は見当たらない。鎌倉・南北朝の歌人で、『玉葉和歌集』等に二十一首入集されている忠房（中西弾正親王と号す）がいるが、幽谷はこの人物と勘違いしていたものか。「此節相引居行届兼候。跡ゟ可得貴意候」と記している。

いま現行本『大日本史』の大江景繁伝（巻一七六）を見てみると、

景繁帝を擁して馬に上せたてまつり、神器を受荷し、太平記。侍従忠房姓闕く。と倶に之に従ふ。（後略）

のごとく記されているのみである。

（レ）　桃井直和のこと

文政八年の七六通目（四日付）書簡をみると、桃井直和のことについて「桃井直和之儀、写本文脈、別紙之通ニ御坐候」とあるが、具体的内容については何も分からない。現行本『大日本史』では、巻一七七の桃井直常（直和の父）伝末に付記されている。

③　将軍伝

（イ）　源頼朝伝中薩摩藩始祖のこと

文政七年の五四通目（二月廿四日付）書簡をみると、

薩州へ被遣候薄様刷之儀、再進献迄遣候由御承知之由、左様可有之候。紙バかりハ先方ゟ遣候而摺立候。御物入ハ此方御取扱之由、琉球氏之取次故、左様出来候事と存候。

と記されている。水戸藩では、文政二年一月、『大日本史』紀伝の刻本四十五巻を幕府に、さらに十二月には朝廷に、それぞれ第二回目の献上をした。ここにいう「再進献」とはすなわちそれである。この度この「再進献」までの分を薩摩藩へ「薄様刷」にして遣わしたのであるが、その料紙は先方が調達したもので、幽谷は、琉球経由で入手した舶来品であろうと推測している。さらに続けて幽谷は、

彼祖頼朝遺腹云々彫刻之事、いつ方ニ而取扱候哉。奇怪千万ニ御坐候。此所も内々御聞糺被成置候様仕度奉存候。

と書き、薩摩藩の始祖に関する記述に問題があることを述べている[10]。幽谷は、「薩摩祖頼朝遺腹云々」の記事を、全く自分の与かり知らないところで彫刻してしまったことを知り、誰がこのような取り扱いをしたものか、内々聞き質しておいて欲しい、と拙斎に書き送っているのである。

さらに三月四日付の五四通目書簡[11]をみると、

薩州始祖源幕府之遺腹と申説を致彫刻申候事、曾昌啓ゟ咄候由、甚太郎物語ニ御坐候旨、如貴諭、扨々気之毒千万奉存候。

とあり、拙斎が、この件は薩摩藩侍医曾昌啓を通して同藩から提起されたものであることを甚太郎（立原杏所）から聞きつけ、幽谷に報告してきたようである。一方幽谷も、

小子も先年、青木多善物語ニ而昌啓申候趣を承、是まて不審に存居候処、立原物語も昌啓より伝承、其顛末委細に存居候由、左候へバ相違無之事と存候。

と述べており、少年時代からの知友青木多善から既にこのことについて聞き及び、不審に思ってはいたらしい。拙斎からもたらされた情報と自分が耳にしていた情報とが一致したことから、それに間違いなかろうとしている。行間補記によれば、多善と昌啓とは、多紀家で共に医学を学んだ仲であったという。さらに幽谷は、

御同様是まて左程之次第をハ不承候処、姦人共它にて申合、外藩まて関渉いたし候て、御家之御恥辱をも不顧候事、扨々可憎候。御同様此節他へ沙汰ハ無用勿論に候へ共、始終之取扱方、とくと御工夫被成置候様致度奉存候。

と記し、御家の恥辱となるのも顧みず、江・水両館総裁に何の相談もなく、このような重大なことを決定してしまった「姦人共」に対して怒りをぶちまけるとともに、この件についての今後の対応策を十分に講じておく必要があることを強調している。

ところで、現行本『大日本史』を見てみると、巻一八〇将軍二源頼朝伝下の頼朝の子女について記した部分の割注に、『島津家伝』等によると島津忠久が頼朝の子であるように書かれているが、「凡そ諸書に頼朝の子孫を載せたるもの、此の如きの類、錯雑牴牾、皆確拠無し。故に今皆取らず」と記されている。本書簡末尾に補記のようなかたちで、「とかく貴諭之通、栄翁殿御存生之内ハ六ヶ敷可有之候」とあるのをみると、「栄翁殿」即ち将軍家斉の岳父として権勢を誇った島津重豪が没した天保四（一八三三）年以降に、現行本のような形に書き改められたものであろう。

④　将軍家臣伝

（イ）　八田知家のこと

文政七年の六六通目（十二月四日付）書簡で幽谷は、「八田知家諫実朝上洛之事」が『沙石集』にみえる旨を拙斎が言ってきたのに対して、これを知家伝に補入するか否かの決定は該書を吟味してからにしたい、と応えている。現行本『大日本史』の同伝（巻一九八）には、これに関する記述はみられず、実朝伝（巻一八一）にもまたみられない。

⑤　文学伝

（イ）　都良香のこと

文政八年の七四通目（十七日付）書簡で、都良香のことが次のように話題になっている。

　都良香之事、腹赤子と旧本有之候ハ、全く謬に相違無之候段、御同意ニ御坐候。古今集目録に貞継子と御坐候由、是を引候而本伝御改可被成旨、御尤千万奉存候。

「旧本」が都良香を腹赤の子としているのは誤りである、というのが拙斎の意見であり、幽谷もこれに同意の旨を述べている。拙斎はまた、「古今集目録」に良香が「貞継子」とあるのによって本伝を改めるべきだ、とも言ってきたようである。これに対して幽谷は、「御尤千万奉存候」と述べ、続けて

　国史を引候而、伯父腹赤と彼目録に相見へ候儀、貞継兄腹赤と中文ニ符合いたし候へバ、いよ〳〵貞継の子たる事明白と存候。

と述べている。この件に関する両者の見解は一致していたようである。

そこで、現行本『大日本史』の都良香伝（巻二一五文学三）を見てみると、「父貞継は、父貞継は古今和歌集目録に拠る。弘仁中、兄腹赤と請ひて姓を都宿彌と改め云々」と記されている。結局、この件は両者の考えたように書き改められたことになる。

（ロ）　三統理平のこと

通し番号四三通目（二月廿九日付。執筆年次未確定）書簡をみると、幽谷は、三統理平伝に付箋を施して拙斎のもとへ送ったようである。これに目を通した拙斎は、「経の字ハ歴字之誤」である旨を言ってきた。これに対して幽谷は、「小子も左様可有之推察いたし候」と応えている。そこで、現行本『大日本史』の同伝（巻二一五文学三）を見てみると、理平の子元夏について記したところに、

　天暦中、式部少輔・文章博士を歴て、本朝文粋・二中歴・類聚符宣鈔・政事要略。東宮学士と為り、（後略）

とある。ここでは、両者の間で意見の一致をみたように、「歴」字が用いられている。

幽谷はまた、「召当時文士云々」という表現中の「当時」という語は、俗文で使われるそれの語勢に紛らわしいので付箋を付けておいたが、必ずしもこの語でなくても良いということであれば改めては如何か、とも記している。これに対して拙斎は、『後漢書』巻七五周栄伝の付伝孫景伝の中から「当時」についての用例を書き抜き、幽谷のもとに送ってきたものらしい。それは、同伝中の「故当時論者議此二人云々」の個所らしく、幽谷は「為心得御抄示被下奉謝候」と礼を述べている。

この部分は現行本では、

時に帝学を好みたまひ、藤原春海をして日本紀を講ぜしめ、一時の文士を召して講筵に侍せしむ。理平も亦これに与りしが、(後略)

となっており、幽谷が主張したごとく、「当時」が「一時」に改められている。

⑥ 歌人伝

（イ） 藤原定家のこと

藤原定家伝の引用書について、何かが問題になっていたらしい。幽谷は、文政八年の五五通目（三月四日付）書簡で、拙斎から送られてきた別紙の内容に対して、「相心得申候」と応えた上で、ただ『正徹物語』だけは水館の本が久しく不明となってしまっているので分かり兼ねると述べ、さらに続けて、「外ニ引書脱候哉。追而分り次第、可得貴意候」と述べている。

ところが、同年の三九通目（廿九日付）書簡をみると、五五通目書簡で不明本とされていた『正徹物語』が見つかったらしく、幽谷はこのことを次のように報じている。

正徹物語之儀、此方之御本見出し申候。因而先達而之一条可有之歟と、小子一ト通繙閲いたし候へ共、見え兼申候。他書引違に可有之哉。此次彼物語遣候様可仕候。尚又宜御考可被下候。

これによれば、先に拙斎が問い合わせてきた一条はどうも見当たらなかったようで、この本を次便で送り届けるから、そちらでも検討してみて欲しい、と書き送っているのである。

しかし、同年の七六通目（四日付）書簡に「歌人伝定家之事、正徹物語にて見出し候間、別紙書抜遣候」とあるのをみると、幽谷は、先に三九通目書簡で見当たらないと言っていた一条を、その後なんとか探し当てることができたものとみえ、当該個所を書抜いた別紙を送り届けたようである。そして四〇通目（九日付。文政八年）書簡では、その書抜きを「定而御一見被下候事奉存候」と記している。

定家は、現行本『大日本史』では巻二二一歌人四の藤原俊成伝に付伝されている。

⑦　孝子伝

（イ）　随身公助のこと

幽谷は、「随身公助」の姓が「下野」であるということにつき、確証が得られないのでなお良く吟味させたい、と文政七年の六六通目（十二月四日付）書簡で述べている。これに対して拙斎は、『今昔物語』中に確かにこの記述がみえると中山（平四郎）が話している旨を、同年の七八通目（十二月十四日付）書簡で幽谷に知らせてきた。幽谷は、水館にある校本も同書を引き、その姓を「下野」としていると記した後、続けて

今昔本条ニハ下野とハ見へ不申、他の所に出候事ニ可有之候所、いまたしかに見当り不申候。尚又披索為致候

様可仕候。

と記している。すなわち、いまだ確証が得られない状態なので結論は今後の調査に俟ちたい、ということであり、結局は六六通目書簡での意見を繰り返しただけであった。

この件についてはなかなか結論が出なかったようで、幽谷は、翌文政八年の七九通目（十二月廿四日付）書簡においてもまだ、確かな典拠の見つからないことを理由に拙斎に更なる検討を促している。

現行本『大日本史』では、巻二二二孝子に「下野」ではなく「下毛野」として伝が立てられ、「下毛野公助。公助の姓は、今昔物語に拠る。父武則は摂政兼家の随身なり。（後略）」と記されている。典拠として挙げられているのは『今昔物語』である。また、「随身」を勤めたのは公助ではなく、その父武則とされている。

（ロ）　中原章兼・章信兄弟の父章房のこと

幽谷は、文政七年の六一通目（十一月九日付）書簡中で、中原章兼・章信兄弟伝の終わりの方に、元僧楚俊が兄弟の父章房を相したことが記されているが、これは「参考」（『参考太平記』カ）にもみえないことなので削除したほうが良かろう、と述べている。この件については、同年の六六通目（十二月四日付）書簡に、「是ハ載セ不申候事御同意之由、致承知候」と記しているところをみると、拙斎の賛意が得られたもののようである。現行本『大日本史』巻二二二孝子の同兄弟伝中にこの記述は見当たらない。幽谷はまた、「注ニ新葉集ノ﹇入申度候」とも述べているが、具体的に如何なることを指すものかは分からない。現行本の同兄弟伝中に『新葉和歌集』の名は出てこない。

それから、同じく六一通目書簡で幽谷は、この章房のことについて、その官職が「大判官」となっている書物もあるようであるが、『太平記』によって「大判事」とするのが良いのではなかろうかと述べ、続けて「此官ハ中原氏世職ノ由、職原抄書抜懸御目候」と記している。さらに幽谷は、章房が四朝に仕えたとして「旧本」が列挙している帝号の記述には誤りがあるともいう。これらの点について現行本を見てみると、「中原章兼・章信は父を章房と曰ひ、後宇多・後伏見・後二条・花園の四帝に歴仕して、大判事と為る」と記されている。

（ハ）　曾我祐成・時致兄弟のこと

幽谷は、文政七年の六一通目（十一月九日付）書簡で、曾我兄弟のことについて、

孝子伝曾我兄弟ノ〓、東鑑モ引用スベキ〓勿論ナレ𪜈、曾我物語ニ拠テ文ヲ成シ候ヘバ、東鑑ト物語トハ引ワケ可然候。旧本混淆不宜と存候。

と記している。この記述によれば、当時幽谷らが校訂の底本としていた稿本では、祐成・時致兄弟の伝記は『曾我物語』に依拠して書かれていたものらしく、これについて拙斎が、『東鑑』からも引用すべきであると言ってきたようである。これに対して幽谷は、自分も『東鑑』からも引用すべきであるとは考えているが、かといって「旧本」のように両者の文体を混交させてしまうのは好ましくない、と応えている。

なお、現行本『大日本史』の同伝（巻二三二孝子）割注をみると、この両書のほかにも『尊卑分脈』『曾我社縁起』等が資料として用いられていることが分かる。

⑧　義　烈　伝

（イ）　調伊企儺（ツギノイキナ）のこと

調伊企儺の伝の収載の仕方に変更が生じたようである。幽谷が八〇通目（十四日付。執筆年次未確定）書簡に、

義烈伝中ニ書込ニ相成候時ハ、旧本之通にても宜候。此度は伝中開巻第一ニ相成候間、同しくハ何所人と申事、書入申度候。

と書いているのによれば、同伝は義烈伝の第一番目に据えることとなったらしい。そこで幽谷は、「旧本」に手を入れて「何所人」というようなことも書き入れた方が良かろう、と提案すると共に、「本書の歌詞、姓氏録等考合、別紙之通相認、及御相談候。宜御裁定可被下候」と述べている。

そこで、現行本『大日本史』の同伝を見てみると、巻二二三義烈の第一番目に、

調吉士伊企儺　難波の人、（日本紀。難波の人は本書の大葉子の歌に和する歌詞及び姓氏録に摂津に調日佐あるに拠る。）応仁の朝に、努理使主といふもの有りて百済より帰化す。（中略）伊企儺は蓋し其の後ならん。

のごとく記されており、出自を記述すべし、という幽谷の意見が採用されている。

⑨　列（烈）女伝

（イ）　小野小町のこと

文政七年の五七通目（八月九日付）書簡をみると、拙斎から幽谷のもとへ、小野小町（現行本巻二二四烈女）のことについての平四郎（中山）の考証結果の書付が送付されてきたことが分かる。幽谷は、ひととおり見合わせた上で返進する、と応えている。

⑩　方伎（技）伝

（イ）　相者登照のこと

幽谷は、文政七年の六六通目（十二月四日付）書簡において、「相者登照伝料」として平山平四郎（「中山」の誤記カ）が書き集めておいたものを拙斎から届けられ、その写しを作って返進した旨を記している。そして、同年の七八通目

書簡には、これを落手したという返事が拙斎から届いた旨が記されていた。

ところが、同年のものと推定される八三通目（十九日付）書簡にも、「平四郎（中略）登照等之考、此方へ一通為写置、致返信候。御落手可被下候」という記述がみえる。この書簡は、書中に「秋冷云々」とあるので、「十二月」の日付をもつ先の両書簡より前に執筆されたものであることが分かる。ということは、中山は、本書簡にいう「登照等之考」を提出した後で、これとは別に、これを纏める際に資料として使用したものと思われる「登照伝料」を差し出した、ということになるようである。

登照は、現行本『大日本史』では、巻二二六方技に「僧登照」として立伝されている。

（ロ）安倍晴明のこと

文政八年の一八四通目（十二月十四日付）書簡をみると、拙斎からの書簡に、「安倍晴明作大刀契図之事」について『中右記』から何事かを書抜いて送って欲しい、と記されていたようである。幽谷はこれに対して、「今日間に合兼候間、跡より遣可申候」と応えている。そして、同年の七九通目（十二月廿四日付）書簡の記述から、その何事かがある年号の調査依頼であったらしいことが分かる。幽谷は、『中右記』によって調べた結果を書き抜いて拙斎のもとに送っている。

今、現行本『大日本史』の安倍晴明伝（巻二二六方技）を見てみると、

初め天徳中、節刀災に罹りて、人其の制を知るもの莫し。詔して晴明に問ひたまふ。晴明木様を作りて之を献る。中右記寛治八年。

のように記されており、その割注に「中右記寛治八年」とある。幽谷が調査を依頼された年号とは、あるいはこれを指すものか。因みに、「節刀」とは将軍出征の際に天皇より賜る刀のことである。

（八）　賀茂忠行のこと

文政八年の一八四通目（十二月十四日付）書簡をみると、

先便御用書御認了、御退館之後、中山平四郎罷越、忠行等伝持参之由ニ而被遣候間、早速為写、今日返進いたし候。

のように記されている。これによれば、拙斎が、中山平四郎が持参したという賀茂忠行等の伝を幽谷のもとに送ってきたようである。幽谷は、例の如く書写した後にこれを返却している。

この加茂忠行の伝のことは、七七通目（廿四日付。執筆年次未確定）書簡にも、

加茂忠行伝立稿、出来候由ニ而、一昨日豊生より指出候。一覧之上、今日為差登可申存候所、外ニ下書無之由ニ御坐候間、刪潤を加へ候為メにも、今一通写候而出し候様、只今申達候。仍而今日ハ為差登不申候。後便遣可申候。

のようにみえている。幽谷が豊生（豊田天功）に執筆するよう命じておいた同伝が成稿して提出されたので、これを一覧後に拙斎のもとに送ろうとしたのであるが、他に下書きもないとのことだったので、もう一部写しを作るよう豊田に命じた。そのような次第なので後便で送り届けることにする、と書き送っている。

ところで、加茂忠行伝については、文政七年の七八通目（十二月十四日付）書簡の尚々書の後にも、弓削是雄の伝稿と共に書写させ、別封にて送り届けた旨が追記されているが、これと中山や豊田が認めたものとの関係については不明である。

加茂忠行の伝は、現行本『大日本史』の巻二二六方技伝に入れられている。ここにみた書簡からは、その稿本の検討にかなりの日時を費やしている様子が窺われるのであるが、この中山・豊田両者による稿本が現行本にどのように

反映されているのかは分からない。

⑪　叛臣伝

（イ）　源義朝贈大臣のこと

幽谷は、「義朝贈大臣の事」について文政七年の六四通目（十二月十九日付）書簡で、

> 真福寺の古書に有之趣、先達而平四郎申聞候処、小子は偽説不足拠と奉存候。頼朝の大功すら、其官納言に不過候所、叛党之義朝へ大臣位を贈候筈無之候。平家物語等閭巷の妄説と奉存候。

と記している。すなわち、このことは真福寺の古書にみえる旨を先頃平四郎（中山）が伝えてきたが、これは偽説であろう、というのが幽谷の見解であった。なぜなら、大功ある頼朝でさえも納言に過ぎないのに、叛党の義朝が大臣位を贈られるなど到底考えられないことであり、恐らくは『平家物語』あたりから採った信ずるに足りない説と思われる、というのである。

幽谷はまた、同年の六八通目（十二月廿八日付）書簡では、

> 義朝贈官之事、疑敷存候所、真福寺本年代記には贈中納言と御坐候由、頼朝之により候事とハ相見へ申候へ共、東鑑ニ不載候事、安心不仕候。但頼朝大納言に至候へハ其父江中納言を贈候と申は、後人の附会の様にも被存候。平家諸本の贈大臣、素より妄説不足信候所、真福寺本年代記も、跡より彼斟酌之説には無之候哉。年代記、贈官之年月日有之候ハヽ、承度候。

のように記し、拙斎が『真福寺本年代記』に「贈中納言」とある、と言ってきたのに対して、『東鑑』に記載されていないので即座には信じかねるとし、六四通目書簡同様これにも疑義を呈している。さらに、後人の附会のようにも思

われるので、もし『真福寺本年代記』に贈官の年月日が記されていれば教えて欲しい、と書き送っている。

いま現行本『大日本史』の源義朝伝（巻二一九叛臣三）を見てみると、伝末割注に、

按ずるに平家物語に曰く、朝廷使を遣はして義朝に正二位内大臣を贈りたりと。盛衰記には太政大臣と為す。他に確拠なし。故に今取らず。

と記されており、「義朝贈大臣」説は採用されていない。

（ロ）　藤原公宗のこと

幽谷は、文政七年の八二通目（十一月四日付）書簡で、公宗は叛臣伝に入れるべき人物であり、もしそうしなければ歴史家としての正しい筆法を貫くことができない、という拙斎の意見に同意するとともに、「少々避嫌候事ハ、於大義は構ひ不申候事と存候」と述べている。

公宗を平伝にたてるべきか叛臣伝に入れるべきについては以前からいろいろと議論のあったことであり、それについては吉田一徳著『大日本史紀伝志表撰者考』等に記されているところである。この問題は、幽谷と拙斎が総裁を勤めていたこの時期にもまた蒸し返された模様である。結局、現行本『大日本史』では、幽谷と拙斎が考えていたように叛臣伝（巻二三〇叛臣四）に入れられている。

（ハ）　安倍貞任のこと

拙斎が「衣のたてハ綻云々」の歌を『国史補遺』で安倍貞任伝（現行本巻二二八叛臣二安倍頼時伝に付伝）に入れたこと[12]に対し、幽谷は、文政七年の五三通目（正月廿四日付）書簡に、

旧本義家伝の注ニ有之候。一体義家伝本文ニ入申度候へ共、古来好事者所為と説破いたし、元禄中呈覧之稿より既已如此に候間、注文議論ハ西山公の御意歟とも難奉測候間、只今に至候而ハ、乍残念義家伝之注文に存し、備

考候外無之様奉存候。此段及御相談候。

と記している。「旧本」も「元禄中呈覧之稿」も、この歌を義家伝の注文中に入れてきたので、今はそのままにしておくのが良いだろう、というのが幽谷の見解であった。

そこで現行本『大日本史』の義家伝（巻一四三）を見てみると、「康平五年、衣川関を攻めて大に之を破り、貞任誅に伏す」という記述の下の割注に、

古今著文集に曰く、衣川の戦、貞任敗走す。義家追ひ及び、矢を注ぎて将に之を射んとし、大呼して和歌を唱へて曰く、ころものたては綻びにけりと。貞任馬を駐めて回顧し、続ぎて上句を成して曰く、年を経し糸のみだれのくるしさにと。義家乃ち矢を斂めて還ると。按ずるに此の説他に見る所無し。疑ふらくは和歌者流好事者の所為に出でしならん。故に今取らず。

と記されている。これをみると、拙斎は自説に固執せず、幽谷の見解を容れたもののようである。

⑫　外国（諸蕃）伝

（イ）　外国（諸蕃）伝のこと

先に文政七年のものと推定した四九通目（九月十四日付）書簡の中で、幽谷は名目伝のことにふれ、外国伝のように他の部分との係わりの少ないものから先に上木を済ませては如何か、と提案していた。

この外国伝について幽谷は、「別啓」で始まる一〇一通目（十一月十一日付。執筆年次未確定）書簡の冒頭に、「外国伝之内先達而粛慎之条へ女真補入いたし候事、御承知之通ニ御坐候」と書いている。そこで、現行本『大日本史』の巻二四一諸蕃一〇を見てみると、(13)「女慎」は「粛慎」中に補入されているのではなく、これと並べて立伝されている。後

になってまたこのように変更されたものであろう。

次に「琉球」について幽谷は、懸案となっていた称呼上の問題が解明されたので、いよいよ同伝を立てることにしたいが、その際、その中に「為朝等之事」を「さっと書入申度御坐候」、と述べている。そこで、現行本の琉球伝（巻二四一諸蕃一〇）を見てみると、

> 初め源為朝伊豆の大島に配流せらるゝや、諸島を侵略して、遂に鬼島に至りて、島人を慴服せしめ、一人を掠めて還り、歳ごとに絹百匹を納れしむ。保元物語。所謂鬼島も亦琉球なり。後、為朝の子島中に逃れ、天孫氏に代りて王と為れりと云ふ。

と記され、これに「南浦文集・中山伝信録を参取す。（中略）附して以て考に備ふ」という割注が施されている。ここにいう「為朝等之事」とは、この記述のごとき内容のことであったものか。こうしておけば、「義家附伝の為朝の条注文薩州釈玄昌云々ノ一段」は削除しても良かろう、と幽谷は言う。現行本の為朝伝（巻一四三源義家伝に付伝）中に「薩州釈玄昌云々」の注文がみえないところをみると、この幽谷の意見が容れられたものと思われる。

次に幽谷は、

> 蝦夷の巻ニ粛慎ハ附し候間、蝦夷の次ニ流求を標し、其次ニ西南夷国漂流人等之事ヲ載候へバ、都合も宜相成候。

と記している。「蝦夷」は、現行本では巻二四〇諸蕃九に「上」が、巻二四一諸蕃一〇に「下」が収載されており、既出の「粛慎」、「女慎」、「琉球」等も、この諸蕃一〇の中に並列して立伝されている。これは、ここに提示されている幽谷の構想とは若干その趣を異にしている。

そして、「吐火羅」「舎衛」「崑崙」「波斯」等のいわゆる「西南夷国」についてみると、現行本では巻二四三諸蕃一二の中に、中国の宋・元・明朝の後へ、これと並べて立伝されている。ただし、「舎衛」と「波斯」は「吐火羅」中で

ふれられているのみで、独立した伝が立てられているわけではない。幽谷は、これらの国々については「詳なる事ハ唐の書に譲候事勿論に候へ共、あまり疎略に過候様」にならぬよう、豊田生（天功）にいろいろと指示し書き立てさせているところなので、出来上がり次第送付して相談することにしたい、と述べている。

第二節　文政期における『大日本史』紀伝の校訂・上木作業の推進をめぐって

（1）　青山拙斎総裁就任後の江・水両史館員の志気と賜宴のこと

拙斎は、文政六年七月に江戸彰考館総裁に任じられ、九月もしくは十月に江戸に引越している。[14] 江館に赴任するや拙斎は、館員に対して四ッ時（午前十時頃）までに全員出勤するよう通達したが、それぞれいろいろな事情があって思うようには揃い兼ねたらしく、そのような状況に対する愚痴を水戸の幽谷に言ってきたようである。そのことは、通し番号一二九通目（十月廿九日付）書簡に次のように記されているところから窺える。

貴館々員出仕刻限等、四ッ迄ニハ相揃候様御達被成候由、御尤奉存候。諸子いろ〳〵相引ケ候事有之揃兼候由、是ハ致方無之候。此方之事も、御存之通、短日之砌抔ハ何をいたし候間も無之候。何卒督課之事に付候而ハ、君上より別段なる特旨御発被遊候而、一統引立候様仕度候。

これに対して幽谷は、「是ハ致方無之」ことで、状況は水館も同様としながらも、国史督課のことにつき藩主斉脩から「別段なる特旨」を賜り、水戸も含めた全館員が奮起して事に当たれるようにしたいものだ、と応えている。ところで、ここに幽谷がいう「別段なる特旨」とは、具体的にどのようなことを言っているのであろうか。それは翌文政七年の三五通目（三月十九日付）書簡の中に示されている。幽谷はそこで、館員諸子の校史の労をねぎらう「賜宴」のことについて拙斎に意見を述べているのである。この賜宴をめぐっての両者間の遣り取りは次のようなものである。

拙斎が、「考工局又ハ綴衣家と違ひ、史館疎外之事ハ、詭遇無之ゆへに却而可貴」というのが自分の考えであり、さらに江館諸子の中には、「特旨より出候恩賜に候ハヽ、格別、左も無之候而ハ無之方宜候」という意見をもつ者もある旨を書き送ってきたのを受けて、幽谷は、贈収賄といった「詭遇」に関係なく仕事ができる現状はむしろ好ましい、という貴兄ならびに江館諸子のご意見は御尤もとした上で、「小子ハ告朔之餼羊に候間、何にも不構、前々有来之分之事は有之方宜様ニ存候」と記し、自分は「告朔之餼羊」(15)に同じく、たとえ形だけのものであろうとも、これまであったものはなくしてしまわない方が良いと考える、と言い、続けて

尚更此方之事ハ遠方にて、貴館とも違ひ平生恩意も及兼、殊に刻限過迄残り居候事抔も、貴館にてハ自分持前之勤方と申、毎暮御心付等も有之、諸子当り前と存居候へ共、此方にてハ八鼓後残居候ハ、我々物数奇の様にて指支候。せめて校訂太儀との恩命ニても有之候へハ、夫により、刻限過までのこり候事も、申合可相成候。

とも述べている。すなわち、残業すれば毎暮に手当ての支給される江館と、手当てどころか残業など「物数奇」のすることと見做されがちな水館との事情の違いを説明し、拙斎に理解を求めているのである。実際、水館諸子の勤務の実態は、幽谷が四四通目(九月廿四日付)書簡に、

此方勤方之儀、随分無油断様にハ心懸申候へ共、子大免職已来、館中別而寝入候姿に相成居候間、何程引立申候而も、はか〳〵敷無之候。

と記しているように、「子大」(高橋坦室)が総裁職を免じられた文政三(一八二〇)年九月以降、志気がすっかり低下してしまった状態にあったようである。また三七通目(三月廿四日付)書簡によれば、「八鼓」(午後二時)に仕事を仕舞い

にするというのが水館の現状だったようで、これでは思うように作業が進まない、館員の志気を鼓舞し、刻限過ぎまで残って仕事をするように仕向けるには、どうしてもこのような措置が必要なのだ、と幽谷は訴えているのである。

さらに、一二八通目（別啓）書簡では、

館務督課之事、御同様我々儀ハ身にかゝり候事に候間、たとへ上より之御取扱如何様ニても、先公へ之御奉公と奉存候間、何分相勤可申候へ共、諸子きほひを付候様ニハ、折々賜宴等之事に而も無之候而ハ、礼数如何ニ御坐候。

とも述べている。自分は先公（水戸藩第六代藩主治保。斉脩の祖父）への御奉公と思っているから、たとえ現在の待遇がどのようなものであろうとも、これに甘んじる覚悟であるが[16]、他の諸子の場合はそうはいかない。「折悪敷御中陰」、すなわち藩主斉脩の生母小池氏の四十九日の法要もあり、格別のことはできないにしても、「一ト通館務引立位之事ハ、別而御物入も無之」出来るだろうから、一工夫してみて欲しい、と在府の拙斎に当局への働き掛けを促しているのである。『大日本史』紀伝の三度目の進献に向けて難航する校訂・上木作業の好転に腐心する幽谷の苦労が、「賜宴」を望むこれら一連の書簡からよく窺えるであろう。

因みに、当時の水館の陣容の一端について幽谷は、三五通目（三月十九日付）書簡で、

大竹幷安松、本紀校訂取懸候所、至極精密に御坐候。竹翁ハ老人にて折々病気引も御坐候へ共、安生ハ近頃別而綿密に相勤申候。会生ハ不断文辞等相談仕候。宇・飛両生も近頃ハ空談相止候而、列伝校訂へ為取懸候。

と拙斎に報じている。これをみると、大竹（親従）と安松（重明）を本紀の校訂に取り懸らせたところ、仕事振りが至極精密であること、大竹は老人なので時々病気で休んだりもするが、安松の方はとりわけ精勤であること、会生（会沢安）には平生文辞等につき相談していること、宇・飛両生（宇佐美充と飛田勝）には列伝の校訂に取り懸らせたこと等が

記されており、幽谷を中心とした当時の水館の人員構成のあらましを窺うことが出来る。

ところで、このように幽谷が一昨年来切望していたこの「賜宴」がついに実現したことが、文政八年の五五通目（三月四日付）書簡から窺える。幽谷は、

如貴諭此度之賜宴ハ、一ト通り有司之取扱斗に無之、御使まで被下、国史之儀被仰下候儀、誠に近来之異数、御同意難有仕合奉存候。

と記し、藩主斉脩から使者まで立てて国史校訂の労がねぎらわれたこの度の賜宴を、近来にない有難い処遇と評価し、拙斎と共に大変喜んでいる。水戸の幽谷は、この度の賜宴を記念した「賜宴之詩巻」を編んで江戸の拙斎宛に送ったが、拙斎は、早速これを通事のもとまで届けたことを報告している。しかし、「但此方之儀ハ、全く貴館之波及と奉存候」と付け加えているところをみると、幽谷の胸中からは、江館に比して冷遇されている水館の現状に対する不満の念がこれですっかり消え去ったということではなかったようである。

（2）中清書本・清書本等の紛失騒ぎ

文政六年の通し番号一二二通目（十二月四日付）書簡をみると、

武則伝等之事、介九郎方をも為念承合候処、別紙之通申来候。且御用状をも検査いたし候へハ、別紙書抜之通ニ相見へ候。何とそ貴地ニて、此趣を以御吟味可被下候。

とある。清原武則伝等のことにつき、拙斎から幽谷に何か問い合わせがあったらしい。そこで幽谷が介九郎（川口緑野）に尋ねてみたところ、「別紙」のとおりの回答を得、これが御用状にみえるところと一致していた。そこで幽谷は、この「別紙」を拙斎に送付し、その線に沿っての吟味を依頼している。さらに、「夫にても不相分候ハ、、別に書写い

たさセ候外無之候」と書き、続けて

　但清衡の事跡等ハ中清書へ朱書にて書入、遣候様ニ覚候。中清書紛失にてハ二度之造作ニ御坐候。

と書いているのをみると、どうやら水館から送られた中清書本を江館が紛失してしまっていたようである。「清衡」は藤原清衡で、現行本『大日本史』では巻一四四中に清原武則の伝に続けて立伝されている。

　また、同年の四一通目（十二月十九日付）書簡には、

　伊通伝中清書板下之方、御吟味被成候所、三十郎宅ゟ見出し候由、清書の方きれ候ハヽ、是を御懸被成候而も宜候。

とある。藤原伊通伝（現行本巻一四九）の中清書本が紛失してしまっていたのが、三十郎（根本敬義）宅から見つかったとの報告が拙斎からあったものらしい。幽谷は、清書済みの版下が途切れたらこれを彫りに回してもよかろう、としながらも、「同しくハ今一遍一覧いたし度候」と述べている。水館にある青表紙本が反故の様になってしまって見にくいため、この中清書本と照合してみたかったらしく、済んだら早々に送り返す、と付言している。

　そして、同じく六年の六七通目（十二月廿四日付）書簡には、

　武則伝上木出来、伊通伝清書も御見出し候由、致大慶候。伊通之内にハ、少々後にて相考候事御坐候間、清書一ト通御下し可被下候。早春にハ為差登可申候。

と記されている。これより先に清原武則伝の中清書本が見つかったらしく、幽谷は、その上木が済んだこと、及び藤原伊通伝の清書本が見つかったことを拙斎から知らされ、喜びの意を表わすとともに、伊通伝については後から少し考えたことがあるので、この清書本を水戸の方に送ってくれるよう依頼している。

　ところが、翌文政七年の五四通目（二月廿四日付）書簡をみると、

伊通伝・武則伝摺立候本、何方へ歟紛失候由、武則伝ハ一通此方へ御下し被成候。伊通伝ハ此方ニ無之候。職人罷出候ハヽ、為御摺、被遣候様致度候。

とあり、今度は伊通・武則両伝の摺本の所在が分からなくなってしまった、との連絡が江館の拙斎からあったことが記されている。幽谷はこれに応えて、武則伝は当方へ送ってもらっているが伊通伝はまだなので、職人が出てきたら当方の分も序でに摺らせて送って欲しい、と頼んでいる。

以上、一二二通目書簡では清原武則・藤原清衡両伝の中清書本が、四一通目書簡では藤原伊通伝の中清書本が、六七通目書簡では同伝の清書本が、それぞれその所在が分からなくなってしまっていたことが記されていた。さらに加えて五四通目書簡では、伊通・武則両伝の摺本の所在まで分からないといった始末であった。これをみると、当時の江館は業務管理が徹底しておらず、かなり混乱した状態のなかで作業が進められていたように見受けられる。文政五年の十二月、当時の江館総裁川口緑野が失行により罷免されてから、翌年七月に拙斎が総裁に任じられるまで、約半年間総裁を欠いていたことが、その一因として考えられるであろう。拙斎が赴任した後も、この混乱状態は容易には改善されなかったものらしい。

（3）清書・上木作業の中断のこと

文政七年の五四通目（三月四日付）書簡をみると、「彫工一枚刻成候を、試に摺立申候」とある。当時は上木の手順として、版木が一枚出来上がるごとにその試摺りをし、出来具合を確かめることにしていたようである。そして、「それを集候而一巻に致候外ニハ彫工摺り不申候由」とあるように、その試摺りは一枚しか摺らなかったため、それを集めた一巻しかない状態であった。これに対して幽谷は、愚按にハ、是迄之儀ハ其通にて致方無之候間、是非共見合之為メ為摺可申候分ハ、別に巻数揃候而為摺候外無之候へ共、已後刻成之分ハ別に課程を立候而、一枚刻成候節試摺二枚と相極申度候。夫を集め候而両館各一巻つゝ出来可申候。

と提案している。つまり、今後は試摺りを二枚ずつ摺って、江・水両館がそれぞれ一巻ずつ持てるようにしては如何か、というのである。

左候へバ、新刻之本両館に一通つゝ有之、手くり次第見合置、進献前にハ格別隙費無之様致度候。貴意如何、宜御工夫可被下候。

そうすれば校訂作業が進めやすくなり、能率も上がるだろう、というのが幽谷の見解であった。

ところで、このように作業の能率を上げる手立てを提案してきた幽谷に対して、拙斎は、「中清書之儀」について幽谷に自分の意見を書き送ってきたようである。同年の三七通目（三月廿四日付）書簡に、

中清書之儀、委曲貴諭之趣御尤、致承知候。一昨年ゟ彫刻相止居候ゆへ職人出兼、漸近頃揃候様相成候所、又々止候而ハ、此後ハ急に職人罷出申間敷との御儀、成程左様に可有之候。

とあるのによれば、江館の拙斎は、一昨年（文政五年）以来の彫刻作業中断が災いし、いざ再開という段になってもなかなか職人が揃わず、苦労したもののようである。最近やっと軌道に乗ってきたというのに、ここでまた中断ということにでもなると、同じ轍を踏むことになりはしまいか、と危惧していたらしい。中清書についての拙斎の意見というのは、おそらく江・水両館とも鋭意努力して、これが途切れることのないようにしよう、ということだったのではあるまいか。幽谷は、拙斎の意見に同意した上で、

愚意にハ、彫刻中絶さへ無之候へハ、いつれの篇ニて前後引はり無之伝御吟味にて、清書之上板下へ御懸ケ置被

成候方可然奉存候。

と応えている。どの篇からでも、前後の係り合いの少ないところから吟味・清書の上、彫刻に回していけばよかろう、というのである。後になって変更の可能性のある巻数の部分などを彫り残すようにしておけば、「鎌倉武士にても南北朝の人物にても、又は名目伝にても」差支えなく、必ずしも「進献前後の順」にこだわる必要はあるまい、というのが幽谷の見解であった。さらに幽谷は、皇妃・皇子等の伝のごとく比較的問題のないところを後に回すことになったのは、諸事の照合等にひどく手間取ってしまったためである、と説明している。

幽谷はまた、同年の一三六通目（七月廿九日付）書簡で「国史上木督課」の件について、

両館一体之事故御申合、相成候たけハ御同様に功課相立候様仕度、（中略）貴館にて、去年御登已来折角諸子就功之所ヲ、此方埒明兼候に付掣肘いたし候様にてハ、気の毒仕候。貴館之儀ハ貴兄御持前之御事ゆへ、宜御督課被成候而（後略）

と述べている。江・水両館が同じペースで仕事を進められれば、それが最も理想とするところではあるが、実際には容易に足並みが揃いかねたようである。そこで幽谷は、貴館は貴兄の責任において督課していけばよろしかろうと言う。「此方埒明兼候に付云々」とあるのをみると、水館の方の仕事が遅滞ぎみだったのであろう。そして、「盛衰記時代と太平記時代と打込に上木云々」という上木の仕方についての拙斎の意見に対しては、「何レにても、校訂早く出来候分為彫候事、於小子別に存意も無之候」と応えている。幽谷としては、先に三七通目書簡で、同様の考えを拙斎宛に書き送っていたのであるから、これに異存のあろうはずはなかった。

かつて川口緑野がまだ総裁職に就いていた時分、幽谷の横槍で上木が差し止められたことがあったらしい(17)。江館諸子のなかにはその事実を聞き知っている者もおり、この度の水館の仕事の遅れは、幽谷が再び同様な行動に出たため

に生じたものではないか、と憶測する者もいたようである。拙斎がこのことに書中で触れたのに対して、幽谷は「成程左様之事も可有之候」と、かつてそうした事実のあったことを認めながらも、それには相応の理由があってのこと、と次のように記している。

川口ハ、台湾志流の小説家の文章ニ而国史をも悉く手を入候故、夫を書面にて一々弁破候而は、筆戦ニ相成埒明不申候間、面談之節を期候迄列伝等上木ハのべくり候（後略）

つまり、川口が国史にふさわしくない「台湾志」(18)流の文章であちこち手を入れてしまったため、これを訂正するまでは上木を延期せざるを得なかった、というのである。そして、その経緯については、「貴兄御当職已前之事にハ候へ共、校本追々御相談も申候故」に貴兄もよく承知の筈のこと、と聊か不満気である。まして現在は、貴兄が同職となっていることでもあるから、

たとえ小子再閲不仕候とも、貴兄御吟味被成候分ハ安心仕候事ニ御坐候間、貴地之上木を無故掣肘いたし候筈ハ無之候。

と述べ、上木の差し止めなどするはずがない、とこれをきっぱりと否定している。しかし、ここでわざわざ「無故掣肘いたし候筈ハ無之候」と言い、またその後のところで「一概に御扣被成候様ニとの事ニハ無之候」と言っているのをみると、こうした憶測を生ぜしめるような何かが、幽谷の側にあったものかもしれない。

この上木中断という事態は容易には改善できなかったらしい。同じく文政七年の八二通目（十一月四日付）書簡をみると、

彫刻当年ハとても始候様ニハ不相成候所、清書等も惟今ゟ始不申候而ハ、来春も急にハ始候様相成申間敷旨、御尤奉存候。あまり曠日弥久ニ而御同様恐入候間、宜致工夫候様貴諭承知仕候。

とあり、上木の年内再開の目途が立たない状況にあったことが窺われる。また彫刻ばかりでなく、清書さえも滞ってしまっていたようである。あまり延々になっては如何かと思われるのでなんとか工夫していきたい、という拙斎の意見に幽谷も賛同している。さらに続けて、

短景御間ニ合兼、休日にも貴兄御一人御登館之由、御賢労千万奉存候。小子此節之痰咳抔も、先日中刻限過迄残居候節、火鉢無之、寒邪ニこまり申候故と存候。

とあるのをみると、当時は両人とも、休日出勤や残業をしながら、校訂作業と精力的に取組んでいたことが分かる。まさに「不遺余力候様に吟味」していた様が窺われるのである。

そして、同年の四六通目（廿四日付）書簡をみると、

すべて上木、十年内外卒業無之候而ハ、人命難計候旨、縷々来諭、御尤存候。彫刻之良工一人病死之由、可惜事ニ御坐候。右に付候而も、督課之儀、何卒早く形付候様仕度候。

とあり、彫刻の良工一人が病死したという拙斎からの知らせに、幽谷は「可惜事」と応え、人命は計りがたいのでここ十年くらいの間に全紀伝の上木を済ませたい、という拙斎の考えに同意を表明している。この「彫刻の良工」の死という出来事も、上木が中断し、年内再開の目途が立たない状況に陥ってしまった原因のひとつと考えてよかろう。

ところで、これも文政七年のものと推定した六二通目（十一月十九日付）書簡をみると、この頃鎌倉の鶴岡八幡宮別当から、『大日本史』刻本の奉納願いが出されていたことが分かる。この件につき江戸の拙斎が、かねてよりの幽谷との申合わせどおり、上木が完済するまではどちらへも奉納しないが、済んだ折には願出のあるなしに拘わらず、「伊勢・鶴岡・鹿島等」へは奉納する旨通達してくれるよう有司に申し出たところ、有司もこれを聴き入れてくれた、と幽谷に報じてきた。拙斎はさらに、この後この種の願出があれば、いちいち相談したりせずに処理する旨を言ってき

たらしく、幽谷がこれを了承している。当時、水戸藩の『大日本史』の刊行が、外部から大きな関心をもって見られていたことを示すひとつの事例であろう。

（4）豊田天功の紀伝校訂作業への参画

幽谷は、文政七年の四四通目（九月廿四日付）書簡で、水館の国史校訂作業の現状につき、館員の士気がすっかり低下してしまっていることを嘆じており、「補伝草稿等其外文章の手廻し」は量太郎殿（拙斎の長子）と豊田生に分担して受け持ってもらうよりほかにない、と述べている。幽谷が教えた者の中には他に杉山生（復堂）などもいるにはいるが、まだ任せきりにできるところにまでは達していない、というのが師幽谷の評価であった[19]。

そこで今、校訂作業のうち、豊田が係わったところについて見てみると、先ず文政八年の六五通目（正月廿四日付）書簡では、方伎伝への「補入」のことにつき、拙斎から幽谷に何か言ってきたようである。これに応えて幽谷は、

是ハ旧冬豊田生へ申達、乍稽古属稿為仕候所、別紙之通出来候間、今日遣候而懸御目申候。宜様ニ御删潤可被下候。

と書いている。すなわち、この件については旧冬豊田生に練習のつもりで書いてみるよう申付けておいたところ、別紙の如く出来上がったのでご删潤願いたい、というのである。前年の七八通目（十二月十四日付）書簡に、方伎補伝のことについて、幽谷が試みに豊田生に書いてみるよう話してみたところ、早々に成稿したので、「一ト通吟味之上、後便遣候而可及御相談候」と記されているのが、あるいはここにいうところの別紙か。その内容については不明である。

また、五九通目（十月十九日付。執筆年次未確定）書簡では、「列女補伝篠塚氏之事」について彦次郎（豊田）が認めたものを、幽谷が拙斎に送付したところ、拙斎から一個所不明の点を指摘されたようである。幽谷は、

小子も一覧之節、彼二字目出候間、当人へ問返し申候事ニ御坐候。是ハ追而為相改候心得ニ御坐候。

と記した後、この草稿が「彦次郎書立候ま丶」のものであり、「当人之手際」を見てもらうため、一字も手を入れずに送り届けたのだ、と述べている。

さらに、七七通目（廿四日付。執筆年次未確定）書簡には、

加茂忠行伝立稿、出来候由ニ而、一昨日豊生より指出候。一覧之上、今日為差登可申存候所、外ニ下書無之由ニ御坐候間、刪潤を加へ候為メにも、今一通写候而出し候様、只今申達候。仍而今日ハ為差登不申候。後便遣可申候。

とある。これによると幽谷が豊生（豊田）に執筆するよう命じておいた加茂忠行伝が成稿し、幽谷のもとに提出されたようである。幽谷は、これを一覧した後、拙斎のもとに送ろうとしたのであるが、他に下書きもないとのことだったので、もう一部写しを作るよう豊田に命じたものらしい。後便で送り届けることにすると伝えている。この加茂忠行伝のことは、七八通目及び一八四通目の両書簡にも出てくるが、それらはこれとは別物のようである。

最後は一〇一通目（十一月十一日付。執筆年次未確定）の外国（諸蕃）伝に関する書簡であるが、そのうちの「吐火羅」「舎衛」「崑崙」「波斯」等のいわゆる「西南夷国」についてみると、現行本『大日本史』では巻二四三諸蕃一二の中に、中国の宋・元・明朝の後へ、これと並べて立伝されている。ただし、「舎衛」と「波斯」は「吐火羅」の中で触れられているのみで、独立した伝は立てられていない。幽谷は、これらの国々については「詳なる事ハ唐の書に譲候事勿論に候へ共、あまり疎略に過候様」にならないよう、豊田生にいろいろと指示をして書立てさせているところなので、出来上がり次第送付して相談することにしたい、と述べている。

以上にみたところから、当時豊田が、方伎伝はじめ諸伝の校訂作業にかなり係わってきていることが窺えよう。豊

田の認めた稿本がどの程度現行本で採用されているかは、これらの書簡からは残念ながら分からない。しかし、いずれにしても史館の仕事は、幽谷も言うように精敏で筆が立たなければとても勤まるものではなく、若い俊秀に期待するところが大であったようである。

（5）中山平四郎（信名）の紀伝校訂作業への貢献と牧園進士のこと

本項では、中山平四郎[20]の紀伝校訂への貢献に係わる具体的な記述を、本書簡集所収の書簡の中から抽出し、箇条書きにして掲出・検討することによって、中山の貢献度を確認してみることにする。また併せて、九州の古文書を所蔵し、南朝史に通暁していたという牧園進士[21]にも若干触れておきたい。

（イ）文政七年の五七通目（八月九日付）書簡によれば、拙斎から幽谷のもとへ、「小野小町」（現行本巻二二四烈女）のこと及び「孝子伝」のことについての中山の考証結果の書付を送付してきたらしい。幽谷は、ひととおり見合わせた上で返進する、と書いている。

また、尚々書のところに「平四郎考証之儀、扨々得益多く、御同慶奉存候」と記されているのをみると、幽谷・拙斎共に、中山が紀伝の校訂に大きく貢献してくれていることに大変満足していたもののようである。その功に報いるべく、幽谷は彼の処遇について重ねて相談したい、と拙斎に書き送っている。

（ロ）文政七年の六六通目（十二月四日付）書簡で幽谷は、「相者登照伝料」として「平山平四郎」（中山の誤記カ）が書き集めておいたものを拙斎から届けられ、その写しを作って返進した旨を記している。そして、同年の七八通目（十二月十四日付）書簡に「慥相達候由、致承知候」とあることにより、これが拙斎の手元に届いたことが確認できる。ところが、同年のものと推定される八三通目（十九日付）書簡にも、「平四郎（中略）登照等之考、此方へ一通為写置、致返信候。御落手可被下候」という記述がみえる。この書簡は、書中に「秋冷云々」とあるので、「十二月」の日付をもつ先の両書簡より前に執筆されたものであることが分かる。ということは、中山は、本書簡にいう「登照等之考」を提出した後で、これとは別に「登照伝料」を差し出した、ということになるようである。

（ハ）幽谷は、「随身公助」の姓が「下野」であるということにつき、確証が得られないのでなお良く吟味させたい、と文政七年の六六通目（十二月四日付）書簡で述べている。これに対して拙斎は、『今昔物語』中に確かにこの記述がみえると中山が話している旨を、同年の七八通目（十二月十四日付）書簡で幽谷に知らせてきた。幽谷は、水館にある校本も同書を引いてその姓を「下野」としている、と記した後、続けて

今昔本条ニハ下野とハ見へ不申、他の所に出候事ニ可有之候所、いまたたしかに見当り不申候。尚又披索為致候様可仕候。

と記している。すなわち、いまだ確証が得られない状態なので結論は今後の調査に俟ちたいということであり、結局は六六通目書簡での意見を繰り返しただけであった。

（ニ）文政七年の七八通目（十二月十四日付）書簡をみると、先般「興良」を「陸良」と改めたが、「陸良」は「常陸宮」と称したことから誤ったものであり、やはり「興良」で良かったのだと中山が言っている旨を、拙斎が幽谷に知らせてきたようである。

（ホ）文政七年の六四通目（十二月十九日付）書簡には、「方伎伝補入」の件について、

天文博士之儀等平四郎心得違之由、別紙申来候趣、為御見被下、一覧致返進候。如貴諭、太平記時代と違ひ、古代之事ハ不案も多く相見へ申候。

と記されている。これによれば、天文博士のことなどにつき心得違いをしていた、と中山から拙斎に知らせてきたも

のらしい。古代のことはあまり得意ではないようだ、という拙斎の中山評に同意を示しながらも、幽谷は、

乍去国書考証之方ハ、至而精細に諳練いたし候間、大に得益候事に御坐候。何とそ如此考証家をも、館中にほしきものニ御坐候。

と述べている。幽谷は、中山が国書の考証に大変秀でていることを高く評価し、このような考証家が是非とも史館に欲しいものだと考えていたのである。

また同書簡中で　幽谷は、「義朝贈大臣の事」についても、

真福寺の古書に有之趣、先達而平四郎申聞候処、小子は偽説不足拠と奉存候。頼朝の大功すら、其官納言に不過候所、叛党之義朝へ大臣位を贈候筈無之候。平家物語等閭巷の妄説と奉存候。

と記している。すなわち、この件は真福寺の古書にみえる旨を先頃中山が伝えてきたが、これは偽説であろう、というのが幽谷の見解であった。なぜなら、大功ある頼朝でさえも納言に過ぎないのに、叛党の義朝が大臣位を贈られることなど到底考えられないことであり、恐らくは『平家物語』あたりから採った信ずるに足りない説と思われる、というのである。

(へ)文政八年の四二通目(十九日付)書簡からは、幽谷と拙斎が、紀淑人を小野好古伝(現行本巻一三七)に付けるか紀長谷雄伝(現行本巻二一五文学三)に付けるかについて検討している様子が窺える。もし拙斎のいうように小野好古伝に付けるとすると、すでに上木の成っている同伝を彫り直す必要が生じてくる。幽谷は、

経基ノ事跡、此度平四郎考ニテ補入ノ条モ出来、ホリ直シニ相成候ハヽ、ヨキ序ニ候間、淑人之事も至当の所へ帰宿いたさセ度候。

と記し、源経基の事績について補入すべき点を平四郎(中山)が纏めたので、同伝(現行本巻一三七)など彫り直すよう

なことにでもなれば、その時は淑人も至当の個所に付けるようにしたい、と述べるに留めている。

（ト）文政八年の一四六通目（七月廿九日付）書簡をみると、江館が進めていた「義烈・列女二伝」の校正が済み、これに中山の貼札を付したものが拙斎から幽谷のもとに送られてきたようである。幽谷は早速これに目を通し、

義烈之方ハ出入も少く相見へ申候間、近日少々書入いたし候而為差登可申候。列女の方ははり札ニてハ埒明兼候様に御坐候。

とその所感を述べている。義烈の方はさほどでもないが、列女の方はかなり問題があるようだというのである。もっとも、この後の尚々書の部分をみると、

今度被遣候校本は、太平記時代と違ひ、余り入組六ヶ敷事も少キ様に候間、永く留置候つもりハ無之候。

とあり、『太平記』の時代を扱った部分に比べれば難しいところも少ないようなので、長期間に亙らずに返却できるだろうと述べている。

（チ）文政八年の一八四通目（十二月十四日付）書簡には、「忠行（賀茂）等」の伝について、次のように記されている。

先便御用書御認了、御退館之後、中山平四郎罷越、忠行等伝持参之由ニ而、被遣候間、早速為写、今日返進いたし候。

これをみると、拙斎が、中山が持参したという賀茂忠行等の伝を幽谷のもとまで送ってきたようで、幽谷は、例の如くこれを書写してから返進している。

以上、先に第一節でみたところとの重複を厭わずに、中山の紀伝校訂への貢献に係わる記述を列挙してみた。今、これを豊田の場合と比較してみると、中山の紀伝校訂への貢献度は、この時点においては、まだ若かった豊田にかなり勝るものがあったように見受けられる。中山の考証には、若干の間違いや勘違いもあったようであるが、幽谷・拙

斎共に、中山が紀伝の校訂に大きく貢献してくれていることを高く評価していたのは間違いのない事実である。文政七年の一三一通目（十月十四日付）書簡をみると、

平四郎手伝之事も、此間高聴ニ御入被成候処、先年瞽史噂にて、其人御承知被遊候由御意御坐候由、大慶仕候。

とある。拙斎が、侍読の折に「平四郎」（中山）が紀伝校訂を手伝ってくれていることを斉脩に話したところ、斉脩は既に「瞽史」（塙保己一）から聞いてその名を知っていた、と伝えてきたのに対して、幽谷は「大慶仕候」と応えている。幽谷が、中山の功績に報いるべく、彼の処遇について重ねて相談したいと拙斎に書き送っていたことは、先述したとおりである。

なお、中山の『大日本史』紀伝校訂作業への貢献については、吉田一徳著『大日本史紀伝志表撰者考』の七八二頁から七八七頁に詳述されているので参考にされたい。

ところで拙斎は、牧園進士と会って対談したことを幽谷に報じてきたもののようである。文政七年の一三一通目（十月十四日付）書簡をみると、

牧園進士御対話之由、右物語之内、南朝之事ハ至而巧者ニ御坐候由、致大慶候。国史異同之儀、話候ま丶御書留被成候分御示被下、一覧書留置、御別紙ハ致返進候。追々御相談、相改候様可仕候。

のように記されている。この人物は、九州の古文書を所蔵し、南朝史に通暁していたらしい。拙斎は、牧園との対話のうち国史の異同に関する部分を書き留め、幽谷のもとに送り届けてきた。幽谷は、この牧園の話を参考にし、相談の上で改めるべきところは改めていこう、と述べている。ただし、「筑前佐田氏系図」や「後醍院系図」等は容易に信用しかねるし、「薩州禰寝系図」で清盛の後裔と称している部分等は後人の贋造と思われる、と評している。

吉田前掲書の七八一頁から七八二頁をみると、拙斎が幽谷没後も牧園から九州方面の古文書を借用し、紀伝の校訂に利用させてもらっていることが記されている。間接的にではあるが、この牧園という人物も、当時紀伝の校訂に功績があった人物の一人に数えることができるであろう。

（6） 名目伝に係わる諸々のことども

名目伝に組み入れる人物の伝について、幽谷と拙斎が人物名を挙げて個々に検討したところは第一節でみたとおりである。ここには具体的な人物名は出てこないが名目伝が話題に上されている書簡を抽出し、当時どのような問題が検討課題となっていたのかを知るための一助としたい。

（イ） 名目伝全般

文政七年の四八通目（八月四日付）書簡によれば、拙斎が「名目伝」を送り届けてくれるよう書いてきたのに対して、幽谷が「孝子ゟ方伎迄一冊、青表紙・黄表紙共、両様取揃遣候」と応えているのが分かる。現行本『大日本史』では、孝子伝が巻二二二、義烈伝が巻二二三、烈女伝が巻二二四、隠逸伝が巻二二五、方技伝が巻二二六となっている。当時、校訂作業を進める過程で、この五つの名目伝が一冊に綴じられていたらしい。幽谷は、「青表紙・黄表紙」両本ともに取り揃えて送付した、と返答している。

また文政七年の四九通目（九月十四日付）書簡には、

名目伝ハ貴地ニて御引受、段々上梓に御取扱可被成候間、其内三進献之分、此方にて急キ取調可申旨、相心得申候。

と記されている。これをみると、列伝中の名目伝は江館が責任をもって校訂を進めてきていたらしい。これを少しずつ上梓していきたいので、三進献の分を水館でも急いで取り調べて欲しい、と拙斎が依頼してきたのに対して、幽谷は承知の旨を伝えると共に、

扨右に付小子心付申候ハ、伝中分析・合併・前後巻次くりかへ等之儀、御面談之節熟議相極申候迄ハ、未定之分も御坐候間、刻本ニ巻之第幾ト申候所指支候様に御坐候。名目伝抔ハ末之方に候へ共、将軍家族又は家臣等之内ニも、校訂之時次第も可有之候哉難計候。但外国伝ハかりハ全く末の方へ附候事ゆへ巻数動キ申間敷、且其事跡紀伝中之引はり、他伝よりハ紛敷事少く可有之候。然ハ名目伝之内にも、まつ外国伝御吟味にてハ如何可有之哉。宜御工夫可被下候。

と述べている。名目伝中にもまだ未定のところがあるので、外国伝のように他の部分との係わりが比較的少ないものから片付けていっては如何か、というのである。これより前の三七通目（三月廿四日付）書簡でも、幽谷は本書簡と同趣旨の提案をしていた。

（ロ）　歌人伝

文政七年の六三通目（十二月九日付）書簡には、

歌人伝之儀、池翁御懸合被成候処、別紙之通御答申候ニ付、御示被下致一覧候。貴諭之通、当人竭力候事ニ御坐候間、此節御繙閲にて、御取捨御坐候様致度候。子大へ為見置候事之由に候へハ、子大悴之方捜索為致可申旨、致承知候。丹生彼一冊書立候姿覚居候間、豪助へ懸合相尋候様、今日申達候。

と記されている。これによると、歌人伝のことについて、拙斎が「池翁」（小池友識）に何事かを相談したところ、これに応えた書簡が池翁本人から拙斎のもとに届いたようである。この書簡を拙斎が幽谷のもとに送ってきたらしく、一覧した旨を幽谷は記している。ところで池翁は、かつて同伝について記した文章を一冊に綴めておいたらしく、拙斎

も幽谷も、かねがねこれを見てみたいと思っていた。というのも、池翁が随分これに力を入れていたらしく思われたからである。ところが、当時それはどこかに紛れて、所在が分からなくなっていた。拙斎は、池翁が生前の子大（高橋坦室）にもこれを見せていたようなので、子大の悴宅も捜させて欲しい、と幽谷に依頼してきた。幽谷は、承知の旨を述べると共に、池翁の弟子「丹生」（丹子正）が、これについて何事かを記憶しているようなので、豪助に尋ねさせてみる、と拙斎に書き送った。

幽谷は、さらに「又啓」として、万一豪助に尋ねても何も分からなかった場合、この池翁書簡を示して嬰卿（川口緑野）にも尋ねてみようと考えているので、暫くの間これを預からせて欲しい、と頼んでいる。

ところが、同年の六四通目（十二月十九日付）書簡には、「歌人伝考之儀、豪助方より見出し候間、先便為差登申候」と記されており、問題になっていた歌人伝に関する池翁の書付が豪助のところから見つかったというのである。ここにいう「先便」とは、十二月十四日付の七八通目書簡のことと思われるが、そこでは「池翁書面」のみを返進したように記されていた。しかし、本書簡の記述をみると、その際に池翁の「歌人伝考」も一緒に送っていたように受け取れなくもない。

また文政八年の五五通目（三月四日付）書簡で、幽谷は、歌人伝校正本を送って欲しいという拙斎からの依頼に、先頃「青表紙」本と共に江館へ送ったはずだと管庫が報告してきている、と応えている。

（八）　方伎（技）伝

文政七年の六二通目（十一月十九日付）書簡には、

方伎伝補入人物之儀、書付披索いたし候へ共、見出し兼候。見出し次第、可及御相談候。

とある。幽谷は、方伎伝に補入すべき人物に関して、なにごとかを拙斎に相談すべく「書付」を捜したが、うまく見

つけ出すことができなかったようである。この「書付」というのは、十一月四日付の八二通目書簡に、

方伎伝へ補入人物之事、先達而中山平四郎心付候而遣候書付有之候。見出し候而可及御相談候。

とあるところの中山が送り届けてきたものをいうのであろうか。見つけ次第相談したい、と書いている。

同年の六三通目（十二月九日付）書簡には、これも「方伎伝補入之人物」のことについて、

先日被遣候一冊之外ニも追々可被遣旨、致承知候。国史遺事等多分有之、委細御書留置被成候間、追々御相談可被仰越旨、致承知候。

のように記されている。これによると拙斎は、先に方伎伝に補入すべき人物について記した一冊を、幽谷のもとに送ってきたものらしい。そして、このほかにも追々記して送り届ける、とも書いてきたもののようである。拙斎のみるところ国史にはまだまだ遺事が多く、気付いた点を折にふれ書き留めておいたので御相談に預かりたい、と述べ、幽谷は、これに対して「致承知候」と応えている。

また同年の七八通目（十二月十四日付）書簡には、

方伎伝之内、小右記・顕広王記等一ヶ所引用之分、別紙御書付被遣、来諭之趣致承知候。小川へ申達披索為致候処、本書別紙之通ニ御坐候間、書抜之ま、遺候。宜御吟味可被下候。

とあり、これによると拙斎が、『小右記』及び『顕広王記』より引用した方伎伝中のある一個所を書き抜き、幽谷のもとに送ってきて、原典の確認を依頼したようである。幽谷が、小川（伊織カ）にこれらの書物を披索させたところ、拙斎から送られてきた書抜きのとおりであることが分かり、これをそのまま拙斎に送り返している。

そして同年の六四通目（十二月十九日付）書簡には、方伎伝補入の件について、

天文博士之儀等平四郎心得違之由、別紙申来候趣、為御見被下、一覧致返進候。如貴諭、太平記時代と違ひ、古

代之事ハ不案も多く相見へ申候。

のように記されている。これをみると、天文博士のことなどにつき心得違いをしていたと平四郎（中山）から拙斎に報告してきたらしい。古代のことについてはあまり得意ではないようだ、という拙斎の中山評に幽谷も同意を示しながらも、

乍去国書考証之方ハ、至而精細に諳練いたし候間、大に得益候事に御坐候。何とそ如此考証家をも、館中にほしきものニ御坐候。

と記している。幽谷は、中山が国書の考証に大変秀でていることを高く評価し、このような考証家が是非とも史館に欲しいものだと考えていたようである。

文政八年の六五通目（正月廿四日付）書簡でも、同伝への「補入」のことについて拙斎から幽谷に何か言ってきたようである。これに応えて幽谷は、

是ハ旧冬豊田生へ申達、乍稽古属稿為仕候所、別紙之通出来候間、今日遣候而懸御目申候。宜様ニ御刪潤可被下候。

と書いている。即ち、この件は旧冬豊田生（天功）に練習のつもりで書いてみるよう申付けておいたところ、別紙の如く出来上がったのでご刪潤願いたい、というのである。別紙の内容については不明である。

（二）　孝子伝

文政七年の五七通目（八月九日付）書簡をみると、拙斎から幽谷のもとへ、孝子伝のことについての平四郎（中山）の考証結果の書付が送付されてきたらしい。幽谷は、ひととおり見合わせた上で返進する、と書いている。

また同年の六二通目（十一月十九日付）書簡によれば、幽谷が「孝子伝等之儀」について拙斎に相談したところ、早速

拙斎からの返書が届いたようである。拙斎の返書の内容は分からないが、それについて幽谷は、「逐一致承知候」と応えている。

八〇通目（十四日付。執筆年次未確定）書簡をみると、幽谷は、「孝子・方伎等之事」も早く送り届けたいと考えていたようである。しかし、孝子伝は、先にみた方伎伝同様「考訂・改正等之所」が相当入り組んでいるため、書面では分かりにくそうだったのでひとまず残して置くことにしたらしい。そして、「一ト通下ケ札位にて相済候分ハ、追々為差登可申候」と記している。

（ホ）文学伝

文政七年の七八通目（十二月十四日付）書簡をみると、

此度文学伝校正に付、校局ゟ申出候別紙被遣、相心得申候。御書物だん〳〵為登候様申達候而、今日も別紙之通遣候。其内残し候分ハ、委細管庫書付にて相分候様為認候。

とあり、当時文学伝校正のため、江館校局から水館に対して書物の貸出し依頼があったようである。別紙に書名を列記してきたというのであるから、かなりの部数に上ったものであろう。水館の方では、これらを一遍に貸出すわけにはいかなかったらしく、既に貸出し済みのものとまだのものとが一見して分かるような書付けを作っておき、分割して送り届けることにしたようである。また、翌八年の五五通目（三月四日付）書簡にも、「校正局ゟ申出候文学伝引用之書為登候儀、管庫へ申達候。別紙之通り遣候事に御坐候」と、文学伝引用書の貸出し依頼があり、幽谷は、管庫に申し付けておいたので別紙のとおり送り届けることになるだろう、と述べている。当時、江館では文学伝の校正が盛んに行われていた模様である。

（ヘ）義烈・列（烈）女二伝

文政八年の一四六通目（七月廿九日付）書簡をみると、江館が進めていた「義烈・列女二伝」の校正が済み、これに平四郎（中山）の貼札を付したものが拙斎から幽谷のもとに送られてきたようである。幽谷は、早速これに目を通し、

義烈之方ハ出入も少く相見へ申候間、近日少々書入いたし候而為差登可申候。列女の方ははり札ニてハ埒明兼候様に御坐候。

とその所感を述べている。義烈の方はさほどでもないが、列女の方はかなり問題があるようだ、というのである。もっとも、この後の尚々書の部分をみると、

今度被遣候校本は、太平記時代と違ひ、余り入組六ヶ敷事も少キ様に候間、永く留置候つもりハ無之候。

とあり、『太平記』の時代を扱った部分に比べれば難しいところも少ないようなので、長期間に亙らずに返却できるだろうと述べている。

以上の名目伝関連の記述のうち、豊田と中山が係わったものに関しては、それぞれ両者の紀伝校訂作業への貢献について先述したところと重複するが、煩を厭わず再述しておいた。そして今、本項での記述に、先に前節でみた具体的に個人名の出てくる諸伝の分を含めて検討してみると、当時は名目伝が校訂作業の主要な対象のひとつとなっており、なかでも方伎伝に関する記述が最も多くみられ、外に文学・孝子等の諸伝も多く話柄に上されていたことが分かる。これらについては、主として江館が責任をもって作業を進めていたようである。

（7）『太平記』時代の諸伝の校訂

本章の中で検討を加えた諸伝の中には、『太平記』の時代に相当するものが数多く見られる。今、試みにその人物名を列挙すれば、藤原藤房、藤原師賢孫長親、大江景繁伝中侍従忠房、藤原（日野）邦光、僧円観・文観、土岐頼兼、足

助重範、錦織俊政、藤原公宗、藤原清忠、桃井直常、新田義貞、中原章兼・章信の父章房、伊賀局、陸（興）良等の伝が挙げられる。また、後村上天皇の本紀のごときもこの時代のものである。これらの人物についての具体的な検討状況は先に個別にみたとおりである。ここでは、この時代に係わる二、三の特徴的な事柄についてのみ記しておくことにする。

まず、文政七年のものと推定した四六通目（廿四日付）書簡をみると、拙斎は、『太平記』の時代に相当する部分でこれから上木する分につき、巻数等に出入りがあっては差支えるような個所は、そこだけ彫り残して作業を進めてゆきたい、と幽谷に伝えてきたらしい。この時代のところは、

大《ママ》平記時代、貴地諸子、当時取懸り鍛錬いたし候間、引はりぬけ不申候様、御手分御懸置候旨、御尤奉存候。

とあるのによって、江館の担当になっていたことが分かる。拙斎は、館員諸氏の気が緩まぬよう、分担して作業を進めるという方法を採った。「すべて上木、十年内外卒業」という目標を伝えてきた拙斎に対して、幽谷も、「縷々来諭、御尤存候」と同意を表明している。

また、同年の一三一通目（十月十四日付）書簡によれば、拙斎は、『太平記』時代の諸伝について、幽谷までその所見を書き送ってきていたようである。その内容は詳らかにしないが、これに応えて幽谷は、

是ハ国史之内、別而大眼目之処ニ御坐候間、いかにも精撰に出来候様、御面談可相極候。

と記している。『太平記』時代は南北朝の内乱期にあたり、『大日本史』の三大特筆(22)のひとつである南朝正統論とも係わる大事な時期である。よって諸伝の記述は十分吟味し、よく相談した上で決定したいと応えているのである。

ところで幽谷は、文政八年の一四六通目（七月廿九日付）書簡で、校正が済んで江館から送られてきた「義烈・列女二伝」について、

今度被遣候校本は、太平記時代と違ひ、余り入組六ヶ敷事も少キ様に候間、永く留置候つもりハ無之候。

と記し、『太平記』の時代を扱った部分に比べれば難しいところも少ないようなので、長期間に亙らずに返却できるだろうと述べている。このことからも、幽谷は、『太平記』の時代が複雑で難しいところであるという認識を有していたことが分かる。

さて、この南北朝の内乱期にあたる時代に関する基本資料である『太平記』という書物であるが、これを資料として使用する場合には十分な注意が必要であるということは、校訂作業に携わっていた江・水両館諸子のあいだではすでに十分認識されていたところである。

同書が紀伝中で不適切に資料として使用された例としては、同年の七六通目（四日付）書簡で、幽谷が本間資氏のことについて、

本間資氏の伝、太平記により候而、初事尊氏々々悪其反覆斬之、と出来居候所、愚案には左様有之間敷存候。

と記し、『太平記』に依った稿本の記述に疑義を呈しているのが挙げられる。これについて幽谷は、同年の七五通目（五月九日付）書簡で、「太平記にハ、初事尊氏後属義貞尊氏悪其反覆」という部分は全く「逆順之理」を知らない者の書法である、と批判を加えた上で、『建武記』によって書けば「勤王家」ということになり、「反覆之人」とは言いかねるので、列伝の叙次も少々変更しなくてはなるまい、と述べている。この個所は、詳細については先に第一節の本間資氏の伝のところで検討した結果のようになるが、結局、現行本『大日本史』では幽谷の提案したように訂正されているのである。

しかし、これとは反対に、『太平記』の記述が資料として積極的に採用されているケースもある。文政七年の六一通目（十一月九日付）書簡で幽谷は、中原章兼・章信兄弟伝の終わりの方に、元僧楚俊が兄弟の父章房を相したことが記

されているが、これは「参考」（『参考太平記』）にもみえないことなので削除したほうが良かろう、と述べている。そしてこの件については、先にみたように拙斎の同意が得られ、現行本にもこの記述は見当たらないのである。それから、この章房のことにつき、その官職が「大判官」となっている書物もあるようであるが、『太平記』によって「大判事」とするのが良いのではなかろうかと述べ、続けて「此官ハ中原氏世職ノ由、職原抄書抜懸御目候」と記している。この個所は、現行本『大日本史』では「中原章兼・章信は父を章房と曰ひ、後宇多・後伏見・後二条・花園の四帝に歴仕して、大判事と為る」と表記されており、「職原抄」を傍証資料として挙げ、『太平記』の記述を採用しているのである。

ところで水戸藩では、早くから重要な史書や古典を校訂して定本を作る作業に力を入れてきた。それは、この作業が歴史編纂の基礎作業として不可欠であるとの認識があったからである。水戸藩では、諸本を校合して本文を確定した書に「校正」を、この校正本を版行した書に「校刻」を、校訂者の意見を書き加えた書に「参考」を、それぞれ冠して区別していた。『太平記』には「参考本」があり、『参考太平記』という書名で、京都の書肆小川柳枝軒から水戸藩蔵版として元禄四（一六九一）年に刊行されている。(23) 前述した六一通目書簡の「参考」が、すなわちそれである。

このように慎重な校合を経て定本が作られていたにも係わらず、それを使用するに当たっては更なる慎重を期している様子が、ここに掲出したいくつかの書簡の記述からも窺える。この参考本『太平記』は、当時にあっては刊行後すでに百年以上の歳月が経過していたわけであるから、その間にこの方面の研究も随分進歩していたであろうことを思うと、これは当然そうすべきことをしたまでと言えるのかもしれない。しかしながら筆者は、水戸の史臣の間には、そうした歴史編纂に携わる者の基本的心得がしっかりと根づいていたという事実を、ここで改めて確認しておきたいのである。

（8）水館総裁藤田幽谷の江戸出府

（一）

文政七年当時は、水館総裁の「召登」が停止となっていたようである。幽谷は、この件について同年の一一五通目（七月四日付）書簡で、

当職之登り、外の役筋と違ひ江水一体、国史訂正之御用申合も有之、尚更上公御代作之事をも相勤候職分にて、永く左右に侍候事不相成候而ハ、職分ハ相立兼候。

と述べ、彰考館総裁の職掌の特殊性を強調し、事の不当性を訴えると共に、続けて

御近習衆召登御止と申ハ、全く当職之登りを防き候方便と奉存候。御近習勤之事ハ貴地にも御人沢山有之、御倹約中暫御見合ニても、其人少々不本意と申迄にて、御用之滞にハ不相成候。当職之儀ハ、(中略)一ト通御近習向之召登とハ、次第大に違申候。

と述べている。「御近習衆」の召登も停止されているが、これは全く当職の召登を止めさせる方便として採られた措置と思われる。当職の召登は、並の近習のそれなどとは比較にならぬ重要な意味合いをもつものなのだ、というのが幽谷の認識であった。

これに対して拙斎の方は、

然るに貴兄御了簡にてハ、史館ゟ召登始候事、とても行ハれ申間敷云々、愚意にハ、行否ハともかくも、職分之次第外とハ違ひ候段、はき〳〵と御弁明ニ致度候。

とあるのによって窺うに、近習衆の召登も停止になっているこの時、史館から率先再開というわけにもいくまい、と

いう消極的な意見であったらしい。そのような拙斎を、幽谷は、事の成否は別として、とにかく当職の本分が他と異なる点をその筋へしっかりと申し立てるべきだ、と叱咤している。加えて幽谷は、

職分之事ハ筋にても御了簡付キ候とも、小子に限り候而は御故障御坐候ハヽ、左様之もの永く当職江被指置候而、文事の衰廃に相成候事不宜候間、小子儀如何様とも被遊可被下候。

とも述べている。もしこれが自分一個の出府を妨げるために採られた措置であるならば、自分には職をも辞する覚悟がある、とその心のいらだちを拙斎にぶつけているのである。

ところで、当時は武人の召登も止めになっていたが、これもまた「史館の止候相伴」であり、「文武共棄物に被成候有司の御了簡にてハ致方無之候」と、「匪文匪武」の胥吏がはびこる現状に、幽谷は藩の将来を憂えている。この部分は、当時武事が弛廃していたのを憂慮して、拙斎が、武人の志気を昂めるため召登を再開するよう筋へ具申した、と報じてきたことに対する幽谷の評言で、ここでも幽谷は、

武人召登もたま〳〵之特例に御坐候。史館之儀ハ常例に候。特例によりて常例を御引起し被成候事、迂遠之様に御坐候。

と述べ、こうした拙斎の手の打ち方を「迂遠」であると批判している。幽谷は、「文事さへ明に相成候ハヽ、武事は自然と引立可申候」という考えの上に立っていたのである。これをみると、当時、幽谷と拙斎の間には、一種険悪なムードが漂っていたように見受けられる。(24)

さらに幽谷は、次の一ツ書のところで、「退休」のことについて再び次のように言及している。

国史之儀、上木等半々に候へ共、貴兄御任職の上、此方にも段々俊秀之後進御引立に相成候へば、小子たとへ退休被仰付候共、館閣之事、数年前と違ひ遺憾無之様奉存候。

すなわち、国史の上木はまだ半分しか済んでいないが、貴兄も総裁となり俊秀の後進も育ってきていることだから、たとえ自分がここで職を辞しても、もはや少しも館務に支障をきたすようなことはないものと思う、と述べた上で、続けて

小子愚案時宜に叶ひ兼候はゝ、御同僚之好、宜御周旋被下候而、退休に相成候様奉希候事に御坐候。

と述べ、もし自分の考えが時宜に叶わないということならば、同僚の誼ということで、退休が実現するよう周旋方をお願いしたい、と拙斎に頼み込んでいるのである。というのも幽谷には、

小子職分之儀、国史之事は勿論、此方へ罷下り候節、文公様より御内命を蒙候儀も有之、いかにも区々之愚忠を竭申度志願に御坐候。

と述べているのによって分かるように、これまで彰考館総裁として国史の校訂・上木作業にに挺身精励してきただけでなく、文公（水戸藩第六代藩主治保。当時の藩主斉脩の祖父。文化二年没）から特別の内命を受けて仕事をしてきたという誇りがあった。(25) それが現在、いろいろ行き違いも生じ、その職責を十分果たせなくなってきている。事ここに至っては、尸位をむさぼらず、退休するより外に採るべき道はない、というのである。もちろん、これが「安逸之為メ」でも「自分ゟ安閑を求候ため」でもなかったことは、幽谷の繰り返し強調しているとおりであったろう。

一方、拙斎は、同年の一三六通目（七月廿九日付）書簡をみると、「当職出府之儀」について、最近の情勢が先年と違ってきていることを理由に、その年内実現を強くその筋まで上申したもののようである。拙斎のこの措置に、幽谷は至極満足しているようにみえる。書中に、

御別紙之趣にて此節之御振合相分り申候間、当年出府無之儀シカト心得ニ相成申候間、館務之儀、御文通にて御相談すみ候分ハ御文通可申、御文通にて相分り兼候儀ハ期它日之外無之候。

とあり、結局今年の出府は不許可となったにも拘わらず、幽谷が、前出一一五通目書簡のような辞める辞めないの騒ぎもなく「シカト心得ニ相成申候」、と至って冷静に受け止めているようだからである。そして、館務は文通による相談で埒のあくものから順次遂行していくしかあるまい、と述べている。

ところが、この書簡からは、先の一一五通目書簡のときとは反対に、今度は拙斎の方が、国史関係の仕事が両館の行き違いから進捗しないようであるならば、自分も総裁職を辞するしかない、と幽谷に書き送ってきていたことが窺える。

国史之儀、両館行違候而束閣に相成候様にてハ貴兄御指支に付き、御役をも御願被成候外無之旨、扨々夫にてハ以之外、こまり申候。

という記述の部分がそれである。これに対して幽谷は、こちらからの先便になにか不行届きの点でもあって貴兄の気に触ったものか、自分の考えはこれまで述べてきたとおりであり、貴兄に辞められるようなことがあっては困るので、どうか考え直して欲しい、とこれを宥めにかかっている。先に、拙斎が採った措置に対して幽谷が満足したような口吻で応えていたのは、あるいはこのあたりのことも影響していたからであろうか。

拙斎はまた、同年の五六通目（八月九日付）書簡をみると、手紙による相談で済まないような難しい問題が生じたような場合には、自分の方から水戸に出向いてもよい旨を書いてきたようである。拙斎は、幽谷が故意に仕事の進捗を遅らせているのではないかという疑念を、どうしてもその心中から払拭できなかったようである。幽谷は、このような拙斎を諭すような口吻で、

御登後間も無之御下り之儀、何か御序ニよろしき名無之候而ハ、川口之弊風を襲候様にて、諸子心服仕間敷候。来春迄之内ニハ御互に工夫いたし、何か都合宜致方も可有之候。

と述べている。すなわち、江館総裁として赴任したばかりの拙斎が、然るべき理由もなく水戸に出張するわけにもいくまいから、来春迄のうちに何か良い手立てを考えようというのである。そしてまた、同年の四四通目（九月廿四日付）書簡では、「全体之裁定相極候事ハ、貴面御相談之上に無之候而ハ片付不申候間」、来春には是非とも会って話をする機会を持ちたい、と述べ、もしもこれが叶わぬということならばそれも天命と受け止め、「督課之任」を解いていただくしかない、と再び前出一一五通目書簡同様のことを述べた上で、さらに

国史成功埒明候、一段貴兄御骨折ニ無之候而ハ、出来兼候ハ勿論也。小子も乍不及御同職之事に候へバ、得貴面候様にも相成候ハヽ、何分御相談にて御一同取懸り相定可申候。

と記して、国史の成功は拙斎に期待するところ大であること、自分も同じく総裁職にある者として、相談しながら共に尽力してゆきたいと考えていること、の二点を付言している。

（二）

さて、先にみた文政七年の一三六通目（七月廿九日付）書簡では、今年中の「召登」の実現を断念した幽谷であったが、来春の実現に向けて再び動き始めたようである。同年の四五通目（十月四日付）書簡をみると、次のように記されている。

監察当暮ゟ召登始り候由御書面も有之、段々承合候処、相違も無之由ニ御坐候。（中略）来夏日光御坐候共、初春召登候様御申出可被成由、且又日光有無之御沙汰、十月に有之候間、其節御申出可被成旨、至極御尤奉存候。宜御取扱可被下候。たとえ日光来夏御坐候共、初春出府に候ハヽ、差合ハ無之様奉存候。

当暮より監察の召登が始まるという情報を得た幽谷は、来春の実現に期待感を抱いたのであろう。江戸の拙斎から

は、たとえ来夏日光参詣が実施されようと、初春のうちに実現するよう申し出るつもりであり、また日光有無の沙汰はこの十月中には出るであろうから、その時を待って申し出たい、と言ってきた。幽谷は、宜しくお願いする、とその手配方を拙斎に一任するとともに、先に同年の一一五通目（七月四日付）書簡において表明した召登停止反対の意見を、再び繰り返している。そして、

　来春抔出府にて御面談出来不申候様にてハ、国史之儀束閣より外無之、残念千万ニ御坐候。斯文之興廃も天命次第に候へバ、致方無之候へ共、職分之上、人事をハ尽し申度候。

と述べ、国史の校訂・上木作業が束閣とならぬよう人事をつくしたいとしている。

ただ拙斎としては、とにかく水館の方の校正作業を急いで欲しかったらしい。本書簡中に、

　国史督課之事に付、（中略）全体之裁定ハ御面談之上に無之候而ハ参り兼候儀勿論之処、此方校正等出来候上に無之候而ハ、貴面取きめ候事も成兼候間、夫迄に下地出来候様督課可仕旨御尤奉存候。

とあるのによると、そうしなければ、たとえ面談の機会が持てたとしても何ひとつ取り決めることはできないわけであるから、急いで作業を進めてくれるよう催促してきていたようである。同様の催促を、拙斎は前出一三六通目書簡でもしていた。その際幽谷は、江・水両館の足並みがなかなか揃い兼ねるので、貴館は貴兄の責任において督課すれば宜しかろう、と述べていた。ここでは、

　督課之儀も油断ハ不致候へ共、是まて因循之弊、一新いたし候機会無之候而ハ、十分ニ届兼候。一新之機さへ発動候へバ、其後ハ破竹之勢と奉存候。

と述べ、督課も大事ではあるが、従来の因循の弊を一新することの方が先決で、そうしてはじめて督課の効果も十分に現れてくるものである、というようなことを言っている。

幽谷はまた、同年の一三一通目（十月十四日付）書簡でも、来春の召登実施と面談実現を願いながらも、「当年凶作ニ付、来春之儀、安心無之存候次第も御坐候」、とその実現の可能性を危ぶんでいる。これに対しては拙斎が、「国史之儀埒明兼候儀ハ、兼而御聴ニも達候事故、大抵ハ相止申間敷」と述べ、幽谷を安心させようとしている様子が同書簡から窺える。

ところが、同年の八二通目（十一月四日付）書簡になると、召登の件についての幽谷の主張のトーンに若干の変化をみることができる。その中で幽谷は、

異同出入増删訂正之儀、一々毛穎を借候而御相談申候様にてハ難尽候間、其節ハ御面談にて相決申度儀ハ、兼々得貴意候通ニ御坐候。（中略）日光も御年延に相成候へハ、来春にも成候ハヽ、貴兄御下りとも又ハ此方ゟ登り候とも、追而御相談之上、筋へ申立候外無之様奉存候。

と述べ、「異同出入増删訂正」等のことは、以前から申し上げているように手紙では解決が困難であるから、来春にもなったら貴兄が下るか当方が上るか、相談の上でその筋へ申請してはどうかと考えている、と拙斎が水戸に下ることも選択肢に入れた内容の発言をしているのである。さらに幽谷は、「容易之談にも無之候間、ゆる〳〵御熟議に仕度候」と付け加え、その実現の容易でなかろうことに一種理解を示した口吻になっている。そして、同年の一八通目（仲冬十四日付）書簡では、自分の方からの出府は難しそうなのでそちらの方が来春水戸に下っては如何か、という提案もしている。また、もしそれが可能ならば、当方でもその筋へ提出する申請書の案文を作成してみようと思っているので、そちらが作成したものと内容上の齟齬をきたさぬよう予め打ち合わせておきたい、とその実現に向けてかなり前向きな発言もしているのである。因みにこれは、先に五六通目（八月九日付）書簡でみたように、拙斎が提案してきたのを幽谷が出府後間もないことを理由に斥けた案であった。

以上のごとく、文政七年には、幽谷と拙斎のあいだで、「召登」と「督課」に関するやりとりが頻繁に行われていた様子を確認することができるのである。

（三）

ところが、文政八年のものと思われる書簡の中には、この件についての記述はあまり見受けられない。

まず正月廿四日付の五一通目書簡であるが、書中に「もし御述議之趣六ヶ敷次第、御挨拶御坐候ハヽ、貴兄御東行より外無之候」とあり、幽谷が、もし自分の出府の許可が下りない場合には、拙斎の方が水戸に下るより外はないであろうと述べ、さらに「但左様ニて此方諸子、気をくじき不申候様致度次第ハ、追々可及御文通候」と述べて、もしそうなった場合の水館諸子の士気に及ぼす悪影響について危惧の念を表明している。これはすなわち、幽谷が、己の一身に水館諸子の大きな期待が掛かっていたことを重く受け止めていた事実を示す言葉であるといえるであろう。

そして次は、七月十九日付の一四三通目書簡に「来年云々之説、待遠に候へ共、致方無之候」とあるのをみると、拙斎から、来年にはなんとか希望が持てそうだ、といった連絡があったもののようである。ということは、文政八年もまた前年同様、七月の時点で既に年内の出府のないことが決定してしまっていたことになる。そのような状況の中で拙斎は、幽谷の出府実現の前に、片を付けておくべきことは付けておきたいと、先に一三六通目書簡や一一五通目書簡でも言っていたことを繰り返し言ってきたらしい。幽谷はこれに応えて、文通による意思の疎通の困難なことを理由に、重要な問題の決定は面談実現の時まで待たざるを得ない旨を書き送っている。

また、幽谷は、七月廿九日付の一四六通目書簡に、

国史之儀、来春云々待遠にハ候へ共、左様御規定之上ハ、今更致方無之段ハ、此方にても左様相心得罷在候。

と記し、出府が来春になりそうなのを、止むを得ないことと受け止めていたようにみえる。そして、これに続けて、

京都官人の説云々、筋へ御申述被成候由被仰下候ニ付、国史之儀王事同様に候間、当路ニてわけの分り候人有之、被急候程に候ハヽ、当年迚も致方無之ニも限り申間敷候へ共、来春云々に決定之勢に候へハ、何ほど竹熊之書御差出し被成候共、夫なりニてはかく〳〵敷儀ハ有之間敷奉存候。

と記している。この記述の中からは、拙斎が、如何なる内容のものであるかは不明であるが、「京都官人の説云々」をその筋へ申し述べるなど、当局に対して積極的に働きかけていた事実を窺うことができる。しかし、幽谷は、当路に訳の分かる人物がいない現状では、あれこれ手を尽しても捗々しい結果は期待できない、と悲観的な見方をしていたようである。

(四)

このように幽谷は、長いこと江戸出張を希望してきていたのであるが、藩庁からの許可はなかなか下りなかった。それが文政九年に至りやっと念願が叶って、「九十日程相詰候心得ニ而」「来月十六日方出立と相極申度候」と、二月十九日付の通し番号二通目書簡で拙斎宛に書き送っている。幽谷としては、出来得ることなら来月早々にでも出向き、「国史之儀其外」について相談したかったらしいが、「来月中旬過」との御達しだったので十六日に決めたいと述べ、さらに、これでいいかどうかを「為念津大夫殿」に確認してほしい、と拙斎に依頼している。

幽谷はまた、「尚々書」のところで、

登り前国史取調之儀ハ、両、三日余計ニ隙取候而も、隙取候程之儀も出来不申候。委細ハ登後御申合可仕候。

と述べている。すなわち、出府前はあまり時間もないので、国史に関する問題点をあらかじめ整理・検討しておくこ

とは難しく、すべては出府後の拙斎との話し合いに俟ちたい、というのである。

ところで、前出二通目書簡の中で、幽谷は、出府の日時を来月十六日にしたいという意向を述べていた。ところが、二月廿四日付の一三三通目書簡をみると、その書簡と行き違いに拙斎からの書簡が幽谷のもとに届いたようであり、その中には、「中旬過と申候御事に候へハ、廿日前登ニも相成間敷候間、廿日着ニ相成候様、十八日立ニ致候而可然」と記されていたらしい。これに対して幽谷は、「十八、廿日両日共差合有之候間、十六、七之内出立候歟、又ハ其後罷登候様ニも仕度候。廿日後ニ候へハ下旬に御坐候」と応え、さらに「中旬とか下旬とか御達に候ハ、明了に候へ共、過の一字、何共解兼候」と述べ、藩庁からの通達の曖昧な表現をどう解釈すれば良いのか、いささか戸惑っている様子が窺える。

そして幽谷は、二月廿九日付の二六七通目書簡で、拙斎宛に「貴地御故障も無之候ハヽ、十六日出立之振ニ極申度」と、重ねて書き送ったものらしい。これを受けた拙斎が、内々にその筋へ問い合わせてみたところ、それで良い旨の返事があったらしく、これを幽谷に報じてきた。幽谷は「大に安心仕候」と記し、続けて

仍而於此方も十六日方出立ニ可仕、江戸同職方へも懸合之上、日限右之積ニ而、定式拝借等受取之儀、御断ニ仕度、筋へも申出候所、十六日出立ニ宜候旨、手紙達有之候。仍而弥十六日出立可仕候。

と記している。すなわち、幽谷からも十六日出立ということでその筋へ申し出たところ、これを許可する旨の「手紙達」が届き、先に二通目書簡で希望していたとおりに十六日出立と決定した、というのである。幽谷はさらに続けて、

今日ゟ支度引ニ相引申候。是迄取ちらし置候公私之書冊等、取調形付相済ハヽ、支度引中ニ而も史館へ罷出、貴地へ致持参候御書物等扱振之儀、管庫へ可申合候。

と記している。これをみると幽谷は、早速休暇を取って出立の準備に取り掛かっている。先ず「公私之書冊等、取調

形付」を済ませ、次いで江戸へ持参する「御書物等扱振」について、管庫と相談するつもりであったようである。

さて、こうして漸く実現した江戸出張であったが、これを無事に済ませた幽谷は、八月廿九日付の二〇三通目書簡に、

小子儀帰郷後無事、乍憚御安意可被下候。先日之御病後、御出仕ハ被成候へ共、冷気にて御気分不佳候由、折角御自愛可被成候。

のように記している。これをみると、江戸出張を終えて帰水した幽谷は、体調も良かったようであった。むしろ拙斎の方の具合が芳しくなかったらしく、健康に留意するよう幽谷の方から拙斎に注意を喚起している。その後で幽谷は、近況を報じて、

下り後十日休定式之通有之、格別悠々と仕候。乍去五、六日之間ハ打続来客、何も出来不申、漸一両日静に相成候。

と記している。当時はこうした出張から帰ると、十日間の休暇がもらえることになっていたものらしい。例の如く休暇を取っていた幽谷は、初めの五、六日の間は来客の応接に忙しくて何もできないような状態であったが、やっとこの一両日は静かになり、一息つくことができたと述べている。

以上が、この書簡集所収の書簡から窺い知ることのできる、幽谷の江戸出張をめぐる顚末である。やっとの思いで実現した江戸出張であったが、幽谷の江戸滞在中、拙斎とのあいだで具体的にどのような問題が検討され、どのような決定がなされたのかは、残念ながら詳らかにすることができない。

おわりに

現在我々は、残念なことに拙斎から幽谷に宛てた書簡を見ることができない。しかし、幸い幽谷の手紙の書き方が、先方から言ってきたことを一度反復した上で自分の意見等を述べる、というスタイルを採っているため、拙斎がどのようなことを言ってきたのか、大体の見当を付けることができた。その結果、幽谷と拙斎が、当時どのような問題についてどのような議論・協議をしたかを、あらまし窺い知ることができたのである。

いうならば本書簡集は、『大日本史』の編纂記録としての「往復書案」のようなものとみることができるであろう。平成元年、茨城県立歴史館は『茨城県史料』「近世思想編　大日本史編纂記録」として、この種の文書を翻刻・刊行した。本書簡集はこれを補うものとして、それなりの重要さを有する資料であるということができるであろう。本章は、この幽谷書簡のもつ特性を利用して、当時の歴史の欠落した部分を可能なかぎり補うべく試行してみたものである。ところで本章では、幽谷と拙斎のやりとりを紹介した後で、現行本『大日本史』の記述がどのようになっているかを確認するかたちをあちこちで採っているが、両名の検討した結果が即そのまま現行本の記述になったとは、必ずしも限らない。その後の補記・訂正等も十分に考慮に入れなければならない。ただ、大筋の帰結を見るための参考として掲げておくことは、それなりの意義があるものと考え、このようにしてみたわけである。

幽谷は、本書簡集中の十一月廿九日付の二〇九通目書簡の冒頭に、

小子儀、病後今以頭痛等相止兼、往来之熱気少々相残候。乍去忌明之後ハ打続出勤、押張罷在候間、御苦労被下間敷候。

と記している。文政九年十一月初旬に幽谷の兄が没した。幽谷は、この亡兄の忌み明け後、頭痛が止まず微熱もあったが、無理をして出勤していた。しかし、この書簡が江戸の拙斎のもとに届いたときには、もはやこの世の人ではなかったのである。幽谷の没年は文政九年十二月朔日、すなわちこの書簡を書いた翌々日のことであった。

江館ではこの頃人事異動があり、中清書担当の人員が不足していたらしい。拙斎は、臨時に一人手当してくれるようその筋へお願いするつもりだが如何なものであろうか、と幽谷に相談してきた。幽谷は、「貴地ハ何事も御中立次第、無滞相済候勢ニ御坐候間、御都合次第宜可被仰立候」とこれに応え、続けて「此方ハ何事も埒明兼、指支申候」と述べている。幽谷が、死の直前まで『大日本史』紀伝の校訂・上木に心を砕いていたことが、この最後の書簡からもよく窺えるであろう。

幽谷はまた、「志類之事ハ別に一工夫御坐候。追而可得貴意候」、と文政七年の三五通目（三月十九日付）書簡に記している。志類については、享和三（一八〇三）年正月に至り、翠軒が寛政元（一七八九）年に提唱した廃志論が完全に否定され、幽谷に志表編修の命が下されていた。さらに同年二月には、十三種の志目とその分担者が決定され、幽谷には天文・兵馬二志が割り当てられた(26)。幽谷は、この志類の編修についてもなにか思うところがあったらしく、本書簡において「追って相談したい」と述べている。しかし実際には、この志表の編修の方はいっこうに進展していなかったようである。因みに、この時、拙斎には神祇・礼儀の二志が割り当てられ、前者は享和三年十一月に、後者は文化三年頃に、一応の成稿をみていた(27)。この志表の編修が軌道に乗るのは、幽谷が将来を嘱望していた豊田天功が活躍するようになる天保年間に至ってからのことである(28)。

注

（1）本章中の「現行本」とは、大日本史普及会編『訳注大日本史』（川崎紫山訳注）をいう。また、引用文の読み下しは同書に依った。以下同じ。

（2）本書簡集中では「方伎伝」と表記されているが、現行本では「方技伝」となっている。以下、現行本に関連する記述の個所では「方技伝」と記すことにする。同様の例としては、「列女伝」が「烈女伝」となっているのがみられる。これについても同様に取り扱うことにする。

（3）「群書類従」第二九輯雑部第五（続群書類従刊行会本）所収。

（4）吉川弘文館『国史大辞典』参照。

（5）国立国会図書館に写本一冊所蔵。扉に「国史補遺青山延于」と墨書されており、「水戸青／山氏蔵」の印記がある。清水正健著『増補水戸の文籍』にいう文政十年の江邸火災の「燼余の数巻」が同書か。

（6）『国史補遺』の有国伝の項をみると、「蒙疾発帝募封内有能愈蒙疾者賜千金更命道士於星辰下為之請命呉志呂蒙伝」と記した付箋が貼付されている。拙斎が幽谷に送った書抜きには、おそらくこれと同じことが書かれていたものであろう。この付箋には、さらに続けて「請命爵命ヲ請候分人ノ命ヲ請候事ニ用候事前文之分晉書ニも御坐候様ニ覚申候」と記されている。

（7）『水戸市史』中巻二の四六〇―四六七頁を参照。

（8）本書簡集中の二三五通目書簡は二月十二日の日付になっているが、その中に「明朝より瑞竜へ発足云々」とある。

（9）「梓弓の歌」――たらちねのとりはじめにしあづさ弓これさへ家の風となりぬる（関白）
「君が代の歌」――君か代のやすきにゐてもくるしきはあやふき民のこころなりけり（同）。

この二首は、「天授元年五百番歌合」（後亀山天皇等詠　宗良親王判）にみえる。

（10）この件については、吉田一徳著『大日本史紀伝志表撰者考』（風間書房　昭和四〇）の七四〇―七四五頁を参照。

（11）本書簡は、誤って先の二月廿四日付書簡と同一台紙上に貼付され、一通として数えられているが、ここでは切り離して別個のものとして扱った。

(12)『国史補遺』をみると、この歌がたしかに安倍貞任伝の中に入れられているのを確認することができる。

(13)「外国伝」が明治三十年に現行本のごとく「諸蕃伝」と改められた事情については、吉田前掲書の三六〇—三六一頁を参照。

(14)本書簡集所収の一九通目(九日付)書簡は、出府直後の拙斎からの近況報告に対する幽谷の返書である。これによれば、当時体調の良くなかったらしい拙斎が、「御登城御礼」等の諸向きへの挨拶を無事に済ませ、体の具合も復調した旨を幽谷に報告してきたようである。拙斎の出府は、吉田一徳著『大日本史紀伝志表撰者考』の七六四頁には九月となっているが、山川菊枝著『覚書幕末の水戸藩』の三九頁には十月と記されている。

(15)『論語』八佾篇に、「子貢欲㆑去㆓告朔之餼羊㆒。子曰、賜也、爾愛㆓其羊㆒、我愛㆓其礼㆒」とある。中国古代の魯の国では、諸侯が天子から受けた暦をもとに各月の朔日を祖霊に告げる告朔の儀式がすたれ、ただ生贄の羊を供える形式だけが残っていたので、子貢が、この餼羊も止めるべきだと言ったのに対し、孔子は、自分はこれを残すことでこの儀礼の記憶を後世まで伝えたい、と述べてこれに反対した。すなわち、古くからの習慣は、実質的な意義を失ってしまっていても、害がなければ無闇に廃止すべきではないということ(小学館『故事・俗信ことわざ大辞典』等を参照)。

(16)このことに関しては本節第八項を参照されたい。

(17)吉田前掲書の七六三—七六四頁には、当時の上木の中断は、文政五年十月に川口から幽谷に宛てた書簡の中で、川口が提案して決定したことと記されている。

(18)「台湾志」は、文政十一年に刊行された川口の著作『台湾鄭氏紀事』のこと。その刊行の経緯等については本書第五章を参照されたい。

(19)豊田は、文化二(一八〇五)年生、文久四(一八六四)年没。諱は亮、字は天功、彦次郎と称し、松岡・晩翠と号した。常陸久慈郡坂野上村の庄屋豊田信卿の次男として生まれ、文政元(一八一八)年藤田幽谷に入門した。翌年には江戸に出て、亀田鵬斎・大田錦城に儒学を学び、同三年彰考館に出仕した。同十一年頃から一時職を辞していたが、天保十二(一八四一)年に再び彰考館に入り、同十四年に『大日本史』志・表の編修頭取に、そして安政三(一八五六)年には彰考館総裁になった(岩波書店『国書人名辞典』)。詳細については本書第八章を参照されたい。

(20) 中山は、天明七（一七八七）年生、天保七（一八三六）年没。諱は信名、字は文幹等、通称は平四郎等で、柳洲と号した。常陸久慈郡石名坂村の医師坂本玄周の次男で、幕臣中山平蔵の養子となった。塙保己一の門人で師の信頼が篤く、和学講談所の教授に推されて『群書類従』の編纂・校訂に尽力した。常陸関係の史料の収集にも努め、『常陸国誌』をはじめ多くの常陸関係著作がある（岩波書店『国書人名辞典』を参照）。

(21) 牧園は、明和四（一七六七）年生、天保七（一八三六）年没。諱は豬、字は大野、茅山等と号し、進士と称した。筑後柳川藩儒。亀井南溟門人。文政七（一八二四）年に新設の柳川藩校伝習館の助教となった（岩波書店『国書人名辞典』を参照）。

(22)『大日本史』の三大特筆とは、(1) 神功皇后を本紀に入れず后妃伝に列したこと、(2) 大友皇子の即位を認めて天皇大友紀を立てたこと、(3) 南朝の天皇を正統としたこと、の三点をいう。いずれも皇統に関する問題を扱ったものである（鈴木暎一著『水戸藩学問・教育史の研究』等を参照）。

(23)『水戸市史』中巻（二）七八〇―七九三頁を参照。

(24) 本書簡集中には、拙斎の著書『皇朝史略』の書名・内容やその刊行のこと等につき、この時期、幽谷と拙斎が激論を闘わせていた様子の窺える書簡が幾通か含まれている。それらの中には、随分と過激で感情的な言葉もみえるのである。この両者の応酬については、小松徳年「青山延于著『皇朝史略』の刊行をめぐる二、三の問題――延于宛藤田幽谷書翰を中心として――」（『茨城県立歴史館報』一五）を参照。

(25) 岡崎槐陰著『修史復古紀略』文化二年四月二十六日の条に、「藤田一正を召し左右を退け懇命有り。談、水館諸務の事に及ぶ。且つ学術の論有り、敬服に堪へずと云ふ。時に総司渡辺騰侍坐す」とあり、同二十七日の条には「藤田一正発軔し水館に帰る。同僚松戸の関に送別す」とある。幽谷の脳裏からこの折の情景が消え去ることは、決してなかったものと思われる。

(26) 岡崎槐陰著『修史復古紀略』享和三年の条。

(27) 川口緑野著『史館事記』文化三年の条。

(28) 幽谷が没した文政九年十二月朔日以降の志類の編修を含めた水戸藩修史事業の展開については、第一章で概観しておいた。

第三章　小宮山楓軒の筑波紀行

――『遊筑坡山記』の解題と翻刻――

Ⅰ　『遊筑坡山記』解題

（一）

水戸藩士小宮山楓軒は数多くの編著書を残しているが、そのなかのひとつに『遊筑坡山記』（「坡」はママ）がある。同書は、その名の示すごとく、楓軒が筑波山に遊んだ折の紀行文である。本文二十四丁に、三橋夕流著「筑波の記」十四丁と筑波までの道筋・里程を記した二丁とが付載された楓軒自筆の稿本が、国立国会図書館所蔵の「小宮山叢書」(1)の中に含まれている。

同書の著者楓軒は、宝暦十四（一七六四）年に生まれ、諱は昌秀、字は子実、造酒之介と称し、後に次郎右衛門と改めた。楓軒というのは致仕後の号である。楓軒は天明三（一七八三）年家督を継いで彰考館に入り、寛政十一（一七九九）年に紅葉組郡奉行となって転出。その後は、留守居物頭・町奉行・側用人等を歴任し、天保九（一八三八）年致仕、同十一年に七十七歳で死去した。(2)楓軒がこの筑波への旅を決行したのは、その郡奉行在任中のことであった。

ところで、楓軒が遊んだこの筑波山は、高さこそ左程ではないが、広い関東平野に孤立して屹立し、いずれの方角から眺めても美事な山容を呈している。そのため、古来山岳信仰の対象にもされ、また『万葉集』中の歌をはじめとして、多くの古歌のなかにも詠み込まれてきた。比較的容易に旅ができるようになった江戸時代には、筑波山知足院中禅寺及び筑波山神社を訪れる参詣客も増えて、この山はたいそう賑わったという(3)。

本章では、『遊筑坡山記』の本文により楓軒の旅の足跡を辿ってみるとともに、同書の紀行文としての性格等についても、若干の考察を加えてみたい(4)。

（二）

文化十五（一八一八）年三月十一日早暁、楓軒は実弟入江正身（入江家養子）と共に、若党西野新蔵と下僕一人を従え、筑波への旅に出立した(5)。当時紅葉の陣屋に在住していた楓軒は、この月の二日に水戸に出て、水戸三の丸の入江宅に止宿していたため、この旅は入江宅からの出立となった。前出「小宮山叢書」所収の『楓軒年録』二十の中に「例之通実弟入江忠八郎方止宿」とあるのをみると、楓軒は公務等で水戸に出たときには、いつも入江宅に泊めてもらっていたものらしい。それはともかくも、ここに楓軒の長年の願いがやっと叶えられることとなったのである。楓軒は、この紀行文のまえがきに、紅葉の陣屋に郡奉行として赴任してからというもの、朝な夕な西方に聳える筑波山を望んでは、自らも訪れてみたいと常々考えていたが、公私共に多端なため、実現できぬままここまできてしまった、と記している。当年既に五十五歳。「身も老の境にいたりぬ」と自ら記す年齢になっていた。

まだほの暗いうちに出立した一行が、藤柄町から吉田神社下に出た頃には、もうすっかり夜が明けていた。この朝は大霜が降り寒気が強かったため、丹下原の谷川の水に濡れた道を行くときなど、楓軒らの足は凍てつくような冷たさに、痛くて堪え難いほどであったという。川（河）和田村を過ぎ、鯉淵村からは馬に乗り、西方に笠間の城を眺めつつ進んだ。やがて随分付村に出、住吉村・上土師村を過ぎる。いずれも水戸家の分家筋に当たる宍戸藩領内の村である。この辺の桜の花が美しいのに感じて、楓軒は短歌を一首詠んでいる。土浦藩領内岩間村のつる屋利兵衛方で昼食を摂った後、嚮導の力夫一人を雇い、愛宕山に登った。途中にあった無人休息所からの眺望がすばらしく、麓の里に咲き乱れる桃の花を眺めて、同行の入江が五絶一首を賦している。愛宕神社に参拝後、峰越えの嶮岨な道を喘ぎながら、やっとの思いで牛久藩領瓦谷村に辿り着いた。ここから再び馬に乗り、小見村・中戸村を経て大増村に至り、かめ屋に投宿した。

翌十二日は、また嚮導の人夫を雇って払暁に出立し、加波山に登り、修験道場として名高い加波山神社に参拝した。ここの宿泊施設がよく整備されているのを知った一行は、昨夜の宿をここに取らなかったことを後悔しあっている。奥の院三社を拝した後、今度は尾根伝いに隣の足尾山に登り、足を丈夫にするという神を祀る足尾神社に詣でた。この山を南に下って上曾村に出、改めて嚮導の人夫を雇い、峰寺山西光院長命寺を拝した。この寺は舞台懸け造りの本堂を有し、「関東の清水寺」の異名をもつ。楓軒は、「京清水の舞台抔是に比すれば児孫の如し。一望風景よろし」と、この寺の印象を記している。ここから吉生村に出、いよいよ筑波山に登るべく嚮導の人夫を雇った。ここの酒店で昼食を摂ってから筑波への登山口のひとつである湯袋に出、門前町として栄えた十三塚から本格的な登りに入った。道が険しい上に強風が吹き始めたため、一行は風を避けながら苦労して登った。筑波山には陰陽二峰があるが、まず伊弉冉尊を祀る陰峰に登り、次いで伊弉諾尊を祀る陽峰に登った。陰峰上で楓軒は、若い時分富士山頂に立った時のことや、吉野の山に登った時のことなどを回想している。楓軒は、ここで五絶を一首賦し、入江もまた七絶を一首賦している。陰陽両峰に登った後、茶店で茶を飲み餅等を食べ、暫く休息してから下山に掛った。途中で日が暮れてしまったため、一行は月明かりを頼りに下り、大御堂（中禅寺本堂）近くの旅宿大越屋に草鞋を脱いだ。この日は強行軍だったので、楓軒はすっかり草臥れてしまった模様である。

十三日は曇天で、巽（南東）の風の吹く寒い日だった。大御堂はじめ諸堂を参拝した後、一行は下妻の大宝八幡まで足を延ばした。途中、大貫村と中菅間村の間で桜川を越えたが、ここで楓軒は短歌を一首詠んでいる。洞下宿からは騎乗、高道祖村で名主吉原源太の家に立ち寄り、垂枝桜の大木を観た。花はすでに盛りを過ぎていた。その後で入江と逸れるというハプニングが生じたが、楓軒は、堀籠村・下妻田町・平沼新田・大越（串カ）村等を通って大宝八幡に至った。この神社は、南北朝期に南朝方について戦った下妻氏の居城跡に建てられている。参拝を終えて茶店で待つうちに、ほどなく入江も到着した。この神社の古鐘の拓本をとり、昼食を済ませてから帰途に就いた。楓軒は、ここでは何の感懐も述べていない。大越（串カ）・田町から柳原に出、水守の原を通って大曾根村に着いた頃には、日はすでに西に傾いていた。市の谷（一ノ矢）の天王社に詣でたところですっかり日が暮れ、おまけに雨が降り出した。そこで宿を探したが容易に見つからず、已む無く大曾根まで戻って泊った。

明けて十四日も昨夜来の雨は降り止まなかった。一行は栗原新田から中根村・飯田村等を通り、土浦八田の侍屋敷を抜けて真鍋の延（善カ）応寺に立ち寄った後、中貫・清水・稲吉・府中・竹原と過ぎて片（堅）倉に至った。ここには紅葉の陣屋から属吏と下僕各一人が迎えに出ていた。柴高・世楽の辺りで日が暮れた。庄屋長次衛門宅で休息後、提灯に火を点し、上吉影・前原を通って帰陣し、三泊四日のこの旅を無事に終えた。

ところで楓軒は、この後文政十（一八二七）年の五月から六月にかけて、陸奥国玉造郡の鳴子温泉等に湯治旅行を行っている。この旅の模様は前出の「小宮山叢書」中に『浴陸奥温泉記』[6]と題して書き残されているが、その折も、今回同様入江が同行している。この二人は、おそらく気の合う兄弟だったのであろう。それはともかく、楓軒は入江と共に、束の間の休暇を楽しむことができたようである。

（三）

楓軒は、この紀行文中に、途中通過した他藩領あるいは天領・旗本知行地等の村々の石高・戸数や領主名・代官名、さらに隣接する町や村までの里程等を、できるかぎり記すよう心掛けていたようである。それから、古跡や古器物等にも十分注意を払っている。嘗て水戸藩領内の地誌『水府志料』（前出「小宮山叢書」所収）の編纂に携わった経験が、こうした観察・記述の対象の選択に、少なからず影響しているものと思われる。

楓軒はまた、文中に「此辺民貧しからす見ゆ」とか「土瘠てよろしからす、荒畑多く見ゆ」等と、村々の印象を記している。長い間郡奉行として民生の向上と安定に努め、大いに治績をあげてきた、いかにも楓軒らしい観察といえよう。

ところで、柳田国男は紀行文の二つの典型として、詩歌・美文を排列した類のものと、専ら旅先の風土や歴史地理等を記述した類のものとがあることを指摘している。[7]同書中にも、数はそう多くないが、漢詩や短歌が挿入されている。しかし、そのことによって同書を前者に属する紀行文とみる者は、おそらくいないに違いない。全体的に文学的興趣には乏しく、仮名交じりの文体で書かれた文章自体も、直截ではあるが、決して美文といえるようなものではないように思われるからである。また同書中には、当時盛んに作られた通俗的な地誌や紀行文のごとく、趣味的・娯楽的な要素が含まれているわけでもない。楓軒の読書記録『閲書目録』（前出「小宮山叢書」所収）のこの旅の前後の部分をみると、筑波山や常陸の国に直接的な係わりがないものを含め、紀行や地誌関係の書物が多数記載されている。楓軒は同書を物するに当たり、多分それらを参考にしたのであろう。けれどもそれは、同書を文学的なものに仕上げるためでも、趣味的・娯楽的な要素を盛り込み、読者の歓心を買うためでもなかったようである。

同書は、前述した『浴陸奥温泉記』ほどはその性格が明確でないが、いずれかといえば後者の部類に属する紀行文と見做されよう。ただ楓軒の他の多くの編著書同様、同書も一般読者を念頭に置いて書かれたもののようには思われない。息子の昌堅でさえ、彼の筑波紀行『筑波大宝記』（前出「小宮山叢書」所収）を纏めるにあたり、同書を見ているかどうか定かではないのである。同書は、筆まめな楓軒が、あくまで己れ自身のための覚えとして、この旅中の見聞・体験等を書き留めておいたものだったのではあるまいか。この点については、『浴陸奥温泉記』の巻末の「自発途至此三十日、其見聞スルモノ日久シテ復能記憶スルコトナケン。故ニ聊箚記シテ縷述ヲ憚ラズ」という記述が、これを傍証するであろう。

Ⅱ　『遊筑坡山記』翻刻

以下には、『遊筑坡山記』の中から楓軒の筑波紀行文のみを抽出して翻字し、この旅の全容を紹介することにしたい。

凡　例

同書の翻字作業は、以下のような要領で進めた。

1、閲読の便を考慮し、適宜句読点を施した。
2、変体仮名は通常の仮名で表記した。また、仮名の濁点は原本に付されている場合にのみ付した。
3、旧漢字や異体字は常用漢字に統一したが、意味の通る当て字は原本のままとした。
4、不鮮明・欠損等により判読不能な個所は、一字ごとに□で表示した。

筑坡の山は常陸の国の望におはしまし、やつかれ仰を奉りて移り住る紅葉の村ゟ西にあたりて、朝な夕な遙におかミまつれと、いまた一度もそのいた、きに登り、ぬかつき奉りし事もなかりしを、いにし十とせばかりもあなた、其あらましをねぎ奉りしに、あか君よりのミゆるしはおわしながら、公私の事のしげくして、いたつらに年月を過せしかば、身も老の境にいたりぬ。いまだあしよわからぬ中におぼし立玉へなど人もす、むるほどに、こぞの春其事を申せしかば、ふた、ひゆるされを得たりし。姉なる人の病して常世の国に入り玉ひしほどに、去年もまたむなしくくれぬ。ことし（文化十あまり五といふ）花の頃にそと思ひたちて、はらから入江正身忠八郎をかたらふに、武人も同しくまふてんと、悦ひて何くれと旅のまふけして、紙よす、りよもたゐ忘る、な、とさ、めきぬ。

三月十一日蓐に食し、またほのくらきに、水戸三の町正身か邸より同しく発す。予がすしやには若党壱人西野新蔵僕壱人を召具したり。藤柄町を過る頃東の方明わたり、吉田社の下に至れば六つの鐘きこへ、あけの烏鳴わたり、あなたの林の中にしろく見ゆるは桜の花にや、又はこぶしにやなと云つ、過ぬ。これより千波富沢の原を行くに、岐あるには石の榜示ありて、右或は左愛宕としるしたり。泉愛宕に詣る人の迷ひなからんために設たりと見へたり。これを便りとして行ほどに、丹下原大炮を試る地に出たり。谷水の流れに道うるほへる此朝、霜いたく降りて寒さつよく足ひえ、いたミていと堪かたし。昔鄭子産おのが車もて溱洧をわたせる人をこしけるも思ひ出られぬ。こゝより筑坡の山よく見ゆ。正身悦んで、ほと遠からぬ道なるへし、今日の中に至りまふでんなと、いさミもて行。これまで野道にて行人もなかりしに、こゝにて初て人に逢ぬ。此地はいつれぞと問へば、いまだ川和田村の中なりと答ふ。鯉淵村ゟ馬に騎しつゝ行く。西に笠間の城かゞた山なと見ゆ。随分付（ナムサツケ）村三百石二十四戸・住吉（スミヨシ）村五百石四十戸ニ不足、教住寺あり。鯉淵よりこれまで二里。・上土師（カミハジ）村ひぬま川あり。此下流小つる村、ひぬまの江に入る故に名く。、いつれも宍戸の領主松平彜若君の知しめさるゝ所とそ。此ほとりこゝかしこの桜花、咲にほひてころさへおもしろきに、

ミちのべにさかり見セたる桜花こゝろしてふけ春の山風

岩間村住吉ゟ一里余、こゝゟ笠間府中へ各三里、小つる村へ四里と云ふ。倭名抄に見へたる茨城郡石間郷なるへし。土浦城主土屋相模守彦直朝臣の領する所なり。高五千石、領主への収納壱斗蒔にて四斗五升入の俵壱苞を出すと云ふ。土浦代官岩間栄蔵外手代弐人家属共にこゝに住す。これゟ以前は代官石嶋三郎兵衛居る。八年にして代ると云。此所笠間侯江戸に朝する駅路なり。土浦ゟ駅事の料として金弐拾両を借し五ケ年にこれを収むと云ふ。近き頃駅所の人戸減し駅に役せらるゝ者十六人に過す。民甚なやむとぞ。つる屋利兵衛なる者の家にて午餐し道を問ふに、これより愛宕に詣て、山こえに至りたまわん事よろしかるへしと云ふ。さらばとて郷導の力夫壱人を雇ひ、歩して愛宕の山に上る。これを泉のあたごといへる事は、岩間村の泉坪と云ふに立せたまへる故なりとそ。高き事十八町なり。六十間を一町とす。一町ごとに石の榜示ありて一町二町と記セり。わなミ年老息あへぎて登るになやめり。十町ほどに休息所あり、こしかけなど設けたり。主はなけれど皆々やすらひて、流るゝあセをのごひ衣をぬきて風を入る。月ごとの朔日又六月九月は人の群集る事故、こゝに茶店をかまへて待る物なりとぞ。この所より南に望は高浜・玉里・霞浦など、東の方には干沼の浦・海老沢・石崎など手にとる斗に見ゆ。桙の里を下し見れは民のかまどに煙立のほり、桃の花さきみたれ、武陵のむかしも思ひ出られぬ。正身か詩に、

嵯峨愛宕嶽　特秀在中天　即是武陵趣　桃花下界燃

中ほとに石の鳥居二つあり。それゟ上にからかねの鳥居たてり。これより石磴道あり。凡六階各長短あり、巓に至れは鉄の組たるを下けおき、これにとりつき上る。漸ありて祠前に出る石の燈爐あり。堂の板にハ梅の花さけるを摸セり。至て古雅なり。剣槍を学へる人ニおのか術の巧ならむ事を祈りて木剣木槍の類を奉納し、誰某々々など姓名を題セるあり。

我独流我独雲南先生五世　須賀井秀邦軒
　　丹羽東吾元章
　　須賀井精一秀顕

新井新時康流　新治郡東野寺村住人　平田方恭
　寛政六年　同郡三村　高野久蔵鎮義門人中

天命唯心一刀流　笠間家中　鈴木六郎次源根雕
　寛政十年

楊心流　奥州三春住　湊金左衛門々人
　享和三年

居合林崎流　先師常州門毛処士　吉原典膳源武頼

剣術一刀流　野州蓼沼郷在家主人　藤田久次右衛門在原元房
　寛政四年

心極流　細川長門守家中　波多浜之助平貞治
　文化三年　元祖　関戸政七郎直中

門人の名多くあれと書もと、めす。これより奥にからかねをもてかわらとしたる堂あり。去年の春野火ありて、堂後の立木皆枯て見ゆれと、此堂はつ、かなし。所々拝終りて峯こしの道を過々あゆミ、頗るなやみ、古木の倒れたるなとあれは、こしかけ休ひぬ。おのれわか、りし時、木曾の栈道をも経過セしに、さはかりなやめる事もなかりしに、今如此なりしは老ほと口惜きものはなし。古の人強弩の末魯縞にも入らすと云ひけん事、実に理りと思ひぬ。西の方ニ宍戸の男体山あり、愛宕ゟ一層をましたる高山なり。古城の跡何れと尋れは、かしこにこそと山の中ほとにゆびさしおしゆ。実に土手の構へなどありしと見ゆ。昔小田五郎なる者のたてこもりし事は諸書に見へたり。此山に八景ありとそ。いわゆる仙人岩屋こは奥二十帖ほとしくべきほとの平なる石ある岩窟なりとぞ。・たかば石水あり大内吉左衛門と屋とゑりつけあり。・し、がはな・屏風石・ごんだ石・猿ケ岩窟・ごんろ石・五里ケ穴なり。此辺より府中染谷の龍神山東南の下に見ゆ。これを上下する事凡二里、至て嶮なり。初て瓦谷村に出つ。左右に高山あり。田園其中にあり。桃多く、花ことにうるわし。民貧しからす。牛久の領主山口周防守の知る所なり。牛久より十八里あり。民家八十戸、問屋に松新八造酒を業とす。こ、に元蟾といふ者あり。さきに原南陽の塾にありて医を学び、此君堂の講席にも会し、予も知る人なりしが、後に道家と云をもて一家の言をなし、頗る奇人なりしが、曾て死したりと聞し。山本信有か碑の銘あり。其子孫やあると尋しに、今はなしとこたへたり。後にきくに上曾村に其子ありと云ふ。これより又馬に騎り、小見村を過ぎ、西に太田村善光寺見ゆる中戸村に至る。此辺皆山を帯たる地故、水運の利少し。これより東一里にして高友川あるのミ。小流なれと舟行二日にして高浜に達すといふ。近く瓦谷村にて材木千駄ほど出すべき林を量りしに、代金僅三両を得たりと云ふ。高山ゟ伐り出す事故、如此下斜なりとそ。又瓦谷領主ゟ博奕の制厳しく、其事を犯せる者ある時は、偏鬢をそり落し、半年を過てゆるされしと云ふ。大増村に小しの石橋あり。新治のとふか橋とて、京師に聞へし名橋なりとそ。山のすそに小屋かけて芝居の戯もよふしあり。太平の御代なれば山家までもか、るたのしミある事、古へのはらつ、ミうちて楽しミしと云へるに同しかるべし。日もいまだ高かりしかと、足疲れてこれより加波山に登る事もくるしければ、かめ屋と云ふもの、家に屋とる。此所杉庄兵衛御代官所なり。村高千三百石、旧ハ百戸あり。今八十戸に減すといふ。故に御代官ゟ新百姓取立と云ふ事ありとそ。名主久米衛門、著姓は木村・森田など云ふ者なりと云。水戸ゟ此所九里と云へとも、予か輩は山こしに来る事故、疲労多し。

十二日　晴。きのふかわらやにて人のいへるは、加波・足尾ゟつくばにこゆる三里に過すと。今日の道心安しとおもひしに、よべ此所にて問へば七里に遠し。しかも高山三つこゆる事なれば、平地の十里よりも猶かたかるへしと云ふ。瓦谷にてあさむかれたるを悔れともかひなし。さらは暁よりうち出んものをとよへより仕度して、郷導の夫をおそしと待わびて立出ぬ。此所少しく過て加波山に登る。はや一町二町の榜示石あり。しのはがら生ひしげり、杉の木立多く、道嶮なれど猶馬足も通ふ処なりとぞ。それより次第にけわしく、石の間を過ぎ行き、かたはらには谷水の山より下りて、いといさきよし。息あへげは掬してこれを飲む。此辺に炭焼をもて渡世とする者あり。若干の木を峯ゟきりおとしてやく事なり。僅かの産業の為に多くの木を伐りあらし、終には禿山なすへく見ゆ。夏の殊雷を起し雨をふらすものも此木立しけれるゆへなるべくに、これを制す人のなき事口惜し。半腹に板たるき桁よふのもの、木とりセるあり。其所に札を立て、加波山信心の人々これを荷ひ、登り玉るべしとあり。如此すれば、いつとなく山上に持行ことなりとそ。予兄弟主従も手ころの細木一ツヽ持登りて、一町はかりの上におきぬ。およそ登る事三十六町、嶮候なりといへどもいまた気もたわます、心易く頂上に至りぬ。大権現の社を拝するに、東西に大なるこもり所ありて、詣て来る人、日くれぬれはこゝに宿す。浴場其外も備りて、何一ツかく事なし。きのふまふ登りてこゝに宿しなばよからんものをと言ひあひぬ。これより石磴道を登り、奥の院三社を拝す。社後に年月日某某上と兄弟題名し、これより足尾の方へ下る。三尊石とそあり、大なる三石兀立して弥陀三尊の立るが如し（頭注：按泉山清源洞記ニ、三瑞岩則文殊普賢観世音三菩薩像也。像皆天成不仮斧鑿トアリ。西土ニモ似タルヿアルナリ）。又龍神あり、常人ハ拝す事あたわす。別当も容易にこゝに至らすといふ。十二社過ぎ、飛石はね石と云ふあり。谷に臨て両の大石相対セリ。其間一、二間もあるべし。神に祈り、こなたの石ゟかなたに飛移る者ありといふ。近き頃も大増村におこの者あり、酒の酔に乗し此所を飛そんし、腰打おり、生れもつかぬかたわになりしありといふ。こゝにも又こもり所あり。是ハ南の方より登る者の始に拝する所也。予か輩は北より登りて南に至りしなり。この所より一望すれば西の方うちひらけ、日光山までの間には眼にさわるものある事なし。こゝに二人のわかものあり。面をおほひ両の手もつゝミて、剣術の学ひするなり。むかし源の義経鞍馬山にて学ひしなといへるをきゝ、つたへしゆへなるべし。これを見るに其手法も至て拙く見ゆるに、事を好める者にありけり。これより次第〳〵に下る道至てけわし。初は峯つゝきに足尾に登る事を思ひの外下り〳〵て、又登る事なれはいとくるし。これよりさきには草木又石とてもなく、茅の根のわつかに焼のこりたるあるのミにて、はゞ一尺はかりの細道をさかしまに下る事なれば、一歩をあやまつときは千仞の谷にまろぶべく、ふミとゝむべき所もなく手にとりつくべき物とてもなし。まことに危事いわんかたなし。とかくするほと十町よもあるへき所を下りつき、ふり返りて仰き見れば、屛風を立たる如くの高山より水の流し跡の如き細道を、よくも恙なく下りしとわれながらもおもわれたり。これよりは道も嶮ならす。いとくぼき所に茶店あり。主人いとはやく来り玉ふ者かな。わなミ長岡村ゟ笠間領也。真壁に隣る。こゝに出て旅客を労ふものなるが、いまた茶を煮えすといふ。さらば少しくいこわんに、火打つけよなとゝて、しはし物語りぬ。この所加波・足穂の中間にあり、いかなる雨風の日なりとも、詣る人のなきと云事なしといへり。さきに下りし道を、雨ふらん日にはいかにして登り下りするやらむなと、いひあやしミぬ。これより足尾山に登る。加波に比する、道も嶮ならす。高き事三十五町なりといへと、加波山こへに至りしゆへにや、いと心安し。日本最初足尾山大権現とあり、鉄にて作りし履、多く奉りたるあり。旅行の者抔足を傷まさらむための祈と見へたり。こもり所あれと、加波山に比するに小なり。鐘銘延享四年とあり。真壁町西の方眼下に見ゆ。繁栄の所なり。これゟ南に下り一の滝といふに出つ。不動を安置す。水至て清し。上曾村に出つ。杉庄兵衛御代官所、高千石余、七、八十戸あり。名主彦左衛門病むといふ。　蓮蔵院聖徳太子の堂あり。此所にて又郷導の夫をやとひ、峯寺西光院と云に至る。登る事十五町、甚嶮なり。観音堂千仭の谷にかけ作りなり。京清水の舞台抔、是に比すれば児孫の如し。一望風景よろし。霞浦・干沼浦はるかに見ゆ。是ゟ吉生（ヨシウ）村千百石云、十戸あり。に出て候。又筑波に登る郷導を雇ひ、こゝにて小しの酒店ニ休ひ午食す。芋・豆腐なとあつものとし、大根に蕭椒をさしはさみ、わさひにておろしたるを皿にもり、処々うるしはげたる椀に飯盛りたれど、いと飢たれば風味殊ニよろしく覚ゆ。此辺民貧しからす見ゆ。同僚岡野荘五郎行従の祖、筑波の辺りより出たりと云伝ふ。今に同姓の残りし者ありときく。尋たしと話セられし故、そこゝと問尋しに、此に与頭岡野彦兵衛と云あり。いと旧家なれハこれなるへしといへり。その家はいつこぞとゝへハ、是ゟことにへたゝり、一里もあるへしといふ。さらはこれを伝へてよと、ふところゟたとふ紙取出し、其わけを書しるし、酒店主人に話し去りぬ。これゟ山の片岨をつたひ〱て登り、湯袋と云に出る。小幡村の中なりと云ふ。十六戸あり。水いと清く流る。一掬し飲て過き、初てつくばの山なり。初加波山に登りしは、桙の里ゟ一町二町とかそへたりしに、つくはの山は此所まで登る事□十町余もあるべきに、これは数にも入れす、此湯袋よりしてこそ初て山には入りぬ。其高き事知るへし。段々にまふ登りて、つくばの山を北より東にうちめくるなり。此辺かたくり花開て多くあり、いとめつらし。やゝ有て十三塚ゟ登る道に出合ぬ。これより至て嶮に、加波・足尾なとの比にあらす。されとも元ゟ此山を拝んために出ぬる事なれは、少しも臆セす、気を満て力を出して攀登る。折しも風はげしく吹て、これか為にたほされぬべきほとなれば、折々大石のかけにやすらひて風を避く。前なる者ハ吁と呼ひ、後なるは喁とこたへて登るほどに、さはかり嶮しき高山なれど恙なくもう登りて、歓喜天といへる所に至る。こゝに小屋ありて茶を売る。古鐘あれど鐘楼もなく、徒に地上にあり。古昔竜宮ゟ上りし物といふ。いとふるめかしく見ゆれど、銘文ある事なし。何れの時の物とも知るへからす、いとほひなし。加波・足穂の比にては此所こそ絶頂ならむと思ひしに、左はなくて、これより陰陽二ツの峯に登る事各々十町余なりといふにそ、気も疲れたる如くなりしかど、さて止むべきにあらされば、つとめて先ツ陰の峯に登る。巖石のそはたちし間を、かしここ、と攀行ぬ。或は大石のおほへる下僅ばかりなるすきまをひそみくゝり、又は千仭の谷に臨める所に丸木柱とり集め階としたるを、鉄組にとりつきて渉り、或は石滑らかにして落んとするを、からくして過き、初ていたゝきに登る。ミやしろは其頂上に立玉ふ。ミまへにぬかつきて、わか君の栄へおわさん様に、五穀よくミのりて民くさの心よくすくさん様ニと、心斗のぬさ奉りぬ。吾身の事は君の恩に浴セる身にて、ねぎ定申べき事もなけれは、毫も申さず。それよりミやしろうちめぐり、大石の上に立て遠望すれハ、千里も一瞬の中にあり。此身も飛仙のおもひをなセり。

けふの日にいかゝおよハむつくハねにむかしのひとのきけむその日も
と古への人のよミたりしも思ひ出られて、此日天気よく晴たりし、実に山神もあわれミ思し玉ふにやといとめてたし。

正身か曰、

石梯万仭踏雲長　寸歩更疑天半行　初識登臨連岳小　双峰高対是陰陽

予かいわく、

名嶽鎮東海　攀登何所求　願藉山霊力　膏雨遍一州

去年の旱に祈り奉りし事もあなれば、かくつゝけしなり。

われわかゝりし時、富士のいたゝきにも登りしに、其上平坦地広ければ、危しともおもわさりし。此峯は高を富士にあらそふべきにはあらねど、兀立セる事、たとへバ数十丈の石の柱を山上に立つるが如く、これに登りて其頂上より万仭の下を瞰る事なれば、目くるめき危き事いわんかたなし。これより陽峯のかたに赴くに、道至て嶮しく、こゝには何の仏まします、かしこには何の神のおわしますなと云所を過行つゝ、西の方を見れははるかに真髪の山見ゆる。春のかすミなからましかは、其他の跡山も望中にあるへきに、これのミ心にかゝる事なりし。此所にて詣て来る者に逢ひ、何国の人にやと問へば、高崎上野と答ふ。次に来るニ問へは、川越武蔵と云ふ。秩父山の嶮といかんと問へは、秩父などの比すべきにあらすとて、何れも此御山の事を賞したり。おのれむかし西の方山々を跋渉セしに、唯此上の嶮に似たる所ありしは、吉野の大峯のミそ伯仲の間とは申べき。されと此上のことく兀然として柱立たる如き所はなかりし。其嶮如此なれと、郷導の力夫は、行李もたけながらこれを越す。詩に不レ輸（オトサ）ニ爾載一踰ニ絶険一と有るは、かゝる者を云なるべし。

夫筑波岳ハ高ク秀ニ于雲一最頂西峯崢嶸謂ニ之ヲ雄神一不レ令ニ登臨一但東峰四方磐石昇降決レ此、と風土記に見へたり。さらは古へは双峯に昇る事ハなかりしと見へたり。

それより少し平らかなる所にいたれは、茶店二、三ありて旅人を休ふ。日も西に傾き、店主人も山を下らんとするころほひなりしかど、陽峯ゟ帰り来ませるほと待なるへしなと申にそ、行李などこゝに託し陽峯に登る。詩歌奉納所など云あり。陰峯の嶮なるが如きにはあらす。ほとなく帰り来りて、茶のミ餅・ひとうふなど喫し、暫くいこひぬ。茶店主人曰、この御山は元国造大禰宜の知る所にましませし。小田氏の次男八郎と云ふを養子とせしに、慶長中大坂方に党セるあやまり故、同しき十六年六月廿二日といふに、所帯没収せられぬ。其叔父筑波大膳といへるも、元和五、六年の頃、旧臣松山長九郎と云者の家にて終られたり。やつかれはこの長九郎の後にて、某か家に此大膳の霊を八幡に祭り奉るなり。

按に此談ハ年号時代の齟齬あるべし。筑波記曰、建保の頃筑波八郎と云者あり、即小田の元祖知家の八男なりと云。古老の伝に、筑坡代々の国造京都より下り住玉ひしに、此時始て武門より養子に継、国造廃すと。又明和四年平舒興筑坡紀行に、神官の長長戸山城守か語を載せて曰、中古浮屠の手に落て我道の衰へたる事かなしさよ。筑波山の事は、伊奘諾・伊奘冉尊神代の昔の鎮座にして、此山皆六所神官の所領なれとも、末代護持院の僧侶の押領地となる事また遠きに非す。これによりて数度の出入、われも公訴のために身名を打て、進退意の儘ならす。しかるに、今は神領といふ名のミ残りて僧の持となり、彼仏此仏なといたらぬ事を取付て御山をけかし奉る事、いと口惜ぎわさなりとなけき語る。実に此大御神は延喜式・続日本紀等にも載られし名神にましますを、今は権現ととなへ奉るもいとほひなし。それゟ山を下る。二、三町も過きぬらんと思ふ頃日はくれたれと、幸に月出て、木の下少しあかきを便りに、足のふミどもさたかならぬ石の間木の根の上をたとり下る。中ほどよりして下には杉の大木生しけり路いとくらく、かたはらに谷水の流る、おとものすごし。こ、らにこそいわゆるミなの川流る、などいへど、見へわかず。

みなの川碑

つくはねのミねより落るミなの川深きめくミはすへらきの五十七代をしろしめす陽成帝の御製にて世々の歌人よみつ、け此名の所むかしよりかき集たる言のはのは山茂山しけけれは短き草に及はれす仰けん高くふたなミにいの字のことくそはたてる西はいさなきおかミ山東ハいさなミめかミ山わかれし嶺のあひたより岩ほの下をのつから出る流の行末ハ桊に落て淵となり浪の花よるさくら川渡るいそへのはるかすミこのもかのもとしたひ来て心つくはの嶺の川爰そと指ていつまても朽ぬしるへに残す石ふミ

明らかに和くミつのへたつの春　武原山口上生菴（御薬院代のよし）誌焉

たとり〳〵て下るに、さきの茶店主人跡ゟ来る。此地の案内者なれば、石の上木の根などもいわす下る。そこにはや下りて逆旅主人を設けくれとたのむ。心得たりとて先に下りぬ。や、下り大御堂に出れば、逆旅大越屋なる者燈提

て来り迎へぬ。大御堂は明る日拝し玉へと、おのが家にともなひぬ。余り疲れたれは酒とふべ、其後足す、き湯に浴シ、手枕して打ふしぬ。

十三日　寒、陰。巽の風吹く。大越屋茂衛門か家を出て、、そこ、と見めくる。筑波町旧千軒といへど、今は減して五百戸ありといふ。江戸護持院の管する僧坊あり、其傍に禁制の札あり。

　　禁制　　　　常陸国　知足院
一　軍勢甲乙人等濫妨狼藉事
一　放火事
一　対寺家門前之族非分之儀申懸事
右条々堅く停止若違背之輩は忽可被処厳科者也
　　天正十八年五月日　　　　御朱印

按るに、これは秀吉の下されしものなるへき歟。これより大御堂に至る。表門の額中禅寺とあり。観音堂の額、

　　筑坡山
　当伽藍者
　征夷大将軍
　従一位左大臣
　源家光公御
　再興也

又坂東二十五番筑波山大御堂

あふミ堂かねはつくはのねにたちてかたゆふくれにくにそこひしき

諸堂見終りて東の方に出る。普化窟と扁せる家あり。虚無僧の居なるべし。親戚の者なりとも案内なくして入へからすと標榜セり。是より来迎寺時宗・不動院真言の前より十町ほと下りて田間に出る。南に神郡（カンコウリ）村見ゆる。井上河内守領知、五千石と云ふ。大貫村御代官所・中菅間（スガマ）村本多淡路守領の間を桜川流る。桜川岩にくたくるしら波ハちるをさかりの花かとそ見る。此辺田畑肥良にして、人柄・言語いやしからす。家作よろしく、民貧ならす見ゆ。西に信太村見ゆ。領主四、五給ありと云ふ。洞下（ホラゲ）宿三百石、百戸ほとあり。貧家多し。街に不動の古石像あり。松前奉行本多淡路守領分、二千五百石の人なれと民より金を借りめひわくなり。されど実ハ貧き人にはあらすと。或曰本多作左衛門相給なり。

此所より騎して間道を行く。土瘠てよろしからす、荒畑多くあり。昔西風を防ぐべきために松林を植立しに、其所より荒出て、今は如此と云へり。高道祖（タカサヒ）村千三百石、旧三百戸。今ハ百四、五十戸あり。領主数人ありと云ふ。名主吉原源太か家に過る。此所道祖神あり、村名これに記るとなり。源太か庭前及其他にも垂枝桜の大木数株あり、花は盛り過て散りかゝる。しら雪に袖うち振りて行懸ふ人のおもしろく、立やすらふほとに、正身か騎して先たち行しを見うしなひぬ。大宝にては逢んものと、常願寺の前より堀籠村にて道を問ふに、行過たりとおしへし故、これより横にきれて下妻の田町といふに出、雲充寺浄土の前ゟ平沼新田真壁郡・大越村ゟ大宝八幡に至り、両社拝し終れと正身は出来らす。茶店に休ひて待つに、ほどなく来る。いかにやと問へは、先たちて名主の家に至るに、晩火災の為に其家もやけ失ひ、其身も焚死セしとて、多くの人集に行逢ぬ。其人のいへるは、武家の勢にましませば、馬も出し案内もし奉りぬへけれと、しばし隙入るへしと云ふにそ、聞くも苦しく、其事に及はすとて帰りぬ、と語る。知らぬ人なれど打驚て、いと悲し。大宝八幡の古鐘を摺る。

大日本国武蔵州崎西県渋江郷

金重村金鳳山　　　彗遍募
衆檀縁命工鋳大鐘所集殊動
上報四恩下資三有法界群生
倶霑利益者也謹為銘曰
乾竺模範　青石音声　簴之則方
扣之則鳴　地雷殷々　天楽鏗々
覚長夜夢　警群類情　檀施増福
叢規大行　皇基永固　仏日弥明
　嘉慶元年丁卯十一月十三日
　　開山石室叟善玖謹書
　　　当代住持禅璨
　　　幹縁比丘道選
　　　大檀那沙弥蘊沢
　　　　大工沙弥道善
下州上幸嶋郡穴太辺
星智寺推鐘
開山権律師隆遍

住持阿闍梨隆翁

享徳五年丙子七月十六日

大檀那藤原中務丞政行

慶雲禅寺住持比丘至光

　小谷野三良左衛門尉李公

奉行

青木左近将監朝□賀

染屋山城守修理助氏次

逆井尾張守沙弥常宗

午食して元の大越・田町三百五十七石、百戸あり。井上河内守領、名主宇平次。下妻へ七、八町ありと云。・柳原（ヤキハラ）四百八十石、三十戸あり。柳原主計頭等六給也。に出て、水守の原を過き、是倭名抄に見へたる筑波郡水主郷なるへし。今は新治郡に属す。大掾を三浦平太夫といひしも、こゝに住セしなるへきか。大曾根村にいたる。是も倭名抄の大苑郷か。日も西に傾きたれは、こゝに宿し玉へねと人のいへど、明日の道の遠ければ、土浦迄は三里の道ときくに、夜をこめてもかしこに至らんなれば、先ツ市の谷の天王に詣すへし、其内事をも用意して得さすへしとて僕壱人をのこし、兄弟ともに市の谷に至れば、はや夕くれ燈かゝくる時なれと、天王の社に至りてぬかつき拝ミ奉りぬ。こは吾母なりし人の予か癰の病せし時、此天王に祈玉ひていゑたれは、来りて拝し奉るへしと年頃心にかけたりしに、今日しも宿願をはたす事を得。先妣の恩の極りなき事おもひいてゝ、涙こほるゝ事にそありし。おりしも雨降出て、路はくらし。いかんともすへからねは、門前の酒店に休ひ酒くミかわし、事の来るを待ともおそかり、雨は頻につよし。こはいかにせん、此所にやとる外なし。先に来りし岐の家にてそ宿すへきと酒店のあるじか言に従ひ、若党新蔵をつかわして問しむるに、いかなる事にや帰り来らす。さらバ行て見んと兄弟うちつれてかしこにいたるに、新蔵も見へす。主人にいかにやと問へと戸も開かす。内にありなから先きに来まセしが、宿する事をうけひかねば、新田に行はりぬと答ふ。其新田と云ふはいつこそと問へば、東の方半道ほどもへたてぬと云ふ。さらはこゝの主人のいなむゆへに、そこに行て宿かりしならむ。こゝに待んこそよからめと云ふに、正身われゆきて見んと云ふ。いや〳〵わかれ〳〵に成りてはおほつかなし、暫くこゝに待へしとて軒下にたゝすミ雨を避て居たるに、ほとなくさきに大曾根に残セし僕の馬を具して来りぬ。いかにやおそかりしと云へは、馬の来事おそかりし上に雨いたく降いて、、新蔵も帰り来り、宿り玉んとうけ玉れは大曾根に帰り玉へりといふ。馬ひき来りし男も云へる。昼のほとより大曾根村ニ壱人の狂女迷ひ来り、水戸領の者なりと申、あわれ水戸の御方の過玉ふは幸なり、其事申なんにはよきはからひもましまさん、と名主の申と云ふ。兄弟これを聞て水戸領の者ならんには聞すてには成り難し、さらは帰り宿せんとて大曾根村に引帰しぬ。扨其狂女の事尋問たしといへは、堀田土佐守領知の名主甚兵衛なる者出来りぬ。いつこにありや、明日召具し帰らんに尋てゐさセよと云ふ。かしこニ候ぬとて出はりぬ。間もなく杉庄兵衛御代官所名主繁十郎をいさなひ来る。此村領主五人ありとそ。某か方に留置侍ひぬとて同しく召つれ来れり。外にかわりたる事もなく、自ら歌ひ自ら舞のミなり。いさこれへといへは、入来て舞戯る。いつこのものそと問へは、赤土と答ふ。其語言疑ふべくもあらされば、明日はかならす召具すべし、これより土浦迄の馬用意してゐさセよ、土浦ゟは駕籠をやとひて往むものをと約して返しぬ。

十四日　あやにくによべゟ降る春雨の空晴れす。いつ止むへきともおもわれねば、逆旅主人を召し談す。きのふの狂女召具すべかりしに、はからさる此雨にてはいかんともすべき様なし。されど仕への身なれは、晴る、を待べきいとまもなし。あはれ彼女年廿歳のよし。繁十郎方に七、八日置てん事ハなるましきや。其間の賄料はこなたよりつかわしてんに、謀て得させよといへは快くうけれて、やがて繁十郎をぐし来り、もとより慈悲心の為ニ候へば、此後迎の来らん迄留置ん事、かしこミ候ぬとうけかひぬ。さらバ聊なれと賄の料にとてこかねさし出せば、ゐうけずしてかたく辞す。こは志しは殊勝なれと、此金さしもとされては、わなミこのミしるしなし。そなたの義ハさることなれど、こなたの志むなしく成るをくミとりてよとわりなくいへど、かつて受ず。すへて此間の人、淳樸にして実ある事如此し。さらバ赤土村を尋ね、若其地の人にあらすとも、其よしハきこゐむものをと約して分れ去りぬ。此女上宮河内村栄三郎と云者之女なれど、栄三郎は出奔して行方知れす。其叔父なる者天下野村にあり、これゟ迎の人遣して帰りぬ。いかなる御方にや、御姓名うけ玉りたしといへるにぞ、入江忠八郎内西野新蔵と答へたり。栗原新田堀廉吉領倭名抄新治郡栗原郷なるべし。横町・中根・大村ゟ飯田村に至る。貧村なり。これも又新治郡井田郷か。今は真壁郡に属す。これより田間を過ぎ、歩（カチ）橋をわたり堤を歩して、土浦の八田と云ふ侍屋敷の中を通り真なべに出、延（善カ）応寺に至り臼井の水を一掬し、中貫・清水貧村なり。・稲吉・府中・滑川貧村なり。・竹原・片倉に来れは、属吏後藤源三郎幷僕壱人、今朝ゟ来り迎ふ。柴高・世楽にて夜に入りぬ。庄屋長次衛門か家に休ひ、提燈に火を発し、上吉影・前原ゟ紅葉の陣屋に帰る。大曾根ゟこ、に至る、凡十里に遠かるべし。

注

（1） 小宮山楓軒とその孫南梁の自筆稿本など八十九点六百八十五冊七枚からなる。詳細は、「国立国会図書館所蔵個人文庫展——古典籍探求の軌跡——」（昭和五十八年開催）の展示会目録の解説を参照されたい。なお、同目録解説中の小宮山叢書の項及び同叢書からの出陳資料の解題は筆者が担当した。

（2）『増補水戸の文籍』、『水戸市史』中巻二、三を参照。
（3）『角川日本地名大辞典』八「茨城県」、『ふるさといばらきの山』（茨城新聞社　平成二）等を参照。なお、本章中で筆者が地名等の補足説明をしている個所では、主に『角川日本地名大辞典』八「茨城県」及び『新編常陸国誌』を参照した。
（4）この小宮山楓軒の筑波紀行文は、秋山高志著『水戸の文人』（ぺりかん社　二〇〇九）の第十一章「筑波登山」（二二九―二五八頁）の中でも紹介されているので、ご参照いただきたい。同書中には、楓軒の息子昌堅の筑波紀行『筑波大宝記』も紹介されている。
（5）この旅で楓軒が利用した道は、水戸から筑波を経由して古河に通じる瀬戸井街道で、水戸の人士の筑波参詣によく利用されたルートである（秋山高志著『水戸の文人』の二五六頁参照）。なお、この街道については、宮沢正純氏による調査結果が『ふるさといばらきの道』（茨城新聞社　一九八九）の中に報告されている。
（6）中央公論社「随筆百花苑」第三巻に所収。
（7）柳田国男校訂『紀行文集』の解説を参照。なお、板坂耀子著『江戸の紀行文』（中央公論新社　二〇一一）には、江戸時代に書かれたいくつかの紀行文を具体的に検討しつつ、より細かな分類がなされているが、本章では、特に文章家としての評価が高かったわけではない楓軒の紀行文が対象なので、大まかな分類によってその傾向を見ておくにとどめたい。

第四章　『島友鴎手簡』にみる小宮山楓軒と二本松藩士島友鴎の交友

はじめに

静嘉堂文庫の「小宮山楓軒叢書」の中に楓軒旧蔵の『島友鴎手簡』があり、その写しと思われる一本が国立国会図書館にある。同書は、水戸藩士小宮山楓軒が、二本松藩士島友鴎からの来簡全四十四通を書写し、上下二冊に編集しておいたものである。本章では、この書簡集を資料として使用することにより、楓軒と友鴎の交友の実態を具体的に検討してみることにする。

なお、本章では、便宜上国立国会図書館本を底本として使用し、必要に応じて適宜静嘉堂文庫本と比較対照することにした。先ず同書の全容を示せば、以下のとおりとなる。

〔上冊〕

第一通目：文政九年十一月一日「戌十一月廿二日達」

第二通目：文政九年十月三日「戌十一月廿二日達」

第三通目：〔文政十〕年三月二日「申ノ三月十六日達」

第四通目：文政十年一月五日「亥ノ正月廿六日達」

第五通目：〔文政九〕年十一月一日

第六通目：〔文政九〕年九月二日

第七通目：〔文政十〕年五月三日
第八通目：文政十年六月十四日「亥ノ閏六月朔日達」
第九通目：〔文政十〕年八月一日
第一〇通目：文政十年十二月五日「子正月十四日達ス」
第一一通目：文政十一年一月二十八日「子ノ二月十六日達」
第一二通目：〔文政十二〕年二月二十九日「四月十二日楊友的嶽ノ湯ヨリ帰リ達ス」
第一三通目：文政十一年四月二日「子ノ五月六日達ス」
第一四通目：文政十一年六月十九日「子ノ七月廿日達」
第一五通目：文政十一年十月三日「子ノ十月廿一日達」
第一六通目：文政十一年十一月三日「子ノ十一月廿三日達ス」
第一七通目：文政十二年四月二十八日「丑ノ五月十一日杏所ゟ達ス」
第一八通目：文政十二年七月七日「丑七月十六日達」

〔下冊〕

第一九通目：文政十二年十月一日「丑十一月三日達ス」
第二〇通目：文政十二年十一月六日「丑十一月廿五日達」
第二一通目：文政十三年二月五日「寅ノ三月念六達」
第二二通目：文政十三年九月二日「寅九月念六日達」
第二三通目：〔文政十三〕年十月二日「十月廿六日達」
第二四通目：天保二年一月二十二日「卯三月二日達」
第二五通目：天保二年四月二日「卯ノ四月廿六日達」
第二六通目：天保二年六月五日「卯六月廿一日達」
第二七通目：天保二年六月三十日「天保二卯七月十七日達」
第二八通目：天保二年十月二日「天保二卯十月十六日達」
第二九通目：天保二年十二月六日「卯十二月廿三日来」
第三〇通目：天保三年三月二日「辰三月十六日達」

第三一通目：天保三年八月二十三日　「辰九月六日達」
第三二通目：天保三年六月一日　「辰六月十六日達」
第三三通目：天保三年十月二十七日　「天保三辰ノ十一月廿二日達」
第三四通目：天保三年閏十一月三日　「辰閏十一月十六日来」
第三五通目：天保四年三月二日　「天保四年巳三月十六日達」
第三六通目：天保四年五月二十三日　「巳六月六日達」
第三七通目：天保四年八月一日　「巳八月十六日達」
第三八通目：天保六年四月二十三日　「未五月五日達」
第三九通目：天保六年八月三日　「未ノ九月八日町便戸城伝右衛門迄返書遣ス」
第四〇通目：天保六年十月五日　「未十一月七日返書認町便ニ遣ス」
第四一通目：天保八年三月五日　「天保八年酉四月十九日返書遣ス戸城伝右衛門ニ託ス」
第四二通目：〔天保八〕年八月二十日
第四三通目：〔天保八〕年十二月七日　「十二月廿三日杏所ゟ達」
第四四通目：天保九年三月二十三日　「戌ノ四月十一日達」

ここに示した各書簡の通し番号は、筆者が仮に付けたものである。このうち第五通目は桑名藩士東里将監から友鷗に宛てた書簡で、友鷗が楓軒宛てに転達したものである[1]。また、第三六通目以降は、友鷗没後に高橋九郎種茂（友鷗の次男で高橋家の養子となる）から楓軒に宛てたものである。大部分の書簡には、楓軒自身の手で「戌十一月廿二日達」のように落手した年の干支と月日が記入されているため、その執筆年次が分かる[2]。日付の書き入れがなく、内容等によって執筆年次を推定したものが八通あるが、これらについては、年次の部分を〔　〕で囲っておいた[3]。また、書中の書簡の排列は概ね年代順になっているが、一部そうでないところもみられる。

ところで、楓軒と友鷗の交友についての検討を始めるに先立ち、この書簡の差出人である友鷗の略歴を、『二本松市史』等によって確認しておきたい。書簡の受取人である楓軒については、本書の第三章で紹介しているので、そちらをご参照いただきたい。

「島友鷗」とは二本松藩士成田頼直の致仕後の筆名で[4]、かつて成田家の祖弥左衛門尉道徳が越前国島郷（現福井市内）を領したことに因んで名乗ったもののようである[5]。通称は又八郎・弥義右衛門等、字は伯温で、確斎（又は鶴斎）・遊芸堂等と号した。宝暦十（一七六〇）年に成田頼綏の子として出生し、安永六（一七七七）年に出仕した。寛政十一（一七九九）年家督を継ぎ、郡奉行・郡代・城代と累進して文政五（一八二二）年に致仕し、天保四（一八三三）年に没した。享年七十四。父頼綏は文学を好み、井上金峨らと親交があったが、友鷗はこの文事の方面でも父業を継ぎ、領内地誌「松藩捜古」や領内古城砦の研究書「積達館基考」等を著わし、二本松藩家臣の家譜「世臣伝」の編纂に携わるなどした。白河藩主松平定信の知遇を受け、その儒臣で「白河風土記」の著者広瀬蒙斎と親交があったほか、佐藤一斎・頼山陽らとの交わりも知られている。

本書簡集収載の書簡は両者共に最晩年の時期のものであり、既に功なり名遂げた両者がどのような情報の交換を行っていたのかは、大いに興味をそそられるところである。

第一節　楓軒の湯治旅行と友鷗との再会

楓軒は、文政十（一八二七）年五月十四日から六月十四日まで、陸奥国玉造郡の鳴子温泉等に湯治旅行を行った。この旅行の模様は『浴陸奥温泉記』と題して書き残され、国立国会図書館所蔵の「小宮山叢書」中に収められている[6]。同旅行記のまえがきには、「六十四歳となった今、かつて患った疝気が益々昂じて胸背の痛みがひどく、木内玄節に診[7]

てもらっているが全く良くならない。そこで玄節が、陸奥には温泉がたくさんあり、なかにはこうした持病に効き目のあるところもあるので湯治に行くことを薦める、というのでその言に従い、玉造温泉での湯治の許可願いを藩庁に提出した。許可がおりるまでの間に書物を閲し、温泉についていろいろと調べてみたところ、玉造郡の鳴子温泉の評判が良かったので益々玄節の言を信じ、速やかに旅装を整えて藩から許可がおりるのを待った」（意訳）と書かれている。

　ところで楓軒は、この湯治旅行を実行に移すにあたり、予め友鷗に旅行を計画していることを伝えていたらしい。〔文政十〕年の五月三日付第七通目書簡で友鷗は、

　当年は御東遊思召立御坐候由、何卒愈御催被成候様希申候。仙台行迂路ニ無之、温泉は伊達郡湯野村（苅谷領也）飯坂（白川領）ニ御坐候。（中略）仙台ニ而は苅田郡鎌鉈青根（中略）疝気抔ニは飯坂湯野村可然被存候。

と記し、今年計画しておられるという旅行を是非実行してください、と述べた上で、疝気に効能のあるところとしては飯坂・湯野村の両温泉があります、と良湯の紹介をしているのである。しかし、この書簡の記述や同旅行記をみた限りでは、友鷗は楓軒から日程や場所等について具体的に知らされていたわけではなかったようである。

　楓軒は、門人や家族に見送られて水戸を発ち、途中あちこち立ち寄りながら、二週間かけて目的地である陸奥国玉造郡の温泉郷に到達し、川度温泉に四泊、成子（鳴子）温泉に一泊して帰途に就くのであるが、途中仙台を通過したところで、友鷗がこの書簡中で良湯のひとつとして紹介している「青根」湯について、同旅行記中に「青根湯ヨク疝ヲ治スト観迹志(8)ニモ見ヱタレバ、コレニ浴シタキ志ハアリナガラ、長途ニ倦ミタレバ止メタリ」と記している。しかし、ここでは、この温泉が友鷗に薦められたうちのひとつであることには全く触れていない。因みに、第七通目書簡の執筆年次は〔文政十〕年の五月三日であり、楓軒がこの湯治旅行に出立したのは同年の五月十四日のことである。思うに

これは、楓軒の湯治旅行出立時にはこの書簡がまだ楓軒の手元に届いていなかった、ということだったのではあるまいか。本書簡集中の他の書簡をみると、届くまでの日数は最短でも十日は要しているので、それらと比較してみれば、届かなかったとしても決して不思議ではないのである。同旅行記中にみえるように、当初最も期待していた成子（鳴子）温泉のあまりの硫黄臭の強さに耐えきれず、早めに帰途に就くことにした楓軒であってみれば、もし事前にこの書簡を見ていたならば、友鷗の推薦ということでもあるし、成子（鳴子）の穴埋めにもなるわけであるから、青根湯に立ち寄ってみようという気持ちにもなったかもしれない。また、金ガ瀬という所まで来たところで楓軒は、「鎌先温泉コノ西ニアリ。打撲金創ニ妙ナルコト有馬ノ湯ニ比スベシ」と、友鷗推薦の「鎌鉈」湯にも触れているのであるが、こちらに関しては「只疝気ニアシシト云フ故ニ浴セズ」という尤もな理由があるので入湯せずに通過しても不思議ではないが、やはりここでも友鷗に薦められたことは記されていない。両者の関係からして、楓軒が友鷗の推薦を完全に無視するというような失礼なことをするとはとても考えられない。さらに言えば、楓軒は、帰路は往路に通った浜通りでなく中通りを通っているわけであるが、(9) そうすると友鷗が推薦している湯野・飯坂両温泉はまさに街道から程近いところにあるわけであるから、この両温泉について全く言及していないのもおかしなことであろう。加えて、他の多くの書簡には受け取った日時が記入されているのに、この書簡にはそれがみられない。もし手ずから受け取っていないとすれば、それも当然のことであろう。こうしてみるとやはり、楓軒は事前にこの書簡を見ていなかったと考えるのが自然であろうし、この件に関しての情報交換が両者のあいだで十分に行われていたわけではなかったということも云えるのではあるまいか。友鷗の折角のアドバイスも、残念ながらこの度の旅行では活かされなかったことになる。

しかしいずれにせよ、楓軒が帰路を浜通りではなく中通りに採ったのは、途中友鷗を訪ない旧交を温めたいという思いからであったに違いない。六月九日、二本松城下に入った楓軒は、松屋卯太郎方に投宿し、友鷗と鈴木敬蔵に書簡ならびに物を送って面会したい旨を告げた後、夕食を済ませ風呂にも入って二人の来るのを待った。このときの面会の模様を、楓軒は同旅行記中に次のように書き残している。[10]

ヤ、アツテ友鷗酒肴ヲ携ヱ入来ル。近年老衰僅ニ歩シテ至ルト云フ。敬蔵ハ足病来会スルコトヲ得ズ、其門人大関肇（ハジメ）ト云モノヲツカハシ、菓子一箱ヲ贈ル。其後友鷗次男青山弥五左衛門モ来会ス。是モ菓子一重（ヒトヂウ）ヲ携シナリ。互ニ久闊ノ情ヲノベ酌飲緩談刻ノ移ルヲ知ラズ。既ニ深更ニ及ビシカバ友鷗迎ノ駕籠モ来レリ。名残ハ何レモ尽ザレドモ皆辞シテ別レ去ル。

楓軒の宿舎まで友鷗はなんとか歩いて来られたようであるが、鈴木のほうは足の具合が悪くて来られず、代わりに門人の大関肇を遣わして菓子一箱を贈ってきたとある。また、友鷗の次男青山弥五左衛門も菓子持参で来会したようである。[11]二人は互いに久闊の情を述べた後、時の経つのも忘れて酒を酌み交わしながら歓談した。夜も大分更けたところで友鷗の迎えの駕籠が来たので、名残は尽きないが散会したという。楓軒が複雑な思いで友鷗の駕籠を見送ったであろうことは、なお続けて「猶トヾメントオモイシカドモ、老人疲労モアラントテ手ヲ分ツ」と記していることからも推し量ることができよう。

因みに、今回の再会以前に両人が会ったのは四年前のことのようである。文政五年春に致仕した友鷗は、棚倉の常隆寺にある成田家第二祖道仙の墓参を思い立ち、その序でに水戸・岩城方面を回るという旅行を実行した。文政六年三月五日から三月二十三日にかけてのことであり、『南轅紀游』[12]は友鷗がこの十九日間の旅行の模様を記したものである。

以下、同書に記されているところによれば、三月七日に無事先祖の墓参を済ませた友鷗は、途中水戸徳川家の墓所瑞竜山や徳川光圀の隠棲地西山等を訪れた後、十日に水戸城下に到着した。その夜、亀屋という旅籠に宿をとった友鷗のもとを楓軒が訪れ、互いに会えたことを喜び、時の経つのも忘れて歓談し、明日友鷗を自宅へ招待することを約して帰った。翌十一日、友鷗は吉田社および薬王院を巡観した後、楓軒の屋敷に赴いた。玄関を入ると先ず上座敷に通され、その蔵書数百巻を出して見せられ、好きなものの貸与が可能ということだったので、談話よりも先に諸書に次々と目を通して時を過ごした。まだ見たこともないものがたくさんあったが、大部なものは持ち帰れないので、「多聞院日記抄」「薩州旧伝集」「元寇始末自輯ノ書」「十竹斎筆記」「為実記」「松平忠勝記」「紀州大君言行録」等、巻数の少ないものだけを抽出した。やや暫くして酒飯の饗応があり、石川久徴、村田正定、岡野辰次郎の三名もこれに加わった。[13]薄暮に到り、辞して旅宿に戻った。翌十二日夜、楓軒が別れを告げに再度友鷗の旅宿を訪れ、携帯用の吸筒などで酒を酌み交わし、夜半過ぎに帰って行った。去るにあたり楓軒は、扇面に次の七絶一首を書して贈った。

旧知今日即新知　探勝金嚢得幾詩　聞説奥区風土異　帰来却及賞花時

これに対して友鷗は、次の七絶一首で酬した。

山河久恨阻襟期　頼遇清楊解褐時　十歳交情一宵話　満懐纔漏幾分思

こうして翌十三日、友鷗は舟で那珂川を下り、水戸の城下を去った。

それから四年後、楓軒はここ二本松の地で友鷗との再会を果たしたのであるが、自身の旅宿を訪れた友鷗を見送るにあたり、今度は次のような七絶一首を贈っている。

今夕邂逅何夕麼　相思十載始経過　逢難別易情緒乱　下筆不堪離恨多

そして、一旦友鷗を見送った後、床に就いたが眠れなかったものか、使いの者に書を持たせ、蔵書の借覧を乞うたりしている。こうして翌六月十日、楓軒は二本松城下を後にし、白川・黒羽を通って、十四日、無事水戸に帰着したのである。

楓軒が水戸に帰着したまさにその日に物した第八通目書簡で友鷗は、

此間は遙々之所御辱臨被成下、生涯之大慶奉存候。乍然余疎略之至遺憾不少候。折節天気打続候間、定而御道途無滞御帰着被成候半、奉大賀候。入御覧候書策利家語話之外は御所蔵之由ニ而御返被成、謹領仕候。御席上御示之御高作帰宅後諷詠、御高意感佩仕候。奉和之愚作も出来候間左ニ認懸御目申候。御笑矚可被下候。

と書き送っている。すなわち、楓軒が湯治旅行の帰途に立ち寄ってくれたことに感謝すると同時に、十分なもてなしができなかったことを詫び、さらに、二本松の旅宿で別れた後、楓軒が使いを送って蔵書の借覧を乞うたのに応えて友鷗が送った数点の書物のうち、「利家語話」以外は既所蔵ということで送り返されてきたが、これを確かに落手した旨を伝えているのである。また、別れに際して楓軒が送った前掲七絶一首への「奉和之愚作」として、続けて

相見歓顔熨皺波　別来屈指五春過　自今再会君期否　不語不言情慢多

と、七絶一首を書き添えている。

その後、友鷗は同年八月一日付の第九通目書簡に、

敝封内御通行駅筋村名幷寺院等御日記御取立之御入用ニ付認進候様、容易之事ニ御坐候。封内略図壱枚幷寺院之名ハ日記御入用ニ可相成存候ケ条別紙ニ認上申候。御取捨可被下候。

と記している。楓軒から、この旅行の「日記」の執筆に必要なので二本松領内の道筋の村名・寺院名等を書いて送ってほしいと頼まれたようで、お安いご用とばかり、領内の略図一枚と主だった寺院名を別紙に認めて送っている。思うに、この「日記」というのは『浴陸奥温泉記』のことであろう。翌十一年一月二十八日付の第一一通目書簡で友鷗は、「去夏御東遊之記は出来候半、拝閲希候」と書き送り、脱稿したら見せてほしいと頼んでいるのである。

結局、この旅行記はこの年の十月頃までには脱稿したものらしい。同年十月三日付の第一五通目書簡をみると、浴温泉記第二壱冊御借与被下、寛々拝見、御遊状如見ニ而御羨敷奉存候。旅館灯火之御書取と存候処、要緊之事ハ無残相見、所謂見所見聞所聞、備候而感心仕候事ニ御坐候。乍例抄出仕候間、是又返完仕候。とあり、友鷗が楓軒から同書を借りて書写したことが記されているのである。旅の途中でざっと書いたものかと思っていたところ、大事なところは余すところなく備わった立派な出来栄えで、本当に感服しております、と読後の感想を述べている。楓軒は、同書の最後の六月十五日の条に、「自発途至此三十日、其見聞スルモノ日久シテ復能記憶スルコトナケン。故ニ聊劄記シテ縷述ヲ憚ラズ」と記し、同書は備忘のために縷述を憚らず書き残したものであると述べている。友鷗の読後感は、まさしくその正鵠を射たものであるといえようか。

第二節　当代の社会的出来事に関する主な情報の交換

楓軒・友鷗共に学問的業績のある学者であったと同時に、それぞれの藩の重要な役職を勤めた行政官でもあった。そこで本節では、当時の諸々の社会的出来事に関して、この両者間でどのような情報の交換が行われたかを見てみたい。なお、ここでは高橋書簡は検討の対象からはずした。

（1）天候や農作物の作柄・米価等への関心と飢饉・救恤・騒擾等のこと

〔文政九〕年の九月二日付第六通目書簡をみると、

奥地も土曜後も残炎退兼候処、仲秋初ゟ秋涼を得候而当時は擁綿罷在候。御地辺も御凌克相成候半。田畑は秋収熟豊穣ニ而、近年覚無之作ニ御坐候。田方は勿論畑物ニても、一品も不宜敷と申程之もの無之候。（中略）都邸中越候ニも、都下近国も豊作之由ニ御坐候間、御地辺も定而御同様之義と奉賀候。

とあり、また「二白」にも、

当年之豊穣、実ニ稀成事ニ御坐候。敝圃抔へ植付候品も凡而実入も宜敷、就中冬瓜（トウクワ）と唱候瓜甚宜敷出来、一丸三、四升入之罐子位ニ出来、家内共珍しかり賞翫仕候。左候へハ其土地柄ニより候而は、右異物も出来候事と奉存候。

と記されている。この友鷗から楓軒への報告によれば、この年、二本松藩領内では田畑共全ての作物の出来が良く、近年にない豊作となったようである。友鷗の畑などでは冬瓜という瓜の出来がとりわけ良くて、一丸三、四升入の罐子位の大きさのものもあり、家内一同珍しがっている、と報じている。さらに、江戸屋敷からの情報では、江戸の近国も豊作とのことなので、さだめし貴藩も同様のことと推察する、と書き送っている。

翌文政十年の十二月五日付第十通目書簡では、

当秋収は可成之由、治下米価五斗入ニ而弐十三、四俵ニ御坐候。安積米は例二、三俵易ニ有之、当時も弐十六、七俵ニ相聞へ申候。

と記され、この年もそれなりの作柄であったことが分かる。二本松藩領内の米価は、一俵五斗入りの米俵が十両で二十三、四俵位であり、安積米は例のとおりこれより二、三俵分の安値になる、と記されている。

また、文政十一年の六月十九日付第十四通目書簡には、

如貴諭酷暑之節ニは御坐候得共、雨勝故薄暑ニ而凌克方ニ奉存候。御地も唯今頃は如何御坐候哉。東都も兎角雨勝、随而は暑も薄有之候由承候間、定而御同様之事と奉存候。奥地四月下旬迄は雨至而少く、苗挿ニも差支候而

雲祭抔仕候村々も有之候処、端午之夜ゟ雨振出、水も十分ニ相成、新苗植込も相済候。尤其後は雨勝と八乍申、朝又ハ夕抔纔宛降候事ニ而、蚕桑之障りニも不相成、近年ニ無之蚕は大当り、桑之直も宜敷、町在上下とも歓喜雀躍罷在候。一昨日抔ゟは天気も続キ、昼之内は暑勢も有之候間、田方も宜敷御坐候半と安堵罷在候。

とあり、「この夏は雨がちなため、薄暑で凌ぎやすいのであるが、四月下旬までは雨が少なく田植えも出来ないありさまで、雨乞いをする村などもあったほどだった。ところが、端午の夜から雨が降り出して、無事田植えも済み、朝夕の適度の降雨のため養蚕などは大当たりで、皆々が歓喜雀躍している。また、このところ昼の内は暑勢もあるので、今年の米作も出来が良くなるものと思われ、安堵している」、と報じられている。

ところが、同年の十月三日付第一五通目書簡をみると、

先便ニも申上候通、敝封内抔は存之外田畑共ニ取収メも出来、先つ中作位之事と申所、東海道筋も駿遠三之辺は洪水ニ而致難渋候様及承、此間江戸ゟ申越候ニは、長崎を始と致し九州は洪水・暴風・津波ニ而大変之旨、小倉抔は御城内へ水押入上り、夜漸御立退、御家中生死も分り兼候抔と申す様ニ相聞へ、余り大惣之義信用も難致奉存候。其御表抔は委敷実説も相分り候事と奉存候。敝封中抔も米価も引上候様子、藩中士人は悦居候得共、深相考候而ハ不堪杞憂奉存候。

とあり、二本松藩領内では田畑共に中作位であったが、他所では大変な状態になっているようだとして、東海道筋の駿・遠・三地方の洪水、長崎をはじめとする九州地方の洪水・暴風・津波による被害の情報が記されている[14]。なかでも小倉などでは城内にまで水が押し寄せ、家中の者の生死も分からない状態であるとのこと。あまりにも被害が大きく伝えられているので、どこまで信用していいものか分からないが、おそらく貴藩などには詳細な実説が伝わっていることだろう、と述べている。そして友鷗は、二本松藩領内の米価がこの災害の影響で引き上げられたようで、扶持

米取りの士人は喜んでいるようであるが、よく考えれば喜んでいる場合などではないであろう、と嘆じている。

その米価であるが、同じく十一年の十一月三日付第一六通目書簡に、

米価は五斗入拾両ニ付弐十一俵位と申事ニ御坐候。必（ママ）竟西国之大災ニ而江戸米価引上候響キニ而、作方ニ引合候而は騰貴仕候。当秋例之猪菌一向出来不申、畑物も不出来ニ而干瓢も売出稀ニ而、去秋抔ニ引合候而は高価ニ御坐候ニ付（後略）

とあり、一俵五斗入りの俵が十両で二十一俵位であり、作柄の割には騰貴していると記されている。また、今年の秋は茸類や畑物も不出来で、干瓢なども昨秋に比べると高値になっていると報じられており、続けて

鎮西之災難次第ニ大騒ニ相聞、余信用も仕兼候程之義ニ御坐候。筑後福岡辺も甚敷様ニ承申候。イキリス舟抔陸へ吹上進退谷り候ニ付、御監察之上御届等ニも相成候抔と風聞も仕候。実説之義御聞及被成候分、為御見被下度奉希候。享保飛蝗之災ゟ甚敷事と奉存候。先達而御示被下候貴説ニも、有徳廟之格別之御世話ニ而、鎮西数万之養生続命候由相見申候。此節も定而県官ゟも御救之御修法御坐候半、承度事ニ奉存候。

のように記されている。この度の九州地方の災難では福岡辺りも大変だったようで、イギリス船が陸に吹き上げられて進退きわまり、役人が出向いて取り調べの上、届書が提出されたとの噂も耳にしている(15)。もし実説を聞き知っていたら教えてほしい、と友鴎は楓軒に依頼している。さらに、その被害の大きさは享保期の飛蝗の災い(16)よりも甚しいように思われるので、当時、時の将軍吉宗公による格別のお取り計らいのお陰で数万の民の命が救われたように、この度も幕府によるお救いの対策が施されるものであろうか、と尋ねている。

そして、文政十二年の四月二十八日付第一七通目書簡で友鴎は、

西国・北越大変之上、今度之江戸大火、（中略）旧臘より大変共、誠本邦之一大厄とも可申程之事と被存、恐怖之

至ニ奉存候。奥地は先つ穏ニ而、当時之模様ニ而は申分無之、苗起・麦作宜敷見分仕候。蚕事今分ニ而は不悪敷旨ニ御坐候。此末何事も無之様相願居事ニ御坐候。

と記し、昨年から今年初めにかけて、諸国で洪水・地震・火災と大きな災厄が続き大変だったが、今年は、当方では稲の生育状態、麦の作柄共に良好であり、養蚕もこの分だと悪くはないだろうとの見込みを述べている。

ところが、同年の七月七日付第一八通目書簡では、

奥地は格別之災難共をも免居候間、当秋収之所甚無覚束、恐懼罷在候。土曜前冷気之方ニ而、時々雨有之候得共、永雨は無之候。土曜入二、三日以前ゟ甚暑ニ而六、七日も続き申候所、其後又々折々雨冷気戻り、一昨日方ゟ天気ニ罷在暑を覚候得共、夕方ゟは袷着用之仕合ニ御坐候。頗ル卯年之気候ニ彷彿仕候。責而昨今位之暑勢ニ而も天気続候様仕度、相願罷在候。

と記し、長雨はないが冷気の強い土用前後からの天候が、秋の収穫に悪い影響を及ぼすのではないかと恐懼している、と書き送っている。

しかし、友鷗のこの心配は幸いなことに杞憂となり、同年の十月一日付第一九通目書簡には、

当年は先書ニも申上候通、秋収如何と心遣仕罷在候処、如貴諭残炎甚敷御坐候故、田畑共ニ存外宜敷、安積辺抔は近年ニ無之豊熟と申事ニ御坐候。（中略）菓実等も例年ゟ数多く、実入も宜敷御坐候。唯菌茸は少キ由ニ御坐候。敝圃年々種植手入致候菊、以之外不宜敷、雨も格別多き事と申ニは無之候処、菊根腐爛枯候も有之、花も痛ミ葉も致枯萎候もの多く、甚見苦敷御坐候。仏参往来等見懸候菊も敝圃同様ニ相見、一同之事と被存候。如何ニ而如此候哉、難解事ニ奉存候。其御表抔ハ如何御坐候哉。

と記されている。今年は残暑が厳しかったことが幸いして、田畑共に思いの外出来が良かったというのである。特に

安積辺りでは近年にない豊熟だったらしい。また、果実も例年より数多くなり実入りも良かったが、茸類だけは不出来だったようである。続けて友鷗は、当年が豊熟に恵まれた余裕からか、自分の畑で毎年栽培している菊の出来具合についてまで楓軒に報じている。

翌文政十三年については、九月二日付第一二二通目書簡に、

> 奥地も其御地辺同様ニ而心遣仕候処、六月廿日ゟは連晴三十日余残炎強く、田畝も引直し、大略去年位ニ可有之存候所、当時ニ至り候而は、去作ニは劣り実取少き旨申、米価抔引上、白壱升八、九十文、所ニより候而は百文も仕候由、小子義も先頃嶽新湯へ入浴罷越候ニ付、其道筋田畝之様子も心を付、稲穂も抜取り見候得共、例年ゟハ穂先短少ニハ候得共、実入悪敷と申程之事ハ無之候間、左迄之義ニハ有之間敷と被存候。尤右道筋は嶽麓冷水懸り之場所ニ候得共、枯痺等も少く候間、打開ケ候場所は去作位ニハ可有之と安心仕候。

と記されている。これによると、今年も残暑が強かったおかげで作柄はなんとか持ち直し、昨年よりはやや劣る程度の収穫となりそうだとのことなのに、米価はすでに白米一升八、九十文、所によっては百文位まで引き上げられている、という話を耳にした友鷗は、嶽新湯へ入浴に行く道すがらその道筋の田畝の稲穂を抜き取って調べてみた上で、このような嶽麓の冷水懸りの場所ですら実入りが悪いというほどのことでもないので、それほど心配するには及ばないであろう、と述べている。そして、十月二日付第一二三通目書簡でも、

> 当秋も奥地も大略同様と奉存候。見分穂先サヒシキ斗リニ而、実入は相応之様見へ候得共枯穂等多く、取上ケ候而ハ存外実取少キ趣ニ申事ニ御坐候。乍然過分之事ニハ無之様子ニ御坐候。米価ハ五斗入俵半など申由（ママ）、老拙養老扶持七人扶持、大ノ月壱石五斗ニ有之候所、金壱両壱分程ニ払候事ニ御坐候。

と記して、見た目よりも収穫は少なくなりそうだが、それほどの減収ということにもならなさそうだ、と述べた後で、

自分の養老扶持は七人扶持で、大の月ごとに一石五斗ずつ支給されているが、これを金に換算すると一両一分程になる勘定だ、とその台所事情を打ち明けている。

さて、「文政」は十三年の十二月十日から「天保」と改元されたので、翌年は天保二年となるわけであるが、その一月二十二日付第二四通目書簡には、

其表も秋収不宜敷米価も騰貴候由、奥地は猶更ニ而、小戸之者共甚難渋仕候由、就而は不穏事可有御坐哉と杞憂ニ不堪罷在候処、先つ無事ニ而迎春申候。米価は五斗入俵金十両ニ十六、七表ゟ十五俵迄も有之、白米壱升鐚八十文余も仕候哉ニ承候。越後新潟抔ハ悪ルもの共蜂起、富有之者抔へ乱入及狼藉候事も有之由、右之続キニ而会津辺迄も騒々敷噂共も相聞へ、以之外人気を引起心遣ニ御坐候。（中略）何卒当秋は豊饒ニ仕度希罷在候。

とある。これをみると、第二二、二三の両通書簡で示された友鷗の見通しは、どうやら甘かったようである。楓軒からの書簡に、水戸藩領内では作物の収穫状況が不良で、米価も騰貴している旨が書かれていたらしく、これに応えて友鷗は、奥地の当方は猶更のことであり、小戸の者共が甚だ難渋しているとのことなので、不穏の事など起こらなければよいがと心配していたところ、なんとか無事に正月を迎えることが出来た、と安堵の気持ちを述べている。そして、第二三通目書簡で不明確だった米価を、ここでは一俵五斗入の俵が金十両で十六、七俵、場合によっては十五俵ということもあり、白米の値段は一升が鐚八十文余もすると聞いている、と明確に示している。その上で友鷗は、「越後新潟抔ハ悪ルもの共蜂起、富有之者抔へ乱入及狼藉候事も有之由」と、昨年十月に新潟で起こった打ちこわしの騒動[17]に触れ、その影響で会津辺からも騒々しい噂が聞こえてきて、怪しからぬ気配が醸成されることが懸念される。なんとか今年の秋は豊饒な実りが齎されることを希っている、と書き送っている。

しかし、同じく天保二年の四月二日付第二五通目書簡をみると、「当春も雨勝ニ而天気続キ之義少く、麦作等は不宜

る。

そして、同年の六月五日付第二六通目書簡では、

桑名ゟも此間四月出之書翰相達候処、相替義も無之趣ニ御坐候。併彼地辺も当春は余寒強く、尤も甚後れ梅も満開は二月中旬、桜下旬ゟ三月始迄満開之由、随而は米価も甚高直故、鳥羽辺ニは騒々敷義有之、躰ニ寄り候而ハ桑名ゟも人数御繰出も可有之手配之由、（後略）

と記し、先頃桑名から届いた書簡の中に、米価高値により鳥羽辺りで「騒々敷義」が発生し、場合によっては桑名藩兵の出動も有り得るので準備をした旨が記されていた、と報じている。続けて友鷗は、

奥地は四月中旬ゟは雨少ニ相成、追日暖気も相催、麦作も六、七分之作、苗起も宜敷相成、隅々迄も秋込候趣ニ御坐候而安堵仕候。梅雨中之様子ハ一向無之天気続、折節夜中雷雨等有之候故、能キ程之湿リニ相成申候。養蚕も上出来と申ニハ無之候得共、中頃と申事ニ有之候。何分此後気候順宜敷参り候様希候事ニ御坐候。

と記し、当地は四月中旬から雨が少なくなり暖気も催してきたため、今年の麦作は六、七分の出来で、稲の苗の生育も良好であり、養蚕もまあまあといったところだと聞いているので、この先も天候が順調に推移してくれることを願っている、と述べている。

そして、同年の六月三十日付第二七通目書簡では、

四月下旬ゟは天気打続快晴之日多く有之候故、苗起も宜敷相成麦収も相応ニ而、土曜後は近年無之炎暑ニ相成、夜中も単袗壱枚ニ而臥候仕合、最早早稲は出穂も相揃ひ候様ニ相見、上下一統悦ひ申候。当月扶持米抔は壱升ニ付七、八文引下ケ、壱升七十弐文歟と覚申候。其御地も御同様ニ可有之遙察仕候。

と記して、今年の麦作は相応の収穫となり、土用後は近年にない炎暑となったこともあって稲作も順調で、既に早稲は穂も出揃ったようであり、上下一統悦んでいるところだ、と報じている。さらに友鷗は、今月の扶持米は一升につき七、八文引き下げられて、一升七十二文かと記憶している、と付け加えている。

結局、この年の稲作は豊熟だったようで、同年の十月二日付第二八通目書簡には、「当秋も近年ニ無之豊熟ニ相見申候。米価格別引下申候」と記され、米価も引き下げられた旨が報じられている。

翌天保三年の六月一日付第三二通目書簡には、

如貴諭余寒退キ候事、遅梅・桜・桃迄一同ニ開候様之事ニ有之候所、此間ニ至り候而ハ薄暑ニ相成、昼之内は単袗着罷在申候。梅雨中ニ致候而ハ雨も少キ方ニ而大慶仕候。蚕・麦共に宜敷歟と承申候。

とあり、梅雨中にしては雨も少ない方であり、蚕・麦共に良好と聞いている、と記されている。そして、同年の八月二十三日付第三一通目書簡では、

当年気候色々相変作毛如何と心遣仕候所、本月十日後ゟハ天気も打続、残暑も有之候故、邦内抔は一同不悪敷様承申候。其御地辺は如何御坐候哉。両三日以前桑名ゟ来翰之所、是も同様之気候ニ相聞へ申候。土曜前は冷気降り勝ニ候所、土曜中ゟ天気ニ相成暑気甚敷、昼夜発汗、夜中も寐兼候旨、移封以来之酷暑と申事ニ御坐候。紫茄西瓜之類は火焼ニ相成候旨、水懸宜敷場所は田方は豊熟之由申越候。

と記し、このところ天気も持ち直してきているので、当地の作毛はいずれも悪くないと聞いている、と報じた上で、二、三日前に届いたという桑名からの書簡に記された彼の地の状況を楓軒に伝えている。それによると、桑名辺も当地と同様の天候で、土用前には冷気がちだったが土用後には一転して暑気が強くなり、移封以来の酷暑となって「紫茄西瓜之類」は日焼けしてしまったが、水回りの良い田は豊熟だとのことのようである。

ところで、この年の米の収穫はどうだったかというと、同年の十月二十七日付第三三通目書簡に、

御封内当秋色々様子被仰下候。敝封内も最初之申ならしと違、実入不宜敷、取収去秋ニは劣り候旨申事ニ御坐候。会津境山之内湖水浜之村ニハ、青立之申立も有之候由、土用中は何方も酷暑ニ有之候所、土用前後冷気田方ニ不限、凡而節後れニ相成、豊熟不仕義と奉存候。当時手形相場十六、七俵と申事ニ御坐候。（中略）畑物は相応ニ出来候由、猪菌・松菌之類は当秋は別而不足勝ニ承り申候。御地辺如何御坐候哉。松菌などハ一向ニ風味も不仕候。

とあるように、最初の思惑とは相違し、あまり実入りが良くなくて、昨年の出来には及ばなかったようである。友鷗はその理由を、土用中は酷暑で良かったのであるが、土用前後の冷気が障りとなってしまった、と説明している。そして、現在の手形相場は十六、七俵とのことだ、と付け加えている。因みに、畑物の出来はまずまずといったところであったが、「猪菌・松菌之類」は不出来であったようである。

（2）疱瘡の流行のこと

文政十三年、伊勢桑名の辺りでは天然痘が流行していたようである。同年の九月二日付第二二通目書簡をみると、

盆後藤右衛門ゟ書状相達、彼地ニ而ハ疱瘡流行、翠関氏之児難痘ニ而、久く相懸リ至快愈《ママ》候得共、已ニ一眼を失ひ候程之義ニ而、返書も認兼及稽報候旨申越（後略）

とある。これによると友鷗は、盆過ぎに「藤右衛門」から書状が届き、「翠関氏」の子供が重い天然痘に罹り、長いことかかって快癒はしたが、片目を失明してしまったので、返事を書くことも出来ないような状態であった旨を伝えてきた、と楓軒に報じている。「藤右衛門」は桑名藩士の成田藤右衛門、「翠関氏」は東里将監のこと。第四節で後述するように、当時東里は、事情があって他藩の者との文通等を禁じられており、同藩の成田を介して友鷗と書状の遣り

取りをしていた。その東里の子供も、罹病して失明したというのである。

そして、天保三年の六月一日付第三二通目書簡には、

御地疱瘡流行、御孫様方之内御怪我も御坐候而、御力落之旨御尤之義、御哀傷奉存候。奥地も流行ニ而町在ニハ夭死多く有之由、老拙義も玄孫男女弐人、疱瘡前他へ遣候者ニ出生も都合ニは十人斗リ有之候所、内弐人此間疱瘡無滞相済、安堵仕候。町在ニ違領内は軽症多く承候間、心遣も薄く、順宜敷内ニ相仕舞候様仕度希罷在中候。

と記されており、これをみると、当時天然痘の流行は水戸藩領内にも及んでいたらしく、楓軒の孫の中からも重症の罹病者がでたようで、友鷗は見舞いの言葉を述べている。そして、その友鷗の住む二本松でも同様に流行しており、とりわけ在郷町では幼児の死亡者が多く、友鷗宅でも外孫を含むたくさんの幼児のうち二人ほどが罹病したが、比較的被害が軽かった城下に住んでいたため、幸い皆軽症で済んだので安堵した、と報じている。同時に友鷗は、この病気の流行がこれ以上酷くならずに終息することを願っている、とも述べている。

本書簡でこのように報じていた友鷗であったが、翌四年の三月二日付第三五通目書簡には、

其表疱瘡・風邪一般流行之由、北地も同様ニ而難義仕候。其上疱瘡も六ケ敷、小児共多く失ひ申候。敝家之小児共ハ無難ニ相済申候共、外孫壱人外姪壱人夭故仕候。

と記している。これによると、楓軒から、水戸藩領内では天然痘の流行がまだ治まらないところに風邪も流行っていると報じてきたらしく、これに対して、当方も同様の状態で難儀している、と応えている。そして、先の書簡での友鷗の願いも空しく、この病気の流行は一年近く経っても治まらなかったようで、先には軽症で済んだと喜んでいた友鷗のところでも、外孫と外姪にそれぞれ一人ずつの犠牲者が出てしまったようである。

（3）「将軍家御転任御内勅」のこと

文政十年三月、徳川第十一代将軍家斉は、将軍職在位四十年にして太政大臣の極官に昇進した。[18]〔文政十〕年の三月二日付第三通目書簡に、

今度将軍家御転任之御内勅写之由、為見候もの有之候。誤写等も有之候へ共、偽物ニは有之間敷哉と被存候。最早御経見も被成候哉と上不申候。

とあるのをみると、どうやら正式な任官の前に既に昇進の内勅が外部に出回っていたらしく、友鷗もその写しをどこからか入手したようである。それを見ての印象を、誤写もあるようだがどうやら偽物ではなさそうだ、と楓軒に書き送っている。そして友鷗は、楓軒が既にこれを見ているものと考えたようで、特に送ることはしないと書いている。

ところが、既に家斉が昇進した後の同年五月三日付第七通目書簡に、

将軍家御転任御内勅写上可申存候所、何方へモ借しも仕候哉、手許ニ見へ兼、今便上兼申候。詔書之写有合候間、上申候。御転任之御趣意ハ、詔書之通左迄之違無御坐候。唯御領承被成候様御勧メ之文段有之候。

のように記されているのをみると、楓軒から自分はまだこれを見ていないので見せてほしいと言ってきたらしく、友鷗は、「送ろうと思って探したが、どこかへ貸してしまったのか手許に見当たらないので今便では送れない。けれども詔書の写しはあるので、代わりにこれを送ることにする。この度のご転任の趣意はこの詔書の記述とほぼ同じであり、内勅写の方に領承されるようお勧めする文段が含まれているという違いがあるだけだ」、と応えている。

そして、同じく文政十年の六月十四日付第八通目書簡には、

将軍家御昇進之御内勅見出置候間、拝顔之節と几上へ差置候処、其節急遽取落候間、封入上申候。御返被下候ニ

は及不申、唯上問之所、御序而ニ御教示可被下奉頼候。

と記されている。これによると、どこにあるか分からなくなっていた例の内勅写が見つかったらしく、友鷗は、拝顔の折[19]に手渡そうと机上に置いておいたが、その節はすっかり忘れてしまったので今便に封入して送り届けることにすると述べ、加えて、これは返却には及ばないがお尋ねした件についてはご教示願いたい、と書き送っている。このとき友鷗が楓軒に何を尋ねたのかは分からない。

（4）斉脩の死と斉昭の襲封・結婚・官位昇進のこと

文政十二年の十一月六日付第二〇通目書簡には、

扨其後承り候へは、貴藩御大喪有之候由恐入候義、御悲嘆遙察仕候義ニ御坐候。いまた御壮齢ニ御坐被遊候半と奉存候処、老少不常無是非事ニ奉存候。御互ニ保暮齢罷在候へハ、カヽル悲傷之事共ニ逢候而痛心仕候ニハ込入候事ニ御坐候。

とある。友鷗が、水戸藩第八代藩主徳川斉脩の逝去を耳にし、楓軒宛に弔意を述べているのである。斉脩逝去はこの年十月四日のことで、享年三十三であった。友鷗は、斉脩のいまだ壮齢での逝去をどうにも致し方のないこととし、衷心から哀悼の意を表すとともに、お互いこのように年を重ねてくると、このような悲しいことも経験することになり、本当に困ったことだと嘆じている。

また、文政十三年の二月五日付第二一通目書簡には、

先以貴藩御令嗣君御相続も被為済、御一藩御安堵、旧年之御悲傷をも御忘被成候旨、此上恐悦之義ニ奉存候。江戸敝邸懇意之者ヨリ御令嗣君之御賢声都下ニ而も専ら唱候旨申越候。貴翰照合せ致符合候義ニ御坐候。

とある。これより先に楓軒は、斉脩亡き後の斉昭相続が無事に済み、ひとまず安心した旨を友鷗に書き送っていたらしい。これに応えて友鷗は、心よりお喜び申し上げる、と祝意を述べるとともに、江戸屋敷の懇意の者の話では「御令嗣君」の名声は江戸中に知られているとのことであり、貴方が手紙に書いてきたことと一致している、と記している。この斉昭の水戸藩第九代藩主襲封は文政十二年十月十七日のこと。斉昭の英名は夙に広く知られてはいたが、その襲封決定は、じつは藩論を二分して争う大難産だったのである。(20)

そして、天保二年の四月二日付第二五通目書簡には、

貴藩中将様ニも旧臘は参議御兼任被遊、殊ニ御簾中様ニも有栖川様御入被成候旨、恐悦無申斗御事ニ奉存候。

とある。友鷗は、斉昭が参議となり、また有栖川宮家から簾中を迎えたことに対して祝辞を述べている。斉昭の参議就任は天保元年十二月一日のこと、そして有栖川宮織仁親王の王女登美宮（吉子）と婚約したのは同年十二月十八日、娶ったのは翌二年四月六日のことである。(21)

（5）「義公江御贈官位」のこと

〔天保三〕年の八月二十三日付第三一通目書簡には、

御藩中御悦之二ケ条、誠ニ無上も恐悦之御事共ニ奉存候。就中義公江御贈官位之義は、百年之後御勲業も相歌候也、挙海内書籍ニたつさはり候者共は、一般ニ雀躍仕候義奉存候。御藩内之歓喜不堪遙想奉存候。

とある。友鷗は楓軒宛に、当時の水戸藩における二つの慶事について祝意を述べている。その一つ目は、「義公江御贈官位之義」である。天保三年の五月七日、朝廷は水戸藩第二代藩主故徳川光圀（義公）に従二位権大納言を追贈した。この情報を得た友鷗は、義公の遺した諸々の業績が没後百年以上経過した現在このように評価されたことは、海内の

学問に携わる者全てにとって大変嬉しいことであると述べ、(22)さらに、さぞかし藩を挙げてお喜びのことでしょう、と慶事に沸いているであろう水戸藩内の様子に想いを馳せている。

その二つ目は、ここには何も記されていないのであるが、恐らくは、天保元年十二月一日の第九代藩主斉昭の参議就任、もしくは翌二年四月六日の藩主斉昭と有栖川宮織仁親王の王女登美宮（吉子）の婚儀のことを云っているのではあるまいか。というのは、この外に慶事と思しき出来事は何も見当たらないからである。(23)

（6） 丹羽侯褒賞及び侍従任官のこと

友鷗は、文政十三年の二月五日付第二一通目書簡に、

扨又寡君義も、家督以来政事向キ宜敷趣ニ而、公より蒙褒賞鞍鐙拝領、稀有之義ニ而一藩歓喜仕候。右之御褒賞ニ而ハ、此後共ニ寡君始有司共も、心ゆるミ候而は不相成義、取〆りニも可相成と雀躍仕候。

と記し、二本松藩主丹羽侯が、家督相続後政事に精励し成果を挙げていることを理由に、幕府から褒賞され鞍鐙を拝領したこと、また、このようなことはきわめて稀であるため藩内が喜びに沸きかえっていることを楓軒に報じている。そして、このように褒賞されたからには、藩主をはじめ有司の者も、いっそう気を引き締めてこれからの政事に取り組んで行かなければならなくなったわけで、その意味でもこの度の褒賞には大きな意義がある、と心から喜んでいるのである。因みに、当時の二本松藩主は丹羽長富で、文化十（一八一三）年に襲封している。(24)なお、この折には友鷗も、この慶事の余恵に与って「小袖壱・銀子十五枚」を拝領している。(25)

また、天保二年の四月二日付第二五通目書簡には、

寡君も旧年侍従ニ被任、比先例候ヘハ三、四年も早キ方ニ而、一藩抃舞仕罷在候。去々年中ゟ存外之仕合共ニ御

坐候間、此後不慮之災難ニ而も無之様ニ仕度恐懼仕候。

とあり、藩主長富が昨年侍従に任官したことが報じられている。これは先例より三、四年も早いことで、これまた藩を挙げて喜んでいるという。(26) そして友鷗は、一昨年の褒賞昨年の任官と存外の慶事が続いているので、この後なにか不慮の災難でも降りかかって来なければよいが、といった無用な心配まで楓軒に書き送っているのである。

（7）近藤重蔵処罰のこと

〔文政九〕年の九月二日付第六通目書簡には、

近藤氏之事一通り承り候得共、委敷義一向相分り不申候。先年嶋屋飛脚殺害之事ニ拘り候哉、父子共ニ揚り屋入りと承り候而巳ニ御坐候。

とあり、近藤重蔵一件が話題になっている。友鷗は、「この件については仄聞はしているが、詳しいことは全く分からない。先年嶋屋の飛脚が殺害された事件にでも関係しているのであろうか。父子が共に揚り屋入りとなったのを聞き知っているのみだ」と述べている。さらに友鷗は、

近藤氏之事、致面会又ハ文通等仕候事ハ無之候得共、著書等も被閲、且蝦夷地往来にて時々治下通行候間、粗其人と成りハ承知罷在、事を好ミ候仁歟とハ存居候。林祭酒之寄贈之詩篇見候事有之、是等ニも事を好ミ候事を被戒候哉と覚申候。

のように記している。おそらく友鷗は、楓軒から近藤についての情報提供を依頼されたのであろう。近藤とは会ったことも文通したこともないが、その著作は見ており、また蝦夷地往来の際に領内を通過したりしているので、大体その人となりは承知している。とかく事を好む人物ではないかと思っている、とした上で、かつて林祭酒が寄贈した詩

篇の中でもその点を戒められていたように記憶している、と応えているのである。

そこで、近藤の略歴を見てみると、明和八（一七七一）年、幕臣近藤守知の子として江戸駒込に生まれ、名は守重、字は子厚、通称は重蔵等で、正斎・昇天真人と号した。山本北山について漢学を学び、寛政二（一七九〇）年家督を継いで御先手組与力となった。同七年には長崎奉行手附出役として出張し、奉行中川忠英の命により『清俗紀聞』の編纂に従事した。また、蝦夷地取締りにつき建言し、同十年松前蝦夷御用取扱を命ぜられ、幕府使番大河内政寿らの蝦夷地巡察に随った。以後四回蝦夷地に赴き、樺太から千島列島にかけての情勢を探索し、択捉島の一角に「大日本恵土呂府」の標木を建てた。文化五（一八〇八）年に書物奉行となり、紅葉山文庫の書籍を渉猟して『宝貨通考』『外蕃通書』等を著わして幕府に献納した。しかし、『外蕃通書』は江戸幕府初期以来の外交政策に触れているので幕閣が喜ばず、これが文政二（一八一九）年の大坂弓奉行への転出の一因になったともいわれている。大坂での近藤は、身分不相応の第宅を築き、千種大納言の女を娶るなど不遜の行為の廉で、同四年小普請入差控を命ぜられて江戸滝野川に閑居し、のち目黒の別荘に移り住んだ。同九年目黒の別荘の境界争いから長男富蔵が殺傷事件を起こし、富蔵は八丈島に配流、重蔵は改易を申し渡されて近江大溝藩預りとなり、同十二年同地で病没した。(27)

この第六通目書簡で話題になっているのは、文政九年に目黒の別荘の境界争いから長男富蔵が起こしたという殺傷事件のことであろう。そして、翌十年の一月五日付第四通目書簡には、

近藤正斎落着之事、扨々及承知は事軽相済候義、近来異船等之出没も時々有之候所、品ニより御用方も可有之と、出格御寛宥之御沙汰ニ相成候事ニも可有之哉。

とあり、近藤の一件が比較的軽い罪で落着したことが記されている。これは、文政九年十月に息子富蔵が八丈島に配流、重蔵が改易を申し渡されて近江大溝藩預りとなったのを指すもののようである。(28)友鷗は、最近は異国船が近海に

出没するようになってきているので、「品ニより御用方も可有之」、すなわち、近藤のような異国の事情にも通じ、外交政策にも詳しい人材が必要とされており、そうした理由もあってこのような破格の寛宥となったものであろうか、と推測している。

（8）　異国船のこと

天保二年の六月五日付第二六通目書簡には、

松前の上陸夷船之義、御届等之振合は承不申候所、松前寺ニ居候僧、会津御用向有之参候迚、敝府下ニ止宿之節談ニは、米蔵を見違候と相見、船蔵を致乱妨候由、見込違故か南部表ゟ出勢以前ニ引取候由、八戸之事ハ一向承不申候。那珂湊沖之夷船は、上陸等は不致候事と奉存候。何れ深キ所存ハ有之間敷候得共、其所之油断を見候而米穀・財宝等を掠取候程之事ハ可有之、濱海之所は御心配之事と奉存候。イキリス船ニ可有之哉。

とあり、松前に上陸した異国船のことが話題になっている。友鷗は、この異国船についての届けがどうなっているかは聞いていないが、会津に用事があってやってきたという松前寺の住僧の話では、米蔵と間違えて船蔵を襲ったらしく、当てが外れたためか、南部藩兵が出動する前に引き上げて行ったとのことだ、と伝えている。そしてさらに、八戸の件は聞いておらず、貴藩領那珂湊沖に現れた船は上陸しなかったことと思うが、たとえ深い意味があって近づいてきたのではないにせよ、油断していると米穀・財宝等を掠め取られないとも限らないので、貴藩のような海岸沿いの所では心配の多いことだろう、と楓軒の心中を思い遣っている。そして最後に、これらもイギリスの船だったのであろうか、と記しているのは、文政七年にイギリス船員が水戸藩領内大津浜に上陸した事件[29]を思い起こしてのことであろうか。

また、同年の十月二日付第二八通目書簡には、

夷舶之事、扨々不届至極之義、仙台舟被致狼藉候届書は見申候得共、松前・浦賀ゟ之御届書はいまた見不申候。御序而ニ御写為御見被下度奉希候。寛永中歟、有馬侯ニ而夷船致焼打候仕形ニも仕置事ニ奉存候。

とあり、「異国船によって仙台の舟が狼藉を受けたという届書は見ているが、松前と浦賀から提出されたものはまだ見ていない。序でのときに写しを見せてほしい」としたうえで、友鷗は、「寛永中歟、有馬侯ニ而夷船致焼打候仕形」、すなわち、寛永十七（一六四〇）年六月に長崎来航のポルトガル船を焼き、乗組員を斬ったときのような断固たる処置(30)を採ってほしいものだ、と述べている。

さらに、翌年の三月二日付第三〇通目書簡には、

異国船壱件届書写、是又返璧仕候。右書面之外ニ三月十四日松前侯ゟ御届之書面、他日かり候而見申候所、是は異国船ゟも致上陸、鉄砲打合之内漁小屋等焼払、蝦夷人ヲ壱人端舟へ無躰ニ載セ引取、松前人数之内利三郎と申小者をも連行キ候義相見申候。扨々不届至極成ル事ニ御坐候。何卒此後手ごり致候程、本邦之威を示し度事ニ奉存候。

とある。これをみると友鷗は、第二八通目書簡で楓軒に写しを見せてくれるよう依頼していた「松前・浦賀ゟ之御届書」を借覧することができたようである。この届書を返却しつつ友鷗は、「これ以外にも三月十四日に松前侯から提出されたものがあり、借りて見てみたところ、これには異国船からも上陸をして鉄砲の打ち合いとなり、漁小屋等が焼き払われ、さらに蝦夷人一人と松前手勢のうちの利三郎という小者が連行されたことが記されていた」、と楓軒に報じている。続けて友鷗は、このような怪しからぬ事件が二度と起こらないようにするためにも、厳しく対処して我が国の威力を示してほしいものだ、と述べている。

そして、同年の六月一日付第三二通目書簡に、

異国船壱件松前届書も入御覧申候。追而御返却可被下候。此間は異船壱件承不申、如何御坐候哉。

とあるのをみると、友鷗は、松前侯提出のこの届書写の借覧を楓軒から依頼されて貸与したようである。写しの余部がなく、手持ちのものを貸し出したようで、見終わったら返却してくれるよう頼んでいる。そして、このところ異国船の話を耳にしないがどうなっているのだろうか、と訝っている。

以上のように、異国船についての情報のやり取りが両者の間で行われたわけであるが、第二六通目書簡で「松前の上陸夷船之義、御届等之振合云々」と話柄に上されたのは、天保二（一八三一）年に外国船が東蝦夷地厚岸湾を侵し、その報告が同年三月に松前章広から提出された一件[31]のことのようであった。しかし、この両者のやり取りの様子から推するに、当時世上には様々な異国船情報が飛び交っていたようである。

（9）「清国戦争之風説」のこと

文政十年の十二月五日付第一〇通目書簡をみると、

清国戦争之風説、当春ニ長崎執行之医生ゟ親元へ申越候由、鳥渡承居候。委敷事分り不申候。桑名ゟ之書面ニ而は、去八月中韃靼・回々両国之人数押入、盛京を被乗取候処、其後取返し候由、是又委敷様子承度、尾藩秦鼎抔へ頼置候へ共、其後様子不申来由ニ御坐候。全く虚説ニハ無之事奉存候。

と記されている。今年の春に長崎で修業をしている医生から親元に伝えられた話によると、清国で戦争があったとの風説を耳にしたそうだ。詳細は分からないが、桑名の東里[32]からの書簡によれば、清国は、去る八月中に韃靼・回々両国の兵に攻め込まれ、一時都を占拠されたが、その後奪還したとのこと。東里はさらに詳しい情報の提供を尾張藩の

秦鼎[33]に依頼しておいたようだが、その後の状況に関する情報がなかなか伝わって来ないと言ってきた、と友鷗は楓軒に報じている。そして、この話はどうやら全くの虚説でもなさそうだ、とひとこと感想を述べている。

この後両者とも、この件に関する情報を入手することができなかったらしく、暫くの間この件が話柄に上されることはなかったが、ようやく天保三年に至って、十月二十七日付第三三通目書簡中に、

清国騒擾之一件被仰下、始而承知仕候。去々年中かも何か騒敷噂も承候義御坐候。康熙・乾隆之盛世之様ニハ無之義と奉存候。

と記されている。これによると友鷗は、その具体的な内容については分からないが、楓軒からこの件に関する情報を提供されたらしく、「始而承知仕候」と記し、やっと得心できたことを伝えている。さらに友鷗は、一昨年あたりにも何やら騒ぎがあったという噂を耳にしているので、今の清国はどうやら康熙・乾隆両皇帝の盛世のような状態ではなくなってきているようだ、と付け加えている。

因みに、ここで話柄に上されている「清国騒擾之一件」というのは、一八二〇（文政三）年に清国で起きた回教徒による反乱のことらしく、一八二八年に至って漸く鎮圧されたとされている。友鷗は、この反乱で「盛京を被乗取候処、其後取返し候由」と記しているが、実際には、カシュガル、ヤルカンド、ヤンギシャル、ホータンの西域四城が占拠されたのみであったようである[34]。ここで楓軒から提供され友鷗を納得させた情報というのは、どこまでこの反乱の実態を伝えたものだったのであろうか。

(10)「薩州士庶漂流之記」のこと

文政九年の十一月一日付第一通目書簡をみると、

扨又漂流記事之内、文化十二薩州士庶漂流之記お手許ニ御坐候ハヽ、御序而御借与被下度奉希候。士人之漂流者稀成義、先ニ而取扱之様子も如何御坐候哉、伺度奉存候。

と記されている。これによると、友鷗は漂流記にも興味を示したようで、なかでも士人の漂流というのは稀なことなので、その好例である「文化十二薩州士庶漂流之記」を見てみたいと思ったらしい。どのような取り扱いをしたものか知りたいので、もし手許にあるようであれば貸してほしい、と楓軒に依頼している。

ところが、この件については暫くの間楓軒から何の連絡もなかったらしく、翌十年の五月三日付第七通目書簡で、友鷗は再度、「先達而相願候薩州士人漂流之記、何卒御才覚、幸便ニ御借示被下度奉希候」と書き送り、なんとか貴方の才覚によって手に入れて貸してほしい、と懇願している。

しかし、〔文政十一〕年の二月二十九日付第一二通目書簡で、「此度左之通謹領、卒業次第追而完璧可仕候」として、「薩州士人漂流記」を挙げているところをみると、友鷗はついに楓軒からこれを借覧することが出来たようである。そして続けて、「何れも希居候御本共ニ而相楽可申、感銘仕候」とあるのをみると、どうしても見てみたいと思っていた願いが叶ってたいそう喜んでいる様子が窺える。

これを受け取った後の友鷗の対応は迅速で、同年四月二日付第一三通目書簡に「御借与被下候内、壺範記・薩州漂流人記二本は完璧仕候」とあるのをみれば、早速書写を済ませて返却を完了していることが分かる。

ところで、岩波書店の『国書総目録』を見てみると、「文化十二・十三年」という注記の付いた『薩人漂流記』という書名の写本が、内閣文庫や宮内庁書陵部にあることが記されている。また、水戸の彰考館が所蔵していた『薩州人漂流記事』という書名の写本（文化十三年成立）も記されている。後者は戦災で焼失してしまったが、ここで話柄に上されているのはおそらくこれらのことであろう。そして、国立国会図書館所蔵の「小宮山叢書」に収められている楓軒の『閲書目録』には、早くも文化十四年の条に「薩摩人漂流紀事一冊」と記されているのを確認することができる。もしかすると、この時点で楓軒は、これを書写して写しを所蔵していたかも知れないし、たとえ写しは作っていなかったとしても、友鷗に対して直ちになんらかの回答はできたはずである。にもかかわらず、第一通目書簡で友鷗から貸与を依頼された後に何の連絡もしなかったのは、何か理由があってのことであろうか。第一通目書簡で最初の貸出依頼を受けてから半年、そして第七通目書簡で再度貸出依頼を受けてから約十カ月が経過している。もっとも再度の依頼を受けたときには、楓軒は第二節でみたように約一カ月間に及ぶ湯治旅行の最中であったが、それにしても、この本に関しては他の本の場合に比べると、その対応に時間が掛かり過ぎているように思われるのである。

(11)「桑折県令」のこと

友鷗は、〔文政九〕年の九月二日付第六通目書簡に、

桑折県令之義、御問合被成候、先書ニちらと申進候様ニ覚申候。当春物故之由専ら風聞、病気之届ニ而死失之届扣居り候哉ニ御坐候。併最早検見等之時節ニも相成候間、届等ニも相成候哉。公辺向之義小藩抔之風習と違、相分り兼候事ニ御坐候。何卒無滞病死之届相済候様致度、乍傍存候事ニ御坐候。

と記し、「桑折県令之義」についての楓軒からの問いに対して次のように応えている。この件についでは前にもちょっと話したように記憶しているが、当人はこの春亡くなったというのが専らの噂だ。病気の届けは出したけれども死亡の届けを出すのは控えているとのこと。しかし、そうこうしているうちに早くも検見の季節となってしまったが、届けは出したのであろうか。幕府に関することなので当藩のような小藩の風習とは異なるのであろうが、このようなことはとても理解し難いことだ。他人事ながら、病死の届けの提出が滞りなく済むことを願っている、と。桑折(こお

り）は福島県北部の地名。近くに幕府直轄の半田銀山がある幕府の直轄地で、陣屋が置かれ代官によって治められていた。[35] 前出した楓軒著『浴陸奥温泉記』の「桑折」の項には、

> 寺西重次郎ノ事ヲ問フニ、既ニ発喪帰一寺ニ葬リ、百ケ日ノ法会モ終レリ。（中略）コノ寺西氏ハ安芸ノ人ナルガ御代官ニ登用セラレ、陸奥塙ノ陣屋ヲ治所トシ住レシガ、其後又コノ桑折ニ移リ、半田銀山ノコトヲ兼勤メラレシナリ。予モ三十年来ノ知音ニテ書信絶ルコトナカリシカバ、其墓ヲ拝セント其寺ニ至リ、導者ヲ請エバ一僧出デテ案内ス。（中略）封元ノ子蔵太郎ハ父ノ懇志ニ異ナリテ父死レドモ訃告ナク、又其喪ヲ秘シテ私ヲ営コトカクレモナク、其管所モ当時ハ其預リト云ニナリ決セズ。母ノ喪ハアリ、カタ〳〵遠慮モアリ、又面白カラヌ人トオモイシカバ訪ハズ。

のごとく「桑折県令」のことが記されている。これによると、当時の代官寺西重次郎封元は安芸の人で、当地に赴任して半田銀山のことも兼勤していた。楓軒とは三十年来の知己であり、二人の間で書信が絶えたことはなかったという。しかし、楓軒が当地を通過したときには封元は既に亡くなっており、帰一寺に葬られて百ケ日の法会も済んでいた。そこで楓軒は、同寺に詣でてその墓を拝したのであるが、父が亡くなっても訃報も寄越さず、剰えその死を隠して私を営んだことは明白であるとして、その子「蔵太郎[36]」を「面白カラヌ人」と見做し、これを訪ねることはしなかった。第六通目書簡が書かれたときにはまだその死が秘されていたのであるが、さすがに楓軒が当地を通過した翌文政十年六月八日の時点では、発喪ならびに百日法会も済ませていた。この蔵太が父の跡目を継いで代官職に就いたのは、楓軒が当地を通過した約一カ月後の同年閏六月六日のことである。

この第六通目書簡の時からだいぶ年月が経過して、〔天保二〕年の十二月六日付第二九通目書簡には、

> 桑折御代官蔵太殿ゟ客月初来書之節、御亡父重次郎殿墓碑（勝田献撰文）墨搨弐本被贈、内壱本は貴所へ御転達申

呉候様頼来候間、今便相呈候。桑折へ之御挨拶は老拙迄被仰聞候とも又ハ書状ニ而も被遣候とも、老拙方迄被仰遣候様奉存候。蔵太殿より書面左之通ニ御坐候。

とあり、当時桑折の代官となっていた蔵太から友鷗のもとに、先月中に落成したという父重次郎の墓碑（勝田献撰文）の墨搨二本が送られてきて、一本は貴兄に届けてほしいとのことだったので、この便に同封して送ったと記されている。そして、蔵太への礼状などは自分を通してするようお願いしたい、としたうえで、蔵太からの書状を転記している。それによると蔵太は、「亡父は同氏と懇意ニ御坐候所、拙生ハ一面も不仕、是迄文通も不致候」、というような状態ですので貴翁にお願いする次第です、と記している。

そして、翌三年の三月二日付第三〇通目書簡をみると、

将又桑折寺西氏へ碑文搨本之御挨拶書状被遣、早速転達仕候。右碑文中布衣ヲ甫衣と書候事、御不審承知仕候。布衣之字面庶人ニ紛れ候様ニ相見候ヲ嫌らひ、甫衣と認候事とハ存候得共、其拠所無之候而は難認事ニ被存候間、手許ニ差置候書籍共は穿鑿候得共、相見不申候。唯音通迄之事と被存候。

と記されている。楓軒は、蔵太から碑文搨本を送られた礼状を友鷗のもとに送り届けたらしく、これを受け取った友鷗は、早速転達すると伝えている。その折の友鷗への書状の中で楓軒は、この碑文の中で「布衣ヲ甫衣と書候事」は如何なものであろうか、と疑義を呈したもののようである。これに対して友鷗は、手許にある本を調べた限りでは、このような用例は見いだせなかった。単に音通ということで使用したまでであろう、と述べている。

因みに、この碑文の撰者である勝田献は、安永九（一七八〇）年生、天保二（一八三一）年没。名は献、字は成信等、通称は弥十郎で半斎と号した。古賀精里に学び、幕府儒官として学問所勤番・徒目付等を歴任し、文政十一（一八二八）年御書物奉行に昇進した。詩を能くし書にも秀で、文章は昌平黌第一と称された人物である。(37)

ところで友鷗は、同じ書簡中に現在の桑折代官である蔵太について、

当時之宰も格別之譏評も承り不申候処、銭遣等荒キ方ニ而、塙ニ居候内、借金等も余計出来候故、夫婦子共とも に桑折へ引取候抔と申義、先人存生之内取沙汰承候義有之候。近頃ニ相成候而は、謹慎ニも相成候哉、老拙耳故 承り不申哉、何事も承り不申候。

の如く記している。これによると、まだ先人存生中塙の陣屋にいた時分には、金遣いが荒くて借金なども沢山作って しまい、夫婦子供共々桑折へ引き取られたりしたこともあったようであるが、最近は謹慎しているのか、それとも老 生の耳が悪いせいか、よからぬ噂は何も耳にしていない、と述べており、さほど悪い印象を抱いていたようには見受 けられない。

第三節　当代の学者・文人等の著作・人物評等に関する主な情報の交換

本節では、楓軒と友鷗のあいだで話題に上った当代の人物のうち、主に学者や文人等について、具体的にどのよう な情報の交換が行われたのかをみていきたい。なお、ここでも高橋書簡の扱いについては前節同様である。

（1）水戸藩の人物について

①　青山拙斎

友鷗は、〔文政十〕年の三月二日付第三通目書簡に、

都邸懇意之ものゟ当春皇朝史略と申書出版之所、新刻故高価、旁調不申候得共貴府之士人之著之由申越候。日本

史御撰著も有之候義、私として皇朝史略開版も可憚事ニ被存、旁疑敷存候間、御聞合中候而之上ニ可仕と購求も不仕候。是又御次而ニ御教示被下度奉頼候。

と楓軒に書き送っている。すなわち、今年の春、江戸藩邸の懇意の者から、『皇朝史略』という書物が出版されたが新刻のため高価である上に、あまり定かではないが貴藩の士人の著作のようであるとの情報が自分のもとに寄せられた。貴藩では『大日本史』の編纂を進めてこられているのであるから、そのようななかで、私にこのような書物を出版することは遠慮すべきではないかと思われたので、購求するのはお尋ねして確かめてからにしようと考えている。序での折にご教示願いします、と楓軒に同書刊行に関する情報の提供を依頼しているのである。

そして、同じく〔文政十〕年の五月三日付第七通目書簡には、「皇朝史略之義忝奉存候。老拙察之通ニ御坐候」と記されている。楓軒が同書について何らかの情報を提供したのに対して友鷗は、自分が思っていたとおりだったとだけ述べている。楓軒が具体的にどのように応えたのかはここからは分からないが、その趣旨は概ね察しがつくであろう。『皇朝史略』は、元の曾先之撰『十八史略』等の体裁に倣い、漢文で記述された編年体による日本の通史であり、当時類書のない便利な書物であった(38)。その著者青山拙斎は、当時水戸藩の江戸彰考館総裁を務めていた。そして、同書の刊行は、まさに友鷗が第三通目書簡で危惧したような理由から、当時藩内で大きな問題となったのである。刊行反対の急先鋒は水戸彰考館の総裁藤田幽谷であったともいわれているが(39)、楓軒はその著『楓軒紀談(40)』巻一三の中に、「本史板行以前ニ略アルコト何トモ心得ガタキコトト云ヘリ」と記しており、やはり幽谷同様、その刊行には反対の意を表明していた。しかし、最終的には藩主斉脩の許可が得られ、書名の手直し等の後に刊行が実現したのである(41)。

②　立原杏所

友鷗は、毎年歳末になると杏所のもとに寒中見舞いの品として茸や干瓢を贈っていたようである。文政十年の十二月五日付第一〇通目書簡をみると、

兼而御書通ニ付預世話候立原氏及戸城抔へ、寒中見舞旁相贈候積ニ而干瓢調候間、乍少分上申候。御風味可被下候。猪葺相贈度才覚候得共当年葺類凡而少く、就中猪葺払底ニ而才覚弁不申候間干瓢ニ仕候。

とあり、いつも楓軒との書通の取り次ぎを依頼しているお礼としてこれらを贈っていたらしく、楓軒自身もその御相伴に与っている。立原杏所（一七八五―一八四〇）は、水戸藩の彰考館総裁として『大日本史』紀伝の校訂を推進した翠軒（一七四四―一八二三）の嗣子で、名は任、通称任太郎、杏所等と号した。治紀・斉脩・斉昭三代の藩主に仕え、扈従頭となったが、画家としても高名であった。文化九（一八一二）年江戸詰めとなって以来ずっと小石川邸に居住していたので、楓軒と友鷗の書通の取り次ぎ役が可能だったわけである。因みに、書中に杏所と並べて記されている「戸城」は二本松藩江戸留守居役で、杏所と同様両者の書簡の橋渡しに貢献してきた人物である。友鷗は、できれば「猪葺」を贈りたかったが葺類が不作のため干瓢にした、と記している。文政十一年の十一月三日付第一六通目書簡や文政十二年の十一月六日付第二〇通目書簡等にも、同様の記述をみることができる。(42)

ところで、文政十一年の四月二日付第一三通目書簡に「立原氏〻も海苔幷清音桜集抔歌御恵贈痛却仕候。御序ニ宜敷被仰遣被下度奉希候」とあるのをみると、杏所も海苔等を返礼として友鷗に贈っていたようである。楓軒もまた、干蝦等を返礼として贈ったことが、「干瓢相呈候御挨拶被仰下痛却仕候。干蝦沢山被下、此方珍敷品ニ而、別而調法仕候」と天保三年の三月二日付第三〇通目書簡に記されているのによって確認できる。

また文政十一年の一月二十八日付第一一通目書簡には、

其後承り候へは小石川御邸回禄之災御坐候由、立原氏御小屋には如何御坐候哉。戸城〻も繁務と相見、一向返書

も不差越無心許被存候。御守殿斗り御焼失之様ニも承り申候。

とあり、水戸藩小石川藩邸の火災のことが記されている[43]。御守殿だけを焼失したと伺っているが、確かな情報を得るため江戸藩邸詰めの戸城に尋ねてみても、繁務と見えて返書を寄越しません。立原氏のところはどのようになっておりましょうか、と杏所が無事かどうかを気遣って楓軒に尋ねている。さらに、「翠軒翁遺文等は祝融氏ニ被奪不申候哉」とも記し、文政六年に没した杏所の父翠軒の遺文等について、この火災で焼失してしまわなかったかも心配している。友鷗は、前出の文政十年十二月五日付第一〇通目書簡に「翠軒翁遺書も追々御世話被成候事と奉存候処、和漢之文ニ不拘何ニ而も、御手許ニ御所蔵之分之内可然書御借被下度、是又相願申候」と記しているように、翠軒の遺した文章に大きな関心を示していたのである。友鷗はまた、翌〔文政十一〕年の二月二十九日付第一二通目書簡にも、二月五日にまた火事があり多くの死傷者がでたと聞いているが、立原氏は無事だったようで安心した、と記している。こちらの情報はどうやら「がせねた」だったようであるが[44]、それはともかくとして、杏所の安否に気を配っていたことはこの書簡からも窺うことができる。

③　川口緑野

天保三年の三月二日付第三〇通目書簡をみると、

征韓偉略之義被仰下忝奉存候。親族之内取寄候旨ニ而、今朝初巻ゟ三冊遣呉展読仕候。事実は能遂穿鑿候事ニ奉存候。文辞之手際、外史程ニハ無之哉と被存候。

とある。これによれば友鷗は、先に『征韓偉略』について楓軒に何か尋ねていたようで、楓軒からの回答に感謝の意を表している。続けて、親族の者が同書を取り寄せることができて今朝初巻から三冊を送ってくれたので、ひとわたり目を通してみたところ、事実の考証はよくできているようであるが、文章に関しては「外史」ほどではないように思われる、とその読後感を述べている。

ここにいう「外史」とは言うまでもなく頼山陽の著作『日本外史』[45]のことであり、第六節等で後述するように、当時友鷗は、楓軒から少しずつその写本を借りて書写を続けていたところであった。これより先に友鷗は、天保二年の六月五日付第二六通目書簡の中で、念願であった同書の書写が叶うことを楓軒から知らされ、「生涯之内ニは写取候義も可相成、楽ミ罷在候」と書写できる喜びを述べ、さらに同年の十月二日付第二八通目書簡には、

文辞之巧拙は不及論、朝家之武威武門ニ帰候根元ゟ源平之興廃始終を操り出記候気力、是迄未曾見之良史と感銘仕候。如被仰下当今之一人とは存候。

と記して、同書を文章・内容共にかつてない素晴らしい史書であると絶賛し、続けて、貴説のように著者山陽は当代一流の歴史家の一人であると思われる、と述べている。これによって楓軒の山陽評がどのようなものであったのかもまた推知し得るであろう。

ところで、この『征韓偉略』は天保二年に刊行された史書[46]で、その著者川口緑野は、水戸藩の彰考館総裁を務めたほどの学者であり、名文家としても他藩にまでその名を知られていた人物であった[47]。本書第五章でみるように、川口は文政五（一八二二）年失行により彰考館総裁を免じられたが、同九年三月には赦され、翌十年八月に総裁職に復帰していた。この人事には、藤田東湖（幽谷の嗣子）をはじめ多くの彰考館員の間から強い反対意見が出されたのであるが、こうしたことがあった後でもあり、また川口の著作で先に刊行された『台湾鄭氏紀事』刊行時の楓軒の川口評等からも推するに、楓軒から友鷗に呈された回答には、多少川口の評価を下げしめるような類のことも記されていたのではあるまいか。

④　石川久次右衛門（久徴）

文政九年の十一月一日付第一通目書簡をみると、

三男義も養子ニ遣し当時青山弥五太夫と申、家督罷在候。此青山は本苗ニ無之、本苗ハ今毛《イモゲ》と申候由、（中略）右は三河辺之浪人今毛弥左衛門と申もの之忰之由、珍敷苗字ニて同苗之ものも無之、他ニは余り不承及候。石川氏抔ハ御承知も有之苗字ニ候半歟、御出会之節御聞被下度、是又奉頼候。

とあり、友鷗は、三男弥五太夫の養家青山の本苗が「今毛」というらしく、先祖は三河辺りの浪人だったようだが、他にはあまり聞かない珍しい苗字なので、「石川氏」などが知っているかどうか、序でのときにでも尋ねてみてほしい、と楓軒に頼んでいる。また、〔文政十〕年の八月一日付第九通目書簡には、

敝封内鎮西菊地之末裔と申伝候もの有之、右系図調へ呉候様被頼候所、菊地軍記之末へ記候系図之外見合候もの無之、穿鑿ニ差支申候。石川氏抔御問合被下度奉希候。

とあり、藩内に鎮西菊地の末裔と云い伝えられている家があり、その系図を調べてほしいと頼まれたのだが、『菊地軍記』(48)の巻末に記されている系図のほかには資料がなくて困っているので、「石川氏」などに問い合わせてほしい、と調査を依頼している。もっともこの件に関しては、同年の十二月五日付第一〇通目書簡に「菊地系図御付札被下忝奉存候。石川氏へ御問合被下候ニ不及候」とあるのをみると、楓軒による考証で事足りたようである。

そして、天保二年の一月二十二日付第二四通目書簡には、「客臘及月迫桑名ゟも書状相達候。翠関も随分無事送光之由、随而は色々盟台へ御願呉候様頼来候義共有之、左ニ認申候」とあり、昨年の十二月末に桑名の翠関（東里将監）から書状が届き、貴方にあれこれ頼んでほしいと言ってきている、として友鷗が楓軒に伝えたことのうちに、「桑名藩士之内伯耆南条之裔有之候所、姓シカト不相分、橘氏之様ニ申伝候得共、近頃致吟味候へハ近江源氏之様ニも相見候。

貴府系纂方之衆之内へ御尋被下度」、という一件が含まれていた。桑名藩士のうちに伯耆南条の子孫の者がいるが、その姓が橘氏か近江源氏かはっきりしないので、貴藩の系纂方の衆に調査を依頼してほしいとのこと。そして、その調査結果は「老拙方迄被遣候様奉存候」として、自分宛に送付してほしいと楓軒に頼んでいる。ここでは、直接石川を名指しにはしておらず「系纂方之衆之内」として依頼してはいるが、結局調査・回答したのが石川であることは、本書簡末尾に「石川久次右衛門」の署名のある南条氏系図に関する調査結果が転記されていることから知ることができる。(49)

このように諸家の系図の調査において他藩の士にまで頼りにされた石川は、宝暦六（一七五六）年生、天保八（一八三七）年没。名久徴、字伯誠、号箕水・桃蹊斎。久次右衛門はその通称で、水戸藩に出仕し、天明七（一七八七）年に彰考館書写役となった。譜牒の学に通じて『源流綜貫』『水府系纂』等の補入に従事、著書に『水府地名考』『増補本朝姓氏類纂』『桃蹊雑話』等がある。(50)

⑤　高田（小山田）与清

友鷗は、〔文政十〕年の三月二日付第三通目書簡に、

旧冬高田与清と申もの、著鹿島日記を見候ニ、延方之里ノ条盟台御発起にて聖廟経営之御事拝見、斯文之盛事欣羨候。

と記している。昨年の冬に高田与清というものが書いた『鹿島日記』という本を読んでみたところ、延方の里の個所に貴兄の発案によって孔子廟が建てられたことが書かれており、学問の盛んなことが窺われて、本当に羨ましいかぎりだ、と述べている。

楓軒は、寛政十一（一七九九）年から文政三（一八二〇）年まで領内紅葉組の郡奉行として民政を担当した。楓軒の二十余年に亙る郡政は多くの成果をもたらしたが、そのうちのひとつに小川・延方の両村に水戸藩最初の郷校を建設し、村民の教育に努めたことが挙げられる。小川には文化元（一八〇四）年に稽医館を、延方には同三年に延方学校を建てたのであるが、ここで言及されているのは後者についてであり、特にこの学校に設置された銅瓦葺の孔子廟は、同地方の民の目には一大偉観として映じたようである。(51)

ところで、この『鹿島日記』は、文政三年九月七日に千住を出発し、安孫子・佐原・香取神宮・潮来・鹿島神宮・銚子・成田・佐倉・船橋等を経て、同年十一月六日に行徳に帰着するまでの間、各地の門弟を訪ねて『源氏物語』『古今和歌集』等を講じて回った際の高田の講説旅行記で、通常の紀行文にみられるような各地の風景描写や町村の様子などの記述はほとんどみられない。(52)その中で高田は、延方の里の模様を以下のように記述しているのである（耕文堂文政五年長谷川宣昭序刊本）。

（前略）こほりのつかさ小宮山昌秀の老翁このさとに夫子の廟堂をたて、学士をおきて国人を、しへさとさしめたる。久保木竹窓も老翁かす、めによりて此郷学にめさげられ、月ことの八日、廿三日にハから書のこう説せりとなん。（中略）巳の時ばかり昌芳嘉徳時鄰と、もに文宣王の廟にまうづ。こ、をまもれる学士澤田弘みちしるべして、なにくれのゆゑよしものがたりぬ。そも〳〵此聖堂ハ小宮山昌秀のをぢ心おこして水戸の今の殿の御筆そめたまひし至聖先師孔子之神位てふ牌を安置て、工人のわざをはじめ、学校に文庫に建られぬ。また朱舜水先生のつたへの式にしたがひて大成殿を建はじめ、ちかきほどに事なりぬべきさまにて、工人等今日もいそしみあへり。（後略）

高田の著書でこの事実を知った友鷗は大いに感激し、「欣羨」の一語でその感懐を言い表したのである。

『鹿島日記』の著者としてここに名前の出てくる高田与清（一七八三―一八四七）は、武蔵国多摩郡小山田の郷士田中本孝の次男で、豪商高田好受の養嗣子となり、文政八（一八二五）年の隠居後に小山田を名乗った。与清はその名、通称は将曹・外記等で、松屋等と号した。家業に出精の傍ら、江戸派の国学者として活躍し、天保二（一八三一）年には水戸藩主徳川斉昭に招かれ、彰考館別局に出入りして『八洲文藻』の編集等に従事した。蔵書家としても知られ、弘化三（一八四六）年には蔵書二万巻を水戸藩に献納したという。(53)

このように水戸藩と深い係わりをもつ高田であるが、ここで採りあげた第三通目書簡は文政十年のものと推定されるので、この当時はまだ高田の水戸藩への出入りは始まっていなかった。本書簡集中に高田の名はもう一か所、文政十二年の十一月六日付第二〇通目書簡に「勝山記ハ松屋与清之許ニ而致上木候本も有之哉ニ承候間、御経見も御坐候半歟」と出てくるが、これも水戸藩への出入り前のものである。両書簡とも直接高田について言及しているわけではないが、高田と水戸藩との関係の有する意義の大きさを考慮し、ここに紹介しておいた。

（2）　水戸藩以外の人物について

①　主な活動の地が江戸の人物

（イ）　安積艮斎

文政十年の一月五日付第四通目書簡に、

安積信之事被仰聞候。仰之通老拙も存居候ものニ御坐候。領内安積郡々山駅八幡之神主安積筑前と申もの、二男ニて、表向神学執行之申立ニ而都下へ罷出候。以前迄鈴木敬蔵及豚児抔致世話遣候ものニ御坐候。近来甚上達之様承り申候。当時ハ佐藤捨蔵抔専ら引立遣候哉ニ御坐候。

とあるのをみると、楓軒が安積信について友鷗に何か尋ねてきたようである。これに対して友鷗は、彼は領内安積郡郡山駅の八幡宮神主安積筑前という者の次男で、表向きは神学の修業ということで江戸に出たこと、最近はだいぶ修業の成果が上がり、今は佐藤捨蔵（一斎）などに引き立てられているらしいこと、等を応えている。

安積艮斎（一七九〇―一八六〇）は、名は信等、字は思順、通称は祐助で艮斎等と号した。岩代国安積郡郡山の鎮守八幡宮の神官安藤親重の三男に生まれ、母方今泉家の養子となった。二本松藩儒八木敬蔵等に学び、文化四（一八〇七）年養家を出奔して江戸に出、佐藤一斎・林述斎に師事し、同十一年神田駿河台、のち麹町に開塾した。天保二（一八三一）年『艮斎文略』三巻を著わすに及んでその名声が高まり、天保七年二本松藩儒に、同十四年には藩学教授となり、姓を安積と改めた。さらに嘉永四（一八五一）年には昌平黌儒官に抜擢され、一斎とともに後進の指導に当たった。[54]

この第四通目書簡に記されている安積に関する情報のうち、その父の姓を「安積」としていることと、その父の「次男」であるとしていることとは、正確さを欠くものであったようである。

そして、天保三年の六月一日付第三二通目書簡には、

艮斎文略之義及承居候得共、所謂東家丘ニ而等閑ニ仕置候所、御書面ニ付見申度、府下ニ艮斎之父兄も居候間申遣候所、郷里を致遠慮候哉、兄方ゟも両度申遣候得共差下不申旨、老拙書翰ヲ添又々申遣候由兄方ゟ申越候。如何可有御坐哉未達ハ不仕候。

とあり、この艮斎の名を高からしめたという『艮斎文略』[55]について、楓軒がこれを評価するような内容のことを友鷗に書いてきたらしい。自分はまさに「東家丘」[56]の故事同様で、人を見る目がないため、この本の書名は知っていたがまだ見ていない。もし貴説のようなものであるならば是非見てみたいと思い、城下に住んでいる艮斎の父兄にその旨を伝えたところ、艮斎は郷里に遠慮でもしているものか、その兄が二度に亙って連絡をしてくれたがいまだ送って寄

越さないとのことで、今度は老生の書簡を添えて今一度連絡をとってもらったところだ、と友鷗がその入手に手間取っている様を報じている。養家を出奔して江戸に出たというような過去もあるので、艮斎が郷里に遠慮をする気持ちは分からないでもない。この本が世に出てまだ一年では、艮斎の名も広く世に知られるまでには至らなかったであろう。胸を張って郷里に錦を飾るには、いま少しの時日が必要だったようである。

（ロ）　市河寛斎

文政十一年の十月三日付第一五通目書簡には、市河寛斎に関する以下のような記述がみえる。

将又寛斎編集全唐詩逸、知不足斎叢書中へ収入致舶来候旨、翻刻之序御示被下、実ニ珍敷義、日本之文学非海外他邦可並也と申文、本邦之光輝我党之快事、雀躍仕候。唯西土ニ而も随得任見と致諭揚候事故、為差詩藻ニも無之熊阪西川抔之集も論及致、元享間之宿儒文人之集抔不致一覧事と相見、遺憾ニ奉存候。

寛斎は、清の彭定求等が康熙帝の勅を奉じて撰した『全唐詩』に漏れていて、わが国にのみ伝わる唐詩百余篇を集め、『全唐詩逸』と題して文化元（一八〇四）年京都で刊行した。これが中国に伝わり、清の乾隆年間（一七三六―一七九五）に鮑廷博が編集した「知不足斎叢書」の第三十集中に翻刻・収載された。(57)

そして、舶載されたこの叢書を閲した楓軒は、『全唐詩逸』翻刻のことを友鷗に伝えるとともに、翻刻に当たって記された序文の写しを送ったらしく、これを読んだ友鷗は、文中に「日本之文学非海外他邦可並也」と記されているのをみて、このようなことは大変珍しいことで、「本邦之光輝我党之快事」であると大いに喜んでいる。(58)

しかし、日本の学問が中国で評価されたことには満足しつつも、これまで彼の国に伝わって彼の国の人士の目に触れた我が国の文献が多くないためか、我が国ではさしたる評価もされていない「熊阪・西川」等の詩集が取り上げられているかと思えば、元禄から享保の間の宿儒・文人のそれには触れていないといった事実が確認され、誠に残念なことである、と慨嘆の意を楓軒に伝えている。[59]

寛斎は、寛延二（一七四九）年に生まれ、文政三年（一八二〇）に没した漢詩人。江戸の人。初め山瀬氏、のち市河氏。名は子寧、字は子静で、寛斎・江湖詩老等と号した。異学の禁で昌平黌教官を辞した寛斎は、寛政三（一七九一）年富山藩儒となり、江戸と富山を往復した。詩才にたけ、天明七（一七八七）年に江湖詩社を興し、詩風を刷新して、柏木如亭・大窪詩仏・菊池五山ら多くの詩人を育てた。[60]

（八）　佐藤一斎

文政十三年の九月二日付第二二通目書簡には、

一斎詩文集上梓之由ハ及承居候得共経見不仕、貴諭之通ニ而ハ熟覧罷成候間、取寄見可申奉存候。敝藩之儒員堀江仁蔵抔別懇之仁故、逹而左迄之事有之間敷存居候事ニ御坐候。

とあり、楓軒が、佐藤一斎の詩文集について友鷗に宛てて、なにか読後の感想のようなものを書き送ったらしい。これに対して友鷗は、「一斎の詩文集が刊行されたという情報は得ているが未見である。もし貴諭のとおりであるならばよく読んでみたいと思うので、取り寄せてみようと考えている。我が藩の儒員堀江仁蔵[61]が一斎とは別懇な間柄なので、これを入手するのはそれほど難しいことではないと思う」、と応えている。

ところで、一斎の詩文集のうち、この頃までに刊行されたのは『愛日楼文詩　附日光山行記』のみなので、これがここで話柄に上されている書物かと思われる。同書は、文政十二年に文三巻と詩一巻を全四冊として刊行したもので、「愛日楼詩文」「愛日楼文集」などとも称されている。[62]友鷗が「熟覧」してみたいと云っているところからすると、楓軒の読後感は、この書物を何ほどか評価するような内容のものであったか、あるいはその真逆なものであったか、のいずれかであると思われるが、残念ながらこの書簡のみからではいずれとも断じ難い。

この佐藤一斎（一七七二―一八五九）、名は坦、字は大道、通称捨蔵で、一斎・愛日楼等と号した。美濃岩村藩の家老佐藤信由の第二子で、寛政二（一七九〇）年藩主松平乗保の近侍の列に加わった。同三年上方に遊学し、皆川淇園・中井竹山らの門に学んだ後、林錦峯の門に入り、錦峯没後は述斎に学んだ。文化二（一八〇五）年林家の塾頭となり述斎の嗣子檉宇をはじめ、安積艮斎・河田迪斎など師事する者が多かった。文政九（一八二六）年松平乗美が藩主になると、老臣の列に入り藩事を議したが、天保十二（一八四一）年述斎が没したので、幕府は一斎を挙げて昌平黌儒官とし、以後多くの後進を指導することとなった。[63]

以上の略歴のうち、「同三年上方に遊学し」のくだりには、一斎にとって不面目な事実が隠されているようである。すなわち、「伝説によれば、休日に同僚と共に隅田川に遊び、同僚が誤って水に落ちて死んだために、その責任を負って、江戸を出奔したのだという」と、中村慎一郎著『頼山陽とその時代』中巻二二一頁には記されているのである。ここにいう隅田川の遊びが遊女を伴ってのそれであったことは云うまでもあるまい。友鷗は、天保二年の六月五日付第二六通目書簡の中で、最近出版された『儒者合』の中に記されているという慊堂（松崎）は放蕩者であるけれども、その所業の面では一斎（佐藤）に及ばないだろう、と述べている。あるいはこれは、一斎が起こしたこの事件等を念頭に置いての言でもあろうか。

次に、一斎の後進指導に関しては、本書簡集中の二通の書簡にその事例がみえている。一つ目は文政十年の一月五日付第四通目書簡で、前出した安積信（艮斎）のことが「当時ハ佐藤捨蔵抔専ら引立遣候哉ニ御坐候」と記され、[64]二つ目は天保三年の六月一日付第三二通目書簡に、「渡部竹窓之児も当春ゟ出都、佐藤捨蔵へ随身仕候」と、渡部竹窓の息子がこの春から江戸に出て一斎のところで世話になっていることが記されている。この渡部の息子については、天保二年の十二月六日付第二九通目書簡に、岡野秀才被寄候詩、学館子弟之内和作ニ而も為致度、先達而ゟ相勧置候所、年長ケ候書生共は恥入候而色々申訳而已致し果敢取不申、学館附儒員渡部竹窓之児清助と申もの、年頃も岡野位之ものニ而和作致持参候間、是又今便封入懸御目申候。岡野へ御転達被下度奉存候。

とある。友鷗が、岡野逢原(65)の息子が自分のもとに送ってよこした詩に対して、藩校の学生達に和作させてみようとしてこれを勧めてみたが、年長の者などは何や彼やと言い訳ばかりで一向に捗らなかったところ、学館儒員渡部竹窓の息子の清助という者が和作して持参したとして、わざわざこれを楓軒のもとに送り届けて見せるとともに、岡野生へも転達してくれるよう依頼している。このとき友鷗は、おそらく清助を将来見込みのある学生の一人として評価したであろう。その清助が江戸の一斎のところで学ぶことになったのは、友鷗にとっても喜ばしいことであったに違いない。しかるに世人は、林家の家塾で彼の同窓であった松崎慊堂(66)と比較し、慊堂の直情径行で情誼に篤いのを喜んだのに対して、一斎の老獪とも見える用心深さを嫌った。一斎の権門に媚びるかのような体裁のいい生き方が、江戸人の嗜好に合わなかったのである、と中村慎一郎は前掲書の中巻二二二—二二五頁に記している。そうした世評にも拘らず、一斎が、若い時分の失行はさておき、当時は謹直な学者として、また当代第一の文章家として高名であったという事実に変わりはない。

(二)　柴野栗山

文政十三年の二月五日付第二一通目書簡に、

栗山翁遺稿御借寄被成候旨、老拙も兼而懇望罷在候間、御卒業後拝借願申候。広瀬台八は翁之門人ニ候所、遺稿共手ニ入兼候旨ニ而、先達而入御覧候才覚僅十枚斗り写置候ヲ借り写候斗ニ御坐候。

とあるのによれば、楓軒がどこからか「栗山翁遺稿」を借りることが出来たと知らせてきたのに対して、友鷗は、自分も予てから見たいと思っていたものなので、書写等が済んだら貸してほしい、と頼んでいる。そして、広瀬台八（蒙斎）は、栗山翁の門人であったにも拘らず、その遺稿を手に入れることができないで、先達てお見せしたあの僅か十枚程を写し取って置いたのみだった、と述べている。

また、同年の九月二日付第二二通目書簡には、「栗山文集三冊明収仕候。（中略）早速栗山集へ取懸り之積り、大慶不少候」と記している。楓軒から「栗山文集」三冊を借りて大喜びの友鷗は、早速書写に取り掛かるつもりだと記している。

ところが、同年の十月二日付第二三通目書簡には、

> 先便御借与被下候栗山集、無拠御入用有之候ニ付返却仕候様、承知仕候。幸本月六日は江戸屋敷へ之荷物便有之候間、則三巻完璧仕候。御入手可被下候。客月便之呈書封物共ニ定而御入手被下候半。右書面ニ申進候通、写物手明ニ相成候間早速取懸り、初巻は大略卒業之砌貴翰相達候間、廿八日ゟ今二日迄ニ次巻要用之所抄出仕候間、御用相済候迚も御恵借被下候ニ及不申、二巻目序文は先年広瀬ゟかり写置候もの多く有之、第三巻之内三、四ケ条抄出、要用之所は大略相済遺憾も無御坐候。兼而及承候芝山・盅斎・拙斎抔之事実も依恵詳悉、高橋若狭守抔之事跡も明細ニ相分、大慶不少奉存候。賢聖障子之記・御製詩背記等実昇平之慶事、感銘之事ニ奉存候。因而又々相願候は、先年柴邦彦五条家之勘文も見候事有之候所、多事之砌写取不申、当時敝藩中ニも見当不申、遺憾奉存候。右一条詳悉認候モヽシキと申写本有之由承候。もし御写取被置候ハヽ、拝借奉希候。モヽシキニ限り候事ニも無之候。右一件勘文等に至も宜敷御坐候。且又白山ニ棲候雷鳥は、御写も御坐候而他へ御差出不苦候ハヽ、是も又御恵借奉希候。両方共早速写取返完可仕候。

とあって、先便で借してもらった「栗山集」について、楓軒から止むを得ない事情のため返却してほしいという連絡

があり、友鷗はこれに承知したと応えると共に、幸い今月六日には江戸屋敷への荷物便があるので、この便で返却する、と伝えている。また、先の手紙にも書いたように今はちょうど書写するものがない状態だったので、早速取り掛かることができたため、貴翰が届いたときには初巻の書写が終了真近というところまできており、その後この二日迄の間に次巻の要用の個所を抄出できたので、そちらでの用事が済んでも改めて貸していただくには及ばない。第二巻の目次と序文は先年広瀬から借りて写して置いたもののなかにほぼ含まれているし、第三巻からは大事な三、四ケ条を抄出して、要用の個所は大体書写し終えたので心残りとなるところはない、と記している。そして、お陰により予てからお話を伺っていた芝山・盅斎・拙斎(67)などのこともよく分かり、また高橋若狭守(68)の事績も明らかとなった、と大変喜んでいる。

また、「賢聖障子之記」「御製詩背記(69)」等は、実に「昇平之慶事」であり、感銘に堪えないことである、と述べている。

それから、先年「柴邦彦五条家之勘文(70)」も見る機会があったが、多事の砌で書写することができず、現在わが藩中には見当らないので大変残念に思っている。これについて詳しく認めた「モ、シキ(71)」という写本があると聞いている。もし写しをご所蔵ならば是非とも拝借したい。もちろん「モ、シキ」にかぎらず、この勘文そのものでも結構だ、と記している。

さらにまた、白山に棲んでいるという雷鳥については、栗山に「雷鳥図記」という一文があるが、もしこの雷鳥図の写しを所蔵していて他へ差し出しても大丈夫ということであれば、これもまたお貸し願いたい、と頼んでいる。(72)

柴野栗山は、元文元(一七三六)年生、文化四(一八〇七)年没。名は邦彦、通称は彦輔で、栗山等と号した。讃岐国牟礼の人。初め高松藩儒後藤芝山の教えを受け、十八歳で江戸に出て林家に入門し、昌平黌に学んだ。明和四(一七六七）年阿波藩儒となり、京都に住んで皆川淇園らと親しく交わった。天明八（一七八八）年松平定信に招かれて昌平黌の教授となり、聖堂の学制の改革にあたり、程朱の学を正学とする寛政異学の禁を実施した。寛政元（一七八九）年、松平定信・林信敬らとともに内裏造営に関与し、同四年には屋代弘賢・藤貞幹とともに畿内の諸社寺の古書画を採訪し、内裏の賢聖障子（けんじょうのそうじ）修理に従事し、古社寺・山陵の調査に当たった。尾藤二洲・古賀精里と共に「寛政の三博士」と称された。(73)

（ホ）　本多忠憲

文政十一年の六月十九日付第一四通目書簡に、

本多忠憲ハ仰之通本多家之公子ニ而、甲馬とか被申候人ニ御坐候。本邦中古之事実等ニ委敷、博物之仁ニ御坐候。塩尻之抄抔ニも書入有之、伊勢翁之書抔ニも書入有之を見申候。入御覧候次筆之内へ其仁之事跡記置候様覚申候。そらにハ慥と覚不申候。

とあり、本多忠憲のことが記されている。忠憲は、安永三（一七七四）年生、文政六（一八二三）年没。名は忠憲、字は心水、通称は甲馬等で其香等と号した。伊勢神戸藩主本多忠永の七男として江戸に生まれ、故実を伊勢貞春に、国学を屋代弘賢に、俳諧を父忠永に学び、和歌をも能くした。小山田与清・伴直方らと交わったという。(74)この忠憲について楓軒から情報の提供を依頼されたものか、友鷗は手持ちの情報を書き送っている。そこでは、忠憲は本多家の公子で甲馬とか称し、わが国の中古の事実等に詳しく、広い分野に亙って豊富な知識をもつ人物だ、とした上で、『塩尻』の写本や伊勢翁の著書(75)などに書き入れをしたものを見たことがあり、空で具体的なことはいえないが、先にご覧にいれた拙著『遊芸堂次筆』の中でもこの人物の事績に触れておいたように記憶している、と述べている。

そういえば、同年の二月二十九日付第一二通目書簡で、友鷗は、楓軒が懐いていた『太平記』に関する疑問点のうちの「琵琶ノ甲ノ条」について、自分は『太平記』を熟読していないので特に何もいえないが、先年写しておいた「本多公子忠憲之考」が手元にあるとして、

忠憲云、此文ニ髣髴タル意同書巻廿七田楽条ニモ見ヘタリ。五六八九寸トハ大坪雲霞集ニモ記シテ、今世云五寸角六寸角八寸角九寸角ニ削リタル材木ヲ云ニヤ。尋常ハ三寸角四寸角ヲ用ユヘキニ、是ハ要害ヲ専ラトセシニヤ、大ナル材木ヲ用イタル也。琵琶甲ハ全ク書誤ナルベシ。和名抄ニ三河国八名郡美和郷トアレハ、美和ヲ琵琶ニ衍リ郷ヲ甲ニ誤レルニヤ。語路変転ノ誤ナルベシ。安郡モ右同意ニテ、藻塩草ニ長門国阿武郡ヲ書違イテ、阿武ヲ安ト認シナルベシ。先ツ御慰ニ認メ申シソロ、如何可有之哉。豊考亭ナトハ甘心致シソロ趣ニ申コシソロヿ御坐候ヘキ。

と、これを紹介していた。ここで忠憲は、「豊考亭ナトハ甘心致シソロ趣ニ申コシソロヿ御坐候ヘキ」と記し、この自分の考証を「豊考亭」（豊島豊洲。江戸の儒者で沢田東江の弟子。文化十一年没、享年七十八）は得心がゆくと言ってくれた、と述べている。楓軒は、あるいはこの書簡を見たことで、この人物についてより詳しく知りたくなったものであろうか。

（へ）　牧野泰助

〔文政九〕年の九月二日付第六通目書簡をみると、

湯治留守仲秋廿日歟と覚へ、牧野泰助と申儒生之由、治下松岡寺と申寺相頼致一宿、元来京師上柳四明門人之由、旧縁も有之趣ニ而老拙相尋呉候処、留守ニ而不得面会遺憾不少候。貴府へも立寄候哉、老兄ゟ之御伝言も御坐候由申置候旨、老拙上京謁四明候は四十年以前之義、且随身之書生も無之様ニ見受、旁不分りニ御坐候間、蘊古堂続集点検候ヘハ、中原履卿と申仁有之表徳同しニ候へは、右中原ニ可有之と奉存候。帰宅後松岡寺へ訪候而猶又

承合候処、当十月初ニは帰府可仕旨、其節面会可仕楽罷在候。

とある。友鷗は、この書簡の前半部に記しているように、八月十九日から「嶽新湯」で湯治をしていた。その湯治中に牧野泰助という儒生が友鷗宅に訪ねてきたらしい。この人物は、京都の上柳四明(76)の門人ということで、友鷗が四十年以前に上京して上柳に面会したという旧縁を頼りに、こうして訪ねてきたとのこと。また、水戸城下へも立ち寄ったらしく、楓軒からの伝言もあると言っていたようである。しかし友鷗は、どうしてもこの人物が特定できなかったため、上柳の著作である「蘊古堂続集」(77)を点検してみたところ、雅号が同一の「中原履卿」という人物が見当たったので、おそらくこの人物であろうと推測している。そして、留守にしていて会えなかったのは残念だったが、湯治から帰った後で、牧野が一宿したという領内松岡寺を訪ねて聞いてみたところ、あちこち回った後で十月の初めにはまた戻って来るとのことだったので、そのときに面会出来るのを楽しみにしている、と楓軒に報じている。

牧野泰助は、明和五（一七六八）年生、文政十（一八二七）年没。名は履、字は履卿、通称は泰助で、鉅野等と号した。豊前仲津郡大野井の農家に生まれ、京都に出て片山北海に、また江戸で井上四明に学び、市河米庵の娘を妻とし、江戸芝赤羽橋で教授した。詩を能くして友人らと詩盟を作り、『鉅野詩集』（文化十一年刊）、『総常紀行』（文化四年）等の著作がある。(78)

この履歴をみると、牧野は京都では片山北海に、そして江戸に出ては井上四明(79)に学んだとあるが、このほかに京都で上柳四明にも学んだということか。同じ号をもつ人物に京都と江戸で学んだというのは聊か気になるところではあるが、いまはこの点には立ち入らないことにする。

その後友鷗は、同年の十月三日付第二通目書簡に、「牧野泰助と集会之節之詩作、御慰ニ入電覧候」と記したあとに、牧野、渡辺（学館付きの儒生）、友鷗の順でそれぞれの七言律詩を転記し、さらに次のように追記している。

御一笑可被下候。渡辺坦は若年ゟ老拙世話致候ものニ付、老拙為介抱同道仕候。此外ニ松岡寺と申済家宗之住持も罷加候。詩作も有之候へ共、手元ニ無之候間認不申候。

ところで友鷗は、牧野に会えたことが余程嬉しくて舞い上がってしまったのか、この書簡ではそれぞれの詩作を転記してきたのみで、報告があまりに簡略であった。少し時が経ち、冷静さを取り戻してこれに気づいたものか、同年十一月一日付第一通目書簡では、

牧野泰助客月十二日治下迄罷越相見仕り、翌日兼而御咄申候和田別荘にて一夕聚首筆話仕り、席上分韻之詩哥等も有之候。手際も宜敷頗ル先生ニ相見申候。御存之耳聾故委敷咄も出来兼、遺憾奉存候。

のように、面会時の様子を少し詳しく報じている。これによると牧野は、予定より早めの「客月十二日」[80]に二本松城下に戻ってきて友鷗に面会し、翌日設けられた「和田別荘」での宴席で、詩作等の雅遊を楽しんだようである。牧野という人物が、当初友鷗が予想していた「中原履卿」であったか否かは不明であるが、友鷗の牧野評は、手際が良く、学芸に長じた人物のようである、というものであった。耳聾のため、十分話が出来なかったことが残念に思われる、と楓軒に報じている。

(ト)　松平定信

頼山陽の著書『日本外史』の稿本が、定信の直々の所望により山陽から定信に奉呈されたことが第九通目〔文政十年八月一日付書簡に記されていることは本節頼山陽の項及び第六節で後述するところである。その結果、顕門に対して忌憚のない批判を含むこの歴史書が、天下公行のための免罪符を得ることができたと云われているのであるから、この点で定信の果たした役割にはきわめて大なるものがあったといえよう。それのみに止まらず、定信は、この書のために文政十一年正月二十五日付で題辞を草してもいるのである。[81]この書に対する定信の感心の高さが窺える。

松平定信は、名は定信、字は貞卿で、楽翁・花月翁・風月翁等と号した。田安宗武の七男として宝暦八（一七五八）年に生まれ、安永三（一七七四）年磐城白河藩主松平定邦の養嗣子となった。天明三（一七八三）年白河藩襲封、同七年老中上席、翌年将軍補佐を兼ねた。寛政五（一七九三）年に老中を辞し、文化九（一八一二）年致仕。文政十二（一八二九）年五月十三日、嗣子定永の転封先である伊勢桑名で病没した。藩主としては、農政を重視し、家臣の教育振興に努めて藩治の実効を挙げ、老中就任後は、田沼意次の重商主義を批判して、いわゆる寛政の改革を推進した。博学多才で、その著作は多岐にわたり、古典の書写や古物の蒐集にも努めた。また、『寛政重修諸家譜』『徳川実紀』等の幕府編纂事業の緒を開くなど、文化的な功績も大きい(82)。

定信の多くの著作のうち、文政十一年の四月二日付第一三通目書簡には、

定信朝臣之明君夜話御覧被成候由、小子義は経見不仕候。御写取被成候ハヽ、御借与奉希候。定信朝臣著之内国本論・鸚鵡言は先年写置候。関之秋風と申ものも御坐候由、鍋田書翰之内ニ有之候。是又経見不仕候。

とあり、楓軒が「明君夜話」を見たと報じてきたのに対して、友鷗は、自分はまだ見ていないので、もし書写してあるならば貸してほしい、と頼んでいる。そして、「国本論」と「鸚鵡言」は先年書写しておいたが、「関之秋風」というものもあると鍋田（舎人）が手紙の中に書いてきており、これはまだ見ていない、と述べている。

また友鷗は、文政十二年の四月二十八日付第一七通目書簡では、

白川楽翁公之御養家御相続間も無之内諸臣へ被仰諭書、風と借出写置申候。藩士抔之心得ニハ大キニ相成候事共相見申候。御経見無御坐候ハヽ、上可申候。

と記している。楽翁公が白河藩に養子に入って間もない頃諸臣に告げた諭書を借りて写しておいたので、藩士の心得などには役に立つであろうから、もしまだ見ていないようであればお貸しする、というのである。そして、同年の十

月一日付第一九通目書簡をみると「楽翁公之臣諭も一同上申候」とあるので、まだこれを見ていなかった楓軒が友鷗から借覧したらしく、翌年二月五日付の第二一通目書簡には「楽翁公臣諭も御悦之段大慶仕候」とあって、楓軒が借覧出来たことを謝していることが分かる。

文政十二年三月二十一日、江戸の町は大火災に見舞われた。同年四月二十八日付第一七通目書簡には、

今度之江戸大火、人死も多く文籍武具等も沢山焼失、楽翁公御文庫抔ニ而は誠難得書共も焼候由、追々承申候。

のように、そして同年七月七日付第一八通目書簡には、

如貴諭江都之大災痛入候義ニ奉存候。桑名侯抔ハ三御屋敷ハ勿論、楽翁公御経営之御別荘も焼失、御蔵書庫抔も火も入候由、東里抔も甚力を落候旨申越候。

のように、この火災に関する情報が記されている。この両書簡の情報をまとめてみると、この火災によって多くの死者が出、書物や武具等もたくさん焼失してしまったが、桑名藩等では三つの藩邸だけでなく、楽翁公の別荘にまで火の手が及び、書庫も焼けて貴重な書物が失われたようだ、というのである。

しかし、当時楓軒と友鷗がその入手に意を注いでいた『日本外史』の稿本については、同年の十一月六日付第二〇通目書簡に、

頼襄日本外史も楽翁公ゟ御懇意諸侯方之内へ御借被置候而、当春之回禄ハ免候由、永キ内ニは是非写取候手配ニ致置候旨、東里隠居ゟも申越候。

と記され、偶々楽翁公が懇意にしている諸侯のもとへ貸し出していたため、幸いにして難を免れることが出来た。そのような次第なのでそのうち書写できるように手配をしておく、という東里からの報告を、友鷗は楓軒に伝えている。

ところで、七月七日付第一八通目書簡には、江戸の火災と楽翁公の蔵書焼失のことが記された後に、「其上此間承候

へハ、楽翁公も御遠逝之由、可歎息事共ニ御坐候」と、楽翁公逝去のことが記されている。この年の五月十三日に定信は病没していたのであるが、友鷗は、この書簡を認める少し前になってこの事実を知ったようである。

（チ）　屋代弘賢

〔文政十〕年の五月三日付第七通目書簡には、

屋代翁編纂古今要覧之目次、桑名ゟ差越申候。彼翁之博覧定而有益之事共ニ可有御坐、御覧も被成候哉。貴藩中之仁か之様ニ承候檜山坦斎抔も画図之写手ニ相見申候間、定而委細之事も御承知被成候半歟。

とあり、これをみると、当時屋代弘賢が中心になって編纂していた「古今要覧」の目次の写しを、桑名の東里が友鷗のもとに送ってきたらしい。そこで友鷗は、屋代翁の博覧ぶりはよく知られているので、目次だけでも有益かと思われるが、貴方は既にご覧になったでしょうか、と楓軒に尋ね、さらに、水戸藩士と聞いている檜山坦斎という人物が画図の写手として同書の編纂に参加しているようなので、貴方はこの件についてさらに詳しい情報を把握しておられましょうか、と質している。

ここで友鷗が水戸藩士と聞いているという「檜山坦斎」という人物であるが、渡辺崋山が文政六（一八二三）年秋に結婚した折に、自戒のために書いたという「心の掟」の中に、交際すべき人物として屋代弘賢・立原杏所らと並んでその名が挙げられている。そして、屋代が天保七（一八三六）年以降に進献した要覧稿本の奥には、「檜山坦斎源義慎」の名の出ている巻が多くみられるという。現在のところこの坦斎については、明和七（一七七〇）年に生まれ、天保十三（一八四二）年に没し、名は義慎、字は徳忠、通称成徳で坦斎等と号し、江戸深川六軒堀に住して書画鑑定を業とした人物ということが知られているのみで、水戸藩士と記した資料は見つかっていないようである。[83]

この人物については、楓軒の著作『懐宝日札』巻六の文化十一年の条に、[84]

檜山坦斎ハ、其父水戸村ノ産ナリ。檜山丈衛門ト同家ニテ兄弟ナリ。江戸ニ出テ産ヲ起シ、商ヲ以業トス。淡《ママ》斎ハ賞鑒ニ妙ニシテ、古文書ヲ好ム。幕府より扶持ヲ賜ヒ、商ヲ止メタリ。古文書、天下ニアランホドノモノヲ、皆写ンコトヲ幕府ニ願フト云フ。

と記されている。この記述に依れば、おそらくはその父の出身が水戸藩領内の戸村ということで、誤って水戸藩士と見做されたものであろう。

ところで、屋代は宝暦八（一七五八）年生、天保十二（一八四一）年没。名は弘賢等、通称は太郎等で、輪池と号した。幕臣屋代忠太夫佳房の子として江戸神田明神下に生まれた。国学を塙保己一・松岡辰方に、漢学を山本北山に、故実を伊勢貞春に、和歌を冷泉為村・為泰に学んだ。安永八（一七七九）年家督を継ぎ、寛政二（一七九〇）年には柴野栗山のもとで『国鑑』の編纂に関与した。同五年松平定信に認められて奥右筆所詰となり、以後『寛政重修諸家譜』『藩翰譜続編』等の幕府編纂事業に従事し、師塙保己一の『群書類従』の校刊にも参加した。大田南畝・狩谷棭斎・小山田与清等と広く交友し、書籍の収集にも努めて書庫を「不忍文庫」と称したが、蔵書の大部分はその没後、生前侍読を勤めた阿波徳島藩主蜂須賀氏の「阿波文庫」に譲られた。

この第七通目書簡で話柄に上されている『古今要覧』は、日本の故事の起源や沿革についての考証を分類編集した類書である。文化七（一八一〇）年に編纂の幕命を受けると、屋代が総判となって分担執筆し、稿が成るたびに呈上すること四十五回に及んだが、屋代の死去によって未完に終わった。同書は、当初は十八部およそ千巻とする予定であったというから[85]、その全体像を示した「古今要覧之目次」は、それだけでも十分に瞠目に値するものであったろう。しかし、この書簡の後、本書簡集所収の書簡を見る限りでは、この件についての両者間の遣り取りはみられない。

（リ）　山崎美成

文政十一年の十月三日付第一五通目書簡に、

長崎屋新兵衛と申仁之義被仰下、忝奉存候。致文通候ハ、有益も有之候半。いつれ著述之文教温故を見候ハ、其学風も相分り可申候。貴書相達候節幸ひ便有之候間、両三日以前右本も相達一閲仕候。被仰下候通有用之学文、考索之義も明精ニ而感心之事ニ奉存候。江戸住居之仁ニ而文通も致し能御坐候間、及暮齢いらさる事なから結交仕度希候。来月始之便抔ニハ書状をも遣度御坐候間、御序之節御紹介被下度奉希候。

とあるのをみると、楓軒が友鷗に長崎屋新兵衛という人物について何か書き送ったらしい。友鷗は楓軒にそのことを謝するとともに、文通出来たらきっと有益だろう、と述べている。さらに続けて、「その著書『文教温故』というものを見てみればその学風も分かるだろうと思っていたところ、貴書が届いた頃に丁度江戸への便があり、二、三日前にこの本を手に入れることが出来たので早速目を通してみた。貴説のとおり有用の学問であり、考証もしっかりしているので感心した」、と述べている。そして、江戸に居住している人物ということで文通もしやすいので、この年齢になって今更とも思うが是非交際したいと思っており、来月初めの便からでも書状を出したいので序での折に紹介してほしい、と楓軒に頼み込んでいる。因みに、『文教温故』は山崎が著わした随筆集で、別書名を『好古余録』といい、文政十一年に刊行されている(86)。

ところで、ここにいう「長崎屋新兵衛」とは、国学者山崎美成（一七九六―一八五六）の通称である。山崎は、江戸下屋長者町の薬種商長崎屋に生まれた。小山田与清・屋代弘賢等に学び、平田篤胤や塙保己一をも師とした。家督譲渡後、一時筑後柳川藩に仕え、嘉永六（一八五三）年には旗本で江戸寄合衆の鍋島直孝の儒臣となった。和漢・古今の文献を渉猟して著作活動を行い、書誌学的業績も遺した(87)。

山崎は、楓軒や友鷗よりは三十歳以上も年下であり、当時まだ三十歳そこそこの若年であったが、本書簡をみると、この両者からかなり高く評価されていることが窺われる。できるだけ早い「結交」を望むあまり、友鷗は楓軒に、たった一カ月しか猶予期間のない次便に間に合うよう先方と連絡を取ってほしいと無理な願いをしていたが、同年の十一月三日付第一六通目書簡ではこれを反省し、

且又長崎屋へ之書状も今便差出可申哉と存候得共、客月御先容被下度申進、いまた日間無之候間、御先容被下候暇も難斗、今便は差出不申、来月初之便り迄ニ差出申度御坐候間、夫迄之内被仰遣被下度奉希候。

と記して、もうひと月先の便からということで宜しくお願いしたいとしている。

結局、翌年の四月二十八日付第一七通目書簡に、

兼而御紹介被下候長崎屋へも先達而書状遣置候所、客月廿二日付御返翰一両日以前相達申候。如何謙遜至極之仁と被存候。大平通載中一則摹刻贈呉申候。老拙抔ハ書目も始而承候ものニ有之、其博識も被存遣申候。自是追々通書仕候ハヽ、得益御坐候義と大慶仕候。

と記されていることから、友鷗の願いがやっと叶い、先頃出した書状に対して山崎から三月二十二日付の返書が少し前に届いていたことが分かる。その返書を読んでの友鷗の山崎評は、本当に「謙遜至極之仁」であるというものであり、自分など書名さえ知らない書物中からの一則の模刻を贈ってくれたと感激するやら、その博識に驚嘆するやらで、今後の書状の遣り取りによって得られるであろうことどもに大いに期待している。友鷗は、山崎の控えめな人となりと珍書中からの一則の模刻の贈与によほど感激したのか、同年の七月七日付第一八通目書簡でもほとんど同じ報告を繰り返したうえ、「奇書をもかり出申度候得共、むさとも申遣兼扣居申候」と述べ、早く奇書などを見せてもらいたいと逸る気持ちを抑えかねている様子が窺えて、なんとも微笑ましくはある。(88)

②　主な活動の地が江戸以外の人物

（イ）　猪飼敬所

天保二年の六月三十日付第二七通目書簡をみると、

当今儒者合出板之由被仰下忝、早速今便都邸懇意之もの迄申遣候。猪飼敬所と申もの一向評判も承不申候所、十年斗り以前京師へ参候町家のもの、京師ニ而貰来候迚書翰紙へ認候詩哥四五枚見候内ニ猪飼氏有之、七絶之作面白存認置候間、被仰下候儒者合ニ而心付キ相尋候所、仕廻込見へ不申、詩文章之達者か経学之宿儒ニも候哉。定而御聞及被成候半、御序而被仰下度奉希候。

と記されている。最近『儒者合』という書物が刊行されたという情報を楓軒から得た友鷗は、早速江戸屋敷の懇意の者にこの書物の入手方を依頼したようである。また、この書物の刊行を知らせた際に、楓軒が書中に記載されていた猪飼敬所についてなにやら言及でもしたものか、併せて友鷗は、猪飼という人物については一向に評判も聞こえてこないが、そういえば十年ほど以前に京都へ行った町家のものが、当地で貰ってきたという書翰紙四、五枚に認めた詩歌をみせてもらった中に猪飼氏の七絶の作があり、面白いと思って写しておいた。同書刊行のことを聞いてそのことを思い出し、探してはみたがどうしても見つからない、とした上で、この人物は「詩文章之達者か経学之宿儒ニも候哉」、と楓軒に尋ねている。(89)

因みに友鷗は、同年の十月二日付第二八通目書簡で、「儒家相撲合も漸々此間手ニ入申候。不存人品も数多有之、追而御問答申度奉存候」と記し、この書物をやっと手に入れることができたことを楓軒に報じたうえで、書中には知らない人物が多くみられるので追々質問させてほしい、と頼んでいる。

猪飼敬所（一七六一―一八四五）は、京都西陣の糸商猪飼順彦の子として出生した。心学を手島堵庵等に、漢学を宮鳳岡に、史学を薩埵蒿川に学び、さらに儒者を志して岩垣竜渓の門下となり、寛政三（一七九一）年西陣に開塾した。学は折衷学であった。[90]

この時点で友鷗にまだその名を知られていなかった猪飼は、この評判記が刊行された天保二（一八三一）年には伊勢の津藩に招かれ、以後この地で客死するまで講学を続けることになる。猪飼の名が関東以北の地にまでよく知られるようになるのはこの頃以降のことということなのか、それとも知識欲が旺盛で情報の収集にも熱心であった友鷗を以てしても、現役を退き、当時の学問・文化の中心地から離れて暮らしていることによるハンディキャップを埋めることができなかったということなのか。猪飼は、当時すでに七十歳を超える高齢に達していて、京坂の儒者達からは老大家として敬されていた人物だったのである。[91]

（ロ）　頼山陽

友鷗は、先に本節川口緑野の項でみたように、天保三年の第三〇通目書簡中で、川口の『征韓偉略』を評して「文辞之手際、外史程ニハ無之哉と被存候」と記し、文章に関しては「外史」ほどではないように思われる、とその読後感を述べていた。「外史」とはいうまでもなく頼山陽の『日本外史』であり、当時友鷗は、楓軒から少しずつその写本を借りて書写を続けていたところであった。そして友鷗は、天保二年の第二八通目書簡中で、この書物を文章・内容共にかつてない素晴らしい史書であると絶賛するとともに、著者山陽は貴説のように当代一流の歴史家の一人であると思われる、と述べ、楓軒の山陽評に同意を表明していた。

これより先に、楓軒からの便りで念願の同書の書写が叶うであろうことを知らされたとき、友鷗は天保二年の第二六通目書簡中に「生涯之内ニは写取候義も可相成、楽ミ罷在候」と記して、書写できる喜びを述べていた。後に第六節で詳述するように、当時同書はまだ公刊されておらず、写本のままの状態であり、簡単には読むことができなかったようだったのである。楓軒と友鷗がなんとかその写本を入手しようと、桑名藩の知人を頼りに努力していた様を本書簡集中の多くの書簡から窺うことができる。しかし結局、桑名藩の知人を通しての入手は実を結ばず、楓軒が別ルートを使ってようやくその入手に成功したのである。因みに友鷗は、同書の書写の終了を俟たずに亡くなってしまい、高橋家に養子に出た次男が亡き父の遺志を継いで竟に書写を完了するのであるが、その経緯については後に第六節で詳述する。

また、先に本節松平定信の項でも触れ、後に第六節で詳述するように、山陽は、松平定信の求めに応じて文政十（一八二七）年に同書の写本を奉呈したのであるが、その結果、顕門に対して遠慮のない批判を含むこの歴史書が、天下公行のための免罪符を得ることができたと云われている。この定信への写本奉呈のことが記されている第九通目〔文政十〕年八月一日付書簡には、山陽が併せて楽翁公へ奉った「書翰写」も送ったことが記され、さらに、この「書翰写」を読めば「外史撰者之旨趣」も「概略相分り候様ニ被存候」とも記されている。この「書翰写」というのがすなわち、定信に呈上されたいわゆる桑名本『日本外史』に序の代わりに付されている「上楽翁公書」である。[92]この「書翰写」は控えを作っていないので謄写が済んだら返却してほしいとのことだったので、楓軒がこれを謄写して友鷗に返却していることが第一〇通目の同年十二月五日付書簡によって確認される。

さて、その著者山陽の略歴であるが、安永九（一七九〇）年生、天保三（一八三二）年没。名は襄、字は子賛のち子成、通称久太郎（一時徳太郎等）で、山陽・三十六峰外史と号した。頼春水の長男として大坂江戸堀に生まれ、父の安芸広島藩儒登用により広島に移って叔父杏坪に就いて修学し、詩文の才を父の友人柴野栗山に認められた。寛政九（一七九七）年杏坪に従い江戸に遊学し、尾藤二洲等に師事して翌年帰国。神経系の持病が昂じ、同十二年脱藩して京都に出たが、連れ戻されて座敷牢に幽閉され廃嫡となった。しかし、このことで自由に読書・執筆に励む機会が得られ、『日本外史』等の執筆に着手することができた。文化二（一八〇五）年に自由の身となり備後神辺の菅茶山の廉塾の塾頭となるが、一年余りでここを去り上京して私塾を開き、文政十一（一八二八）年には書斎「山紫水明処」を築いた。生涯仕官することなく、門弟教育のかたわら多くの文人・墨客と交わり、古書画を愛し著作に努める自由な生涯を過ごしたのである。(93)

ところで山陽は、『日本外史』の他にも多くの詩文を残しているが、天保三年の六月一日付第三一通目書簡には、

其内頼山陽之西遊稿かり出候間、乍御礼懸御目度早速謄写、外史一同封入差出申候。京ゟ以西長崎・薩摩ヲ始九州之風土・人物等見るかことくニ御坐候。御慰ニ可相成と存候。別而加藤清正ヲ詠候三首、菊池氏之二首等感吟仕候。外ニ副本無之候間、御覧後ハ御返可被下候。急キ候事ハ無之候。

とあり、「西遊稿」が話題に上されている。これは、文政元（一八一八）年に山陽が父春水の三年忌の忌明けを期して九州に遊んだ際の作品を集めたもので、その死の翌天保四年、『山陽詩鈔』に収載されて公刊された。山陽は、この九カ月におよぶ九州歴遊の途次、博多の亀井昭陽、竹田の田能村竹田、日田の広瀬淡窓などの学者・文人と交流し、豊前国山国川の峡谷を訪れた折には、この渓谷の名を海内に高からしめた「耶馬渓図巻幷記」を作っている。(94)

友鷗は、この「西遊稿」の写しを誰かから借りて急ぎ復写しを作り、『日本外史』のお礼にもなればと、楓軒のもとに送り届けてきた。そして、このなかには京都から西の九州の風土や人物が活写されており、とりわけ加藤清正を詠じた三首と菊池氏を詠じた二首は圧巻で、おもわず感吟してしまった、という寸評が付されていた。これを受け取った楓軒は、友鷗の手紙には急がなくてもいいとはあったが、副本を作っていないのでこの写しは返却してほしいとのことだったので、おそらくはかなり急いだのであろう。同年の十月二十七日付第三三通目書簡には、楓軒から返却されてきたこの写しを友鷗が確かに落手した旨が記されている。当時の楓軒は、七十歳に近い高齢に達してはいたが、

まだ現役の町奉行として勤仕していたのであるから、もし自らこれを謄写したのであれば、その素早い対応ぶりからも、精勤かつ律義な楓軒の人間像の一端を垣間見ることができるであろう。

もう一つ、本書簡集中で取り上げられている山陽作品は「患咳血戯作歌」(95)である。天保四年の三月二日付第三五通目書簡に、「頼山陽絶筆喀血歌、一覧可仕候。御手許ニ御坐候ハ、御写し被下度奉願候」とあり、友鷗は、「頼山陽絶筆」のこの詩を是非見てみたいので、もし貴方の手元にあったら写しをいただきたい、と楓軒に懇望している。この詩の題名は、正しくは「喀血歌」ではなく「患咳血戯作歌」であり、友鷗の云うようにこの詩が「絶筆」であるかどうかはともかくとして、山陽は、天保三年六月十二日に初めて喀血し、新宮凉庭らによる治療も空しく、九月二十三日の夜に他界したのである。(96)当時体調の勝れなかった友鷗は、自らの死を覚った山陽が作ったこの詩に強い関心を抱いたようである。そして、この手紙を書いた後二カ月も経たないうちに、友鷗もまたこの世を去ることになるのである。

(八)　広瀬蒙斎

〔文政九〕年の九月二日付第六通目書簡をみると、

広瀬台八も些病返し候方之旨ニ候得共、泉下人ニハ相成不申、客月便都邸之者ゟ伝言申達候。書状も遣度候得共、根気六ケ敷且臨書放心致候而無音之段申来候。

と記されている。友鷗は、広瀬台八(蒙斎)の近況について、先月の便で江戸藩邸の者から「また病状が若干悪化したようだが、まだ亡くなってはいない」、という情報を得たことを楓軒に報じている。広瀬は書状を出したいとは思っているらしいが、どうにも根気が続かず、どうしても書くことができなくて無沙汰をしてしまっているようなので、「迚も用立候様ニハ成兼候事と被存候」というのである。それでは一体どのような役に立たないというのであろうか。それをみる前に、先ず広瀬の略歴を一瞥しておきたい。

広瀬台八（一七六八―一八二九）は、磐城白河の人。名は政典・典、通称は台八で蒙斎と号した。藩主松平定信の命により寛政二（一七九〇）年江戸に出て、昌平黌で柴野栗山に学び、のち西国を遊歴して安芸の頼春水・山陽父子らと交遊した。白河藩校立教館の教授となり、さらに物頭格となって藩政にも参与した。文政六（一八二三）年、藩主定永の伊勢桑名移封に従い、同八年には世子定和の傅となった。『白河風土記』等の著書がある。(97)

以上が広瀬の略歴であるが、ここで前に戻って広瀬に期待されていた役割とは、文政十年の十二月五日付第一〇通目書簡に、

頼外史奉楽翁君候書御返被下落手仕候。其後十月十二日出之書状桑名ゟ相達候処、織豊之部写候義頼置候得共、今以不相達旨申越候。広瀬台八父子桑名へ之申次致候旨ニ付、台八へ御問合御書通候得共、有無御答も不仕候由、御聞及も無御坐候哉。台八も当夏嫡嗣を先立テ、其以来尚更衰憊ノ様子、老拙方ゟも当夏初書翰遣し、詩作等も相贈候得共有無返書無之、如何と存候内嫡子をなくし候由及承候間、秋ニ至り弔書ヲも遣候処今以答無之候。右之次第ニ御坐候間、迚も申次も弁申間敷被存候。正月始は桑名へ幸便有之、東里へ通書之積ニ御坐候間、御書面ノ趣共も可申遣候。左候へハ余人へ相頼可申と被存候。

とあるのによれば、当時楓軒は『日本外史』の写本の入手を切望しており、その件で広瀬親子に桑名への取次役を依頼しようとしていた、ということのようである。というのも、文政十年に山陽が松平定信の直々の所望により『日本外史』の稿本を奉呈したことは、本節松平定信及び頼山陽の項で先述したところであり、楓軒はこの情報を入手するや、定信所蔵の写本を借覧すべく広瀬の尽力に期待を懸けたのではあるまいか。そこで楓軒は、広瀬と連絡をとろうと書状を送ったのであるが、広瀬からは梨のつぶてだったので不審に思い、友鷗に様子を尋ねたらしい。楓軒は、広

瀬が今年の夏嫡嗣に先立たれるという不孝のあったことを知らなかったらしい。そのため友鷗は、「御聞及も無御坐候哉」として、今年の夏に嫡嗣に先立たれて以降広瀬はいっそう衰えてしまったようであること、自分も夏の初め頃に書状を出し詩作なども贈ったが返事が来ないのでどうしたのかと思っていたところ、この不幸を耳にして、秋になって弔書を送ったがいまだになんの返事もないこと、このような次第であるのでとても楓軒の望んでいるような役割は期待できないであろうこと等を伝え、加えて、正月初めに桑名への幸便がある予定なので東里に書状を送って楓軒の意向を伝えるつもりであり、そうすれば東里が誰か別の人物を探してくれるであろう、と述べている。

　そして、文政十一年の一月二十八日付第一一通目書簡で友鷗は、

当春勢廟代拝之もの之幸便広瀬之事も申遣候。外ニ申次キ之もの頼候半と被存候。広瀬之娘当藩江戸屋敷へ嫁居候間様子も承り候処、兎角放心致候而只今之事をも忘れ、悴扶助ニ而間を合セ居候処、右悴不幸甚差支候旨申事ニ御坐候。旧臘老拙方へ書状も遣呉所、格別間違候程之事ハ無之候得共、何角致前後候事ニ御坐候。

と記し、この春伊勢代拝の者に頼んで広瀬の事を申し伝えたので、だれか他の者を取次役に頼んでくれるだろう、と述べている。また、当時広瀬の娘が二本松藩の江戸屋敷に嫁いでいたので、父親の様子を尋ねてみたところ、とかく放心がちの状態が続いており、物忘れもひどくて、これまでも全て息子の世話でなんとか生きていたのに、その息子に先立たれてしまい大変困っている、とのことであったという。そして昨年十二月、友鷗のもとにやっと届いた広瀬からの書状を見た限りでは、特にひどい間違いはないのだが、文章が前後するようなところはみられる、と報じている。

　結局、この取次役は、文政十一年の四月二日付第一三通目書簡に、

是迄認かゝり候内桑名東里ゟ書翰相達候。日本外史之事並広瀬代り中次（田内主税）之事申来候間、其ケ条切り取

懸御目候。

とあり、田内主税(98)というものが勤めることになったことが報じられている。

ところで、この書簡が書かれてから一年にも満たない文政十二年二月十日（十一日とも）、広瀬は他界するのであるが、広瀬が亡くなったこと等について両者間でのやり取りは全くなかったものか、本書簡集中に関連書簡が見当たらないのは不思議である。

（二）　東里将監

東里将監（一七八七—一八六七）は、既に本章の注（1）に略歴を記しておいたが、岩城白河藩老吉村宣温の嗣子で、文化末年の隠居後に東里氏を称した。文政六（一八二三）年藩主松平家の転封に伴い伊勢桑名に移住した。若年時に藩命を奉じて出府し昌平黌で柴野栗山らに学び、詩歌・書札等を能くして和漢・古今に通じていた人物である。

そして、これも前述したが、本書簡集の第五通目の〔文政九〕年十一月一日付書簡は、この東里から友鷗に宛てたものである。それを友鷗が文政十年一月五日付第四通目書簡と一緒に楓軒のもとに転達したものであることは、この第四通目書簡に「桑名ゟ旧臘漸々書簡幷贈物等相達申候間、今便致別封為差登申候云々」とあるのによって分かる。

この第五通目書簡中に東里は、

然は先頃ゟ段々御苦労罷成申候水府小宮山先生へ問合之義、春中ハ委悉雛形等迄出来被相贈、いまた通信も不致処、厚情実ニ不堪感謝候。

と記し、友鷗に仲立ちをしてもらって楓軒に問い合わせをした件は、春のうちに雛形まで作って送ってもらったのにまだ謝意もお伝えしていないが、そのご厚情には心より感謝している、と述べている。そして続けて、

楓軒先生へ何そ奉呈度御坐候得共、何を申候も遠境実ニ不任心底、坐右有合之麤品拙書画類、不腆至極御坐候得

共、別啓之通り老盟迄相廻し申候。重々御煩労之義深く愓悚いたし候へ共、是亦宜御転致偏ニ奉希候。

と記し、楓軒先生に何かお礼の品を送りたいと思ってはいるのだが、遠く離れた地に住んでいるためなかなか思うに任せない。有り合わせの粗品で誠に申し訳ないとは思うのだが、別紙のとおり貴方のもとへ送るので、お手数をお掛けし申し訳ないが、楓軒先生まで転達方よろしくお願いしたい、と友鷗に依頼している。さらに東里は、

楓軒先生へ御書通も申度素志御坐候得へとも、先生俗称も不存候間、今般差付呈書ハ見合申候。右等之趣御序ニ御紹介奉憑候。

と記し、今回は楓軒の俗称も知らないので書通は差し控えたい、としながらも、以後は書通が叶うことを希望していたようで、楓軒への紹介方を友鷗に頼み込んでいる。

ところで、東里が楓軒に問い合わせたことというのは、この第五通目書簡の後半部に「方巾・道服雛形之内、猶又ちと不審之処御問合申度、別紙差進申候云々」とあるので、「方巾・道服」についてだったことが分かる。また、東里が友鷗のもとに楓軒へのお礼として送ってきた品については、第四通目書簡に、

右贈物等嶋屋便を以て差出候得共、遠路之義故途中ニ而押板等損し上包ミも破裂、旁ニて贈物包紙等少し宛損候得共、内ニは別条も無之候。其内鳩居堂製筆相見候所、是は包紙ニ委細記有之候通古製ニ倣ひ製候由、老拙義も食指相動キ候間、御序而之節壱本御配分被下度奉希候。先年鳩居堂製之易水墨手ニ入候義有之候処、新渡之唐筆（ママ。墨カ）抔ゟは墨色も宜敷、雅品ニ御坐候へキ。筆も定而時流之製ゟは宜敷候半と懇望仕候義ニ御坐候。

と、少々興味深いことが記されている。「この礼物は遠路を送られてきたためか、小包の包紙が破れて中身が見えてしまっており、特に中身に別条はないようだが、そのなかに鳩居堂製の筆が含まれており、包紙に記されているところによれば古製に倣って製したものとのこと。自分もこの筆には興味があるので、序でのときにでも一本分けてもらえ

ると大変ありがたい」、と楓軒に懇望しているのである。さらに続けて、「それというのも、先年鳩居堂製の易水墨という墨を手に入れ使ってみたところ、新渡の唐製のものなどより雅品であったので、筆もおそらく同様であろうと思われるから」というのである。楓軒が友鷗のこの懇望にどのように応えたかは、〔文政十〕年の第七通目書簡に、

桑名ゟ差越候贈物も無滞御入手被下候旨、相願候鳩居堂製筆も三枝御配分被下感佩仕候。実ニ壱枝ニて宜敷候処、半を御分ケ被下候段痛切之至ニ奉存候。御存之耳聾纔問話罷在候故、読書写書計りニ而は長日凌兼候間、古法帖抔差出臨摹等仕罷在候。故早速ゟ相用以試候処、運筆円活ニ而拙技も腕鬼之茩を免候心地ニ相成、大慶無量愉快無此上奉存候。

とあるのによって分かる。すなわち楓軒は、東里から送られた鳩居堂製の筆のうちの三本を友鷗に分け与えたのである。これに対して友鷗は大いに感謝するとともに、自分は耳聾のため読書・書写に明け暮れる日々であるが、それだけでは暇を持て余してしまうので古法帖の臨模などもしている。そこで早速送ってもらった筆を試してみたところ、運筆も円滑で拙い字も上手に見え、本当に愉快この上ない気分だ、とたいそう喜んでいる。また、この第七通目書簡には「桑名ゟも三月晦日出之書状此間相達、（中略）爾後ハ文通も御許容被下、大慶之旨申越候」ともあり、東里が楓軒から今後の文通を許されたことを喜び、友鷗にその旨を報告してきたことも記されている。

ところで第五通目書簡をみると、東里が、楓軒への新たな頼みごとを友鷗を通していくつかしていることが分かる。

兼々年頃集置候湖月亭寄題之詩巻中へ彼楓軒先生之作も収入いたし度、是又老盟より宜御頼被下度、尤白河ニ罷在候内之趣ニ被成被下度、其外かの先生御懇意之彼御府下の画人へ常州之内之勝地之真景一幀ニ御納被下度、則今般素絹呈し候。右勝地之かの先生高什別帋へ録し被恵度、偏ニ不堪渇望、是等之義宜御頼被下度、いまた御通信も不申処、ケ様之義相願候ハ深く恐懼いたし候へとも、御同好之義難黙止、何分宜奉冀候。且書画帖料紙も相

添申候。是又彼御藩諸彦之御書画渇望罷在申候。

その一つめは、東里が年来編集を続けてきた「湖月亭寄題之詩巻」の中へ楓軒の作も収載したいので楓軒に作詩をしてほしいということ、その際詩の趣は白河時代を想定したものにしてほしいということ、二つめは、楓軒が懇意にしている「彼御府下の画人」（立原杏所のことか）へ常陸国の景勝地の真景を描いて一幀に収めてくれるよう頼んでほしいということ、三つめは、それら景勝地の真景に寄題した楓軒の詩を別紙に記してほしいということ、四つめは、水戸藩諸賢の書画を書画帖にしてほしいということ。そして東里は、まだ書通もしていない楓軒にこのようなお願いをするのはたいへん不躾なこととは思われるが、ご同好の誼みということでどうかお許しいただきたい、と記し、必要な料紙等を書簡に添えて友鷗のもとに送付し、楓軒への転達を依頼している。

ところで、この第五通目書簡をみると、楓軒からも友鷗をとおして東里に依頼をしていたことがあったようである。

右ニ付先方ゟ貴盟迄ニ申越候弊藩同僚等世系文書等之義、尤安き事不打置色々手を入心懸候得共、何となく家世之義秘し候様之俗習ニ而開け不申義、存外取出しかね申候。（中略）寒舎之義も預御尋問汗面之至、先年越後高田ニ而罹災文書等多く灰燼、当今ハ一向ニ為差ものも不存恥入候得共、御同好之義元ゟ可秘義ニハ無御坐候。何歟少々取集メ呈覧、別紙之通り是又御内覧之上、不苦も被思召候ハヽ、御転達奉希候。

楓軒は、桑名藩（元白河藩）の主な同僚等及び東里自身の家に伝わる古文書等があれば見せてもらいたかったようである。これに対して東里は、自分の家の分は越後高田時代に罹災してたいしたものは残っていないけれども取り集めて送るが、他家のものについては家系等をなんとなく秘する傾向があるため思いの外収集が難しい、と応えている。結局、他家の分については、東里が格別懇意にしている親戚筋の松平・久徳両家のものを、決して他見させないという誓詞を出してごく内々に写させてもらい、その取り扱いにはくれぐれも慎重を期してほしいという条件つきで、友鷗をとおして楓軒に送り届けている。そして、今後も「無油断心懸、相分り候ハヽ、写取、密々可呈候」と伝えている。

もう一つこの書簡から窺える楓軒の依頼は、頼山陽の『日本外史』に関することである。

日本外史織豊之処、御安き事御坐候得共、いまた拙子手ニ入不申候。是又心懸可相謀候。ちと手間取可申やニ御坐候。此旨も宜御伝可被下（後略）。

当時、『日本外史』はまだ公刊されておらず、写本のままの状態であった。このような事情もあり、当時同書は簡単には読むことができなかったようで、楓軒は、なんとかして同書の写本を入手しようと試みていたらしい。相談を受けた東里は、入手に尽力する約束をしたものの、少々時間がかかるかもしれない旨を書き送っている。両者の間に立った友鷗も、第四通目書簡に、

桑名藩京都用向キ申付候ものは文雅之事をも好ミ候もの、由、居懸り取斗候ハヽ、借出も出来可申と老拙義も楽ミ罷在候。

と記し、文雅を好むという「桑名藩京都用向キ申付候もの」をとおしての同書の山陽からの借り出しに期待していた。しかし、当初の予想に反し、この件はなかなか埒が明かない状態が長く続き、本章第六節で後述するように、結局、東里ら桑名藩の知人をとおしての入手が実現しないうちに、楓軒は別ルートでの入手に成功したのである。

ところで、この東里のことであるが、

扨東里も如何成事ニ候哉。当夏末又々越中侯御意ニ違候事有之、他邦文通等憚り候旨ニ而、同藩成田藤右衛門と申名前ニ而勝山記等も遣し、已後は藤右衛門迄書状御遣呉候様ニせし事ニ御坐候。致仕之身分且ハ楽翁公御膝中位之事ニ候へ共、有間敷事之様ニ被存候所、子細も有之候事ニ可有御坐、気之毒之義ニ奉存候。乍序内々為御知申上候。

と文政十二年の十一月六日付第二〇通目書簡に記されている。これによると東里は、この年の夏の終わり頃に再度主君の御意に逆らうようなことがあり、他藩の者との文通等を禁じられたらしく、同藩の成田藤右衛門という者の名前を使って書物等を送ってよこし、今後はこの藤右衛門宛に書状を送ってほしい、と友鷗に伝えてきた。隠居の身であり、なおかつ前藩主楽翁公の容態が良くなかったときのことでもあるので、いったい何事があってのことなのか、とにもかくにも気の毒なことだ、と友鷗は楓軒に伝えている。こうした状態は天保二年になっても好転しなかったようで、同年の第二八通目十月二日付書簡には、

桑名ゟは一向書通無之候。（中略）当春来書之内を以考へ候へは、外藩へ書通不相成斗りニも無之、同藩へ会面も不相成様子、藤右衛門抔へも長役を以致問答候而已ニ相聞、実可憐事ニ奉存候。

とあり、他藩の者だけでなく同藩の者との接触も禁じられてしまったらしく、藤右衛門との問答さえ上役を通さなければならないということになっていたようである。

さらに、友鷗没後の天保六年第三八通目書簡では、友鷗の子息高橋も、

此間桑名東里ゟも来書有之候処、是も無事ニ消光罷在候旨申越候。今以閉居中、未老年と申ニも無之廿年来之逼塞、扨々いたわ敷事ニ有之候。（中略）学問迄も随分手際と被存、万事行届候人物と考量仕候処、如何之訳ニ而斯る蒙御勘気候ものやら、別而笑止之事ニ被存候。

と記し、まだ老年というほどの年でもないのに二十年の長きに亙る逼塞を蒙るとは、なんとも労しいことだ。学問も出来、すべてに行き届いた人物と思われるが、どのような事情があってのことやら、本当に気の毒なことだ、と同情している。

しかし、天保八年の第四一通目書簡では事情がやや好転し、

初春桑名東里ゟ来翰ニ御坐候所、近来慎中仏参又ハ近親方へ出入等之義、預赦免候旨大ニ相歓候趣ニ申来候。隔地之義ニは御坐候得共、是迄扨々気之毒ニ存居候所、御同慶之事ニ御坐候。

とあり、ようやく仏参や近親方への出入りが許されたことを東里が喜び、高橋まで報告をしてきたことが楓軒に報じられている。

思うに、東里は文化末年に隠居したというが、当時の年齢はまだ三十歳位だったのであるから、高橋が云う「廿年来之逼塞」というのが事実であるならば、何か事を起こしての辞職であったのであろう。まだ定信が藩主であった白河時代のことで、東里は当時執政の重職にあった。それにしても、隠居してから慶応三年に八十一歳で亡くなるまでのなんと長かったことであろうか。

（ホ） 鈴木武助

文政十二年の四月二十八日付第一七通目書簡に、

且又黒羽賢太夫鈴木氏農諭刻本御恵投被下置、御厚意感佩仕候。兼而噂は承置候仁ニ御坐候処、農諭熟覧其恵政も被存遺、仰止不少奉存候。懇意之当勤之者共抔へも為見、今度湯治先迄も持参、有志里長等へも為見候事ニ御坐候。

とあるのによれば、楓軒は、黒羽藩老鈴木武助の著わした『農諭』の刊本を友鷗に贈ったらしく、「御厚意感佩仕候」とお礼の言葉が記されている。鈴木については友鷗も以前から噂に聞いて知っていたらしいが、改めてこうして『農諭』を熟覧してみると、その善政の跡が今も窺われる思いがして真に敬慕の念を禁じ得ない、と感激している。

鈴木武助は、享保十七（一七三二）年生、文化三（一八〇六）年没。名は正長、通称武助等で、為蝶軒と号した。延享元（一七四四）年家督を継いで下野黒羽藩に出仕し、明和五（一七六八）年に家老となった。農政に心を砕き、産業振興・郷倉建立等を奨め、天明三（一七八三）年の大凶作にも餓死者を出さなかったという。寛政十（一七九八）年の致仕後も備荒の要を説き、学問・著述にも努めた。(99)

ここで取り上げられている『農諭』もその成果のひとつで、「日本経済大典」第二十六に翻刻収載されている同書には、下野鹿沼の儒者で宇都宮藩士鈴木澤民撰の文化八年の序文が付されており、そこには同書刊行を企画した黒羽藩の長坂某から序文執筆を依頼された旨が記されている。(100) また同書巻末には、水戸藩士秋山盛恭による文政八（一八二五）年の識語が付され、最近同書の著者と同じ黒羽藩士の長坂氏による刻本を手に入れたので、これをさらに広めたいと思い、一、二の同志と謀って重刻することにした、と記されている。(101) 友鷗が楓軒から贈られたのは、おそらくこの秋山達によって刊行された本だったのであろう。(102)

（へ）　鍋田舎人

先にみたように楓軒は、文政十（一八二七）年に陸奥国玉造郡の鳴子温泉等に湯治旅行を行ったが、その折、往路は浜通りを行き、五月十七日に磐城平の城下で鍋田舎人の居宅を訪れて面会している。

鍋田舎人（一七七八―一八五八）は磐城平藩士で、名は三善、字は士行、舎人は通称で、晶山と号し、書斎を静幽堂と称した。鍋田家は代々安藤家に仕え、舎人の父三房のとき、藩主の美濃加納からの転封に従って磐城平に移った。天明六（一七八六）年に父が江戸詰めとなり、江戸小石川大塚の藩邸に移り住んだ。父三房は藩主の信任が厚く家老となったが、文化元（一八〇四）年に隠居し、舎人が家督を継いだ。文化十一年一旦国元に戻ることとなり、後述するように文政十二（一八二九）年に再度出府するのであるが、当時はまだ磐城平に住んでいたのである。(103)

楓軒は、鍋田の居宅での面会時の模様を、その旅行記である『浴陸奥温泉記』に以下のように書き残している。

玄関ニ入レバ舎人出迎フ。（中略）其次ノ書室ニ請ジ入レ、茶菓ヲ供シ、其著ス岩城志ノ草本幷古文書ノ写等多ク出シテ示ス。時ニ時鐘八ツヲ報ズ。今夜赤井嶽ニ上ラントスレバ帰ラントスルニ猶トヾムルユへ暫ク談話尽ル時ナシ。乍八ツ半ヲ報ズ。猶酒ヲスヽムル設アリテトヾムレド決意、辞シテ旅宿ニ帰ヘル。互ニ談話ツキセズ、志ノコリアレドモセン方ナカリシナリ。

鍋田は玄関先で出迎え、書斎に招き入れて「岩城志ノ草本幷古文書ノ写」等をたくさん出してきて見せてくれた。鍋田は、磐城平に居住していた約十五年の間に多くの著作を物しているが、なかでも「磐城志」は、近世当地における代表的著作と目されているものである。その稿本は、のちに天保十二（一八四一）年の火災で焼失してしまうのであるが、楓軒はこのときこれを見せてもらっているのである。午後二時頃になったので、楓軒は、今夜近くの赤井嶽に上る予定があるからということで辞去しようとしたが引き留められ、なお暫く談話をして三時頃に旅宿へ戻った。お互いに話題は尽きず心残りではあったが、止むを得ないことであった、と記している。

ところで、楓軒がどうしても行きたかったらしいこの赤井嶽には一体なにがあったのかといえば、実はここには「観竜灯所」、すなわち不知火を見ることのできる展望所があったようである。楓軒はここで不知火を見た後、その夜は赤井嶽の常福寺に泊まり、翌日帰途に飯野八幡を参拝した。この神社は古文書を多く所蔵しており、楓軒は先に鍋田の所でその写しを見せてもらっていたので、後日それを借覧するつもりだと記している。昨日荷物を預かってもらっていた問屋に帰ると、鍋田から昨日の来訪を謝して贈りものが届いていた。以上が、この旅行記に記されている両者対面時の模様のあらましである。

さて、文政十二年の四月二十八日付第一七通目書簡を見てみると、

岩城鍋田〻も春来通信有之、風土記案録中飯野文書之部伝記類編之部壱冊宛遣呉申候。飯野文書は誠ニ至宝と被存、建武貞和宮方武家方之戦争可徴事共多く奉存候。類編は申さは集過キ候と申程之ものも相見候得共、捜索訂

正之骨折申詞も無之程ニ奉存候。貴序も被成下候由、老拙へも序跋之中綴り候様申越候。考へ居候得共いまた存付不申候。

とあり、鍋田が友鷗のもとに自著『風土記案録』(104)中の「飯野文書之部」と「伝記類編之部」を、各一冊ずつ贈ってくれたことが記されている。友鷗は、前者については、建武・貞和当時の宮方と武家方の争いについて大変よく纏められていてとてもすばらしいものであると絶賛しているが、これは楓軒が温泉旅行中に参拝した飯野八幡関係の文書のことであろう。また後者については、少々煩瑣に過ぎると思われるところもあるが、史料の収集と考証に多大の労を費やしたであろうことは十分に窺われる、と評している。そもそも鍋田は学問を好み、渡辺崋山・佐藤一斎・大田南畝等、多くの学者・文人とも交友があった。また、読書家で愛書家でもあった旗本朽木綱泰の「川々の会」や、屋代弘賢・山崎美成の参加した「疑問会」にも出席し、考証の学の影響も受けていたのであるから、友鷗のこうした評価も十分肯けるところである。

友鷗はさらに続けて、鍋田から、貴方がこの本の序文を書いてくれたので小生も序跋のいずれかを書いてほしいと頼まれ、いろいろと考えてはいるのだがまだ書けないでいる、と報じている。因みに楓軒は、鍋田が私版で限定百部刊行したという「改正陸奥磐城四郡疆界路程全図」にも、「文政戊子（十一年）冬十二月」付で題辞を寄せている。

そして、文政十二年の十月一日付第一九通目書簡には、

岩城鍋田ニ而も七月中出府之由被仰下、初而承知仕候。安藤侯御代替りニ付、鍋田抔又々御用ひ被成候事ニ御坐候哉。本望之事ニハ可有之候得共、御経済甚御難渋之由承候間、心痛共ニ可有之遠察仕候。出府之義ハ一向不存候故、八月中書状等も差出申候。留守ニ相達候事と奉存候。江戸表ニ滞府致候事ニ御坐候哉、御国元へ罷下り候事ニ御坐候哉。

とある。先述したように、鍋田は文化十一年から磐城平の城下に住んでいたのであるが、この年七月に再び出府したことがこの記述によって分かる。友鷗は、この事実を楓軒から知らされて初めて知ったという。藩主安藤侯の御代替り[105]で鍋田なども再び登用されることとなったものか、藩の財政状態が思わしくないということなので本当にご苦労なことだ、と同情している。さらに続けて、出府したことを知らなかったので八月中に磐城平の居宅に宛てて書状を差し出してしまったが、このまま江戸に留まることになってしまうのだろうか、と気遣っている。鍋田は、結局このまま江戸詰めとなり、江戸小石川大塚の藩邸で最期のときを迎えることになるのである。

なお楓軒は、自身が中心になって編纂した『垂統大記』[106]の編纂過程で、鍋田らの意見を聞いて万全を期したというが、その際の往復書状が『大典質疑』と題して水戸の彰考館文庫に残されている。

(ト)　小此木玄智

〔文政十〕年の八月一日付第九通目書簡をみると、

小此木玄智と申医生、石女を療候由御聞及被成候所、猶又否之義御聞被成度旨、玄智義ハ四十才前後之年齢之ものニ御坐候。十七、八歳之頃長崎執行ニ罷登、七、八年も在留執行仕罷下候。蘭書之和解等も相成、療治も随分巧者ニ而、已ニ老拙弐男弥五太夫義、五、六年以前左足之小指江疽を生候而、已ニ廃人ニも可相成衆医も申候位之所、玄智療治ニ而致平愈《ママ》歩行等差障りも無之、平日躰ニ相成申候。右類衆医之捨候病は功験有之義数人有之候間、三春領石女も噂之通ニ可有之存候得共、猶又承り候上可申進存候所、玄智老親大病ニ而当時看病罷在候間、承り候義も致遠慮候。別而玄智へ致懇意居候ものへ承り候へは、三春之女ハ不存候所、是迄も石女五、六人も致療治候旨、当時川股辺ゟ三十歳余之石女之療治受候為メ玄智方へ参り居候由、石女と一口に申候而も其症ニ種々有之、症ニ寄療治不行届ものも有之、又左迄骨折無之療治行届候も有之共、兼而玄智物語之旨申事ニ御坐候。当時川股辺ゟ参居候石女は、余程骨折候旨申事ニ御坐候。

とある。これによると友鷗は、小此木玄智という医者の石女治療について楓軒から質問をされたようである。楓軒は、石女治療における玄智の評判をどこからか聞きつけたらしく、友鷗にその真偽の程を確かめようとしてきたものらしい。これに対して友鷗は、玄智は現在四十前後の年齢で、十七、八歳の頃から七、八年間長崎で修業してきたため、蘭書を読むことが出来る上に医術の腕も確かで、五、六年前に自分の次男の弥五太夫が左足の小指に疽ができて衆医から見放されたとき、玄智の療治によって歩行の支障も全くない状態にまで完治した、と報じている。そして、息子と同様に他の医者から見放された患者を何人も救っているところからすれば、「三春領石女」の噂も本当だろうと思うが、これを本人に確認してみようと思っていたところ、折悪しく玄智の年老いた親が病気になってしまった。それで玄智に直接聞くのを遠慮して彼と懇意の者に尋ねてみたところ、その者の話では、三春の女のことは分からないが玄智はこれまで五、六人の石女の治療をし、今は川股辺りの女が治療を受けるため玄智のところに来ているとのことであり、また石女と一口に云うが、その症状によっては治療の難しいものもあると玄智が兼々話していたのを耳にしており、この川股の女の場合は余程骨が折れるだろうと云っていたということを楓軒に報じている。

また、天保三年の十月二十七日付第三三通目書簡には、

先達而御書翰中ニ被仰下候通、蛮語之青地林宗ゟ存出候。敝藩ニも小此木玄智と申外科、長崎ニ数年罷在蛮語ニ通し、杉田玄白・大槻玄沢抔とも懇意ニ而職道も巧者ニ有之、奥地ニ而は名高キものニ有之候所、（後略）

とあり、楓軒からの書簡に「蛮語」に通じた青地林宗(107)のことが記されていたらしく、それで思い出したとして、二本松藩にも小此木玄智という外科医がいて、長崎に数年間行っていたので「蛮語」に通じており、杉田玄白や大槻玄沢等とも懇意にしており、医術も巧みで当地ではよく知られている、と第九通目書簡と一部重複する内容の説明をして

いる。

小此木玄智は、名は利懌、字は祐民、通称玄智で天然と号した。天明五（一七八五）年生、天保十一（一八四〇）年没。長崎に遊学してシーボルトに医学を学び、外科手術に長じていた。帰藩後、藩の許可を得て刑死者の解剖を行ったという。(108) 因みに、友鷗への書簡で楓軒が話題に上せたらしい青地も蘭方医で、この年に水戸藩に招かれてその医員となっている。

ところで、本書簡中で友鷗は、玄智が杉田玄白や大槻玄沢とも懇意にしていると記しているが、宝暦七（一七五七）年生まれの玄沢はまだしも、享保十六（一七三三）年生まれの玄白とはあまりにも年齢が違いすぎ、懇意な関係になるというようなことはとうてい考えられない。これは、もしかすると玄白の後妻の子である立卿あたりと間違えているのではなかろうか。

それはともかく、この第三三通目書簡が書かれてから一年も経たない天保四年の五月二十三日付第三六通目書簡は、友鷗の子息高橋九郎から楓軒に父の死去を伝える訃報であった。その書簡中に「兼而御承知被下候小此木玄智得療治、其外同藩医師共数輩申談、療養相任セ候処云々」とあるように、このとき玄智は、他の数名の藩医と共に、容態の悪化した友鷗の治療にも当たっているのである。

（チ）　衣関順庵

文政十年の一月五日付第四通目書簡に、

当時は都ニ衣関《キヌトメ》順菴と申医師、大己貴命少彦名命之神徳を尊崇、皇邦之古方を専ら致主張候由、其者之著述瓊矛起源と申書を見候所、偏固之事ニ相見候得共、何れ奇人志士と被存候旨、桑名より申越候。敝邑抔ニ而はいまた承りも及不申、其表ニ而は定而御聞及も被成候半。著述も御覧被成候哉。昇平之余沢、種々之人物も出候事と被存候。

とあり、桑名の東里将監から、衣関順庵という医師についての情報が友鴎のもとに寄せられたことが記されている。それによると、衣関は当時京都に滞在しており、大己貴命（オオナムチノミコト）・少彦名命（スクナビコナノミコト）(109)の神徳を尊崇し、わが国の古方を専ら主張していて、その著述『瓊矛起源』(110)を見てみたところ偏固な内容のものであった。しかし、いずれにしてもこの人物は「奇人志士」であるとは思われるとのこと。これを楓軒に報じた友鴎は、わが藩領内などではいまだ聞き及ばない人物であるが、貴藩等には定めてその名が伝わっていることと思われる。著述なども既に目にしておられるか、と尋ねた上で、それにしても昇平の余沢とでもいうのか、いろいろな人物が出てくるものだ、と感心している。

この衣関順庵という人物は、陸中一関藩田村家の侍医衣関甫庵の嗣子で、医者であるが生没年は未詳。名は貫、号は順庵で、伊都伎・玄益・道碩と称した。柴田元徳に従い諸国を遊歴し、眼科を能くして諸方で教授したという(111)。

そして、この人物については、もう一通〔文政十〕年の五月三日付第七通目書簡に、

衣関順庵之事、是又忝奉存候。鞆考証図解令郎御写被置候由、追而拝借相願候事も可有御坐候。

のように記されている。これをみると友鴎は、楓軒から衣関に関するなんらかの情報を得ることが出来たらしく、お礼の言葉を述べている。また、楓軒の息子が書写しておいたという衣関の著書『鞆考証図解』(112)を、追って拝借願うかもしれないとも述べている。

ところで、楓軒の随筆『懐宝日札』巻九を見てみると、この衣関について、「一関医、衣関《キヌトメ》順庵岡野氏ニ来。古医書ヲ集メ、大同類聚方百巻皆アリ。著述ノ書モアリト云フ」と記され、さらに「衣関順庵捜索古医書目録」が以下のように書き留められている。

衣関順庵捜索古医書目録　◎ノ印ハ已ニ得タリト云フ

◎大同類聚方百巻　安部真貞出雲広貞奉勅同撰　　出雲大社ニテ全書ヲ写スト云フ

金蘭方五十巻　菅原峯嗣奉勅撰

◎倭名本草十巻　大医博士深江輔仁奉勅撰

掌中方一巻　輔仁著

養生抄七巻　同

養生秘抄一巻

集注太素卅巻　小野蔵根撰

難経開季十巻　出雲広貞著

摂養要決廿巻　物部広泉撰

◎医心方卅巻　丹波康頼作

以上十部仁和寺御室書籍目録

和薬方　養和元年　和気定盛作

病源抄　丹波憲基作

薬種功能抄　丹波頼基作

炙穴抄　丹波知康作

療治方　和気定長作

以上五部和書紀年録

◎医略抄一巻　丹波雅忠
◎医心方拾遺廿巻　同
◎康頼本草二巻
　捧心方五巻
◎神遺方三巻
◎覆載万安方六十二巻
◎頓医方六十一巻
◎奇霊伝三巻
◎有隣福田方十二巻
　◎印十一部衣関氏所秘蔵重裹也

楓軒が以上の記事を書き留めたのは文化十四年のことであるから、この第七通目書簡が書かれた時点で友鷗は、衣関に関して少なくともここに紹介しただけの情報は楓軒から得ることが出来たはずである。

（リ）　詩僧万空

文政十一年の一月二十八日付第一一通目書簡に、

三州岡崎昌光寺万空と申詩僧有之、桑名隠居紹介ニ而両三年致往復候。詩文共ニ可成ニ出来候而、蔬筍之気無之雅僧ニ御坐候。旧臘遣候近作之内御慰ニ懸御目候。備中茶山之徒之由、茶山ニ刻意と被存候。

とあり、万空のことが話柄に上されている。万空（一七七五―一八三一）は、伊賀八幡領内伊賀村（岡崎市）浄土宗昌光律寺の第七世住職。僧名は慧性で、雪洞・拙庵と号した。詩文に特に優れ、伊勢山田寂照寺の画僧月僊（一七四一―一八〇九）との交流が深かったという。[113] 友鷗は、この万空とは「桑名隠居」、すなわち桑名藩士東里将監[114]の紹介で、ここ二、三年のあいだ書簡の往復をしている、と記している。そして、万空を詩文共に相当できる雅僧であると楓軒に紹介し、昨年十二月に万空から送られてきたという近作を転達している。また、友鷗の入手している情報によれば、万空は備後神辺の菅茶山（一七四八―一八二七）の弟子とのことで、茶山に心酔しているように思われる、とも記している。

そして、文政十一年の六月十九日付第一四通目書簡に、「万空之詩・東里之書御返被成、落手仕候」とあるのは、このとき友鷗が楓軒に転達した詩であり、また東里が万空を友鷗に紹介した際の書状であろうか。いずれにしても、万空は、江戸中期における岡崎城下の代表的文化人であったようである。

（ヌ）　峨眉山人

文政十二年の十月一日付第一九通目書簡に、

峨眉山人之事、如何さま先年本宮辺ニも暫く滞留、和哥抔致指南居候事ニ御坐候処、繁勤之砌故尋訪も不仕、追而翠軒先生撰之碑文ニ而博学宏才之奇人之段は承知仕候事ニ御坐候故、著述之ものも見候事無之候。本宮辺ニは持居候者も可有之哉、被御写置候分借覧仕度奉希候。本宮辺捜索之手懸りニも可相成哉と存候間、御ねたり申上候。

とあり、「峨眉山人」のことが話題に上されている。

「峨眉山人」というのは、国学者土師維熊の号である。享保二十（一七三五）年生、文化元（一八〇四）年没。初め水山氏、のち生駒氏。名は維熊・熊文等、字は君祥、通称周蔵で峨眉山人・柳塘等と号した。常陸笠間に生まれ、若年で笠間藩に出仕し、のち出奔して諸国を巡ったあと水戸に仮寓し、安永九（一七八〇）年頃は江戸に住んでいた。晩年は岩代下阿久津村の門人の宅地に庵を結び、自適の生活を送った。文武・医方・雑芸等に長じ、博識で聞こえたといこの書簡で友鷗は、「先年（といっても峨眉山人が亡くなったのは文化元年のことであるから、五年や十年などではなく、もっと以前のことのようであるが）峨眉山人が領内本宮宿辺りに暫く滞在して和歌などの指南をしていたことがあったが、当時は仕事が忙しい時期（おそらく友鷗四十歳前後の頃か）だったので、面会にも行けなかった。この人物については、翠軒先生が撰した碑文で博学宏才の奇人であることは知っていたが、ついその著作を見ることもなく今まで過ごしてきてしまった。かつて当人が滞在したことのある本宮辺りで、誰かその著作を所持している者はいないだろうか。もし貴方が書写しておいたものがあれば、本宮辺りで探すときの手掛かりにもなるので是非貸してほしい」、と楓軒に懇望している。

ところで、翠軒は、天明四（一七八四）年に「峨眉山人五十寿序」を物しているが、[116]ここにいう「翠軒先生撰之碑文」とはいかなるものか、いまだ確認できていない。峨眉山人の著作には、『彼面此面』（二冊、雑記、安永八年自序。静嘉堂文庫小宮山楓軒叢書等に写本がある。かつて彰考館にもあったが戦災で焼失）、『府中雑話』（一冊、地誌、安永八年成立。かつて彰考館にあったが戦災で焼失）、『結縄歌』（一冊、和歌、寛政六年成立。東北大狩野文庫に写本がある。かつて彰考館にもあったが戦災で焼失）等があるが、[117]このうち静嘉堂文庫所蔵の『彼面此面』は、明らかに楓軒が所蔵していたものであることが分かる。楓軒は彰考館蔵本も借りることができたのであるから、この楓軒所蔵のものともども友鷗が楓軒から借覧した可能性はあるが、実際どうであったかは今は分からない。

因みに、国立国会図書館所蔵の「小宮山叢書」に収められている楓軒の『閲書目録』巻五の文政三年の条に、峨眉山人が生前所蔵していた書物のリストが記されている。その中には峨眉山人の自著も含まれているので、参考までに当該個所を以下に摘記しておくことにする。

峨眉山人遺書　四十三冊　十五巻　皆其手書　小冊　蠅頭細字
神世生続叙次図帖　土師惟熊撰
繫髪劄記　仁集　一冊
書紳事略　一冊　藤原真楫著
言能葉　一冊
嶼鵠　一冊
臆記　一冊
佩笈　一冊
佩觽　一冊　安永庚子
読史管見　一冊　土師維熊輯
干麻誤俚　二冊
漫画録　一冊　峩嵋土師惟熊輯
倭訓栞穎　二冊　享和三年癸亥五月十五日書功畢
百忍図　一冊
史栞　一冊
嶼游紀聞　一冊　熊文
臆史　一冊
訓志　一冊
乙巳襍志　一冊
遺徴　一冊
幼而頴悟　一冊　無題名巻首有此四字
正鵠篇　一冊
戊午暦　一冊
右契左契　一冊
紀年捷覧　一冊　東都師維熊撰　寛政三年辛亥正月七日録次
譫画　一冊
史疏　一冊
朝野文叢　一冊　土師維熊輯
二泉遺響　一冊　土師熊文輯　為村卿集　為久卿集
生駒惟熊
費墨編　二冊
東藻釈語　一冊
抄書八類　一冊
制事略　一冊

釈言　一冊　　　　　　　　　　　　鼓志　一冊
癸亥遺鵠　一冊　　　　　　　　　　庚戌暦　一冊
辛亥日録　一冊
枕辞袖几帳　一冊　戸次犬飼輯　郡空風薄竃人校　河上釣徒熊文序　印本
大嘗会便蒙　一冊　寛政八年丙辰秋七月廿一日書功畢　土師惟熊
南留別志　一冊
和文　十五巻　疑抄扶桑拾葉集也

第四節　史実等の考証や歴史的人物に係わる主な情報の交換

本節では、標記の件について、あくまでも楓軒と友鷗の間でどのような情報交換が行われたかを確認するに止め、その情報の信憑性や考証結果の学問的な正否等についての検証は行わない。また、ここでも高橋書簡の扱いについては前節同様である。

（1）「仏国禅師家集弁觿図」のこと

〔文政十二〕年の二月二十九日付第一二通目書簡に、

仏国禅師家集弁觿図御恵投被下、何れも未覧之ものともにて、寛々相楽可申、大慶仕候。觿ノ図ヲ摹シ書冊ノ柴折ノ代リナトニ仕候ハヽ、古雅ナルモノニ可有之、工夫仕居候。禅師之詠哥善悪ハ存セズ事なから、出塵の作意共ニ而、道義も被推斗、甘心仕候。

とあるのによれば、友鷗は、楓軒から「仏国禅師家集幷觽図」を贈られ、どちらも初めて見るものなので緩りと楽しませていただくことにする、とたいそう喜んでいる。そして、この觽(118)の図を模して栞を作ったならばさぞかし古雅なものができるのではと思い、工夫をしているところだと述べ、また、禅師の歌については、その出来映えの良し悪しはともかくも、出塵の作意と道義の高さが感得されるとし、高徳の禅師であれば然もありなんと得心している。

さらに、同年の四月二日付第一三通目書簡では、

客月便ニて仏国禅師之哥集新刻壱冊・觽之図壱幀御恵贈被成下、感謝不少奉存候。仏国禅師之哥、不及事ながら巧を尽し奇を競ひ候哥なと、違、自然ニ所発妙音共と被存感吟、御道徳も景仰ニ不堪候。

と記し、再度「仏国禅師之哥集新刻壱冊・觽之図壱幀」を恵贈されたことを謝すると共に、禅師の歌について先の書簡で述べたのと同様の感想を繰り返し述べている。

「仏国禅師」は、鎌倉時代後期の五山禅僧高峯顕日(一二四一―一三一六)の勅諡号で、その令名は天下に聞こえ、夢窓疎石(夢窓国師、一二七五―一三五一)や宗峯妙超(大燈国師、一二八二―一三三七)も参禅し、無準師範から伝えられていた法衣を夢窓疎石に相伝した。著作に、『仏国禅師語録』『仏国禅師家集』等があり、友鷗が楓軒から贈られた『仏国禅師家集』は文政六年に刊行されている(119)。

(2) 高橋紹運のこと

文政十年の一月五日付第四通目書簡に、

高橋紹運之義被仰下候。差当り入用之筋も無之候。常山奇談・藩翰譜等ニ而粗行状も承り居候間、先被仰下候ニ

不及候。乍然筑前続風土記は兼而一覧仕度相願居候間、御手元ゟ御恵借被下候義出来候ハヽ、追而相願度奉存候。

のような記述がみえる。これによれば、友鷗は、楓軒から高橋紹運について書かれた文献に関する情報を寄せられたもののようである。この高橋紹運（生年不詳―一五八六）という人物は、戦国・安土桃山時代の武将で、元亀元（一五七〇）年に筑前御笠郡の岩屋・宝満両城の城督となり、御笠郡を中心に筑前南部の軍事・行政権を掌握したが、天正十四（一五八六）年、島津氏の攻撃を受けて岩屋城は落城し、自害して果てた[120]。友鷗は、この人物については『常山奇（紀カ）談』や『藩翰譜』等で大体の行状も分かっているので、差し当たり必要なものはないけれども、ただ『筑前続風土記』だけは以前から一度見てみたいと思っていたので、もし貴方から貸していただけるならば追って拝借させていただきたい、と記している[121]。

（3）「大内備前之姓氏」のこと

〔文政十〕年の三月二日付第三通目書簡に、

扨又敝封内四本松領主大内備前之姓氏、多々羅と云は誤りにて、古棟札等にも源姓ニ相記置候而、源姓たる事は明白に候得共、顚末系統聢不相分候。偶記中に有之候哉、大内備前源氏姓たる事御記被成候様覚申候。御本拠御坐候ハヽ、乍御面倒御記被下度奉希（後略）

とあり、二本松藩領内の四本松領主大内備前の姓氏のことが話柄に上されている。友鷗は、大内備前の姓氏が「多々羅」というのは誤りで、古棟札等にも源姓に記されており、源姓であることは明白なのだが、その系統がどうもよく分からない、と述べ、「偶記」の中だったかで貴方が大内備前が源氏姓であることを書いていたように記憶しているので、ご面倒でもその典拠をご教示願いたい、と頼んでいる。ここで友鷗が「偶記中」と云っているのは、楓軒の随筆

『楓軒偶記』のことであろうが、現行本（日本随筆大成第二期第十巻所収）の中にこれに関連した記事は見当たらない。

（4）「加藤清正手痕之摸字」のこと

友鷗は、天保二年の十二月六日付第二九通目書簡に、

加藤清正手痕之摸字え岡本花亭之讃を致候一紙、客月桑名翠関ゟ差越候。花亭之讃も清正之事実を悉し候様ニ相見、清正之雄武も暗想被致候間、致摹写候間致供覧、御返しニ及不申候。右手痕之真物は何方ニ有之候哉不申越候。傍ニ御華字之題目を認、慶長十六年と有之候ヲ以テ考候ヘハ、神君将軍宣下之後、清正幸長同道にて秀頼出京之砌ニも可有之哉と被存候。

と記している。これによれば、先月友鷗のもとに、桑名の東里から加藤清正の真跡の摸字に岡本花亭が讃を書き入れた一紙が送られてきたらしい。

この岡本花亭という人物は、明和四（一七六七）年に生まれ、嘉永三（一八五〇）年に没し、名は成、字は子省等、通称は忠次郎で、花亭・豊洲等と号した。幕府の勘定奉行の属吏岡本荘蔵政苗の男で、信州中野郡代・勘定吟味役を経て、天保十三（一八四二）年勘定奉行となった。能吏で文雅を好み、漢詩を能くし和歌も詠じた。菅茶山・大窪詩仏らと交遊があり、晩年は詩壇の耆宿として仰がれた[122]。

友鷗は、岡本によって書かれたこの讃は、清正の事実をよく書き尽しているように思われ、清正の雄武も偲ばれるので摸写をして進呈する、と述べている。そして、この摸字の真跡の所在について東里は何も言及していなかったらしいが、友鷗はそれが知りたかったようである。

また、その真跡の書かれた時期については、「傍に漢字で題目を認め、慶長十六年と年次が記されているのによって

考えると、神君家康公の将軍宣下の後、清正と幸長が同道して秀頼が出京した砌のことでもあろうか」、と推測している。家康が征夷大将軍に任じられ江戸幕府を開いたのは慶長八（一六〇三）年のことであるが、同十六（一六一一）年、後陽成天皇が退位し後水尾天皇が即位したのを機に、家康は即位参賀を理由に上洛した。その折に、加藤清正は豊臣秀頼を説得し、浅野幸長と共に秀頼に扈従し、二条城で家康と会見させることに成功した(123)。友鷗は、この歴史的な出来事を想起し、その折の清正によるこの真跡執筆の可能性を示唆しているのである。

（5）「畠山義継後室」のこと

〔文政十〕年の三月二日付第三通目書簡に、

畠山義継後室、賢明之婦人ニ相見候所、伊達田村抔之女子之様ニ所々書記之もの見当り之所、是又不分明、多年懐疑罷在候所、山鹿素行之著武事記と申書ニ、畠山義継は岩瀬盛義之聟と記有之旨、抄出之もの初春見申候而、多年之疑惑氷釈仕候。盛義之室は輝宗之兄弟ナレハ、義継之後室は輝宗ノ姪ニ有之候間、伊達田村之縁家之様ニ諸書ニ記置候にも相当仕候。

とあり、畠山義継の未亡人のことが記されている。友鷗は、この夫人は賢明な女性だったようであり、伊達田村の出自であると書いたものがいくつも見られるが、その確証を得られず長年疑問に思ってきた。ところが、山鹿素行の著書「武事記」という書物の中から(124)、畠山義継が岩瀬盛義の聟であると記された個所を抄出したものを初春に見る機会に恵まれて、長年の疑惑が氷釈した、とその喜びを楓軒に伝えている。つまり、義継が盛義の聟であるとすれば、盛義の夫人は伊達輝宗と兄弟なので、盛義とのあいだに生まれた義継の未亡人は輝宗の姪ということになり、伊達田村の縁家の者とされている諸書の記述と事実関係において符合する、ということで友鷗は合点したのである。

因みに、畠山義継は陸奥国安達郡二本松の城主であったが、天正十三（一五八五）年に伊達輝宗をその出陣先の同郡宮森城から拉致したため、輝宗の子政宗が率いる伊達勢によって銃撃を受け、輝宗共々最期を遂げたという。(125)

（6）「心越禅師書画帖」等のこと

天保二年の六月五日付第二六通目書簡をみると、

且又増子氏為御答礼、心越禅師書画帖御恵投被下、早速相達候処、当人望外之御謝答甚痛却仕候旨申聞、余り過当之御事ニ付、又々何そさかし出し懸御目度旨申事ニ御坐候処、御祖先之御作二通・三宅先祖之作弐通致持参候。其内壱通は写ニ可有之、壱通は御祖先御正筆ニも可有之哉と奉存候。三宅先祖之算法書宗卿君序、老拙写取置候間、是又懸御目申候。是は元禄中上梓致候而、其原本三宅氏代々相伝、当時幼弱ニ而親族方ニ厄介致置候者之手許ニ有之、借り寄写取申候。御返ニは及不申候。右一包之内ニ理右衛門口上書有之候間、是ニ而御悉可被下候。

とあり、楓軒が、友鷗を通して「増子氏」へ、お礼の品として「心越禅師書画帖」を贈ったことが記されている。そして、これに先立つ同年の一月二十二日付第二四通目書簡には、

将又敝藩三宅与志左衛門之先祖、貴家御先祖へ御懇意ニ有之由ニ而、弐代目忠兵衛殿別紙歳旦之高作致所持候所、老拙御懇意ニ仕候趣存候而、致進上度旨ニ而致持参候所、家卿は弐代目忠兵衛殿と存候所、両人之子共衆之内貴藩へ被出勤候御方も可有之哉、家卿殿之御真跡歟又弐人之子共衆之内ニ而被認候もの歟不存候得共、何連年古ル物ニは相違有之間敷存候間、懸御目申候。右致持参候理右衛門と申士は、三宅之家之次男ニ而次右筆抔相勤候故、老拙勤役之砌召仕候事も有之、年来知ル人ニ御坐候。当時三宅之家は漸十一、二歳ニ而、外祖父之方へ引取養置、理右衛門義は増子氏之家を相続致居候ものニ而、文字辺不案内之男ニ御坐候間、別紙御留置被成候とも、御文通

等にも及不申候。貴府にて摺出候石摺類ニ而屏風・対立等へ張交セ候程之品ニ而も被遣被下候ハヽ、悦可申、御心次第ニ而宜敷御坐候間、老拙方迄被遣候様奉存候。

と記されていて、これによれば、二本松藩士三宅与志左衛門という者の先祖が楓軒の先祖と懇意にしていたため、三宅家に小宮山家二代目忠兵衛のものらしい別紙のような歳旦の高作があり、友鷗が楓軒と懇意にしていることを知って、これを楓軒に進上したいということで「理右衛門」という者が持参したという。続けて同書簡には、自筆かどうかは分からないが、いずれにしても古いものであることは間違いないのでお目に掛けることにする、と記され、さらに続けて、これを持参した理右衛門という男は、三宅の家の次男で次右筆などを勤めていたため、かつて自分の下で仕事をしたこともあり、年来の知人であること、当時三宅家の当主は漸く十一、二歳になったばかりで、外祖父の方に引き取られて養育されていること、この理右衛門は養子に出て増子氏の家を相続している者であり、学問には不案内の男であるので、これを貰ったからといって以後文通等には及ばないこと、そしてこの者への礼物としては、水戸藩で摺り出した石摺りの類のもので屏風・衝立等へ張り交ぜるのに好いような品などを自分宛に送ってほしいということ、等が記されている。この第二四通目書簡によって、第二六通目書簡にみえる「増子氏」が如何なる人物か、また、楓軒が友鷗を通して、この「増子氏」へお礼の品として「心越禅師書画帖」を贈ったのが何故かを知ることができる。

扨、今ここにいうところの「心越禅師書画帖」というのは『東皐心越書画帖』のことであろう。同書は、岩波書店『国書総目録』には天明七年の成立であることが記されており、岡沢稲里の「立原翠軒と咸章堂の関係」と題する講演筆記の中に紹介されている(126)「水戸巖田氏咸章堂蔵板墨本目録」中にもその書名がみえるので、岩田咸章堂から上梓されたものであることが分かる。この岩田咸章堂は、天明以降、立原翠軒の指導の下に、中国書道の粋を集めた『垂裕閣法帖』のほか百余点を刊刻しており、同時代の人々から肥後の衛藤氏、京の中川天寿らと並んで高く評価されたという。[127]

そして、東皐心越（一六三九―一六九五）は、曹洞宗の禅僧で、道号は心越、号は東皐、俗姓は蔣。明の杭州金華府浦陽の人で、延宝五（一六七七）年長崎に渡来し、徳川光圀に招かれて天和三（一六八三）年水戸の天徳寺（のち祇園寺）住持となり、曹洞宗寿昌派を初めて日本に伝えた。詩文に巧みな学僧で、書画・篆刻・琴楽に長じ、殊に七絃琴を能くしたという。[128]

理右衛門は、このように一流の書肆から刊行された一流の人物の書画帖を贈られたのであるから、これをあまりにも過分なお礼と受け止めたのも理解できないことではなく、大変に恐縮し、さらに楓軒の先祖の作二通と三宅家の先祖の作二通とを探し出して友鷗のもとに持参した。友鷗はこれらを楓軒に送り届けたが、そのなかの一通はご祖先の自筆ではないかと思われる、と述べている。これと同時に、友鷗は、三宅家の先祖の著わした算法書に楓軒の先祖が寄せた序文を写し取って置いたので、これも一緒に送ってお見せする、と記している。[129]この書物は元禄中に上梓されたもので、その原本が三宅家に代々伝えられているのを借り出して書写したものであり、返却には及ばない、と付記している。そして、この一包の内には理右衛門による挨拶状が入っているので、詳細はこれをご覧いただきたい、と結んでいる。

（7） 柳沢吉保の年譜のこと

文政十一年の四月二日付第一三通目書簡をみると、

柳沢殿永慶寺年譜、是は其家之年譜ニ御坐候哉。如何之ものニ御坐候哉。御教示奉希候。是又食指動申候。柳沢殿之事認候は松蔭日記ヲ写置候。憲廟実録も先年被閲、抄書仕置申候。御望ニ御坐候ハヽ何れも供覧可仕候。

とある。友鷗は、「柳沢殿永慶寺年譜」というものが柳沢家の年譜なのかどうかを楓軒に問うと同時に、柳沢吉保（一六五八―一七一四。徳川綱吉の側用人から武蔵川越藩主、のち甲斐府中藩主となる）のことを記したものとしては「松蔭日記」というものを書写してあり、「憲廟実録」というものも先年閲覧し抄書しておいたので、もしお望みとあらば何れもご覧に入れますが、と楓軒の意向を尋ねている。

そして、同年の六月十九日付第一四通目書簡に、「柳沢年譜も拝見仕度もの二御坐候。御序而之節追々ニも御許借被下度奉希候」と記し、「柳沢年譜」の借覧を乞うている。ここにいう「柳沢年譜」とは、おそらく「柳沢殿永慶寺年譜」のことであろう。しかし、楓軒が「松蔭日記」と「憲廟実録」の借覧を望んだか否かについては、この書簡からは分からない。

さらに、翌十二年の四月二十八日付第一七通目書簡には、

今便柳沢年譜返完仕候。無根之妄説を信用仕候もの世に多く有之候間、其冤を払ひ候ニは宜敷書ニ御坐候得共、真面目を露候て却て識者之譏評を招候事も相見候様奉存候。

とあるので、友鷗は、楓軒からこの「柳沢年譜」を借覧したらしく、返却するにあたって、「無根の妄説を信用したものも世間には多くあるので、その冤を払拭するのには適した書であると思うが、真面目さを強調するあまり、却て識者の譏評を招くのではないかと危惧されるようなところもみられる」、とこの書を読んでの感想を書き送っている。(130)

（8）「白石先生経邦典例」のこと

天保二年一月二十二日付の第二四通目書簡に、

白石先生経邦典例之義、兼而御引合申候義も有之候処、服飾之部零本手ニ入写取候由、此上は何卒全部ヲ取出度旨、別紙服飾部壱冊差越候。盟台へも写ニ而も上呉候様申越候間致手写、桑名ゟ差越候原本上申候。御返ニは及不申旨申越候間、御留置可被成候。併全本手ニ入候義ハ力ニ及間敷被存候。源朝風か輯録之白石著述書目ニも、「経邦典例二十一巻佚ス。今所存序例数篇見于遺文中」と有之、人間ニ絶無之物ニ致置候。外ニ冠服考一巻と有之候間、今度桑名ゟ差送候一冊者此冠服考ニ可有之哉と被存候。

とあり、新井白石（一六五七―一七二五。木下順庵門人。六代将軍家宣を補佐して幕政に参与。晩年は学問的著述に専心した）が著した『経邦典例』という書物が話柄に上されている。(131) この引用文の直前に「翠関も随分無事送光之由、随而は色々盟台へ御願呉候様頼来候義共有之、左ニ認申候」とあるのによると、桑名の東里から友鷗に宛てて楓軒に尋ねてほしいと言ってきた案件のうちの一つであるらしく、本書簡に「兼而御引合申候義も有之候処」とあるのによると、友鷗は、これ以前にもこの件で東里から楓軒に尋ねてほしいと頼まれたことがあったもののようである。

それはさておき友鷗は、東里から送られてきた同書中の「服飾之部零本」を、東里が貴方にも差し上げてほしいと言っているので、桑名からの原本の方を送付します、と記し、さらに返却には及ばないとのことでした、と付け加えている。そして、東里が同書の全本を手に入れたいのだが何とかなるまいかと言ってきていたものか、それは自分の力ではとても無理なことだと思われる、と述べている。それというのも、源朝風が輯録した(132)「白石著述書目」にも同書はほとんど残存していないとされており、今度東里が送ってきた一冊は、朝風がこの書目中に「外ニ冠服考一巻」と書いているところの、わずかに残ったとされる「冠服考」なのではないかと思われる、と記している。本書簡において友鷗は、無理を承知の上で、東里の希望するところを取り敢えず楓軒に取り次いだようである。

（9）「田沼山城を佐野善左討取候記」のこと

天保三年の十月二十七日付第三三通目書簡をみると、

田沼山城を佐野善左討取候記も此辺ニ而ハ一向見当り不申候。休不録之外ニは続三王外記ニ認置候を見候得共、大躰休不録認候ニ詳略無之候。右外記御覧不被成候ハヽ、上可申候間、可被仰下候。

のように記されている。友鷗は、「田沼山城を佐野善左討取候記」が二本松藩領内辺りでは一向に見当たらず、「休不録」の外には「続三王外記」があるのみで、しかもその「続三王外記」に記されているところは「休不録」の記述とほとんど変わらないと述べ、もしこの「続三王外記」を楓軒がまだ見ていないようならばお貸しするが如何か、と尋ねている。

ところで、ここにいう「田沼山城」とは田沼意次の子意知のことで、天明元（一七八一）年奏者番となり、同二年「山城守」と改め、翌三年若年寄となった。しかし、翌四年の三月二十四日に江戸城中において「佐野善左」、すなわち新番士佐野善左衛門政言に切りつけられた傷がもとで、同年四月二日に死亡してしまった。この事件は、佐野の請託を納れて栄達を保証し多額の金品を受け取りながら、その約束を履行しないので怨みを買ったために起きたとされている[133]。そして、この事件について記されているという『続三王外記』は、徳川吉宗から家治に至る間の雑史で、館林藩士石井蠡（一七三八―一八一二）の著作であるが、「休不録」というのは、あるいは「緑天外史」（西山拙斎）の著作である『休否録』のことではあるまいか[134]。楓軒の『閲書目録』巻七の文政八年の条の中に、「確斎」（友鷗）の書写に成るという同書が記載されていることが、これを裏書きしているように思われる。

(10)「伊達騒之実録」のこと

天保三年の十月二十七日付第三三通目書簡に、

伊達騒之実録、所持候ハヽ呈覧仕候様被仰下候処、仙台萩と題候書斗りニ而、実録と存候書是迄見当り不申候。仙台萩は院本同様之書ニ而実録とハ不被存候ニ付、藩士之医生先年致浪人暫く仙台へ参居、去秋中か領内住居被許候而、当時小浜と申在町ニ寓居罷在候。此ものハ書も読候而医業巧者ニ付、浪人前は知人ニ有之候。此もの養父は城下ニ罷在、養老俸等も遣候而、是又書物好キニ而懇意ニ御坐候間、義子仙台ニ罷在候内実録手ニ入候義も可有之哉と承合候所、仙台藩士之其時之筆記手ニ入り所蔵之旨、纔十五、六葉之筆記之旨、実録ニ相違有之間敷存候。写取ニ而成りとも差進可申、借出呉候様頼置候。居所隔居候故歟今以差越不申候。借り候ハヽ幸便次第御用立可申候。

とあるのによれば、楓軒は友鷗に伊達騒動[135]に関する実録を所持していたら見せてほしいと依頼したものらしい。楓軒からこのように頼まれたものの、友鷗の手許には「仙台萩」と題する書物しかなく、これは院本[136]同様の書であって実録とは思われないとみており、友鷗自身にしてからが実録とみられるような書物はこれまで見たことがなかったようである。そこで友鷗は、元二本松藩士の医生で現在は浪人となり、去秋中に仙台領内居住を許されて小浜という在町に寓居している知人に頼ることにした。幸いなことに、この者の養父が養老俸を給されて二本松城下に住んでいるので相談してみたところ、義子同様生来の書物好きということもあり、懇意にもしていた仲だったので、義子が仙台に住んでいる間に実録を手に入れることもできるだろうと請け合い、連絡をとってくれた。その結果、ついに纔か十五、六葉のものではあるが仙台藩士の手に成る当時の筆記を手に入れたとの報告が友鷗のもとに齎された。友鷗は、これは恐らく実録に相違ないと考え、書写して楓軒のもとに送ろうと思い、貸してくれるよう頼んでおいたが、居所が隔っているためかなかなか送られて来なかったようで、「借り候ハヽ、幸便次第御用立可申候」、と書き送っている。

そして、同三年の閏十一月三日付第三四通目書簡で友鷗は、

仙台騒動壱件之書面も、漸く両三日以前ニかり出申候所、老拙義は外史之謄写ニ無手透写取兼、懇意之もの相頼為写申候。草々ニ読過仕候処、大略実録ニ可有之哉と存候。右写取候ものへ相返候筈ニ致候間、御手許ニ而相済候ハヽ、御返可被下候。

と記し、例の実録の筆記が二、三日前に届いたが、自分は今『日本外史』の謄写[137]で手一杯なので、懇意の者に書写を依頼し、急ぎ読んでみたところ、大体のところは実録であろうと思われる、と述べている。そして、この写しは自分に代わって書写してくれた者に返すことになっているので、用が済んだら返却してほしい、と頼んでいる。

それから暫く経った翌天保四年の三月二日付第三十五通目書簡で、友鷗は再度この件に触れて、

仙台萩伊達騒動記、必実事斗ニハ有之間敷候得共、高尾腰折之事なとハ仙府之ものも申候間、杜撰而已ニも有之間敷奉存候。二書共ニ久敷以前見過候而已ニ而、写留も不仕候間慥とハ申上兼候。

と記している。すなわち、「仙台萩」や「伊達騒動記」[138]は、かなり前に見ただけで書写もしておらず、確かなことは言えないけれども、実事ばかりが記されているとは勿論いえないであろうが、「高尾腰折之事」等仙台の者も話していることが含まれているので、全く杜撰なものと決め付けてしまうのもよろしくないのではなかろうか、と述べ、先に院本同様の書と評したのを若干訂正している。

（11）「四国土着之武士」のこと

文政十年の六月十四日付第八通目書簡に、

先便御物語仕候四国土着之武士壱件、是迄は土佐と而已心得居候処、異聞ニ御坐候間、是又左ニ認申候。郷士又ハ一領具足抔と唱候段ハ承居候処、原士と唱候由是又異聞ニ御坐候。

とあり、友鷗は、先便でも触れたらしい「四国土着之武士」の件について、これまでは土佐にのみ見られることと認識していて、「郷士」とか「一領具足」などと呼ばれていたことは承知していたが、その後「京師人畑維龍」の『四方硯』(139)という著作中に珍しい話が記されていた、として同書から以下のように引用している。

四国ノ武士、城下ニ家居セスシテ在郷スルモノヲ原士ト云。彼浪士ト云ヿナルカ。土佐ニ長曾我部ノ家臣、伊予ニ河野ノ後胤、阿波讃岐ニ細川三好ノ士族残リテアルモノ共ヲ云。国主ノ軍役ニ人足ラサル時ハ召寄セテ仕フヿ也。常ニ帯刀シテ農業ヲ業トス。暇アル寸ハ弓馬水練ヲ事トシ、山川ニ田猟シテ筋骨健ナリト云々

ここには、四国では城下に住まず郷村に居て、普段は帯刀して農業に従事し、暇があれば弓馬水練に励み、一旦事有るときには軍役に召し出された武士を「原士」と称しており、土佐の長曾我部、伊予の河野、阿波・讃岐の細川・三好の遺臣達がそれに相当すると記されており、友鷗はこれを「異聞」として楓軒に紹介しているのである。

そして、これに続けて友鷗は、これとは別に仙台藩の例を、

是とハ違ひ候得共、仙台舘持共之家来も多分土着にて農業を専らとし、事有る時は夫々ニ武備を用意いたし罷出候由、先年蝦夷地騒動之時、片倉石川か手勢揃之調帳見候事有之候。大抵敝藩抔ニ而調候人数位ニ有之候。大家トハ乍申羨敷事ニ存罷在候。此度御遊覧之節も彼在住之侍共屋敷廻をも御見添被成候義可有御坐と奉存候。

のように記している。これによると、仙台藩の舘持ちの者の家来等も多くは四国の場合と同様であり、先年の蝦夷地騒動の際の片倉・石川からの手勢揃えの調帳を見る機会があったが、それは凡そ我が二本松藩などがなんとか調達できる程の人数であり、大家のこととはいえ何とも羨しいかぎりだ、と嘆じ、貴方もこの度の旅行[140]の折にそうした侍どもの屋敷廻りの様子を目にされたであろう、と述べている。

（12）那須国造碑建立のこと

友鷗は、文政十年の十二月五日付第一〇通目書簡の中に、

　那須国造碑御建立之記、御所蔵御坐候ハヽ、御借示可被下候。先年碑面は搨取置申候。好古小録等ニも一通りは載有之候得共、委敷事見不申候間、相願候。

と記し、那須国造碑建立について記したものを何か所蔵しているようなら貸してほしい、と楓軒に頼んでいる。友鷗は、その碑面の拓本は先年取って置いたというが、この碑についての情報が欲しかったらしく、それも『好古小録』[141]等に見られるようなひととおりのことではなく、もっと詳細な説明がほしかったようで、楓軒に尋ねてみようということになったものらしい。

そして、翌〔文政十二〕年の二月二十九日付第一二通目書簡を見てみると、「此度左之通謹領、卒業次第追而完璧可仕候」として数点書名を列記している中に『那須国造碑紀事』[142]が含まれているので、友鷗の依頼に応えて楓軒はこれを送ってきたようである。この書物を借覧した友鷗は、同年の四月二日付第一三通目書簡に、

　那須国造碑考熟読、依恵四十年来之宿疑ヲ解シ、大慶仕候。是又写取相済候得共、田辺源右衛門も懇望ニ而写度旨申聞候間、御断も不仕候得共是へ又借し仕置候て、少し返完延引仕候。御承知被下度奉希候。

と記し、お陰で四十年来の疑問が氷解した、とその喜びの気持ちを楓軒に伝えている。そして、その書写を済ませた友鷗は、知人の田辺源右衛門という者が書写を懇望したので楓軒に無断でこれを又貸ししてしまったため、少し返却が遅れることを詫びている。

それから暫く経って、同年の六月十九日付第一四通目書簡に、

(前略)国造碑考完璧仕候。御入手可被下候。(中略)国造碑も少年之節西遊之砌、立寄候而摺取所持仕候処、読兼解兼候事而已ニ御坐候処、此度諸子之集説ニ而四十年来之疑団も解釈、大慶仕候。

とあるのをみると、田辺の書写も済んだらしく、友鷗は同書を返却している。友鷗は、若い頃西遊した折、この国造碑にも立ち寄り、拓本を取って所持はしていたが、その内容を読み解くことができずにいたことを打ち明け、同書中に収められている諸氏の説によって、この度やっとその内容を知ることができた、と繰り返しその喜びの気持ちを述べている。さらに友鷗は、同年の十月三日付第一五通目書簡中で、先便で返却した「国造碑考」を落手した旨の楓軒からの報告に対して、「安堵仕候」と応えている。

ところで、この那須国造碑は、持統天皇の代に那須の郡司に任命された「韋提」という者の墓で、栃木県那須郡湯津上村の那珂川右岸段丘上にあり、その碑身は元禄四(一六九一)年徳川光圀によって修復され、現在、笠石神社の御神体として祀られている。宮城県の多賀城碑、群馬県の多胡碑とともに「日本三古碑」の一つに数えられている。(143)

(13) 米沢藩高家のこと

友鷗は、文政十一年の一月二十八日付第一一通目書簡に、

些と上問仕度一件御坐候。封内本宮駅ニ而老拙方へ出入いたし候もの、悴、去夏中ゟ米沢城下へ相越、神保甲作

と申候学館懸り儒員之所ニ随身罷在、旧臘帰郷敝宅へ相越候間米沢咄承候内、彼藩中ニ而高家と唱へ、式立登城之節は米沢侯も御送り被成候格式之家四家有之内、武田大内蔵・畠山左衛門・二本松頼母・三本寺伊之千代と申候由、（後略）

と記し、去夏中から十二月まで米沢城下の神保甲作という学館懸り儒員の所に住み込みで学んで帰郷した二本松藩内本宮駅住の友鷗方出入りの者の悴の咄として、米沢藩中で「高家」と称されている「武田大内蔵・畠山左衛門・二本松頼母・三本寺伊之千代」の四家について、「式立登城」の時などには米沢侯も送りに出られる程の格式の高さであることを紹介し、さらにこの四家に関してこの者から聞いたこと、自身で調べ得たこと等を楓軒に報じている。まず武田については、

右武田は信玄正統之家之由ニ而、無楯之鎧・諏訪法性之冑を始、武田家相伝之旗幕・鎗等過分ニ持伝へ居、土用干之節ハ手寄を以見物ニ参り候由申事ニ御坐候。武田家之裔は幕府ニ而も彼是御訪尋被成候得共、慥と仕候裔無之様ニ承り置候所、右之通米沢ニ罷在候もの之由緒は如何御聞及も被成候哉。御心当りも御坐候ハヽ承度事ニ奉存候。

と記して、信玄正統の家ということで「無楯之鎧・諏訪法性之冑」をはじめとして武田家相伝の「旗幕・鎗」等たくさんの品々を持ち伝えており、土用干の時にはツテを頼りにこれを見物に来る者もいるとのこと。武田家の後裔に関しては幕府においてもあちこちご訪尋されたとのことだが、確かな後裔を探し出すことはできなかったと承っている。このように米沢にいる者の由緒について貴方はこれまでどのように聞き及んでおられたものか、もし何か心当たりなどあるようであればご教示願いたい、と書いている。

そして、この武田以外の三家は、「持伝之宝器等ハ承り不申由候得共、庶流抔之家ニ候ハヽ、御客分ニも及間敷」とし、

伝来の宝器等は所蔵していないとのことであるが、いずれも庶流の家などではなかろうと述べ、二本松については、

二本松右京之子孫は唐津水野家ニ右仲と申罷在候。往年藩士之隠居朝倉霜台と申へ二本松之履歴等問合有之候而、右京之嫡流ニ無相違候。尤上杉氏へも一旦仕へ候事有之候間、子孫ニ而も残し置候哉ハ難斗候。

と記している。唐津水野家に二本松右仲という者がいて、往年同藩の隠居朝倉霜台という者にこの右仲の履歴等について問い合わせてみたところ、どうやら二本松右京の嫡流に間違いなさそうである。二本松右京は上杉氏へも一旦仕えたことがあるとのことなので、そこで子孫など残して置いたのか否か、そこまでは詳らかにし難い、と述べている。しかし畠山については、「畠山ハ能登之畠山之裔ニ可有之哉」と記し、また三本寺については、「三本寺と申著姓承候様存候得共、思出し兼申候」と記しているのみである。友鷗は、この両家について、特に後者についてはよく分からなかったようである。「些と上問仕度一件御坐候」と初めに書いていたのは、特にこの両家を念頭に置いてのことであったかも知れない。

ところで友鷗は、米沢藩の「高家」について以上のように記した後で、

扨々賢侯之掟は今以崩れ不申、能々守候様子感心仕候事共ニ御坐候。儒員迚も俗役をも相兼居り候義、其御藩同様ニ相聞へ申候。当時香坂登・永沢源造と右神保三人之旨、君侯ニも若士之出精・無精等御吟味旁学館へも御来臨之由、第一出精之もの柴折・御茶・御菓子被下、其次御茶・御菓子斗り、其次御茶斗り、甚無精之ものハ御扶持被召放候ものも七、八人有之候由、甚御質素の事ニハ候得共、賞罰は厳重之由申事ニ御坐候。

と記し、当時の米沢藩情についても若干言及している。それによれば、当時米沢藩は第十一代藩主上杉斉定の代であったが、賢侯の誉れ高い第九代藩主鷹山以来の善政が敷かれているらしいことに感心すると共に、水戸藩同様儒員も俗役を兼務していること、当時の学館懸り儒員は香坂登・永沢源造と前出の神保甲作の三人であること、また君侯

も若者達の出精・無精等の吟味旁学館へ顔を出し、賞罰は厳重に行われているらしいことなどを楓軒に報じている。

（14）　二本松藩の制札のこと

文政十一年の四月二日付第一三通目書簡に、

敝封内制札之事御尋ニ御坐候。仰之通仙台抔は奉行之姓名連署、福島抔ハ御自分片名ニ候所、敝封ニ而は前々ゟ奉行と斗り認、奉行之連署無之候。格別何訳と申伝へは無之候得共、前々ゟ仕来りニ御坐候。都而敝藩は国主方と並諸侯と之間ニ而、参勤交代之節も国主方へは御老中上使、並方へは御詰番上使ニ相見候所、敝藩と伊予之伊達、立花家ハ御奏者衆上使有之、其外も右ニ準候御取扱故、準国主と唱居候故、右制札も国主と並諸侯之間ニ而奉行と認候斗りニ而、奉行之姓名認候事ハ憚り候義と相見、扨自分之名は認不申候。

とあるのを見ると、楓軒は、二本松藩での制札（高札）の書き方について友鷗に質問をしたようである。これに対して友鷗は、貴方の言われるように仙台などでは奉行の姓名を連署し、福島などでは藩主の片名を記しているようだが、わが藩では以前からの仕来たりで奉行とだけ認めることになっている、と応えている。さらに友鷗は、参勤交代の節は国主方へは「御老中上使」が、並方へは「御詰番上使」が遣わされるが、我が藩と伊予の伊達家及び筑後の立花家へは「御奏者衆上使」が遣わされるというような次第なので、我が藩では自らを準国主と称し、何事につけても国主方と並諸侯とのあいだを採るようにしてきている、と説明し、この制札の署名の仕方も同じ理由からこのようにしているものと思われる、と述べている。

ところで、先述したように楓軒は、文政十（一八二七）年五月十四日から六月十四日まで、陸奥国玉造郡の鳴子温泉等に湯治旅行を行い、この旅行の模様を『浴陸奥温泉記』と題して書き残している。この書中でもこの制札のことに

触れて、

二本松制札ハ無名ナリ、凡テ小諸侯ハ自ラ名ヲ書ス。仙台ハ奉行ノ名ヲ連署ス、コヽニ名ナキハ小侯ニ比スルヲ恥ヂ、又大国ニ同キコトモアタハザルユヘナルベキカトオモヘリ。因テ友鷗ニ問ヒシニ、順国主ト云ヲ以テ如レ此ト云ヱリ、果シテ予ガ察セルガ如シ。

と記している。この記述をみると、このとき既に楓軒は、二本松藩で制札に奉行の名を書かない理由について友鷗に尋ねており、しかも簡略ではあるが内容的にはこの書簡におけるのと同じ答えを得ていたようである。にもかかわらず、ここで改めて同じことを尋ねたのは、この旅行記を纏めるにあたり、先の面談の折に聞いたことを再確認したかったからではあるまいか。

(15) 名主の称呼のこと

文政十二年の七月七日付第一八通目書簡で友鷗は、「御問目之内見当り之分左ニ認申候」として、「名主之名目」について以下のように記している。

慶長・元和之頃より奥州は名主之名目無之、皆肝煎と称す。町のおさを年寄と称候。問屋と称候も其頃より相見候。組頭と申義見当無之候。肝煎・次百姓・惣百姓と認候もの有之、次百姓は名主ニ差次き候と申意にて、長百姓・組頭なと之事ニも可有之哉。庄屋と申号、封内抔ニも寛永之頃ゟハ相見申候。土佐之長曾我部制条（慶長初也）ニは名主・肝煎之目ハ無之、庄屋と斗り有之候。検断之目も元和之頃ゟ封内文書ニも相見申候。

慶長・元和の頃から、奥州では「名主」とはいわず皆「肝煎」と称してきた。町の長は「年寄」と称し、また「問屋」という称もその頃から見えているが、「組頭」というのは見当たらない。「肝煎・次百姓・惣百姓」と認めたものもあり、「次百姓」は「名主」に次ぐという意であり、「長百姓・組頭」等のことでもあろうか。「庄屋」という称は、我が藩領内などでも寛永の頃から見えているが、慶長初め頃の土佐の「長曾我部制条」には「名主・肝煎」という称は見えず、「庄屋」とばかり記されている。そして「検断」という称も、元和の頃から我が藩領内の文書等にも見えている。友鴎は、楓軒からの問いにこのように応えている。

さらに、追伸のかたちで、

庄屋は東鑑ニ庄官百姓等と続書之所も有之候而、当時之庄屋位之ものと相見候間、庄官ゟ出来候名目ニ可有之哉。検断は藩翰譜高橋伝ニ足利殿之始鎮西ニ居へ候検断職其壱人光種か末流と相見へ、当時之検断ニは可似事と被存候。敝封内ニ而は町方年寄之次に検断と唱へ町人共之支配致し居候町方之肝煎ニ御坐候。又封内高倉村問屋国分利太夫と申者ハ加藤家領地之節ゟ打続居候。加藤家ゟ検断職申付候文書有之候故、今以此者斗りハ問屋ニ而検断と唱申候。村之支配致候肝煎は別ニ有之候。当時は肝煎之称不相用、皆々名主と唱申候。

の如く追記している。すなわち、「庄屋」という称呼は、東鑑に「庄官百姓」という語がみえるので、恐らくはこれなどが元となっているものなのではあるまいか。また「検断」は、『藩翰譜』高橋伝の中にみえる「検断職」というのと類似のものなのであろう。我が藩領内では、「町方年寄」の次位にあって町人共を支配している町方における「肝煎」のことである。また領内高倉村の問屋国分利太夫は、加藤家領地の時代から続いている家の者であるが、この加藤家から「検断職」を申し付けられた文書が残っているので、今でもこの者に限っては問屋でありながら「検断」と呼ばれている。そして、村を支配する「肝煎」はこれとは別にいるのであるが、現在は「肝煎」という称ではなく「名主」と呼ばれている、と記しているのである。

(16)「白山ニ棲候雷鳥」のこと

友鷗は、〔文政十三〕年の十月二日付第二三通目書簡に、

且又白山ニ棲候雷鳥は、御写も御坐候而他へ御差出不苦候ハヽ、是も又御恵借奉希候。両方共早速写取返完可仕候。

と記している。博物学にも関心のあった水戸藩第六代藩主治保(一七五一―一八〇五、諡号は文公)が、加賀白山に生息する雷鳥について加賀藩主前田治脩に問い合わせたところ、加賀侯は絵師福九英を白山に派遣して雷鳥の生態写生図を描かせ、八枚を精選して治保に呈したという。(144)友鷗は、この雷鳥の写生図に興味を示したようで、もし楓軒がその写しを持っていて、他へ貸し出しても差し支えないようであれば、急いで書写して返却するので貸してほしい、と頼んでいるのである。

(17)山繭のこと

〔文政九〕年の九月二日付第六通目書簡に、

山繭之事、封内抔ニも間々有之候由、併養蚕専之節故、山繭等飼立候もの稀成事ニ相聞、老拙抔今以及見聞候義無御坐候。糸ニ致候而ハ、如貴諭丈夫之由申事ニ御坐候。近来虫織と唱候もの、山郷ゟ織出候義稀ニ有之候。是は羅紗抔之様ニ似寄毛織ニ御坐候。折々羽織抔ニ用ひ候を見候事有之候。至而丈夫且雨抔をもはしき、合羽等ニも宜敷由申事ニ御坐候。是ハ山繭とハ別歟之様承り申候。

とあるのをみると、友鷗は楓軒から「山繭」というものについて尋ねられたらしい。これに応えて友鷗は、二本松藩

領内でも間々見られるらしいこと、養蚕が盛んな土地柄なのでわざわざこれを飼っている者は稀で、自分はいまだ見たこともないこと、楓軒が云ってきたように糸にすると丈夫なものであるらしいこと等を記し、そのうえで友鷗は、最近山郷から稀に織り出されているという「虫織」というものを紹介している。これは羅紗などに似た毛織物で、時折り羽織等に用いたのを見たことがあり、また丈夫である上に雨をはじくので、合羽等にも適していると聞いているが、これは「山繭」とは別物とのことである、と記している。

(18)「麒麟及虎児之諺語」のこと

友鷗は、文政十年の一月五日付第四通目書簡に、

麒麟及虎児之諺語、所原覚悟無御坐候。麒麟は如賢考ニ可有御坐候。虎児之出所見懸候様覚候間、手許之書巻捜索仕候得共相分り不申、追而見出候ハヽ、可申上候。

と記している。これをみると友鷗は、どうやら「麒麟及虎児之諺語」の出典について楓軒に問い合わせをしていたらしい。楓軒からの回答で「麒麟」については納得したようであるが、「虎児」については納得し兼ねたのか、手許の書物を検索したが見つからないのでさらに調査をし、見つかったらお知らせする、と書き送っている。

そして、同年の五月三日付第七通目書簡に、

麒麟及虎児之諺語御見出被成候旨、出所も被仰下忝承知仕候。荊軻伝中之語抔は経見も可仕事ニ御坐候所、一向不心付罷在候。

と記しているのをみると、友鷗は、楓軒から『史記』（漢の司馬遷撰の紀伝体の史書）の「荊軻伝」中に探し当てたことを知らされたようである。[145]「荊軻伝」などはかつて見たこともあるのに一向に気が付かなかった、と悔いるとともに、さ

らに続けて、

近頃消閑之ため通鑑抔誦読仕候内、左之諺語見出し可申上哉ニ存候内、無相違起源之所被仰下候間、不及申上候得共似寄之語共ニ候間、御慰ニ書付申候。

と記し、自らも『資治通鑑』(宋の司馬光撰の編年体の史書)の中にこれと似かよった語を見つけたのでご参考までにお知らせするとして、

涼張瓘曰虎生三日自能食肉不須人教也

斉太傅常山王殷殺尚書令楊愔等以趙彦深代之楊休之曰将及千里殺麒麟而策蹇驢云々

という抜書きを転写している。

(19)「梅檀ハ二葉ヨリ香ノ語」のこと

〔文政十〕年の五月三日付第七通目書簡に、

梅檀ハ二葉ヨリ香ノ語、高見之通仏書ゟ出候事ニ可有之候所、いまた見当り兼申候。府下ニ而懇意之僧抔へも承り合候得共、是又弁別不仕候。起源御見出被成候ハヽ、御高示奉希候。翻訳名義集抔モ穿鑿仕候所、見当不申候。

とあるのによれば、友鷗は、「梅檀ハ二葉ヨリ香ノ語」の出典について楓軒に問い合わせをし、仏書の中に出てくるのではないかという回答をもらったらしい。そこで、『翻訳名義集』(宋の法雲編の梵漢辞典)を検索したり、藩内の懇意にしている僧などに尋ねたりもしたがどうしても見つからなかったようで、再度楓軒に教示を乞うている。因みに、この諺は『勧物三昧海経』『平家物語』『撰集抄』等の中に記されているようである。(146)

第五節　書物に関する情報の交換と貸借図書一覧

本節では、楓軒と友鷗のあいだで、書物に関してどのような情報の交換が行われ、またどのような書物の貸借が行われたかを、書簡の年次を追いつつ網羅的に見ていくことにする。便宜上、「楓軒から友鷗へ」と「友鷗から楓軒へ」とに分けて記述したが、「楓軒から友鷗へ」の部分は、あくまでも友鷗の書簡から窺えるところを記したものであるため、多少のタイムラグ等の不都合が生じている恐れもあるので、あくまでも凡その目安として見ておいていただきたい。なお、一部の情報については、前の数節で触れたところとの重複を厭わずに掲出しておいた。また、（　）内に補記した書誌情報は、主に岩波書店刊の『国書総目録』に依っている。本節中の「国書未収（本）」という注記は、この『国書総目録』に記載されていないという意味である。そして、ここでも高橋書簡の扱いについては前節と同じである。

第六通目：〔文政九〕年九月二日付書簡

（1）　楓軒から友鷗への貸出・返却・貸出願及び情報提供

・南行雑録（吉弘元常・佐々宗淳著　天和元成）四冊・新策（頼山陽著　文化三成）弐巻貸出。

（2）　友鷗から楓軒への貸出・返却・貸出願及び情報提供

・塩尻抄書（天野信景著　随筆）弐冊貸出。

・明良洪範（真田増誉著　伝記）三から六まで四冊返却。

・桑名の諸名家系図等の写しをご所望の件は東里承知とのこと。

・近聞偶筆（吉田漢宦著　文政六刊）は教示により熟覧し有益であった。
・松陰快談（長野孟確著　文政四刊）は両、三年前に刊行され、一読してみたところなかなかの好著。

第二通目：文政九年十月三日付書簡

(1) 楓軒から友鷗への貸出・返却・貸出願及び情報提供
・ナシ
(2) 友鷗から楓軒への貸出・返却・貸出願及び情報提供
・名画譜系（国書未収）の写しを桑名の東里へ所望の件。

第一通目：文政九年十一月一日付書簡

(1) 楓軒から友鷗への貸出・返却・貸出願及び情報提供
・（明良）洪範六冊貸出。
(2) 友鷗から楓軒への貸出・返却・貸出願及び情報提供
・族譜淵藪（成田頼直著　文化五成　系譜）弐冊貸出。
・南行雑録三から六の四巻返却。
・文化十二薩州士庶漂流之記の貸出願。
・先に書写させてもらった（西州）投化記・（殊域）皇華録（共に楓軒著）中の不分明個所の補正方を依頼。
・中古武名記（筒井良次著　雑記）のこと。

第四通目：文政十年一月五日付書簡

(1) 楓軒から友鷗への貸出・返却・貸出願及び情報提供

・明良洪範後巻四冊貸出。
・松平諸家関係資料貸出願。
(2)　友鷗から楓軒への貸出・返却・貸出願及び情報提供
・明良洪範前巻六冊返却。
・筑前（国）続風土記（貝原篤信著・貝原好古編　元禄十六自序）貸出願。
・岡崎古記・大樹寺（愛知県岡崎市にある浄土宗の寺）文書は書写しておいたので、必要ならばお貸しする。
・寛永系図は官庫にあり、かつて一、二冊は見たことがある。調査事項を示してもらえれば調査依頼してみる。
・瓊矛起源（衣関順庵著　国書未収本）について東里将監の読後感報告。

第三通目：〔文政十〕年三月二日付書簡

(1)　楓軒から友鷗への貸出・返却・貸出願及び情報提供
・ナシ
(2)　友鷗から楓軒への貸出・返却・貸出願及び情報提供
・（明良）洪範四巻返却次巻貸出願。
・鹿島日記（高田与清著　文政五刊）を読み、延方の聖廟経営が貴兄の発起に依ることを知った。
・山鹿素行著の武（家）事記によって畠山義継の後室に関する疑惑が氷釈した。
・皇朝史略（青山拙斎著）刊行のこと。

第七通目：〔文政十〕年五月三日付書簡

(1)　楓軒から友鷗への貸出・返却・貸出願及び情報提供

・壺範記（楓軒著　徳川氏代々の夫人及び侍女を記したもの）壱本貸出。
・皇朝史略・衣関順庵についての情報提供。
(2)　友鷗から楓軒への貸出・返却・貸出願及び情報提供
・族譜淵藪壱巻・游東陬録（松崎慊堂著　文政元成）貸出。
・（明良）洪範三冊返却。
・薩州士人漂流之記貸出願。
・鞆考証図解（衣関順庵著）の貴兄御子息による写しは追って拝借願う。
・（資治）通鑑（北宋の司馬光編著）中の「麒麟及虎児」の諺語のこと。
・翻訳名義集（南宋法雲編　梵漢字典）中に「栴檀ハ二葉ヨリ香」の典拠なし。
・続三王外記（石井蠡著）中に月光夫人に関する記述があったと記憶する。
・古今要覧（屋代弘賢編　類書）の目次のこと。
・（会津）四家合考（向井吉重著　寛文二自序　家伝）の作者は向井新三郎という人物。

第八通目：文政十年六月十四日付書簡

(1)　楓軒から友鷗への貸出・返却・貸出願及び情報提供
・ナシ
(2)　友鷗から楓軒への貸出・返却・貸出願及び情報提供
・（菅）利家（卿）語話（村井勘十郎著　伝記）貸出。
・四方硯（畑維龍著　享和四刊）中の四国土着の武士についての記述。

第九通目：〔文政十〕年八月一日付書簡

（1）　楓軒から友鷗への貸出・返却・貸出願及び情報提供

・先に二本松藩領の略図等所望。

（2）　友鷗から楓軒への貸出・返却・貸出願及び情報提供

・二本松藩領の略図壱枚等及び中金義長古文書（未詳）への鍋田の付札進呈。

・黄鳥篇（楓軒著　文政六成　威・義両公の殉死禁令に対する賛述）・耆旧得聞（楓軒著　文政元成　彰考館諸子の伝記）・鎖国論（ケンペル著・志筑忠雄訳　享和元成）返却。

・薩州士人漂流之記貸出願。

・楽翁公（松平定信）が直に徳太郎（頼山陽）方へ使者を遣わして（日本）外史を懇望されたので、徳太郎は悦んで奉呈したとの情報が桑名から届いた。

第一〇通目：文政十年十二月五日付書簡

（1）　楓軒から友鷗への貸出・返却・貸出願及び情報提供

・威義二公年譜（楓軒著）・琉球進貢録（戸部良熙著）貸出。

・先に借りた頼外史奉楽翁君候書を返却。

・先便で返却された鎖国論二冊のうち下巻が見当たらない。

（2）　友鷗から楓軒への貸出・返却・貸出願及び情報提供

・（山口）道斎物語（山口道斎著　随筆　畠山由来記と同書）貸出。

・貴方が見当たらないと言ってきた鎖国論下巻は、取り敢えず代わりに自分所蔵のものを送付する。

・那須国造碑建立之記及び翠軒翁遺書貸出願。
・黄鳥篇（先に友鷗は本書の書写を田辺に依頼していた）への田辺源右衛門付札中にみえる見聞録・膽吹物語（友鷗は関原大全の旧名という）・伊達略記・上田撰書等のこと。
・菊地系図にご付札拝謝。
・壺範記は事情があるため暫くの間他見無用とのこと承知。

第一一通目：文政十一年一月二十八日付書簡

（1）楓軒から友鷗への貸出・返却・貸出願及び情報提供
・ナシ

（2）友鷗から楓軒への貸出・返却・貸出願及び情報提供
・威義二公年譜・琉球進貢録返却。
・翠軒翁遺文はこの度の火災で焼失しなかったかどうか。
・昨年夏の鳴子温泉への湯治旅行記が出来上がっていたら見せてほしい。
・旧臘お話のあった田辺所蔵の書物を借りて送ろうと思ったが、先般の火災で立原氏のところがどうなっているのかよく分からないので、今便での送付は差し控えることにする。

第一二通目：〔文政十二〕年二月二十九日付書簡

（1）楓軒から友鷗への貸出・返却・貸出願及び情報提供
・百斯記（未詳）・壺範録（記カ）・薩州士人漂流記・那須国造碑紀事貸出。
・鎖国論下巻（友鷗書写のもの）返却。

・仏国禅師家集（高峯顕日著　文政六刊）幷觿図贈呈。
・先に見当らないといっていた鎖国論下巻が見つかった。
(2)　友鷗から楓軒への貸出・返却・貸出願及び情報提供
・稲怪録（柏村正甫著　怪異）貸出願。
・游芸堂次筆（友鷗著　随筆）六巻を表装し続編四巻も脱稿。
・太平記ご疑問のうち琵琶の甲の条についての本多忠憲の考証紹介。

第一三通目：文政十一年四月二日付書簡

(1)　楓軒から友鷗への貸出・返却・貸出願及び情報提供
・名君（白河）夜話（別書名：雨窓閑話　松平定信著カ　随筆）閲読。
(2)　友鷗から楓軒への貸出・返却・貸出願及び情報提供
・伊達略記壱冊・上田撰書壱冊・見聞録三、四枚写・游芸堂次筆弐冊貸出。
・壺範記・薩州漂流人記の二本返却。
・百斯記・那須国造碑考はいま暫く借覧を希望。
・名君（白河）夜話貸出願。
・松平定信著の国本論（天明元序　政治）・鶡鴟言（天明六成　政治・教訓）は先年書写済み、鍋田からの情報で知った関之秋風（天明六成　随筆）は未見。
・柳沢殿永慶寺年譜について教示を請う。また、吉保のことを記した松蔭日記（別書名：むさしの記　正親町町子著　著者は吉保の側室）を書写し憲廟実録（柳沢吉保等著　記録）も先年閲覧・抄書したので、ご希望ならばお貸しする。

・翹楚篇（莅戸太華著　寛政元成　伝記）という上杉鷹山の治績を記した一書を書写、細井平洲にも鷹山の言行録の著作があり閲読。

・仏国禅師家集幷觽図贈呈拝謝。

第一四通目：文政十一年六月十九日書簡

・游芸堂次筆拝読。

(1) 楓軒から友鷗への貸出・返却・貸出願及び情報提供

(2) 友鷗から楓軒への貸出・返却・貸出願及び情報提供

・平洲小語（細井平洲著　随筆）貸出。

・百斯記・（那須）国造碑考返却。

・柳沢（殿永慶寺）年譜貸出願。

・浅川伝右衛門覚書（浅川乱民紀事カ　立原翠軒著　寛政十一成　記録）・竹内吉兵衛覚書（寛永十一成　戦記）貸出願。

・稲怪録の借覧に尽力してもらえるとのこと感謝。

・窓のすさミ（松崎堯臣著　享保九自序　随筆）・白瀬手簡（加賀藩侍医小瀬復庵宛新井白石書簡との友鷗による注記があるが、国書未収）・荒嶋蘇譚（薩摩藩侍医曾槃が無人島へ漂流した藩内の舟子の話を聞き書きしたものとの友鷗による注記があるが、国書未収）・ひたち帯（安藤定為著　元禄十成　紀行）等書写。

・拙著次筆は当春に続集も出来て都合十二巻となった。

第一五通目：文政十一年十月三日付書簡

(1)　楓軒から友鷗への貸出・返却・貸出願及び情報提供
・浅川・竹内両覚書弐冊・浴（陸奥）温泉記第二壱冊先便で貸出。
・畠山由来記（別書名：二本松城主畠山氏由来記　山口道斎著　戦記）・見聞録・伊達略記・上田撰書返却。
・全唐詩逸（市河寛斎撰　文化元刊）が知不足斎叢書に翻刻されたが、その舶来品から書写した翻刻序文を先便で提供。
・水戸御祭礼敵討という通俗書の入手を先便で依頼。

(2)　友鷗から楓軒への貸出・返却・貸出願及び情報提供
・窓のすさミ壱冊・岡崎古記（未詳）壱冊貸出。
・竹内（吉兵衛）覚書・浴（陸奥）温泉記返却。
・浅川（伝右衛門）覚書返却延引願。
・知不足斎叢書への全唐詩逸翻刻の序文を読んでの感想。
・荒嶋蘇譚は現在他へ貸出中。
・白瀬手簡は序文には二冊とあるが自分が入手したものは一冊なので、ご教示の名山蔵（別書名：与小瀬復庵書・白復手簡等）との比較を願う。
・水府御祭礼敵討に関する情報がどうしても入手できない。この本のことはどこで耳にされたのか。
・文教温故（山崎美成著　文政十一刊　随筆）入手、一読して考証の精細なのに感心、著者との文通を希望。
・桑名から送られてきた理慶尼記（別書名：武田勝頼滅亡記　理慶尼著　戦記）は全くの偽書とも決めつけられまい。

第一六通目：文政十一年十一月三日付書簡

（1）楓軒から友鷗への貸出・返却・貸出願及び情報提供
・ナシ
（2）友鷗から楓軒への貸出・返却・貸出願及び情報提供
・游芸堂次筆次巻弐冊貸出。
・浅川（伝右衛門）覚書返却。
・現在他へ貸出中の荒嶋蘇譚はまだ戻らない。
・君則（別書名：池田左中将光政朝臣言行録　近藤篤撰）と題する書を先頃余所から借覧、まさに国君座右の好書につき書写開始。

第一七通目：文政十二年四月二十八日付書簡
（1）楓軒から友鷗への貸出・返却・貸出願及び情報提供
・農諭（鈴木武助著　文政八刊）贈呈。
・新瀬手簡（「依恵補写得益不少云々」とあるので前出の白瀬手簡のことらしいが、楓軒所蔵のものはこの書名か）先便で貸出。
・游芸堂次筆・窓のすさミ・大樹寺文書等返却。
（2）友鷗から楓軒への貸出・返却・貸出願及び情報提供
・荒嶋蘇譚貸出。
・柳沢（殿永慶寺）年譜返却。
・三韓記略（伊藤東涯著　宝永元自序）貸出願。

・昨年お話のあった異説まち〳〵（和田烏江著　寛延頃成　随筆）は未見、貸出願。
・諭書（松平定信著）を書写したので未見ならばお貸しする。
・お借りした新瀬手簡中になくて自分の所蔵する本の方にはある書簡が少なからずみえる。もしかすると貴蔵のものには次巻があるのではないか。
・この度の江戸の大火で楽翁公の御文庫も罹災したとのこと。
・磐城の鍋田から風土記案録中の飯野文書之部・伝記類編之部を各一冊贈呈されたこと、及びその序跋執筆を依頼されたこと。

第一八通目：文政十二年七月七日付書簡

(1)　楓軒から友鷗への貸出・返却・貸出願及び情報提供
・理慶尼記・（游芸堂）次筆弐冊返却。

(2)　友鷗から楓軒への貸出・返却・貸出願及び情報提供
・五月初めの便で新井・小瀬書簡の写しを返却し、自分所蔵の写本を送った。
・理慶尼記は貴説のとおり疑わしいものではあるが、偽書と断定することもできない。鍋田も見たいと言っているので送ってやろうと思っている。
・（游芸堂）次筆後巻は貸出中につき返却され次第後便で送る。
・山崎より朝鮮人編集の大平広載という書から抜粋した一条を手刻したものを贈られた。

第一九通目：文政十二年十月一日付書簡

(1)　楓軒から友鷗への貸出・返却・貸出願及び情報提供

・ナシ

(2) 友鷗から楓軒への貸出・返却・貸出願及び情報提供

・游芸堂次筆弐冊貸出。

・先に借覧した浅川（伝右衛門）覚書の前巻かと思われるところを、藩内の者から借りて書写したので、楽翁公の臣諭と一緒に今便で送付する。

・異説区々返却。

・吉田薬王寺鹿嶋畑田等之古文書（先年友鷗が水戸方面へ旅行した際に楓軒宅で見せてもらったもの）貸出願。

・奥羽永慶軍記（戸部正直著　元禄十一自序　戦記）はご覧になったか。

・新瀬手簡を借覧・書写して自分所蔵のものが完全なものとなり大慶。

第二〇通目：文政十二年十一月六日付書簡

(1) 楓軒から友鷗への貸出・返却・貸出願及び情報提供

・ナシ

(2) 友鷗から楓軒への貸出・返却・貸出願及び情報提供

・奈良興福寺多聞院の多聞院日記（一四七八年から一六一八年までの記事）と甲州勝山村妙本寺にある勝山記（暦応元年から永禄六年までの記録）を余所から借りて書写中。

・東里からの情報によると、頼襄の日本外史は、楽翁公が懇意の諸侯に貸出していたので今春の火災による焼失を免れたとのこと。

第二一通目：文政十三年二月五日付書簡

(1)　楓軒から友鷗への貸出・返却・貸出願及び情報提供

・浅川（伝右衛門）覚書別冊及び楽翁公臣諭の貸出拝謝。
・栗山翁遺稿（柴野栗山の遺稿）を借出すことができた。

(2)　友鷗から楓軒への貸出・返却・貸出願及び情報提供

・奥羽永慶軍記五冊貸出。
・栗山翁遺稿はそちらの書写が済んだら貸してほしい。
・多聞院日記の書写が漸く終了。
・昨年十二月に上梓されたという近世叢語（角田九華著　文化十三自序　随筆）という書物を最近一覧、先哲叢談のようなもの。

第二二通目：文政十三年九月二日付書簡

(1)　楓軒から友鷗への貸出・返却・貸出願及び情報提供

・栗山文集三冊貸出。
・奥羽永慶軍記五冊返却。

(2)　友鷗から楓軒への貸出・返却・貸出願及び情報提供

・（奥羽）永慶軍記四冊・多聞院日記四冊貸出。
・垂統紀事（楓軒著　寛政四成　徳川氏始祖松平親氏の事績を記したもの）壱冊返却。
・一斎詩文集（佐藤一斎著）が上梓されたとのことなので取り寄せて読んでみるつもり。
・先頃三代類聚格（類聚三代格カ。編者・成立年共未詳。平安時代に編纂された法令集）を余所から借りて現在書写中。

第二三通目：〔文政十三〕年十月二日付書簡

(1)　楓軒から友鷗への貸出・返却・貸出願及び情報提供

・栗山文集三巻が急に必要となったため先便で返却を依頼。

(2)　友鷗から楓軒への貸出・返却・貸出願及び情報提供

・栗山文集三巻は本月六日の便で返却する。借覧して多くの収穫があった。

・モヽシキ（柴野栗山著　寛政二成）・雷鳥図貸出願。

・賢聖障子之記・御製詩背記等は実に昇平の慶事である。

第二四通目：天保二年一月二十二日付書簡

(1)　楓軒から友鷗への貸出・返却・貸出願及び情報提供

・ナシ

(2)　友鷗から楓軒への貸出・返却・貸出願及び情報提供

・桑名の東里から経邦典例（新井白石著　有職故実）中の服飾部一冊が送られてきて、貴方にも差し上げてほしいとのことだったので、桑名からの原本の方をお送りする。源（堤）朝風の「白石著述書目」によれば本書はほとんど残存していないようであるが、この一冊は僅かに残ったとされている「冠服考」ではないだろうか。

・桑名の東里が祠堂時祭諺（解）（徳川光圀著　祭祀）の貸出を願っている。

第二五通目：天保二年四月二日付書簡

(1)　楓軒から友鷗への貸出・返却・貸出願及び情報提供

・珠塵（楓軒著　諸名家の遺文等の雑纂）先便で貸出。

・（奥羽）永慶軍記四冊・多聞院日記四冊返却。

（2）友鷗から楓軒への貸出・返却・貸出願及び情報提供

・多聞院日記四冊貸出。

・珠塵返却、次巻貸出願。

第二六通目：天保二年六月五日付書簡

（1）楓軒から友鷗への貸出・返却・貸出願及び情報提供

・（日本）外史写本を入手し、序論と開巻一冊を閲読して只今書写中。

・最近儒者合（天保二刊　評判記）というものが刊行された。

（2）友鷗から楓軒への貸出・返却・貸出願及び情報提供

・増子氏への御答礼の心越禅師書画帖は早速転達。

・三宅家先祖（三宅賢隆）の著わした算法書（具応算法）への貴家ご先祖による序文の写しを呈覧。

・（日本）外史写本は書写が済んだら見せてもらえるとのこと、ご厚誼多謝。

・儒者合の情報提供多謝、早速入手方を江戸屋敷の懇意の者に依頼。

第二七通目：天保二年六月三十日付書簡

（1）楓軒から友鷗への貸出・返却・貸出願及び情報提供

・ナシ

（2）友鷗から楓軒への貸出・返却・貸出願及び情報提供

・ナシ

第二八通目：天保二年十月二日付書簡

(1) 楓軒から友鷗への貸出・返却・貸出願及び情報提供

・(日本)外史写本壱冊・珠塵弐冊先便で貸出。

・多聞院日記返却。

(2) 友鷗から楓軒への貸出・返却・貸出願及び情報提供

・(日本)外史写本壱冊今便で返却。

・珠塵弐冊は書写がまだなので後便まで引き続き拝借。

・儒家相撲合は先般漸く入手。

第二九通目：天保二年十二月六日付書簡

(1) 楓軒から友鷗への貸出・返却・貸出願及び情報提供

・ナシ

(2) 友鷗から楓軒への貸出・返却・貸出願及び情報提供

・珠塵弐冊返却。

・(日本)外史・珠塵の次巻貸出願。

第三〇通目：天保三年三月二日付書簡

(1) 楓軒から友鷗への貸出・返却・貸出願及び情報提供

・征韓偉略(川口緑野著　天保二刊)についての情報を先便で提供。

(2) 友鷗から楓軒への貸出・返却・貸出願及び情報提供

・（日本）外史弐本・珠塵弐本返却。
・征韓偉略を親戚の者が取り寄せてくれたので一覧。

第三一通目：〔天保三〕年八月二十三日付書簡

（1）楓軒から友鷗への貸出・返却・貸出願及び情報提供

・（日本）外史四冊貸出。
・（積達）館基考（友鷗著　二本松領内古城砦の研究書）引用書中の縁起類を先便で貸出願。

（2）友鷗から楓軒への貸出・返却・貸出願及び情報提供

・当藩学館儒員安井九吉という者の逢原堂之記を呈覧。
・ご所望の（積達）館基考引用書中の縁起類は、とりあえず見つけ出した分を呈覧。
・（日本）外史四冊・珠塵を今便で返却。

第三二通目：天保三年六月一日付書簡

（1）楓軒から友鷗への貸出・返却・貸出願及び情報提供

・（日本）外史四冊・珠塵二冊先便で貸出。
・艮斎文略（安積艮斎著　正編は天保二刊）を読んでの感想を先便で報告。

（2）友鷗から楓軒への貸出・返却・貸出願及び情報提供

・西遊稿（頼山陽著　文政元成）を余所から借りたので、外史のお礼までに急ぎ書写して呈覧。
・（日本）外史は書写が済み今便で返却。
・珠塵弐冊返却延引願。

・貴簡をみて艮斎文略を読んでみたくなり、城下に住む安積の父兄にも声をかけて送ってくれるよう依頼中。

第三三通目：天保三年十月二十七日付書簡

(1) 楓軒から友鷗への貸出・返却・貸出願及び情報提供

・（日本）外史三巻・珠塵弐冊貸出。

・西遊稿・（積達）館基考引用書中の縁起類返却。

・伊達騒動の実録を所蔵していたら見せてほしい。

(2) 友鷗から楓軒への貸出・返却・貸出願及び情報提供

・ご所望の会津の示現寺文書（友鷗は塔寺文書とこれを取り違えていて、実は未所蔵であることを後述している）と川辺八幡文書を今便で送る。

・石川大安寺由緒の外にはこれといった文書も見当らないが、白川石川証文古書中に川辺八幡所蔵の古文書が収載されているのでご覧にいれる。

・稲沢草庵という医師の倅が、長崎での修業を終えて帰国の折に持ち帰った天馬紀（異カ）聞（吉雄如淵訳　内容は寛永十四、五年の天草騒乱一件）という書物を、借りて書写しておいたのでご覧にいれる。

・（日本）外史四冊・珠塵返却。

・先年会津公（旧カ）事雑考（向井吉重著　寛文十二自序　地誌）の中に、示現寺にある吉良・畠山両氏からの文書を見つけたので抄出しておいた。現在他へ貸出中だが、もし入用ならば返却され次第お貸しする。

・伊達騒動の実録というものはこれまで見たことがない。元当藩の医者で、現在は浪人となり仙台に住んでいる者に調査を頼んだところ、わずか十五、六葉の筆記ではあるが見つかったということなので、貸出してくれるよう頼んでおいた。

・田沼山城を佐野善左が討ち取った事件の記録は、当地では休不（ママ、否カ）録の外には続三王外記（石井蠡著吉宗から家治に至る間の雑史）くらいしか見当たらない。もしご所望とあらばお貸しするが如何。

第三四通目：天保三年閏十一月三日付書簡

(1)　楓軒から友鷗への貸出・返却・貸出願及び情報提供

・（日本）外史三冊先便で貸出。

(2)　友鷗から楓軒への貸出・返却・貸出願及び情報提供

・伊達騒動壱件之書面を借り出し、懇意の者に依頼して書写したのでお貸しするが、書写してくれた者に返却するので、そちらの用が済んだら送り返してほしい。

・（日本）外史三冊今便で返却、残るは豊臣氏から徳川幕府までの冊のみ。

第三五通目：天保四年三月二日付書簡

(1)　楓軒から友鷗への貸出・返却・貸出願及び情報提供

・（日本）外史三巻先便で貸出。

(2)　友鷗から楓軒への貸出・返却・貸出願及び情報提供

・珠塵弐冊返却、（日本）外史三巻は体調不良のため書写し終わらず返却延引。

・頼山陽の絶筆喀血歌を一覧したいので、もしご所蔵ならば写しをいただきたい。

・仙台萩・伊達騒動記の二書は、全く杜撰なものと決め付けてしまうこともできないのではなかろうか。

・続三王外記は先年江戸在住の知り合いから借りて書写しておいたが、作者名を聞くのを忘れていた。

第六節　島友鷗の最期と後日譚

友鷗は、天保四年三月二日執筆と思われる第三五通目書簡で、自身の健康状態の異変について以下のように楓軒に報告している。

十六日非覚へ昼食後風鼻血走出、如何様ニも留り兼家人共大騒キ仕、医師をも相頼候得共折節不居合、漸く夕方ニ至り相越、天窓を冷水ニ而ひやし足趺をも水にひたし、或は襟元又足之裏へ灸治等いたし、色々之修法ニ而衄血は留り候得共鼻孔脹上り候様ニ相成、差込置候灯心草へは衄溜り居候仕合、翌日迄も右之通ニ有之候。必竟旧臘寒気之節ゟ不絶書キもの斗り致し居候故、時節柄自然と血液沸鬱鼻中之細絡を破り候故ニ候間、気遣は無之事ニ候得共、身体宜敷程ニ動作致候様別紙之通被誡候故、五三日之間は写物を相扣へ候故、讒廿枚斗り末巻相残り今便返完不罷成恐入候。最早鼻中も平身同様位ニ相成候間（後略）

これによれば、二月十六日の昼食後、ふと鼻血が出てどうしても止まらず、家の者も驚いて医者を呼ぼうとしたが折悪しく不在。夕方になってやっと来てくれていろいろと処置を施してくれた結果、鼻血は止まったが鼻孔が脹れ上がり、詰めておいた灯心草に鼻血が溜まる、といった状態が翌日迄続いたようである。その原因を友鷗は、昨年十二月の寒い時期に書きものばかりしていたため血液の流れが悪くなり、その結果鼻の中の細い血管が破れてしまったのである、と説明し、心配には及ばないと思う、と述べている。しかし、適度に身体を動かすよう医師から注意を受けたらしく、それから数日間は書写等も控えていたようであるが、現在は鼻の中も平常に近い状態になってきている、と報じている。

ところが、同年六月六日に楓軒のもとに届いた五月二十三日付の第三六通目書簡は、子息高橋九郎から父友鷗の死去を伝える悲しい知らせであった。この書簡には、いまだご面識はございませんが敢えてお便りを差し上げます、とした上で、以下のように記されている。

兼而御懇意被下候実父島友鷗義、去月中旬ゟ病気ニ御坐候処、養生不相叶同廿七日死去仕候。此段為御知申上候。存生中は誠ニ不一形蒙御親誼、毎度御丁寧ニ御取扱、珍奇之御書籍等御許借被下、偏ニ御蔭を以老懐をも相慰ミ、於小生不知処謝千万忝仕合奉存候。右様年来御懇意被下候ニ任セ、不幸前後之義をも粗入御聞候様実母申聞候ニ付申上候。

ここには四月中頃から病気になり同月の二十七日に死去したとあるので、二月十六日から異常のあった鼻血の方は、先の書簡で友鷗が自ら報じているように小康を保っていたのであろうか。生前からの楓軒の厚誼を心から謝すると共に、亡くなる前後の模様を報告しておくようにとの実母の命を受けた高橋は、以下のように報告を続ける。

去月初メ俄ニ存立、同十二日ゟ領内嶽之温泉へ入浴、同十七日右湯帰宅は仕候へ共、帰途持病之病疾指発り、其上脱肛いたし、其後熱気有之悪寒強く、小水不通利ニ而便閉之気味ニ相成、頻ニ苦痛煩悶ニ而、兼而御承知被下候小此木玄智得療治、其外同藩医師共数輩申談、療養相任セ候処、便閉之義はカテイテルと唱候器を用、一先通利為致尤苦痛も和ラキ、其後も一両度少々宛相通候得共、又々小水不相通、其砌ハ療器相用候而も験無之、老躰之義疲労食気乏敷、連々不相勝候得共小復麻痺致、右之故か格別苦痛も無之相見候。乍去迚快服可仕躰ニも無之候得共、万一僥倖之為メ奔走、薬り繕ひ奇方等をも相試候得共、絶而其詮も無之内、同廿七日朝辰之中刻長逝仕候。

友鷗は四月の初めに急に思い立ち、十二日から領内の「嶽之温泉」へ入浴に出かけた。同温泉は二本松城下から程近い所にあり、友鷗行き付けの温泉で、文政七（一八二四）年の山崩れにより一時使用不能の状態であったが、このときには修復が済んで利用が可能になっていた。この温泉については楓軒の湯治旅行記にもかなり詳しく紹介されている。友鷗は十七日に同温泉から帰宅したが、帰途に持病が発症し、その上脱肛・発熱・小水不通・便秘等の症状により頻りに苦痛を訴えるので、小此木玄智(147)はじめ同藩の医師数名に診てもらったところ、便秘は「カテイテル」という器具を使用してなんとか通じて苦痛も和らぎ、その後も一、二度少しずつ通じたが、小水は器具を使用しても効果がなく、老躰であるため疲労が募り食も進まず、ずっと容態が勝れない状態が続いた。麻痺しているせいか格別苦痛は感じない様子であったが、かといって回復の兆しもなく、万一の僥倖もあろうかとあちこちに良薬を求め、加持祈禱のようなことまで試みてはみたが、全く効き目のないまま二十七日朝八時頃に他界したという。「病着以来纔十日を過不申、大躰不幸ニも相成り、病中侍養も不行届義も可有之哉と実母初一統残念之次第云々」とある文面からは、友鷗の突然の死という悲しい現実を、家族一同が無念の思いで受け入れようとしている様子が窺えよう。

以上が高橋が報じたところによって知り得る友鷗の死去に至るまでの模様であるが、高橋はさらに続けてこうも記している。

当年七拾四歳相応之高年ニも御坐候得共、平常持病之外格別難渋之義も無之、日夜文簿之中ニ相紛れ余年を相楽ミ居候間、指而心ニ残候義も有之間敷候得共、兼而当人ゟも申上候内後嗣又八郎義小生次男ニ而、去冬中実家螟蛉ニ致し家督も無相違被申付候得共、未幼弱之義ニも御坐候間、是非々々実父後見取立申度心底ニ相見、彼是存合候へハ是而已不堪遺憾奉存候。

当年七十四歳になる友鷗は、持病の外には特に悪いところもなく、日夜読書や書きものをして余生を楽しんでいたので、それほど心残りになるようなことはなかったものと思われるが、ただひとつ気にかけていたようなのは家督のことであったという。文政八年に長子頼裕に先立たれ[148]、その妻も同十三年に物故し、孫夫婦はまだ若年のため、家事を年老いた妻が一手に引き受けることとなり大いに支障を来している、と友鴎は自ら第二二通目書簡中で窮状を吐露していた。また、第三三通目書簡中では「先便申上候中継養子願も無相違相済、即日宅へも引取安堵仕候。（中略）願済之日ゟ改而五十日之服忌受候間、跡目之義ハいまた相済不申候。来月十日過ニハ是も相済可申心支度仕居申候」と述べ、中継養子の願書は受理されたが跡目相続の許可が下りるのは五十日間の服忌後になる、と報じている。そして、第三五通目書簡で友鴎は「曾孫跡式も無相違被申付安堵仕候。自是壱年宛も生延見立申度而已ニ御坐候」と記し、家督の一件が落着して安心したが、これからは少しでも長生きして行く末を見届けたいと述べている。結局、高橋の次男又八郎が中継養子[149]として無事本家の家督を継ぐこととなったのであるが、本家にも若年とはいえ孫夫婦がいた。友鴎は、又八郎を引き取った後早速読書・手習い等を始めさせた、と記しているのであるから、又八郎の当時の年齢はまだ私塾や藩校等の就学年齢にも達していなかったものと思われ、既に結婚していた本家の孫よりも年下であったことは明らかである。にもかかわらず、こうした形を採ったのには何か込み入った事情でもあったのであろうか。それで友鴎はどうしてもその後見をする必要があると考えたのかもしれない。第三五通目書簡で「曾孫跡式」としているのが単なる書き違えでなければ、どのような訳があって「孫跡式」とならなかったのか、友鴎は何も記していないが気になるところではある。

ところで、この高橋の書簡は友鴎の死を伝えただけでなく、今後のことについても次のように記している。

貴所様ニも数年格別之御旧交ニ御坐候得は、訃音御承知御追悼も被下候半奉遙察候。小生義は兼々未熟、実父遺業をも相続可申躰ニも無御坐、迚御文通御相手ニも相成間敷候得共、此末折を以呈書御様躰をも相伺申候間、若又実家蔵書之内御覧可被成ものも御坐候ハヽ、無御遠慮被仰越候様仕度奉存候。

愚生は未熟者で実父の遺業を継げるような器量はなく、とても尊台のご文通のお相手は務まりませんが、今後も折々お便りを差し上げ、ご機嫌を伺わせていただきますので、もし実家の蔵書中にご覧になりたいものなどがございましたら、どうぞご遠慮なくお申付け下さい、と述べ、楓軒の今後も変わらぬ厚誼を懇望し、さらに続けて、友鷗絶筆の絶句一首の写しと友鷗が生前愛用した品を形見として贈らせていただきたい、と記しているのである。しかし、この友鷗絶筆は書中に転記されておらず、形見の品が何であったのかも不明である。

友鷗と楓軒は、第五節で詳しくみたように、書物に関する情報の交換と珍書の貸借を不断に行ってきていた。そして友鷗には、亡くなる直前まで楓軒から借りて書写を続けていた書物があった。高橋の書簡には、

去年中ゟ恩借之日本外史、入浴前迄に十七巻卒業致居候所、病死之翌日御下被下候貴翰幷外史五巻、上置候書籍共相違申候。早速仏前ニおゐて忝拝読、家内一同落涙仕候。御推察可被下候。一体去秋中写取懸候砌ゟ大部之義卒業無覚束旨、時々実母へも申聞候旨之所、入浴前迄に被遣被下候通りハ出来、残り少々ニ相成候間入浴致気分快卒業可致と、御下被下候日間を　考入浴暇をも願出参候義ニも御坐候。然処其段不相果嘸々遺念ニ可有之存候ニ付、責而ハ小生初メ懇意之もの共打寄、早速ゟ写取懸り不遠卒業仕候。左様思召可被下候。以前被遣被下候弐冊ハ今信返璧仕候。残り五巻来月中ニは完上仕候心得ニ御坐候。此段御承知置可被下候。

と記されている。友鷗の死をまだ知らなかった楓軒から、友鷗宛の書簡と友鷗が楓軒から借覧・書写してきていた『日本外史』五冊並びに楓軒に貸しておいた書物が、その死の翌日友鷗宅に届いた。この楓軒の書簡は早速仏前で有難く拝読させていただき、ために家族皆々落涙を禁じることができなかった、と報じられている。そして、ここにいう『日本外史』とは、言うまでもなくあの頼山陽の著作のことであるが、天保三年の山陽死去時にはまだ公刊されておらず、写本のままの状態であった。文政十（一八二七）年に松平定信に求められて献上され、これによって顕門に対して

遠慮のない批判を含むこの歴史書は天下公行のための免罪符を得ることとなったという。(150)このような事情もあり、当時同書は簡単には読むことができなかったようで、楓軒と友鷗は、桑名藩の知人である広瀬蒙斎や東里将監等のつてを頼りに、なんとか写本を入手しようと試みていたが、なかなか埒が明かない状態が長く続いていた。その間の事情を示す書簡が本書簡集中には数多く含まれている。(151)結局、桑名藩の知人を通しての入手が実現しないうちに、楓軒が別ルートでの入手に成功したようで、天保二年の六月五日付第二六通目書簡に、

外史も御才覚御手ニ入、序論及開巻一冊御覧被成候処驚入候。書取之旨御写全出来候ハヽ、為御見可被下旨御厚誼感佩、不啻技癢ニ被仰下候趣ニ而は、生涯之内ニは写取候義も可相成、楽ミ罷在候。

とあり、楓軒から、序論と開巻第一冊を手に入れたので書写が済んだらお見せするという連絡を受けた友鷗は、びっくりすると同時にその厚誼を謝し、もしかしたら生きている間に書写し終わるかもしれない、と心を躍らせている様子が看取される。そして、同年の十月二日付第二八通目書簡から両者間で同書の写本の遣り取りが始まり、ついにその死の翌日に届いた残り五冊というところまで済んだ時点で、友鷗は他界してしまったのである。

先に掲げた高橋書簡中にあるように、友鷗は書写を始めた時点から、大部な書物なので生きている間に写し終わるかどうか分からない、と自ら老妻に話していたようである。ところが、既に借りていた分の書写が済み、残りあと僅かというところまで漕ぎつけることができた。そこで友鷗は、入浴願を申請して温泉に浸かり、気分が良くなったところで一気に終了に漕ぎつけようと目論んだのであるが、残念なことに最初に抱いた不安が現実のものとなってしまった。高橋は、この父友鷗の無念の情を斟酌し、自分はじめ懇意にしている者たちと分担して残り五冊の書写を済ませようと決心し、その旨を楓軒に伝えた。当初は六月中には書写し終えて返却する予定であったが、天保四年の八月一日付第三七通目書簡に、

日本外史遠ニ返上可仕筈ニ申上置候処、小生義五月初旬ゟ以之外眼疾相煩、執筆不任心底ニ故甚延引ニ罷成候得共、責而は一、二巻も業を継申度、懇意之衆へ頼候内を除置候所、漸少し快方ニ付写取懸り、此節迄ニ卒業仕候故不取敢返上仕候。

とあるのによると、高橋自身の眼病のために書写作業が遅延してしまったようである。しかし、なんとか書写を終えることができたので来る六日の便で返却するとしたうえで、思いの外の延引を詫びるとともに、珍書を父友鷗の蔵書中に加えることができたことを謝している。

ところで、この第三七通目書簡には以下のような記述もみられる。

六月中御指立之貴酬、良便無之延引之旨ニ而、去月廿七日相達拝見、被為入御志御菓子一折御詩二仏前へ御備被下、御厚志之御義忝仕合、一同難有がり申候。落手早速相備焼香仕候。

これによれば、六月中に差し出した楓軒の書簡が七月二十七日友鷗宅に届いたが、それは高橋から友鷗の死を知らされた楓軒が、その死を悼んで書いたお悔やみの書状であった。そして、この悔み状には菓子一折と漢詩二首が添えられていたらしく、楓軒の厚志に家族一同が感謝し、早速仏前に供えて焼香したことが報じられている。

さて、この後暫くのあいだ高橋からは書通がなく、第三八通目の書簡が楓軒のもとに届いたのは天保六年の五月五日のことであった。この書簡は四月二十三日付のもので、

歳月の急行候ハ実ニ如夢、来ル廿七日亡父智源院三回忌相当、例之老人共ニ而も相招弔可申手配仕居候次第、御遙察可被下候。

とあって、早いもので父友鷗の三回忌を迎えようとしており、旧知の御老躰の面々を招き法要を取り行うことにした、と報じられている。また、この書簡には「亡父遺稿も可取立哉被仰下、汗顔之次第ニ御坐候。小子義不得手之筋故兎

角果敢参り不申候得共、追々見出し集め置申候」とも記されている。これによると、楓軒は高橋に対して友鷗の遺稿の収集を勧めたらしく、高橋は、自分の不得手な分野のことではあるが努力してみる旨の返答をしている。

この後も、楓軒と高橋の書通は暫くのあいだ続き、天保九年の四月十一日に楓軒のもとに届いた三月二十三日付第四四通目書簡が、本書簡集中に収載された最後のものとなる。

去秋中は江戸表御詰合中御多用可被為在候所、御細書被下忝拝読仕候。御書中ニ而承知仕候得者、先般御側御用人職被為蒙仰候旨、誠ニ以御本望之御義重畳拝賀之至奉存候。乍去御老体之御義、御配慮多御心痛之所は奉遙察候。此上は専ら御自愛被成、御剛健ニ而御勤仕被成候様、乍御側祈願仕候事ニ御坐候。友鷗在世ニも御坐候ハヽ、不一通大悦仕候義奉存候。

ここに記されているところによると、楓軒は天保八年の秋のうちは江戸の藩邸に詰めていたようである。本書簡からも知れるように、当時楓軒は側用人の重職に就いていた。天保七年十月に当職を拝命していたが、高橋は楓軒からの書状によって最近これを知ったようで、衷心から祝意を表するとともに、父友鷗が存命中であったならどれほど喜んだことかと述べている。当職拝命のとき、楓軒は既に七十三歳の高齢であった。高橋は、ご自愛のうえご勤仕下さい、とその健康を気遣う気持ちを書き送っている。

ところが、当時楓軒は、このような高橋の心配を余所に、政事に関することだけでなく文事に関することにも、精力的に係わっていたようである。同書簡には、

去夏中蒙仰候拙家々系之義、甚不埒之系図御取用ニも相成間敷被存候得共、御懇命ニ任セ呈上仕候所御落掌被下、垂統大記中へ御加入ニも相成候由、祖先之面目無此上不朽ニ相存候義、於小子本懐至極奉存候。（中略）随而は御草稿出来之上は、寡君之伝小子家伝とも御示可被下旨、何共忝仕合奉存候。相楽御待申上候事ニ御坐候。

とある。これをみると楓軒は、天保八年の夏、『垂統大記』編纂の資料として成田家の系図を使用したいので送ってほしい、と高橋に依頼したらしい。このことは八月二十日付第四二通目書簡にも記されていた。送り届けた系図の同書への収載が決定したことを楓軒から知らされた高橋は、先祖の名誉が不朽のものとなった上に自身も本懐を遂げることができたと大いに喜び、さらに、草稿が出来上がったならば主家の丹羽家及び成田家の個所をお見せするとも伝えられて、とても有難いことであり楽しみにお待ちしております、と応えている。ここで両者の間で話題になっている『垂統大記』とは、徳川家康から家光までの歴史を、さまざまな人物の伝記を類聚する手法で記述した史書で、全七十二巻に及ぶ大部なものであり、当時は楓軒が中心になって編纂が進められていた。(152) ここにみた両者の遣り取りからも、楓軒のこの書物編纂への係わり方が、たんに名目だけのものではなかったことが窺えるであろう。

ところで、この高橋からの最後の書簡には、二本松藩江戸留守居役戸城伝右衛門が昨天保八年の冬に病死したことも記されていた。

江戸留守居役戸城伝右衛門義旧冬病死仕候。数年来相勤殿中何も馴候而甚調法被致候所、未老年と申ニも無之六旬を過候迄ニ御坐候。右政役同人嫡伝七郎是迄添役相勤居候所、家督後亡父政役被申付定江戸相勤居候間、御文通被下候ハヽ、是迄之通戸城伝七郎迄被指遣可被下候。

この役職を長年務めてきた戸城は江戸藩邸内のことに精通していたため、水戸・二本松両藩江戸藩邸を経由しての楓軒と友鷗の書通には、仲立ちとして欠かせない人物であった。高橋は、同人の子息伝七郎が父に代わってこの役職を務めることになったので、書状は従来通り戸城経由で大丈夫である旨を報じている。ところが、かくも精力的に勤仕し続けた楓軒ではあったが、この最後の書簡を受け取ってから一年と経たない同年十二月、ついに致仕することとなったため、高橋からのこの知らせが役に立つことはあまりなかったかも知れない。楓軒が没したのは天保十一年のことであるが、致仕後の楓軒と高橋がこれまでのような関係を持ち続けたのかどうかは、この後の書簡がないので残念ながら分からない。

おわりに

扨、これまで小宮山楓軒と島友鷗の交友について、節を六つに分けて詳細に見てきたのであるが、その結果判明したのは大略以下のようなことであった。

第一節では先ず、楓軒が文政十（一八二七）年の五月十四日から六月十四日にかけて実行した陸奥国玉造郡の鳴子温泉等への湯治旅行について、事前にその計画を知らされた友鷗が二本松近辺の温泉に関する情報の提供を行っていることが確認できた。因みに、この旅行の模様は楓軒によって『浴陸奥温泉記』と題して書き残されており、同書によって我々は、楓軒が湯治の帰途に二本松を通って友鷗との再会を果たしたこと、またこの再会は楓軒の旅宿を友鷗が訪れるかたちで実現し、暫しの間ではあったが二人が旧交を温めることができたこと等を知ることができる。そして、この旅行記に記述されているところによって勘案すると、どうやら折角提供された友鷗からの情報の到着が楓軒の出発に間に合わなかったらしく、この旅行では全く活用されることがなかったことも分かった。さらに我々は、この旅行後に、楓軒からこの旅行記の執筆に必要な二本松領内の道筋の村名・寺院名等に関する情報提供を依頼された友鷗が、領内の略図一枚と主だった寺院名等を別紙に認めて送っていることも、本書簡集所収の書簡によって確認することができた。

第二節では、それぞれ所属する藩の重要な役職を勤めた行政官であったこの両者が、当時の諸々の社会的出来事に関してどのような情報の交換を行っているかを見てみた。友鷗は、郡奉行・郡代・城代と累進し、文政五（一八二二）年に致仕した。これに対して楓軒は、郡奉行・留守居物頭・町奉行・側用人と累進し、天保九年に致仕した。この両者の経歴をみると両者共に郡奉行を勤めており、そのこともあってか、特に天候や農作物の作柄と米価等への関心、そして領民の飢饉とその救恤、さらには騒擾等のことについて多くの遣り取りが見られるのが特徴の一つとして挙げられる。

また、当時は異国船が頻繁に日本近海に姿を見せるようになっており、文政七年にはイギリス船員が水戸藩領内大津浜に上陸した事件などもあったため、両者の間では異国船についての情報の遣り取りも行われていた。特に天保二（一八三一）年の六月五日付第二六通目書簡では、同年に異国船が東蝦夷地厚岸湾を侵し、その報告書が同年三月に松前章広から提出された一件が話柄に上されていた。友鷗は、多くは姦計があっての来航ではないにしても、油断をしていると米穀・財宝等を掠め取られないとも限らないという危惧の念を抱いており、我が国を窺う異国船に対しては厳しく対処して国威を示すことが必要だ、と述べている。

第三節では、共に学問的業績のある学者でもあった両者の間で、当代の多くの学者・文人等の著作あるいは人物の評価等に関する情報の交換が行われているのをみた。それらの中には、青山拙斎・立原杏所・川口緑野らの水戸藩人士をはじめとして、主な活動の地が江戸であった安積艮斎・市河寛斎・佐藤一斎・柴野栗山・松平定信・屋代弘賢・山崎美成等、また、主な活動の地が京都の猪飼敬所・頼山陽、桑名（元白河）の広瀬蒙斎・東里将監、磐城平の鍋田舎人、下野黒羽の鈴木武助ら多数の人士が含まれていた。この両者の間で取り上げられた人物はまことに多士済々の感があり、その身分や職業も元藩主・幕臣・諸藩の藩士・僧侶・医者・町儒者等と多種多様であった。以下には、両者の遣り取りの中から興味ある二つの事例を記して置くことにする。

その一つ目は、頼山陽の『日本外史』写本の入手に関する顚末についてである。同書は、天保三年の山陽死去時にはまだ公刊されておらず、写本のままの状態であった。そのため、当時同書を読むことは容易ではなかった。しかし文政十（一八二七）年、その求めに応じて写本が山陽から松平定信に献上されたこともあり、楓軒と友鷗は、桑名藩の広瀬蒙斎や東里将監等のつてを頼りに、桑名ルートによってなんとかその写本を入手しようと試みたのであるが、埒の明かない状態が長いこと続いた。その間の事情を示す書簡が本書簡集中には数多く含まれているのであるが、結局、桑名ルートでの入手が実現しないうちに、楓軒が別ルートによる入手に成功したのであった。

その二つ目は、天保二年の六月三十日付第二七通目書簡にみられたように、友鷗が、当時まだ猪飼敬所の名前を知らず、楓軒にどのような人物かと尋ねていた件である。猪飼は、当時すでに七十歳を超える高齢に達していて、京坂の儒者達からは老大家として敬されていた人物であり、当時は伊勢の津藩に招かれて講学を続けていた。そうした猪飼の名前を友鷗が知らなかったことに対して、筆者は先に、猪飼の名が関東以北の地にまで広く知られるようになるのはこの頃以降のことということなのか、それとも知識欲が旺盛で情報の収集にも熱心であった友鷗を以てしても、当時の学問・文化の中心地である江戸から、水戸よりもさらに離れた地で暮らしていることによるハンディキャップを埋めることができなかったということなのであろうか、と疑問を呈しておいた。

この二つの事例だけをみると、あたかも楓軒と友鷗の情報収集能力に差があるかのような印象を抱かせかねないのであるが、必ずしもそのようなことではないであろう。友鷗は文政五（一八二二）年に致仕していた。これに対して、楓軒が致仕したのは天保九年のことである。つまり楓軒は、本書簡集所収の書簡の遣り取りが行われていたときには、まだ現役の留守居物頭・町奉行等として勤仕していた。より広く情報収集のためのアンテナを張り巡らすことの可能なのが現役に与えられた特権の一つといえよう。ここに掲げた一つ目の事例は、いまだ現役であった楓軒の強みが遺憾なく発揮されたことを示すものであり、また、すでに現役を退いていた友鷗の弱みがまともに表面に出てしまったのがこの二つ目の事例である、というふうに受け止めるのが穏当な見方なのではあるまいか。

この現役如何と関連することであるが、何通かの書簡に、楓軒からの返書がなかなか来ないのを友鷗が気にかけて返書を催促している記述の見られるものがあった。例えば、文政十二年の七月七日付第一八通目書簡では、先便で友鷗が「七十漫吟之作」の墨刷り一葉を楓軒宛に送付して和韻を依頼したにも拘らず、和韻の作がまだ届いていないのは何か不都合でもあったのであろうか、と尋ねている。当時の水戸藩は、一昨年十一月の火災による小石川邸焼失、藩主斉脩の不例、川口緑野の史館総裁再任問題等で大いに混乱していた上に、楓軒自身も『垂統大記』の編纂等で大忙しの日々を送っていた。律義な楓軒であってみれば、返信が遅れるにはそれなりの事情や理由があったものと思われる。そのようなことは百も承知していながら、返書の到着を待ち切れずについ催促してしまう友鷗の心中もなんとなく察せられ、思わず笑みがこぼれるのを禁じ得ない。

第四節では、史実等の考証や歴史的人物に係わる情報等の交換に関して、本書簡集中に記されているところを摘記しておいた。史実等の考証に係わる情報の交換に関しては「伊達騒動」など主なもの十件を、また歴史的人物に係わる情報等の交換に関しては「加藤清正」など主なもの九件を採り上げておいた。本節では、これらの件について、あくまでも楓軒と友鷗の間でどのような情報の交換が行われたかを確認するに止め、その情報の信憑性や考証結果の学問的な正否等についての検証は行わなかった。筆者としては、ここで紹介した諸々の情報の中に、多少なりとも当該事項の研究に資するものが含まれているようであれば幸いである。

第五節では、楓軒と友鷗のあいだで書物に関してどのような情報の交換が行われ、またどのような書物の貸借が行われたかを、書簡の年次を追って見ておいた。便宜上、「楓軒から友鷗へ」と「友鷗から楓軒へ」とに分けて記述したが、「楓軒から友鷗へ」の部分は、あくまでも友鷗の書簡から窺えるところを記したものであるため、多少のタイムラグ等の不都合が生じている恐れのあることを指摘しておいた。それはともかく、こうして一覧できる形にしてみると、両者の知識欲の旺盛さに改めて驚かされる。今では所在が確認できないような書物もいくつか話題に上されているのである。また、本書簡集中で書物に関する情報の全く記されていない書簡は、高橋書簡を除いた全三十五通のうち、天保二年の六月三十日付第二七通目書簡一通のみであり、とりわけ文政十一年の書簡には当該情報が満載されているのを確認することができた。

第六節では、「島友鷗の最期と後日譚」と題して、友鷗の死と友鷗死後の楓軒と子息高橋九郎との書通の模様を記しておいた。友鷗は、天保四年三月二日執筆と思われる第三五通目書簡で、自身の健康状態の異変について楓軒に報告していたが、同年六月六日に楓軒のもとに届いた五月二十三日付の第三六通目書簡は、高橋から父友鷗の死去を伝える悲しい知らせであった。この中で高橋は、生前からの楓軒の厚誼を心から謝すると共に、亡くなる前後の模様を報告しておくようにとの実母の命により、友鷗の死について詳細に報じている。この報告を受けた楓軒は、その死を悼んで菓子一折と漢詩二首を添えた悔やみの書状を出し、その死を悼んだ。

この後も楓軒と高橋の書通は天保九年に至るまで続き、友鷗が楓軒から借覧し書写を続けてきた『日本外史』の書写を高橋自身が継続する件、父友鷗の三回忌法要の件、当時楓軒が中心になって編纂していた『垂統大記』の資料として成田家の系図を使用する件、楓軒の側用人就任に対する高橋からの祝辞、水戸・二本松両藩江戸藩邸を経由しての楓軒と友鷗の書通に仲立ちとして不可欠の存在であった同藩江戸留守居役戸城伝右衛門の病死の件等について遣り取りが行われた。

以上が本章で検討した結果の概要である。ところで、この楓軒と友鷗の交友は一体いつごろから始まったのであろうか。因みに、国立国会図書館所蔵の「小宮山叢書」中に収められている楓軒の読書記録である『閲書目録』の中に初めて友鷗の名が現れるのは、文化七（一八一〇）年の条の「義人遺事七冊」の項中で、この本の跋文を書いた人物として出てくるが、この本自体は「逢原堂蔵本」（岡野逢原所蔵本）と記されているので、両者が書物の貸し借りをするような仲であったことを示すものではなかろう。そのような仲であることの分かる記述は文政四年の条に初出し、「会津塔寺長帳一冊」の項中に「二本松成田確斎写本」と記されている。文政十年初出の磐城平藩士鍋田舎人よりは数年早いが、文化九年が初出の下総津宮村の名主久保木竹窓[153]や、文化十二年が初出の古河藩士小出重固[154]らと比べると少し遅れての関係開始となるようである。もっとも、これは書物の貸し借りが始まった年ということであり、交際そのものの始まった年ということでないのは言うまでもない。ここにいう久保木・小出・鍋田らは皆、楓軒にとっては友鷗同様大変重要な意味を持つ人士達であった。

前述したように楓軒は、寛政十一（一七九九）年から文政三（一八二〇）年まで領内紅葉組の郡奉行として民政を担当した。楓軒の二十余年に亙る郡政は多くの成果をもたらしたが、そのうちのひとつに小川・延方の両村に水戸藩最初の郷校を建設し、村民の教育に努めたことが挙げられる。小川には文化元（一八〇四）年に稽医館を、延方には同三年に延方学校を建てたのであるが、楓軒は、久保木竹窓に依頼し、延方学校で教鞭を執ってもらっている。この久保木から楓軒への来簡は、前出の国立国会図書館所蔵「小宮山叢書」中に収められている『楓軒年録』の中に転記されているので、両者の交友の実際を知る手掛かりとなるであろう。次に小出に関しては、静嘉堂文庫の「小宮山楓軒叢書」中に楓軒旧蔵の『竹斎手簡』があるが、これは小出からの来簡を楓軒が纏めておいたものであり、その写しと思われる一本が国立国会図書館にある。小出は、藩主土井利位の内意によって『古河志』を纏めるに当たり、楓軒から教示を受けることが多々あったようである。そして鍋田については、本章第三節で前述したように、楓軒が『垂統大記』

の編纂過程で鍋田らの意見を聞いて万全を期したといわれており、その際の両者の往復書状が『大典質疑』と題して水戸の彰考館文庫に残されている。友鷗が久保木・小出と交友関係にあったかどうかは詳らかにしないが、鍋田は楓軒と共通の知人であったことを本書簡集中の幾通かの書簡から確認することができる。

最後に筆者は、楓軒と友鷗の交友関係について検討を加えてきた本章を締め括るにあたり、楓軒と友鷗が、それぞれの先祖について知り得た情報を互いに提供しあっている様子を以下に紹介しておくことにしたい。

楓軒の小宮山家は、甲斐武田氏の家臣内膳を祖とする。内膳は武田氏滅亡の時、勝頼に殉じて最期を遂げたと伝えられている。内膳の裔忠左衛門・その子忠衛門は、浅野家に仕えたが、忠衛門の子休菴は、藤原惺窩の門人堀杏庵に学び、奥州二本松の丹羽家に仕えて儒臣となった。その子昌郷も丹羽家に仕えたが、事を構えて同家を去ってからは、江戸に出て処士として終った。昌郷の子昌嶠は桂軒といい、楓軒の祖父に当たる。(155) 小宮山家と丹羽家とのこうした関係から、二本松藩の人士のなかには楓軒の先祖にまつわる資料を所持している者もいたようである。一例を示せば、〔文政十〕年の八月一日付第九通目書簡において友鷗が、「当藩内に左京太夫光重時代の詩歌の短冊等を帖仕立てにしたものを所持している者がおり、これを見せてもらったところ、貴家のご先祖の休庵先生の詩歌がありました。これは珍しいと思い書き留めておいたので進呈します。蔵書の一つに加えてもらえれば幸いです」、と記しているのなどが挙げられる。

そして友鷗の成田家については、文政十年の十二月五日付第一〇通目書簡中に、「貴藩領内鹿嶋郡に成田村という所があり、(156) 拙家との関連等につきお調べ下さるとのこと、ご厚意感謝いたします」と記され、さらに楓軒から調査結果の報告を受けた友鷗が、文政十一年の六月十九日付第一四通目書簡で「拙家姓名の者について書抜きをお示し下さり有難く存じます。山口左馬介はやはり加賀大聖寺の山口玄蕃のことでしょうか。これに仕えた成田庄左衛門と喜太郎は拙家の書留にも出てまいります。また、弥六と助四郎というのは初めて聞く名前ですが、同族に間違いないと存じます。庄左衛門は玄蕃の家老を勤めたと考えられますので、その家から出た者でもありましょうか。弥の字は同族内の通り字となっておりますし、助の字もこれに次いで用いられており、わが家の祖父も年少の折には助太夫と名乗り、同族の中には現に助四郎と名乗っている者もおります。『信雄分限帳』に出てくる者も同族かと思われます。『仰景録』に出てくる御仁は忍の成田であり、同族ではないと思われます。お陰をもちまして異聞を得る事が出来、有難く存じます」、と謝意を述べている。

注

(1) 東里将監(一七八七―一八六七)は、もと吉村氏。隠居して東里氏を称した。通称将監、号翠関・翠山等。岩城白河藩老吉村宣温の嗣子。早く父を失い、藩命により江戸に出て柴野栗山・尾藤二洲・古賀精理に学び、帰藩後執政となった。文化末年隠退し、文政六(一八二三)年藩主松平家の転封により伊勢桑名に移った。詩歌・書札を能くし、和漢・古今に通じていた(岩波書店『国書人名辞典』参照)。

(2) しかし、この書き込みを無条件に信用することもできない。たとえば第三通目書簡には「申」年と記されているが、この書簡中に記されている『皇朝史略』の刊行は文政九年のことなので、「申」年は何かの間違いであろう。なお、第二一、二九、三一、三五の四通については、国会本では干支が写し漏れとなっていたのを、静嘉堂本によって補った。また、第一二、二三、四三の三通については、月日のみではあるが、国会本で写し漏れとなっていたのを、同様に静嘉堂本によって補っておいた。

(3) 干支が誤って記されていた第三通目以外の八通の書簡の年代考証をすれば、以下のとおりとなる。第五通目書簡は、桑名藩士東里将監から友鷗に宛てた書簡で、友鷗が文政十年の第四通目書簡と一緒に楓軒宛に転達したものであり、前年に届いたと記されているので、文政九年のものであることが分かる。第六通目書簡は、本章第二節でみた桑折代官寺西氏についての楓軒と友鷗の遣り取りからして、文政九年の執筆と推定した。第七通目書簡は、書中に「当年は御東遊思召立御坐候由云々」という記述があることから、文政十年に執筆されたものであることが分かる。第九通目書簡は、書中に「閏六月三日御認之貴牘同月下旬相達云々」の記述がみられ、文政期で閏六月があるのは文政十年なので、その執筆年次が推定できる。第一二通目書簡は、書中に「小石川御屋敷御類焼云々」の記述がみえ、文政十年十一月二十四日夜の水戸藩邸火災のことが話柄に上されており、この書簡の日付が「二月晦日」となっていることから、翌文政十一年に執筆されたものと推定した。第二三通目書簡は、文政十三年執筆の第二二通目書簡中に友鷗が楓軒から貸与されたことが記されている「栗山集」について、急な用事ができたからということで楓軒が返却を求めていることが記されているので、同じく文政十三年のものと推定した。第四二通目書簡は、書中に「大坂騒動も御静謐ニ相成云々」という記述がみえ、天保八年二月に起こった大塩平八郎の乱が話柄に上されているので、その執筆年次を推定することができる。第四三通目書簡（十二月七日付）は、天保八年の三月五日付第四一通目書簡及び同年の八月二十日付第四二通目書簡で桑名藩佐治姓の者の家系について尋ねられていた楓軒が、「立原翠軒翁遺稿」の中から関連記事を書写して高橋のもとに送り届けてきたことがその書中に記されているので、天保八年の執筆と推定することができる。

（4）『二本松市史』第九巻三二一頁では「筆名」としているが、『同市史』第三巻四八九頁では号の一つとしている。もし「島友鷗」を『国書総目録』（岩波書店）のように「しまゆうおう」と読むとすれば、これを号とみるのは適当でないようにも思われるので、今は一応前者に従っておくことにする。

（5）成田頼直著『南轅紀游』（筑波書林、一九九一）六〇頁の榎本実氏による解説参照。なお、同書については第一節の注（12）にやや詳しく記しておいた。

（6）「随筆百花苑」第三巻（中央公論社　昭和五三）に翻刻されている。

（7）明和六（一七六九）年生、天保四（一八三三）年没。名政章、字伯斐、通称玄節。常陸国久慈郡小目村の人。原南陽に医を、小野蘭山に本草を学び、文政五（一八二二）年以来水戸藩に仕えた（岩波書店『国書人名辞典』参照）。

（8）楓軒の『閲書目録』文政十年の条に収載されている『奥羽観迹聞老志』のことか。楓軒は、同書の撰者を「仙台容軒源義和」（佐久間洞巖　仙台藩儒　元文元没　享年八四）としたうえで、「一本云」として原宜好の著作『奥羽便覧志』も併記している。

（9）「浜通り」は福島県東部の太平洋に面する地域の称で、「中通り」は福島県中央部の阿武隈山地と奥羽山地との間を流れる阿武隈川と久慈川流域の称。

（10）森銑三著作集第八巻の四七五—四七八頁に、『二本松藩史』にみえる略伝と『慊堂日歴』に記されているところを用いて紹介されている。それによると鈴木は、「名を堯民、字を希堯といひ、敬蔵と称し、西陵と号したのかと思はれる」とある。儒者であるが、国学・仏学にも通じ、詩書を善くし、人となり気節を尊んだというが、君侯を誹謗した廉により「江戸で捕へられて二本松へ護送せられ、獄にあること一年余にして、天保九年十月七日に歿した」という。本書簡集中には、文政十年の一月五日付第四通目書簡、〔文政十〕年の八月一日付第九通目書簡、〔天保八〕年の八月二十日付第四二通目書簡（友鷗の子息高橋からの書簡）にその名がみえる。第四通目書簡には鈴木が一時期安積艮斎の面倒をみていたことが、第九通目書簡には鈴木の足痛がまだ治らないことが、第四二通目書簡には国法を犯した罪により捕えられ、国元で揚り屋入りを申し渡されたこと等が記されている。楓軒は、この鈴木とは旧知の仲だったようである。

（11）友鷗の次男は高橋九郎種茂であり、その三男は青山弥五太夫である。本書簡集中の第一通目、第三六通目書簡等を参照。「弥五左衛門」と記しているのは楓軒の記憶違いか、もしくは聞き違いでもあろうか。

（12）成田頼直著『南轅紀游』は、榎本実氏による意訳と解説付きで、原文の写真版が一九九一年に筑波書林から刊行されている。榎本氏は、底本として国立国会図書館所蔵の「鶯宿雑記」に収載されている写本を採用し、併せて解説中で現存する諸写本の比較考証もしている。「鶯宿雑記」は、各種の書物・文書等を書写収集し正編五六八巻別録四〇巻に纏めた膨大な叢書である。編者は桑名藩士駒井乗邨（一七六六—一八四六）で、鶯宿はその号。文政六（一八二三）年に藩主松平定永の転封により岩代白河から伊勢桑名に移った。楓軒・友鷗の共通の知人であり本書簡集中にもしばしば名前の出てくる同藩士広瀬蒙斎と親交があった。なお、『水戸市史』中巻（二）八三六—八四三頁にも、「東京大学史料編纂所本」を底本として、この紀行文のあらましが紹介されている。

（13）この三名については、友鷗自ら以下のような割注を付している。すなわち、石川については「久治右衛門ト云糸纂方勤」、村田については「弥一郎名正定字子経号正斎藩士ノ庶子文学精励ナルヲ以テ合力俸賜ルヨシ」、岡野については「故人子言ノ子辰次郎ト云」と記されている。なお、割注が簡略な石川と岡野については、本章の第四節で言及しておいたのでご参照いただきたい。

(14) 文政十一（一八二八）年六月、大風雨のため、東海・北国・西国の諸河川が氾濫し、洪水による被害が発生した（歴史学研究会編『日本史年表』参照）。

(15) 文政十一（一八二八）年八月九日、長崎地方を襲った暴風雨のため、離日を前にしたシーボルトの荷物を積み込んだ蘭船が海岸に座礁し、船体を損傷した。その修理のため積荷を一旦下ろした際、その荷物の中から当時外国人による国外持ち出しが禁じられていた品が発見された。その結果、シーボルトは一時商館長預けの身となり、高橋景保はじめ多くの日本側関係者が処罰された（吉川弘文館『国史大辞典』参照）。この時の友鷗の頭の中には、六月に発生した災害のほかに、このいわゆるシーボルト事件の情報も混入していたのではあるまいか。

(16) 享保十七（一七三二）年、山陽・南海・西海・畿内等が蝗害のため大飢饉となり、餓死者が多数出たため、幕府・諸藩によって拝借金・夫食米貸与・施米等の対策が講じられた（歴史学研究会編『日本史年表』参照）。

(17) 歴史学研究会編『日本史年表』参照。

(18) 吉川弘文館『国史大辞典』参照。

(19) 本章第一節でみた湯治旅行帰途の楓軒との再会のとき。

(20) 斉脩の逝去から斉昭の襲封決定までの経緯は、『水戸市史』中巻（三）の五—一一頁に詳細に記されている。

(21) 瀬谷義彦著『水戸の斉昭』（茨城新聞社　昭和五四）、茨城県史編さん委員会編『茨城県幕末史年表』（茨城県　昭和四八）参照。

(22) 栗田勤著『水藩修史事略』には、この官位追贈の宣命が略記されているが、その中に「本朝ノ典籍ヲ研究シ、著述ノ盛事大成シ云々」とあるので、光圀の文事面の業績を強調した友鷗のこの受け止め方は、決して当を得ないものではないであろう。

(23) 茨城県史編さん委員会編『茨城県幕末史年表』（茨城県　昭和四八）、茨城県立歴史館編『茨城県史年表』（茨城県　平成八）参照。

(24)『藩史大事典』第一巻(雄山閣出版 一九八八)参照。
(25) このことは本書簡中には、

老拙義も致仕以前之勤被存出候事と相見、分余慶候事と申事ニ而、小袖壱・銀子十五枚貰ひ申候。誠ニ存外之義、老後之本望ニ奉存候。右様得配分之義は重職共之隠居ニも例無之候。唯好物之書画飲食等ニ使捨候義無本意存候間、兼而御咄も申上候棚倉ニ有之候先祖之墓碑、経弐百年候故刻字も剝蝕難読程ニ相成候間、古碑ノ傍へ一小石碑ヲ建テ事実ヲ相記、且永代香花之料ヲ寄附仕候積りニ有之候得共、名代之もの遣候而ハ存分ニ届兼候間、少々得暖気候ハヽ、乗出候積心支度仕候。尤介添ニは他家へ遣置候二男を召連候間、御気遣被下間敷候。任御懇意御吹聴仕候。

のように記されている。これによると友鷗は、頂戴した銀子を使って棚倉にある古くて文字の読めなくなった先祖の暮碑の傍に、事実を記した小石碑を新たに建て、さらに永代香花の料を寄付するつもりだ、と楓軒に吹聴している。そして、その碑文と七絶一首をこの書簡末に転写している。
(26) 文政十一年の一月二十八日付第一一通目書簡をみると、丹羽侯が幕府から「上野御霊屋御普請御手伝」を仰せ付けられたことが記されている。丹羽侯は恐らくその任務を全うしたと思われるので、それに対する評価がこのような二度の慶事を招来する要因となったものであろうか。
(27) 吉川弘文館『国史大辞典』、岩波書店『国書人名辞典』を参照。
(28) 杉浦明平著『小説渡辺崋山』(一)失意(朝日新聞社 昭和五七)の二七〇頁には、「文政九年、重蔵の長男富蔵が目黒の別荘で地境の口論から隣家の百姓半之助一家五人を斬殺してしまった。富蔵は、(中略)五人の被害者の中には、女が含まれていたため、〝残忍之所行〟として八丈島へ遠島。父の重蔵は家事不取締りの故をもって、近江大溝藩分部左京亮へお預けとなった」とあり、このように大きな事件であった割には軽い罪で済んでいることが分かるであろう。
(29)『水戸市史』中巻(二)の四六四―四六七頁参照。
(30) 吉川弘文館『日本史総合年表』参照。当時幕府は、ポルトガル船の来航を禁止し、平戸のオランダ商館を長崎の出島に移したりしているので、おそらくこの出来事のことをいうのであろう。ただ、友鷗が、断固たる処置をとったのを「幕府」ではなく「有馬侯」としているのが気になるところではある。肥前の大名有馬晴信が派遣した商船の乗組員がマカオで殺されたため、その報復として長崎に入港したポルトガル船を焼き沈めたのは慶長十四（一六〇九）年のことである。多分友鷗は、この二つの事件を混同しているものと思われる。因みに、この寛永十七年の事件以降、長崎警備は福岡・佐賀の両藩に命じられ、非常時には西国諸大名に沿岸警備等が命じられるようになったのである（吉川弘文館『国史大辞典』等を参照）。

(31)　同右年表参照。なお、異国船が東蝦夷地に渡来して船員が上陸するという事件は、同年七月にも翌年七月にも起こっているようである。

(32)　本章第三節の東里将監の項参照。

(33)　秦鼎は、宝暦十一（一七六一）年生、天保二（一八三一）年没。名は鼎、字は士鉉、通称は嘉奈衛で滄浪等と号した。家学を継いで徂徠学を奉じ、また細井平洲に学んだ。寛政二（一七九〇）年尾張藩に出仕し、同九年に致仕して古書の校勘などをして後半生を過ごした（岩波書店『国書人名辞典』参照）。

(34)　平凡社『アジア歴史事典』、吉川弘文館『日本史総合年表』等を参照。

(35)　吉川弘文館『国史大辞典』参照。

(36)　『寛政譜以降旗本家百科事典』（小川恭一編著　東洋書林　一九九七）参照。楓軒は「蔵太郎」と記しているが、同書には「蔵太」とあり、友鷗も「蔵太」と記している。因みに同書では、蔵太の父封元の死亡日は文政十年二月十八日となっているが、これは蔵太が提出した死亡届に記されていた日付が公の死亡日とされているもので、実際にはその前年に亡くなっていたようである。

(37)　岩波書店『国書人名辞典』、長澤孝三編『改訂増補漢文学者総覧』（汲古書院　平成二三）参照。

(38)　『水戸市史』中巻（三）九五三―九五五頁参照。

(39)　山川菊栄著『覚書幕末の水戸藩』（岩波書店　昭和四九）参照。また、青山拙斎と藤田幽谷については本書第一章の補説を参照。

(40)　国立国会図書館所蔵「小宮山叢書」所収。

(41) 小松徳年「青山延于著『皇朝史略』の刊行をめぐる二、三の問題」(茨城県立歴史館報十五　八七—九九頁)参照。

(42) 岩波書店『国書人名辞典』及び小川知二「立原杏所とその師友」(「特別展　立原杏所とその師友」図録　茨城県立歴史館平成二二)参照。なお、杏所の父翠軒は、延享元(一七四四)年生、文政六(一八二三)年没。名は万、字は伯時、甚五郎と称し、翠軒等と号した。宝暦十三(一七六三)年江戸彰考館の書写場傭となり、江戸で大内熊耳・細井平洲らに学んだ。明和三(一七六六)年水戸彰考館編修に転じ、天明六(一七八六)年彰考館総裁となって『大日本史』の編纂に尽力し、寛政十一(一七九九)年、紀伝浄写本を完成させて徳川光圀の廟に献じた。この間、門人藤田幽谷らと編纂上の意見の対立が生じ、やがて藩主治保の信任を失って享和三(一八〇三)年に致仕した。書画・篆刻・七絃琴に長じ、特に能書家として知られている(岩波書店『国書人名辞典』を参照)。

(43) 文政十(一八二七)年十一月二十四日夜、水戸徳川家小石川邸表坊主部屋より出火し、本殿などを悉く焼失した(『茨城県史年表』参照)。ここで友鷗は翠軒の遺文の心配しかしていないのであるが、彰考館の貴重な蔵書と『大日本史』稿本については、青山総裁の尽力により御殿から離れた空地の中に建てられた書庫棟に移してあったため、この火災による焼失を免れることができたという(山川菊栄著『覚書幕末の水戸藩』四〇—四一頁等参照)。しかし、石川慎斎の『水戸紀年』に「日本史板木及草稿ヨホトヤケル」とあるのをみると、全く無傷では済まなかったようである。

(44) 吉川弘文館『国史大辞典』第二巻　三二八—三三〇頁「江戸の大火一覧」参照。

(45) 頼山陽については本章本節の同人の項及び第六節を参照されたい。

(46) 『征韓偉略』については、秋山高志著『水戸の文人』(ぺりかん社　二〇〇九)の二八〇—二八一頁を参照。なお、小宮山楓軒編著『議台湾別志』の中に、楓軒が『征韓偉略』中の疑問点等に付した付札が転記されている。これは、同書を刊行するにあたり、楓軒が鵜殿清虚から検討を依頼されて作成したもののようである。そのことは、この付札のまえがき及び付札のすぐ後に綴じ込まれている楓軒宛鵜殿書簡から推察される。なお、鵜殿については本書第五章を参照されたい。

(47) 川口緑野の略歴については本書第五章を、その評価については山川菊栄著『覚書幕末の水戸藩』(岩波書店　昭和四九)三四—三九頁等を参照。

(48) 井沢長秀著の戦記で、宝永七（一七一〇）年刊行。彰考館にも写本があったことが岩波書店刊『国書総目録』に記されている。

(49) 水戸の彰考館文庫が所蔵する『水府系纂』は、水戸藩が家臣に自家の系譜を書き上げさせてこれを編纂したものであり（『茨城県史料』近世政治編Ⅰの解説参照）、「系纂方」は、彰考館内でこの家譜集成の仕事を主に担当する部署で、清水正健著『増補水戸の文籍』の「水府系纂」の説明中には、「彰考館中に系纂掛数員を置きて之を掌らしむ」と記されている。

(50) 岩波書店『国書人名辞典』ならびに石川の著作『桃蹊雑話』の翻刻本（歴史図書社再刊本　昭和五四）に付された福田耕二郎氏による「著者略伝」を参照。

(51) 『水戸市史』中巻（二）五九九—六〇四頁参照。

(52) 岩波書店『日本古典文学大辞典』参照。

(53) 岩波書店『国書人名辞典』ならびに清水正健著『増補水戸の文籍』参照。

(54) 岩波書店『国書人名辞典』、吉川弘文館『国史大辞典』、近藤春雄著『日本漢文学大事典』（明治書院　昭和六〇）等を参照。

(55) 本書は、三巻三冊の漢詩文集。公刊された艮斎最初の著作で、林述斎の嗣子檉宇が序文を書いている。天保二年のその刊行をきっかけに、艮斎の文章家としての名声がとみに海内に広まったといわれている（岩波書店『日本古典文学大辞典』）。

(56) 丘は孔子の名。孔子の西隣に住んでいる者が、孔子が聖人であることを知らず、「東隣の丘さん」と呼んでいたという故事から、人を見る目のないことをいう（小学館『故事俗信ことわざ大辞典』参照）。

(57) 鮑廷博が編集したのは二十七集までで、そのあと三十集まではその子士恭が続集した。（近藤春雄編『中国学芸大事典』参照）。

(58) ここには「翻刻之序」とあるが、原物に付されているのは跋文で、道光三（一八二三）年、日本では文政六年に、翁広平によって書かれたものである。そこには確かに、「日本之文学（固）非海外他邦（所）可並也」のように記されているのが確認できる。ただし、友鷗の書中に掲げられた文章では（　）で括った二文字が抜けている。

(59) 「熊阪西川抔」とある「熊阪」は熊阪台州（一七三九—一八〇三）・磐石父子（生没年未詳）、「西川」は西川国華（生年未詳一八一八）のことのようである。原物には、「其詩集則熊版邦与其子熊版秀之南遊稛載録戌亥遊囊西川瑚之蓬蒿詩集皆斐然可観之処茲又得此三冊云々」と記されている。ここに「熊版」とあるのは、おそらく「熊阪」の誤植であろう。「邦」は台州の、そして「秀」は磐石の諱である。台州・磐石父子の名が併記されているが、ここに挙げられている「南遊稛載録」（寛政十二）「戌亥遊囊」（享和元刊）は、ともに息子磐石の著作である。因みに、父の台州は、岩代国伊達郡高子の豪農の家に生まれ、宝暦十（一七六〇）年江戸に出て入江南溟に、その没後は松崎観海に師事し、広く文人学者と交わった。帰郷後は教育や窮民救済に尽し、「高子先生」と称された。「白雲館近体詩式」（寛政九刊）「白雲館文野」（天明八刊）等の詩文に関する著作がある。息子の磐石は、父の跡を継ぎ、よく家声を維持したという。西川は、近江彦根の人。「瑚」はその諱。儒学を彦根藩儒野村東皐に学び、江戸に出て医学を吉田桃源に学んで、丹波綾部藩に仕えた。詩を能くし、「蓬蒿詩集初篇」（文化十一刊）等の著作がある（以上、岩波書店『国書人名辞典』参照）。序でに記しておくと、この跋文中には、山井鼎著「七経孟子考文」、荻生徂徠著「論語徴」、林述斎編「佚存叢書」等も取り上げられて評価されている。

(60) 岩波書店『国書人名辞典』、中村慎一郎著『頼山陽とその時代』中巻二五七―二七二頁参照。

(61) 堀江仁蔵は、名は允、字は肩蘇、通称仁蔵で惺峯と号した。二本松藩儒で、世子の侍読を勤めた。天保十三（一八四二）年没、享年七十一。長男半峯が安積艮斎・佐藤一斎に学んだ（長澤規矩也監修・長澤孝三編『改訂増補漢文学者総覧』参照）。

(62) 岩波書店の『国書総目録』及び『国書人名辞典』参照。

(63) 岩波書店『国書人名辞典』参照。

(64) この後第二九通目書簡に「学館儒員」とあることから、二本松藩校敬学館の教員であったことが知れるが、詳細については未詳。

(65) 岡野逢原は、安永四（一七七五）年生、文政三（一八二〇）年没。名は行従、字は子言、通称庄五郎で、逢原・逢原堂と号した。水戸藩士。水戸藩儒立原翠軒に学び、寛政九（一七九七）年彰考館に入り、享和二（一八〇二）年郡奉行に転じた（岩波書店『国書人名辞典』参照）。友鷗は、この岡野の子息の優秀さにいたく感心したもののようで、本書簡集中の一九、二四、二六、二八、二九、三一、三二、三三、三四の各書簡の中で話柄に上せている。

(66) 松崎慊堂は、明和八（一七七一）年生、天保十五（一八四四）年没。肥後益城郡北木倉村の人。十五歳のとき江戸に出て、寛政二（一七九〇）年林家に入門し、昌平黌に学んだ。同八年塾生の失行に連座して一旦離門するが、同十年許されて復帰、享和二（一八〇二）年遠州掛川藩校徳造書院創設の際、招かれて教授となった。文化十一（一八一四）年致仕して江戸目黒羽沢村の山荘「石経山房」に隠棲し、門人の指導と諸侯への講義に当たった。天保十（一八三九）年の蛮社の獄に際し、門人渡辺崋山の赦免運動に奔走したのは有名なことである（岩波書店『国書人名辞典』参照）。

(67) 「芝山・沚斎・拙斎」は、後藤芝山、久保沚斎、西山拙斎。後藤芝山は柴野栗山の師。享保六（一七二一）年生、天明二（一七八二）年没。高松藩儒。元文四（一七三九）年江戸に遊学して昌平黌に学んだ。安永九（一七八〇）年藩校講道館の開設により初代総裁となった。芝山の付した四書・五経等の訓点は「後藤点」と称されて広く流布した。久保沚斎は柴野栗山の学友。享保十五（一七三〇）年生、天明五（一七八五）年没。高松藩士久保大倫の次男。後藤芝山に従学し、のち江戸に出て昌平黌に学び、安永八（一七七九）年一橋侯に仕えて儒員となった。西山拙斎は、享保二十（一七三五）年生、寛政十（一七九八）年没。備中鴨方の人。医師西山恕玄の男。寛延三（一七五〇）年大坂に出て医を古林見宜に、儒を那波魯堂らに学び、安永二（一七七三）年郷里に欽塾を開いて門人に教授した。菅茶山・頼春水らと交わり、朱子学を奉じて、寛政の改革では異学の禁を上申し用いられた。柴野栗山に「故備中徴士西山拙斎翁碑」の撰文がある（以上、岩波書店『国書人名辞典』参照）。

(68) 高橋若狭守は高橋宗直。元禄十六（一七〇三）年生、天明五（一七八五）年没。江戸時代中期、禁中の廚膳奉仕を家職として御廚子所預を世襲とする公家の官人で有職故実の学者。延享三（一七四六）年若狭守に任官。『清紫両殿図考証』は裏松固禅の『大内裏図考証』に多大な影響を与え、典故の範例とする『宝石類書』は高く評価された（吉川弘文館『国史大辞典』参照）。

(69) 「賢聖障子之記」の「賢聖障子」とは禁中配置の障屏具のひとつ。紫宸殿の母舎と北廂との境界の九間に立て列ねた障子の南面にあたる表側に、鑑戒のための賢聖の像容を画いて賢聖障子という。寛政新造内裏の際は柴野栗山の考証を基に古様に再興された。栗山は、「寛政御造営記」「九重記」「賢聖冠服抄」「賢聖障子勘文」「賢聖障子名臣冠服考証」「新内裏詳図及附説」「賢聖殿記」等、寛政新造内裏に関連するものと思われる文章を多く物している。ここにいうところの「賢聖障子之記」は、おそらくこれらの中のいずれかであろう。また、「御製詩背記」は、「宸翰御製詩記」のことであろうか（以上、吉川弘文館『国史大辞典』、岩波書店『国書人名辞典』を参照）。

(70)「柴邦彦五条家之勘文」は、注(69)に列記した栗山の文章中のいずれかであろう。

(71)「モ、シキ」は、別書名『禁裏御造営記』『御造営記』等。柴野栗山撰、寛政二年成立。因みに、内閣文庫所蔵の写本には「賢聖障子名臣冠服考証」が付されているという（岩波書店『国書総目録』参照）。

(72) 白山に棲んでいるという雷鳥の図については、本章第四節を参照。

(73) 岩波書店『国書人名辞典』、吉川弘文館『国史大辞典』を参照。

(74) 岩波書店『国書人名辞典』参照。

(75)『塩尻』は尾張藩士天野信景の随筆で、元禄十年頃から始まり享保十八年まで書き続けられている（岩波書店『日本古典文学大辞典』参照）。「伊勢翁之書」は、忠憲の故実の師である幕臣伊勢貞春の著書のうちのいずれかをいうものか。

(76) 上柳四明は、名は美啓・啓、字は公通・公美、通称は治兵衛で、四明・士明と号した。京都の人で向井滄洲に学んだ。寛政二年没、享年八十（長澤規矩也監修・長澤孝三編『改訂増補漢文学者総覧』参照）。

(77)「蘊古堂続集」は『蘊古堂続文稿』か。これは上柳の漢詩文集で、五巻三冊。安永・天明頃の成立（岩波書店『国書総目録』参照）。

(78) 岩波書店『国書人名辞典』参照。

(79) 井上四明は、享保十五（一七三〇）年生、文政二（一八一九）年没、享年九十。名は潜、字は仲竜、通称は仲で、四明等と号した。江戸の人。戸口孝広の男で、井上蘭台に漢学を学び、その後井上の嗣子となり、跡を襲って岡山藩儒となった（岩波書店『国書人名辞典』参照）。

(80) この手紙には、友鷗が牧野と会ったのは「客月十二日」とある。この手紙の日付は「十一月一日」となっているが、これはおそらく、この手紙を書き終わって日付を入れたのがこの日ということで、この個所を書いていたときはまだ十月であった。よってここにいうところの「客月」は九月ということになる。ここはそう解釈しないと、第一通目書簡と第二通目書簡の間で、どうしても日付と内容の面で齟齬が生じてしまうことになるのである。

(81) 岩波文庫『日本外史』（岩波書店　一九八一）下巻末の「『日本外史』への手引き」（頼惟勤）、中村慎一郎著『頼山陽とその時代』下巻一七一頁を参照。

(82) 岩波書店『国書人名辞典』、吉川弘文館『国史大辞典』を参照。

(83) 森銑三著作集第六巻九一―九二頁、岩波書店『国書人名辞典』等を参照。

(84) 「随筆百花苑」（中央公論社　昭和五五）第三巻所収。

(85) 屋代の伝記事項のところから以降は、岩波書店『国書人名辞典』、同『日本古典文学大辞典』、吉川弘文館『国史大辞典』等を参照。

(86) 岩波書店『日本古典文学大辞典』参照。

(87) 岩波書店『国書人名辞典』参照。

(88) ここで話柄の上されている書物は、第一七通目書簡では「大平通載」と記されているが、第一八通目書簡には「大平広載」とあり、「朝鮮人編集」の書物と記されている。朝鮮本のようであるが、いずれが正しいのか筆者はまだ確認できていない。

(89) 岩波書店『国書総目録』によれば、同書は天保二年に刊行された一冊ものの評判記。広島県三原市立図書館のみの所蔵とされているが、その後の調査で他機関の所蔵も確認されているかもしれない。筆者未見。因みに、中村慎一郎著『頼山陽とその時代』中巻二二五頁をみると、天保六年頃刊行の「儒者番附」では、猪飼は頼山陽とともに西の最高位である大関の位に序されている、とある。

(90) 岩波書店『国書人名辞典』参照。

(91) 中村慎一郎著『頼山陽とその時代』中巻の五五―六四頁参照。

(92) 岩波文庫『日本外史』（岩波書店　一九八一）下巻末の「『日本外史』への手引き」（頼惟勤）参照。

(93) 岩波書店『国書人名辞典』、同『日本古典文学大辞典』、吉川弘文館『国史大辞典』等を参照。

(94) 吉川弘文館『国史大辞典』、岩波書店『日本古典文学大辞典』、同『江戸詩人選集』第八巻の解説等を参照。

(95) この詩は『山陽遺稿』に収載されており、岩波書店『新日本古典文学大系』巻六六には校注付きで紹介されている。

(96) 富士川英郎著『菅茶山と頼山陽』（平凡社　一九七一）六五—六六頁参照。本書簡集中の三三通目書簡（十月二十七日付）の副啓に、東里から友鷗のもとに山陽死去の知らせのあったことが記されており、友鷗は、「扨々惜敷事ニ御坐候云々」とその死を悼んでいる。因みに、この副啓の個所は、国会本では写し漏れとなっているので、静嘉堂本に依った。

(97) 岩波書店『国書人名辞典』参照。

(98) 『和学者総覧』（国学院大学日本文化研究所編　汲古書院　一九九〇）によれば、田内は、名は親輔、通称は主税等で、月窓等と号した江戸詰の桑名藩士で、側用人を勤めた人物である。

(99) 岩波書店『国書人名辞典』参照。

(100) 長澤規矩也監修・長澤孝三編『改訂増補漢文学者総覧』参照。

(101) 秋山は、諱は盛恭、字は子謙、彌九郎と称し静正と号した。はじめ高橋坦室に学び、のち藤田幽谷に師事した。文政十（一八二七）年彰考館に入り、弘化三（一八四六）年に四十四歳で没した（『増補水戸の文籍』参照）。

(102) 秋山高志著『近世常陸の出版』（青裳堂書店　平成一一）の一八—一九頁に、当時水戸に六軒あった書肆のうちの一つで上町鉄砲町にあったらしい「升屋」から、『農喩』一冊が文政八年に刊行されていることが記されている。

(103) 鍋田の伝記事項については、主に岩波書店『国書人名辞典』ならびに『人と蔵書と蔵書印』（国立国会図書館編　雄松堂出版　二〇〇二）を参照。

(104) ここで話柄に上されている『風土記案録』は、岩波書店の『国書総目録』中にみえる『磐城志案録』のことかと推される。同書は、鍋田の大著『磐城誌』の最初の稿本であり、凡そ二十巻近くあったが、現在伝わるものは稀であるという。「福島県史料集成」第二輯の中に「飯野文書」と共に「磐城史料叢書」が収載されているが、この後者の中に翻刻収載されている。なお、楓軒と友鷗による序跋については確認できていない。

(105) 磐城平藩では、文政十二年七月に藩主が信義から信由に替わっている（『藩史大事典』第一巻（雄山閣出版　一九八八）参照）。

(106)『垂統大記』については本章第六節参照。

(107)安永四（一七七五）年生、天保四（一八三三）年没。名は盈、字は林宗等、芳滸と号した。伊予松山藩侍医青地快庵の男。幼時から医術を学び、のちに蘭方を志し、杉田立卿・宇田川榛斎・伊東玄朴らと親しく交わった。文政五（一八二二）年に幕府天文方の蕃書和解御用に杉田立卿とともに出仕し、『厚生新編』の翻訳事業にも携わった。天保三（一八三二）年水戸侯の招きに応じてその医員となり、西学都講を兼ねたが、翌年二月に江戸本所で没した（岩波書店『国書人名辞典』、日蘭学会編『洋学史事典』参照）。

(108)岩波書店『国書人名辞典』、『洋学史事典』（日蘭学会編　雄松堂出版　昭和五九）参照。

(109)「大己貴命」は出雲神話の主神である大国主命の別名。「少彦名命」は「記紀」「風土記」などにみえる神で、大国主命と協力して国作りを行い、温泉を開発し医療の法を定めたりした（小学館『日本国語大辞典』参照）。

(110)「瓊矛」は「玉鉾」で、玉で飾った鉾、また、「たま」は美称で立派な鉾のこと（小学館『日本国語大辞典』参照）。同書は、岩波書店の『国書総目録』には記載されていない。東里が見ているのであるから、どこかから見つかる可能性もあろうか。

(111)岩波書店『国書人名辞典』参照。

(112)岩波書店『国書総目録』に、大阪府立図書館が本書の写本一冊を所蔵していることが記されている。また、茨城県立図書館が所蔵する『楓軒蔵書目』（木戸清平氏旧蔵）にもこの書名がみえるが、その所在については今は不明である。

(113)『角川日本姓氏歴史人物大事典』二十三参照。

(114)東里については本章本節の同人の項等を参照。

(115)岩波書店『国書人名辞典』参照。

(116)前田香径著『立原翠軒』一二二頁参照。ところで、小宮山楓軒の随筆『懐宝日札』巻九の中に、峨眉山人と立原翠軒の交流に関する記事がひとつ書き残されているので、以下に紹介しておくことにする。

峨眉山口氏ノ問ニ答フル書ニ、国分寺ノコトヲ、鴻臚寺ノ類ニテ、役所ノ名ナリト云ヘルハ誤リナリ。翠軒先生、三代格ニ聖武帝諸国ニ国分寺国分尼寺ヲ置レシコトアルヲ抄シテ峨眉ニ示シタルコトアリ。峨眉モ、前説ノ誤ヲ知ルト答タリ。

(117) 岩波書店『国書総目録』参照。

(118) 觿（ケイ）は、象牙で作り、先を尖らせて紐の結び目などを解くのに用いる道具（角川書店『新字源』参照）。

(119) 吉川弘文館『国史大辞典』、岩波書店『国書総目録』参照。

(120) 吉川弘文館『国史大辞典』参照。

(121) 『常山紀談』は、湯浅常山編の雑史で、元文四年刊。『藩翰譜』は、新井白石編の系譜で、元禄十五年成立。『筑前続風土記』は、貝原篤信著・同好古編の地誌で、元禄十六年自序（岩波書店『国書総目録』参照）。

(122) 岩波書店『国書人名辞典』参照。

(123) 岩波講座日本歴史第九巻近世一所収の高木昭作著「江戸幕府の成立」（一三八頁）、吉川弘文館『国史大辞典』を参照。

(124) 『武家事紀』のことか。同書は、山鹿素行著の歴史書で、延宝元（一六七三）年の序文がある。武家の歴史とそれに関連のある事実とが分類して収録されており、歴史書であるとともに、武家にとっての百科全書ともいうべき実用書としての性格も備えているという（吉川弘文館『国史大辞典』参照）。

(125) 吉川弘文館『国史大辞典』参照。

(126) 前田香径著『立原翠軒』（立原善重　昭和三八）所収。

(127) 秋山高志著『水戸の文人』（ぺりかん社　二〇〇九）の一六八―一六九頁参照。

(128) 岩波書店『国書人名辞典』、吉川弘文館『国史大辞典』を参照。

(129) これは、元禄十二（一六九九）年に刊行された三宅賢隆著の『具応算法』という和算書のことか。三宅賢隆は二本松藩士で、元禄十年には勘定奉行に任じられ、享保八（一七二三）年致仕後は諸藩の人々に和算を教え、門人は全国に及んだという（岩波書店『国書人名辞典』参照）。

(130) 「柳沢殿永慶寺年譜」は、岩波書店の『国書総目録』には記載されていないが、楓軒の『閲書目録』巻八の文政十一年の条に「永慶寺年譜一冊　柳沢出羽守吉保也家臣所記」と記されている。友鷗は、楓軒からこの本を見たことを聞き、どのようなものなのかを尋ねたものであろう。そして、友鷗が同書を柳沢吉保の年譜かと質したのは、吉保の墓が甲斐山梨郡永慶寺にあり、その法号を「永慶寺保山元養」と称したことを知っていたからではあるまいか。また、「松蔭日記」は別書名「むさしのの記」で、柳沢の側室正親町町子の著作。そして、「憲廟実録」は別書名『常憲院贈大相国公実記』で、柳沢吉保・荻生徂徠・太宰春台が撰した第五代将軍徳川綱吉に関する記録。共にかつて彰考館に写本があったようである（以上、柳沢の伝記事項も含めて、岩波書店『国書総目録』、同『国書人名辞典』、吉川弘文館『国史大辞典』を参照）。

(131) 同書は新井白石が著わした有職故実書であるが、ほとんどが散逸してしまったらしく、現在では二、三の大学に序文と例言が、そして内閣文庫に巻六（冠服考上）が残存しているだけのようである（岩波書店『国書総目録』参照）。なお、白石の伝記事項については岩波書店『国書人名辞典』を参照。

(132) 源朝風は堤朝風のことで、明和二（一七六五）年生、天保五（一八三四）年没。本居宣長に学び、平田篤胤と親交を結んだ。賄組頭を勤めた幕臣で、幕府の故実に詳しく、蔵書家でもあった。その著「白石先生著述書目」は享和三年に成った（岩波書店『国書人名辞典』参照）。

(133) 平凡社『日本人名大事典』、吉川弘文館『国史大辞典』を参照。

(134) 岩波書店『国書総目録』、同『国書人名辞典』、長澤規矩也監修・長澤孝三編『改訂増補漢文学者総覧』（汲古書院　平成二三）を参照。

(135) 江戸時代前期、陸奥国仙台藩で起きた御家騒動。藩政初期における藩権力の確立過程で、藩中枢への権力集中を図る譜代直臣層の進歩勢力と、これに反対する一門門閥の保守勢力との緊張のなかで起きた事件とされている（吉川弘文館『国史大辞典』参照）。

(136) 浄瑠璃の詞章を全編一冊にまとめて刊行したもの（小学館『日本国語大辞典』参照）。

(137) 本章第六節等を参照。

(138) 「伊達騒動記」などと称して、記録的であったものが実録化した一種に、二十五カ条にわかれて一冊本または七巻（冊数不定）に編成された「仙台萩」と題するものが出現した。なお記録的なものが多く残るが、恐らく宝暦末明和初に出来たものであろう（岩波書店『日本古典文学大辞典』参照）。

(139) 畑維龍は、寛延元（一七四八）年生、文政十（一八二七）年没。名は貞道、字は維龍、通称勘解由等で鶴山等と号した。阿波の人で、京都に出て医術を学び、畑柳安の養子となった。漢学にも通暁し、柳安が創設した医学院において医学や儒学を教授した。その著『四方硯』は、享和四（一八〇四）年刊行の随筆（岩波書店『国書総目録』、同『国書人名辞典』参照）。

(140) 本章第一節を参照。

(141) 藤貞幹著の随筆で、寛政七（一七九五）年刊行（岩波書店『日本古典文学大辞典』参照）。

(142) 楓軒の自筆稿本一冊が、国立国会図書館所蔵の「小宮山叢書」中にある。

(143) 吉川弘文館『国史大辞典』、名越時正著『新版水戸光圀』（水戸史学会　昭和六一）の一九六―一九七頁等を参照。

(144) 秋山高志著『水戸の文苑』（風濤社　平成一四）の一二一頁参照。

(145) 『史記』「刺客列伝」中の荊軻の伝の中に「麒麟」（但し荊軻伝では「騏驥」）の諺語と思しきものは記されているが、「虎児」に関するものは見当たらない。楓軒も、後者については確かな出典を見つけられないでいたのかもしれない。

(146) 『大漢和辞典』（諸橋轍次　大修館書店）、『故事俗信ことわざ大辞典』（小学館　昭和五七）を参照。

(147) 小此木玄智については、本章第三節第二項で取り上げておいた。

(148) 『二本松藩史』の三八三頁を参照。

(149) 家督相続者が幼いことなどの理由で、他の人が一時代わって相続すること、また、その人（小学館『日本国語大辞典』を参照）。

(150) 吉川弘文館『国史大辞典』を参照。本書簡集中の第九通目〔文政十〕年八月一日付書簡にも、

桑名より七月十日出之書翰両三日以前相達候処、桑名侯御上京之節扈従之儒生へ相託候日本外史之義、扈従面々私ニ外出致候義相不成、託候衆之手際ニ及兼残念ニ存候処、右御上京之次楽翁公ゟ直ニ徳太郎方へ御使者を被遣、外史御懇望被成候ニ付徳太郎義も悦候而楽翁公へ差出候旨、楽翁公之御所蔵と相成候上は、御附之重役等東里隠居別懇ニ付是へ相頼遣、織豊之部斗りも不遠内写取貰手に入候義無疑候間、幸便之節貴所へも申進置呉候様申来候云々

とあり、定信が直々に山陽のもとに使者を遣わし同書を所望した結果、山陽は定信の求めに応じて喜んでこれを差し出したと

ある。ここで「徳太郎」といっているのは山陽が一時期使用した通称である。

(151) 通し番号四、五、六、七、九、一〇、一三、二〇、二四等の書簡。この桑名藩ルートによる入手の試みは、第二四通目書簡に至ってようやく実を結びかけたようで、同書中の「織田豊臣二伝」の個所の書写を桑名藩儒片山某が出府の折に依頼し、ついに書写に取り掛かることとなったが、丁数が多いので写し終えて持ち帰るのは七月位になりそうだ、と東里のもとに報告してきたらしく、その旨が東里から友鷗へ、さらに友鷗から楓軒へと伝えられた。そして、楓軒によって別ルートからの入手に成功した後も、これまでの桑名藩ルートの入手の試みは続けられたことが、通し番号二六、二八、二九の各書簡から分かる。友鷗は、この秋頃には桑名からも写しを送ってくるであろうから、ふたつ揃えば異同の校合にも使用できる、と考えていたようである。しかし、こちらは友鷗生前にその手元に届くことはついになかった。

(152) 水戸藩第七代藩主治紀は、文化八（一八一一）年、家康から家治に至る徳川歴代将軍の事績の編纂を立原翠軒に命じ、小宮山楓軒をはじめ数名の立原派学徒が編纂作業に従事した。家治までとした当初の計画は実現せず三代家光までで終わっているが、天保十（一八三九）年に脱稿するや、当時の藩主第九代斉昭に上呈された（吉川弘文館『国史大辞典』参照）。国立国会図書館所蔵の「小宮山叢書」中に稿本全七十二巻七十五冊が収められているほか、いくつかの機関に写本が所蔵されている。

(153) 久保木竹窓は、宝暦十二（一七六二）年生、文政十二（一八二九）年没。名は清淵、字は仲黙で、蟠竜・竹窓等と号した。代々、下総香取郡津宮村の名主を勤めた。学を香取根本寺の松永北溟や清宮棠陰に受け、程朱の学を主として修めた。水戸の郡宰小宮山楓軒の開いた郷校に招かれて教授し、水戸公から月俸を給された。大窪詩仏・伊能忠敬・渡辺崋山らと交遊があった（岩波書店『国書人名辞典』を参照）。

(154) 小出重固は、安永元（一七七二）年生、嘉永五（一八五二）年没。名は重固、通称は三太夫等で松斎・竹斎等と号した。下総古河藩士で、寛政三（一七九一）年家を継ぎ、享和二（一八〇二）年藩主土井利厚の幕府老中就任後に公用人となり、文政三（一八二〇）年隠居した。清水浜臣に学んで和歌を能くした。長年にわたり藩内を巡見・調査し、藩主土井利位の内意によって『古河志』（文政八年頃成）を編纂した。同書を纏めるに当たっては、小宮山楓軒から教示を受けることが多々あったようである（岩波書店『国書人名辞典』、『茨城県史料』「近世地誌編」解説を参照）。

(155) 『茨城県史料』「近世地誌編」所収の「水府志料」の解題を参照。

(156) この件についての楓軒の調査結果が、〔文政十一〕年の二月二十九日付第一二通目書簡の末尾に転記されている。

第五章　川口緑野著『台湾鄭氏紀事』刊行始末

はじめに

水戸藩儒川口緑野の著作の一つに『台湾鄭氏紀事』がある。同書は、著者川口が自らその巻末に記しているように、中国明朝末期の鄭成功の抗清復明運動の顚末を中心に、明末清初の歴史を叙述したものである。

この鄭成功の事績については、同書その他を資料として纏めた先学の業績[1]があるので、ここで予め概観しておくことにする。

成功は、寛永元（一六二四）年、明の鄭芝龍を父とし、田川七左衛門の娘を母として、日本の平戸に生まれた。幼名福松、中国名森、のち成功、字大木、諡忠節。七歳のとき単身渡明し、成長してからは父に従って抗清復明運動に参加した。毅宗皇帝没後、南明の唐王隆武帝の知遇を得、明朝の姓である朱を賜ったので、国姓爺として知られている。やがて父芝龍が清に降り、母田川氏は自害して果てた。成功は、抗清復明の決意をいっそう固くし、廈門・金門両島を本拠として沿海各地を経略する一方、日本・琉球・台湾から安南・交趾・シャム・呂宋などまで、盛んに通商して軍費を賄い、大陸反抗・失地回復の機を窺った。成功はまた、海外請援にも努め、日本へも幾度か請援使を派遣している。一六五八年から五九年にかけて、成功は南京攻略を敢行したが敗れて、兵を収め廈門に退いた。廈門で再起を図っていた成功は、抗清復明のための第二の基地とすべく、台湾攻略を企てた。当時、台湾はオランダ人によって占領されていたが、成功は半年以上に亙る激戦の末、一六六一年十二月、これを駆逐した。しかし、翌年の五月、志半ばにして台湾で急死してしまった。享年三十九であった。

川口が水戸藩第八代藩主徳川斉脩の命を奉じ、この成功の事績を中心とする明末清初の歴史を執筆し始めたのは文政五（一八二二）年以前で、江戸彰考館の総裁職を勤めていた時のことである。(2) 川口は、同書を執筆するに当たり、諸書を渉猟して正確な事実の記述に努めるとともに、錯綜している多くの史料を整理し、できうるかぎり纏まりのあるものにするよう努力したという。さらに川口は、同書によって当時の八十有余年間の「治乱盛衰興廃之故」「天命人心去就之際」をほぼ窺い知ることができるであろう、と同じく巻末に記している。同書の出来栄えには、内心かなりの自信を持っていたものの如くである。

ところが、同書の刊行をめぐっては様々な問題が提起され、一時はその刊行が危ぶまれたほどであった。ようやく林述斎の序文及び青山拙斎の跋文を付して刊行にまで漕ぎつけたのは、文政十一（一八二八）年のことであった。

そこで本章では、こうした同書刊行の経緯を、主に以下の二つの資料によって眺めてみることにする。

その一つ目は、小宮山楓軒編著『議台湾別志』である。これは国立国会図書館所蔵の「小宮山叢書」中の一冊で、その内容を順を追って示せば以下の如くになる。

① 立原杏所の小宮山楓軒宛十月二十九日付書簡（写）
② 鵜殿清虚の小宮山楓軒宛十月二十七日付書簡（綴込）
③ 小宮山楓軒の鵜殿清虚宛十一月四日付書簡（写）

④　鵜殿清虚の小宮山楓軒宛十一月九日付書簡（綴込）
⑤　立原杏所の小宮山楓軒宛十一月九日付書簡（綴込）
⑥　立原杏所の小宮山楓軒宛十一月十四日付書簡（綴込）
⑦　鵜殿清虚の小宮山楓軒宛十一月十四日付書簡（綴込）
⑧　台湾割拠志引用書目（写）
⑨　台湾別志愚意付札（写）
⑩　小宮山楓軒の鵜殿清虚宛文政六年十一月別紙添状（写）
⑪　鵜殿清虚の小宮山楓軒宛十一月二十九日付書簡（綴込）
⑫　立原杏所の小宮山楓軒宛十二月十四日付書簡（綴込）

さらに、同書の裏表紙見返しには、川口のこの著作が刊行された文政十一年の五月四日付の、川口から小宮山に宛てた書簡が貼付されている。(3)

ところで、これらのうち、④⑦⑪の綴じ込み書簡には、差出人も受取人も共に明記されていないのであるが、その筆跡及び内容から、いずれも鵜殿の小宮山宛自筆書簡と推察される。また、これらの書簡等の執筆年次については、⑩の書簡、すなわち小宮山が鵜殿に宛てた書簡を見てみると、小宮山自らの手で「文政六年未」と注記されているので、これはこの年に執筆されたものと見做してよかろう。そして、記載内容等を勘案すると、①の小宮山宛立原書簡及び⑧の台湾割拠志引用書目がこれより少し前のものかと思われる以外は、全てこの文政六年に執筆されたものとみて良いのではあるまいか。

尚、これらの書簡の執筆者であるが、まず鵜殿は、諱広生、字子翁、通称平七で清虚と号した。立原杏所の父翠軒の門人。文化元(一八〇四)年水戸藩に出仕、小姓頭・執政等を歴任し、弘化二(一八四五)年致仕、安政元(一八五四)年に没した。[4] そして、立原については本書第四章第三節に、小宮山については同第三章に略伝を記しておいたので、そちらをご参照いただきたい。

次にその二つ目は、同じく国立国会図書館所蔵の『藤田幽谷書簡』である。これは、藤田幽谷が青山拙斎に宛てた全二百八十二通の書簡集で、同館刊行の「貴重書解題」第十四巻として既に翻刻・紹介されている。その解説にも記されているように、大部分の書簡が文政期、それも六年から九年の間に執筆されたもののようである。そのうち本章で資料として用いるのは、同解題の通し番号で示せば、八四、八六、八七、八九、九〇、一三六、一三七、一三九、一四〇、一六〇―六七、一七八、一八一、二〇一、二一四、二七一等二十数通である。書簡の執筆者藤田と受取人青山については、本書第一章の略伝をご参照いただきたい。

以上が本章の主な資料となる『議台湾別志』と『藤田幽谷書簡』の概観であるが、これらを資料として使う際には、たとえば前者のなかの十月二十九日付小宮山楓軒宛立原杏所書簡であれば、「①の立原書簡」のごとく、そして後者中の通し番号八四番の書簡であれば、「藤田書簡八四」のごとく、各々略記する場合もあることを予めお断りしておく。

尚、内閣文庫が所蔵する『台湾割拠志』という写本も、必要に応じて随時参照した。この写本については、本章第四節の「書名決定の経緯」の中で少しく触れておいた。

第一節　川口緑野の人物評と『台湾鄭氏紀事』刊行への異議

本節の考察に入る前に、まず同書の著者川口緑野の略歴を、諸資料によってみておくことにする。[5] 川口は、諱長孺、字嬰卿。初め三省と称し、後に助九郎と改めた。緑野はその号である。安永二（一七七三）年、医者の家に生まれた川口は、医を学び家業を継いだが、寛政五（一七九三）年、立原翠軒（杏所の父）の薦めで彰考館に入館、侍読を兼ねた。文化五（一八〇八）年に総裁代役となり、同十二（一八一五）年には総裁に昇進した。文政五（一八二二）年、失行により役職を免じられ、水戸で閉居・謹慎していたが、同九年三月赦され、翌十年三月再び入館し、八月には総裁職に復帰した。この人事には、藤田東湖（幽谷の嗣子）をはじめ多くの彰考館員の間から、強い反対意見が出された。同十二年十月に病没した藩主斉脩の跡を継いだ斉昭は、翌十三年二月、江戸彰考館を縮小して総裁川口以下多くの館員を水戸に移した。川口は、同年十一月に総裁を辞めて書院番組となり、天保五（一八三四）年には小納戸役となったが、翌六年六月十日、六十三歳で病没した。著書には、同書のほかに『征韓偉略』『史館事記』『食貨志稿』『水城行役日記』『緑野園文集』等がある。(6)

青山拙斎の撰文になる川口の墓誌には、「近世本藩之士、以文学著者三人、曰高橋子大、曰藤田子定、曰川口嬰卿」とあり、また「以其在江邸遊道益広、海内文学之士、莫不想見其丰采」ともある。川口の学者としての名声は藩外にまで鳴り響いていたのであるが、「性好酒、頗不修行検」というのがその最大の欠点であったとされている。

ところで先に述べたように、川口が同書の執筆に取り掛かったのは総裁在職中のことであったが、同書の刊行が鵜殿・小宮山・立原の三者の間で盛んに話題に上されるようになった時には、酒のうえの失行によりその職を罷免されてしまっていた。(7)この出来事の生起する以前から、藩内での川口の評判はあまり芳しくなかったようであるが、(8)これで川口に対するマイナスのイメージはいっそう増幅されてしまったものらしい。このことが、同書の刊行を妨げる要因の一つとして、大きく作用することとなったのである。

例えば立原の場合を見てみると、⑤の立原書簡に、

助九郎、例之諛歯故、定而誤多可有之、随分大破ニ而、御校合ニ而も世上へ難出様ニ被仰上（後略）

と記されている。川口が「諛歯」、すなわち追従者である上に精緻さを欠いているため、同書には誤りの個所も多いことであろうから、たとえ校合してみてもとても世上へは出せないだろう、と述べているのである。この言葉は、斉脩に同書の刊行を断念させたいと考えていた立原が、どのように斉脩を説得したら良いものかを小宮山と相談している個所で述べられたものであるから、多少の誇張はあるであろうが、それは割り引いて考えるとしても、この言葉から、立原が川口という人物をどのようにみていたか、また川口の著作をどのように評価していたかの一端を窺うことはできるであろう。

斉脩から同書の校合を命じられたのは、後述するように鵜殿と小宮山であり、のちに藤田と青山が、ともに彰考館総裁という立場上これに携わることになった。立原は、同書の校合はしていないにも拘らず、著者川口の性向が好ましくないということを理由の一つとして、その著作を端から不良と決めてかかり、刊行にも異議を唱えているのである[9]。

また小宮山は、⑩の別紙書状の中で、同書を刊行して広く世に流布させることは止めた方がよい、として幾つかの理由を列挙している。その第一番目に挙げられているのが、川口の人格的欠陥を指摘してのものである。小宮山は、「助九郎事、人之憎候事大方ならす候」と述べ、続けて大略次の如く述べている。

彰考館総裁は、人間的にも学問的にも、一国の手本となるような人物に命じられるべき役職である。川口のように不行跡により罪を得た者など、かつて前例がない。これは、ひとり川口本人の恥辱に止まらず、本藩全体の恥辱であり、ひいては主君の名をも汚すことである。このような好ましからざる人物の著作を、主君が自ら命じて刊行させることにはどうしても承服し兼ねる、という藩士も出てくるであろう。とりわけ近年は風儀が難しくなり、言路が塞がっていると感じている者が大勢いて、何事につけても人心が容易に服さない世の中に成ってきているので、本書の刊行はなおさら見合わせるべきである。

彰考館総裁にあるまじき不行跡によって罪を得た川口は、当時水戸にあって、館員諸子からは交際を絶たれ、孤立無援の状態にあった。(10) こうしたなかでも川口による同書執筆の作業は続けられた。本来ならば、あとを彰考館に任せて成稿させるのが筋ではあったかもしれないが、館員の中から川口のやりかけた仕事を引き継ぐ者を見つけることは到底不可能と判断した斉脩は、「君子ハ其罪ヲ悪ミ、其人を不悪」という先人の言葉がある上に、同書が川口の「左遷以前之著述」であり、加えて「法帖同様之物」でもあるからということで、川口にそのまま作業を継続するよう命じたものらしい。(11) 因みにここにいう「法帖」とは、斉脩が前宍戸藩主松平頼救と議して、立原翠軒・杏所親子、翠軒門下の藤田北郭、鵜殿清虚らに命じて、法帖中の優品を択んで作らせた集帖『垂裕閣法帖』のことであろう。文化十一（一八一四）年春から作業に取り掛かり、天保十四（一八四三）年春に全十七巻の上梓を完了した。「垂裕閣」は斉脩の書斎号。編集作業は、彰考館の仕事として命ずることなく、編集同人である翠軒らが行い、経費は斉脩のお手元金で賄ったという。(12) そもそも同書の執筆は、斉脩が鄭成功の真跡を手に入れたことから思い付いて川口に命じたものなので、同書もこの法帖と同じような性格のものであり特に問題はなかろうという考えが、斉脩がこの件に対する対処の仕方を決定する際の判断基準となったもののようである。

ところで、罷免された後も、江戸の方では川口を贔屓にする者が絶えなかったようである。江館総裁青山が、このことを水館総裁藤田に報じてきたのに対して、藤田は、川口を贔屓にする輩などは所詮「江戸風にて、よき程に加減いたし候人」であり、彼らは国元の者を見ると「主意強し」とか「多言」などと批判し嫌悪している、と反発している。(13) しかし藤田は、来春「浄生院様御法事」があるので「川口御弛之願」を藩庁に提出しては如何か、と青山から願書の案文を示されて相談を持ち掛けられたのに対しては、趣旨には賛成なので赦令の前例をよく調査し、良いように取り計らってほしいと応えているのみで、[14]殊更これに反対したような形跡は見受けられない。それどころか、むしろそれを積極的に支持しているらしく思われるフシも見られるのである。[15]

それはともかく、ここにいう「浄生院様御法事」とは、文政七年正月二十七日に卒した斉脩の生母小池氏（浄生院）の一周忌のことと思われるので、この頃には既に川口の恩赦の話が囁かれるようになっていたことが窺われる。しかし、実際に赦免されたのは斉脩が権中納言に昇進した慶賀の恩赦の折で、文政九年三月のことであった。[16]

第二節　『台湾鄭氏紀事』刊行決定の手続き上の問題点

立原杏所の十月二十九日付小宮山楓軒宛書簡をみると、

助九郎著述之台湾割拠志、史館へ沙汰ナシニ開版被仰付候。元来御無用ノ事ニ御坐候所、校合も無之本御承知無之、コマリ申候。老兄ノ御改正ニ仕度、私ハ申候得共、不行届候。

と記されている。ここで立原は、斉脩が同書の開版を命じたのには、二つの点で問題のあることを指摘している。その第一は、この件について史館（彰考館）に何の相談もしなかったこと、その第二は、校合をしないままに開版を命じたことである。ともに手続き上の不備とでもいうべきものである。

この書簡で自ら述べているところによれば、立原は同書の開版など無用の事と考えていたらしく、どうしてもということであれば小宮山に見てもらうようにしては如何か、と具申していたもののようである。

立原のこの提言を容れたものか、斉脩は、のちに鵜殿と小宮山に同書の校合を命じている。②の鵜殿書簡によれば、

「誤字」の吟味を鵜殿に、「衍文等総而相正候義」を小宮山に命じたものらしい。斉脩はさらに、この両名に校合の際の心得を指示し、「相成丈成文を相用、誤字・衍文耳を相正候様」にせよと命じている。

川口は文・武両公（文公は水戸藩第六代藩主治保で斉脩の祖父、武公は第七代藩主治紀で斉脩の父）の侍読を勤めてきた学者であり、先にみたように、その名声は他藩の学者の間にまで広まっていた。そして、武公が川口に世子斉脩の学問をみさせたため、斉脩の好学は川口の影響によるといわれたほどであった(17)。斉脩がここで鵜殿と小宮山に指示した校合の際の心得をみても、川口の学識に対する斉脩の信頼が、川口が罪を得て罷免された後も変わらなかったことが窺えるであろう。

斉脩はまた、この時点で早々に、草稿の清書を書家の巻菱湖（一七七七―一八四三。越後の人。名は大任、字は致遠。江戸時代後期の書家）に依頼していたらしく、校合の結果付札があまり多くなるようであれば、こちらで下清書したものを巻に渡すようにせよ、と細かなことまで指示を出しているのである。

ところで斉脩は、何がきっかけでそうなったものか、当時、史館に対して強い警戒心を抱いていたようである。小宮山が校合に必要な書物を史館から借用する場合には、直接史館に申し出ないで鵜殿を介するようにせよ、と自ら指示していた。こうしたところにも、斉脩が殊更史館を刺激しないよう配慮していた様子が窺えるであろう。

斉脩は、同書が「法帖同様之物」であるということを理由に、「今ニ而ハ史館を離れ取立べし」と語っていたという。斉脩が同書を「法帖同様之物」といったのを説明して、鵜殿は、

法帖御同様とハ、元来鄭書真跡も御手ニ入候ゟ思召立られ候て、段々如此撰書ニ相成、何も経国之事ニかゝり候わけの書ニ無之故と思召され候御事と奉存候。

と述べている。同書執筆の動機が斉脩の鄭成功真跡入手にあったということは前述しておいたが、加えて鵜殿は、斉

脩が同書を「経国之事ニか丶り候わけの書ニ無之」と見做しているというのである。しかし、後にみる林述斎撰の序文や青山拙斎撰の跋文、それから先にみた川口本人が同書について語っているところ等によれば、これは斉脩の本意の正鵠を射た解釈とは言えなさそうである。斉脩のこの言は、あくまでも史館を牽制するために発せられたものであろう。鶫殿がいうように、同書を本心から全く治世の役に立たないものと見做していたとは到底考えられないのである。それはさておき、校合から刊行までできるだけ早く持っていきたいと考えていたらしい斉脩としては、史館に話を持ち込むことでいつ埒が明くとも知れない議論に巻き込まれるのを嫌い、内密に事を進めたかったというのが真相であろう。

こうした状況のなかで、立原は十一月九日付で小宮山に書簡を送り、「台湾別志之事、鶫殿私も同様、板行不承知ニ御坐候」と述べている。しかし、あまり強く反対をしたのでは、今後同様のケースが生じたときに、反対意見が出るのを厭うあまり、何の沙汰もなく決めてしまうのが常のこととならないとも限らないので、もし斉脩がどうしても刊行するというのであれば、それも止むを得ないこと、と立原は考えていた。とにかく立原としては、この時点で小宮山に校合の仕事が命じられたことで、少しく安堵の念を抱いたもののようで、「何れニも、貴君へ御校合被仰付候儀、以後之大幸ニ奉存候。其所を以御了簡可被下候」と、その心中を書き送っている。

ところで、ここでひとつ気になるのは、立原が本書簡中に「史館ハ異論六ケ敷故、御相談無之候」と記した後、「史館之奸人ともハ、新鐫出来候上、趣意申出候様子ニ御坐候」と記している点である。「史館之奸人とも」というのが一体誰を指すのかはともかくとして、立原は史館側の日和見的な態度に腹を立てているのである。この時点では、同書の件について、まだ正式には話が史館に持ち込まれていなかったのであるが、裏では既に情報が漏れ伝わっていたのであろうか。

鵜殿もまた、同じく十一月九日付で小宮山に書簡を送り、先に小宮山からこの書物の刊行をどうするつもりか問われたのに対して、史館内には当然異論の出てくることが予想されるうえ、強いて事を運ぶのを好まない斉脩の性格も考慮すると、場合によっては刊行を取り止めるようなことにならないとも限らない、と応えている。そして、「成丈ハ板行ニ不相成候様致度了簡ニ御坐候」と述べているのをみれば、個人的な見解としては、鵜殿も刊行されない方が良いと考えていたことは明らかである。しかし、同じく小宮山宛の十一月十四日付書簡には、「先一端ハ思召通りニ不被成候得ハ不済御勢ニ出来申候」と記し、同書の刊行が、もはやどうにも止められないところまで来てしまっていることを伝えている。

立原も、これと同じ日に小宮山に書簡を送り、この件について鵜殿と話し合ったこと、鵜殿の見通しでは同書の刊行が避けられそうもない状況になってきているらしいこと、そこで小宮山に校合の作業を進めておいてもらいたいと鵜殿が語っていたこと、等を知らせている。立原の伝えるところによれば、とにかく今は一旦同書を刊行し、後に異論の出るのを待って世間への流布は食い止める、というのが鵜殿の考えていた当面の対応策であったようである。これでは「史館之奸人とも」の態度と変わらないようにも思われるが、刊行を阻止すべくいろいろと手を尽くした末の苦渋の選択ということで、これとは同一視すべきでないというふうに立原は受け止めていたのであろう。

ところが、いったいどうしたことか、鵜殿の小宮山宛十一月二十九日付書簡をみると、斉脩が同書の刊行を一時見合わせる決心をした、ということが記されているのである。ただ、この書簡の中では、小宮山から送られてきた付札の付いた同書の草稿並びに添え状を斉脩に呈上したことが報じられ、そのすぐ後に「御板御止之事も御承知被遊候」とあるのみで、斉脩が何故この時点で翻意したのかについての説明は全くなされていない。

さらに斉脩は、ここに至って漸く、同書を史館に校合させる気持にもなったものらしい。

小宮山宛の十二月十四日付立原書簡をみると、「量介へ御下ケニ相成候所、是又御同意御止可然、下ケ札夥敷仕候」と記されている。同書の草稿が青山のもとに届けられ、たくさんの下札が付けられたというのである。文政六年七月に彰考館総裁に任じられた青山が、江戸に居を移してまだ間もない頃のことと思われる。そうしてみると斉脩は、この僅か一カ月足らずの間に同書の刊行を一時凍結する決心をし、さらに、同書の草稿の校合を史館に命じることに踏み切ったわけである。

それでは、いったい何が斉脩の気持ちをこのように大きく変えたのであろうか。ここで我々は、やはり小宮山の付札と添え状とに注目してみる必要があるであろう。小宮山はそれらの中で、先にみたように川口の人格上の問題点を指摘すると共に、後にみるように同書の内容上の問題点をも指摘している。さらに小宮山は、史館を蔑にすべきでないことをとりわけ強調し、大略次のように述べている。

① 史館からは反対意見の出されることが予想されたので、同書の草稿の吟味を史館に掛けるのを最初から見合わせたとのことであるが、同書を刊行することは、史館勤めの者に限らず、おそらく誰からも承認されないであろう。元来史館という部署は、「御書物御用」の際に勤仕するのがその本分なのであるから、その史館を差し置いて小生ごときに吟味をさせたとあっては、総裁はじめ史館勤めの者全てがどれほど不本意な思いをすることであろうか。とりわけこの度のような主君自らの慰み事のために、全史館員の面目を潰すような事態は、是非とも回避しなければならない。

② 小生へ内密にこの役目を仰せ付けられたとのことであるが、既に川口はこのことを聞き知っているようである。こうしたことは容易に隅々まで知れ渡ってしまうもので、秘密にしておくのは難しいのであるから、早々に史館へも相談すべきである。

小宮山はまた、史館に掛けて十分に吟味済みのものでなければ、その出来上がりに自信が持てないので、世上に広く流布させるのは差し控えるべきである、とも主張しているのである。

斉脩としても、小宮山からこうした真摯な意見を聞かされ、その上付札によって多くの疑問点を指摘されては、たとえ一時的にではあっても、心を動かされない方がむしろ不自然というものであろう。そこで、即刊行に踏み切るのは見合わせ、取り敢えずは史館に吟味をさせてみよう、という気持ちになったものではあるまいか。こうしてひとたび刊行を見合わせると決めた以上、もはや史館に対してガードを固めなければならない理由はなくなったわけであるから、事態のこのような推移は十分に合点の行くところであろう。

こうして、小宮山の次に青山に回され、多くの付札の貼付された同書の草稿は、水館総裁藤田のもとへも回された。藤田の青山宛七月十九日付書簡によれば、これは文政七年の春のことであった。藤田はこの折、これを一読した後、自分の意見を青山に書き送ったものらしい(18)。

結局、文政六年の末から翌七年の初め頃には、同書の草稿が当時の江・水両館総裁のもとにも送られ、目を通されていたわけであるから、これによって立原が指摘した手続き上の問題点は解消したことになり、この点から同書の刊行に反対する理由は全くなくなったわけである。

第三節　『台湾鄭氏紀事』草稿のもつ内容上の問題点

同書の刊行に対しては、その内容上の問題点を指摘しての反対意見も提示されていた。小宮山楓軒は、⑩の鵜殿清虚宛別紙添状の中で、私のような「廃学老衰」の者が見ても不十分と思われるところが見出せるのであるから、まして史館や外部の名のある学者が見たならば、随分多くの誤りが指摘されることであろう。

と、同書の草稿を校合しての所感を述べている。この小宮山の校合の結果は付札にして斉脩に呈されたのであるが、その写しが『議台湾別志』の中に転記されて残されている。これを見てみると、内容上の問題点としては、書法上の不都合・不適当な点を指摘したものと、事実関係や字句の補訂すべき点を指摘したもの、とのあることが分かる。そこで本節では、この小宮山の付札を中心に、こうした点を具体的にみていくことにする。

（1）書法上の問題点

先ず小宮山は、この付札のまえがきで同書の体裁が「明国ヲ本ニシ内ニシ、我日本ヲ外ニシ末ニシタル書法」になっているのは好ましくない、と述べている。この時期の水戸藩の学者は、天皇を君主とする日本の国家の体制は古代以来不変であるという国体論のもとに、日本の国家組織や社会制度、国民道徳等全てに亙って日本固有の特色のあることを主張し、日本民族の他民族に対する優越性を強調する傾向にあった[19]。同書において川口の採った書法は、こうした傾向に反するものと見做されたものらしい。そこで以下に、小宮山が指摘しているこの種の例を、いくつか掲出してみることにする。

ⓐ初丁　台湾古荒服……

同　日本人称之塔伽沙谷……

同　清朝復旧為台湾……

台湾古荒服ト書出シ又日本人称之ト書出シ、清朝……ト書而皆彼国ヲ本ニ仕候書法ニ相見へ可申奉存候。尤史記ナドニハ自ラ漢ト書候モ相見へ申候へ共、後世ニ到リ候而ハ吟味宜キ故歟、左様ニ書候物ハ無之歟と奉存候。

ⓑ三丁ヲ　台湾気候与中土殊

此書ニ中土又華音ナド御坐候所、是我邦ヲ夷ニ仕候書法ニ相見申候。中華ト申事ノ不宜候ハ義公様御意御坐候由、西山遺事ニ相見へ申候。如何仕候而此書ニ如此認申候哉、不審ニ奉存候。

ⓒ四丁ウ　永楽初……

五丁ヲ　嘉靖末……又日本辺民……

永楽・嘉靖ト認候而何ノ代共断無之候而は、明国臣民之書法ニ相見申候。日本辺民ト御坐候は、我邦ヲ外ニ仕候書法ニ相見申候。

ⓓ十三丁ウ　先是嘉靖三十八年幕府令執政……

此所ニ幕府ト御坐候は、東照宮ノ御儀ヲ奉申上候と相覚申候所、上ニ嘉靖三十八年ト年号ヲ係申候而は、明国ノ正朔ヲ御受ケ被遊、明国ノ臣ニ御成被遊候大将軍ノ幕府ノ書法ニ相見へ、恐多キ事、不調法成ル事ニ可有之哉奉存候。下同断。

ⓔ十七丁ヲ　十七年甲申（清太祖順治元年 日本正保元年）

日本ヲ清ノ次ニ出候事猶更不可然奉存候。

ⓕ四十三丁ウ　官軍復宝慶……清主……

コヽニ官軍トアルハ、明ヲ正統ノ天子ト見テ清ヲ賊トセルツモリナルヘシ。又清主トアルモ清ヲ偽主ト見タルナリ。サレド我邦ヨリコレヲ見ルトキハ、明モ清モ同ク外国ノ君ニテ差別アルベカラズ。コノ書法如何アルベキヤ、改タキ𪜈ナリ。

こうした具体例を挙げてその不可なることを強調した小宮山ではあったが、これらを全て訂正するとなると、通篇大幅な書き換えが必要であることを承知していたが故に、そこまでは到底自分の手に負えないので、今は取り敢えず気付いたところに付札するに止める、と前書きの中で断っている。

ところで、先に述べたように、藤田は文政七年の春、青山から同書の草稿を届けられた際、これに目を通した上で自分の意見を青山に書き送っていた。その際藤田が問題にしたのが、やはり同書の「体裁」についてであった。私撰ではなく主君の命を奉じて撰するものである以上、後でどのようにでもなる「字句之儀」などはさほど問題にするまでもないが、この「体裁」のみは「容易之談にハ無之候」と述べているのである。なかでも「明を内にいたし候而本邦をは外がましき書体」で叙述している点が、小宮山同様最も気になったもののようである。さらに、藤田もまた「体裁之儀ハ急にハ改兼候」と述べており、この問題が容易に片の付くものではないという認識でも、小宮山と一致していたことが知られる。結局この時点においては、藤田は、「当人へ内諭之上、当人心付ニて」訂正させてはどうか、という青山の提案に賛意を示すに止めている。(20)

さて次は、上記の点以外で、文章や字句の用法等が不適当とされた個所についてである。その主な点を挙げれば以下のごとくになる。

ⓖ九丁ヲ　茲歳台湾人理加来于日本幕府召而見之

茲歳ト御坐候而此方ノ年号ヲモ係ズ、又日本ノ字モヨソ〳〵敷ハ相見へ申候へ共、幕府ト御坐候は全ク将軍様ノ事ト相見へ申候間、至此忽此方ノ人ノ認候書法ニ罷成リ申候へ共、上ニ何共御噂モ無之、明国ノ事ノミ書連ね急ニ幕府ト申上候而ハ、当時ノ御国体ヲ不存候者見申候ハヽ、何共不相分候書法ニ可有之奉存候。

ⓗ十七丁ウ　清主章皇帝

清主ハ尤成ル書法ニ御坐候へ共、下ニ章皇帝ト御坐候如何敷奉存候。

ⓘ十九丁ヲ注　明遺民張斐曰……

張斐ニ限リ遺民ノ字ヲ加候事、如何可有之候哉。

ⓙ三十四丁ヲ　三藩及諸執政大臣議之

執政大臣、コレハ公儀御老中ノ事ヲ申候ト奉存候所、朝廷ノ大臣ト聞ヱ申候様奉存候。

ⓚ同ウ　幕府将発使于長崎……長崎尹……

発使ハ遣使ニテ可然哉。長崎奉行ヲ私ニ改メ尹ト書候而不苦候モノニヤ、無心元奉存候。

ⓛ五十九丁ヲ注　本藩所蔵五言絶句……

本藩ヲ我水戸府ナトヽ改度様奉存候。

ⓜ六十九丁ウ　清中和殿大学士巴恭曰……

コノ条台湾ニ関カラザレバ、刪リテ可ナルベキ歟。

ⓝ八十五丁ウ　大西洋人

大字可刪歟。

以上によって我々は、この点での小宮山の付札の大体を窺うことができるであろう。藤田と青山の付札では如何なる指摘がなされていたものか、是非とも知りたいところではあるが、管見の及ぶ限りでは資料が見当たらず、今後の調査に俟たねばならない。

ただ藤田についていえば、その青山宛書簡中に「川口ハ台湾志流の小説家の文章ニ而国史をも悉く手を入れ候云々」と書いており(21)、これによれば、同書の文章を小説家のそれのようだとみていたことが分かる。「小説」とは、当時の意味では、市中の出来事や話題等を記述した文章のことをいうのであるから、その評価の程が推察されよう。同じく青山宛書簡中に「別本書立、出来次第、呈覧不仕候已前、まつ貴兄迄可及御相談候」と記しているのをみると、[22] 藤田の胸中には、川口の著作とは別個に、自分なりのものを著わしてみたいという思いが芽生えていたもののようである。

（2） 事実関係の補訂及び字句の訂正すべき点

先ず、事実関係の補筆・訂正すべき個所としては、小宮山の付札に次のような例が指摘されている。

ⓞ十四丁ヲ注　書芝龍父抛集成
　編年集成先年一覧仕候節書ぬき仕置候ニハ、一官云々寛永中ノ国姓爺カ父ナリト相見、芝龍トハ無御坐候。集成無之故、再吟味仕兼候。

ⓟ廿七丁ウ　然賜以軍糧徳川系図
　コノ事他ノ書ニ無之候ハヽ、疑敷御坐候。帰船ノ粮米ナド被下候ニ可有之候哉。

ⓠ四十九丁ウ　成功嘗贈書于之瑜曰……
　此書ノ亊拙議御采用ニ不相成候は勿論ニ御坐候へ共、其後藤田次郎左衛門駁議御坐候由、惣裁役ノ申候事御采用有之度物と奉存候。此書ニ載候事如何可有之候哉。

ここに小宮山が指摘している鄭成功の朱舜水宛書簡の件については、[23] 藤田の青山宛書簡にも、

　成功贈舜水書偽書故相除候儀、いつれも伺相済候由、当人ニ為改候而御本と内々引易候儀も其通ニ而宜候由云々

と記されている。[24] 藤田は小宮山と同様にこの書簡を偽物と見做しており、これを資料として採用することには反対であった。その旨を青山を通じて斉脩に言上したところ、藤田の提言は斉脩の裁可するところとなったもののようであ

る。

藤田はまた、『舜水集』中に二、三ケ条みえる鄭氏に関する記述を、草稿の「南京戦」の記事の部分に注記することも、この時同時に提言して裁可を得ているが、この点は小宮山の付札では指摘されていないようである。そして、これらの点の補訂も、先述した体裁の場合と同様、川口本人にさせることにしたものらしい。

次に、小宮山の付札中には、単に字句の誤りを指摘しただけのものもみられる。以下にその数例を掲げておくことにする。

ⓡ廿八丁ヲ　為清兵被擒

コレハ所擒トコレアルヘキ所ニ奉存候。上ニ為ノ字御坐候而下ニ被ノ字ハ無之事ト舜水先生ノ説御坐候由嘗テ翠軒申聞候ニ付、其後心を付候ニ、見当リ不申候。然ルニ此書ニハ多ク相見へ申候。巻尾ノ長孺ノ断リニ加刪潤ト御坐候間、若誤テ直し申タルニハ無之哉。本書ヱ引合見申度事ニ奉存候。

ⓢ七十七丁ヲ　宗廟睎忽丘墟

睎ノ字誤無之哉。字典目部ニ相見へ不申候。

ⓣ八十二丁ウ　進卬子藩錫

進卬ノ卬ノ字衍ニアラズヤ。

（3）　主な問題点の現行本との比校

以上、同書草稿のもつ問題点とされた個所を具体的に見てきたわけであるが、次は、こうした点が現行本[25]でどのようになっているかを追跡してみたい。

同書草稿の校合は、先にみたように、初めは鵜殿と小宮山によって、後には藤田と青山によって、それぞれ行われた。同書の刊行を一時凍結するとした斉脩であったが、幾許もなくして再度刊行を決意したとみえ、校合の主役が藤田と青山に交代した後の同書に係わる両者の遣り取りは、全てが刊行を前提にしてのものとなっている。

ところで、藤田と青山の間で話し合った結果を川口に伝えるのは、水戸に住んでいた藤田の役割であった。ところが藤田は、文政七年当時、病気がちの上に多事多忙、加えて川口宅に病人が出たりもしたため、なかなか川口宅を訪問できずにいた。やがて秋になり涼しくなったところで、藤田はやっと川口宅に出向いて行き、これまで青山と検討してきた諸問題について、直接川口本人と話し合う機会をもった。

川口は、自分の著作に頗る自信を持っていたらしく、初め藤田が小宮山の意見を伝えても、小宮山は明末のことには詳しくないなどと言い、まともに取り合おうとはしなかった。(26) しかし、藤田との話し合いを続けるうちに、川口は、「成功贈舜水書」を資料として用いないこと、及び「己亥年舜水赴成功之招金陵之役、舟中舳艫相接候事」を書き加えることの二点については、これを承諾した。(27) 事実この二点は、現行本をみると補訂されているのが確認できる。小宮山も付札ⓠで指摘していた前者については、本文からはずされ、注の部分に「其書真偽未審、故不取焉」とその理由が記されている。そして後者については、「之璵知大事難成、在其営中与成功舳艪相接、避不相見云々」と記されているのである。

また、藤田書簡一六二で言及された「舜水集鄭成功之事」を「南京戦之下注」にする件については、『舜水先生文集』巻六「与安東守約十二首」（一）の中の「遠近伝聞藩台不以推賢進士為務」以下「何能仰答余大将軍也」までが、中巻万治二年の条に引用され、「此書本集為寄安東守約書、而先輩考云、此書称藩台者、非称守約、拠囲瓜州降鎮江至南京而大敗、及総督忠靖伯陳燦老等語、蓋寄鄭成功書也、今従先輩考、定為与成功書」という注が条末に付けられている。

この『舜水集』中の鄭氏に関連した記事については、青山も考証していたらしく、これを藤田が書写して川口に手渡したところ、川口は大変喜んでいたという。

しかし、この時点では、まだ「書中館員之儀省略」のこと、及び「紀年等西土を主と不致候様仕度」の二点については、川口を納得させるに至らぬまま、後日の話し合いまで持ち越されることとなったようである。

ここにいう「書中館員之儀省略」とは、同書が彰考館総裁川口の奉命撰であるということを書中に記さないようにと、当時藤田らから注文がつけられていた事実をさすものらしい。[28]この件に関しては、小宮山も付札の最後に、

巻端ノ総裁川口長孺奉命編撰ノ字ヲ塗沫候而ハ、コノ長孺何人トモ分リ兼可申奉存候。

と記している。これによれば小宮山は、もし藤田らのこの意見に従うと、同書巻末の「臣長孺曰」で始まる文章中の「長孺」が如何なる人物であるかが分からなくなってしまうということで、藤田らに賛同し兼ねていたものらしい。現行本は上・中・下の三巻よりなるが、各巻首に「水藩国史総裁臣川口長孺編纂」と刻まれている。結局、この部分は「奉命」の二字が削除されたほかは、表現が若干改変されて残されることとなったものらしい。

また、後者については、先に小宮山が付札ⓔで指摘していた「十七年甲申（清太祖順治元年 日本正保元年）」の部分を例にとってみると、現行本では「正保元年甲申（明崇禎十七年 〇清順治元年）」のごとく訂正されている。「紀年」に関してのみいえば、中国を主とする表現は、通篇訂正されたもののようである。

以上、藤田書簡で指摘されていた数点を例にとり、現行本との比較を試みてみたのであるが、以下には、小宮山の付札中、先に取り上げておいた諸点について、比校した結果を順を追って掲げてみることにする。

先ず、付札ⓐについては、「台湾古荒服云々」も「清朝復旧為台湾云々」も、共に現行本中には見当たらない。「日本人称之塔伽沙谷云々」は、「我海商之往貿販其地者（中略）呼其地為塔伽沙谷云々」となっている。また、付札ⓑⓒ

ⓓⓕのいずれもが書中に見当たらないところをみると、この種の問題点の訂正はかなり徹底してなされたものらしい。

　付札ⓑで指摘されている「華音」が上巻二十五丁裏の注の部分に一カ所出てくるのは、おそらく見落としではあるまいか。

　次に、付札ⓖについては「日本」が「本邦」に、付札ⓗについては「章皇帝」が「章帝」に、付札ⓚについては「長崎尹」が「長崎奉行」にそれぞれ改められ、付札ⓙについては「大臣」が削除されている。しかし、付札ⓘについてはそのままになっている。付札ⓛについては文言そのものが見当たらず、付札ⓜについては削除されたものらしく、見当たらない。ⓝについては、現行本は八十四丁までで、「八十五丁」という丁そのものがない。小宮山の付札には「百五丁ヲ」までが記されているのであるから、この点からも現行本が川口の草稿を大幅に削ぎ落として成ったものであることが分かる。

　また、付札ⓞについてはこの注そのものが見当たらず、付札ⓟについては本文からはずされて「徳川系譜曰賜以軍糧」と注記されており、付札ⓠについては先述したように本文からはずされて注の部分にその理由が記されている。そして、付札ⓣについては「卬」が「功」に改められ[29]、付札ⓢについては本文はそのままで、「睎恐瞬之誤」と注記されている。しかし、付札ⓡについてはそのままとなっている。

　こうして比校を試みてみると、川口が、藤田や小宮山の指摘を概ね受け容れ、全巻に亙ってかなり大幅な補訂を加えていることが分かる。現行本の中から小宮山の付札で指摘されている個所を探し当てるのは、なかなかに困難な作業であった。

第四節　『台湾鄭氏紀事』の書名決定の経緯

同書の書名が現在の『台湾鄭氏紀事』に決定したのも、聊か紆余曲折を経た後のことであった。川口は、初めは同書を「台湾割拠志」という書名にするつもりでいたもののようである。(30)このことは、藤田書簡八四に、

扨割拠志と申名、不相当候様存候間、先達而駁議いたし候へハ、嬰卿輒更名台湾志候事ニ御坐候。実ハ台湾志ニても、明季之事雑載に付、何とか凡例へ成共断り不申候而ハ不相済候様奉存候。

とあり、また同書簡一六七に、

台湾志之事、元来台湾割拠志と命名候処、割拠之名不相当に付、其段及相談候へハ、台湾志と相直し申候。乍去台湾志ニ而も、不得体候事御坐候。

とあるのによって知ることができる。しかし、この案に対しては藤田から異議が唱えられたため、川口は「台湾志」という第二案を提示した。藤田は、同書には明末の諸事情等も記されているからという理由で、この第二案にも難色を示した。

ところが、同書簡八四に、

扨又通志之内台湾志之名も有之、其書全備之事に候へバ、只台湾紀事なと申候方可然様思召候由、御尤之様奉存候。

とあるのをみると、当時水戸藩で購入するか否かを検討していた『通志』という書物の中に、「台湾志」と称する章節が含まれているので、(31)「台湾紀事」としては如何か、という案が青山から出されたものらしい。藤田は、この案に対し

て一応理解を示しながらも、鄭氏についての記述が主体となっている本書の内容からすれば、十分に満足のいくものではなかったようで、もう一工夫ほしい旨を青山に書き送っている。

藤田のこの意を汲んで青山が再提案してきたのが、現在用いられている「台湾鄭氏紀事」である。藤田書簡一六七に、

> 貴兄御心付之通、台湾鄭氏紀事と相改候方、事実にも叶ひ、且ハ最初上公より纂録被仰付候筋ニも相叶ひ、旁以宜様奉存候。

とあるように、藤田は、青山のこの案に全面的に賛意を示し、続けて

> 右題号相直し不申已前ゟ、小子訂正ハ右之通之つもりニ而、書中之儀認直し申候。尤台湾ニ係候書ゆへ、台地之事をも大抵可相認候へ共、畢竟鄭氏の方主に相成候故、台地之事計ニも無之、明の内地ニ係たる事をも記載いたし候。然ハ書名、貴考之通に相改候事、旁以得体可申候。

と記し、この書名が、藤田の進めてきた本書校合作業の方針にもぴったり合致するものであることを述べている[32]。

以上、同書の書名の決定過程を概観してみたわけであるが、その結果、現在の書名は、藤田と青山の間で幾度か書簡による意見の交換が行われた末に決定されたものであることが分かった。また、同書の書名の決定が、著者川口の全く与り知らないところで行われたわけではないことも分かった。しかし、川口が最後までその決定に係わったか否か、また、こうして決定された書名を喜んで受け容れたか否かは、なお疑問の残るところではある[33]。

ところで、同書の書名に関しては、もう一つ触れておかねばならないことがある。それは「台湾別志」という書名についてである。『議台湾別志』中にみえる同書の書名は、ほとんどがこれになっている。これは、②の鵜殿書簡に「別志之名ハ林祭酒相撰云々」とあるのによれば、当時の大学頭林述斎から提案されたものであったらしい。先にみた

ように、同書の草稿は、青山と小宮山の付札が貼付された後、文政七年の春のうちに藤田のもとへも届けられた。小宮山は自分の付札を「台湾別志愚意付札」と称しているのであるから、藤田がこの草稿を回された時点では、「台湾別志」という書名がまだ生きていたものと思われる。にもかかわらず、これが藤田書簡の中には全く見当たらないのである。藤田と青山が、同書について検討した結果を頻繁に手紙で遣り取りし始めるのは、この年の七月頃からのことなので、おそらくこれより前のある時点において、この書名は不採用ということになったのであろう。しかし、その理由については不明である。

第五節　『台湾鄭氏紀事』の序文及び跋文について

同書の序文が林述斎によって書かれたものであることは、前述したとおりである。②の鵜殿書簡をみると、同書の序文の執筆を林大学頭に依頼した旨が記されている。そして、⑥の立原書簡には、林大学頭が序文の執筆を引き受けたので、近日中には成稿するだろう、と記されている。この両書簡が執筆されたのは文政六年と推定されるので、斉脩は、最初に同書の開版を決意した時からあまり遠く隔たらない時期に、序文の執筆を林大学頭に依頼したもののようである。

ところが、立原はこの書簡の中で「林祭酒余り賞過申候」と述べ、さらに「此生軽薄之人物、申候事用立不申候」とも述べている。林大学頭の人格にも批判的であったらしい立原は、その筆に成る序文の出来上がりが大いに気に掛かったものとみえる。

そこで今、現行本に付されている序文を見てみると、先ず鄭成功の事績が略述され、その後に大略以下のごとく記されている。

本書は、「節士義人」を愛敬する気持ちの強い斉脩公が、鄭成功の「忠肝義膽」に感じ、「其筆札を覩て以て其風槩を欽う」と共に、「以て其幽光を発わす」ことを念じて、執筆を命じたものである。水戸藩では、義公が業を興した『大日本史』の編纂事業が今も続けられており、これに携わることによって、同藩の史臣は十分に訓練され、編修の仕事には精通している。ここに本書が成ったのもまた、川口の才幹と精勤とに依るところが大であったとはいえ、煎じ詰めれば、義公以来の長年に亙る修史の伝統の成果であるといえるであろう。

林大学頭はこのように認め、最後に「今公能紹先志修旧典、用人材之美亦可以併伝也」と記し、斉脩の徳を称えて結びとしている。

ところで、藤田書簡の中には、この序文について言及したものが見当たらない。この序文は、藤田青山両名の間での検討事項とはされなかったのであろうか。現行本に付されている序文の年記は「文政十一年」となっているが、これよりもかなり前にその草稿は出来ていたようなので、十分両名による検討の対象となり得たはずである。これは思うに、先にみたように林大学頭から提案された書名が不採用となっていたので、序文にもいろいろと手を入れて林家との関係を悪化させるようなことになっては好ましくないという政治的配慮が働いてのことなのではなかろうか。その結果、この序文の方は林大学頭から提出された草稿をそのまま採用することにしたのかも知れない。それはともあれ、この序文に虚心に目を通すかぎり、少なくとも立原が危惧していたような出来具合にはなっていないと言っても差支えないのではあるまいか。

さて次は同書の跋文についてであるが、これも前述したごとく、青山が斉脩の命を奉じて書いたものである。藤田書簡一六二をみると、「跋文之儀は貴兄へ被仰付候振御書中ニ相見へ、扨々大慶仕候」とあり、続けて

貴兄御筆力にて撰録之意味相分り候様御書取被成候ヘバ、鄭氏之事跡考究被仰付候大切之思召も明白ニ相成（後略）

とある。藤田は、同書を著述させた斉脩の意図するところが、青山の筆力によって十分明らかにされるであろうことを期待しているのである。

青山は、まもなくその草稿を書き上げ、藤田のもとに送り届けて、その意見を求めた。藤田は、これに目を通した上で、

通篇節義・名教・報国にて御立論、尤敬服仕候。尚又成功書より云々御書出し被成候事、此書纂輯の実得、別而無遺憾様奉存候。

と書き送り、青山が跋文全体を「節義」「名教」「報国」を柱として立論している点に敬意を表している。さらに、この跋文中には斉脩が成功の真跡を手に入れ、これをたいそう賞翫していることも記されているため、斉脩が同書を執筆させた直接的な動機がよく窺えるとも述べている。(34) この跋文は、藤田の期待に十分応えるものであったようである。

そこで、以下に現行本に付けられている跋文によって、その内容を概観してみることにする。

青山は、初めに「台湾紀事三巻記明人鄭成功事也」と記した後で、鄭成功の事績を略述してから、

成功僅以一弾丸之地、廼能抗満清百万之兵、竭力明室始終不渝、忠貞之心堅如金石、可不謂之忠臣哉。（中略）義気凛凛足以動天下、使百世之下聞其風者、勇士張膽懦夫立志、此其有功於名教也大矣。

と記している。金石のごとく堅い「忠貞之心」をもって、終始明室のために尽力した「忠臣」成功の「義気」は、「勇士は膽を張り、懦夫も志を立てる」ほどであり、「名教」の振起のために大いに功があるであろうという。

また、成功が日本人を母にもつことから、

成功母子雖其忠烈出於天性、亦非我神州風気之所使然歟。然則鄭氏之有成功、不翅明国之光、亦我神州之華也。

とも記している。すなわち、成功のような忠臣の出現は「我神州風気」の影響によるところが大であり、これは単に「明国之光」であるに止まらず、「我神州之華」でもあって、大いに誇るべきことであるというのである。

そして青山は、最後に

我公崇尚文学、奨励節義、至其有益於名教、推及異邦之人、使為人臣者知以勧、此公之所以有此挙也。然則為我臣子者、其於報国宜如何哉。

と記している。成功がこのようにすばらしい人物なればこそ、我が主君は、その「異邦人」であるにも拘らず、川口に事績顕彰の一書を物させたのである、と述べ、斉脩のこの挙を大いに称えているのである。

ところで、藤田書簡一六六に、

台湾志跋貴稿之内、少々愚案及御相談候所、大抵尤に思召候由、致大慶候。其外又々貴諭之趣、御尤奉存候。とくと拝見、後更可及御再答候。

とあるのなどをみると、我々は、青山が跋文の草稿を藤田のもとに送って添削を依頼した後にも、両者がこの件で幾度か書簡を往復しては、意見の交換を行っていたことを知ることが出来る。その結果改変された個所も恐らくあったであろう。しかし、大幅な補訂が加えられているようには見受けられない。(35)

おわりに

以上に見てきたところによって、我々は、同書の刊行をめぐり、鵜殿・立原・小宮山・藤田・青山らから、どのような点について、どのような意見が提示され、どのような決着をみたかを、おおよそ知ることができた。

なかでも、手続き上の問題点のうち史館に諮らずに開版しようとしたことと、内容上の問題点のうち中国を主として日本を従とする記述となっていたことが、とりわけ大きく取り上げられていた。前者については立原と小宮山が問題にしていたが、後に斉脩が、藤田・青山両史館総裁に校合を命じたことで片が付いた。後者については小宮山と藤田が問題にしており、現行本との比校の結果、おおむね訂正されていることが分かった。

事実関係の誤りの指摘はきわめて少なかった上、現行本ではそれらも訂正されていた。ところが、文章の表現や語句の選択といった問題になると、一概にどちらがいいともいえないところがある。たとえば小宮山は、川口が「長崎奉行」を「長崎尹」としているのを不適当というが、川口にしてみれば、いわゆる和臭をなくしたいがためにこの表現を採ったものと思われる。しかし、この種の指摘の個所についても、大体何らかの手が入れられているようである。

こうした手続き上あるいは内容上の問題点を指摘したものの外に、川口の人格的欠陥を理由に、立原と小宮山から同書の刊行に反対である旨の意見が提示されていた。これは同書の出来具合如何とは全く別の問題ではあるが、その刊行を妨げる大きな要因の一つとなったことは確かである。

ところで、同書の刊行が本決まりとなってからは、内容上の検討と併せて、書名や序文・跋文についての検討も進められた。これを推進したのは藤田・青山の両名であった。書名については、著者である川口本人の案も序文を書いた大学頭林述斎の案も斥けられ、青山の案が採られることとなった。跋文を書いたのもまた、青山であった。その青山も、初めは同書の刊行に反対していた。しかし、同書の刊行が本決まりとなり、さらに斉脩からその跋文の執筆を命じられる頃になると、青山は、その刊行に向けて尽力する職務に忠実な史臣となっていたもののようである。

思うに、同書を最も覚めた眼で公正に評価していたのは、この青山だったのではあるまいか。青山は、その跋文中

に、

清人嘗為成功伝、頗多遺漏。長孺乃捜索明清間諸書及我朝記載、檃括綴緝萃為一書。蓋於成功事蹟尤為詳備。

の如く記している。清人の著わした成功の伝記は遺漏が多くて頂けないが、川口のは資料を博捜し、[36]正確詳細な記述となっている、と評しているのである。もっともこの評言は、川口によるオリジナルな草稿に対してのものではなく、様々な問題点が訂正されることを前提に述べられているのではあろう。しかしながら、同書自体も跋文も斉脩の命を奉じて執筆されたものであるために、青山が斉脩を憚って心にもない賛辞を呈したとは、あながち云えないのではあるまいか。[37]

同書の刊行は、紆余曲折を経ながらも、川口が水戸での閉居・謹慎を赦されて史館総裁に復帰した翌年の文政十一年、ついに実現の運びとなった。ところがその翌十二年には、同書の執筆及び刊行を命じた斉脩が三十三年の短い生涯を閉じてしまうのである。もし斉脩の死がもう少し早かったら、同書の刊行はもっと大きな障害を乗り越えなければ実現できなかったに違いない。

それにしても、時の藩主がその執筆及び刊行を命じた一書にしてからが、このような難産を経験しなければならなかったという事実は、当時の水戸藩の内情がかなり難しい局面を迎えつつあったことを物語っているようである。

注

（1） 主に石原道博著『鄭成功』及び同著『国姓爺』による。

（2） ②の鵜殿書簡による。

（3） 尚、同書には、川口著『征韓偉略』（天保二年刊）に小宮山が施した付札（写）と、これに関連した内容の小宮山宛六月九日付鵜殿書簡（綴込）とが合綴されているが、この部分は本章における検討の対象外資料となる。
（4）清水正健著『増補水戸の文籍』の九七頁、秋山高志著『水戸の文人』（ぺりかん社　二〇〇九）の四〇二頁等を参照。
（5）『水府系纂』巻六五、栗田勤著『水藩修史事略』、清水正健著『増補水戸の文籍』、青山拙斎著『文苑遺談続集』、同撰「川口嬰卿墓誌」等による。
（6）石川慎斎の『水戸紀年』文政五年の条には、「無名氏筆記」として、「西村元春川口助九郎詐偽ヲ以テ他所ヨリ古器ヲ買テ進呈ス其価ヲ器主ニオクラス　幕府ヨリ糾問アリト云二人罪ヲ被リ水戸ニ至ル」と記されている。
（7）秋山高志著『近世常陸の出版』（青裳堂　平成一一）の一八三頁を参照。
（8）小宮山楓軒著『楓軒紀談』十五の中にみえる川口の伝記事項参照。
（9）もっとも立原は、同じ書簡の中で、本田滄蘭侯の孫伊予守が、鄭成功の伝記事項を集めた『忠義伝』という書物を所蔵しているらしいので、もしできれば借覧して引書の一つに加えたい、と述べているのであるから、同書の校合に間接的ながらも参画する意思はあったように見受けられる。
（10）藤田書簡一三七等による。
（11）②の鵜殿書簡による。ところで、内閣文庫所蔵の『台湾割拠志』をみると、同書は文政五年中には既に脱稿していたことが分かる。ここで斉脩が川口に継続させることにした作業というのは、このひととおり書き終えた草稿を、刊行できるような状態にまでもっていくことを云ったものであろう。因みに、斉脩に同書の刊行を勧めたのは、⑤の立原書簡に「同役物兵衛掛りニて御勧中候より起候事と被察候」とあるのによると、当時通事だった立原と同役の「物兵衛」（蘆沢）であったようである。
（12）秋山高志著『水戸の文人』（ぺりかん社　二〇〇九）の一四四頁、四〇一―四〇三頁等を参照。
（13）藤田書簡二〇一による。
（14）同右一四〇による。
（15）同右二七一に「何卒不遠御沙汰御坐候様仕度奉存候」とあるのによる。
（16）『水府系纂』巻六五及び藤田書簡二七一等による。

(17) 前掲川口墓誌による。

(18) 藤田書簡一六一による。「浄生院御凶儀」や「異国船一件」等により忙しかったとあるので、文政七年の書簡と推定した。ところで、藤田書簡二一四をみると、「先達而彼家蔵之稿本、間暇之節一覧いたし呉候様ニと申事にて、手前へ預り置き候云々」と記されている。これによれば、藤田のもとには、川口本人から内々に斉脩に呈上したのとは別の稿本が届けられ、通覧・添削を依頼されていたものらしい。この書簡は、いずれかの書簡の尚々書の部分であるが、書中「当年は春夏之際いろ〳〵忙敷打過云々」とあるので、同じく文政七年のものと思われる。

(19) 尾藤正英著「水戸学の特質」(日本思想大系五三『水戸学』所載)。

(20) 藤田書簡一六一による。

(21) 同右一三六による。

(22) 同右一六七による。

(23) 小宮山の付札には、「其後藤田次郎左衛門駁議御座候由云々」とあるが、この付札の付いた草稿は、文政六年の十一月二十九日に鵜殿を通じて斉脩に呈上されているのであるから、この部分は後に現在のような形に書き替えられたものか。

(24) 藤田書簡一六二による。

(25) 比校に使用した現行本は、上巻三十丁、中巻二十八丁、下巻二十六丁の全三冊無刊記本で、上巻には林衡の序文四丁と高橋景保による台湾図二丁が、また下巻には青山拙斎の跋文二丁が付されている。若干の虫損がみられるが、印刷面は美麗で、書中に書き込みはない。各冊巻頭には「立原／蔵書」の朱印が押捺され、各冊の後表紙見返には「立原氏蔵」と墨書されている。ところで、現行本中にみられる高橋景保による台湾図については、同書の刊行に係わる議論のなかで全く話柄に上されていないが、これは如何なる理由によるものであろうか。この図には、「此図参訂清乾隆間製図与蛮刊万国地誌之図者、因水戸公之命造焉」という高橋自身による識語も刻されているのである。文政十一年の十月、高橋はシーボルト事件で逮捕されたが、同書が刊行されたのはこの逮捕前のことであるから、話柄に上されていないのがいかにも奇異に感じられる。

(26) この辺の事情は、藤田書簡八九・一六一・一六三・一六四等による。

(27) 同右一六六による。
(28) 藤田書簡一六二に「当人奉命撰と中断書相除候而も云々」とあるのによる。内閣文庫所蔵の『台湾割拠志』をみると、確かに初めは「彰考館編修総裁川口長孺奉命編撰」と記されていたことが分かる。
(29) この部分は、内閣文庫所蔵の『台湾割拠志』では「功」になっている。あるいは小宮山の見誤りであったか。
(30) 現在、内閣文庫にこの書名を冠された写本一冊が所蔵されている。同書は、本文百五丁（八十五丁目が三枚重複しているので実際は百七丁）と引用書目の部分が四丁の、計百十一丁から成る清書本であるが、現行本のごとく上・中・下三巻には分けられておらず、最後まで通しの丁付けになっている。表紙右下に押捺されている「昌平坂」の長方黒印から、同書が昌平坂学問所旧蔵本であることが分かる。また、巻末に「文政壬午」の長方朱印が押捺されていることから、既に文政五年には、同書が同学問所の蔵書となっていたことが知られる。これは、おそらくは林大学頭が書名の検討を依頼された際に贈られた一本であろう。ところで、「台湾別志愚意付札」の小宮山の付札には「百五丁ヲ」までが記されていることを第三節で指摘しておいたが、この丁数は内閣文庫のこの写本の丁数と符合する。
(31) 藤田書簡八三―八七をみると、青山からの情報をもとに、藤田と青山がこの『通志』という書物についていろいろと遣り取りしている様子が窺える。しかし、これらの書簡の記載内容に合致するような漢籍でこの書名をもつものは、管見のかぎりでは見当たらない。
(32) 青山は、初めは「台湾紀事」という書名を提案したのであるが、藤田の意見を容れて「台湾鄭氏紀事」と改変して再提案し、これが採用されることとなった。しかし、文政十一年の年記のある青山の跋文に「台湾紀事」という書名が生かされているのをみると、結局のところ青山は、この書名でも十分いけるとずっと考えていたのではあるまいか。
(33) 『議台湾別志』の裏表紙見返しに貼付されている川口の五月四日（文政十一年）付小宮山宛書簡をみると、既に同書が刊行された後であるにも拘らず、川口は、その書名を「台湾紀事」と記しているのである。
(34) 藤田書簡九〇による。
(35) 国立国会図書館所蔵の『拙斎集』（写本）に収載されているこの跋文の草稿を参照。

(36)『議台湾別志』には「台湾割拠志引用書目」が書写されているが、内閣文庫所蔵の『台湾割拠志』を見てみると、これと同じ引用書目が付されている。これには和漢の書物五十九部が列挙されているのであるが、なぜか現行本では省かれてしまっている。

(37)この点に関しては、山川菊栄著『幕末の水戸藩』の三九頁に、「青山一門では長孺を高く評価し、才能もあり、まことにおもしろい愉快な人物だったといい、藤田派で憎むのをふしぎがっていた」、とあるのなども想起される。

付録　『議台湾別志』綴じ込み書簡七通の翻刻

本章の「はじめに」に記しておいたように、『議台湾別志』の中には、②④⑤⑥⑦⑪⑫の計七通の書簡が綴じ込みになっている。そこで筆者は、ここにこれらの書簡を翻字し、紹介しておくことにする。

凡　例

これらの書簡の翻字作業は、以下のような要領で進めた。

1、閲読の便を考慮し、適宜、句読点を施した。

2、変体仮名は通常の仮名で表記した。ただし、助詞のうち「而」「之」等は、慣例に従ってそのままとした。また、仮名の濁点は原本に付されている場合にのみ付した。

3、旧漢字や異体字は常用漢字に統一したが、意味の通る当て字は原本のままとした。

4、誤字等はそのまま翻字し、適宜、(ママ)を付して訂正した。

5、欠字及び平出の個所は無視した。

（1）②鵜殿清虚の小宮山楓軒宛十月二十七日付書簡

弥御安清奉至祝候。拙者此度御手元御慰ニ台湾別志御取立ニ相成候処、誤字吟味之義被仰付候。左候処、衍文等総而相正候義ハ其元様へ被仰付候事ニ御坐候。委細私ゟ申合候様ニと御直ニ被仰付候。仍今便右御書物指下申候間、熟々御校合御申上被成候様致度、如此御坐候。

十月廿七日

鵜殿平七

小宮山次郎衛門様

追啓　本文之義ニ付、兼々尊慮被成御坐候間、尚又御心得ニ得御意候ハ、右別志ハ兼而介九郎在役中被仰付候而草稿致候所、不敢功候内左遷ニ相成候。仍而ハ史館へ被仰付卒業之筈ニ御坐候得共、館中ニ而ハ介九郎著述物ハ、御取立之義甚不帰服ニ付、御就ニ艱相成候処、尊慮ニ而君子ハ其罪を悪ミ其人を不悪と云故、左遷以前之著述被用候事不苦との御事、已ニ真跡類ハ瑞図書子昂書を用候如く、尚又此書ハ法帖同様之物故、今ニ而ハ史館を離れ取立べしとの御事ニ御坐候。法帖御同様とハ、元来鄭書真跡も御手ニ入候ゟ思召立られ候て、段々如此撰書ニ相成、何も経国之事ニかゝり候わけの書ニ無之故と思召され候御事と奉存候。尚又只今ニ而ハ御親作物御吟味被仰付候思召ニ而、当時之御慰ニ被成も御坐候。因ミ（ママ、「ニ」欠カ）又此文章之事も相成丈成文を相用、誤字衍文耳を相正候様くれ〴〵被仰付候御事ニ御坐候間、尚又申候迄も無御坐候得共、右之御心得ニ而御校合被成候方と奉存候。尚又仰ニ校合ニ入用之書物は史館へ不申出、平七方へ申遣候而、水戸史館ニ在之分ハ、迂遠なから一先其方へ取寄、指出候様ニと被仰付候。如此之御次第ニ御坐候間、御内々御手元御用と御心得被成候而、他へハ御沙汰無之方と奉存候。

一　聊心付誤字改正之分、下札其儘指下申候。
一　別志之名ハ林祭酒相撰、序も祭酒ニ被仰付、近々指出候筈ニ御坐候。
一　清書ハ巻右内へ被仰付候。尤校合書下札多、煩敷相成候ハヽ、先此方ニ而下清書為致遣候様ニも可致候事、先逐々之御沙汰如此御坐候間、御心得旁得御意候事ニ御坐候。
一　御内実ハ早キ方ハ御大慶ニ思召ニ被成御坐候御容子ニ被成御坐候。
右之御心得ニ而御即就可然と奉存候。以上。

（2）④鶴殿清虚の小宮山楓軒宛十一月九日付書簡

台湾別志御校合之事御承知之旨被仰下、於小子も安心之至奉存候。
一　御端書之趣、是又致承知候。板行之事尚も考、追々可被仰下候由、承知仕候。愚意之事ハ先記し不申候。此御一挙ハ初不相拘、段々御引込ニ預り申候。館裏異論も出可申候事と奉存候。強て被遊候事ハ御嫌故、其時之御塩梅次第ニ而、御板御止ハ自然と起り可申候。御板行ハあまり出来ぬ御事とハ奉存候。無論御めいわく故、御法帖御同様之御事なと御意ニ而、近頃段々私とも、被仰付候御様子ニ被成御坐候。夫故右内清書等之事、私共撰ニ無御坐候。成丈ハ板行ニ不相成候様致度了簡ニ御坐候。以上。

十一月九日

甚太郎」（紙背）

「次郎衛門様

（3）⑤立原杏所の小宮山楓軒宛十一月九日付書簡

仏事志新安手簡系図共二冊、御光輝を以早速出来、奉深謝候。系図重而可入御覧奉存候。

一　台湾別志之事、鵜殿私も同様板行不承知ニ御坐候。作者も不宜、郡代之事御世話ニも不及候。同役惣兵衛掛りニて御勧申候より起候事と被察候。御留申候而も御承知無之御性ニ御坐候。乍然助九郎例之訣歯故、定而誤多可有之、随分大破ニ而、御校合ニ而も世上へ難出様ニ被仰上、夫ニ而も御刻被成候ハヽ、不及是非候。御板行不宜と御申述被成候より、其方穏ニ御坐候。御開板不宜と御申上被成候事、御尤ニ候得共、以後如此事出来候而も、御沙汰無之御定被成候而ハ遺憾奉存候。史館ハ異論六ケ敷故、御相談無之候。史館之奸人ともハ新鐫出来候上、趣意申出候様子ニ御坐候。何れニも貴君へ御校合被仰付候儀、以後之大幸ニ奉存候。其所を以御了簡可被下候。桐原兵吉等不学之者、古実書編修は何方へも相談無之書散、惣兵衛掛気之毒ニ御坐候。

一　家父詩文御校合被下、奉深謝候。今日五帖差上申候。追々差上可申候。罫板等ハ其御方ニ御坐候哉。仏事志仕立料之事、被仰下次第指上可申候。書笈之環二指上申候。

一　島友鴎へ之御封物、明朝永田馬場辺へ序御坐候間、相達可申奉存候。

一　本田滃蘭侯之孫伊予守殿ニ、鄭森之伝を集候忠義伝と申書有之由承候。右書は御存ニ御坐候哉。若無之候ハヽ、御引書ニ借申度奉存候。本田侯ニハ成功真跡も、先代ニ集候て有之由承候。以上。

十一月九日

「次郎衛門様　　甚太郎」（紙背）

（4）⑥立原杏所の小宮山楓軒宛十一月十四日付書簡

書笈早速出来候由、御庇を以出来、奉深謝候。急キハ不仕候間、良便次第為御登可仕候。拾葉集代催促仕候所、延引

恐入奉存候。峨眉山人遺書御世話相成、奉謝候。善衛門春中之咄故、左様相心得申候。右之もの心得違と奉存候へキ。
仏事考二冊、偶筆一冊立派ニ出来、奉拝謝候。冊子ニ相成兼候分、為御登可被下候。題籤等迄御指揮被下忝奉存候。
一　台湾別志之事、昨日清虚とも談合候所、何れニも此度新刻不出来候而ハ不相成勢ニ御坐候間、御校合出来候様仕度との事ニ御坐候。跡ニ而異論出候て、世間へ出候事相止候方可然、清虚申候。林祭酒余り賞過申候。尤此生軽薄之人物、申候事用立不申候。序文は受込申候。近日出来之事と奉存候。来ル廿三日、祭酒此方へ合奏ニ参り申候。別志之事、定而今日清虚ゟ得貴意候事ニ御坐候。貴兄御校合之儀ハ、此方より申上候事ニハ無之、全上公思召より出来申候。
一　島友鷗より書状、御引替ニ御届申候。以上。

十一月十四日

（5）　⑦鵜殿清虚の小宮山楓軒宛十一月十四日付書簡

寒気日増候処、御壮健奉至悦候。台湾御校合御請之趣、入御聴申候処、夫ハ宜敷との御意ニ被成御坐候。以上。

十一月十四日

昨朝甚太郎御殿ニて匆々申聞、御文通之趣致承知候。何事も曲折ハ当不申候間、御平直ニ被成候方可然と奉存候間、御心得迄ニ得貴意候。先一端ハ思召通りニ不被成候得ハ不済御勢ニ出来申候。是ハ初懸候人之談ニ而御坐候間、只今ニ而ハ吹起無用之事と奉存候。以上。

（6）⑪鵜殿清虚の小宮山楓軒宛十一月二十九日付書簡

貴答之趣、一々承知仕候。台湾御付札幷御別紙共一同今日御前へ指上申候。御板御止之事も御承知被遊候。皆あらまし被指置候御事ニ御坐候。臨時之御骨折、其上御心配有之御事奉察候。御殿混遅刻ニ相成申候間、何も早々如此御坐候。以上。

十一月廿九日

（7）⑫立原杏所の小宮山楓軒宛十二月十四日付書簡

「次郎衛門様　　甚太郎」（紙背）

孫三郎碑文拝見、御尽被下候段於私奉拝謝候。「加藤よりも寸法ノ紙参り申候」（行間）。且貴名之下托名ニハ、族法弟子立原任と可仕候哉、族法授業門人立原任と可仕哉、御教示可被下候。門人と計仕候も種々有之候得共、何之門人か不相知候。台湾別志も御止ニ相成候得共、惣兵衛企候事故、残念と存候哉。量助へ御下ケニ相成候所、是又御同意御止可然、下ケ札夥敷仕候。先日御封物とも御届被下奉謝候。以上。

十二月十四日

第六章　『水城行役日記』にみる川口緑野の水戸出張

はじめに

国立国会図書館が所蔵する『水城行役日記』は、当時江戸彰考館の副総裁を勤めていた川口緑野（諱長孺、字嬰卿、三省と称し助九郎と改める。緑野はその号。天保六年没、享年六十三）が、文化七（一八一〇）年三月から五月にかけて水戸に出張した折の日々の記録である。全四十七丁の川口自筆本で、書中には、川口宛宇佐美充自筆書簡一通、藤田貞正作の漢詩一首を記した紙片及び笠間佐白山正徳寺の万人講の札各一枚が張り込まれている。また、巻末には、「笠間城大手之図」「同搦手之図」「勝幢寺所蔵敗瓦」「塩子観音祠」「薬王院大杉」等の川口自筆の付図がある。まま頭注があり、処々に朱筆の訂正がみられる。

文化六年の七月、『大日本史』紀伝のうち神武天皇から天武天皇までの刻本二十六巻を初めて幕府に献上した水戸藩では、次の朝廷への進献に向けて、水戸彰考館総裁藤田幽谷に命じて同藩第七代藩主治紀の上表文を代作させていた。これの脱稿を前にして、江戸詰の川口は、水戸にいる高橋坦室[1]や藤田らと共にその文章に検討を加えることを主たる任務として、水戸への出張を命ぜられたのである。そして、検討の済んだ上表文は、文化七年三月二十六日、折しも帰国中の藩主治紀に上呈された。因みに、この上表文を付した紀伝刻本二十六巻の朝廷への献上は、この年の十二月に至って実現している。(2)

本章では、この川口の約二カ月に亙る水戸滞在期間中の本務の遂行状況を確認すると同時に、余暇をどのように過ごしたのかなどについても、本日記を主な資料として具体的に見てみたい。

第一節　水戸への往路

江戸街道（水戸街道）を通って水戸から江戸までは、普通二泊三日の行程である。途中の宿駅は、長岡・小幡・片（堅）倉・竹原・府中・稲吉・中貫・土浦・中村・荒川・牛久・若芝（柴）・藤代・取手・安孫子・小金・松戸・新宿・千住で、江戸勤番の水戸藩士は、土浦と小金に宿泊を指定された。(3)川口の場合は、これとは逆に江戸から水戸へ下って来たわけであるが、一体どのような旅となったものか、本日記の記述を辿って見てみたい。なお、水戸到着直後の川口の行動も、ここで併せて見ておくことにする。

文化七年三月十二日、水戸出張を拝命。用向きは「国史御再訂御用」である。準備が整い次第出立するようにとのことだったので、同月十九日の六つ（午前六時頃）頃に出立した。もっとも、刻限前に出立することの許可を得ていたので、実際には十八日夜九つ（十二時頃）過ぎ頃に家を出て、まず千種（住）の玉屋まで来た。ここまで彰考館員をはじめ十四、五人が送ってきてくれたので、ここで暫く酒宴を張り、別れを惜しんでからの出発となった。

五つ（午前八時頃）前に松戸の関所を通過した。その際、荷物等を先に行かせ、駕籠に乗って家来に姓名を名乗らせ通過しようとしたところ、荷物が一緒でないといけないと番人が言うので、自身が番所に上がり話をつけて通過した。松戸を過ぎ、成田道（4）を左に見ながら大根本村を通って安孫子で小休止となった。この辺りは坂道が多かった。八つ時（午後二時頃）に（利根）川を渡って鳥（取）手着。この辺りは風景が素晴らしいが、最近の洪水で洲がたくさん出来てしまい、通船に支障が生じているとのことだった。鳥（取）手の町並みは、千種（住）に次いでたいそう良い状態であった。

この辺りから小雨が降り出し、藤白（代）に着く頃にはひどい降りになったため、今夜はここに泊ることにした。真夜中の八つ（二時頃）頃になり、外の雨音が静かになったので戸を開けてみると、きれいな月明かりが辺りを照らし出していた。

翌二十日早朝、藤白（代）を出立する前に駅亭の壁に次のような詩を題した。

狂風振樹雨難収　岑寂始知旅客憂　至暁却憐前夜雨　洗来明月在林頭

これは、初めての水戸への旅に、枕元の雨垂れの音を聞き、旅情を動かされて詠じたものである。天気は快晴。（小貝川の）渡しを越え麦畑の間を行く道中は、野辺に花が咲き蝶が舞う、興趣溢れるものだった。特に若柴の辺りの景色はすばらしかった。

五つ時（午前八時頃）に牛久に着いた。ここは水戸への道中のなかでも風儀のよろしくないところで、問屋の心得が良くないためか、人足の準備にも殊のほか手間取るような有様であった。中村宿の左側には札所の大聖寺がある。（5）上高津まで来たところで休息を取った。そして、竹原に着いた頃にはすでに日も暮れてしまったが、先を急ぐため構わず歩を進め、五つ（午後八時頃）を過ぎた頃片（堅）倉に着き、この日はここに泊った。竹原と片（堅）倉の間の道は松林の中を行くため夜ともなると真っ暗で、とても足場が悪いので夜の通行は控えた方が良い。そのうえ、人足共の話ではこの辺りにはオオカミも多く出るとのことだった。この片（堅）倉は悪駅で、食事等も粗末で堪え難かった。

翌二十一日も晴天。朝の出立時には大霜が降りていた。板橋を渡るときに賈島の「人跡板橋霜」(6)の句を思い出し、次の一首を賦した。

三月厳霜打面清　春衣疎薄驟寒生　旅情要認唐詩妙　野水板橋暫止行

五つ（午前八時頃）頃に小幡に着いた。小幡と長岡は駕籠を三人の人足が担ぐように願書を提出し承認されていると問屋の者が言うので、そのとおりに賃銭を支払った。ここに待ち合わせていた若党の案内で、下町通りの柵町筋から水戸の城下に入った。城の構えは厳重で、武家屋敷街もこの辺りはよく整っており、予想以上の様子に驚かされた。四つ（午前十時頃）過ぎに北三の丸角にある宿舎の長屋に到着し、直ちに朝服に着替えて登城した。まず御通事部屋へ参上して御機嫌を伺い、それから御年寄衆御部屋・御奉行衆詰所に御挨拶し、その後で史館へ出向いた。それら全てが済んでから、御年寄衆・御奉行衆宅へも到着の報告に伺った。この日は史館の開館日だったので迎えに出た館員はいなかったが、夜になると館中の諸子が追々やって来て、歓迎の宴を開いてくれた。

翌二十二日は休日だったので、御役人衆宅や史館の諸子宅を、上下両町共に残らず挨拶して回った。

第二節　水戸出張中に従事した諸業務

水戸藩では、前述したように、朝廷への『大日本史』刻本の進献に向けて、藤田幽谷に藩主治紀の上表文を代作させていた。これの脱稿を前にして、川口は、高橋坦室や藤田らと共にその文章に検討を加えることを主たる任務として、水戸への出張を命ぜられたのであった。しかし、これ以外にも、「国史（大日本史）紀伝の校訂」、「世子（第八代藩主斉脩）の諱の撰進」、「宗廟の配享礼の検討」、「大広間講釈」といった儒官・史臣としての本務があり、また、「藩主治紀の鷹狩り扈従」、「藩主治紀の出府見送り」等の予期していなかった仕事にも携わることになったようである。これら諸業務について、本日記中に詳細な記述がみられないものについては、一部を若干他の資料で補足しつつ、以下に逐一見ていくことにする。

（1）国史（大日本史）上表文の検討

本日記の三月二十四日の条には、川口が登館すると、藤田（幽谷）総裁が、代作を命じられていた藩主治紀の上表文の草稿が出来て持参したとのことだったので、高橋（坦室）総裁を含めた三人で検討をした、と記されている。この藤田の作成した上表文は、天朝を戴く国柄の優秀性を賛美した極めて尊王思想の横溢するものであったが、[7]三人が何をどのように検討したのか、具体的なことについては「御用筋故委細之儀ハ不記」として何も記されておらず、川口著「史館事記」（文化三年から同八年にかけての『大日本史』編修の始末の記録）にも記されていないので分からない。

また、いろいろと事情もあることなので、上表文についてはより慎重を期することにしたものか、二十六日にも再度三人で議論をした上で、浄書するように命じたとある。ここは、「史館事記」には、「二十六日、上表文の論定まり呈覧す」と記されているので、この浄書が済んだ後に藩主治紀に上呈したのであろう。

それから一月後の四月二十六日、三人で検討し上呈したこの上表文についての鷹司殿下[8]の意見等を江戸表から伝えてきたので、いろいろと議論をしたようであるが、川口は、これも御用筋のことだからということで何も記していない。ここは、「史館事記」には、国史上表の件について「関白藤公に進止を請う」たところ、藤公から「上表を可と為す」という内旨が伝えられた、と記されている。これによって第一回目の『大日本史』紀伝刻本二十六巻の朝廷への進献は首尾よく行われることが決定したわけである。

因みに、この上表文を付した紀伝刻本二十六巻の朝廷への献上がこの年の十二月に至って実現したことは前述したとおりであるが、それに先立つ同年七月には、高橋・藤田・川口らによって「上表式」が検討され、その結果、『礼儀類典』中に記されている図をもとに「表函」を製作し、その中に納めて献上することに決したようである。また、この上表文の清書は、館員の藤田克中が命じられたという。そして、翌八年の二月、高橋・藤田・川口らはこの進献を済ませた功により賜金の光栄に浴することとなる。(9)

(2) 国史(大日本史)紀伝の校訂

川口が三月二十一日に水戸に着いてから暫くの間は、本日記中に国史の校訂に関する記述が見当たらない。先述したように、文化六年の七月に『大日本史』の紀伝刻本二十六巻を初めて幕府に献上した水戸藩では、次に朝廷への進献に向けて、水館総裁藤田幽谷に藩主治紀の上表文を代作するよう命じていたが、川口の水戸到着の三日後にこれが脱稿したため、川口は、高橋坦室や藤田らと共に上表文の文章に検討を加える作業等に追われ、国史の校訂にまで時間を割くことができなかったのであろう。検討の済んだ上表文を、三月二十六日に折しも帰国中の藩主治紀に上呈し、さらに昨年の三月二十八日から水戸に滞在していた治紀が四月二日に江戸へ向けて発駕するのを見送り、(10)これで一段落した川口達は、漸く次の第二回目進献に向けての紀伝校訂作業に取り掛かることができたようである。それは、本日記の四月五日の条に「両惣裁青山彛(ママ、延于の誤りか)を加え四人ニ而国史校訂」(11)とあることから確認することができる。

ところで、これより先に水戸藩では、彰考館総裁立原翠軒が中心となって進めてきた紀伝の改訂作業が終了し、寛政十一（一七九九）年十二月六日の「義公百年遠忌」に、『大日本史』紀伝浄写本八十巻を光圀の廟前に献じることができた。立原はこの作業を進めるにあたり、紀伝の完成を急いで志表の廃止を上書し、これが藩当局の承認するところとなったことで、これまでに出来ていた志類の稿本を解体し、必要な記事を選んで紀伝の中に補入する作業を行った。ところが、享和三（一八〇三）年一月十六日、水戸藩第六代藩主治保から志表編纂を継続するようにとの命が下されたため、完成したはずの紀伝に再び手を入れる必要が生じ、今度は立原に代わって高橋・藤田が中心となって校訂の作業が進められてきていたのである。加えて、文化六年には、高橋の提案が容れられて、『大日本史』紀伝から「論賛」を削除することも決定していた(12)。

こうした経緯もあるため、この三人が検討し確認しなければならなかったことはたくさんあったものと思われる。しかし、四月五日の初回の校訂作業時にどのようなことが話され、紀伝のどの個所についてどのような検討が加えられたのかは、本日記中には何も記されていない。そして、これ以降も開館日には、「御用筋申合ニ付、子大と共ニ早朝ゟ藤惣裁宅ニ会集、昼迄評議」（四月二十九日の条）、「申合之儀等有之、廃校読」（五月十一日の条）、「史館へ出、御用筋等申合致帰る」（五月十四日の条）等のように特に何か別件の検討事項でもない限りは、「校読如例」と記されているので、校訂作業は続けられたようであるが、具体的な記述はどこにも見当たらない。

そこで、試みに「史館事記」を見てみると、四月五日には平城紀が、九日には嵯峨紀が、十一、二両日には淳和紀が検討されたことが記されている。そして、翌五月の二日から十四日までの間には、三人が来往して、日夜国史の内容等について議論をしたとある。その際に川口は、

国史、以後の事跡は盛衰記・太平記其の半を過ぐ。而して二書は実に演義の類なり。啻に文辞の繁冗のみに非ず、事実も亦附会・文飾多し。先輩誤りて義公の寧ろ繁なるも簡に過ぐる莫れの語を解し、句々全訳し、当否を問ふ

無し。尤も識見無しと為す。事実の疑ふ可く、字句の繁蕪なる者は、之を刪去するに如かず。と主張したと記している。これはきわめて至当な意見であると思われるが、「二人其の議に服せず」とあるのをみると、高橋・藤田の両名はこれに賛意を示さなかったようである。この折の高橋・藤田の真意がどのようなものであったのかは容易に図り兼ねるが、川口は、おそらく自ら信じるところに従ったのであろう、この校訂作業の間に多くの個所を刪去した、とも記している。

そして川口は、本日記の五月十二日の条に「校読其外御用筋申合等大抵相済候ニ付、来十六日発足之旨伺済候処云々」と記し、校訂その他の御用筋の仕事もほぼ済んだからということで、五月十六日を限り江戸に戻る旨の届けを藩当局に提出し、受理されたのである。

（3）　世子（第八代藩主斉脩）の諱の撰進

本日記の三月二十四日の条を見ると、「世子御実名」を検討すべしとの藩当局からの命を受け、藤田・高橋・川口の三人で経典を繙閲し文義等につき討議したとあるが、「御用筋故不記」ということなので具体的なことは分からない。前出の「史館事記」には、四月二十日に再びこの「世子の諱撰進の事」について討議したことが記されているが、本日記中には「校読如例」と記されているのみである。

ところで、ここにいう「世子」とは、水戸藩第七代藩主治紀の嗣子斉脩（字子誠、幼名栄之允のち鶴千代で、鼎山と号す。諡号哀公）のことであり、当時十三歳であった。丁度元服を迎える年齢であったため、幼名を改める必要が生じ、藩当局から史館の儒臣に検討が命じられたもののようである。同じく「史館事記」文化七年の条には、「（六月）九日、世子の諱並に字号を上る」とあるが、藤田・高橋・川口の三人による検討の具体的な中味については何も分からない。しかし、石川慎斎の『水戸紀年』(13)の文化七年の条に「七月二日　世子首服ヲ加エ諱ノ字ヲ賜左衛門督ニ拝セラル」と記されており、これに先立つ五月十五日には世子が初めて将軍家斉に拝謁したことが記されている。これらの記述から推するに、元服した世子には将軍家斉の諱から「斉」の一字を賜って「斉脩」と称することに決定したようであるが、家斉の諱から一字を賜ることは予め想定していたことであったろうから、三人によって検討されたのは、主に「斉」の他の一字をどうするかということだったのであろう。併せて、その字号をどうするかということも検討の課題であったことが分かる。

（4）宗廟の配享礼の検討

本日記の三月二十四日の条を見ると、「御夫人様方御配享相成候ニ付、注擬可致旨高物裁へ御年寄衆被申達、右之次第論弁取調致候。委細之儀ハ不記」と記されている。また、四月三日の条には、「両物裁共三人ニ而御配享之次第、終日取調致議論候。御用筋故不記」と記されている。「御夫人様方御配享」について御年寄衆から高橋総裁に検討するようにとの命があり、高橋・藤田・川口の三人で調査・討議をしたというのである。

ここに云うところの「御夫人様方御配享」が何を意味するかは、川口の「史館事記」の文化七年三月二十九日の項に、「嘗て義公（第二代藩主光圀）が靖定夫人（義公の生母）を父威公（初代藩主頼房）に配享し、併せて哀文夫人（義公の妻）の神主もまた宗廟に享したいとして朱舜水に相談したが、舜水からは義公の意に副うような回答が得られなかったこともあり、両夫人の神主を宗廟に入れるのは止めて江戸の祠堂に祭ることにした。また、粛公（第三代藩主綱条）の神主が廟に入るときにも配享のことが議論されたが、竟に実施されることなく終わった」と記されていることから推知することができよう。

これに続けて川口は、この度、「端懿夫人」が薨去したのを機に自分が改めて配享のことを建議し、これを受けて執政から「配享典礼」を検討するよう命じられ、先の三人で討議して、四月三日に「配享の大義」を執政に具申したと記している。これをみると、先に川口は、本日記の四月三日の条に「終日取調致議論候」とだけ記していたが、実際には取調べて討議したところの大筋を執政に報告していたようである。そして、本日記の四月十四日の条には、「今日藤惣裁本職御用ニ而不出、大廟御配享之儀有司ゟ尋有之、高惣裁申合書付呈出ス」とあるので、この日、藤田は本職である郡奉行としての業務があって史館には出仕していなかったが、先に三人で討議した結果を纏めた書類を高橋総裁から藩当局に提出したことが分かる。

さらに、この件について、前出した石川の『水戸紀年』の文化七年の条には、「(七月)十七日今度　先世ノ夫人神主配祀廟制全ク備ハリ　義公ノ遺志ヲ逐テ　廟祭ヲ主トシ玉ヒ法会冥福ハ至テ事カロク修セラルヘキ旨　命アリ」とあり、また「史館事記」の九月十五日の項には、「水戸宗廟の配享礼成る。広備等其の儀を管す」と記されている。それぞれ記されている日付は異なるが、これまで三人が検討してきた「宗廟の配享礼」が、義公の遺志に副うような形で制度化されることとなったことが述べられている。

ところで、「端懿夫人」の薨去については、「史館事記」の文化五年の条には、「(十月)十七日、太夫人病を以て薨ず、齢八十。十九日、大斂」と記され、また、「十一月三日、霊柩江戸を発し、七日、瑞竜山の良公の墓に祔葬す。諡して端懿夫人と曰ふ。宮闈葬式、旧儀闕略して詳かならず。長孺命を奉じ葬儀を管し、典礼に準據し、頗る新建する所有り。詳は葬儀注に記す」と記されている。これによれば、「端懿夫人」というのは現藩主治紀の祖母俊祥院のことで、文化五年十月十七日に薨去し、十一月七日に瑞竜山[14]の夫良公(第五代藩主宗翰)の墓に祔葬されたが、この葬儀は川口が命じられて主宰したという。

もっとも、この件については、『水戸紀年』の文化五年の条には「(十月)廿日　公ノ祖母俊祥院夫人藤原氏薨ス初名ハ千代姫後一条准后道香公ノ女也端懿夫人ト謚ス御年八十」とあり、また「十一月三日　霊柩江邸発引六日瑞竜山ニ葬ル」とあって、両者を比較対照すると、死去した日及び埋葬した日の記述がそれぞれ異なってはいるが、何れにしてもこの「端懿夫人」(俊祥院)の薨去が契機となって、長い間の懸案であった藩主夫人の神主を宗廟に入れるべきか否かの問題が再び検討の俎上に上せられることとなり、ここに至ってついにその実現をみたようである。

そして、折しも文化七年は端懿夫人の三回忌の年に当たり、『水戸紀年』の同年の条には、「十月十五日ヨリ十七日ニ至ル　俊祥院夫人大祥忌辰法会音曲殺生等禁止」と記されており、十月十五日から十七日までの三日間に亙って音曲・殺生等が禁止されたという。本日記の五月八日の条に、「俊祥院様御碑文、三人申合起草、討論」とあるのは、「大廟御配享」の実施と併せて挙行されるこの「大祥忌辰法会」(三回忌法会)のための建碑の碑文を、藤田・高橋・川口の三人で検討し起草したということのようである。

(5)　大広間講釈

彰考館では、史書の編纂だけでなく、一カ月に六日講座を開き、館員を講師として経書の講義をさせ、貴賤の別なく家臣らに聴講させていた。これは史館講釈といわれ、天保十二(一八四二)年に藩校弘道館が開設されるまで続けられて、水戸藩子弟の教育に重要な役割を果たしてきた(15)。

今、本日記の四月十五日の条をみると、「十五日、十六日、十七日三日ハ御祭礼ニ付、先例館務御用捨也。但大広間講釈ニ出仕、孟子魯使慎子為将軍より大辂小辂ノ章迄講了。当日服着用」とある。四月の十五日から十七日までは水戸東照宮の祭礼のため、例年どおり史館の業務は休みであったが、大広間講釈の講師を命じられた川口は、連休初日の十五日に『孟子』告子篇の「魯欲使慎子為将軍云々」の個所から「欲軽之於堯舜之道者大貉小貉也」の個所までの講義を行っている。因みにこのくだりには、いたずらに戦争をして領土を拡張することばかりを主君に勧めるのは臣下の務めとして間違っていること、臣下としてはまず主君の心を正しい道に向かわしめるよう努力すべきこと、そして、ただ単に人民に迎合するのでなく必要な施策は進めて行かなければならないこと、等が説かれている。この講義は「当日服」を着用して行ったという。

講釈日は、毎月三・七・十三・十七・二十三・二十七日の六回とされていたというが、川口が十五日に行ったのは臨時に予定日を変更して行われたものであろうか。

（6）藩主治紀の鷹狩りに扈従

本日記の三月二十三日の条をみると、川口が藩主治紀の鷹狩りに扈従した折の様子が、以下のように記されている。

史館江例刻出仕之処、殿様八ツ時御倶揃ニ而中川筋へ被為入候御倶被仰付候旨、御鷹懸り御通事衆ゟ申来、野服着用ニ而御殿へ出仕、御中之口ゟ御杉山通り通御ニ而、野中三五郎殿江御立寄被遊、次男方麻着用ニ而門外へ御迎申上、三五郎殿玄関迄御迎被申上、御着坐ニ而御茶被召上、苑庭御遊覧被遊候。海棠之花爛熳と開、頗美観なり。夫ゟ道々御殺生被遊、三九郎河岸ゟ御舟に被召、御倶之族御倶舟ニ乗、川下へ下ル。御水手・猟師共地引網を引、都合四度御網有之、余程御獲物有之、晩景河岸善衛門宅へ被為入、水竹亭ニ而御酒被召上候。助九郎御網ニ罷在候処、被為召於御前、御酒頂戴、詩作被仰付候。中ノ河岸ゟ御上り被遊、五ツ時帰御。水竹亭ハ御代々様御在国之節被為入候。中川之景を観ニハ尤宜敷場所なり。

これによると川口は、水戸での勤務初日となる二十三日に定刻どおり出勤しようとしたところ、殿様が八つ時（午後二時頃）に供揃えで中（那珂）川筋へ御出掛けになるので御供をするようにとの命を、急遽御鷹懸り通事衆から伝えられ、野服を着用して御殿の方へ出仕した。殿様の一行は中之口から杉山通りを通御され、野中三五郎殿の屋敷に立ち寄られた。野中邸では御次男が麻着用で門外へ出て御迎えし、三五郎殿は玄関で御出迎えした。殿様は着座してお茶を召上がり、野中邸の苑庭を遊覧された。苑庭には海棠の花が爛熳と咲き乱れ、頗る美観であった。そこから先は道々狩猟をされ、(16)三九郎河岸から舟に乗られ、御供の者共も供舟に乗って川下へ下った。水手・猟師共は地引網を引き、都合四度引いて余程の獲物を得た。晩景、河岸善衛門の宅へ入られ、水竹亭で御酒を召し上がった。川口は、網を引くのを見ていたところ、御前に召されて御酒を頂戴し、詩作を仰せ付けられた。その折に作った詩が以下の七絶二首である。

応召到　水城扈従侍座中川水竹亭
藍碧映欄千里清　高亭晩色酔新晴　除非江戸繁華景　水竹別開塵外情
義公佳句遺芳名　今日盛遊興亦清　山水似催公再詠　翠光蒼色悉相迎

殿様は、ここで一時を過ごされた後、中ノ河岸から御上りになり、五つ時（午後八時頃）に帰御された。因みに、水竹亭は、御代々様が御在国の節に利用されるところで、中（那珂）川の景を観るには最適の場所である。(17)川口は、この日の模様を以上のごとく書き残している。

ところで、藩主治紀はこの折の興趣を短歌一首に詠じていたらしく、それを後日川口に見せていることが本日記の三月二十九日の条に、「鈴木千介ヲ以、中川之御作拝見被仰付候」と記されているのによって分かる。川口は、このように記した後に、「中川のほとり水竹亭といふ所ニ而よめる」という詞書の後に、

遠近の緑もつきぬ夕暮にかへさわかる、川つらの宿

という治紀の歌を書き留めている。(18) そして、続けて「右ハ御次ニて拝見、御通事迄御礼申述、写来候而館中一統拝見為致候事」とも記しているのをみると、川口はこの歌を写して帰り、史館の諸子にも拝見させたようである。また、翌四月朔日は休日であったが、「拝見仕候御詠へ詩ヲ以和し奉、持出、御通事衆へ差出」したとあるので、川口は、この歌に和して再び作詩し、通事衆を通して治紀に奉呈したようである。(19)

（7）藩主治紀の出府の見送り

先述したように、藩主治紀は文化六年三月二十八日から水戸に帰国していたが、約一年余の水戸在国の後、四月二日を期して出府することとなった。周知のように、水戸藩は、定府制といって参勤交代を免じられ、歴代の藩主は常に江戸に生活の本拠を置き、時に幕府の許可を得て国元に赴き、数カ月間滞在して再び江戸へ戻るというのが常態であった。当時の水戸藩は国用不足に悩まされていたが、治紀は、就藩して親しく士風民情を見聞し、政治を刷新して窮状を打開したいと意気込んでいたのであった。(20)

川口は、文化七年四月二日に江戸に向けて出立した治紀の駕籠を見送った折の模様を、本日記中に以下のごとく記している。

> 六ツ時御倶揃ニ而、五ツ時比御廟拝等被為済、無御滞御発駕被遊候。柵丁通御城之方を上座ニ致、御家中之面々於途中拝謁御見送申上候。服紗・麻上下着用、御下り之節八町之方上座也。御厩之前へ罷出、諸役人之内へ順次ヲ以列す。通御相済候而一同弥太郎殿宅へ御祝儀申上、其レゟ御殿江出、横廊下ニ而当番切頂戴、御吸物御肴一種。物頭以上ハ十間廊下ニ而頂戴、畢而史館へ立帰候云々。

これによると、治紀は、当日の六つ時（午前六時頃）には出立の準備を整え、五つ時（午前八時頃）前後には御廟拝等を済ませて無事に発駕した。家中の面々は、途中の柵丁通りに御城の方を上座にして立ち並んで見送った。御下りの節はこれとは逆で、町の方が上座となる。服装は服紗・麻上下着用とされていた。川口は、厩の前へ罷り出て、諸役人の列中に順次を以って並んで見送った。発駕の見送りが済むと、一同は（朝比奈）弥太郎殿宅へ行って祝儀を述べ、それから御殿へ出て、当番の者のみは横廊下において、その他の物頭以上の者は十間廊下において、お吸物とお肴一種を頂戴した。川口は、それらを済ませてから史館に出勤している。

ところで、これより先の本日記三月二十九日の条を見ると、「四ツ時表出御之節、登りニ付御目見被仰付候。諸事如式、御殿中ニ而御礼済」とあり、川口は、治紀が出府するにあたり御目見えを仰付けられて、定法に則り御殿中で既に挨拶を済ませていたようである。

また、本日記に記するところによれば、四月四日は休日であったが、鈴木千介[21]が藩主治紀の発駕に遅れて江戸に向かう「御内所（緒）様」のお供をして江戸に帰るということだったので、暇乞いのために出向いて行った。この送別の席上で川口は、出張中の身で出張先から帰る者を送る心を、

偶然相会偶然別　相共暫時聴野鶯　莫怪此行殊惜別　他郷諳尽客中情

という一詩に詠じて、鈴木に贈っている。

そして、本日記の四月九日の条に「今日、御参府ニ付、御機嫌伺書状仕出」とあるのによれば、この日に川口は、江戸に戻った藩主治紀への「御機嫌伺書状」を物している。

第三節　城下近傍の散策と諸友等との交遊

川口は、この水戸滞在期間中、城下近傍を散策しつつ、実に多くの人物と交遊している。川口が、何時、どのような人物と、どこで会い、どのようなことをしたのかは大いに興味のもたれるところである。本節では、本日記中に記されているところを、煩を厭わずに、日次を追って詳細に見ていくことにより、その交遊の実態を確認しておきたい。

（1）文化七年三月

○三月二十五日は休日で、四つ頃（午前十時頃）に、小川伊織と石川嘉大夫が訪ねてきた。それに続いて藤田総裁も訪れ、八つ頃（午後二時頃）まで雅遊した。それから雨の中を下兼（金）丁の秋山生宅へ出かけて行った。そこへ飛田勝太郎が使いの者に酒食を持たせて寄越したので、五つ（午後八時頃）過ぎまで飲宴した。その折に、

沈酔偶然興不窮　景佳疎雨淡煙中　自離江戸思郷意　今日為君総一空

の七絶一首を賦した。秋山生は、父に先立たれ、兄弟二人で母に孝養を尽している。兄弟共に篤実謹厚で、学問を好み書も巧みである。まだ御扶持を給されていないので、町の子供たちに手習い等を教えて生計を立てている。教え子の数は百人余りになる。

○三月二十六日は、館務が引けてから北塙弥五（左）衛門宅を訪問した。因みに、館務は通常は八つ時（午後二時頃）までとなっているが、在番中は七つ（午後四時頃）までということになった。

○三月二十七日は休日で、昼から初めて神崎寺[22]に詣でた。役僧が出て来て姓名を尋ね、奥の住職に取り次いだ後、上

公が着座される本堂上段の前の縁側に案内された。ここからは仙湖（千波湖）が見下ろせた。茶や煙草が出され、役僧が仙湖を指さしながら景色の説明をしてくれた。それから、住職がお会いしたいとのことですが如何いたしますかと尋ねられたので、折角ここまで参りましたことですから是非お目に掛りたいですが、野服ですので失礼に当たりませんかと質したところ、野掛けの最中のことですからなんら不都合はありませんとのことだった。そこで下僕に持たせてきた袴を着用し、案内されて居間へ通った。僧正が法衣を着用して出迎え、粗餐ではあったが酒肴を整えて饗応してくれた。ひと時を軽い談話をして過ごし、

　名藍相訪興偏長　緑樹陰中花尚芳　一望仙湖平似鏡　写来神崎妙風光

という一詩を賦して贈った。この住職の年齢は七十余りにもなろうか。大変な才子である。話が経世済民のことに及び、民の悩みや苦しみについて語った。これも僧侶の衆生済度の一端であろう。神崎寺からの帰路、五間（軒）丁の君嶋藤内宅に立ち寄った。この留守中に、児玉五郎三郎・飛田鞠躬らが訪ねてきた。

（2）　文化七年四月

○四月朔日は休日であったが、昨日拝見した殿様（治紀）の御詠に和して作った詩を通事衆へ提出しに行き、帰りがけに石川生と出会い、一緒に羅漢寺[23]に参詣した。羅漢寺は堂宇広大で、本庄の羅漢にも引けを取らないのであるが、所どころ傾き崩れている。藩から寄進された田地も多い上に勧化も許されているにも拘らず、このような状態であるというのは住持が怠慢であるということであろう。この寺を開基した木食（観海）はただ己一人の力で事を成したのに、左程の費用も掛からない修復さえできないというのは、「其父薪をきる、其子負荷する事サへならぬ」と古語にいう類といえよう。それでいて仏座の下へ胡粉彩色で山を画いているのなどは、ちょうど「傀儡場（ニンギョウシバイ）之仕

懸」のようであり、まったくお笑い種である。仏像も所どころ表面が剝落し、なかには一部が欠損してしまっているものもある。この寺を造るのに多くの良田を費やしたので、その報いでこのようなことになっているのでもあろう。その塵埃に汚れた仏像を憐れんで詩一首を堂柱に題した後、太子堂に至った。ここは大変眺望のすばらしい所である。その堂扉に、

太子嘗談勝曼経　飛花如雨法筵馨　時移事去春何処　空見参天夏木青

という一詩を題した。石の階段の脇に芭蕉塚があった。たいへん潔白な石である。その碑の横に墨で詩二首が題されていた。江戸風の詩であるが作者の姓名は不詳である。

その後、仙湖のほとりの民家に立ち寄り休息した。三尺程の窓があり、そこからは仙湖の全景を見渡すことができた。ここで

茲日乗晴漫賞遊　尚憐茅店趣悠々　讒従三尺破窓裏　収尽仙湖千里流

という一首を作詩した。

帰路、吉田素髯宅に立ち寄ったところ、ちょうど会飲の最中で、内弟の本節と伴内忠次衛門がその席におり、その他職人の幸吉等両三人が縁側に侍していた。席上、互いに書画等を揮毫しあい、夜五つ（八時頃）過ぎに帰った。

○四月二日、殿様（治紀）出府の発駕を見送り、御殿でお吸物・お肴等を頂戴して引けた後、石川父子・柏・鈴木等とそれぞれの宅を一緒に回り、お吸物・お肴等頂戴の悦びの余韻を倶に味わった。

○四月三日は、館務が引けてから、藤田総裁の招きに応じて御宅に伺った。鈴木庄介らが居合わせて宴会となり、五つ（午後八時頃）過ぎに帰った。留守中、桑原善四郎・立原甚太郎・市村治郎介らが訪ねてきた。

○四月四日は休日で、鈴木千介の送別会があったが、その席で蘆沢与八郎殿と秋山久伝に出会い、御宅に集まって話

をする約束をした。帰路、神崎の薬湯に浴した。この湯は「御制禁」の湯ではないとのこと。ここの崖の上の民家から仙湖を見下ろす景色はとてもすばらしく、

十里晴湖碧水長　温泉浴罷愛微涼　豈図見慣繁華者　在此渺茫空濶場

の一詩を賦した。ここの主人が釣ってきたばかりという鮒一盤を出してくれた。目の下八寸程もあろうか。味はすこぶる良かった。源五郎鮒などにも決して劣らないと思われた。座中に新しい屏風があった。只今作った詩と近作一、二首を認めて遣わした。召し連れていた下僕が、湖上の杜鵑を「なかめやる湖水に歌をほと、きす」と詠じ、また予がこの地に再び遊ぶことの期し難いのを惜しんで、「君も鳥も立あとさみし此湖水」と詠じた。留守中、中村与一左衛門殿と富田理介が訪ねてきた。

○四月五日は、館務が引けてから高橋総裁・飛田生と共に再度神崎に至り、釈迦堂前から仙湖を眺望した。その後、高橋総裁宅へ行き、さらに飛田宅を回って、終夜三人で唱和し、詩二、三十首を得たが、すべて記憶にない。留守中に中村生が鯉を贈ってくれたが、これを留守居の下僕が調理してこの会席に届けてくれた。

○四月九日は、館務が引けてから高橋・藤田両総裁が来訪し、対酌した。

○四月十日は休日。三月二十三日の殿様（治紀）の鷹狩りに扈従した折、途中で（藤田）主書様から御言葉をかけていただいたので、朝五つ時（八時頃）、その御礼を申し上げるために玄関まで参上したところ、会って下さるとのことで居間へ通され、昼前まで談話し、御手ずからお茶・お菓子を下され、来春出府される御考え等を御話しされた。主書様宅を辞去した後、台渡（里）村の長者墟を訪ねた。その折、勝幢寺という寺院で休息したが、そこでは院主が迎接してくれた（詳細は本章第四節第三項を参照）。

○四月十二日は、館務が引けてから児玉五郎三郎宅に立ち寄った。庭に大きな桜の木があった。普請方の留には、水

戸徳川家の入国当初からあった大木とされている。元は二株あったが、一株は枯れてしまったという。大きさは牛をも蔽うほどであり、桜には稀な大木である。帰路、鈴木生宅に会集した。

○四月十四日。今日は水戸東照宮の祭礼前日(24)なので、下町筋は賑わっていた。館務が引けてから、柵丁通りから下町筋に回ってみた。七間丁・肴丁の屋台躍りがあり、肴丁の御船歌などは最も古雅なものである。当時流行の躍りは、七間丁は枕獅子、肴丁は道成寺だった。帰路、薬王院(25)に参詣し、本堂前の石に、

烟霞痼疾漸将生　深院偏愛心地清　好仮許多薬王力　胸間療尽俗塵情

の一詩を題した。庭に大杉があり、その周囲は七尋もあった。領内第一の杉といえるだろう。枝は縮まり葉は短くて、あたかも松のように見える。大体において老杉は、皆このような形になるものである。案内の僧が云うには、昔はこの木の上に天狗が栖んでいたが、近年は絶えて来なくなってしまったとのこと。そこで、昔天狗を恐れていた頃には人も質朴で良かったが、近年になると人の方が天狗よりも恐ろしくなった。そなたのような中間も天狗の類なので、天狗がやって来なくなったのも当然のことだ、などと冗談を言って帰って来た。帰り途で鈴木・中村両生と出会い、吉田素髯宅に立ち寄って、夜になってから帰った。

○四月十五日は祭礼のため休日。大広間講釈を終えてから、石川生と一緒に下町の宇佐美久五郎宅へ行き、分韻倡和した。この辺りの林には杜鵑が多く棲んでいるそうで、その鳴き声を幾度も耳にした。宇佐美の詩に次韻して、

君富文章是不貧　相迎又及可憐辰　屋頭杜宇林端雨　勝絶風流江戸春

という一詩を賦した。帰路、宝鏡院(26)に立ち寄り寺内を一覧した。寺に挨拶すべきかとも思ったが、談ずべき僧もいないであろうと思い、「洞駭上人」を懐旧して、「守夜神之堂」に、

樹影蕭然満院清　子規声裡雨冥々　龍公去後無風雅　空聆凡僧誦凡経

と七絶一首を題して帰った。
○四月十六日も祭礼のため休日であったが生憎の雨。昼頃に鈴木・中村両生が来訪した。
○四月十七日、昨日に続く雨天のため祭礼は順延となった。下丁方面へ行ってみたところ、吉田・石川・飛田・鈴木らと出会った。帰路は分散したが、ある者は拙宅に来た。(27)柳堤を独歩していたときに、眼前の景を、

如此風光何得還　空濛細雨水潺々　子規能解詩中趣　啼破雲烟露暮山

という一詩に詠じた。
○四月十八日は晴れて、御宮下で田楽を拝見した。神輿が午上刻（午後零時過ぎ頃）に御下りとなり、御仮殿において物頭以上の諸士が神酒を頂戴した（頭注：或云、布衣以上列座、内大寄合頭御奉行衆南北奉行斗神酒頂戴、本文誤ル）。それが済んでから田楽が始まった。それは古雅絶妙なものであった。田楽の曲目数は五番あったが、それぞれの名目は皆が知っていることなので、ここには記さない。そのうち五番目の高足力士では、高足に乗り損なえば凶年、うまく乗れれば豊年ということで、これでその年の豊凶を占うのだという。当年は乗り方が至極宜しかったので豊年となるであろう。拝見後、長久保生宅に立ち寄り夕方まで談話し、それから一緒に本四丁目の咸章堂（伊勢屋太郎衛門）(28)へ行った。藤田・高橋両総裁も続いてやってきた。咸章堂の主人は、暫くの間薬舗の仕事を止めていたが、この度再開することにしたらしく、今日がその店開きということで店先は大変賑わっていた。この主人は謹厚にして気位高く、町人には稀なる人物である。しかしながら、余りに財利に恬然としているため、経営の方はしばしば窮地に陥ってしまうとのことであった。
○四月十九日は、祭礼見物のため再び咸章堂へ行った。風流物等が次々と通って行ったが、昼過ぎから雷雨となり、祭りは一時中断した。やがて雨が止んで、七つ頃（午後四時頃）に神輿が無事通過して行った。とりわけ騎馬武者はい

かにも威厳があり、江戸表神田の祭礼等とは異なっていて、感服させられた。けれども、一丁目の出し物の吹き流しや獅子舞等は古雅なところが良いのだが、他の町の出し物の中には、あまりに古すぎて美しくないものがあった。肝要のものについては古物を残し、ただひととおりのものについては、手軽に費用をあまり掛けないで、綺麗に江戸風の仕立てにしても良いだろう。総じて、些細なことにまで拘泥し過ぎて、なかなか程良いところには収まらないものとみえた。この日は、吉田・石川・塙・宇佐美らと相継いで会集し、

三日流連魚街船　咸章楼上聆繁絃　更憐雷雨助豪気　轟耳一声尤快然

という一詩を得た。

○四月二十日は、館務が引けてから備前丁角屋敷の三橋六衛門宅を訪ねた。ここは仙湖の裏手にあたり、雨中の景色がたいへん良いところだ。三橋宅は、家の造作や器物にも趣向が凝らされており、余程の嗜みが感じ取れた。これほどの心掛けの人物は、家中の平士の中に多くは見られない。主人父子は、迎接のため彼是と奔走してくれた。急拵えの席にもかかわらず、手奇麗なものであった。席上、分韻して以下の七絶三首を得た。

至茲初悔事尋求　何物景情敢得同　要識仙湖奇絶処　只看橋兄水亭中

雨声聴尽又蛙声　十里湖波徹底清　更為苑庭収雅趣　弥増耽恋一層情

近岸疎烟遠岸楊　臨湖亭子縦飛觴　君家久有風流趣　心酔陶然忘故郷

主人が、ご先祖某が仙湖三十景を詠んだ和歌を一軸に仕立てたものを見せてくれた。実際は十六景なのだが、晴れを陽とし雨を陰として、合わせて三十景ということになっている。和歌はまずまずの出来栄えである。仙湖題詠等を編集する際には、昔時を偲ぶ縁として収載するのもよろしかろう。

○四月二十三日は、館務が引けてから、高橋総裁・飛田・長久保・鈴木・丹・小川らと一緒に長者墟へ行き、夕方に

帰った。
○四月二十四日は、館務が引けてから、青山と一緒に翠軒翁[29]を訪問した。庭口から書斎に通されたが、書斎の佇まいは大変上品かつ清潔なものであった。八つ（午後二時頃）過ぎまで談話して辞去した。青山とは途中で別れ、本丁二丁目を歩いていたところ吉田本節と出会い、一緒に鞘師某の宅へ立ち寄り、夜中まで談話して帰った。
○四月二十五日は休日。今日は、早朝から酒を携え、仙湖に舟を浮かべて薬草を採る約束を吉田本節としていたのだが、朝のうち急な来客があり、約束の時間に間に合わなかった。昼過ぎに吉田宅へ行ってみたところ、約束の時間を過ぎても現れなかったので病人宅へ往診に出かけたとのことで、会うことが出来なかった。仕方なく五丁目裏通りにある須原屋安次郎が経営する書舗[30]へ行き、書籍を閲することにした。安次郎が出迎えてくれて茶室に案内されたが、風炉の構えや植込みなど大変風雅に設えられていた。主人に詩を請われたので、主人が江戸から来た者であることを念頭に置き、

雅潔芳園背店開　偶然相訪酔遊頻　君家一種風流趣　知自江都曾齎来

という七絶一首を書き付けて贈った。夕方、吉田が往診帰りに跡を尋ねてやってきたので、杯を洗って飲み直しとなった。それから主人らを伴って近くの農家に行ったが、そこで町の者らから扇面を持参して詩を求められた。即興で作詩して与えたが、すべて省略してここには記さない。
○四月二十六日は、館務が引けてから君嶋・三橋等の宅を訪問し、夕方に帰宅した。長久保・中村らが来訪したので、酒を酌み交わした。
○四月二十七日は休日。昼から一人で仙湖を逍遙して柳堤で詩を賦し、そのうちの

名是仙湖遊賞時　雨余岑寂却相宜　垂楊不管無人見　軟弱舞風三両枝

という一首を堤畔の木に題した。帰路、途中で雨に降られたので、出入りの町人大黒屋(31)という者の宅に立ち寄って雨宿りをした。主人から詩を所望されたので、先ほどの詩を認めて遣わした。

○四月二十八日は休日。昼から鈴木・塙を伴って青柳の祠官小川宅を訪れ、酒宴を開いて楽しんだ。夜になり、各自即興で、分韻して作詩した。

○四月二十九日は、館務が引けてから高橋総裁宅へ行き、夕方まで談話した。帰路、中村十（郎）衛門宅に立ち寄った。中村は元俗吏であったが、元来才子であり、下僚の者共の中では秀でた人物である。近頃は弁論を好み、思いのままに所説を展開すると聞いたので、立ち寄って戯れに議論をしてみた。この男は学問があるわけではないが、よく世情に通じており、その所論は多く至当なものであった。使い方次第では相当に役立つ人物と見受けた。その後で萩谷八介宅を訪れ、「雨中仙湖之景」を画いてくれるよう依頼して帰った。

○四月晦日は、館務のため留守にしていた間に勝幢寺の和尚が来訪した。勝幢寺を訪れたことは前条（四月十日）に記しておいた(32)。

（3） 文化七年五月

○五月三日は、館務が引けての帰り掛けに七丁目辺りの民家に立ち寄ったところ、吉田尚典らがそれを人づてに聞いてやって来て会集した。

○五月五日は節句のため休館。招待されて昼から青山宅を訪問し、夜になって帰った。席上、倡和してたくさんの詩を作ったが、あまり多いので記憶していない。

○五月九日、館務が引けて帰り掛け、両総裁と共に長久保生宅に立ち寄り賞遊した。その後、江戸へ帰る日が近づいてきたので、暇乞いのため小田部・宇佐美両生宅へ行き、夜になって帰った。
○五月十日は休日で、朝から石川が訪ねて来たのを皮切りに、追々たくさん会集して夜に至った。
○五月十二日、校読その他の御用筋の申合せも大方済んだので、来る十六日に水戸を発つ届けを済ませたところ、藤田総裁が、十三日に巡村に出かけるので小生の出立時に逢えないからと、本日館務が引けてから酒肴を携えて来訪し、早めの送別をしてくれた。次回はいつ会えるかも知れないので、別れを惜しんで対酌した。夜になって宇佐美・長久保生らも追々やって来た。この夜は月明かりであたかも昼のようだったので、庭の竹林の前に席を敷いて賞遊し、月が傾く頃に散会した。
○五月十三日、藤田総裁が巡村に出立するので暇乞いに参上し、帰途、下町へ回って大竹生宅を訪ね、大いに話が弾み倡和もして、夜になって帰った。
○五月十四日は、館務が引けてから来客の応対をし、夜は石氏（ママ）の招きに応じてその宅へ赴いた。

第四節　領内各所の遊覧

川口は、前節で見たように、城下近傍を散策しつつ多くの人物と交遊しているだけでなく、休日を利用して成沢村の東漸寺温泉、太田の瑞竜山、台渡（里）村の長者墟、笠間城（領外）、常陸二の宮の静神宮（社）、礒湊、七会村の塩子観音といった主だった所への遊覧も試みている。ここでは、そうした各所への遊覧の模様を、川口が本日記に記しているところをそのままに、紹介してみることにする。

（1）成沢村の東漸寺温泉入湯

三月二十八日は休日で天気も良かったので、四つ時（午前十時頃）に旅仕度を整えて家を出、兼（金）丁・馬口労丁から常盤村・谷中・袴塚・堀村・飯富を経て、左手に塩子・宇都宮海道を見つつ、成沢村に至った。この辺りの山は松の木が多く、風景がとても美しい。成沢東漸寺に着き、休息した。東漸寺は曹洞宗の寺院で、水戸藩の御朱印地となっている。寺僧が茶を煮て持て成してくれた。この寺の敷地内からは温泉が湧き出ており、その湯本に二階屋を建て、六畳ずつ四部屋程に仕切ってあった。農事の合間に土地の百姓たちが湯に漬かりに来るが、遠くから来る者もあるので、木賃泊りになっていた。二階から外を眺めると、前方に松山が連なっていて佳い景色だった。この湯は湿瘡によく効くとされているが、湯がたいへん熱いので、三つ並んだ浴槽に山から水を引き、温度を調節していた。薬湯でありご制禁とはされていないとのことだったので、暫くの間楼上に休息し酒飯を喫してから、一、三度入湯した。ここで

楼頭入望只松筠　景色好須与我親　筧水有情導芳暖　半消江戸帯来塵

の七絶一首を得た。

帰路、この地の豪家加倉井兵左衛門宅に立ち寄った。良い構えの家で、主人が出迎えてくれた。この家の「淡路」という者のことを尋ねると、主人は、「今隠居して宗淳と称す。其子兵左衛門、今之兵左衛門ハ養子也」と応えた。(33) この兵左衛門は大変礼儀正しい人物だった。暫くして言うには、一室に自分が親しく交際している者たちが来ておりますが、この者たちにお会いいただくことは叶いませんものでしょうか、とのことだったので、差し支えない旨の返事をしてその席に顔を出した。そこに居合わせたのは金入野夜通（カナイノヨトヲシ）神社（割注：本社鹿嶋明神相殿武甕雷

神）の神職床宿丹後と端（増カ）井の庄屋袴塚十衛門の両人で、それぞれが自ら姓名を名乗った。主人が改めて酒肴を整えさせたが、既に座客は沈酔の様子だったので、「拙者は遠方よりやって参った者。諸君の豪飲の程を試してみたく思うので、天目茶碗を使って献酬してはどうだろうか」と提案すると、主人も大いに悦び、そのように決した。

ところで、この兵左衛門は時々江戸へも上っているためか、挨拶心とみえて江戸言葉を使った。丹後は齢七十余りで、田舎者の様ではあったが、物馴れした人物であった。「無競（形カ）流師南免許(34)」を有し、学問も相当出来るようであったが謙遜して、「年を取ってしまい何事も出来ませんが、漁猟のことにかけましては自信がございます。殊に網打ちでしたら下手な猟師には後れをとりません。もしこれから拙宅へ御来駕・御止宿下さるならば、実際に網を打って御覧にいれましょう」などと誘われたが、夕方ともなっていたので、近いうちにまた来て見せてもらうということにして辞退した。一座の者はみな酩酊していた。そこで、主人の求めに応じて以下の詩一篇を賦し、謝意を述べて辞去した。

到加倉井氏宅前庭桜花盛開

春光不隔是無私　茲地桜花学雪垂　護持風霜三十日　待予沈酔賞遊時

丹後は式台まで、十衛門は庭に下りて、そして主人は総門の外まで出て見送ってくれた。因みに、詩を認めた折に主人が差し出した筆や紙などの文房具は、たいへん良質なものであった。まことに片田舎とも思えぬ殊勝な心掛けというべきである。

（2）　太田の瑞竜山自拝

四月七日の宵のうちに瑞竜山参拝に出立し、民（田見）小路の郡奉行所脇の道を通って青柳の渡しに到ると、左手に神官小川氏の屋敷があった。そこから中台・後台・萱谷・額田を過ぎて上河井（合）村に到ると渡しがあった。それから木崎を通過したが、ここは緑樹が繁り道も狭く、地勢が高いので城を構えるのに適した土地と看た。太田御殿(35)の辺りもまた要害の地である。

夜が明ける頃になると、商人が群れをなして大変な賑わいようであった。今日は市の立つ日ということで、相馬辺りからは馬などを牽いてやって来ていた。総じて町並みはなかなか良好だった。土地は豊饒のようであり、百姓も農事に励んでいるとみえて、田畑は良く手入れされていた。

小野を過ぎて瑞竜山(36)に到った。山下には中間三人が昼の間だけ番をしていた。この者達に自拝したい旨を申し入れると、早速一人が案内し、持ってきた上敷を御方々様の墓前へ順々に敷いてくれたので、その上で順次参拝して退いた。

馬場から道を少し左にとり、蕎麦屋の脇から入って桃源橋に到ると、

此桃一花一枝たり共折取ニ於而ハ厳重ニ可被仰出者也　　太田村

という高札が橋の前後二カ所に立てられていた。この辺りの景色は大変美しく、まさに仙境のごとき感があった。花の季節に間に合わなかったのが残念である。この桃の林は三、四丁続き、山の麓近くを廻って西山御旧跡(37)に到った。柴の門は、寂々として緑樹幽邃の地にある。泉水の余り水が門脇の石の間から流れ出し、その水音が汚れた思いを洗い清めてくれる。折しも雨がひどく降り出し、その寂寥たるや何とも言いようがなかった。この景色を目の当たりにして思わず凄然とした気持ちになり、涙が流れそうになった。勝手口に回り、廚僧に案内してもらって御庭を拝見した。御庭や縁側の構えは余程手がこんでおり、『桃原（ママ、源カ）遺事』(38)の記述と合致しないのは、恐らく後人が文飾を施した結果であろう。

ここから道を右にとって「山ノ寺」[39]に到った。この寺の伽藍はきわめて広大で、左手に学寮が五、六棟建っていた。そして、左手の丘は景勝の地なので、その遊覧を済ませてから天神林の佐竹寺[40]に行った。萱葺きではあったがほどほどの寺であり、山門などは旧領主佐竹氏の時代のままのようであった。この山門と本堂には佐竹氏の家紋が貼られていた。現在は佐竹氏の菩提所でもなく、もちろんこの地自体がその所領でもないのに、佐竹家の紋章を高く掲げ、その下をごく普通に行き来して疑問に思わないのは奇妙なことである。

この寺から二、三丁先に「七代天神之社」[41]があったが、雨が降り道が泥濘んでいたので参拝せず、上河合村の枕石寺[42]に行って姓名を告げた。足が泥で汚れていたので庭の方に回り、軒先に竹製の筵を敷いてもらって座った。院主の西天が応対してくれ、いろいろな話をした。この西天は、かつて元尾張藩儒伊藤金蔵（藍田）[43]に従学したとのことで、たいへん才のある僧であった。詩文なども相当に巧みであった。「遊曼佗（ママ）羅寺」という一文を示され、「この寺はここから僅か半道程のところにあります。寺中からは温泉が湧き出ていて強い香気が漂い、境内は静幽で遊賞には最適の場所です。もし一泊されるならば、これからご案内いたします」と言って強く引き留められた。しかし、道を急いでいたため、再来を約束し、西山で詠んだ詩を認め置いて辞去した。

そこから二丁程行くと河合の渡しがあり、ここからは額田の本海道となる。雨勢が次第に強まり合羽を通す程になったので、百姓簑を手に入れて雨を凌ぎつつ、夕方青柳に着いた。祠官小川氏が出迎えてくれたので軒端で対酌し、五つ（午後八時頃）頃に川を越えて家に帰った。因みに、この日に賦した詩を示せば、以下のごとくである。

瑞竜山

昨宵急雨甚紛々　誠意通神晴忽分　才拙雖非退之比　能開山嶽万重雲

桃源橋

瑞竜既拝墳塋罷　更向花源橋上行　種桃事遠無春在　空嘆長流千古清

西山

邃幽夏木緑成陰　池畔径令苔色侵　生得未知涙何物　到茲不覚悉沾襟

（3）長者墟散策

四月十日の休日には、藤田主書様宅を訪問した後、野服に着替え、八幡町の八幡宮(44)に参詣した。ここで鳥居に詩を題したが、ここには記さない。その後、台渡（里）村の長者墟(45)を訪ね、見物する前に域内にある一寺院で休憩した。この寺は勝幢寺といい、院主（割注：桂岸寺隠居名心塔）が迎接してくれたが(46)、その談話によると、長者のことについては院中にも記録はないとのことであった。ただ、昔弘法大師が東遊された折、暫く長者宅に寓居されたが、この長者の娘「昭華ノ前」が大変熱心に仏道に帰依しているので、大師は、ここを去るに際して、持参した嵯峨帝宸筆の不動の像をこの娘に授け、それが今も本尊として伝えられている。それは、その筆力といい形状といい、尋常の像をはるかに超絶しているとのこと。それから、八幡太郎が長者の居宅を焼き払ってこれを滅ぼした際に、この寺を残して「勝幢寺」とし、その山号を「七夕山」としたのであるが、それは、八幡太郎の軍勢が七夕の日にこの地を出発したからで、「勝幢」は、予め自軍の勝利を祝したものであると言い伝えられている。また、この辺りには長者が瓦を焼いた窯の跡があるが、この瓦は全て讃岐瓦である、等という話をしてくれた。そして、話が終わると、院主は番僧に長者墟を案内するよう申し付けた。

観音山(47)というところで古瓦を掘り出してみたが、佳品はなかった。掛金（カネカケ）松の辺りに来たところで案内者が言うには、この辺りは長者屋敷の大手に当たり、元は崖上に大きな松があって中（那珂）川に臨んでいたが、中年の大水で崖が崩れて流されてしまったとのこと。今も崩れた跡が残っており、新たに松が植えられていたが、それも僅かばかりで見るに値しなかった。この脇に銭掛松という松があったが、これ又最近のものである。「掛鐘」とすべきところを「掛金」と誤った上に、そこに銭掛を設けているのなどは、全く愚俗・貪汚の心根が見え、笑止千万なことである。また、この金掛の辺りを大手というが、そうではなく搦め手と見るべきであろう。現在長者墟と云っているところはそれほど広大ではないが、この近辺の地勢から察するところでは、周囲七、八丁、並木の様子等の自然を含めて考えると、昔長者が盛んであった頃には、この辺りは全て廓内であったと考えられる。相当の要害であり、一旦事有るときには砦柵ともなったであろう。惜しい土地を百姓預りとして荒らしてしまい、僅かに人参畑として勝幢寺が七、八畝を耕している以外は、全て草むらとなっている。荊棘を焼き払い土手を築き並木を仕立てて、平坦な所に適当な作物を選んで栽培するならば、良い実りが得られるであろう。

ひとわたり見て回り帰ろうとしたが、院主が再び寺に入るよう促したので、立ち戻って瓦の得難いことなどを話したところ、最近は佳品が見つかることは稀であるが、先年山で竹の子を掘らせたときに思いがけず一枚瓦を二つ掘り当てた。外に見たこともない物だったので、宝として大事にしまっておいたのであるが、先年備中殿(48)が御下りの際に、古瓦を探しておられるとのことだったので、大切な品ではあるが一枚を献上し、今は一枚のみを所持している、と言って見せてくれた。いかにも古雅なもので絶品であった。できればこれを差し上げたいが、一枚しかないものなので寺へ留め置きたいと言い、代わりに敗瓦を四、五枚贈ってくれた。そのなかに丸瓦の小口で、横に藤のような模様のあるものがあり、これは非常に佳いものである。寺は酒は厳禁ということで、茶菓等で持て成してくれたので、暫く談笑してから、以下のような詩を残して夕方に辞去した。

一盛長者址

来弔一盛長者踪　山深空翠撲衣濃　繁華夢覚千年後　野鳥乱飛銭掛鐘

それから四、五日して、和尚がわざわざ逗留中の御長屋まで訪ねて来てくれたが、当直であったため会うことが出来なかった。その後、和尚は使いの者を寄越して、次のような和韻の詩を二首贈ってくれた。

杖履携詩弔古踪　煙花濺涙鳥声濃　即今偏欲徴名姓　為問崖頭半死松

才子訪来長者踪　春幽落昼晩霞濃　即今豪富千年後　金玉有声懸古松

帰路、愛宕山(49)に登り、籠り堂に次のような詩一首を題した。

古樹数重嵐翠環　鳥啼人去晩鍾閑　翻青麦浪連空裏　雲辺湧出愛宕山

籠り堂は殊のほか荒れ果てていた。住持の怠慢なことが分かる。

（4）笠間城（領外）の視察断念とその要害の聞書き

四月十三日の休日には、笠間城の要害を見てみようと思い、朝六つ時（午前六時頃）頃に出立し、向（井）町方面へ道をとり、常盤・赤塚まで行ったが、多領へ立ち入るのは禁止されているとのことだったので、目的を果たせずして立ち返った。しかし、他領の者で、笠間城下を遊覧したことのある者からいろいろと話を聞いておいたので、以下にそれを記しておくことにする。

赤塚は他領との境界に当たり、「従是東水戸領」と記した榜示杭が立てられている。そこから大塚を過ぎると彝若様(50)の御領分となる。右手に沼があり、彼方には松林が見える。仙陂（波）湖の三分の一位の大きさであろうか。たいへん良い景色ではあるが、この一帯は広い荒野原なので賞遊する者は見当たらない。そこから大垂（ママ、足カ）・大崎・河瀬等の村々を過ぎて和尚塚峠に至る峠は近年切り開いたもので、峠の麓には大崎・河瀬の両村が協力して事に当たった旨の高札がある。この峠から笠間城を遙か彼方に眺める景色は、大変すばらしいものである。

城下の入口右側に制札があり、左側には妙心寺がある。これは日蓮宗の寺である。町屋は僅か五丁ばかりで、大手前の町屋には佐白観音(51)の案内をするという宿屋が多く立ち並んでいる。そのなかの一軒に入って案内を頼み（案内銭は鐚五十文）、町人に扮して無刀で亭主に伴われて行った。もっとも、宿屋で印形付きの手形を認めはしたが、これには偽りの姓名を記して番所に提出し、総門から入った。

武家屋敷は城の内外にあり、屋敷は全て領主の普請にかかるものとのことであったが、近年殊のほか藩の財政状況が良くないようで、広大ではあるが非常に傷んでおり、修理が必要であるにも拘らず、どれもこれもただ竹木で支えて凌いでいるといった状況であった。これでは大風雨にでも見舞われたら、ひとたまりもなく崩れ落ちてしまいそうである。城内の塀牆の土も剝落し、所々木で支えたりして、なんとも気の毒な状態である。

この地の風習であろうか、百姓・町人は皆、武士に対して土下座をしている。鞘縁の擦り切れた双刀を佩び、竹鼻緒の下駄を履き、小倉の破れ袴を厳めしげに裾高くからげて付けた一人の武士が向こうから歩いて来たが、街中で皆に土下座され意気揚々と通り過ぎていく様などを見ると、世の中の有様をもっと良く知るべきであると言いたくなる。

さて、総門から観音までは、半分は登り道となり、途中に深い谷があって掛け橋を渡るようになっている。道の左側に大きな石があり、大黒石という。長さ三丈余り、横は四丈余りもあろうか。上方の横手に小さな穴があり、これに小石を投げて入れれば諸願が叶うというので、近辺には皆が投げた小石が堆積していた。

観音は、本城に向かって左手の小高い所にある。最初は現在本城のある所にあったのをそちらに移したのである。もっとも、一旦は町方に移したのであるが、そうしたところ城内に凶変が絶えなかったため、再び城内に戻したのだという。構えは相当に壮麗なもので、西国（ママ、坂東カ）札所の一つに数えられており、(52)巡礼等の参詣人が絶えないとのこと。その修復には城主は関与せず、町方の勧化に依っているという。本堂左手の崖前の打ち開けたところに庵があり、一人の老僧がこれを守っていて、万人講の札を出していた。この僧が云うには、この城は山続きのため、夜中には猪や鹿が多く出て来るし、猿も城の中にたくさん棲んでいる。とりわけ曇った日には多く現われ、人を恐れる様子も見られないとのことであった。

さて、城下から左手に回ると搦手に出るが、その周囲は一里余りもあろうか。水戸の御城下の形勢をみると、西の方が大変狭くなっている。現在は太平の御代ではあるが、鼠盗・狗竊の輩が蠢動した場合、西の方には然るべき要害がない。幸い笠間は小諸侯であり、貴藩の勢力下にあるも同然の藩なので、手勢を派遣してここを出城にするとよろしかろう。しかし、この城は険阻とはいえども小城なので、人数を多く入れることはできず、厳しく攻め立てられては守りようがない。ただ良いことには、ここからは四方へと続く山々が多く、足場の良くない地なので、宍戸の陣屋の応援を得、本城の四方の山々の狭隘なところに小砦を設けて奇計を回らせば、あちこちで防戦することが出来、また勢いに乗じて勝利を収めるならば、どれほどの大軍であろうとこれを押し破ることは不可能であろう。まさに西方の関鍵ともいうべき所であり、この事をよく心得ておくべきである。

もっとも、この城を落とすには大手からが容易のようにみえるが、こちらからはかえって難しい。搦手は絶壁になっているが、夜中に忍びの者を入れて岸壁を攀じ上り、密かに本城に火を放てば、程なくして落とすことができる。また、守る側の心得としては、搦手の攻められる危険性が常時あるわけではない所に多くの人数を手当てするのは無用なことなので、樹木の茂みに二、三人ずつも入れる程度の小屋をあちこちに分散して拵えておき、拍子木の合図で忍びの者を防ぐ手立てを講じておけば、少ない人数でも不意を衝かれる心配はないであろう。防衛の任に当たる者はよく心得ておくべきであろう。

この城は、現在本城は空いており、当主は二の丸に住んでいる。本城には、最初浅野氏が住んでいたが、その移封された理由というのが、この高城を築くにあたって殊のほか念を入れた普請をしたことが、恐れ多くも江戸城を擬したものであるとしてお咎めを蒙ったのであるといわれている。現在も城は元のままであるが、囲いを全て垣根にしておくのは、幕府への遠慮からとのことである。[53]

（5）静神宮（社）参拝

四月二十二日の朝四つ（十時頃）過ぎに、兼（金）丁を通って静神宮（社）参拝に出かけた。[54] 途中、飯富村に大井明神[55]があった。境内は高所にあり、石階が七、八十段はあろうか。木表があり、次のように記されていた。

当国廿八社之内大井大明神

本属那珂郡今属茨城郡

その半丁ほど手前の畑の中に古い井戸があり、周囲に枠を組み注連縄がしてあった。文公様が先年帰国された折に、大井明神という称呼はこの古井戸があることによるのであろうと思し召され、このような目印を設けられたとのことである。

この辺りには「ナンシヤモンシヤ」の木がある。[56] これは、ある者が義公様に「何という名の木でしょうか」と伺ったところ、お考えになりながら「ナンシヤモンシヤ」と御発声されたのを聞き、これを誤って木の名としてしまったと言い伝えられている。

この飯富村一帯は、肥沃な土地が広がっていて、特に何も手を加えないでも五穀がよく実るという。民家の状態も自ずと綺麗に保たれている。この辺りの農民は、畑で採れた品々を城下まで運んで商っており、一駄で凡そ四、五貫文の売り上げとなるので、とりわけ豊かなのだとのことである。このような畑作の品々は、水戸では江戸よりも安価であろうと思われるのに、実際は江戸よりも高値となっているのは、この飯富村ばかりのことではない。在方から城下へ品々を運び、自由に売り捌いているからであろう。江戸のように城下のはずれに問屋を設け、近在から持ち込まれた品々を買い上げるとか、そこで価格を決定するとかして、常に安定した価格を維持できるようにするならば、格別高値で商うようなことはできなくなる。そうすれば武家も町民も共に利益となり、また農民とても、元来畑作商いは副業なのであるから、特に大きな利益にはならなくても平均して相応の収益となる訳で、つまりは皆々にとって喜ばしいこととなるのではなかろうか。

この大井明神の並びに隆（竜カ）光院（真言宗）がある。本尊は毘沙門天である。院前に大きな枝垂れ桜がある。この寺の住持が凝月[57]であることを後で知り、知らずに通り過ぎてしまったことを後悔している。凝月は、俳人にして才子とのことである。因みに、藤田全五郎（克中）が語った凝月にまつわるエピソードを以下に記しておくこととする。

凝月が東奥を雲遊した頃の話であるが、一軒の豪家に立ち寄ったところ、当家の老夫がこれを出迎えた。凝月が一宿を乞うたところ、「この地の規則なので一人旅の御方は御泊めできない」と素気無く断られた。そこで凝月は、庭先の松の木に、「いそ松や露をもとめぬ葉のとがり」と急ぎ認めた短冊を掛け、この家から立ち去った。この家の嫡子は、百姓ではあったが少しく俳諧に志のあった者で、松の木の傍を通りながらこの短冊を見つけて大いに驚き、どなたが御出でになったのかと父に問うたところ、父はかくかくしかじかと応えた。息子は大いに戸惑い、「これ程の御方の申し出を素気無く断ってしまったのは誠に心残りなことだ」と言った。そこで父親が、「それならば呼び戻して来なさい。この道を先程行かれたところなので、まだ遠くまで行ってはいないだろう」と言ったので、息子は慌ててその道を追って行き、遂に呼び止めて連れ戻し、久しく賓客としてその道を学んだ。この地に凝月風の俳諧が大いに行われたのは、凝月がこの地に一年程も滞在することとなったからで、それというのも全ては、この「いそ松」の一句に因るところだったのである。

ここからは中山を通り抜ける一里の山道となり、殊のほか狭く険しかった。山間の所どころに畑があり、竹で縦横に囲って野猿による被害を防ぎ、あるいは小屋を一軒建ててその出没に備えていた。この一里を行く間に行き逢った人は一人もなく、木を伐りに来た者を一人見掛けたばかりである。山は深く、松や杉が多くて、良い御立山である。山の頂からは筑波山が見えた。よく晴れた日には富士山も見えるとのことであったが、この日は雲が天辺に掛っていたので見えなかった。

静神宮（社）に到着した。社殿の構えはたいへん神々しかった。鳥居の前に大きな槻の木があった。その内側は空洞になっていた。神宮（社）の傍らの杉や松の大木が捻られたようになって砕けていたが、これは昨年の大風で折れたのだとのことである。神楽堂も破損して屋根の形だけが残り、現在、たくさんの工匠が新たに建築中であった。幸いにして木が倒れかかることのなかった本宮は、少しの破損もなく済んだ。

参拝後、山下の店で休息して飯を注文した。麦飯しかないというので、已むを得ずそれを持って来させたところ、麦飯に茶をかけて出してきた。この辺りの野趣は、これによっても察することができよう。来た道が狭く険しかったので、帰路はこれを避け、山の南を回り中山を左に見る山道を通ったところ、往路に比べて距離も短かった。

石塚の宿で休息し、ここの薬師堂に参拝した[58]。この御堂は、ただ一カ所のみクサビを用い、その外は全く用いていないとのことである。全体のバランスがよくとれた構えであった。

石塚の宿を出て広々とした田畑の間を行くと、遠方に二、三片の黒雲が見えた。やがてこれが一つに集まるや、忽ち雷鳴がかすかに響いて来て、程なく雲の中から風を伴って数百条の脚が下されたような状態になった。これを遠方から眺めると、雨も皆同じように雲に見えた。自然のなせる業は、あたかも劇場の脚色の様で、とても言葉では尽し難いものがある。これを眺めている間に黒雲が近くまで迫って来たので、道を急いで中（那珂）之西へ向かったが、松原まで来たところで雷雨に捉まった。雨宿りするにも家もなく、雨具も持っていなかったので、林の中へ入り、大きな松の木の下で雨の上がるのを待った。その間に小刀で松の皮を削り、矢立てを取り出して即興の詩を書き付けた。雷は次第に激しさを増してきたが、雨は止んで、夕陽がさっと山の頂の木々に降り注いだ。

それから中之西に出た。この辺りは佐竹の支族の城のあったところで、それほど高くもない山の路傍に、昔の井戸の跡が今も残っていた。この時には既に日も暮れ、時折り松風が残雨を含んで吹いて来て、そのもの寂しさといったら尋常のものではなかった。

成沢の原は、昼は草の中を行く道も良く見えるのであるが、夜ともなると道の見分けが全くつかない状態となる。野原の中ほどに到った頃には、茫洋として方向を見失いそうになった。この野原には狐が多く棲むという。そのなかに「和尚狐」と称する狐がいて、行き交う多くの者を化かしたといわれているが、広い野原で目印となる物もないので、多くは自ら道に迷ってその罪を狐や狸に負わせるといった類の話なのであろう。漸くのこと野原の中から出、林間の細い道を通って、四つ時（午後十時頃）に宿舎に帰り着いた。

この小旅行の間に以下のような七絶三首を得た。

遊静神宮見喬木摧折

中天巖戸与雲開　皇統連綿日再回　余勇千年猶未尽　戯将喬木手推摧

石塚遇雨

遠村急雨近村晴　人在渺茫田野行　雲合風揺葉微戦　驚雷雉子両三声
林間避雨聊徜徉　愛見驚雲似倒龍　笠王暴雷鳴未止　夕陽既在嶺頭松

（6）礒湊の賞遊

礒湊の賞遊は、史館の諸子と一緒に行く約束をしていたのでこれまで控えてきたが、五月朔日の朝、子大（高橋）が急に館中の諸子に使いを出して拙宅に会集させ決行することとなり、勝倉から小舟を浮かべて礒に向かった。

礒に着いて寄木明神(59)及び大洗から海原を眺望したところ、この日は天候がとても穏やかだったので、海面に波はなく、あたかも敷物を敷いたかのごとくに平らかだった。史館の諸子は、江戸からやって来た客に波濤天を打つがごとき荒波を見せて驚かそうとしていたらしいが、その意に反して穏やかだったので、海若（海の神）がこれを見せるのを惜しんだのか、それとも南の洲（須）崎の趣に見立てて南からの来客への挨拶としたのか、などと戯れ言を言い合って楽しんだ。ところが、そうこうしているうちに差し潮になり、海面が大きく波立ってきたので、初めに平和で何事もないかのごとくにして、後から怒濤の勢いを見せつけたのは、海の神に何か深意があってのことであろうなどと話しながら、皆で海水に足まで漬かり、帰るのも忘れて打ち興じた。

夕陽が山の端に傾いてきたところで、誰かが南からの客人に詩を賦してもらっては如何かなどと言い出したので、「このような絶景に拙い詩を賦したりしては景色を汚すことになるので止めた方がよろしかろう。小生は、今まさに〈平日嬰卿動人句　到茲寂然一句無〉という状況である」と言ったところ、「いやいや、兵家者は敗れることを諱むものと聞いているが」と言うので、「俗に負け惜しみというのはこのような事をいうものなのであろうか」などと言って笑い合い、再び小舟を浮かべて帰途についた。

この日、藤田総裁はこの賞遊に参加しなかったが、後日聞いた話では、先年上京した折に須磨・明石などを一見し、この儀と比べてみたところでは、こちらの方が勝っているように思われると言っていたとのことである。この日の作詩では、長久保が賦したものが最も良かった。参加した皆がこれを見て賦するのを止めたほどであったが、長いのでここには収載しない。(60)

（7）塩子観音参拝

五月七日の休日には、塩子観音を参拝するため、朝六つ（六時頃）過ぎに出立した。成沢・古内を通ると、今が茶摘みの最中だった。この辺りの民家の多くは、茶を製造して副収入としていた。藩に献上する茶は清遠寺(61)のもので、これは上等なものであるが、僅かしか採れないので他所への売出しはしていない。その他の民家が製造するものは、ほとんどが下品であり、尾張の茶よりも劣っている。城下からの買い値は、大体が百疋で七、八斤、あるいは四、五斤といったところであり、三斤の値はつかない。宇治などでは、三月二十一日、四月二十一日、五月二十一日の三回茶摘みをして、それぞれを初・中・末の昔とする定めがあるのだが、この辺りでは勝手次第に摘んでいるらしく、今が丁度その最中のようであった。農家の婦女子が、手織りの縦縞木綿の衣装を身に着け、新しい手拭いで頭を被い、茶摘み籠を抱えた様は艶めかしいものであり、田園の一興といえよう。

この道筋は景勝地が多い。山水は清麗で、路傍に大きな石の多いのが目につく。観音の山は、その入口から十八丁の所にあり、一丁ごとに石標がある。寺号は仏国寺、山号は岩屋山で、弘法大師の開山とされている。(62)本尊の観音は、実は孝謙帝であるともいわれている。道鏡が失脚したとき、帝が道鏡を慕い、その後を追って来られたといわれており、この近辺にはあちこちに帝と道鏡にまつわる古跡がある。このことが正史に記載されていないのは疑問である。

空海開基の後、幾許かの年月を経て衰廃していたのを、羅漢寺開基の木食上人が中興したと言い伝えられている。(63)観音山には一片の大石がある。その大きさは十丈余りもあろうか。この大石の正面を刳りぬいて宮を造り、橋を掛けて参るようにしてある。その構えは手の込んだ細工になっている。欄干は切り立った崖に臨み、登臨すると、下方に滝が谷川へと落ちているのが見え、その危うさは目も眩むばかりである。中空に架された掛け橋は、あたかも大空に架かる虹のようである。このような景観を有する寺院はそう多くはないであろう。空海の神秘的な図りごとと優れた知力には常人の意表を突くところがあり、まさに感嘆措く能わざるものといえよう。この宮の後方が山の頂上への登り口となっていたが、たいへん疲れたので登るのは止めて、観音の扉に、

絶巌高閣幾時穿　登覧偏欣逢善縁　身在虚無縹渺裏　既疑近三十三天

という七絶一首を題した。

この辺りには酒食を供する店がないので、山の下の庄屋館与兵衛という者の宅へ下僕を遣わして事情を伝えさせたところ、与兵衛が門の外まで出迎えてくれ、座敷へ通されて酒食の饗応を受けた。詩を所望されたので、

山色四囲和気融　門前流水凡塵空　到茲初識人間楽　只在野田自適中

という七絶一首を賦して贈った。

第五節　江戸への復路

川口は、水戸での公務を無事終了し、五月十六日の出立を前にして藩庁への届けやら有司への挨拶回りやらがあるため、十五日は史館へは出仕しなかった。全てを済ませて、最後に高橋総裁宅へ暇乞いに行ったところですっかり腰

を落ち着けてしまい、あまりに戻りの遅いのを心配した下僕が高橋宅まで迎えに来るという仕儀と相成った。帰宅してみると、家には館中の諸子が見送りに来集していた。以下には、こうした出立前日から江戸に到着するまでの模様を、本日記の記述に沿って見ていくことにする。

出府前日にあたる五月十五日は、史館へは出仕せず、（藤田）主書様や御役人衆等のところへ暇乞いに参上した。八つ（午後二時頃）過ぎに高橋総裁のところへ暇乞いに行ったところ、荻（ママ、萩カ）谷八介[64]と大内文助（備中殿家来、徒目付）の二人が来ていた。そのうち文助とは初対面だったので高橋総裁から紹介された。両人共画家だった。小生は談話の中で、「本藩の景色のうちではとりわけ仙湖の景が素晴らしく、言葉ではとても言い尽くせないものがある。ただ惜しむらくは、これまでその真に迫るような題詠画図で、一見して目を驚かす程のものがなかったため、他国の者のなかにこの景色の素晴らしさを知る者がいない。これは文雅の世界の一大損失というべきことである。小生は、この景色に魅せられたため、このまま打ち捨てておくことが出来ず、この在水中にたくさん題詠を試みてはみたが、なかなかその真に迫ることができないでいる。なんとしても諸賢の題詠画図を得て、仙湖の真面目を天下に知らしめたい」などと話した。そうしたところ、高橋総裁も「自分もかねがね同じように思っていた。今日図らずも二人の画家がこうして落ち合うこととなったのも何かの縁であり、これは仙湖のために光輝を発するときが到来したということであろう」などと言って戯れた。さらに、幸いこの家の庭からは仙湖がよく見えるので、まずはこの目の前の景を詩画に表わしてみるのがよろしかろうと、おのおの庭に出て一覧し、酔後に題詠倡和した。これらは、後日一巻に仕立てる約束なので、ここには記さない。

夜もすでに五鼓（午後八時頃）となった。明朝早立ちの予定なので人足や駅馬がもう門前に来ている、と下僕が走ってやって来て告げ、家に戻るよう促した。そこで、なお詩情は尽きないが帰ることにした。高橋総裁と荻（萩）谷・大内両生が家まで送ってくれた。

帰宅してみると、家には館中の諸子が既に来集しており、談論風発、ともに酒を酌み交わし詩を賦した。高橋は、小生の留別の詩に和韻して、

暁来遮莫馬蹄軽　留飲最憐夜色清　宦游三月将何償　東海南湖頗有情

と賦した。この詩には、高橋の余程の思いが込められているとみた。

ときに、小生の下僕のうち一人は、遅鈍で質直なため、これを「愚僕」と呼んでいた。そして、もう一人は才覚ある者であるため、これを「賢僕」と呼んでいた。両名共、小生の水戸在番中に付けて置かれた者であるが、一所懸命に仕えてくれた。この両人が、この席上即興で、以下のような送別の作を贈ってくれた。まず「賢僕」の作は、

君と臣は三世契ると聞しかど六十日にたらぬけふのわかれハ　臣兼光

そして「愚僕」の作は、

別れ路や青葉をもる、笠とかさ　臣古道

その詞は法則もなく拙陋ではあるが、それぞれ真情を伴っているところは賞するに足るものがある。その場に参集した皆が、これは蛮夷の意味不通の詞などでは勿論なく、門前の小僧習わぬ経を読むの類だ、などと言い合って戯れた。この折の諸賢の作は、後日巻軸に仕立てるつもりなので、ここには記さない。

五月十六日の出立の朝は、主客ともに酔って意識が朦朧としていたため、強い惜別の情も起こらず軽々に別れを告げ、駕籠に乗って出発した。諸子がそれぞれ途中まで送ってくれたが、頗る酩酊していたため、皆が途中で次々に落伍し少しずついなくなった。そのなかで、石川父子だけは小幡まで送ってくれたので、ここで対酌して別れた。この

日は土浦に泊った。

翌十七日土浦を発ち、途中、藤白（代）・鳥出（取手）で以下のような詩を賦した。

発藤白駅

五里長堤向晩回　斜陽射面困睡催　未看鳥手河流色　一片風帆樹上来

鳥手河

前帆如待後帆追　両岸風光転眼移　吾亦自成一奇策　中流籃輿帯雲馳

行役既渉夏与春　紛々世路走風塵　慊将流水照吾面　憔悴恐如沢畔人

夜五つ（八時頃）過ぎに小金に着いた。周囲には人家もなく、広々とした原野の中空に月が昇った様は真に絶景であった。この夜は同駅に泊った。ここで

半宵月露湿衣涼　四野所看但渺茫　却是乾坤無垓闕（カ）　自由自在領清光

という七絶一首を賦した。

翌十八日の四つ半時（午前十一時頃）に千種（住）に着いた。館中の諸賢がここまで迎えに来てくれていた。ここでは

雲烟過眼去来軽　不問江都与水城　只至陶然沈酔後　無奈説出旧来情

という七絶一首を得た。

九つ時（午後十二時頃）に御長屋に到着した。御殿様への御機嫌伺いと有司への届けを済ませ、出府に当たっての御目見えを来る二十四日とする旨仰せ付けられた。その次第は定式のとおりである。

おわりに

川口は、この水戸滞在期間中、史館に出仕して『大日本史』紀伝刻本上表文の検討をしたり、同書紀伝の校訂をしたり、城中の大広間で経書の講釈をしたりと、その職務の遂行に努めたのであるが、余暇には、ある時は単独で領内のあちこちを周遊したり、またある時は諸友と共に散策などしては会飲・談論し、和韻に興じたりもしている。当時川口は、名文家としてその名を世に知られていた。水戸滞在中も行く先々で作詩を所望され、快くその求めに応じている。この日記の中には、随所に自作の漢詩が鏤められているのが確認できる。これらの詩の出来栄え如何について論評する資格は筆者にはないが(65)、それはさておき水戸の諸友とは、「分韻」「唱和」し詩を贈答し合って、大いに「雅遊」を楽しむことができたようである。ただ、ひとつ気になるのは、川口があちこち周遊した先々で史実等の考証をしているものの中に、正確さを欠いたところがいくつか見られたことである。筆者が気付いた個所は、注を付して指摘しておいた。

川口はまた、酒豪ということでもその名が通っていた。それを証するかのように、この日記の中には、「飲宴」「会飲」「宴会」「対酌」「飲み直し」「酒宴」といった言葉が散見される。三月二十八日に休日を利用して成沢村の東漸寺温泉に遊んだ折には、帰途に立ち寄った当地の庄屋加倉井家で酒肴を饗され、居合わせた客人に、「天目ニ而献酬ハ如何」などと戯れたりしている(66)。

その人となりは社交的だったようであり、懐の深いところがあったのであろうか。この水戸出張中には、史館務めの同僚だけでなく、他の役職の人物とも、立場や身分の違いを越えて、分け隔てなく交際している。そのことは、川口が自ら訪問し、また訪問を受けて、共に遊んだ人物を具に見てみれば、自ずと推察されるであろう。四月二十四日には、青山と一緒に立原翠軒を訪問してもいる。周知のごとく、当時、翠軒と藤田・高橋らは深刻な対立関係にあったのであるから、翠軒を訪問するのは、川口にとってかなりの危険性を孕んだ行為であり、そのことは川口も十分承知していたはずである。しかし、川口は、青山と共に敢てこれを実行しているのである。

このような川口に対する水戸史館員らの応対は、藤田・高橋両総裁をはじめとしてきわめて友好的なものであった。そのおかげで川口は、約二カ月に亙る水戸での生活を、公務の遂行になんらの不都合も生じることなく、また私的な時間も存分に楽しみながら、営むことができたようである。それは一つには、当時、川口に対する藩主治紀の信頼が大変篤かったことが幸いしたのかも知れない。そのことは、この水戸滞在期間中に川口に課せられた諸業務をみても十分に推察されるであろう。川口は、治紀の父治保の代から藩主の侍読を勤めてきていた。そのうえ当時は世子斉脩の教育も任されており、この度の水戸出張に際しては、斉脩から壮行の詩を贈られた程の恩遇を被っていたのである。(67)そのあたりの事情は、水戸の史館員たちも十分承知の上のことであったろう。

注

(1) 高橋坦室は、諱を広備、字を子大といい、又一郎と称し坦室と号した。長久保赤水の門人。天明六(一七八六)年彰考館に入り、文化四(一八〇七)年総裁に進み、文政六(一八二三)年に没した(『増補水戸の文籍』等参照)。なお、藤田幽谷の略伝は、本書第一章の補説を参照。

(2) この間の『大日本史』編纂事業の進捗状況については、『水戸市史』中巻(二)及び川口著「史館事記」等を参照。なお、「史館事記」は大日本史普及会編『訳注大日本史』後付に所収のものを使用した。以下も同じ。

(3) 『水戸市史』中巻(一)参照。

（4）通常「成田道」といえば、江戸から小岩、船橋、佐倉を通って成田に行く道のことを指し、別名「佐倉道」とも称する（秋山高志著『水戸の書物』一〇四―一〇五頁を参照）。川口のいうこの道は、利根川沿いに佐原、香取、鹿島方面へ行く「鹿島道」のことのようであり、いわゆる「成田道」ではあるまい。

（5）信太郡永国村（土浦藩領）の真言宗豊山派の寺で、寺号は羽黒山今泉院（『新編常陸国誌』、『角川日本地名大辞典』を参照）。「札所」であるかどうかは未確認。

（6）賈島（七七九―八四三）は唐の范陽（河南省）の人。特に五言律詩に長じ、苦吟を以って名高い。著書に『長江集』十巻がある。ただし、「人跡板橋霜」の句は、温庭筠（八一二―八七二?）。晩唐の并州太原の人。詩は李商隠と並んで温・李の称があり、その作風は後世に大きな影響を及ぼした）の「商山早行」詩中に「鶏声茅店月　人迹板橋霜」とある（佐久節編『漢詩大観』、近藤春雄『中国学芸大辞典』等を参照）。川口がこれを賈島の句としているのは、あるいは記憶違いか。

（7）『水戸市史』中巻（二）参照。

（8）五摂家の一つ。藤原氏北家の嫡流近衛家実の子兼平を祖とする。その家名は、居処が京都鷹司室町にあったことによる。当時の当主は鷹司政熙であった（吉川弘文館『国史大辞典』参照）。

（9）『水戸市史』中巻（二）及び前出の「史館事記」等を参照。なお、『礼儀類典』は、朝廷・公家の儀式・典礼全般の史料を部類分けしたもので、水戸藩では、その編纂のために水戸城内に別館を設け、安藤抱琴を総裁として事に当たらせ、天和三（一六八三）年から元禄十四（一七〇一）年までかかって完成した。同書は、今日においてもなお、有職故実の研究等で利用されている（『水戸市史』中巻（一）参照）。

（10）「史館事記」には、「四月二日大駕水城を発す。（中略）五日、大駕江戸邸に還る」と記されている。

（11）当時、藤田は郡奉行で史館勤務を兼ね、高橋は史館総裁、川口と青山は史館副総裁であった。ここでは青山も校訂に加わっているが、多くは藤田・高橋・川口の三人で作業を進めたようである。

（12）『水戸市史』中巻（二）参照。

（13）石川は、諱清秋、字公勤、儀兵衛と称し、慎斎と号した。寛政三（一七九一）年に切符を受けて歩行士となり、のちに郡奉行等を勧め、弘化元（一八四四）年に致仕して太清と号した。嘉永四（一八五一）年没、年七十九。その著『水戸紀年』は、水戸徳川家初代藩主頼房から七代藩主治紀までの水戸藩領内の出来事等を、年次を追って整理編集したものである（『増補水戸の文籍』、『茨城県史料』近世政治編Ⅰの解説等を参照）。

(14)「瑞竜山」は、常陸太田市の北方、国見山の南麓の地にあり、光圀が父頼房の意を汲んでこの地をその墓所と定めたことで、以来、水戸徳川家歴代藩主の墓所となっている（水戸史学会編『改訂新版水戸の道しるべ』等を参照）。

(15)『水戸市史』中巻（一）参照。

(16) 川口の「史館事記」のこの日の項には、「町奉行猪飼公道路に拝謁す。市間の貞婦某を携へ、其の苦節を陳ぶ。公命を伝へ之を賞す」とあり、治紀が、鷹狩りの途中で、町奉行猪飼某の推奨する市中の貞婦某を嘉賞していたことが分かる。

(17) 水戸下町の商人江幡満矩の屋敷内の竹林を主とした庭園は、四時変化する川辺の景がすばらしく、しばしばここに遊んだ光圀が、この園内の亭を「水竹軒」と命名し、詩を賦して与えたという（秋山高志著『水戸の文人』参照）。

(18) この歌は、「史館事記」には「をちこちの　なかめもつきぬゆふくれに　かへさわするる　かはつらのさと」（原文は万葉仮名）と記されており、川口が鈴木千介を介して見せられたものとは若干の相違がみられる。

(19) 本日記では、川口が治紀の詠歌に和して再び作詩し奉呈したように記されているが、「史館事記」には、鷹狩りの当日に、治紀が賦した詩中の「宿」の字を用いて七律一首を作詩して献じたように記されている。しかし、両詩ともここには書き留められていない。

(20)『水戸市史』中巻（一）（二）参照。

(21) 鈴木は、諱重宣、字俊卿、千介と称し、大凡と号した。文政六年没、年七十三。その著『常陸名所考』の序文には、藩主治紀が水戸に帰国中に領内を視察して回ったのに随伴して名所を見る機会を得たので、遺忘に備えるため同書を物したと記されている（『増補水戸の文籍』等を参照）。

(22) 真言宗豊山派の寺院で、山号は笠原山東光院。創建年代は不明であるが、元亀三（一五七二）年に宥恕和尚が中興したと伝えられ、十一面観世音菩薩を本尊とし、東国三十三観音第一番札所として人々の信仰を得、水戸地方有数の寺院として栄えてきた（水戸史学会編『改訂新版水戸の道しるべ』参照）。

（23）本寺は真言宗の寺院で、塩子（七会村）の仏国寺の住持木食観海が宝暦六（一七五七）年から明和七（一七七〇）年まで十三年を費やして建立した。五百羅漢像を安置した宏壮な伽藍は数キロ先から旅人の眼に映り、縁日の物詣でには善男善女で賑わったという。後に天保期の寺院処分により廃寺となった（『水戸市史』中巻（三）参照）。

（24）水戸徳川家初代藩主頼房が、元和七（一六二一）年に、日光東照宮にならって父家康の霊を常磐山に祀ったのが起源である。同社は、江戸時代を通じて水戸徳川家の崇敬社として栄え、町民からも「権現さま」として親しまれ、家康忌日の四月十七日には盛大な祭礼が行われた（水戸史学会編『改訂新版水戸の道しるべ』参照）。なお、この祭礼の具体的な内容については、秋山房子編『水戸歳時記――水戸藩の庶民資料集成――』（崙書房　昭和五八）や『水戸市史』中巻（二）等に詳しく紹介されている。

（25）常陸国三の宮である吉田神社の神宮寺で、天台宗の名刹として歴史も古く、平安初期の開基と伝えられている。貞享三（一六八六）年に水戸徳川家第二代藩主光圀によって大修理が施された本堂は、現在、国の重要文化財に指定されている（水戸史学会編『改訂新版水戸の道しるべ』参照）。

（26）宝鏡院は真言宗の寺院で、寺号は如意山大幢寺。佐竹義仁が建立し、元は常陸太田にあったが、義宣の時に水戸に移された。代々佐竹氏の祈願所とされてきたが、佐竹氏が秋田に移封となってからは、水戸徳川家代々の祈願所として常陸一国の僧録という高い格式を誇った（『新編常陸国誌』、『水戸市史』中巻（三）等を参照）。ここにいう「洞駭上人」については未詳。

（27）慶安四（一六五一）年、上町と下町との通路を便利にするため、千波湖の中に堤が築かれた。この堤は、上町の奈良屋町から千波湖の北東部を下町の根積（鼠）町に通るもので、世に新道とも呼ばれ、長さは十八町あったという。水戸徳川家第二代藩主光圀は、炎天に木陰を作るため、この新道の西側に柳を植え、元禄三（一六九〇）年に柳堤と名付けた。その景色は、四季の変化もあって美しく、中国の西湖の蘇堤にもなぞらえられるほどで、そこに憩う者も多かったという（『水戸市史』中巻（一）を参照）。

（28）水戸徳川家初代藩主頼房は、寛永二（一六二五）年、下町に商人町を建設して商人を移住させた。これを「田町越え」と称しているが、咸章堂（伊勢屋・岩田氏）はこの田町越え以来の薬種商で、水戸藩御用達薬舗をつとめる町年寄格の旧家であった。咸章堂の出版事業は孝三郎健文が中心であった。健文は、早くから立原翠軒の門に入り、天明の初年から法帖の版行について翠軒の指導を受け、自らも様々の工夫を重ねて技術の進歩を図った。翠軒の支持もあって事業は成功し、その出来栄えは、当時伊勢の中川氏、肥後の衛藤氏と併称された。文化頃の「水戸城下名物」にも咸章堂の拓本は載せられていて、その繁栄ぶりが分かる（秋山高志著『近世常陸の出版』参照）。

(29) 立原翠軒は、延享元（一七四四）年生、文政六（一八二三）年没。名は万、字は伯時、甚五郎と称し、翠軒等と号した。宝暦十三（一七六三）年江戸彰考館の書写場傭となり、江戸で大内熊耳・細井平洲らに学んだ。明和三（一七六六）年水戸史館編修に転じ、天明六（一七八六）年彰考館総裁となって『大日本史』の編纂に尽力し、寛政十一（一七九九）年、紀伝浄写本を完成させて徳川光圀の廟に献じた。この間、門人藤田幽谷らと編纂上の意見の対立が生じ、やがて藩主治保の信任を失って享和三（一八〇三）年に致仕した。書画・篆刻・七絃琴に長じ、特に能書家として知られている（岩波書店『国書人名辞典』を参照）。

(30) 東壁楼須原屋（黎光堂・北沢安次郎）の初代安次郎の祖父伊兵衛は、水戸藩領多賀郡金沢村から水戸下町の紙町に移って商を営み、その子伊八は、十二歳で江戸日本橋の大手出版元の千鐘房須原屋茂兵衛方に奉公して年季を勤めあげ、安永元（一七七二）年江戸下谷池ノ端に青黎閣須原屋ののれんを掲げた。この伊八には岩次郎・栄次郎・安次郎の三子があり、そのうちの安次郎が寛政十一（一七九九）年に水戸下町の紙町に東壁楼須原屋安次郎店を創め、文化五（一八〇八）年には下町目抜き通りの本三丁目に進出した（秋山高志著『近世常陸の出版』参照）。

(31) 『水戸市史』中巻（二）の九百頁に、「泉町大黒屋が江戸風の上菓子を作った云々」とあるが、この菓子舗のことか。

(32) 四月十日の条に、川口が勝幢寺を訪れた四、五日後に和尚が川口の宿舎を訪ねて来たが、その日は出勤日だったために会えなかったと記されていた。もし晦日の来訪だとすると、前条の「四、五日後」という記述はどのように解釈すればよいものか。

(33) 加倉井氏は、嘗ての水戸城主であった江戸氏の家臣団のなかで屈指の勢力を有していた一族で、成沢加倉井氏は、加倉井氏本家第十二代の時期に成沢に分家した淡路守久徴に始まるものと伝えられている。成沢の加倉井家は代々村の庄屋を勤めている。川口が訪問した時のいわゆる「主人」というのは、後に日新塾を開いて門人の教育に当たった加倉井砂山（一八〇五―五五）の父の久泰か。加倉井家は、その祖父の久徴の代から郷士に取り立てられている（『水戸市史』上巻、中巻（三）参照）。因みに、「主人出迎云々」の個所の頭書は「郷士加倉井冨吉　兵左衛門　文政八酉八月没」となっている。

（34）無形流は、別所左兵衛範治が創始した居合術の流派で、「無形」の流号は水戸藩第四代藩主宗堯の命によるものである。当流は、朱子学の理論を心法とし、精細な技法を完備した居合剣術であった（『水戸市史』中巻（二）参照）。

（35）旧領主佐竹氏の城跡で、水戸藩主の巡村や瑞竜墓地参拝時の宿所に充てられた（『角川日本地名大辞典』八を参照）。

（36）「瑞竜山」については、本章第二節第四項の注（14）を参照。

（37）「西山御旧跡」すなわち西山荘は、徳川光圀の晩年約十年間の隠居所である。光圀は、元禄三（一六九〇）年十月に六十三歳で兄頼重の子綱条に家督を譲り、翌四年五月九日にこの西山荘に隠棲した。「西山」は当地の地名で、光圀がその高義を慕い続けたという伯夷・叔斉の最期の地首陽山の別名と同一である（水戸史学会編『改訂新版水戸の道しるべ』参照）。

（38）徳川光圀の伝記や言行録は数多くあるが、正伝に当たる書は安積澹泊らが編修した『義公行実』である。これは漢文で書かれていたので、これを和文にし逸話なども書き加えて編修したのが『桃源遺事』（別名「西山遺事」）で、元禄十四（一七〇一）年に三木之幹・富田清貞・牧野和高らによって成った（『水戸市史』中巻（一）参照）。

（39）日蓮宗の寺院久昌寺の通称で、靖定山妙法華院と号した。徳川光圀が、生母久昌院靖定夫人の菩提を弔うため、久慈郡稲木の地に大伽藍を建て、水戸城下の経王寺を移し、母の法号に因んだ寺号とした。この寺は、後に第九代藩主斉昭が選定した水戸八景の中に、「山寺の晩鐘幽壑に響く」と詠じられている（『角川日本地名大辞典』八等を参照）。

（40）真言宗豊山派の寺院。この寺の本堂は国の重要文化財に指定されており、本堂内には佐竹観音ともよばれる本尊十一面観世音菩薩像が祀られている。この寺のある天神林は佐竹氏発祥の地として知られている（『角川日本地名大辞典』八を参照）。

（41）『新編常陸国誌』によれば、七代天神は稲村神社の俗称であるという。

（42）建暦二（一二一二）年開基の一向宗の寺院で、内田山と号した。初め大門村枕石坪にあったが、後に今の地に移した（『新編常陸国誌』参照）。

（43）『改訂増補漢文学者総覧』（長澤規矩也監修・長澤孝三編　汲古書院　平成二三）によれば、伊藤（東）金蔵は、諱亀年、字亀季で、金蔵等と称し藍田等と号した。江戸の儒者で、大内熊耳等を師とし、日出藩に出仕し、文化六年に七十六歳で没した。川口は尾張藩儒としているが、これは川口の記憶違いか、あるいは尾張藩にも何らかのかたちで係わったことがあったものか。

（44）八幡宮は、昔京都石清水八幡宮の分霊を勧請し、久慈郡太田郷の鎮守として祀られていた小祠を、佐竹義宣が太田から水戸へ移った際に、その守護神として八幡小路（現在の北見町辺り）へ遷座したのがその始まりであると伝えられている。社殿は慶長三（一五九八）年に完成したが、その四年後に佐竹氏は秋田へ国替えとなり、以後は徳川氏に受け継がれた。光圀時代に那珂西（常北町）に移されたが、綱条により再び市内の現在地に戻された。八幡宮の社殿は昭和二十年の戦災を免れ、市民からは「八幡さま」と呼ばれて親しまれている（水戸史学会編『改訂新版水戸の道しるべ』参照）。

（45）旧東茨城郡渡里村台渡里（渡里町）に、古くから長者山とよばれているところがあり、一守（一盛）長者伝説が語り伝えられている。それは以下のような話である。昔ここには一守（一盛）という長者の屋敷があり、八幡太郎義家が奥羽征伐の際にこの地を通ったとき、長者は義家を饗応し、その十万人の兵士一人一人に品物を贈った。そこで義家は凱旋の途次、ふたたびこの地に立ち寄り、「このような富豪の者は後日乱の基となるべき憂いあり」といって、長者の屋敷に火を放ち、これを攻め滅ぼそうとした。長者は抜け穴を通って那珂川の川岸まで逃がれたが、ついに義家の兵に囲まれ川に身を投げて死んでしまったという。この伝説は、いつごろから語り伝えられたものか不明であるが、一般に長者伝説は諸国にあり、長者屋敷の跡といわれているものも諸所に残っている。ここにいうところの「一守（一盛）」は「市守」であろうか。古代には諸所に市ができたが、その市の管理者が市守であり、土地の豪族がそれを担当した。この土地は古代の交通路に当っていて市が開かれ、富豪の長者が住んでいた所と考えれば、渡里の一守長者の話もただの架空の伝説として片付けるわけにはいくまい。ましてや、ここから南西に四、五百メートルのところに、奈良時代から平安時代にかけて栄えた大きな寺院の跡である台渡里廃寺跡という史跡もあるのであるから、この伝説がなんらかの史実を反映したものである可能性は極めて高いと考えられる（『水戸市史』上巻、水戸史学会編『改訂新版水戸の道しるべ』等を参照）。但し、現在語り伝えられている長者伝説と勝幢寺の院主が川口に語ったところとでは、若干の相違があるようである。

(46) 桂岸寺は真言宗豊山派の寺院で、山号は大悲山保和院。水戸藩付家老中山風軒（信正）の供養のために、息子の中山備前守信治が天和二（一六八二）年に建てた寺で、初め香華院といったが、元禄七（一六九四）年に徳川光圀が保和院と改め、その後、宝永五（一七〇八）年桂岸寺という現在の寺号になった。一般には、「谷中のお三夜さん」「二十三夜尊」という呼び名で親しまれている（水戸史学会編『改訂新版水戸の道しるべ』参照）。

(47) 台渡里廃寺跡にある八幡神社（注（44）の八幡宮とは別）境内の一帯を観音堂山地区と称しているが、この辺りには広い土壇の上に、現在九つの建造物跡の存在することが知られており、文字瓦等も多く出土している（『水戸市史』上巻、水戸史学会編『改訂新版水戸の道しるべ』参照）。

(48) 水戸藩附家老中山信敬か。文政二年に致仕して「一貫斎」と号し、翌三年七月三日没した（『茨城県史料』「近世政治編Ｉ」の五三頁を参照）。

(49) 愛宕山神社は、仲（那珂）国造の祖建貸間命の墓ともいわれている愛宕山古墳の墳丘上に鎮座している。江戸時代には愛宕権現とも称していた。火伏せの神様として広く信仰されてきた（水戸史学会編『改訂新版水戸の道しるべ』参照）。

(50) 「彝若様」とは、水戸藩第七代藩主治紀の子で斉脩の弟の頼筠。宍戸藩主松平頼敬の養子となった（『茨城県史料』「近世政治編Ｉ」、新人物往来社『藩史総覧』を参照）。

(51) 佐白観音（千手観音立像）は、単立正福寺観音堂の本尊である（『角川日本地名大辞典』八を参照）。

(52) 「西国」札所というのは誤りで、坂東二十三番札所となっている（『角川日本地名大辞典』八を参照）。

(53) 元和八（一六二二）年浅野長重が笠間に入封し、正保二（一六四五）年長重の子長直のときに播州赤穂に移封となった。笠間は、浅野氏入封以前の約二十年間に、松井（松平）氏・小笠原氏・戸田（松平）氏・永井氏と領主が幾度も交代しており、浅野氏移封後も、川口の時代の牧野氏に落着くまでに井上氏・本庄市・井上氏と相継いで交代している。このような状況をみると、浅野氏移封の原因を高城の普請云々とする記述の信憑性は如何なものであろうか。浅野長重は、入封後は多く領内真壁に居住していたということでもあるので、なおさら疑わしく思われるのである。（新人物往来社『藩史総覧』、『茨城県史』「近世編」等を参照）。

(54) 常陸二の宮として古くから尊崇され、水戸徳川家の祈願所とされた。創建は奈良時代と推定され、史料上は文徳天皇の嘉祥三(八五〇)年に奉幣使が派遣された記事が初見であるという。また、寛文七(一六六七)年、光圀が社殿を修造した際に檜の巨木の根本から発見された奈良時代後期の作とみられる銅印には、「静神宮印」の四文字が鋳刻されているという(水戸史学会編『改訂新版水戸の道しるべ』参照)。

(55) 飯富村内の大井戸の地に涌泉があり、大井の御手洗と称された。この涌泉の北に祀る鹿島明神が「延喜式」に見える大井神社であるという(『角川日本地名大辞典』八を参照)。

(56) 「なんじゃもんじゃ」は、「何じょう物じゃ」の意で、関東地方で、その近辺に見られない巨木や珍しい大木を、樹種にかかわらずさしていう語。茨城県常陸太田市近辺の方言では、「檀香梅」をこのように称しているという(小学館『日本国語大辞典』参照)。

(57) 「癡月」は「遅月」のことか。遅月は、寛延三(一七五〇)年に備中国小田郡笠岡の農家に生まれ、仏門に入って京都の安養寺で修業した。博学多芸で、特に俳諧・篆刻に巧みであった。寛政元(一七八九)年に水戸に来て神崎寺に住したが、同三年から奥州への旅に出、享和の初めに再び水戸に来て、田野村不動院、青柳村長福寺、水戸上町の八幡町等に住した。この間、平明で洒脱な句を指導し、その門人は常陸各地に数百人を数えたという。文化九(一八一二)年に江戸深川の寓居で病没したが、立原翠軒はその死を悼み、水戸の神崎寺に分骨の塚と記念碑を建立した(秋山高志著『水戸の文苑』、『角川日本地名大辞典』八を参照)。川口がここに飯富村の隆(竜カ)光院住持と記しているのは、あるいは記憶違いか。

(58) 石塚は、那須街道・笠間道・宍戸道の通る交通の要衝にある村で、周辺一帯は茶の生産の中心地であった。「薬師堂」は、天台宗の佐久山多聞院薬師寺で、十三世紀前半頃の作とされる「薬師如来及両脇侍像」を所蔵している(『角川日本地名大辞典』八を参照)。

(59) 「寄木明神」とは大洗磯前神社のことか。同社は、天安元(八五七)年に官社となり、さらに同年、「大洗磯前薬師菩薩明神」という神号を与えられ、延喜式では「明神大社」に列せられた(水戸史学会編『改訂新版水戸の道しるべ』参照)。

(60) 寛政七(一七九五)年、藤田幽谷は小宮山楓軒と共に、当時の史館総裁立原翠軒に随行して関西方面への史料調査の旅を経験している（秋山高志著『水戸の書物』等を参照）。

(61) 茨城郡下古内村の「清音寺」のことか。本寺は臨済宗の寺院で、山号は「太古山」と称する（『角川日本地名大辞典』八を参照）。

(62) 仏国寺は、七会村塩子にある真言宗豊山派の寺で、「岩谷山清浄院」と号する。本尊は十一面観音で、「岩谷観音」として信仰を集めた。寺伝によれば「行基」の開基というが、創建年代は未詳のようである（『角川日本地名大辞典』八を参照）。川口が本寺を「弘法大師」の開山と紹介しているのは、どのような筋から得た情報なのか。現在、同寺本堂前の碑文には、「宗祖弘法大師此の地に殿堂を創建されたと謂われる云々」と記されているが、これは「開山」の意なのであろうか。

(63) 古くから「関東の高野山」、「女人高野山」として広く信仰されていたといわれるこの寺は、慶長年間に「教導上人」が中興してから寺勢が盛んになった（『角川日本地名大辞典』八を参照）。羅漢寺開基の「木食上人」が本寺の住持であったことは確かであるが、これを本寺中興の祖として紹介しているのは正確な情報ではないようである。また、孝謙（称徳）帝と道鏡の関係では、神護景雲四（七七〇）年八月に帝が薨去した後で道鏡は下野国に配流されている。川口がここに記しているような言い伝えが当地にはあったのかも知れないが、これは史実とは異なるようである。

(64) 萩谷は、名を徹、号を僊喬といい、八介と称した。水戸藩士で、進物番・書院番等を勤め、安政四（一八五七）年に七十九歳で没した。幕末水戸の著名な画家で、狩野派の池田凉岷に学び、天保五（一八三四）年には公命により斉昭の肖像画を描いている（『水戸市史』中巻（三）参照）。

(65) 秋山高志著『近世常陸の出版』の一八二頁には、川口の詩集『吟風弄月』中に収められている七絶百首が、「江戸後期に流行した華麗な詩風」であると評されている。しかし、秋山氏は、その著『水戸の文人』の二八―二九頁で、川口も含めた江戸後期の水戸人の詩集を紹介し、この時期には水戸人の詩名は三都に届かず、三都の詩人たちの後塵を受けるのは已むを得ない状況であったと記しておられる。川口の詩のレベルが実際のところどれ程のものであったものか、知りたいところではある。

(66) 因みに、川口が文政五（一八二二）年に彰考館総裁を罷免される理由となった失行は、この酒の上のことであったとされている（栗田勤著『水藩修史事略』、秋山高志著『近世常陸の出版』等を参照）。

（67）青山拙斎著『文苑遺談続集』参照。なお、川口の略歴については、この青山の著作をはじめ諸資料に依って本書第五章に記しておいたので、そちらをご参照いただきたい。

第七章　津藩の『聿脩録』刊行と水戸藩

――国立国会図書館所蔵『藤田幽谷書簡』所収書簡を中心に――

はじめに

国立国会図書館が所蔵する『藤田幽谷書簡』は、江戸時代後期の水戸藩儒藤田幽谷が、同じく水戸藩儒青山拙斎に宛てた二八二通の書簡からなる書簡集である。本書簡集は、『国立国会図書館所蔵貴重書解題』第十四巻として、同館図書部から昭和六十三年に翻刻されている。その解説によれば、本書簡集はある時期まで青山家に保存されていたもので、所収書簡の多くは文政期、それも文政六年以降に執筆されたものが多いという。

ところで、本書簡集の中には、津藩の藩祖藤堂高虎の事績を記した『聿脩録』に関する記述のみえる書簡が三十余通含まれている。当時水戸藩の彰考館総裁を勤めていた藤田と青山が、一体何のために、他藩の藩祖の事績を記した書物をめぐってこれだけ多くの書簡を遣り取りすることになったのか、そして、これらの書簡の中では具体的にどのようなことが話柄に上されていたのか、大いに興味をそそられるところであろう。

そこで本章では、この三十余通の書簡を詳細に検討することによって、こうした疑問に可能なかぎり答えていきたい。

第一節　『藤田幽谷書簡』中に『聿脩録』関連書簡が存在する理由

『聿脩録』は、文化年間末期に伊勢津藩儒の津阪孝綽が起草の命を受け、文政元（一八一八）年に脱稿して藩に提出した藩祖藤堂高虎の伝記で、はじめは「太祖創業志」と題されていた。当時、津藩は第十代藩主高兌の治世下にあり、儒教精神に則って藩政を刷新し、財政の再建と士風の振起に藩主自らが率先して取り組んでいた。そうしたなか、同書の編著は、藩祖高虎の事績を藩士の子弟に明示して始祖の勤労を知らしめ、祖先の恩に報いる志を厚くさせることを目的として企図されたものである。(1)

ところで、同書の編著を一任された津阪（一七五七―一八二五）は、名を孝綽、字を君裕といい、常之進と称し、東陽等と号した。経学を志して京都に上り、独学で古学を修め、諸公卿の賓師となったが、寛政元（一七八九）年に津藩儒となり、伊賀上野で学を講じた。文化四（一八〇七）年には津へ移り、同十一年に侍読学士に進んだ。藩主高兌の篤い信頼を得て藩校有造館創設の任にあたり、文政三年にはその督学となった。(2)

また、同書でその事績を顕彰された藩祖藤堂高虎の略伝を近年の研究書によって見てみると、以下のようになる。高虎は、近江国犬上郡藤堂村（滋賀県犬上郡甲良町）の地侍藤堂源助虎高の次男として弘治二（一五五六）年に生まれた。元亀元（一五七〇）年に浅井長政に仕えたのを皮切りに、阿閉政家・磯野員昌・織田信澄と主を変え、天正四（一五七六）年には羽柴秀長に仕え、秀長の没後はその子秀俊に仕えたが、秀俊も歿し、一時高野山に入った。しかし、豊臣秀吉の懇命によりその直臣となったが、天正十四（一五八六）年の徳川家康の京都屋敷築造を機として家康に接近し、朝鮮出兵中も家康から手紙が寄せられた。また、弟正高を江戸に人質に出すなどして家康の篤い信任を獲得した。慶長五（一六〇〇）年の関ケ原の戦では、東軍に属して小早川秀秋・大谷吉継の軍を破り、この戦功で伊予今治二十万石の大名となった。同十六年には二条城での家康・秀頼会見の接待役を務めたが、同二十年の大坂夏の陣では河内路の先鋒となり、八尾で長宗我部盛親と苦闘し、真田幸村によって危機に瀕した家康を救うなどの戦功を挙げた。元和二（一六一六）年に家康が没した後は、日光東照宮造営、上野寛永寺及び東照社の造営、徳川秀忠の息女和子（のち東福門院）の入内等にも尽力し、寛永三（一六二六）年には少将となった。寛永七年に七十五歳で没し、江戸上野の寒松院に葬られた。高虎は、家康・秀忠への忠勤と巧みな処世術によって津藩政の基礎を築き、藩祖高山公と称された。(3)

以上、『聿脩録』とその編著者津阪（坂）孝綽について一瞥し、さらに津藩祖高虎の事績についても概観してみた。しかし、これらを見ただけでは、『藤田幽谷書簡』の中に津藩の藩祖の事績を記した『聿脩録』に関する記述のみえる書簡が多数含まれている理由については、何も分からない。

ところで、津阪は、藩主高兌の篤い信頼のもとに同書の編著を一任されたのであるが、文政元（一八一八）年に脱稿した稿本は、その年の十二月十三日、同藩江戸屋敷で高兌の閲覧に供された。そして、庁議の結果、水戸公（斉脩）と林大学頭（述斎）にそれぞれ序文及び跋文の執筆を請うことに一決し、同三年、水戸邸に使者を遣わしてその旨を要請した。(4)その間の事情を今に伝える資料が「平松楽斎文書」の中に残されている。平松楽斎（一七九二—一八五二）は、名は正懿、字は子愿、健之助のち喜蔵と称し、楽斎と号した。津藩の郡奉行などを勤めた民政家で、ことに天保の飢饉のときの救済活動では大いに尽力した。また、学者としてもその名を知られ、大塩平八郎・足代弘訓・松浦武四郎・猪飼敬所などの学者・文人とも交流した。

この平松が、文政元年に小姓頭兼侍読となり藩主高兌に近侍したことから、この件での水戸藩との周旋の任に当たることとなった。その数十回に及ぶ水戸藩との交渉関連の書簡が「平松楽斎文書」の中に含まれており、そのうちの

「聿脩録関係一　十七通」が、平成二十三年に津市教育委員会から『聿脩録関係往復書簡（一）』と題して翻刻されている。そして、現在「聿脩録関係二　七十五通」を翻刻作業中とのことである。(5)

この既刊の『聿脩録関係往復書簡（一）』末尾に、永谷質氏による「聿脩録序跋往復概略」という一文が付録として収載されている。永谷氏は、平松澄子氏から平松家に伝わった『聿脩録』関係の往復書簡の整理を依嘱された方である。(6)そして、この文章は、氏が明治四十四年に同書簡の整理を完了した後で、この件について津藩が水戸藩と交渉した経緯を概説したものである。この「聿脩録序跋往復概略」に平松の手記「西厓見聞録」の中から、

「創業誌」十年許以前より津阪孝綽被仰付撰みしに、年を越て成れり。何れも不能間然感服せしかば、其上は格別の御交なれば水戸公へ御序を乞、林祭酒に御跋を乞候はゞ実に不朽の盛典とならんとの衆議にて、文政三辰年御使者は土井揚蔵、付添は鈴木九左衛門にて其御館総裁官川口介九郎方へ行、前により格別の御したしみ、何卒御序被下候はゞ辱思召候段丁寧に御たのませ有之、其後御承知被成候段申来る。

という件が転記されており、これによって我々は、斉脩と林大学頭にそれぞれ序文及び跋文の執筆を請うことに一決した経緯を知ることができるのである。

扨、ここに至って初めて、先に提示した疑問に対する解答を得る糸口がつかめたことになる。津藩では、当時の水戸藩主徳川斉脩に本書の序文の執筆を依頼したというのである。それならば確かに、同書をめぐって水戸・津両藩の間に何らかの交渉がみられても不思議なことではなく、また、序文執筆という文事に係わることなので、彰考館総裁を勤めていた藤田と青山に当局から相談が持ちかけられるのは、その職掌からして自然の成り行きであろう。(7)

しかしながら、長短さまざまではあるが、この書物に関して藤田と青山が、一体どうして三十余通ものたくさんの書簡を遣り取りすることになったのか、という疑問はまだ残されたままである。

そこで、永谷氏によるこの「聿脩録序跋往復概略」をさらに読み進めてみると、斉脩が序文執筆を引き受けるにあたり、同書の書名の是非如何をはじめとして、文章の表現や史実にまでも踏み込んだ諸種の問題点が水戸藩の儒官から指摘され、津阪らがその対応に苦慮したことが記されているのである。この書物に関して、藤田と青山が三十余通もの書簡を遣り取りすることになった理由は、どうやらこのあたりにあったもののようである。

以下には、藤田と青山の遣り取りの内容を詳細に検討することによって、水戸藩の儒官が、この件に関してどのような点を問題視していたのか、また、その指摘を受けた津藩側がそれをどのように受け止め、どのような修正を加えたのか等について、具体的に見ていくことになるであろう。

第二節　津藩からの『聿脩録』序文執筆依頼受諾の条件と序文の文章の検討

（1）水戸藩側からの書名変更の要請

前述した永谷質氏の「聿脩録序跋往復概略」には、平松の手記「西厓見聞録」を引用して、水戸藩儒からの書名変更の要請があったことが、次のように記されている。

其後程経て介九郎より揚蔵に逢申度由申来る。則揚蔵参り対面に及び候所、申聞候大意は「創業」の字「孟子」に出てあるが故、右文字に限る事には無之候へども、「創業」起居注は天子の事を記し其外天子開業の事にも相用ひ来り候。既に前田は「創業記」と標し申し候。しかし宰相殿の序を致候にいたりては、右の書名にては出来がたく、全く宰相殿より申され候事には無之、拙者などの心付の由くれ〴〵強て申などの義ならねば其段は宜しく申述られ度由、猶又御当君厚き思召にて御先祖御追考なされ候より出来候事に候へば、大雅「勿念尓祖聿脩其徳」

の「聿脩」の字をとり「聿脩録」と被成候ては如何やと申候趣を話し、且書取を以て詳に申述たり。

すなわち、水戸藩の（川口）介九郎から津藩の（土井）揚蔵のもとに、会って話がしたい旨を言ってきたので出向いたところ、川口からは、「創業」とは天子開業のこと等天子に係わる事柄を記す場合に用いてきた用語であるため、この書名（「太祖創業志」）では我が宰相殿（斉脩）の序文の掲載を受諾することは出来ない、と言われたという。また、貴藩の御主君が御先祖を追孝される篤い思いから編まれた書物であるから、『詩経』「大雅」中の「勿念尓祖聿脩其徳」から「聿脩」の字を採って、「聿脩録」などとなさっては如何か、と提案されたという。そして、これについては、全く我が宰相殿がそのように申されたことではなく、拙者などが心付いたことであり、決して強て申し上げているわけではないと弁解し、津藩側に理解を求めていたことが分かる。

この川口から伝えられた水戸藩側の提案を受けて津藩側がどう対応したかは、平松の同手記中の、

揚蔵帰り其段申上しかば、色々衆議有之候内、全く御心付被下候段辱く、左様候へば是は宰相様より書付被下候に仕度由御頼有之ては如何やと伺有之処、左にいたせと御指図有之。其通り御頼込有之。日を経て初め宰相殿思召付れ候事故定て太守の御意にも相叶候事と思召御頼にまかせ進せられ候趣申来る。

という記述によれば、この書名変更の件について宰相様から直々に一筆いただこうということになり、主君（高兌）の了解も得た上でそのように要請したようである。これに対しては、暫くして水戸藩側から、これは初めに我が宰相殿が思い付かれたことであり、貴藩の主君の同意も得られたようであるから御依頼を受理することになった、という返事があったことが分かる。

以上が、津藩側の資料から窺える書名変更の経緯に関する情報であるが、それでは、水戸藩側の『藤田幽谷書簡』の中にはどのような記述がみられるであろうか。同書簡集所収の文政八年の九月十四日付一七八通目書簡には、

且聿脩の名も、元ハ創業記と有之所、天下へ押出し申候書名には僭踰の様に相聞へ候に付、御序文被遣候ハ、書名相改可然旨申上候而、段々懸合為相直候も、小子発端ニ御坐候。

と記されている。これをみると、藤田は、この書名で公刊するのは身分を越えた行為のように思われるからという理由で、序文を遣わされるならば書名を改めさせるべきだと提言し、初め「創業記」とあったのを、[11]先方と掛け合ってこのように改めさせたが、その発端は自分である、と青山に話している。[12]ただし、このことを直接藩主斉脩に具申し実際に津藩側と掛け合うのは、文政八年の九月九日付一八三通目書簡の「介九郎在職之時相談申遣、介九郎ゟ伺候而、今の名ニ為相改候様相成候」という記述から、川口に一任されたことが分かり、津藩側の資料に記述されている内容と符合する。

この書名変更の件に関しては、水戸・津両藩のあいだで特に確執が生じた様子もなく、また、青山が総裁職に就く前に既に決定してしまっていたことでもあるためか、本書簡集所収の書簡中に、これ以上立ち入ったことの記されているものは見当たらない。

（2）『聿脩録』関連の藤田の意見書が惹き起こした波紋

前述した永谷質氏の「聿脩録序跋往復概略」には、(1)この件で水戸藩との連絡・交渉役に任じられた平松が、水戸藩側の窓口となっていた川口に会見を求めたが、折しも川口は罪を得て解任されてしまったため実現に至らず、その結果、その後の交渉が一段と困難になったであろうこと、[13](2)朝川善庵の斡旋によって水戸の小姓頭鵜殿平七や側用人久世十太夫らと交渉した結果、文政五年の十二月十六日、斉脩から密かに手書及び序文草稿が齎されたこと、(3)斉脩の手書には遷延を謝すると同時に、不文の故をもってこれを辞退したい旨が書かれていたこと、等が記されている。

こうした事態に直面した津藩では、衆議の末、藩主高兌の登城時に直接高兌から水戸公に懇請してもらうことに決し、そのようにした結果、水戸公も意を翻して執筆を快諾してくれたようだ、と永谷氏は記し、さらに「蓋し両公の親昵なる、左まで峻拒せらるべきにあらざるも、儒臣の論難に躊躇せられたるなるべし」と記して、斉脩が序文の執筆を一旦辞退したのは藩内の儒臣の論難に当惑してのことであろう、と推測している。

ところで、文政六年の十二月十九日付一八七通目書簡(14)をみると、ここに永谷氏が記述したことを一部裏付けるような内容の記述がみえる。

聿脩録之儀に付、久世十太夫方ゟ御懸合之次第、委曲被仰下、扨々六ケ敷入組候儀、御同様迷惑仕候。右之儀ニ付候而ハ、貴兄御当職已前より、大意ハ御承知之事に候所、於江戸介九郎取扱之委曲ハ、小子も一々承知無之事ニ御坐候。扨当正月元日、（中略）御用番年寄衆興津所左衛門殿へ罷出候様申来、病気に付、翌日おして罷出候へバ、右聿脩録一件に御坐候。（中略）衄血の患有之、申出之書面も早速出来兼、数日之後、漸御呈申上候。其後寂然、何等之御沙汰無之（中略）全五郎代役中、其御地之御様子承合候へバ、右御序文之儀ハ御止被遊候旨、十太夫物語候由のみ申遣候而、何等之儀も相分兼候。扨又介九郎内話之趣にてハ、藤堂家ゟ改訂之本を御屋形まて差上候由に候へ共、小子方へハ一向御沙汰も無御坐候。御序文草稿をも、和泉殿参上之節御渡被遣候様に、脇合之沙汰承候へ共、史館へ御沙汰無御坐候ハ不審之至に候へ共、正月中小子国老衆迄述議之次第、何か御故障之筋も有之候而、再ひ小子へハ御懸ケ不被遊候事ニも可有之哉難計候間、其後ハ伺出も不仕候。然る所来書之趣にてハ、一旦御約諾之事故、御食言無御坐候御験迄に、御草稿バかり鳥渡被遊御示候而、御清書被遣候事ハ御延引之趣、左候ハ丶小子述議之次第、一向御棄被遊候にも無之、扨々難有仕合奉存候。

これによれば、『聿脩録』の件で久世十太夫を通しての津藩との交渉の模様につき、青山から藤田宛にいろいろと報告をしてきたようで、なかなか難しい状況下にあった様子が伝わってくる。青山は、このとき同時に、自分が江戸の彰考館総裁に就任する以前から始まっていたこの件について、藤田にその詳細を尋ねたようであるが、藤田は、自分も川口がまだ総裁職にあった当時の取扱いの詳細については承知していない、と応えている。

そのうえで藤田は、今年の正月元日、御用番年寄衆の興津所左衛門に呼び出され、病気を押して出向いたところ、用件はこの『聿脩録』の一件で、自分にこの件の取扱い等についての意見を書面にして提出するよう命じたこと、当時は体調が勝れなかったので、数日後に意見書をまとめて提出したのであるが、その後はまったく音沙汰のない状態だったこと、青山が総裁に就任する以前の全五郎（藤田克中）が総裁代役を勤めていた頃、江戸の様子を尋ねてみたところ、全五郎からは、序文を遣わすのは止めになったと十太夫（久世）から聞いている、と伝えてきただけなので、その後どのようなことになっているのかについては自分も何も分からないこと、等を記している。

さらに藤田は、介九郎（川口）の内話によれば藤堂家から『聿脩録』の改訂本が江戸の藩邸まで提出されたとのことだが、自分へは一向に御沙汰もなく、また、和泉殿（藤堂高兌）が藩邸に参上した折、序文の草稿を遣わされたように余所から漏れ聞いているが、水戸の史館へは何も御沙汰がないので不審に思っている、と記し、これは正月中に自分が国老衆に提出した意見書に何か支障があって、再び自分へは下問しないことにでもなったものか、事情が分からないのでその後はこちらから尋ねることもしていない、と続けている。しかし、青山からの書簡に、序文を遣わすことは一旦約諾したことなので、約束を違えることはないという担保として草稿を示したまでであり、清書したものを遣わすのは先延ばしになった、とあったらしく、これを読んで藤田は、自分が提出した意見書がまったく無視されたわけでもなかったことを喜んでいる。

以上、この書簡をみただけでも、津藩側だけでなく水戸藩側においても、この件の交渉に関して色々と頭を悩ませていた様子が窺えるであろう。これは、永谷氏の記述及び本書簡の内容から窺える文政五、六年の時点の状況である。

ところで、藤田がこの件の取扱い等について国老衆に提出した意見書とは、いったいどのような内容のものだったのか、気になるところである。藤田は同じ書簡の中に、「春中も申上候通、天下の御制度へも係候儀、且ハ御家之御恥辱ニも相成候儀、容易に御序文被遣候様御請ハ仕兼候」と記し、『聿脩録』の内容が、津藩という一藩を越えて天下の制度にも係わるようなことに及んでいるのみならず、下手をすれば水戸藩の恥辱ともなりかねないところもあるので、そう気安く序文の執筆を引き受けることなどはできないのだ、と述べている。また、藤田は、清書したものを先方に遣わすのは先延ばしになったという青山からの報告を受けて、自分が提出した意見書がまったく無視されたわけでもなかったのを喜んでいたが、こうしたことなどからも、藤田の意見書の内容が、その詳細については分からないながらも、凡そどのような主旨のものであったかは窺うことができるであろう。先に永谷氏の「聿脩録序跋往復概略」の中で、水戸藩主斉脩が序文執筆を引き受けるにあたり、同書の書名の是非のみならず、文章の表現や史実にまでも踏み込んだ諸種の問題点が水戸藩の儒官から指摘されたため、その後津阪らがその対応に苦慮したことが記されていた。(15)これ以降の津藩との交渉を長引かせる大きな要因となったのが、恐らくはこの藤田の意見書であったものと推察される。

(3) 藤田の提示する序文執筆の要諦

先述したように、藤田は、「御家之御恥辱」にならないようにするということをとりわけ重要視していたようであるが、それでは、その藤田が考える序文のあるべきかたちとは、いったいどのようなものだったのであろうか。次の文政八年の八月九日付一七〇通目書簡(16)をみると、聿脩録御序文、近々御清書可被遣候振に付候而ハ、先達而より小子儀も相懸り申候事ゆへ、御添削之儀被仰付候様御伺も相済候間、御序文御旧稿、此方に可有之候条、存寄申上候様来書之趣致承知候。但御旧稿之儀ハ、介九郎取扱之節、御添削申上候事ニ而、其節為差登候事と相見へ、此方にハ扣無御坐候。尤其節貴兄にも御拝見之事ニも、忠孝立論之上、旅進旅退等之語如何敷候間、相改候様伺候ハヽ可然旨、介九郎迄相運ひ申候へキ。尤弥被遣候段に相成候ハヽ、重而其節介九郎へ可及相談と心得居、如何程に御中書出来候哉存不申候。貴館ニ御坐候御定本、拝見仕度候。但拝見之上、存付も御坐候ハヽ無伏蔵可申上候へとも、此節ハ貴兄御在府と申、御刪潤之儀ハ貴兄之御持前に候間、貴兄より御存分御改正、御伺被成候様仕度候。

と記されている。これによると、『聿脩録』の序文を清書して近々先方へ遣わすにあたり、水館にある序文の旧稿を精査して、意見があるようであれば出してほしい、という内容の書簡が江戸の青山から届いたらしく、藤田はこれを承諾している。しかし、旧稿は、介九郎（川口）がまだ在任中に添削して提出したのであるが、その折に水館では控えを作っておかなかったようで、藤田の手元にはなかった。当時藤田は、「忠孝」を基に立論すべきこと、「旅進旅退」等の語の使用は止めるようにすべきこと等を記し、その頃はまだ水館に居た青山にもこれを見せた上で川口のもとに送ったのであるが、いよいよ津藩側に遣わすという運びになったところで重ねて相談すればいいと考えていたため、この時点でこれがどのようなものになったのかの確認もせずにそのまま放置しておいたようである。そのような次第なので江館の定本を送ってほしい、と青山に頼んでいる。そして、これを見た上で、気付いたことがあれば腹蔵なく知らせるが、序文に刪潤を加えるのは定府の貴兄がなすべきことである、と述べている。

これに続けて藤田は、序文執筆の要諦を次のように記している。

御原文と申候而も、其後介九郎御潤色申上候間、段々文辞ハかわり申候へ共、最初より御立論、忠孝の二字御敷衍は、無相違覚居候。乍恐御文章ハともかくも、此二字通篇へ貫候様に相成候ハヽ、聿脩の名義も相叶ひ、尚更三藩の御尊貴ニて御序被遊候事、体をも存し申候様仕度候。

すなわち、旧稿の原文とはいっても、これには既に介九郎（川口）の手が入っていたため、斉脩の手になるものとはだいぶ文辞が異なってしまってはいたであろうが、立論の基底に「忠孝」の二つの徳目が置かれていたことは間違いなく記憶している。したがって、文章表現の瑣末な議論はさておき、この二つの徳目が文章全体に貫通するものとなっていれば、祖先の徳を慕い、それを明らかにして修めるという「聿脩」の名義にも叶い、なおかつ、御三家という尊貴な立場にある斉脩がこの書物に序文を遣わすことの意味も得心のいくものとなるのである、と藤田はいう。

そして藤田は、さらにこれに加えて、

大雅文王之詩、文王孫子、本支百世、王之藎臣、亡念爾祖、亡念爾祖、聿脩厥徳、是斯書名義之所本に候所、本支百世ハ莫（ママ）府幷三藩之方へ当り、王之藎臣云々ハ藤堂等功臣侯之方へ相当り候様、何となく冒頭有之、其跡にて照応御坐候様、聿脩祖徳ニて、其祖先へ之孝ハ不及申、国家へ之忠も相立候わけ御述被遊、其御文中にハ、顧命中之熊羆之臣不二心之臣云々、乃心王室云々等をも御引入、其末に予忝守東藩云々、三藩之御事体を御述被遊、彼懇望ゆへ御序文被遣候事、其忠孝の美を御称被遊候ハヽ、事体宜様ニ御坐候。

と記している。すなわち、『詩経』「大雅文王」中の「文王孫子、本支百世、（中略）王之藎臣、亡念爾祖、亡念爾祖、聿脩厥徳」の一節がこの書の書名の典拠であるが、「本支百世」は幕府及び御三家に、そして「王之藎臣云々」は藤堂等の功臣諸侯に該当するものとしてまずこれを文中に掲げ、その後でこれに照応させて、藤堂侯が祖先への「孝」はいうまでもなく国家への「忠」も尽していることに言及し、さらに『書経』「周書顧命」(18)中の「熊羆之臣不二心之臣云々」「乃心王室云々」等の一節を引用してこれを補説して、最後には、「予忝守東藩云々」の文章を配して御三家としての水戸藩の立場を述べた上で、藤堂侯から懇望されて序文を遣わし、その忠孝の美を称揚したのである、と記せば全体がすっきりと纏まるであろう、と文章の内容・構成に亙って具体的に自説を開陳している。

ところで、水戸藩主の書いたものとして世に示して恥ずかしくないような文章にすることを目指していたらしい藤田は、文政七年の六月二十四日付一六八通目書簡(19)には、

> 貴兄御了簡、彼自序中寡人ヲ余と為改、上之御序文之末へ、其家之伝説ニて不可悉信こと有之趣にほハセ候ハヽ、御序文被遣候而も、後世之誹謗ハ有之間敷旨、至極御尤なる御扱と奉存候。小子も、始終は大抵其位にも形付可申哉と考居候事ニ御坐候。

のように記している。すなわち、序文の末尾にでも、同書の内容は藤堂家に伝わる家説に基づくところがあるため、すべてが信を置けるものとはいえないということを臭わせるような記述を入れておけば、たとえ序文を遣わしても、書中の不適切な記述を理由に主君が後世の誹謗を受けるようなことは避けられるであろう、と青山が言ってきたのに対して、自分も大体そのような措置を施しておくのが適当かと考えていたところだと賛同し、そうした配慮も決して怠ってはいないことを述べている。

しかし、こうは言ったものの、やはりその出来上がりが心配だったのであろう。文政八年の九月十四日付一七八通目書簡をみると、『聿脩録』の序文をどうしても遣わすということであるならば、とした上で藤田は、「彼家乗往々有世之所不伝云々」という文言を入れてまとめた案文(20)を別紙に認め、先便で青山宛に送り届けていたようである。これに対して青山からは、「御序文重而点検被仰付候迄ニ而、御代作被仰付候儀に無之候間、御原稿之外別ニ擬作仕、差上候而ハ不宜候様云々」という返事が送られてきたらしく、藤田は、これを「御尤奉存候」と受けとめた上で、

> 乍去御初稿、介九郎在職中拝見仕候而、大意相覚申候処、忠孝之義と、御当家御創業之時藤堂等之如キ人出候事、

大眼目ニ御書立被遊候。他家へ被遣候事ゆへ存分申上候様、介九郎迄御内書も被為在候。然ハ此節貴兄御付札等之分ハ、御初稿とハ乍申、実は介九郎存分御刪潤申上候事ニ御坐候。小子擬作とても、外ニ次第も無之、忠孝の義に付立論、始終を括候事ニ御坐候。但介九郎より文辞ハ不行届候へ共、介九郎御刪潤申候通にてハ、彼家伝之御証人に御立被遊候様にて不宜候間、家乗云々之事、工夫仕候迄ニ御坐候。冒頭より丸に書替候も不得已之次第に御坐候。もし思召に不為叶候ハヽ、是非拙筆ニて認候通に被遊候様固執仕候事にハ無之候。(中略)此度とても、小子筆を執候儀ハ迷惑に存候間、貴兄ニて可然様御書立ニ仕度、先頃及御文通候へ共、貴兄ニ而ハ、あまり御初稿へハ御手を付不被成候故、不得已別に擬作相伺申度、貴兄迄及御相談申候事ニ御坐候。

と応えている。すなわち、自分がまとめた案文は、先に介九郎(川口)が刪潤を加えた稿本のままでは藤堂家の家伝の証人とさせられてしまいかねないので、斉脩の初稿の大眼目である「忠孝之義と、御当家御創業之時藤堂等之如キ人出候事」はそのまま残しながら、そうならないよう工夫をしてみたものである。そのような次第なので、已むなく冒頭から全部書替えたようになってしまったのであるが、もしこれが斉脩の意に叶わないようであるならば、自分としてはあくまでもこれに固執するものではない。貴兄の方で然るべく対処してくれるよう先の書簡で伝えておいたが、貴兄が草稿にあまり手を加えないので、已むを得ず別に擬作してみたまでのことである。藤田はこのように記し、さらに次のように続ける。

来諭にハ御初稿一向彼家へ御示不被遊候内ハ、いか程御直しに相成候而も宜候へ共、一旦御稿本被遣置候上ハ、冒頭より尽御改ニ相成候而ハ全く御代筆と可存云々、是ハ於小子ハ左様ニハ了簡不仕候。たとへ御初稿被遣候共御内々之事、弥其通ニ被遊候ハヽ、早速御清書被下候筈之処、彼是御隙取ハ御未定ゆへに御坐候。此度御清書被遣候ハヽ、如此改定と被仰遣候而も、何之御次第も有御坐間敷候。

ここで藤田は、先に稿本を遣わしている以上、このように冒頭から悉く改めたのでは先方から全く代筆と思われてしまうのではないか、と青山が心配しているのに対して、自分はそうは思わない、とこれを否定する。藤田は、たとえ初稿を遣わしたとしても、それはあくまでも内々のことであり、いよいよ決定稿が出来上がったので清書して遣わした、と説明すれば何も不都合なことはない、と言うのである。

そして、代筆それ自体についても、藤田は、

古来能文之士にても、事ニより人へ代作為致候事も不少、況や王公・大人之御文章、御代筆之もの有之候は当り前之事ニ御坐候。如何様にても、国体を不忝候方宜歟と奉存候。尚更御改被遊候共、丸々御代作に無之証拠にハ、御初稿之字句、所々へのこし置候事にて御坐候。愚意ハ如此了簡仕候へ共（後略）

と記し、古来からたとえ能文の士であっても、事によっては人に代作させた例も少なくないのであり、特に王公・大人の文章ともなれば代筆のもののあるのは当り前のことである、という。しかし、そのように心配されることも十分予想されたので、全くの書替えではない証拠として初稿中の字句を所々へ残しておいたのだ、と述べている。いずれにしても、藤田にとって重要と思われたのはそのようなことではなく、藩の面目が立たないようなことになるのを回避することであったのである。

（4）『聿脩録』序文の表記に関する具体的な問題点の検討

ここでは、藤田と青山が、『聿脩録』序文の表記そのものに関して、どのようなことを問題視し、どのような遣り取りをしたのかについてみておきたい。

藤田は、文政七年執筆の一八八通目（月日未記入）書簡[21]の中に次のように記している。

藤堂自分之撰述なれハ、御序文相願候而も宜奉存候所、左にハ無之、全く儒臣の詞に御坐候。夫故先方にてハ臣下へ命候而撰ハセ候書故、其序文にも寡人なと称候事ニ御坐候。此方へ相願候ハ、ちと不敬の様ニ御坐候。初命儒臣云々被申遣候も、文辞撰述等ハ儒臣の持前故、定而藤堂の存寄を儒臣ニて潤色の事と存候へバ、左ニハ無之、彼家ニて奉命撰の体に出来、藤堂序文ハ、中さバ漢土御製序文の様ニ御坐候。御家より被遣候御文は、藤堂へ御対被遊候故、以予御称被遊候外無之、つまらぬ事ニ御候

すなわち、『聿脩録』は高兌自身の撰述したものではなく、全く儒臣に命じて書かせたものである。そのため自序中にも、自らを指して「寡人」などという用語を使用している。当方の主君に序文の執筆を依頼しながら、これでは聊か不敬にあたるのではなかろうか。とにかく、同書は藤堂藩にあっては「奉命撰」の体裁となっているため、高兌の自序は、いわば漢土の御製序文のようなものなので、こうした用語を使っているわけである。これに対して、当方から遣わす藩主斉脩の序文は、あくまでも藤堂侯に対しての表現となるため、自称の用語としては、「予」といった詞しか使用することができないのだ、と藤田は不満の意を表明しているのである。

この件に関して、青山は、用語を改めるよう津藩側に申し入れたが、津藩側がこれに応じようとしないので、斉脩序文中の「予」の字を「孤」の字に改めてもらうよう具申したい、と藤田に持ち掛けてきたことが文政八年の八月九日付一六九通目書簡(22)にみえる。これに対して藤田は、

(前略)此度改正本も寡人に出来候間、御序文中予字孤字ニ御改被遊候様との御次第、段々之御取扱、御賢労千万ニ御坐候。(中略)た、孤寡の称ハ、於小子ハいつれニも不得其宜候様奉存候。寡人二字、彼方ニ而臣民へのみ相示候事にハ、其通ニ而も可然候へ共、堂々たる三藩へ差出し候而、御序文奉願候ニハ失敬に御坐候。乍去自序之文ニ而、御家へ奉対候詞ゆへ、申さば勝手次第と申ものゆへ、詞にハ点検を失とハ申条、故意に其儘差置候歟も

不相知候。乍去改候振に候ハヽ、ヤハリ為改候方可然奉存候。あの方之序中寡人の字有之つもりニ而、御序文ニ孤の字御用ひ被遊候も不穏候。（中略）尚更彼方自序の文詞、寡人二字改候様御申候上ニ而、此方様之御序ノ文に孤の字御用ひ被遊候而ハ、何とか先方御軽侮被遊候様ニて、御謙光之道を失ひ、甚不可然奉存候。御序文ハ先方へ御対御称被遊候事故、先方之自序よりハ目立申候。愚按にハ、先方ニ而改候筈に候ハヽ為改、御序文ハヤハリ予の字ニて可然奉存候。尤貴兄より善庵等へ御懸合ニ而、彼自序中寡人の二字被改候ハヽ、何之次第も無之候へ共、是非に存し被置度候ハヽ、此方へ被対候称謂と申ニも無之、自序中之事、其臣子へ之詞に候間、いか様ニも御勝手次第之儀、但其首に序文被為冠候に、予とのみ被称候而ハ不釣合に候間、不得巳孤の字なと被用候外無之候。（中略）御互に孤寡の称ハ文中相除候様致度と御申候ハヽ、先方ニて倔強之念も相止可申候。

のように応えている。すなわち、自分は、「孤寡」の称を用いるのは水戸・津両藩にとって好ましいことではないと考える。「寡人」の二字は、津藩で臣民へのみ示すのであれば勿論そのままで良く、それゆえに、改正本の藩主自序中に(23)この二字が残っているのは点検漏れであったと先方は弁解しているが、実際は故意にそのままにしておいたと取れなくもない。しかしながら、いやしくも御三家へ差出して序文の執筆を請うからには、勝手次第というわけにはいかず、このままでは礼を失することになる。とはいうものの、先方の序文中に「寡人」とあるから当方の序文には「孤」の字を用いるというのでは、強いて事を構えるようで如何にも不穏当なことであろう。尚更、先方の自序中の「寡人」二字を改めるよう申し入れたうえで、当方の序文中に「孤」の字を用いるというのでは、あたかも先方を軽侮しているかのようにみえ、「御謙光之道」から逸脱するようで好ましくない。当方の序文は、やはり「予」の字でいいのではないかと考える。しかし、先方がどうしても「寡人」の二字を用いるというのであれば、それでは当方の序文との釣り合いが取れなくなるので、当方も已むを得ず「孤」の字を用いるというようなことになってしまうであろう。そうした次第なので、とにかく、お互いに「孤寡」の称は文中から除くようにしたいと申し伝えれば、先方の倔強の念を和らげることができるのではあるまいか。藤田はこのように自らの見解を述べて、青山にこの件の取扱い方の再考を促しているのである。

しかし、青山がすんなりとこの提案に応じたのでは、どうやらなさそうである。文政八年の八月十九日付一七二通目書簡(24)をみると、

御序文之内、孤字御用ひ被遊候様貴考被仰上候由、愚意にハ、御同心に無之段、先便も得貴意候。貴兄にハとかく唐人の文ニさへ先例有之候へハ宜事と御済被成候儀、毎々之御家法に御坐候処、小子ハ名義の事ニ於てハ、其事の当否を論候事ニ而、唐人をバ一向あてに不仕候。況ヤ三国割拠之世界、劉表・王粲等之相用ひ候称謂、当代にハ準拠と仕兼候。

とあり、藤田が先便で再考を促したにも拘らず、青山は、斉脩にこのことを上申してしまったようで、これを不服とした藤田は、青山の何事も唐人の文に先例がありさえすればよしとする姿勢を厳しく批判している。その上で藤田は、

是迄義公已来、称孤の文御坐候儀未承候所、畢竟藤堂寡人の故を以て如此称謂を御立被遊候事、所謂尤而傚焉と申ものニハ有之間敷候哉。

と記し、「称孤の文」の存在は水戸藩では義公（水戸徳川家第二代藩主光圀）以来聞いたこともなく、また、藤堂侯が「寡人」と称したからといって当方が「孤」の字を用いたのでは、まさに「尤而傚焉」(25)、すなわち、他人の過失や罪を非難しておきながら自分も同じようなことをすることとなってしまい、よろしくないのではないかと述べて、「とくと御再思可被下候」と、繰り返し青山に再考を促しているのである。

ところで、この件については、斉脩序文・高兌自序共に、現行本『聿脩録』においては「孤寡」の称は見当たらな

い。恐らくは、その後青山が藤田の意見に歩み寄りをみせ、津藩との交渉の末、最終的に「予」の字を使用することに落着したものであろうが、残念ながら本書簡集の中には、この間の事情を窺える書簡は含まれていない。

因みに、藤田は津藩主高兌の自序について、その中にみえる「太祖」及び「伊賀国主」という称呼についても異を唱えている。文政八年の八月二十九日付一七六通目書簡(26)をみると、

序文ニも、寡人斗ニも無之、太祖と有之候。太祖の字廟号ニて、春秋の時ハ諸侯ニも通称候へ共、平日の詞にハ用ひ兼候。廟号を平日の詞に用ひハ（ママ）、後世ハ帝王の外にハ不承候。夫ゆへ御序文に権現様ヲ烈祖と被遊候而も、彼家の序ニハ、公然として高虎を我太祖と申候事、無忌憚様に御坐候。伊賀国主の事も、当世の通称候へ共、文辞に某国主ト有之候は、後世にハ大号ヲ称候者之外にハ少く可有之候。

のように記されている。すなわち、「太祖」というのは廟号であり、中国の春秋時代には諸侯でも普通に称したが、今の我が国ではこれを自由に用いることはできない。この廟号の使用は帝王のみに許されることとされている。そのようなわけなので、水戸家の序文に権現様（家康）を「烈祖」と書くのは差支えないが、藤堂家の序文に藩祖高虎を表立って「太祖」と書くのは無遠慮な所為ということになるのである。それから、「伊賀国主」という称呼も一般に使われてはいるが、これを文章中で使用している例は少ないようである。藤田はこのように述べて、藤堂侯の自序中の「太祖」や「伊賀国主」という表記が不適切であることを指摘している。

今、現行本の高兌の自序を見てみると、この「太祖」という称呼は使用されていないが、「伊賀国主」という称呼は、序文末尾の自署の表記の中で使用されているのを確認できる。

それから、同じく一七六通目書簡には、

（前略）御発端政務之暇とハ被遊候間、王公之様にハ有之候へ共、譜牒云々・史筆云々抔、何か書生之世話いたし

候様ニて、王公の御文ニハ如何と奉存候。

のような記述もみえる。ここで藤田は、斉脩の序文の初めに「政務之暇」とあるのはいかにも王公の文章に相応しいが、「譜牒云々」「史筆云々」とあるのなどはどこか書生じみた表現であり、適当でないように思われる、と述べている。これは、序文の「予政務之暇、時閲当世功臣世家譜牒欲以諳其閥閲、而戦国騒擾之間、記注間或闕略、庶探諸家記載考覈以得其実云々」という書き出しの個所についての評言であろう。これをみると、現行本の斉脩序文では、「譜牒云々」はそのまま残されているが、「史筆云々」については表記が改められたもののようである。これは津藩を巻き込んで問題となったものではないが、水戸藩側で検討の俎上に上された事例としてここに記しておく。

以上、藤田と青山の間で交わされた遣り取りの中には、序文の文章のどこをどうするといった具体的な記述は、ここにみた程度で決して多くはない。藤田は、文政六年の十二月十九日付一八七通目書簡に、

只今にてハ貴兄御同職と申、殊に御定府之事、御序文御删潤等之儀ハ、此方にても御相談は可申候へ共、指当り於其御地、御直之御伺等も便利之御事に候間、当春之通り、小子よりのみ専相伺候にハ不及候。乍去他家へも相かゝり候事、幾重ニも御相談念入候而、御国恥に不相入候様仕度、臣子之情御同様之事ニ御坐候間、此儀に付候而ハ、此上如何様之御沙汰に相成候共、御互ニ無伏蔵御相談申度候。

と記し、かなり早い段階から、序文に删潤を加えるのは、定府の青山の方が直接斉脩に相談もできて便利ということもあり、基本的には青山に委ねるつもりだ、と述べている。しかし、同時に藤田は、この件は他家へも関係することなので入念に相談し、ゆめゆめ「国恥」となるようなことのないよう配慮するのが臣下としての務めである、とも述べていた。

第三節　水戸藩側から提起された『聿脩録』本文への疑義

（1）『聿脩録』本文中の表現上の問題点の指摘

文政八年の九月四日付一七七通目書簡をみると、

此度先方より遣候改本之様子、臣下の撰を自撰に直し候迄ニて、其中之文辞等、ヤハリ已前之通なる次第も御坐候。介九郎直し候本よりハ、遙に悪く可有之奉存候。

のように記されている。これによれば、津藩側から『聿脩録』の改正本が水戸藩側に届けられたようであるが、改正本とはいっても、その内実は、臣下の撰を藩主の自撰のように直しただけで、その中の文辞等については元のままになっているところもあり、以前に介九郎（川口）が直しを入れたものよりもずっと出来が悪くなっている、というのが藤田のこの改正本に対する評価である。それでは、藤田らが指摘した表現上の問題点とはどのようなものであったのであろうか。

先ず、文政八年の八月九日付一六九通目書簡の、

彼書改正之本御一検之処、巻初自序も改候而自撰之振ニ出来、巻首序論も削去、姓名も除去候由、但自序中寡人二字、（中略）此度改正本も寡人に出来候間、（中略）其外雖懿親三藩所不及也等の文、一々除去候哉如何、承度候。[27]

という記述によれば、藤田は、前出の一七七通目書簡を出す前に、津藩から届いたらしい改正本について青山から、①巻初の自序は改められて自撰のようになっていること、②巻首にあった序論が削去され、姓名も除去されていること、③自序中の「寡人」の二字はそのままになっていること、等の報告を受けていたようである。これらは全て藤田

らが問題視していた事項と思われるが、外にも藤田は、「雖懿親三藩所不及也」という文章が削除されたかどうかについて、青山に質している。

そして、この改正本が藤田の手元に届いた後に書かれたと思われる文政八年の八月二十四日付一七五通目書簡(28)には、

此度被遣候改本之写、早速致繙閲候所、書中大関係ノ儀ハ、ヤハリ依然として旧のまゝに相見へ候。就中三社一件雖三藩所不及云々、其外不敬至極之次第此通ニて、御序文被遣候様にハ決而相成兼可申候。乍去先方へ御懸合之儀、何か圭角を生候様ニてハ不宜候間、(中略)当分ハ平松某・石川某等も在府候事ニ無之、とかく藤堂侯参府之上ニ無之候而ハ、相分り申間敷申事に候趣を以て、可然様に御のべくり被指置候方宜様にも奉存候。

のように記され、先に青山から齎された情報を自ら確認しているのが分かる。そして、「三社一件雖三藩所不及云々」等の不敬至極の記述がそのままになっているのを見て、藤田は、序文を遣わすことなど断じてできないと憤っている。しかしながら、下手に先方へ掛け合って圭角を生じたりしてはいけないので、現在は「平松某・石川某等」(29)も在府していないことでもあり、ともかく藤堂侯が参府されないことにはよく分からないからということで、暫くはこのまま放置しておくのがいいだろう、と青山に書き送っている。

藤田はまた、文政八年の九月九日付一八三通目書簡に、

然る所、篇中高虎を太祖と単称いたし候。僭妄之甚と可申候。周時廟制ニハ、諸侯ニても太祖有之ハ勿論に候へ共、其謚号をも不挙候而、単に称太祖候事ハ無之候。後世ニ至り候而ハ、単称廟号、帝王より外にハ無之事に候。是ハ高山公抔と書出させ候方可然候。其外不正之名義等更僕不能尽也。貴兄より直させ候儀御懸合等之儀ハ暫御扣、とくと御相談之上申遣度候。一応御かけ合ニて為直候ハゝ、又々幾篇も申遣候儀ハ相成兼可申候。無拠次第ハ不残書付にいたし候而、一同に御懸合之方可然様奉存候。

と記し、『聿脩録』の本文中で高虎を「太祖」と単称しているのを僭妄も甚だしいこと、と非難している。中国においても、その謚号も挙げずにただ太祖と称した例はない。特に後世になると廟号を単称するのは帝王の外にはないことだ。ここは「高山公」などとさせるのがいいだろう。その外にも名義の正しくないところがたくさんみられる。よくよく相談した上で、どうしても直させなくてはならない個所だけ書き出して、一遍に掛け合うようにしたい。このように藤田は述べている。この「太祖」という表記は高兌の自序中にもみえ、先に藤田がこれに異を唱えているのをみたが、藤田は、こうした名義の正しくないところを書き出して、まとめて先方と交渉するのがいいだろうと提案しているのである。

因みに、この「太祖」という表記は、現行本『聿脩録』では使われておらず、「始祖」「高山公」といった表記に改められているようである。

（2）『聿脩録』本文中の事実関係に関する疑問点の指摘

前出した文政八年の八月九日付一六九通目書簡には、

去月晦朝川善庵貴宅江罷出、聿脩録改正之本、勢州より遣候由ニ而持参、御序文之儀近々被下置候様、可然御取繕被下候様御頼申候由、三社之事に付、兼而疑敷次第も御坐候所、西島八兵衛筆記ニ無相違見へ候由ニ而、其書も此度持参ニ付、去ル二日御直ニ御差上ケ被成候由、仍而愈御序被下候筈ニ御意御坐候に付、清書ハ全五郎江被仰付候振ニ御伺も相済申候由、御書面之趣致承知候。

とある。これをみると、青山は藤田宛に、昨月晦日に朝川善庵が訪ねて来て『聿脩録』の改正本を持参し、序文を近いうちに頂けるよう尽力してほしいと頼まれたこと、また、三社のことについてかねてから疑問に思っていたところがあったが、「西島八兵衛筆記」に記されていたということで朝川がこれを持参したので、去る二日に直接上様（斉脩）に手渡したこと、そして、そのような次第なのでいよいよ序文を遣わすこととなり、全五郎（藤田）に清書をさせるということで上様の御意を伺ったこと、等を報じてきたようである。

　これに対して藤田は、

扨彼西島筆記、御呈覧已前まつ本館へ被遣、見合候上ニ而被備高覧候而も宜候様奉存候。乍去もはヤ被入高覧候上ハ、其通之事に候所、定而貴兄ニハとくと御見合、疑も無之事と御了簡、御極被成候事奉存候。本館写本にも、高虎之事、彼家ニ而筆記之もの（ヤはり西島八兵衛より出候様覚候）有之、其内ニ従祀之事も相見へ候歟と覚候。乍去国字之書ニて、聿脩録の如く漢文ニ而潤色いたし候意味とハ、ちと違候様御坐候。是ハ如何、承度候。

と応えている。すなわち、「西島八兵衛筆記」は、上様に呈覧する前に自分にも見せてほしかったがそれはもはや後の祭り、さだめし貴兄は篤と見合わせた上で、疑わしいところはないと確信されたものであろう、と嫌味を含んだ言葉を吐いた後、続けて、史館の写本の中にも西島によるものらしい高虎に関する筆記があり、その中にも「従祀之事」が記されていたように記憶しているが、これは国字の書であって、『聿脩録』のように漢文で潤色した意味とは少々異なっていた、と述べ、青山のもとに朝川から届けられたのがどのようなものであったのかを問い糺している。

　藤田はまた、同じ書簡の少し後の方に、

高虎同天海従祀神廟之事、たとへ其家説之通に候共、摩多羅神の号、高虎の名を取候と申候ハ（聿脩録旧文）、全く附会之説に相見へ候。

とも記している。すなわち、高虎が天海と共に、家康に従祀するかたちで神廟に祭られていると記されているのは藤堂家の家説のとおりだとしても、「摩多羅神」[30]という呼称が高虎の名を採ったものである、と『聿脩録』の旧文にあったのなどは全く附会の説と思われる、と述べている。

そして、文政八年の九月四日付一七七通目書簡には、

> 三社之事ニ付尊慮御伺候処、伊井（ママ）家ニてハ直政高虎と申伝候由、右其家説ニ有之間、ヤハリ可被遣旨御意被為在候由、乍恐御尤の様に候へ共、御尤斗とも不奉存候。私事固執仕候にハ無之候へ共、尋常書生等之文辞と違ひ三藩之御事、就中御家之御儀ハ、文事に於てハ四方之所所（ママ、重複カ）信に御坐候間、容易之御事にハ無御坐候。家伝之儀ハ各其家説に任セ候との御事、先方にて申候儘被指置候ハ其通にて候所、仮初ニも御序文被遣、元の如く御証拠に御成被遊候而ハ、不宜と奉存候。

とあり、青山が、「三社之事」について斉脩の意向を質し、その結果を藤田に報じたことが記されている。これは、一六九通目書簡と同様、「高虎従祀」に関する記述のことと思われる。恐らくは『聿脩録』現行本の中に、

> （前略）世子封を紹ぎ、従四位下に叙し、侍従に任じ、左近衛権少将に至る、（中略）正保元年甲申四月、遂に太神君の遺令を以て、神像を奉じて日光山に赴き、大廟に配享して太神君の右に侍す、東叡・久能の原廟亦此の如し、於戯盛なるかな、維れ寔に恩典の極み、懿親の三藩と雖も敢て望まざる所なり、

のように記されているところを念頭に置いてのものであろう。高虎没後、家康の遺令によって、その神像が日光山の大廟の家康像の右側に配享された。東叡・久能の原廟もこれと同様になっており、これは「懿親の三藩と雖も敢て望まざる所」であるという。ここは先に文政八年の一七五通目書簡で、「雖三藩所不及云々」とあるのは不敬至極であるとして藤田が難じていたところであり、現行本では「及」が「望」に改められたようであるが、藤田は、この件を単に表現上の問題とだけ捉えていたのではなかったようである。

この日光・東叡・久能三社の件に関する斉脩のスタンスは、「家伝之儀ハ各其家説に任セ候との御事」ではあるが、

その家説が史実であるか否かを確認もせず、先方の記すところを鵜呑みにして序文を遣わしたのでは、あるいは誤っているかもしれない先方の記述の証人になってしまいかねない、と藤田は憂慮する。いやしくも御三家の我が水戸藩は、文事においても全国に一目置かれている立場なのであるから、そのような失態を演じることは許されるものではない。自説に固執するわけではないとしながらも、藤田は、主君斉脩のスタンスに対して、このようにはっきりと異を唱えているのである。

ところが、この三社の件について、水戸藩では、どうやら林家に対応を一任しようということになったらしく、文政八年の八月十九日付一七二通目書簡をみると、

三社之事等林家ニ而も、原文之儘ニ而ハ奉対御当家不敬之儀、不相済候間為相改候様、先日大略御書面も御坐候所、此度貴書ニてハ、右等之事は林家へ御任セ被置候而、（中略）林家ニハ来夏藤堂出府を被待候由之処、（中略）但あの方懸合之儀、林家へ御推托御妙計ニ御坐候へ共、林家も容易に怨府とハ相成申間敷候間、何となく延置候事と存候。

のように記されている。これによると、林家がこの記述のままでは水戸家に対して不敬にあたるので改めさせたほうが良いと言ったので、それではということで、その対応方を林家に依頼することにしたものらしい。林家ではこれを引き受けてはくれたが、来夏の藤堂侯の出府を待って先方と交渉すると言っている、と青山は藤田に報じてきたようである。藤田は、この件の交渉を林家に委ねるというのは妙計であるとは思うが、交渉を来夏まで延引するというのは、やはり林家も先方の恨みを買うようなことは容易には出来かねるということなのであろう、と推測している。

そして、文政八年の九月十四日付一七八通目書簡をみると、藤田は、この三社の件に関する津藩との交渉を林家に任せ、その交渉時期が来夏ということになったので、先方に斉脩の序文を遣わすのもその頃まで延引してはどうか、

と当時ようやく決まりかけていたらしい序文の件をここでまた蒸し返したようである。この提案は、

林家懸合之儀、彼書中三社之事に付三藩云々一件、為改候様林家へ御託、御序文も右相分り候頃被遣候而は如何と得貴意候処、左様にハ被成兼候由、不及是非候。

とあるのによれば、青山によって退けられたものらしい。そして、続けて

扨彼方へ懸合之事、小子丸に引受候様に御申上可被成候由被仰越候処、御同職之儀、江水相隔居候共、事により御相談ハ可申候へ共、貴地御懸合之儀、此方ニ而遠方及ひこしに引受可申筈無之候。且小子引受候ハヽ、林家ゟ懸合ニも及申間敷との御事に候へ共、左様にハ有之間敷候。愚案にも、圭角無之様彼家へ為呑込候にハ、林家之方宜候様奉存候但三社一件也。

とあるのをみると、青山は、見方によっては慎重過ぎるともとられかねないこうした藤田の事の進め方に業を煮やしたのか、先方との交渉は全て藤田が取扱うよう上様に具申しようかと言い出したようである。さらに青山は、貴兄が事に当たれば全てうまくいくであろうから、そうすればわざわざ林家に交渉を依頼するにも及ばないであろう、とも言ってきたらしい。これに対して藤田は、江戸から離れた水戸に居る身では十分な交渉などとてもできるものではなく、また、この三社の件に関しては、自分も林家に頼む方が事を荒立てずに先方に納得してもらえるだろうと考えていた、と応え、続けて

一昨年の冬、朝川鼎より彼書之儀に付小子へ内談仕度、号鹿島参詣此方迄可罷越旨、内々介九郎方迄申越候次第通達有之に付、此方ニてハ及ひこし之儀取扱兼候。事により同職へ相談等ハ可有之候へ共、江戸之儀ハ貴兄御任職ゆへ、もし懸合候ハヽ、貴兄へ御懸合申候方宜候条、此方抔へ懸合候ハ無用ニ仕候様に、内々介九郎ゟ為相断候程ニ御坐候。

と記し、一昨年の冬に朝川が川口を通して藤田に内談を打診してきた話を持ち出し、青山が江館の総裁を勤めているので青山と話をするようにと伝え、内談を断った経緯を説明した上で、「今更貴兄を指置、小子丸に引受候所存無之候」と、交渉役を一手に引き受けるなど決してあり得ないことだ、とそのような考えのないことを強調している。

ところで、藤田と青山の間の不協和音を増幅させてしまった感のあるこの「高虎従祀」の件に関しては、文政八年の十二月十四日付一八四通目書簡(31)でも話柄に上され、「扨又高虎神廟配食之事、別ニ証左も御坐候由、とくと相考候上可及御答候」と記されている。青山が、別の典拠を示して、藤堂家の家説の誤りでないことを藤田に伝えてきたようで、藤田は、さらによく考えてみたい、とこれに応えている。しかし、結局この件は、先に『聿脩録』現行本から引用して示しておいたようなかたちに落ち着いたわけである。

また、文政八年の十二月十九日付一八六通目書簡(32)をみると、藤堂藩領と紀州藩領との領境問題について、

藤堂領地与紀藩犬牙云々之儀、紀藩の御所伝と相違、勿論奉存候。此儀も小子申立候ケ条之内ニ有之趣、有司御話申候由、是ハ先頃御内々御目にかけ候書付之内ニ有之歟と覚候。もし無之候哉、失念いたし候。いつれ去未正月中申出候事ニ御坐候。

のように記されている。これによると、旧本『聿脩録』の本文中には藤堂藩領が紀州藩領と入り組んでいる様子が記されていたらしく、それが紀州藩に伝わる資料の内容と異なっていたようで、藤田は、去る未（文政六）年の正月中に有司宛に提出した書付の中だったかでこのことも指摘しておいた、と述べている。元和五年の徳川頼宣の和歌山転封に伴い、藤堂家の田丸領は大和・山城の内五万石と交換になったのであるが(33)、旧本にあったらしい「藤堂領地与紀藩犬牙云々」という記述は、このあたりのことを記した個所の中にあったものと推される。今現行本『聿脩録』の中にこの記述を見出すことができないのは、おそらく水戸藩側からの指摘を受けて削除されたためであろう。

第四節　『聿脩録』をめぐる水戸藩側の紛糾の実態と津藩側の対応

（1）藤田の出府前の水戸藩側の内情

文政七年の六月二十四日付一六八通目書簡をみると、「聿脩録之事に付鵜殿氏ゟ御懸合之趣、御書面之内大キに行違御坐候」とあり、藤田は、青山が鵜殿から聞いたという津藩との交渉の経緯には事実と異なる点が多いとして、次のように説明している。

彼本江藤田直・川口直とて、両様之直有之、朱書ハ川口、青直ハ藤田にて、彼方之書へ手を付候て、其跡にて御序文も不被遣候と申様にてハ、間隙出来候而不宜候間、左様無之様被致度、執政衆被申候由、鵜殿氏話御坐候由、是ハ大なる間違ニ御坐候。先達而於館中一両輩相懸ケ、彼書之謬誤吟味為致候節、上公御心得に申上置候様にと、介九郎迄申遣候儀ハ有之候へ共、先方之書を此方にて手を入レ、直し遣候事、些無用と介九郎まで申遣候次第、別紙介九郎書面にも有之候間、為御心得懸御目申候。是にて小子ハ先方之書直し不申候事明白に候。

すなわち、『聿脩録』には「藤田直・川口直」と両様の手直しが入れられており、そのうち朱色の個所は川口の、そして青色の個所は自分の手に成るものとされている。このように先方の書に手を入れておきながら序文を遣わさないというのでは、先方との間に軋轢が生じる恐れがあり好ましくないので、そのようなことにならないようにしたいと執政衆が話していた、と鵜殿氏から聞いたとのことであるが、これは大変な間違いである、と藤田はいう。さらに藤田は、先頃館中の一両輩に同書の謬誤を吟味させた折、上様の御心得までに申し上げて置くようにと、謬誤の個所を川口まで申し伝えたことは確かにあったが、その際、先方の書に当方で手を入れ、直したものを遣わすことは無用である旨を川口に申し伝えたことは、別紙川口の書面にも記されているとおりなので、お心得のためにこの書面をお目に掛けることにする。これをみれば、自分が先方の書に手を入れて送り返したりはしていないことが明白となるだろう、と弁明している。その上で藤田は、

扨又介九郎独断にて彼方へ懸合、自分取扱振を示候事も有之所、手扣と申もの私に先方江渡候由、是も別紙にて相分り申候。扨先方之書を容易に直し候事、全く介九郎一存にて、上公之思召に無之段ハ勿論之儀、同職之ものとても曾而同意無之段、先方へ相通候様仕度旨、去春中小子於此方執政衆迄申出候書付にも相認申候。定而江戸へ御運ニて、江戸表執政衆御承知之事と存候所、此度御書面之趣にてハ、此所届兼候事と存候。

と記し、これは川口が独断で津藩側と交渉し、先方の書に手を入れたものを手控えと称して個人的に先方に渡していたのであり、そのことは同じくこの別紙によって分かるであろう、と続けている。このように、この件は全く川口がその一存によってしたことであり、上様の思召でないのは言うまでもなく、同職の自分もこれに同意はしていないことなので、その旨を先方へ伝えてほしいと去春中に水戸の執政衆に提出した書付けにも認めておいたのだが、この書付けは江戸表の執政衆の元には届けられていなかったのであろうか、と藤田は訝っている。

この件については、文政六年執筆と推定した一七三通目（十九日付）書簡[34]の中でも、

朝川生之説話、平生等より御聞被成候由之処、藤堂家々譜一件事情行違候由、扨々気之毒いたし候。嬰卿独断にて取扱候事、史館之議と申様に聞へ候歟ニ御坐候。御同様迷惑なる事ニ御坐候。史館之書生斗ニも無之、乍恐上之御名も出候事、畢竟嬰卿通合之手段ゟ如此相成候事ニ御坐候。只今に相成候而ハ、取扱方も可有之候へ共、御熟談之上、述議之次第、筋ニ而も呑込まれ候様に無之候而ハ相届兼候へ共、筋ニ而も何か塩梅いたし候様子ニて、参り不申候。

のように取り上げられていた。これによると、藤田は、朝川が平生（平山貞介）等に語ったという藤堂家家譜の一件での水戸・津両藩間の行違いについて青山から知らされ、先述したように嬰卿（川口）が独断で取扱った事が、先方には史館の総意によるものと受け止められたらしいのは大変迷惑なことだ、と慨嘆している。さらに藤田は、このような事態になってしまったからには貴兄と二人で適切な対応策を考え、当局にも事の次第を理解しておいてもらう必要があるのだが、当局の方でもなにやら塩梅をしているらしく、どうにも首尾よくいかないのである、と続ける。

そして藤田は、この件での川口の失点の最たるものとして、当方の訂正そのものに間違いがあったことを指摘する。同書簡には、続けて

> 尚々、志津嶽ヲ越前と認候類、指摘中に有之筈ハ無御坐候。定而柴田との取合ゆへ、ふと越前と認候事ニ御坐候。先方之著述、独断ニ而相直し遣候事、第一不宜、たとへ遣候共、謬誤無之様に候ハヽ、せめても之所、左様無之段不及是非候。右一件小事之様ニ而も、実ハ関係頗大に候。乍去此方之事情上下否塞ニ而ハ、何共致方無之候。

のように記されている。これによると、「志津嶽（賤ケ岳）」の所在地を「越前」と認めてしまったことがその一例として挙げられており、直しを入れたものを独断で先方に送り届けたばかりか、このような間違いを犯した川口を強く非難している。藤田は、このことのもつ意味の重大さに言及すると同時に、こうしたことが生起したそもそもの原因は、「上下否塞」の藩内の現状にあるとしている。

さらに藤田は、前出した文政七年執筆の一八八通目（月日未記入）書簡に、

> 扨去春ハ貴地ハ代役斗故、小子方迄其筋ゟ内達之次第も御坐候へ共、只今にてハ、貴兄御登ニも相成候へバ、此方ニてハ、有司ハ構ひ不申候方宜との様子ニ相聞へ申候。とかく面倒ナル事ハ貴地へ譲り候ハヽ、勿論貴地にて有司衆も迷惑之次第、此方へも運可有之、小子存意アマリ六ケ敷申候様にてハ被指支候ゆへ、小子へハ、よき程に

いたし候而江戸へ譲候様にと、風喩御坐候。たとひ風喩無之共、貴兄御登之上ハ、貴地之御かけ合迄を此方へ引うけ申候筈ハ無御坐候。宜御工夫可被下候。

と記している。文政五年の冬に川口が総裁職を免じられたので、翌六年の春の江館は総裁不在の状態だった。そのためか、当時は藤田にも当局からの内達があったが、青山が同年中に江館総裁に就任して出府すると、水戸の藤田はとかく敬遠されがちになったようである。そして、藤田の耳には、我意を通さず、ほどほどに対処して江戸の方に任せるように、との風喩が聞こえてきていたようで、藤田は、たとえこのような風喩がなくても、貴兄が出府して同職となっているからには、貴地における交渉までを自分が引き受けるようなことはないと、そうした心配の無用であることを強調している。その上で藤田は、続けて

但当路にてハ、去春中小子の顔出し候を厭ひ候故か、介九郎取扱行違候儀ヲ、先方へハツキリと不申述候事と推察仕候。介九郎不取扱にて容易ニ先方の文ヲ直し、其上被仰付も無之儀を、自分ニて彼是及懸合候様成次第、介九郎退役之後相分り候趣申陳候ハヽ、先方ニ而も余り腹立ハ有之間敷筈と奉存候。

と記し、当局がこの件への自分の介入を嫌うあまり、川口の不適切な取り扱いについても先方へきちんと伝えなかったのであろう、と推測し、川口が総裁職を罷免された後にこうした事実が発覚したことをきちんと先方に伝えていさえすれば、先方もそれほど立腹することはなかったであろうに、と当局の不手際を難じている。

そして藤田は、同じく文政七年執筆の一一五通目書簡(35)に、

扨又貴兄御登り相成候上ハ、此方之事ハ姑置キ、貴地文事之儀早速御相談も可有御坐筈と奉存候所、是迄上公幷有司ゟハ一向御沙汰無之事、何共不得事体候様奉存候。

と記し、在府の青山から、出府後かなりの時間が経過するまで藩当局からこの件で相談されることがなかったことを

聞き、何とも訳の分からないことだと言っている。藤田は、これに続けて、

小子抔ハ御存之通不調法もの故、疎外之地に永く罷在候共、貴兄抔は其御館御任職之儀、然るを小子不調法之御相伴に、貴兄迄御疎外之姿に相成候而ハ、御同様一分之事ハ、左も右も職分の規模我々の時より廃絶候様にてハ、何共不本意千万奉存候。

とも記し、このようなことになっているのは、青山が自分のような不調法者の巻き添えを食っているからでもあろうかと気遣い、さらに、それのみに止まらず、こうしたことが総裁職の職掌を狭めるような結果を招いたりしては何とも不本意なことである、と今後の成り行きにも危惧の念を抱いている。

藤田の当局に対するこうした不信の念は、翌文政八年の九月四日付一七七通目書簡中の次のような記述からも窺える。

彼書之事に付、旧冬一ト通御文通も有之、其後寂然として御沙汰無之候。（中略）是迄此方へ御沙汰無之、先方へ御挨拶之上、跡にて為御知候儀、御前之御内意にても被為有候而、左様御取扱被成候哉。又ハ有司より之風旨ニても有之、左様被成候哉、如何。為心得承知仕度候。先書にも諸有司にてハ、小子事、事を破り候様被存候由、何程小子頑愚にても、一概に事を破り候事無之候。国恥に相成事をハ、左様無之様述議仕候迄に御坐候。

これによると、昨年の冬以来藤田のもとへは、『聿脩録』の件について青山から何の連絡もない状態が続いていたらしい。藤田は、自分を差置いて先ず先方と交渉し、その後で結果を報告してくるというこれまでのようなやり方は、上様の御意向によるものか、それとも有司方の指図によるものか、と青山に問い糺している。そして、青山からの先書に、有司方は貴兄が事をぶち壊していると受け止めている、とあったのに対して、藤田は、どれほど自分が頑愚でも、なんの理由もなく反対したりはしない、ただ当藩の恥となるのを避けたいがために意見を述べているのだ、と応

えている。その上で、「万一小子相懸候而不宜候事ニも御坐候ハヽ、御同役之事に候間、其振為心得被仰越候様仕度候」とも記し、貴兄とは同じく総裁職を勤める間柄なので、自分がこの件に係わるのは宜しくないというようなことにでもなっているものなのかどうか、包み隠すことなく話してほしい、と頼んでいる。

藤田はまた、同じ書簡の中に、

小子より先日之文通も、被備高覧候様可被成候へ共、小子儀忌諱に触候而ハ、来春登之儀等も如何可有之と御遠慮被下、穏便ニ御取扱被下候由、御存意之段ハ毎度奉感謝候。扨小子愚なりといへとも、人情罪譴を獲候事を好候事ハ曾て無之候。但職務之上にてハ、御首尾の善悪をのみ相考居候而ハ、人臣之義尽し兼候間、事により、是にて上之御恥辱ニも可相成哉と心付候儀、外之儀ハ申に及不申候共、文事一筋之儀ハ職分ゆへ、一身之進退にハ不相構、可申上程之儀ハ申上候覚悟に御坐候。但同し直言を申上候とも、時により前後之取扱により、罪を得候事も有之、又は直言行ハれ候事も可有之候。是ハ所遭の時ニより候而、天命と申もの歟と奉存候。

とも記し、青山が、藤田から届いた書簡を、もし斉脩の高覧に供して忌諱に触れ、来春も藤田の出府が実現しないようなことになってはまずいと考え、高覧に供さなかった心遣いに対して、一応謝意を表している。しかし、続けて、自分はいかに愚か者とはいえ、罪を得るのを好むものではない。ただ職務の上のことについては、首尾よくいくことのみを考えていたのでは、人臣として為すべきことも為し得ず、その結果として上様の恥辱ともなるような恐れがある場合には、我が身の進退に構うことなく、申上げるべきことは申上げる覚悟でいる。それによって罪を得ることになるかどうかは、天命を待つほか仕様のないことだ、と自説を開陳し、暗に青山のやり方を批判している。そもそも藤田には、前出した一一五通目書簡に、

当職にてハ文事之御用向ニ付、政府ゟ直に被相尋候儀ハ勿論、御前ゟも御直ニ御顧問被為在、是ゟも申上候事故、

先規ゟ外臣と違ひ、御近習の職名を帯ひ来候事ニ御坐候。

と記しているように、史館総裁の職掌は、文事の御用向きについて当局から直接意見を求められるのは勿論、上様からの諮問にも奉答する役柄であり、旧来、並みの職掌とは異なって主君の御側近くに仕えてきたものである、という矜持があったのである。

ところで青山は、藤田がこの一七七通目書簡の中で自分を無視して事を進めるやり方は上様の御意向によるものか、と問い糺してきたのを徒ならぬことと受け止めたのか、早速これを否定する書簡を藤田に送ってきたようである。そのことは、文政八年の九月十四日付一七八通目書簡に、

彼書御懸合之儀に付先方へ御挨拶等、早過キ申候様なる儀も有之ニ付、万一小子へ御沙汰有之候而ハ不宜候と申様成ル儀、御内意ニても御坐候ハヽ、一向閉口可仕と為念御問合申候処、左様之次第にハ無之旨、委曲来諭之趣、致承知候。

のように記されているところから窺うことができる。しかし青山は、これを否定すると同時に、先方との交渉を全て藤田に任せるよう上様へ上申しようかとも書いてきたらしいことが、同じ書簡中の「彼方へ懸合之事、小子丸に引受候様に御申上可被成候由被仰越候処」という記述から推知される。青山は、藤田の言辞に理があるか否かはさておいて、これから先もこの件について協力し、首尾よく事を進めていくことができるかに危惧の念を抱いたものかもしれない。この青山の提案にはさすがの藤田も困惑したらしく、「貴地御懸合之儀、此方ニ而遠方及ひこしに引受可申筈無之候」等と記し、江戸から離れて暮らしている自分が交渉役を一手に引き受けるなど決してあり得ないことだ、とその提案の承諾し難いことを伝えると同時に、「何分にも御相談可申候」と歩み寄りの姿勢をみせている。

扨、朝川からの度重なる『聿脩録』序文懇請に、返答に窮していた水戸藩では、藩内の事情を説明して来夏の藤堂

侯の参府までこれを遣わすのを延期しようということになったらしく、その旨を青山が藤田に報告してきたようである。文政八年の十一月二十四日付一八〇通目書簡[36]をみると、

聿脩録御序文被遣候儀、来夏迄御延引之次第、朝川ゟ度々御催促も申、御挨拶にも御差支被成候ニ付、内輪之次第も御申述ニて、御参府迄御待被下候様云々御申越之由、御書面之趣致承知候。扨先方へ同列建議云々に付とのみ相聞へ候而ハ、何か小子一己之独見ニ而固執いたし候儀有之様ニて、気之毒仕候のみに無之、右ハ邦君両君の好にも関係いたし候事、匹夫の言を以てこれを妨候様にてハ、何とも恐入候。乍去是ハ段々御承知之通、来夏に至り候而御背約と申事にハ無之、只無拠意味合にて、少之内御延引可申迄に候へバ、縦ひ津侯御祭祀之節、御告之間に合兼候共、一体彼書之為都合宜候方可然奉存候。来夏迄御延引之儀、此方之わけ斗ニも無之、畢竟津侯御為ニも、却而可然哉と愚慮仕候儀御坐候。

のように記されており、藤田もこれを了承している。というよりも、これは、これまで藤田がそうするよう主張し続けてきたことであった。藤田は、文政八年執筆の一九一通目（月日未記入）書簡[37]の中に、「此度藤堂家へ御断被仰達候様可相成候ハヽ、愚案左之通」として、藤堂家へ序文延引の挨拶状を出す際の手順に関する案文[38]を青山宛に書き送ったりもしているのである。藤田は、序文を遣わすのを延期することが当方のためばかりではなく、結局は津侯のためにも良いことなのではないかと考える。そして、それによって昨年亡くなった高兌侯の一周忌の御祭祀に間に合わなくなりはするが、そのことよりも『聿脩録』一書のために都合良くなることの方がより大事だろうというのである。

ただ、藤田にとって気掛かりだったのは、当方から先方へ「同列建議云々に付」とのみ延引の理由を書き送ったのでは、何か自分一人が独見に固執しているようで申し訳ないだけでなく、両藩の殿様の好みを、匹夫の言を以て妨げるようなことにもなるのではないかということであり、万一そのようなことになっては何とも畏れ多い次第である、

と述べている。自分が主張し続けてきた方向に事が展開していくことにはなったが、藤田は、これを手放しで喜ぶことはできなかったようである。

そして、文政八年の十二月十九日付一八五通目書簡(39)をみると、当時斉脩の侍読を勤めていた青山は、『聿脩録』の件について直接斉脩に尋ねた結果を、詳細に藤田まで報告してきたようである。

聿脩録之儀に付、去ル十一日御侍読之節、御直ニ御尋等之次第、委曲御書面之趣承知仕候。小子罷登候節迄ハ、先方へ被遣候儀御見合ニ而、登之節御話可有御坐旨、尤先方へハ貴兄御迷惑に不相成候様に、表向御届も御坐候ニ付、其段朝川へも御断被成候由、旁以都合宜大慶仕候。

これによれば、斉脩は、藤田の出府を待って直接話をするまでは序文を遣わすのは見合わせることにしたが、先方との交渉に当たっている青山の立場も考慮し、その旨を津藩当局まで連絡させておいた、と青山に語ったらしい。それを聞いた青山は、その旨を朝川に伝えたらしく、そのことを藤田に報じている。藤田は、この報告を受けて「旁以都合宜大慶仕候」と述べ、大いに満足したようである。本書簡には、さらに続けて、

扨小子存意申張候儀、何か我意固執の様にて罪譴をも可罷登（ママ、蒙カ）候処、上公御寛大にて御容被遊、尚又有司之輩も長者故、無事ニ相済候段、縷々来諭承知仕候。上公御仁明ハ勿論之御儀、畢竟ハ貴兄よき程に御調停被下候故、小子狂直之罪も、幸に厳譴を免候事と奉存候。此上之儀ハ、来春貴面之節、緩々御相談可仕候。彼是御心配ニ相成候段ハ、千万奉謝候。

と記されている。これによると、藤田が存意を申し立て我意に固執した形になり、罪を得ても不思議ではないような事態となったにも拘わらず、上様も有司方もこれを寛容な態度で遇されたので何事もなくて済んだ、と青山が書いてきたのに対して、藤田は、上様の御仁明なのは勿論だが、畢竟は貴兄がうまく調停してくれたために、自分の「狂直

之罪」も幸いに厳譴を免れることができたのであろう、と述べ、青山の心遣いに感謝している様子が窺える。

そして藤田は、「追啓」で始まる月日未記入の二一九通目書簡[40]で藤堂高兌侯の御祭文のことに触れ、

藤堂侯御祭文之儀、乍恐至極別段なる御儀、先方へ被遣候ハヽ、上公之御厚誼、彼家の臣子一同可奉感服奉存候。たとひ御序文御延引に相成候共、此度之御祭文ニ而、藤堂家之旧好を御失不被遊候様相成候儀、恐悦之至奉存候。

と記し、高兌侯の一周忌の御祭文は、当方から心のこもったものを遣わせば、上様の御厚誼が同家の臣子一同にも伝わり、さだめし感服することであろう。たとえ序文を遣わすのがこのように延引したとしても、この度の御祭文によって、藤堂家と当家との旧好を損なうようなことは避けられるだろう、と述べている。

ところで藤田は、先の一八五通目書簡の中に「此上之儀ハ、来春貴面之節、緩々御相談可仕候」と記しているが、本書簡集中の他の幾通かの書簡の中でも、出府して同職の青山や津藩の朝川らと協議したいという強い思いを述べていた。その思いは文政九年に至ってようやく叶えられることとなり、藤田は、同年の三月から八月までのあいだ江戸に出張して事に当たった[41]。この藤田の江戸滞在中には、青山と会って直接話ができたので、当然のことながら本書簡集中にこの間の書簡は含まれておらず、従って、本件に関する検討状況をそこから窺うことはできない。

（2） 藤田の出府後の展開と朝川善庵の対応

そこで今、先述した永谷質氏の「聿脩録序跋往復概略」を見てみると、そのなかに朝川の平松宛（十月七日付）書簡[42]が引用されており、書中に以下のような記述がみられ、本件に関するこの期間の検討状況を僅かながらも窺うことができる。

水府序文御贈りに相成御同様大慶、先君の御本意を被達、地下にて御満足可被思召、これのみ難有奉存候。右の

事に付、小生は甚不得意の事御坐候。（中略）其訳は文中名分の所、藤田次郎左衛門不承知の事多く、（中略）此節出府被申候に付中納言様へ所存申上、余程注文申出候心組の様子委細内通いたし候者有之候間、藤田出府致候ハヾ、早速小生相尋種々懸合、議論はあとまはし、御序文は贈り被遊候様子によふ〳〵コジ付、藤田も青山量介同様のみかたに取込候所、不存寄林祭酒より所存被申出候て、文中少々删去の事に相成候。右も藤田・青山両人とも承知の上、中納言様へ申し上げ删去せず相済候様に小石川は為済置、林家より御屋敷へ沙汰有之候ても受付不申候へば、水府の方は相済候筈に拵へ置候所、（中略）御国元も删去候ても大意にては支無之由に相成、何事なく御承知故右删去に相成、此一条何共小生残念に御坐候。辿の事に一字も删去せぬ様致度候き。夫故林家へ御屋敷より御删去は御承知の旨御返事有之、其段林家より水府へ被申上候節、水府にては甚不審の様子にて、藤田・青山両人より小生へ何故と尋候間、小生相答候には、是迄御序文御延引の所、漸被下候様相成候。右位の事にて又々相延び候ては如何と、実は藤堂家にても厭まて是迄心配故、機会を失はざるよふにての意故、不満ながらも御請申され候に可有之と申候得ば、夫は何共気の毒至極、乍去今更致方無之。せめて直筆にても被相贈候様いたし度もの。此義は両人より申出し候ては如何故、小生より鵜殿平七へ申談候様可致、内々の懸引は両人可致様申聞候間、早速平七へ相頼候所、同人承知致中納言様へ申上、親書御贈相成候はばせめてもの事に候へ共、実は删去の一条は遺憾奉存候。

これによれば、朝川は、ようやく斉脩の序文が得られ先君高兌の本懐が遂げられた慶びを述べると同時に、この件でなんとも不本意な結果に終わった点があることを述懐しているのである。ここに朝川の記すところを意訳すると、大略以下のごとくになる。

水戸の藤田次郎左衛門（幽谷）が、『聿脩録』本文中の名分の個所について不承知のことが多くて、この度出府したら中納言様へ所存を存分に申し上げるつもりでいる、ということを事前に内々漏れ聞いていた。そこで、藤田が出府するや早速小生の方から尋ねて行き、種々懸け合って、細かな議論は後に回し、ともかく序文はいただけるようになんとか話を付け、藤田も青山量介同様にこちらの味方に取り込むことができた。ところが、思いがけず林祭酒の方から所存を申し出られ、文中少々刪去することになってしまった。この件については、藤田・青山両人とも相談の上、中納言様へ申し上げて刪去せずに済むようにするということで話が付いていたので、もし林家の方から当藩側へ沙汰があっても、これを受付けないようにすれば大丈夫なようにしておいた。ところが、一寸した手違いから、御国元の方では刪去しても大意においては差支えないということで、これを承知してしまった。小生としては一字も刪去しないで済むようにしたいと思っていたので、このようになってしまったのは大変残念なことだ。そして、藤堂家から林家へ刪去を承知する旨の返事をすると、林家から水府へその旨が報告されたが、案の定、水府の方では甚だ不審の様子で、藤田・青山両人から小生へ何故かと尋ねてきた。そこで小生が、これまで長い間待ち望んでいた序文がやっと頂けることになったので、些細なことで又々延引というようなことにでもなってはと心配し、不満ながらも刪去を承知したのであろうと応えた。すると両人は、それは何とも気の毒至極なことだが、いまさらどうしようもないので、せめて上様の直筆の序文を贈るようにしたいとのことだった。さらに両人は、このことは自分たちから申し出てはおかしいので、小生から鵜殿平七へ申し入れるようにしてほしい、内々の話は自分たちが付けておく、というので早速鵜殿にこれを依頼したところ、同人は承知してその旨を中納言様へ言上してくれ、このようになったのはせめてもの慰めではあるが、実は刪去の一事は自分としては大変遺憾なことと思っている。

ここで朝川が問題にしているのは、恐らく先にみた「三社之事」に関する交渉の内情についてであろう。現行本『聿脩録』の本文中には、藩祖高虎の没後、家康の遺令によって、その神像が日光山の大廟の家康像の右側に配享された。東叡・久能の原廟もこれと同様になっており、これは「懿親の三藩と雖も敢て望まざる所」である、というような記述がみられる。これは先に文政八年の一七五通目書簡で、「雖三藩所不及云々」とあるのは不敬至極であるとして藤田が難じていたところであり、現行本では「及」が「望」に改められたようであるが、朝川がここで問題にしていたのは恐らくこのあたりのことであったのであろう。朝川は、「老兄は別段の事故内々述懐申上候」として、平松にのみそのような結果となったことに対する不満の意を打ち明けているのである。

ところで朝川は、この書簡の中で水戸藩が斉脩の直筆の序文を贈るようになった経緯についても触れているが、ここに朝川が記していることは、藤田が文政八年執筆の一九一通目（月日未記入）書簡の中で述べていることとは異なるようである。藤田は、書中に、

其上他之文辞とも違ひ候間、来夏御面談之上、体により御代筆に無之、御直に御染筆ニも可相成候条、津表ニ而御待遠之儀ハ、宜御了簡御坐候様御自分能々相心得、鼎方迄内々通達可被有之候。

と書き送ったが、ここには、序文を遣わすのが遅くなるけれども、そのお詫びのようなかたちで、来夏の両公面談の折に上様の直筆の序文を贈るようにする、という案が示されている。先に考証したように、この書簡が書かれたのは、藤田が出府して朝川と直接交渉をした文政九年の前年のことであり、この時点で既に藤田と青山の間ではこの方向で事を進めることが検討されていたのであるから、ここに朝川が、このようになったのを恰も自分だけの手柄であるかのような口吻で語っているのは、事実とは若干相違しているといえるのではなかろうか。

それにしても、『聿脩録』の件に関する水戸藩との交渉において、窓口となって尽力した朝川の活躍振りには目を見張るものがあったようである。この平松宛の書簡中の朝川の記述は、多少割り引いて受け止める必要はあるかも知れ

ないが、藤田・青山両人との交渉を津藩に有利な方向へと導いていったことは、恐らく事実であろう。『聿脩録』の旧本の「雖三藩所不及云々」という記述も、現行本では「及」が「望」に改められてはいるが、結局は、削除されるには至らずに済んだようなのである。また、斉脩の直筆の序文を贈ってもらえるようになったのも、つまるところは朝川の粘り強い交渉の賜物といえなくもないであろう。朝川は、藤田が出府するや早速自ら藤田のもとに赴き、種々懇け合って、朝川の言葉を借りれば「藤田も青山量介同様にこちらの味方に取り込む」ことにより、以上のような成果を獲得したわけである。

ところで、青山がこの朝川善庵という人物について抱いた印象を、我々は文政六年執筆の一七三通目（十九日付）書簡中の、

扨朝川ハ貴兄ニも先日御対談候処、江戸にハ珍敷、篤実むきの人と思召候由、小子も去年中、一度舟中ニ而対話仕候事ニ御坐候。貴兄御逢被成候節ハ雅談斗ニ而、右一件ニハ不及候由、（中略）扨又嬰卿方へハ、藤堂家直小姓頭平松某ゟ折々文通も有之、朝川ゟも手筋問合候様子ニ御坐候。其御含ニ而御応酬可被成候。

という記述の中に窺うことができる。これによれば青山は、会って話をしてみたところ、江戸には珍しく篤実な人物のようである、と藤田に報じてきていたようである。これを受けて藤田は、自分も昨年一度舟の中で話をしたことがある、と述べた後で、この度朝川は、貴兄との対話で『聿脩録』の件には触れなかったとのことだが、嬰卿（川口）方へはいろいろと問い合わせてきているようなので、そのつもりで対応されるように、と注意を促している。

そして藤田は、文政七年の六月二十四日付一六八通目書簡には、

小子一概に御おさへ申上候に無之次第、幷先方之書直し遣候ハヽ、一向不存候事ニ而介九郎独断故、今更申わけも六ケ敷候へ共、小子に御任被遊候而朝川まて弁候ハヽ、何事も氷釈可仕次第ハ御同僚之好、乍御面倒貴地にてよ

ろしく御演述可被下候。

と記し、『聿脩録』の件で先方との間に行き違いが生じてしまっているが、自分が朝川に会って説明すれば分かってもらえることなので、その旨を貴地の有司方に説明してほしい、と青山に頼み込んでいる。藤田はまた、文政七年執筆の一八八通目（月日未記入）書簡でも、

朝川生面談に候ハヽ、如何様とも申振も可有之候へ共、書面ニ而ハ行届兼候間、往復ハ仕兼候。朝川ゟ小子へ伝書有之候へ共、容易ニ挨拶ハ相成兼候間、とかく貴兄へ御懸合申候様ニ可相成候。左様御心得可被下候。

と記し、朝川と面談することができればいろいろと説明もできるのだが、書簡ではどうしても行届かないところがあるので、貴兄にお願いする結果となってしまうことをご理解いただきたい、青山に書き送っている。これらをみると、藤田は、朝川をこの件の交渉相手とするに足る人物と認めていたことが窺える。しかし同時に、藤田は、文政八年の十一月二十九日付一八二通目書簡(43)には「流石言語にも長候人物故、無拠辞命を設候而、此方有司にていやと不被申候様工夫いたし候事と、於小子ハ奉存候」と記すなど、先に一七三通目書簡の中でも匂わせていたように、十分注意して接していくべき人物ともみていたことが分かる。

一方、青山は、文政八年の十二月十九日付一八六通目書簡に、

彼書之儀、貴兄より浅（ママ、朝カ）川生へ御対談被成候ハヽ、いか様ニも取扱方可有之とハ、兼而小子も存居候所、果して浅川も如此申候由、先致安心候。

とあるのによると、自分と朝川で協議をすればこの件はどのようにでも対処の仕様があると朝川自身も語っていた、と藤田に書き送ってきていたことが分かる。また、この書簡の五日前に書かれた一八四通目書簡には、「朝川善庵貴宅へ御見舞申候序、藤堂家一書之儀談及有之に付、初発より行違之次第、委細御物語被成候へハ、其次第始而承知いた

し候由」とあり、朝川が青山宅へ見舞に来た序でに『聿脩録』の件に話が及び、双方に行き違いが生じた経緯を語ってくれたのでようやく事の次第が呑み込めた、と藤田に報じてきていたようである。事の次第を呑み込むまでに随分と時間が掛ったものではあるが、それはさて置いて、これらを見てみると、青山も藤田と同様に、朝川をこの件の交渉相手とするに相応しい人物と見做していたと受取っても差支えはなさそうである。(44)

そして同書簡には、さらに続けて

扨藤堂殿序文称謂等之事、又ハ臣下撰を自撰の振ニも致候様、是ハ如何様ニも取扱可相成候へ共、とかく騎虎之勢にて、上公御序文頂戴無之候而ハ都合不宜候由、尤之次第ニ存候。已上之ヶ条相改候ハヽ、格別わけも相立候而宜候様ニ御坐候。貴兄御在府に相成候上ハ、(中略)善庵等御かけ合之上、何分ニも都合宜様御取扱出来候事と奉存候。

とも記されている。これによれば、朝川は、水戸の側から指摘された問題点についてはどのようにでも訂正はできるが、「騎虎之勢」(45)というもので、とにかく上公の御序文は頂かないことにはどうにも仕様がない、と青山に話したらしく、この朝川の言い分は藤田も尤もな事と納得している。そしてその上で、当方が指摘した問題点が改められるならそれでよいので、在府の貴兄が朝川と懸け合い、良いように取り計らってほしい、と青山に頼んでいる。

このように、朝川は、当時水戸藩の彰考館総裁を勤めていた藤田と青山に、揃ってこの件の交渉相手とするに足る人物と認めてもらえたことで、遂には先述したような成果を収めることができたわけである。

このような朝川の尽力に対して、津藩では相応の手当てを以て報いたようである。一九〇通目(月日未記入)書簡(46)には、「藤堂家ニ而ハ、彼書之儀大に心を用ひ、朝川懸りニて都合宜相成候迚、朝川へ加増等も出候等申候」と記され、朝川の加増の噂が藤田の耳にも届いていたようである。因みに朝川は、文政元年十月に「給十口」で藤堂高兌に招聘され、同六年に加増されて「二十口」となり、以後「御家来同様之取扱」となっている。また、これは実現はしなかったが、津阪が文政五年に病で倒れた後の有造館督学後任人事の候補にも挙げられたほどであった。(47)

とにかく、藤堂家の『聿脩録』の件に対する力の入れようは大変なもので、同書簡中には「朝川取扱候にハ無之候へ共、外之もの取扱ニて、礫邸当路へ余程賄賂を行ひ候由ニ承候」として、朝川とは無関係であるがと断った上で、藤田は、小石川の水戸藩邸当路者への贈賄の噂のあることも、ある書生からの伝聞として記している。藤田は、こうした噂はともかくとして、我が藩の有司方は「文盲之衆」なので文章の良し悪しなど何も分からず、ただ「御義理合さへ立候ハヽ可然」という了簡のようであると述べ、この問題を軽く考えている藩邸当路者を批判している。藤田の当路者批判の言辞は、文政七年の七月四日付一一五通目書簡にも「久世弁鵜殿氏追々内談之趣も御坐候由、文事不案内之人中に立、取扱候而ハ、文事之儀模通宜筈ハ無之候」のようにみられる外、幾通かの書簡中に散見される。

このように取り組みの足並みが揃わない水戸藩側に対して、津藩側の様子は、前出の一六八通目書簡に、

聿脩録之事ハ、藤堂家君臣相共に竭力、其家声を張候事、奇特之次第ニ御坐候。（中略）先方ニてハ如此上下戮力之事、此方にても、文事ニ於てハ外之儀と違ひ、御同様持前之勤方に候へバ、何卒御申合申候而、已前之差錯をも氷釈いたし候様取扱、御外聞も宜、且ハ御旧好をも御失不被遊候様仕度奉存候。

とあるように、君臣一丸となってその家名を高めるために力を尽しているように藤田の目には映ったようである。藤田は、こうした水戸藩側の状況を改善し、是非ともこれまでの行き違いを修正して、両家にとって不名誉なことにならず、また両家の旧好をも損なうことにならぬよう、相談しながら事を進めていきたいと、すでに文政七年執筆のこの書簡の中で青山宛てに書き送ってはいたのである。

扨、先述したように、藤田は文政九年の三月に出府したのであるが、出府前の二月十九日付二通目書簡の中に、(48)「聿

脩録等之儀ハ四月ニ逼り不申候已前、とくと御申合之上、先方へも懸合申度候間云々」と記し、出府したら早々に青山と相談の上で先方と協議したい旨を述べていた。そして、これも先にみた朝川の平松宛書簡の日付である十月七日以前には、この件の協議が全て終了し斉脩の序文が津藩側に遣わされて、長きに亙って紆余曲折を経てきた懸案事項に漸く終止符が打たれることとなったのである。

藤田は、八月には江戸での用務を終えて水戸に帰っていたが、同年の十一月二十四日付一八一通目書簡(49)をみると、

先日ハ津藩著述之書へ上公御序文被成下候ニ付、津侯より呈上之品御坐候由、右ニ付貴兄幷小子輩も目録被相贈候ニ付、（中略）仍而此方之分も御差下被下、先便受取書付ハ為念遣申候へき。貴兄ハ其御地ニて彼是御取扱ふりも御坐候へば、彼方より之音信当然に御坐候。小子ハ此方ニ罷在候而、始終齟齬之事共多く、中々贈り物之所ニハ無之候へ共、御同職之姓名善庵等より相通候而、波及候事と奉存候。川口免職ニても、当職之半被相贈候由、彼方之厚意にハ感心いたし候。鵜殿・久世・立原等も、定而それ〳〵付届御坐候事と存候。

とあり、『聿脩録』の序文拝領のお礼として津侯から贈られる品の目録が、青山から藤田のもとにも送られてきたようで、その受領書を青山宛に送付したことが記されている。そして、同年の十一月二十九日付二〇九通目書簡をみると、「礼状等ハ毎々何方へも遣不申候」ということであったらしく、藤田は、従来の慣習に従って「請取書付」のみを送付したもののようである。

それにしても、と藤田は次のように述べている。貴兄は江戸にあって何かと世話をされたので彼方から贈物があっても不思議ではないが、自分は水戸にいて始終齟齬の事ばかり多く、とても礼物などもらう理由はないのだが、貴兄と同職ということで姓名が朝川等から津藩当路者の知るところとなり、このような次第となったものであろう。川口など早くに総裁職を免じられてはいたが、当職の半分ほどの品が贈られるとのことであり、おそらく鵜殿・久世・立

原等へもそれぞれ付届けがあったのであろう。藤田は、このように述べて、津藩当局の厚意が尋常一様のものでないことに心を動かされたことを青山に報じている。

おわりに

筆者は、本章において、『藤田幽谷書簡』中の三十余通にのぼる『聿脩録』関連の記述のみえる書簡を主な資料として、当時水戸藩の彰考館総裁を勤めていた藤田と青山が、一体何のために、津藩の藩祖の事績を記したこの書物に関して、これだけ多くの書簡を遣り取りすることになったのか、という疑問に答えるべく検討を重ねてきた。その結果判明したことを略述すれば、以下のとおりとなる。

先述したように、『聿脩録』は、文化年間末期に伊勢津藩儒の津阪孝綽が起草の命を受け、文政元（一八一八）年に脱稿して藩に提出した藩祖藤堂高虎の伝記で、はじめは『太祖創業志』と題されていた。当時、津藩は第十代藩主高兌の治世下にあり、津阪は、藩主高兌の篤い信頼のもとに同書の編著を一任されたのである。そして、文政元年に脱稿した稿本は、その年の十二月十三日に同藩江戸屋敷で高兌の閲覧に供され、庁議の結果、水戸公（斉脩）と林大学頭（述斎）にそれぞれ序文及び跋文の執筆を請うことに一決し、同三年、水戸邸に使者を遣わしてその旨を要請した。

ところが、水戸藩の藤田らから、この書名で公刊するのは身分を越えた行為のように思われるという理由で、書名を改めるべきだという提言があり、水戸側からの提案どおり『聿脩録』と改められることになった。斉脩が序文執筆を引き受ける条件の一つとして提示されたこの書名変更の件に関しては、水戸・津両藩のあいだで特に確執が生じた様子もなくすんなりと決定したようであり、また、その決定時期が青山の彰考館総裁就任以前であったこともあってか、本書簡集所収の書簡中には、この件について特に難しい遣り取りをしたことの窺えるようなものは見当たらなかった。

こうして、水戸藩側からの書名変更の要請は問題なく受け容れられたが、事は全てそう簡単には片付かなかった。文政六年の正月元日、藤田は御用番年寄衆の興津所左衛門に呼び出され、病気を押して出向いたところ、この『聿脩録』の一件の取扱い方等についての意見を書面にして提出するよう命じられた。そこで、これを一書にまとめて数日後に提出した。この藤田の意見書は、同書の書名の是非如何に止まらず、本文中の文章の表現や史実にまでも踏み込んで諸種の問題点を指摘したものであったらしく、その後津阪らがその対応に苦慮し、これ以降の水戸・津両藩の交渉を長引かせる大きな要因の一つとなったもののようである。

ところで、問題の斉脩序文であるが、藤田が思い描いていたそのあるべきかたちとは一体どのようなものであったのか。藤田は、斉脩の旧稿の原文には最初から立論の基底に「忠孝」の二つの徳目が置かれていたと記憶するとし、したがって、文章表現の瑣末な議論はさておき、この二つの徳目が文章全体に貫通するものとなっていれば、祖先の徳を慕い、それを明らかにして修めるという「聿脩」の名義にも叶い、なおかつ、御三家という尊貴な立場にある斉脩がこの書物に序文を遣わすことの意味も得心のいくものとなる、と述べている。さらに藤田は、これより時機は後のことになるが、序文の案文を別紙に認めて青山宛に送り届けた。ところが、この案文が斉脩の旧稿を全面的に書き換えたかたちのものだったことから、その是非を巡って両者の間でひと議論が展開されることとなった。

しかし、『聿脩録』序文の表記に関する具体的な問題点として藤田と青山が採り上げて遣り取りをしている事例は、高兊の自序・斉脩の序文を含め、文中の自称の詞は「予」とし、「寡人」や「孤人」という詞を用いるのは止めにするよう先方と掛け合おうとか、「史筆云々」「譜牒云々」というような表現は、いかにも書生じみていて王公の文章には相応しくないので使わないようにしよう、などと言っている程度で、決して多くは見られなかった。

水戸藩側からはまた、『聿脩録』本文への疑義も提起され、これには、文中の表現上の問題点を指摘したものと事実関係に関する疑問点を指摘したものとがみられた。『聿脩録』の改正本は津藩から幾度か提出されたようであるが、文政八年の段階での訂正本中、前者はどのようになっていたかといえば、巻初の高兌自序は同書が自撰のように書き改められており、巻首にあった序論が削去され津阪の姓名も除去されてはいたが、高兌自序中の「寡人」の二字はまだそのままになっており、「雖懿親三藩所不及也」という「不敬至極」の記述もそのままになっている、といった状態であったらしい。これを見た藤田は、これでは序文を遣わすことなど断じてできないと憤っていた。

そして、後者については、「三社之事」、すなわち藩祖高虎が天海と共に家康に従祀されるかたちで日光・東叡・久能三社の神廟に祭られているというのは藤堂家の家説のとおりだとしても、「摩多羅神」という呼称が高虎の名を採ったものであると『聿脩録』の旧文にあったのなどは全く附会の説と思われる、と藤田は言い、そして、こうしたことに関して史実か否かの確認もしないままに、「家伝之儀ハ各其家説に任セ候」ということで済ませてしまおうとする藩主斉脩の姿勢に異を唱えていた。

ところが、この「三社之事」については林家も関心を示し、水戸家に対して不敬にあたるような記述は改めさせたほうが良いと言ってきたので、これは渡りに舟ということで、水戸藩ではその対応方を林家に一任することにした。藤田は、この件の交渉を林家に委ねるというのは妙計ではあるが、その交渉の時期を来夏（文政九年）まで延引するというのは、やはり林家も先方の恨みを買うようなことは容易には出来兼ねるということなのであろう、と推測していた。

いずれにせよ、実際に本書簡集中の関連書簡を具に検証してみた限りにおいては、表現上の問題点・事実関係に関する疑問点ともに、多くの実例が列挙されて議論されているわけでは決してなかった。

結局、藤田と青山が、この書物に関してこれだけ多くの書簡を遣り取りし、長年月を懸けて検討を重ねても容易に決着することができなかったのは、水戸藩内の「上下否塞」の現状が大きく影響したもののようである。少なくとも藤田の認識はそうであった。事実、藤田の有司方に対する不信感には根強いものがあり、また、一歩間違えば狷介ともとられかねない藤田の言動に対しては、有司の方でも強い嫌悪感を抱いていたようにみえる。

しかし、遅延を招いた原因はそれだけではなかった。青山が江戸に赴任してまだ間もない頃の幾通かの書簡の中で、藤田は、自分が先に係わっていた案件だったからか、この件は自分に任せてもらえればどのようにでも片が付けられる、と青山に語っていたが、これに青山が反発したのか、やがて藤田を敬遠するようになり、そのことがいっそう藤田を孤立させ、竟には、常に一致協力して事を進めていくべきこの両者の間にさえ、意思疎通の不徹底を招くような結果となってしまったのである。(50)けれども、このような状態が好ましくないのは当然両者共によく分かっていたことなので、適宜関係を修正しながら、何とか仕事を前に進めて行ったようである。

ところで藤田は、本書簡集中の幾通かの書簡の中で、出府して同職の青山や津藩の朝川らと協議したいという強い思いを述べていた。その思いは文政九年に至ってようやく叶えられることとなり、藤田は、同年の三月から八月までの間、江戸に出張して事に当たった。この藤田の江戸滞在中には、青山と会って直接話ができたので、当然のことながら本書簡集中にこの間の書簡は含まれておらず、従って、本件に関する検討状況をそこから窺うことはできなかった。

しかし、幸いなことに、この間の本件に関する検討状況を僅かながらも窺うことのできる資料が、津藩側に残されていた。先にみた朝川の平松宛（十月七日付）書簡には、藤田が出府するや、早速朝川が藤田を訪ね、種々懸け合った結果、青山同様に藤田も味方に取り込むことができたのであるが、思いがけず林祭酒の方から所存を申し出られ、文中少々删去することになってしまった、とある。ここにいう林祭酒の所存とは、水戸藩が林家に交渉を一任した「三社之事」についての見解のことのようである。真偽の程は分からないが、朝川が言うには、この件については、藤田・青山両人とも相談の結果、中納言様へ申し上げて删去せずに済むようにする、ということで話が付いていたので、もし林家の方から当藩側へ沙汰があっても、これを受付けないようにすれば大丈夫なようにしておいたのに、一寸した手違いから、国元の方では删去しても大意においては差支えないということで、これを承知してしまい、このような結果となったのは残念至極なことだ、とその心中を平松に打ち明けている。

それにしても、複雑な立場に置かれていたのは林家であろう。もし朝川の言うことが事実であるとするならば、事もあろうに水戸では、この件についての津藩側との交渉を林家に一任しておきながら、一方ではその交渉の結果が出るのを待たず、忽々に藩としての結論を出してしまったことになるわけである。そして、もしこの結論通りにうまく事が運び、それが表沙汰にでもなれば、水戸は何と信義に悖ることをするものよと、林家ばかりでなく世間一般からも非難を浴びることになったのは必定であったろう。津藩側の手違いから、辛くもこうした過ちを犯すのを免れることが出来、面目を失わずに済んだのは、水戸藩にとっては幸いなことであったといえよう。

藤田は、『聿脩録』の件に藩を挙げて取り組んでいる津藩に対して、なかなか協力体制を固められないでいる水戸藩の内情を嘆いて、一七七通目書簡に、

乍去先方にてハ、君臣共に力を竭してこれを張り候に、此方にてハ、文事へ懸り候もの、内にても、事により御秘被成、先方游説之談に被動候様にてハ、所詮勝利ハ無之様奉存候。

のように記しているが、藤田は、ここで「勝利」という言葉を使っている。一方、津藩側の津阪は、前出の『津阪東

陽書簡』所収の第二一通目（十月十六日付）書簡の中に、

さては差掛り当惑之一件出来り夜来苦心千思万慮いかんとも不能処置候。（中略）何分御分別を借り不中候而ハ敗軍ニ及可申戦兢之至ニ御坐候。

と記し、さらに「尚々」として、「先達而相済候事の再発ニ御坐候。与得御内話御熟考被下度事ニ御坐候」と記しているが、これは多分、『聿脩録』の件での水戸藩との交渉に関することで対応に行き詰まり、平松に応援を依頼しているものと推されるが、ここで津阪は、「敗軍」という言葉を使っている。これらをみると、水戸・津両藩の儒臣達にとっては、『聿脩録』の件でのこのような交渉は、「文事における戦」と認識されていたようである。してみれば、先に朝川が、文中から少々刪去するのを余儀なくされたことを何とも不本意な結果と残念がっていたのも、蓋し当然のことといえよう。

扨、最後に、林家の跋文について一瞥しておくことにする。藤田は、一八七通目書簡に、

林家序文之儀ハ如何に候哉、御序ニ御聞合可被成候。藤堂家ハ至極之術家ニ御坐候間、朝川生ゟ佐藤捨蔵へ申談、大抵ハ注文通に相調候事と存候。

と記し、青山に、この件の進行状況がどのようになっているかの確認を依頼している。その上で、藤田は、藤堂家は計策に長じた家柄なので、朝川生から佐藤捨蔵[51]に話を持ち掛けて、恐らくは注文どおりに事が運んでいることであろう、と推測している。

ところが、藤田の予想に反して、林家の方も順調に作業が進んでいるわけではなかったようで、前出の『石川竹厓書簡』中の第一通目（十月三日付）書簡をみると、

林家之御延引ハ全ク水府御浄書ヲ待合され候ニ付心外遅候ト申事ニ御坐候　跋ノ事ナレバ水戸相公ノ御序文ヲ拝

見不致候而ハ筆も難立と中御断ニ御坐候

とあり、水戸藩の序文が遅延していることが原因で林家の跋文も遅れてしまっている、と石川が平松に報じているのである。水戸の序文を見た上でなければ跋文は書けない、というのが林家の言い分で、これは尤もなことであったろう。

こうして、こちらもまた遅延し、文政十二（一八二九）年になって漸く序跋ともに完成を見ることができた。しかし、時すでに遅く、藤堂高兌は文政七年に、同書を代作した津阪孝綽も同八年に他界していた。同書は、結局、前藩主高兌の著作として文政十二年に津藩校有造館から刊行され、津藩の聖典ともいうべき一書となったのであるが、今現存する有造館版の『聿脩録』は、脱稿してから刊行に至るまでに十二年という長い歳月を費やすこととなってしまった。(52)これ程の遅延を招いた原因の大半は、水戸藩主斉脩に序文を請うたことにあったといえようが、当時は、これらの序跋が著書の価値を高めるものとして非常に尊重されていたのであるから、津藩としては、これもまた已むを得ない選択であったということなのであろうか。

ところで、先述したように、この件での水戸藩との数十回に及ぶ交渉関連の書簡が「平松楽斎文書」の中に今も残されており、そのうちの「聿脩録関係一　十七通」が、平成二十三年に津市教育委員会から『聿脩録関係往復書簡（一）』と題して翻刻され、現在「聿脩録関係二　七十五通」を翻刻作業中とのことである。既刊の往復書簡中には、この件に関する交渉の具体的な内容の分かるような書簡は含まれていなかったが、現在翻刻作業中のものの中からは、より詳細な交渉の模様が明らかになるような資料が見つかるかも知れない。翻刻作業が早期に完了し、これを用いて本章を補筆・訂正できるときが一日も早く訪れることを心から願っている。

また、同書は、あるいは『太祖創業志』として、あるいは『聿脩録』として、国内の諸機関に、写本もしくは版本が相当数架蔵されていることが確認されている。[53] 本章では検討することができなかったが、それらの諸本を比較対照してみることによっても、同書の成立過程を窺う手掛かりが得られるかも知れない。[54] しかし、今は後考に俟つこととして、ひとまず筆を擱くことにする。

注

（1）『津市史』第三巻を参照。
（2）『津市史』第三巻、岩波書店『国書人名辞典』等を参照。
（3）吉川弘文館『国史大辞典』、藤田達生著『江戸時代の設計者――異能の武将・藤堂高虎』（講談社 二〇〇六）等を参照。
（4）『津市史』第三巻を参照。
（5）『津市史』第三巻、『聿脩録関係往復書簡（一）』の序文・凡例等を参照。
（6）永谷質氏については、『聿脩録関係往復書簡（一）』末尾の付録に、浅野松洞著『続三重先賢伝』の記述を引用して、その略伝が紹介されている。
（7）文政三年から同五年までは藤田と川口緑野が、そして文政六年からは藤田と青山が総裁職を拝命していた。
（8）「介九郎」は川口緑野。その略伝は本書第五章を参照されたい。また、「揚蔵」は土井篤敬。諱は弘、字は毅夫、揚（楊）蔵と称し、篤敬等と号した。津藩儒。文政九年没、享年四十四（長澤規矩也監修・長澤孝三編『改訂増補漢文学者総覧』参照）。
（9）「勿念尓祖聿脩其徳」は、『詩経』の「大雅文王」中の一節で、「尓の祖を念ふこと無からんや、聿に其の徳を脩む」などと読み下される（有朋堂「漢文叢書」所収本参照）。祖先の徳を慕い、それを明らかにして修める意と解されている。
（10）青山に依るとみられる「酉九月四日聿脩録懸合之文通」という書入れのある一七七通目書簡中で、藤田が、自分を差置いて先方と交渉しているのは上様や有司方の指図によるものかと青山に問い質しているのに対する回答が、「左様之次第無之旨」と本書簡中に記されていることから、本書簡も「酉」、すなわち文政八年に執筆されたものと推定した。

（11）初めは「太祖創業志」と題されていたとある『津市史』第三巻の記述とは異なるが、ここは藤田が記憶に基づいて書いているところでもあり、また「創業」とあるのが書名としては「僭踰」にあたるというのが藤田にとって大きな問題であったこと等から、ざっくりとこのように記したものであろうか。因みに、先にみた平松の手記「西厓見聞録」では「創業誌」と記されていた。しかし、いずれにせよ、水戸藩側から書名変更の要請があり、津藩側がこれを受け容れて『聿脩録』となった事実に変わりはない。

（12）本書簡の執筆年次は、書中に藤田が序文の案文を認めて青山に送ったことが記されており、これに関連する記述が文政八年のものと推定した一七八通目書簡中にもみえることから、同じく文政八年と推定した。

（13）朝川善庵は、天明元（一七八一）年生、嘉永二年（一八四九）没。初め片山氏。名は鼎、字は五鼎、善庵等と号した。片山兼山の男で、朝川黙斎の養子となった。初め養父に就いて学び、十二歳で山本北山の奚疑塾に入門。諸国に遊学し、江戸に帰ってから藤堂・大村・松浦等の諸侯に招かれた。善庵は、藤堂高兌・高猷二代の師となり、巻菱湖を藤堂侯に紹介したりもしている。また、大村侯に招かれて彼杵に赴いた折には、豊後の広瀬淡窓と会っており、淡窓の『懐旧楼筆記』には善庵を評して、「東都の大儒なり」「佐藤一斎と名を均うせり」等と記されている。善庵の墓碣銘は、佐藤一斎が撰している（岩波書店『国書人名辞典』、森銑三著作集第八巻　四五三―四六〇頁等を参照）。

（14）本書簡は、書中に「只今にてハ貴兄御同職」「当春之通り、小子よりのみ専相伺候にハ不及候」とあり、青山が総裁職に就いて出府したのは文政六年のことであるから、同年に執筆されたものと推定した。

（15）津市教育委員会発行『津阪東陽書簡』（平松楽斎文書十八　平成七）所収の第一通目（七月十四日付）書簡をみると、本書簡を執筆した当時体調の良くなかったらしい津阪が平松宛に、

　聿脩録水戸相公の御意ニよりて　先公御自撰ニ仕立直し病中勉強出来上り候ニ付　御内見ニ呈シ候　さて〳〵難儀致シ候事ニ御坐候

と書き送っており、このことからも、津阪らが水戸藩からの要求に応えるべく真摯に取り組んでいた様子が窺える。因みに、この書簡には「文政二年」と朱書されているようであるが、これは誰による書入れであろうか。津藩が水戸藩主斉脩に序文の

執筆を乞うたのは文政三年のことであるので、それ以前の執筆ということはあり得ず、さらに「先公」とあるのをみれば、高兌没後のものと考えるのが妥当であろう。高兌が没したのは文政七年の十二月で、津阪は翌八年八月に没しているのであるから、本書簡の日付の七月は、津阪が没する一月前の七月ということになるのではあるまいか。

(16) 藤田は、本書簡の中で江館にある斉脩序文の定本を水戸まで送ってほしいと頼んでいるが、それが藤田の手許に届いたことが一七二通目書簡に記されている。そして、この一七二通目書簡中には、来夏(文政九年)の藤堂高猷(高兌死去後、文政八年二月に津藩を襲封)の出府を待って林家が「三社之事」について津藩側と交渉する予定であることが記されているので、この一七〇通目書簡の執筆年次は文政八年であることが分かる。

(17) 「旅進旅退」は、『礼記』「楽記」中の「今夫古楽旅進旅退」とあるのに依り、倶に進み倶に退く意(友朋堂「漢文叢書」所収本を参照)。

(18) これらの二句は、『書経』の「周書顧命」中ではなく、「周書康王之誥」の中に、それぞれ「則亦有熊羆之士、不二心之臣、保乂王家」、「雖爾身在外、乃心罔不在王室」のように記されている(友朋堂「漢文叢書」所収本参照)。

(19) 本書簡の執筆年次は、書中に「一昨年出府之節云々」「去秋中貴兄御同職被仰出云々」とあり、藤田の直近の出府は文政五年のことであり、また青山の総裁職就任は文政六年のことであるから、文政七年と推定できる。

(20) この案文の具体的な中味については不明であるが、現行本『聿脩録』の序文は、藤田が先に八月九日付一七〇通目書簡で提示した文案のとおりにはならなかったようである。なお、本章で「現行本」というのは、『補注国訳聿脩録』(藤堂家編述会編高山公三百年祭会発行　昭和五)のことを指し、以下も同様とする。同書は、漢文で書かれた原本を読み下して補注等を加えたものであるが、決定版を底本として使用しているものと思われるので、原本の内容を窺うには少しも支障はないであろう。

(21) 執筆月日未記入の本書簡は、書中に「去春ハ貴地ハ代役斗故云々」とあることから、川口が総裁職を罷免された後のものであり、さらに、「旧冬朝川鼎、小子へ面談致度旨或人迄申遣候ニ付、(中略)貴地ニて之文事ハ、とかく貴兄御応酬当然之儀云々」とあることから、青山が総裁職に就任した文政六年の秋以降のものであり、しかも「旧冬」と記されているのであるから、文政七年に執筆されたものと推定することができる。

(22) 本書簡の執筆年次は、第三節第一項の注(27)での考証で文政八年と推定している。

(23) ここにいう「改正本」は、前出の通し番号一八七通目書簡にみえる「改訂之本」とは別物のようである。詳細は、第三節第一項の注(27)を参照されたい。

(24) 本書簡の執筆年次は、第二節第三項の注(16)を参照されたい。

(25) 『春秋左氏伝』僖公二十四年の条中に、「尤而効之罪又甚焉」(尤めて之に効ふは罪又甚し)とある。その罪をとがめておいて、自分も彼らと同じことをやるのではその罪はいっそう重い、という意味(友朋堂「漢文叢書」所収本、筑摩書房刊・貝塚茂樹編『春秋左氏伝』等を参照)。

(26) 本書簡中で藤田は、序文の案文を書いてみたので後便で送付すると記している。そして、この案文を見た上で藤田に寄せられた青山の意見に対する藤田の見解が、先に文政八年のものと推定した一七八通目書簡の中に示されている。よって本書簡の執筆年次も文政八年と推定することができる。

(27) 『聿脩録』の改正本は、津藩側から幾度か提出されたようである。ここで取り上げられているものは、八月九日付の本書簡に、「去月晦朝川善庵貴宅江罷出、聿脩録改正本、勢州より遣候由ニ而持参云々」とあるので、七月晦日に朝川から青山のもとに届けられたものであることが分かる。今、津市教育委員会発行の『朝川善庵書簡』(平松楽斎文書二十二　平成一一)をみると、文政八年執筆(大田錦城がこの年四月に歿したことが記されていることから推定)の八月朔日付第七通目書簡に、「昨日久々ニ而小石川江罷越候　例之聿脩録を青山量助江相渡シ　帰途鵜殿平七江相訪候処云々」とあって、藤田の書簡に記述されているところと符合する。これは、前出の一八七通目書簡に藤堂家から届けられたと記されている「改訂之本」とは別物のようである。

(28) 本書簡の執筆年次は、一六九・一七七両書簡にみえる「改正本」をめぐる記述との関連から、文政八年と推定した。

(29) 「平松某」は前出の平松楽斎。「石川某」は石川竹厓。寛政六(一七九四)年生、天保十五(一八四四)年没。津藩士。名は之褧、字は士尚、通称は貞一郎で竹厓と号した。村瀬栲亭門人。文政三(一八二〇)年藩校有造館の講官、のち督学となり、さらに用人格で侍読を兼任した(岩波書店『国書人名辞典』等を参照)。津市教育委員会発行の『石川竹厓書簡』(平松楽斎文

書二十三　平成一二）所収の平松宛十月三日付第一通目書簡をみると、

先月来朝川生ト八毎々話合猶又水府御邸へも罷出　久世　鵜殿　山方へも面会仕候　御挨拶ト申事早速相分り申候得共中々夫マテ事埒明タルニテハ無御坐　併シ夫きり二而御残念と申場ニも未至様ニ相考候ニ付猶又鼎及小生ゟ鵜殿へ向ケ懸合最中ニ御坐候　林家へも両度罷出緩々得接晤候

という記述がみえ、朝川と協力してこの件での水戸藩や林家との交渉に当たっていたことが分かる。

(30)「摩多羅神」は、天台宗でまつる常行三昧堂の守護神。また、玄旨帰命壇の本尊。円仁帰国の際に出現したという伝承があり、源信が念仏の守護神に勧請したともいう。猿楽の芸能神とされ、翁（おきな）の成立に関係する。京都太秦（うずまさ）の牛祭ではこの神がまつられる（三省堂『スーパー大辞林』参照）。『補注国訳聿脩録』では、「摩多羅神」に関する記述は本文中からは消え、補注の中に「高虎は事代主尊にて摩多羅神と申云々」といったかたちで残されている。

(31)本書簡の執筆年次は、書中に「酉十二月聿脩録懸合之一件」と書入れがあり、また、内容的にも一六九通目書簡をはじめとする文政八年執筆の書簡中にみられる「高虎従祀」のことが記されているので、文政八年と推定した。

(32)本書簡の執筆年次は、書中に「会生史論、御序ニ呈覧云々」とあり、ここにいう「会生史論」とは会沢正志斎の『新論』（文政八年成立）のことと思われるので、文政八年と推定した。

(33)吉川弘文館『国史大辞典』、藤田達生著『江戸時代の設計者――異能の武将・藤堂高虎』（講談社　二〇〇六）等を参照。

(34)本書簡の執筆年次は、書中に藤田が、「小子も去年中、一度舟中ニ而対話仕候事ニ御坐候」と記し、去年朝川と一度会ったことがあることを青山に伝えているが、これは直近の文政五年の出府の際のことと思われるので、文政六年と推定した。

(35)本書簡は、「別紙内々得貴意候」とあるので、いずれかの書簡の別紙である。その執筆年次は、書中に「一昨年小子病用出府之節云々」と記されていることから、文政七年と推定した。

(36)本書簡の執筆年次は、書中に「縦ひ津侯御祭祀之節、御告之間に合兼候共云々」とあり、間直に控えている前藩主高兌の一周忌の祭祀のことが話柄に上されているので、文政八年と推定した。藤堂高兌は、文政七年十二月に江戸藩邸で死去し、翌八年二月に高猷が若干十二歳で襲封した（『津市史』第三巻等を参照）。

(37) 本書簡の執筆年次は、書中に「当冬津表に而年回御忌祭之節云々」と、前藩主高兌の一周忌の祭祀のことが記されているので、文政八年と推定した。

(38) その全文を示せば、以下の如くになる。

聿脩録御序文之儀、先年御約諾も有之儀故、一ト通り草稿内々御示被指置候処、右ハ未定之儀、御清書被遣候事は御延引之段、無余儀次第も有之候。其後追々御自分等内懸合之儀も有之に付而ハ、御清書可被遣思召も有之、他書とも違ひ候間、御代筆仕候者迄も、別而御択被仰付候筈御沙汰之趣、御自分内々相伺候通、朝川鼎方へ及物語候由、相違も無之儀勿論に候。但御序文御旧稿未定之儀故、是迄も御延引、弥々清書被仰付候而被遣候段に至候而は、一応藤堂殿江御物語之上不被遣候而ハ都合不宜候様、重而御思慮被為在候間、来夏参府之期を御待、御面談被為在候筈に候。当冬津表に而年回御忌祭之節に被遣候様にと被相待候段、無拠相聞へ候へ共、前文之通り故、御自分ゟ宜様に鼎方迄可被申達候。尤御代筆被仰付候者も、此節病気にて相認兼候。其上他之文辞とも違ひ候間、来夏御面談之上、体により御代筆に無之、御直に御染筆ニも可相成候条、津表ニ而御待遠之儀ハ、宜御了簡御坐候様御自分能々相心得、鼎方迄内々通達可被有之候。

このような通達が側用人衆から青山のもとに届いたことにし、そのことを朝川から津藩当局に知らせてもらうようにすれば、先方から異議が出されることはないだろう、というのが藤田の考えのようである。

(39) 本書簡は、書中に「此上之儀ハ、来春貴面之節、緩々御相談可仕候」と記されていることから、来春の出府が確定した後に書かれたものと推察される。先に文政八年のものと推定した一八六通目書簡と日付が同じであり、「聿脩録之事」と題されているところをみると、この件について一八六通目書簡で書き足りなかったところを補記したものと思われる。

(40) 「藤堂侯御祭文之儀云々」とあることから、本書簡の執筆年次は文政八年と推定できる。

(41) この折の藤田の出府については、本書の第二章第二節第八項を参照されたい。

(42) 本書簡中には、出府した藤田と交渉したことが記されているが、藤田の出府は文政九年のことなので、本書簡の執筆年次が推定できる。本書簡は、津市教育委員会発行の『朝川善庵書簡』(平松楽斎文書二十二　平成一一)の第二通目に収載されており、そこでも文政九年の執筆とされている。

(43) 本書簡中に「先日貴兄ゟ御挨拶之次第、先方心得ニも相成候儀、一向無沙汰に仕候筈ハ無之候」とあるのは、先に文政八年のものと推定した十一月二十四日付一八〇通目書簡の中に、当方の事情を説明して来年の藤堂侯の参府まで序文を待ってくれるよう先方に伝えたとあるのを指すもののように思われ、もしそうであるならば、その執筆年次は文政八年ということになる。書中には、「来春無滞懸合候様相成候ハヽ云々」とも記されており、同様の記述が一八〇通目書簡中にもみえるので、両書簡共、藤田の来春の出府が本決まりとなる少し前に執筆されたものとみて差支えあるまい。因みに、先にみた十二月十九日付一八五通目書簡が書かれた時点では出府が決定していたようである。

(44) 青山の自著『皇朝史略』(文政九年刊)に朝川善庵の序文(文政丙戌冬十月付)が付されていることからも、青山の朝川に対する信頼の度合いが推し量られるであろう。

(45) 「騎虎之勢」とは、虎に乗って走れば、その勢いがはげしくて途中でおりることができない、ということから、物事の勢いがさかんになって、行きがかり上、中止したりあとへ引けなくなったりすることで、出典は『隋書』の「文献独孤皇后伝」である(小学館『故事・俗信ことわざ大辞典』参照)。

(46) 本書簡の執筆年次は、書中に「御文章も書生之儀と違ひ、御大名抔之御文にハ少々申分有之云々」と記されており、先に文政八年のものと推定した一七六通目書簡にも、「何か書生之世話いたし候様ニて、王公の御文ニハ如何と奉存候」と同様の記述がみえるので、あるいは同じ頃に書かれたものかとも思われるが、確証はない。

(47) 津市教育委員会発行の『朝川善庵書簡』(平松楽斎文書二十二 平成一一)の解説を参照。

(48) 本書簡の執筆年次は、書中に、藤田が「来月中旬過云々」と出府の日取りについて青山に相談している記述がみえるので、文政九年と推定することができる。

(49) 本書簡には、江戸での用務を終えて帰水した藤田の近況が書かれており、後出の二〇九通目書簡も同様なので、ともに文政九年に執筆されたものであることが分かる。

(50) 藤田と青山のあいだの純粋な論争の域を越えた感情的な遣り取りは、この件についてだけ見られるものではない。当時進行していた『大日本史』紀伝校訂作業においても、また、青山の著作である『皇朝史略』の刊行を巡っても、総裁職を辞めるの辞めないのといった遣り取りがあったのを、本書簡集中の幾通かの書簡から確認することができる。

(51) 佐藤捨蔵は、明和九（一七七二）年生、安政六（一八五九）年没。名は坦、字は大道、一斎・愛日楼等と号し、捨蔵等と称した。美濃岩村藩の家老佐藤信由の男。上方に遊学して皆川淇園・中井竹山らに学び、後に林述斎の門人となった。文化二（一八〇五）年に林家の塾頭となり、天保十二（一八四一）年に述斎が没すると、幕府は一斎を挙げて昌平黌儒官とし、以後、多くの後進を指導することとなった（岩波書店『国書人名辞典』参照）。

(52) 『津市史』第三巻参照。

(53) 岩波書店『国書総目録』参照。

(54) 試みに、国立国会図書館が所蔵する『太祖創業志』を見てみると、本文六十三丁に「創業志採用書目」二丁が付された全六十五丁の写本で、「山岡／之印」の印記がある。巻頭には、書名の後に「留守散騎兼儒員　臣津阪孝綽謹撰」と、津阪の官職名と名前が記されている。そして同書は、「夫為二人臣一而不レ知下国家之所中由興上則渙若二城池之皃罹一矣」に始まる導入部の後、「粤稽」として、徐に「太祖姓藤原諱高虎云々」と本論に入っていくかたちになっている。当然のことながら、同書には斉脩の序文は勿論のこと、高兌の自序もまだ付されていない。極初期の稿本であり、これがやがて本章で検討したような様々な経緯を経て、現行本のような姿になってくるわけである。

〔参考資料〕徳川斉脩序文、藤堂高兌自序、林衡跋文

以下に、『補注国訳聿脩録』に掲載されている徳川斉脩序文、藤堂高兌自序、林衡跋文を、参考までに転記しておくことにする。

○徳川斉脩序文

聿脩録序

予政務之暇、時閲二当世功臣世家譜牒一欲三以諳二其閥閲一、而戦国騒擾之間、記注間或闕略、庶下探二諸家記載一考覈以得中其実上、嚮者伊賀侍従高兌朝臣、示レ予以下其所二自編纂一聿脩録上、其書記二始祖高虎朝臣之功業一、而其取二考據一率係下幕府及豊臣氏賜翰、若家世旧記、与中諸臣筆記上云、故其事実精詳、頗有二世之所レ不レ伝者一、而其会粋紬繹、記述有レ法、可レ謂レ曷矣、蓋応仁天正之間、四海麻乱、豪傑蠭起、封豕長蛇、互相呑噬、我東照宮、唱二義于三河一、櫛風沐雨、間関数紀、高虎朝臣、一旦感レ義、致レ節、綢繆周旋、出則為二樊張一、入則為二蕭曹一、参謀画策、知無レ不レ為、遂佐二東照宮一、為二 皇室一、掃二蕩妖氛一、削二平宇内一、元勲殊功、錫レ命封レ侯、而疆内之政、樹二之風声一、興二之文教一、奕世相継、遵二奉遺教一、能無レ墜二其家声一、至二侍従一、尤好レ学、創二建学校一、闡二明治教一、士林嘖々、皆称二其賢一焉、夫夙夜恪勤、給二事左右一、豈必為二忠之至一、弼亮輔翼、功及二天下一、是非二忠之大者一乎、朝夕定省、薦レ甘奉レ脆、豈必為二孝之至一、能保二其社稷一、不レ失二其令名一、是非二孝之大者一乎、然則始祖功徳、及二于天下一、裔孫令誉、施二于無窮一、謂三之精忠至孝萃二于一家一可也、予覧二茲書一、尤嘉二其譜牒考據精確一、而至下其燕翼貽謀、脩徳紹述、克忠克孝、保上二其社稷一、其所三以聿二脩先業一之意、不二亦美一哉、大雅云、亡レ念二爾祖一、聿脩二其徳一、侍従有焉、藤堂氏自二少将一、至二侍従一、皆与二予家一通レ好、侍従因嘱レ予序二斯書一、予謝二不敏一、固請不レ已、既而侍従即世、令嗣高猷襲レ封、復脩二旧好一、奉二遺言一、申二前請一、予竊有レ感二於古人挂剣之義一、遂書以為レ叙、

権中納言源斉脩撰

○藤堂高兌自序

恭惟我始祖高山公、創業之勤労、自レ少備嘗二艱難一、大小凡四十余戦、浴レ血幾殆数矣、至レ老不二敢寧処一、歴二事大

府三世一、恩遇之隆、常参二機密一、孜孜翼翼、力レ疾賛襄、是以子子孫孫、永襲二大封一、坐享二富貴一、養二多士一、臨二烝民一、嗟呼、遺徳之不レ可レ諼、寔昊天罔レ極哉、予以二否徳一、纘二承鴻緒一、恐三政教不レ振、以成二国之瑕釁一、毎二懐及一レ此、未三嘗不二惕若一也、爰閲二家乗一、脩二撰斯編一、頒二示爾衆士一、俾レ得二遍読一焉、夫爾等不レ農不レ商、優游卒レ歳、食税衣租、仰事俯蓄、是誰之蔭歟、無レ論二閥閲故家一、逮レ事二始祖公一者、爾来入二仕籍一、及賞レ功進レ秩者、凡升斗之微、莫レ非二始祖公勤労之賜一、寧可二一日而忘一レ之耶、宜下緬二観創業之大艱難一、而深念三爾禄之所二自来一、各効二其報本之志一、以助中予之不上レ逮也、切冀、学政其行、人材斯育、文武並盛、風俗帰レ厚、済済多士、国泰民安、方面之寄、頼以縄レ武、於レ是予之奉二事大府一、緩急得丁不レ負二盛恩一、以俾丙二始祖公之家祚一、永無乙傷缺甲焉、是其所下以頒二示斯書一、以深望中於爾衆士上也、爾等善体二是意一、而各思二報効一焉、抑又子弟輩、略知二読書一、輙宜二授而誦レ之、庶幾童心亦感興而夙知レ方矣、

文政元年戊寅八月初吉

従四位下行侍従伊賀国主藤原朝臣高兌謹叙

○林衡跋文

伊賀先侯誠徳君、嘗編二其始祖高山君事実一、謂レ余曰、書成之日、幸煩二一言一、余時諾レ之、書成而侯逝矣、今侯能継二先志一、校訂始完、水戸黄門公作レ叙、冠二諸巻首一、因促レ余跋レ之、惟夫高山君功業、膾二炙人口一、其散二見於野史稗乗一、亦不レ尠、然而率記二武功一、不レ及二多事一、又間有二謬伝一、若二斯録一則出三於其家伝譜牒幷当時家臣所二記載一、既無二謬誤一復無二遺闕一、不二特武功之顕赫一、而其所レ為下参二謀帷幄一、翊二賛治務一、以開中太平無窮之基上者、今皆可二就而考一レ之、則誠徳君斯録洵可レ謂三能事二修祖徳一矣、抑夫当二我芸祖龍興之日一、海内豪傑、攀レ鱗附レ尾、以覬二

功名一者何限、而其人多是陥レ陣屠レ城之徒而已耳、独高山君、則以下其器備二将相一才兼中文武上、而其深謀遠慮、併創業守成、両有レ之矣、不三啻若二蕭曹於レ漢房杜於レ唐也、宜乎、芸祖眷注之極深、倚頼之太厚、超然独居二乎諸功臣之上一也、而至二於子孫一、亦世享二大封一、以藩二屏国家一、綿延罔レ替者、良有レ以也哉、黄門公、以二国家之懿親一、賢而好レ学而殊揚二推之一、以与二其考據精確一、則斯録之可レ信可レ徴者、不レ待レ言矣、余亦喜三今侯之能継二先志一也、乃係以二詹々之言一、嗚呼人能憑レ此以尽二高山君一、因以徴二芸祖知レ人之明一、則斯録豈独侯家私書云乎哉、

文政己丑三月大学頭林衡敬撰

第八章　豊田天功と青山延光の交友関係の一側面
――国立国会図書館所蔵『豊田天功書簡』所収書簡にみる――

はじめに

国立国会図書館が所蔵する『豊田天功書簡』は、江戸時代後期の水戸藩儒豊田天功が、同じく水戸藩儒青山延光に宛てた全二百四十通の書簡集であり、旧帝国図書館が大正九年七月に『藤田幽谷書簡』『会沢正志斎書簡』等と共に購入し、戦後、国立国会図書館の設立により同館に引き継がれたものである。本書簡集は、既に平成三年、『国立国会図書館所蔵貴重書解題』第十五巻「豊田天功書簡」として翻字・刊行されている(1)。

本書簡集所収書簡の差出人である豊田天功は、常陸久慈郡坂野上村の庄屋豊田信卿の次男として文化二（一八〇五）年に生まれ、諱は亮、字は天功、彦次郎と称し、松岡・晩翠と号した。豊田は、文政元（一八一八）年藤田幽谷に入門し、翌年には一歳年下の幽谷の子東湖と共に江戸に出て、亀田鵬斎・大田錦城に儒学を学び、同三年幽谷の推挙により彰考館に出仕した。しかし、同十年頃から病を得て職を辞し、郷里坂野上村に帰って静養した。その後、一時復帰はするが再び故あって郷里に帰り、親友東湖の周旋により再度彰考館に入って『大日本史』編纂事業に参画したのは、それから九年後の天保十二（一八四一）年のことであった。同十四年には『大日本史』志表の編修頭取に任ぜられ編修業務に専念することとなったが、翌弘化元（一八四四）年に藩主斉昭が突然幕府から処罰されるという事件、いわゆる「甲辰の国難」が起こったため、豊田は同士と共に江戸に登って主君の雪冤運動に奔走した。そのため同二年に罰せられ、嘉永六（一八五三）年まで再び国史編修の職から遠ざかることを余儀なくされた。嘉永六年六月にペリーが浦賀に来航し、斉昭が海防参与となって幕政に与ることになると、豊田は三たび国史編修の職に復し、安政三（一八五六）年には彰考館総裁に任ぜられ、志表編修を主宰する立場に立った。しかし、同五年四月に大老に就任した井伊直弼が、六月に勅許を待たず日米修好通商条約に調印したことを斉昭が不時登城して面責したため、斉昭は七月に再び処罰され、加えて八月には条約締結に不満の意を表明し、公武合体の実を挙げるべしとする孝明天皇の意向を伝えた勅諚、いわゆる「戊午の密勅」が水戸藩に降されたことで、藩内はこの密勅の返納をめぐり党争が激しさを加えることとなった。豊田は、こうした状況下にあっても、総裁として館員を督励しつつ志表の編修に全力を傾注した。こうして仏事（天保十三）・氏族（同十四）・食貨（安政四）・兵（安政五）・刑法（文久元）の諸志を成稿し、文久二年頃には子の香窓（小太郎）が起稿した職官志に補正を加えるなど、長年低迷していた志表の編修を漸く軌道に乗せたのであるが、元治元（一八六四）年、その宿願を達成することなく六十歳で病没した。

なお、豊田の業績は『大日本史』志表編修上のそれに止まらず、嘉永四（一八五一）年に成った『靖海全書』をはじめとして、西洋諸国の歴史と現状の研究においてもいくつかの成果を残している。また、万延元（一八六〇）年八月に斉昭が死去した際には、会沢正志斎・青山延光らと斉昭の略伝『烈公行実』の執筆を命じられ、繁忙を極めるなかで翌文久元年に成稿させたりしたこと等も忘れてはならない業績である。(2)

また、本書簡集所収書簡の受取人である青山延光は、青山拙斎の長男として文化五（一八〇八）年に生まれ、諱は延光、字は伯卿、量太郎と称し、佩弦斎・晩翠等と号した。家学を受けた後、文政七（一八二四）年に江戸史館定傭として出仕し、天保元（一八三〇）年には史館編修となり、さらに総裁代役となって『大日本史』紀伝の校訂に尽力した。天保十二年の藩校弘道館の仮開館に先立って同十一年に弘道館教授となり、同十四年には教授頭取となった。弘化元（一八四四）年に藩主斉昭が突然幕府から処罰された際、会沢正志斎がこの事件がらみで隠居を仰せ付けられ、史館総裁・弘道館教授頭取を免ぜられたが、青山はその復職に奔走し、それを実現できなかった責任をとるかたちで、翌二年に会沢に殉じて自らその職を辞して謹慎した。しかし、翌三年には国史編修頭取として復帰し、『大日本史』紀伝の上木に尽力して、嘉永五（一八五二）年、水戸藩の長年の宿願であった紀伝全刻本の幕府及び朝廷への献上の実現に貢献した。この刻本に付されている斉昭の跋文は青山が代作したものである。温厚で人と争うことを好まない性格の青山は、不偏不党であったため斉昭・慶篤父子の厚い信任を受け、万延元（一八六〇）年には側用人に取り立てられて藩政の機務にも与った。明治四（一八七一）年没、享年六十四。

会沢・豊田とならび水戸藩文教の中心的存在として活躍した青山の学問は、日本の歴史を中心とするもので、その著書も歴史に関するものが大部分である。代表作の『国史紀事本末』（文久元年成稿　明治九年刊）は、歴史事象を主題別に整理する「紀事本末体」という史書編纂方式を採用し、『大日本史』と同じ時期を対象として五十八の項目を立てて記述した日本の通史である。他にも、『征韓雑志』（天保十年刊）、『六雄八将論』（嘉永元年刊）、『赤穂四十七士伝』（文政十二年成稿　嘉永四年刊）、『野史纂略』（無刊記）、『南狩野史』（嘉永四年成稿）等がある。また青山には、『刀剣録』（天保十三年刊）、『名花有声画』（慶応二年刊）、『酒史新編』（明治十年刊）、『桜史新編』（明治十三年刊）等の趣味的な著作もあり、その人となりの一端を窺い知ることができる。(3)

以上に概観した豊田と青山の略歴からも分かるように、両名は共に水戸藩の大事業である『大日本史』の編纂に大きく貢献すると同時に、いくつかの有益な著作を残している。そして、本書簡集所収の多くの書簡から、両名が、こうした事業に従事し著作活動を展開する過程において、頻繁に各種の情報や意見等の交換を行っていたことが窺えるのである。

そこで、本章においては、本書簡集所収の書簡の中から、両名が共に参画した斉昭の『息距編』編纂及び『破邪集』翻刻、豊田の『靖海全書』『北島志』『北虜志』執筆、青山の『赤穂四十七士伝』『南狩野史』執筆に係わる遣り取りの窺えるものを抽出し検討することにより、両者の交友の実態の一側面を具体的に描出してみることにしたい。

第一節　徳川斉昭の『息距編』編纂及び『破邪集』翻刻をめぐって

（1）『息距編』関連の書簡の検討

水戸藩第九代藩主徳川斉昭は、夙に天保九（一八三八）年八月、いわゆる「戊戌封事」を幕府に提出し、当時次第に強まりつつあった内憂外患の諸問題に言及したが、その中の一つに邪教禁止の問題があった。斉昭は、横文字の国はみな邪宗門を信仰する国であり、邪宗門は他国侵略の手段にほかならないとして、邪宗門渡来以後の弊害を挙げるとともに禁教の祖法を称揚し、邪教の侵入を阻止するためには一切の貿易と蘭学の禁止も已むを得ないとする断固たる意見を表明している。

その後、嘉永六（一八五三）年六月にペリーが来航し、翌七年（同年十一月二十七日から安政と改元）三月には日米和親条約が締結され、さらに西欧列強との間に次々と条約が締結されるに及んで、斉昭の邪教排斥の念は一層高まった。そして安政二年五月、斉昭は藩の重臣宛に直書を与え、禁教ならびに破邪関係書の編纂を命じた。この書簡の中で斉昭は、自ら編纂の手順を示し、会沢正志斎・青山延光・豊田天功らをはじめとして、右筆等も含めた総掛かりの体制で史料の収集を行わせ、これらを整理編集して「日本破邪集」と題して刊行し、広く世間に頒布して耶蘇教禁止に役立てたいとの意図を表明している。そして、安政四年、これが一応脱稿したところで書名を「息距編」とすることに決定したのであるが、さらに刊行に向けての校訂作業が継続して行われ、同六年からはこれを決定稿とするための最終的な修訂作業が豊田に命じられた(4)。国立国会図書館所蔵の『豊田天功書簡』中の『息距編』関係の書簡は、全てこの豊田の修訂作業に係わるもののようである。

以下には、それらの書簡に記されている内容を具体的に吟味することで、豊田がこの修訂作業に従事する過程において青山にどのような相談を持ち掛け、青山がこれにどのように応えたかを見てみることにする。

先ず第二〇四通目（執筆年月日不記）書簡(5)には、

先日之御一件、其後不食症又々差起り、甚延引仕候。駒公よりハ息距編御急き、是又埒明不申候。何分いづれもいそぎ相考可申候。右様御承知可被下候。

とある。これよると豊田は、駒公（斉昭）から『息距編』の編纂を急ぐよう指示されたらしいのであるが、不食症が再発し、なんとも埒の明かない状態であったようである。できるだけ急いで何とかしたいと思っているので、その旨ご承知置き下さい、と青山に書き送っている。本書簡は、豊田が斉昭を「駒公」と称していることから、安政五年六月に大老井伊直弼が勅許を待たず日米修好通商条約に調印したことを不時登城して面責した罪で、斉昭が同年七月に急度慎を命ぜられ、駒込の藩邸に幽居の身となった後に書かれたものと推定される。

次に第七九通目（十二月十三日付）書簡には、

息距編校正相済候二巻、今日返璧仕候。天文末録之巻、追而御廻可被下候。

とある。豊田は、『息距編』のうち校正の済んだ二巻を今日返却するが、追って「天文末録」の巻を回してほしい、と青山に依頼している。本書簡には異筆の張り紙があり、そこには「未」と干支が記されており、これは安政六（一八五九）年に当たるので、本書簡はこの年に執筆されたものと推定される。

また第一五二通目（七月二十一日付）書簡には、

息距編之儀ニ付、悴心付申来候義有之、切支丹法器と申巻、御廻ニ可相成ハ御遣被下候様、又右様不相成ハ、悴書付御廻可申、右にて御校正、謬誤之分御改正可被下候。此段得貴意度、如此ニ御座候。

とある。『息距編』について悴（香窓）から気付いた点を報告してきたので、もし可能であるならば「切支丹法器」の巻をお貸し下さい。また、それが叶わないようならば、悴が寄越した書付をお回ししますので、ご検討の上、謬誤の個所は訂正して下さい、と記している。本書簡の執筆年次は未詳であるが、香窓は万延元年三月から『息距編』の史料収集に当たり、父天功を助けたというのであるから(6)、恐らくこの頃に執筆されたものであろう。

ところで第一四九通目（七月八日付）書簡には、本文の前に、異筆で「公子息矩（ママ）篇御序文」と書き込みがある。ここにいう「公子」とは、斉昭の子昭訓のことであり、昭訓は『息距編』の序文を書いている(7)。この書中で豊田は、

公子息距編御序文御仮名書幷御綴之分、両度迄下り候而潤色被仰付候間、只今相認候処、病中甚不出来仕候。御存分御塗抹可被下候。例之御誉計ニ而ハ、小生為ニハ何ニも相成不申候。尽御叱責被下候様奉願候。

と記している。すなわち豊田は、公子の『息距編』序文の仮名書きのもの等を二度に亙って下され、潤色するよう仰せ付けられようである。そこで豊田は、認めてはみたものの、病中のことでもあり甚だ不出来なものとなってしまったので、どうか存分にご斧正いただきたい。いつものように誉めていただくだけでは小生のためにならないので、不都合な個所は全てご指摘下さい、と頼んでいるのである。

そして、「再伸」として豊田は、特に大略以下の四点について、青山に検討を依頼している。

1、「自時厥後」とするのは、その前に「島原平賊之後」とあるので「後」の字が重出となり、よろしくないようにも思われるが、如何か。

2、「遺育易種」の個所は『書経』から採った表現だが、文章の続き具合は如何か。(8)

3、「神州具有三眼」の「神州」は「中国」とするのが良いのではないかとも思われる。「中国」の字は、史書の雄略紀以下の部分にも出てくるのでそのように思ったのだが、如何か。

4、「謹修藩屛之職」とした後に「図修攘」とするのは、「修」の字の重出となってよろしくないか。

こうした豊田からの検討依頼に対して、青山がどのように回答したのかは分からない。しかし、現行の序文では、1については、「是より以降云々」とあるのがここで問題になっている点を訂正した個所のようであり、2については「遺育易種」という表現がそのまま用いられ、3については「日本人に三眼あり云々」とされ、4についてはそのまま「修」の字が重出しているのを、それぞれ確認することができる。

同書の昭訓による序文は豊田が代作したとされているが、(9)豊田はしっかりと青山の意見も聞いた上で、恐らくはそのうちの何程かは採用して決定稿としたものと推される。

斉昭は万延元（一八六〇）年の八月十五日に逝去するが、同書は、その一カ月前の七月に完成した。全二十二巻からなる同書の内容を示せば、以下のごとくになる。(10)

巻一　法令（天正十五—文政十三）、巻二—八　事実（享禄二—文政十二）、巻九　熊沢伯継説・切支丹物語、巻十—十一　天文末録、巻十二　三眼余考、巻十三　五月雨抄、巻十四　破切支丹・破提宇子、巻十五　排切支丹・対治邪執論・江戸物語・切支丹法器、巻十六—十九　島原記録、巻二十—二十一　島原記、巻二十二　松平輝綱日記

そして、その凡例の第一条には、

邪法を厳に禁じ玉ふは天下治乱の大関係ある所なれば、令条を第一として、英見雄断宇内に卓越し玉ふを著し、これに次ぐに事実を以て夷賊の狡謀を明にし、次に排邪諸書を載せて正邪の弁を審にし、終りに平賊の書一二を挙げて、邪徒を西陲に聚め一挙に殲滅せしは、天人合一偶然に非るを知らしめむと欲するが為なり。

と記されており、斉昭の同書編纂の意図を窺い知ることができる。多くの文献を渉猟し、排耶書の集大成たらしめようとした同書には、昭訓の序文の外に斉昭の跋文や凡例も備わっているのであるが、遂に出版には至らず、広く世上に感化を及ぼすことはできなかった。(11)

ところで、本書簡集中の第二四通目（十二月十二日付）書簡をみると、

息距編中天文末録之巻、少々心付之義有之、今日ニハ限り不申候得共、御廻ニ相成候様奉存候。

と記されている。豊田が、『息距編』中の「天文末録」の巻について少々思い付いたことがあるので、急ぎというわけではないが同巻を回してほしいと青山に頼んでいるのである。豊田は、先にみた第七九通目書簡でもこの巻の回達を依頼していたが、いずれも何が問題だったのかは分からない。

この第二四通目書簡は宛名が「側用君」となっており、青山が側用人に任じられたのは万延元（一八六〇）年正月のことである。加えて、書中に「庚申十二月十二日」という異筆の書き込みもあるので、この書簡は「庚申」の年、すなわち万延元年に執筆されたものと推定される。先述したように同年の八月十五日に斉昭は逝去し、その一月前の七月に同書は完成していた。本書簡から推するに、同書完成後にさらに何か気になる点が見つかったので確かめたいということのようであり、こうしたことからも豊田の学問に取り組む厳格な姿勢を垣間見ることができるであろう。

（2）『破邪集』関連の書簡の検討

扨、前項では斉昭が編纂を命じた『息距編』について見たのであるが、同書は、初めは「日本破邪集」と題して刊行するはずであった。これは、漢籍に『聖朝破邪集』と題する一書があり、これを意識しての書題であったものか。この『聖朝破邪集』は、崇禎十二（一六三九）年、日本の寛永十六年に明の徐昌治によって編纂された排耶書で、明代の儒者や僧侶等の排耶論を集成したものである。斉昭は、安政二（一八五五）年九月、この『聖朝破邪集』の翻刻許可を幕府に申請し、その許可を得た上で、儒臣たちに直ちに作業に取り掛かるよう命じた。

この翻刻作業の顚末は、国友善庵[12]の「国友善庵劄子親批抄」に詳記されている。それによると、国友の外に会沢正志斎・青山延光・豊田天功の三人と[13]、国学者の鶴峰戊申[14]が句読付けを命じられ、難解な個所については会沢・青山・豊田の三人で協議すること、また出版前に他に知られては厄介なことにも成り兼ねないので、写字生の人選等も慎重を期すべきこと、といった斉昭からの細かな指示の下に作業が進められたようである。そして、書名も自国他国の名分を明らかにする意味で、「聖朝破邪集」の「聖朝」を削除して「破邪集」とすることにしたという[15]。

以下には、本書簡集の中からこの「破邪集」翻刻に係わる書簡を抽出し、その刊行に至るまでの経緯を青山・豊田両名の遣り取りの中に見てみたい。

先ず第四通目（十月二十一日付）書簡には、

> 破邪集之儀、是ハ小生帰省弥相発し申候輿中ニ而閲覧之様、全部四冊位ハ輿中ニ而往来両日ニハ、必容易閲了可申候。扨右ニ而不相分箇処を、御宅成学校成いつ方ニ而も、御相談仕度候。右ニ而可宜ハ、是儀御返書ニ及不申候。

とある。豊田は、破邪集については、水戸へ帰る駕籠の中で閲覧するつもりであり、駕籠の中でも二日ほどあれば四冊位は必ず読み終えることができるだろう、と記し、さらに、もし分からない個所があれば、貴宅なり学校なりいずれにおいてでもご相談することにしたい。そのようなことで宜しければ、この件についてはお返事いただくには及ばない、と青山に書き送っている。第三一通目（十月二十六日付）書簡にも同様に「輿中ニ而閲覧云々」の記述がみえる。

豊田は安政三年七月に史館総裁の職を拝命したが、その際に斉昭から今後五年を限って志類を脱稿するよう命じられたという。(16) この第四通目簡は、堀田正睦が外国事務取扱・海防月番専任になったことが記されている第五通目書簡同様「帝都警衛之儀尾紀両藩御適当云々」の記述がみえることから、安政三年に執筆されたものと推定される。そして、書中に水戸に帰る云々とあるところをみると、この時豊田は、江戸に出府して斉昭から直接この任務を拝命したのであろうか。第三一通目書簡の中で、豊田は、水戸へ帰る際に必要な「若党之合羽壱・御夾箱覆・桐油」等を貸与してほしいと青山に依頼したりもしている。

この『破邪集』に句読を切る件に関しては、第一七九通目（十月二十六日付）書簡にも、

破邪集之儀ハ、小生弥明日不拘晴雨罷出候輿中ニ而、閲覧可仕候。只鶴峰彦一郎句を不断所ハ、後更為登候様との尊命ニ御坐候ハヾ、是ハ矢張相納可宜様ニ御坐候。其子細、小生も病体ニも御坐候、尚又此北方極僻地故、駕籠かき等も至而下手ニ而、駕籠ゆれ、輿中ニ而執筆句読ハ相成間敷様子ニ御坐候。鶴峰、右位之儀へ御使御的当ニ可有御坐様、破邪集一之冊こそ難読相見申候。其外ハ平々坦々之文字、右之者江御委任ニ而、句読出来之上、御同様閲覧可宜様奉存候。仍而二冊封じ、只今御人ニ相渡し申候。右宜敷御扱可被下候。一之冊ハ異邦官府之文字ニ而、頗難読義御坐候間、是ハ小生帰宅後御申合、弘道館ニ而成共、御宅江罷出候而成共、御議定之様仕度奉存候。

とある。これによると豊田は、明日（二十七日）晴雨に拘らず国元に向けて出発することに決定したようで、『破邪集』はその駕籠の中で閲覧しようと思っていたのであるが、鶴峰彦一郎（戊申）がまだ句読を切っていないところは後日改

めて差し出すようにというのが斉昭公の尊命のようなので、仰せのとおりにするのが宜いだろうと述べ、さらに、よく考えてみると自分は病体の上、水戸方面の駕籠かきはきわめて下手なため揺れがひどいらしく、駕籠の中で執筆したり句読を切ったりといった作業はとてもできそうにもない、と続ける。そして、『破邪集』は第一冊目は難読のようにみえるが、その外は難しくないので、鶴峰に句読を切らせた上で閲覧するというのは良策で、鶴峰ならばこの程度の仕事は任せられると思うと記し、そのようなわけなので二冊を封入して只今使いの者に渡したので、よろしくお取り計らい願いたい、と頼んでいる。ただし、第一冊目は中国の官庁の文書で大変難読なので、自分が帰宅後に貴兄と申し合わせて、弘道館においてか貴兄宅に出向いてかして、相談しながら解読することにしたい、と述べている。

さらに第一八三通目（十一月六日付）書簡には、

例之破邪集一之冊先相考申候得共、とかく御相談之上、相定申度奉存候。跡ハ平々文字、南方にて国友与五郎等ニ而相弁じ可申候。先一之冊之義、御都合次第可被仰下候。併今明両日ハ小生公務、又不得止事私情有之、其後被仰下度奉存候。

とある。豊田は、「『破邪集』の第一冊目についていろいろと考えてみましたが、ともかくご相談の上で確定したいと思っています。それ以外の簡単な部分は江戸の方で国友与五郎（善庵）等に任せておけば宜しいでしょう。先ずは第一冊目についてのご相談の件につき、貴兄のご都合をお知らせ下さい。ただし、今明両日は公務があり、また已むを得ない私事もありますので、その後にしていただきたい」、と青山に書き送っているのである。

これをみると、先に第四通目書簡でみたように句読を切るのは鶴峰に、そして本書簡にみるように平易な校定は国友に任せて、難解な個所については豊田と青山が相談して決定する、というかたちで実際の作業が進められていたことが確認され、国友が同書翻刻の経緯を書き留めておいた文書の内容と符合する。

なお、書中には、先に第三一通目（十月二十六日付）書簡で青山に貸与を依頼していた水戸へ帰る際に必要な「若党之合羽壱・御夾箱覆・桐油」等について、これらを貸与してもらえて大変助かったこと、早速合羽は返却するが、夾箱覆は少々破損したため新たに作らせて返却するので少し待ってほしいというようなこと等も記されている。これをみると、当時は青山も江戸表に出府していたことが分かる。豊田の出立が二十七日というのにその前日に合羽等の借用を依頼したのでは、もし青山が水戸にいた場合には絶対に間に合うはずがないからである。しかし、本書簡が執筆された時点では、青山もまた帰水していたことがその記述の内容から推知される。

ところで第一八五通目（十一月十一日付）書簡をみると、

右破邪集校正之儀、承知仕候へ共、拙生も実多用無限、寸隙も無御坐候上ニ不快故、右之儀、先秀才之御方・御実弟様・石河等ニ御尽力之上ニ、拙生稍間隙も御坐候ハヾ、可呈愚見奉存候。

とある。豊田は、『破邪集』の校正の件については承知したが、自分は大変忙しく、寸隙もない上に体調が勝れないので、この件は、先ずは貴兄のご実弟や石河らの秀才方に尽力してもらった上で、自分も多少間隙ができれば愚見を呈するということにしたい、と述べている。ここで豊田は、同書の校正は先ず優秀な若者たちに任せてみてはどうかと提案し、具体的に適任者の名前を挙げて薦めているのである。(17)

けれども第一九七通目（十二月二十三日付）書簡には、

然者破邪集之義、御催促御坐候由、敬承仕候。第一巻御申合、校正仕候義ニ御坐候。第二巻よりハ明々了々ニ可有御坐候へバ、右も御申上ニ相成候様仕度奉存候。併右も張紙等仕候へバ、今更張紙引撥候ニも有御坐間敷、只シ跡読残し候処御坐候間、今便間合かね、追而廿八日ニ為相登候様可仕、右宜敷御申上ニ相成候様仕度奉存候。

と記されている。ここで豊田は、「『破邪集』について斉昭公から督促があったとのことですが、第一巻は既にご相談して校正したとおりです。第二巻からは平易なところですので、これらについても校正が終了したとご報告申し上げてよろしいでしょう。しかし、まだ張り紙が付けてあり、これを引きはがすのも時間がかかることですし、まだ読み残しているところもありますので、今便には間に合いません。二十八日の便で差し出すようにしたいですので、その旨宜しくお伝え下さい」、と青山に頼んでいるのである。当時、斉昭は、作業を急ぐよう青山のもとに督促してきていたようであり、このような状況下で、先に豊田が提案した若者たちに校正を担当させてみるという話は実現したのであろうか。

また第一九八通目（十二月二十六日付）書簡には、

然者破邪集二の冊、先相定申候得共、申がたき義有之、ともかく張紙致候分、御一覧之上、至当ニ御定被下度、尚又跡ニハ藤森恭介抔へ被仰付可宜様奉存候。右等之義、宜敷御申上ニ相成候様仕度、用事而已早々如此ニ御坐候。

とある。豊田は、先に『破邪集』の第二冊目について校定したけれども、なんとも言いがたいところもあり、ともかく張り紙をしておいたので、これを一覧した上で適当に確定してほしい、と青山に伝えている。そして更に、その後の処理については藤森恭介などに命じるのが宜しかろう、と述べ、最後は、このことについては斉昭公によしなにお伝え下さい、と結んでいる。

十二月の日付を有する本書簡並びに第一九七通目書簡、及び十一月の日付を有する第一八五通目書簡については、その執筆年次を安政三年と推定する手掛かりが見つからないのであるが、記述の内容からすると同年と推定しても支障はないようにも思われる。もし仮にそれらが安政三年のものということになると、同書は同年の十二月に上梓されたということになってはいるけれども[18]、この作業の進捗状況からすると、それはあくまでもその予定であったということであって、実際には若干の遅れがみられたのではあるまいか。しかし、『水戸藩史料』上編巻一六附録下に、在京の石河幹忠による安政四年正月付の破邪集進献に関する呈書がみられるので、それほど大きな遅れでなかったことは推知される。

ところで、書中にみえる「藤森恭介」であるが、藤森は、寛政十一（一七九九）年に生まれ、文久二（一八六二）年没し、名は大雅、字は淳風で、恭助と称し、弘庵・天山等と号した。父の跡を嗣ぎ播磨小野藩右筆を勤め、世子の侍読を兼ねたが三十六歳のとき致仕した。天保六（一八三五）年に常陸土浦藩に招かれ学政・郡務に携わったが、弘化四（一八四七）年に辞職し、江戸下谷に塾を開いて諸生を教授した。嘉永六（一八五三）年のペリー来航の後、安政二年に著わした「新政談」を徳川斉昭に呈するなどして天下にその慷慨の志を知られ、諸侯から招聘の誘いを受けるがこれを辞して仕えなかった。のち安政の大獄に連座して追放処分を受けたが、やがて許されて江戸に帰った。藤森はまた、書物の出版活動も旺盛に行っており、嘉永三年には宋の陳亮撰の『竜川文集』を刊行したりしている。[19] そうしたこともあってか、陳亮を敬慕していたらしい豊田とは知己の仲だったことが想像される。しかし、この書中には「藤森恭介抔へ被仰付云々」とあるので、当時、藤森は水戸藩への出入りを許されていたのでもあろうか。

そして「又白」で始まる第二一一通目書簡には、

太公御説之通、台徳大猷と仕候からハ、亦皆の字削り候方可宜奉存候。尤一ハ上の字を取り、一ハ下の字を取り候文例も有之様相覚申候得共、只今考出不申候間、是ハ慥とハ申上候儀ニ不相成候。御含迄相認申候。邪教を禁じ候書類ハ、白石ニか□らず可有御坐様奉存候。（引用文の欠字・平出等は無視した。以下同じ）

とある。ここで「台徳大猷と仕候からハ、亦皆の字削り候方可宜」とあるのは、現行の同書序文中に「台徳大猷の二公皆善く継ぎ善く述べ云々」と記されている個所のことについて言及しているものと思われる。[20] これによると、斉昭が「皆」の字を削った方がいいものかどうかを問い合わせてきたらしく、それを青山から伝えられた豊田は、そのようにした方が良いかも知れない、とした上で、但し、このような文例もどこかで見たように記憶しているのであるが、今は思い出せないので確かな事は申し上げられない、と応えている。先に掲出したように、現行の序文では、「皆」の字はそのまま残されている。

それから、序文草稿中には邪教を禁じた書物の例として新井白石の書物が挙げられていたらしく、豊田はそのような書物はこれに限らず外にも存在する、と記している。そこで現行の序文を見てみると、白石の著書の書名は削除されているのが確認できる。[21]

豊田は、この「又白」の別紙は「全御含迄ニ御坐候」とした上で、「本文ハ必御申上可被下候」と記し、本文に認めたことは必ず斉昭に報告してほしい旨を青山に伝えている。

本書簡の執筆年次は不明であるが、斉昭による同書序文が話柄に上されており、同序文末には「安政乙卯（二年）冬十月初五」の年記がみえるので、大凡の見当は付くであろう。今は取り敢えず、ここで紹介しておくことにする。

最後に第一〇〇通目（二月二十八日付）書簡には、

扨々少々御相談仕度義御坐候。破邪集御刻本之御序文之御印、尊王攘夷と申文字ニ御坐候へバ、御実名之上江御押被遊御的当ニ可有御座歟と奉存候。右ハ実ニ瑣細、如何ニ而も宜敷、御論可申程之義ニも無御坐候得共、王の字御坐候而ハ、御実名之上御的当ニ可有御坐歟。若又ケ様之御例も御坐候ハヾ、夫ニ而御居へ御尤ニ奉存候。仍而右之義、一寸御相談申上候。御心付可被仰下候。

とある。豊田は、『破邪集』刻本の斉昭序文の署名の後に押捺する印章の押捺個所について、青山に相談している。ここで豊田は、印文に「尊王攘夷」とあるので、斉昭の実名の上に押すのがよろしいのではないかと述べている。さらに、こうしたことは些細なことであり、いろいろと論ずるまでもないのかも知れないが、「王」の字があるからには実名の上が適当かと思ったまでであり、もしこうした例が外にもあるようならば、それに倣って押捺すれば良いのではなかろうか、と述べ、これに対する青山の見解を尋ねている。因みに、刊行された『破邪集』によって確認してみると、印は自署の実名の上に押捺することにはならなかったようである。本書簡の執筆年次は、その内容からすると同書刊行後の安政四年と推定される。

この『破邪集』の翻刻は、『息距編』の編纂と併行して進められたのであるが、『息距編』の完成に先立ってこちらの作業が終了し、安政三（一八五六）年十二月には斉昭の序文を付して全八巻が上梓され、朝廷や幕府に献上されたという。(22) しかるに、安政二年九月に翻刻許可を幕府に申請し、その許可を得た上で、儒臣たちに直ちに作業に取り掛かるよう命じたその矢先の十月二日、江戸は大地震に見舞われて水戸藩邸も大きな被害を被り、藤田東湖をはじめとする多くの藩士らが命を落とした。そのため被災からの復旧に追われ、暫くは『破邪集』翻刻の業務は頓挫していたものらしく、本書簡集中にみられるこの件に関する書簡は、翌三年十月二十一日付の第四通目書簡が最初のものである。この間、全く作業が中断してしまっていたわけではなかろうが、同書が同年の十二月に刊行されたということであれば、極めて短かい期間に猛烈な勢いで作業が進められたことになろう。先にも触れたように、若干翌年にずれ込んだ可能性は否定できないが、同書は無事に刊行され、江戸の青黎閣須原屋から一般にも販売された。そして、幕末維新期に著わされた排耶書数十種が、いずれも同書に典拠を求めているほど、この時期の排耶思想に大きな影響を及ぼすこととなったのである。(23)『息距編』の編纂といい『破邪集』の翻刻といい、水戸藩にとって耶蘇教排撃は、攘夷論の一環として忽せにできない重要課題であったようである。

第二節　豊田天功の著作『靖海全書』『北島志』『北虜志』をめぐって

(1)『靖海全書』関連の書簡の検討

嘉永六(一八五三)年六月のペリー来航に先立つ同四年四月、豊田天功は『靖海全書』を脱稿した。同書は、三百年来わが国に通航した西洋諸国の盛衰興亡の情状を記した「海寇始末」[24]、平安時代中期の醍醐天皇以来、西洋の大事件でわが国に関係あるものをまとめて年表にした「観世年表」[25]、時代の形勢を考量し、現今攘夷の大計を立てるために必要な意見を述べた「靖海策」の三部からなる。そして、ペリー来航後に斉昭への建議書として書かれた「防海新策」と「合衆国考」とが、後にこれに付載された。豊田は「防海新策」で、近年わが国に脅威を与えつつあるロシア・アメリカ・イギリス・フランス等の諸国の実情を述べ、これら諸国の領土的野心がいかに強いかを警告し、こうした列強の進出を眼前にした今こそ為政者が民心を統合すると共に、大船建造と大砲鋳造を速やかに行い、攘夷の実をあげるようにすべきことを進言している[26]。また、「合衆国考」は、日本にペリーを派遣して開国を迫ったアメリカを特に採り上げ、その歴史・地理や国情について、国防上の必要性から纏めたものである[27]。

本書簡集中には、「靖海策」「海寇始末」「合衆国考」について話柄に上されている書簡がみられるので、以下においてそれらの内容を順次検討してみることにする。

先ずは「靖海策」についてであるが、第四三通目(五月十八日付)書簡には、

拙著靖海策第四・第五策直申候得共、とくと不仕、呈電覧候。御存分御改竄被下候様奉希候。例之御誉め言葉計ニ而ハ為拙生ニ不相成、更難有不奉存、十分御議論御坐候得ハ、実ニ拝厚貺候。心事宜敷御推察ニ而、御直被下

候様奉願候。第六策ハ一字も不残書直し申候。蝦夷地之義、少々不調、江戸表問合せ候間、未定ニ御坐候。仍而後日呈覧、御添削相願可申候。蝦夷地・カラフトヘ鄂賊追々深入、嶇峻孤潭（クシュンコタン）迄被渡候様抔申罵り、不堪憂慮儀御坐候。仍而右之儀、在上君子江申上候所存、一橋様江可申上歟、いつ方ニ可仕歟抔、相考居申候。館務相引候者呈書、不得体儀ながら、我身考居るべきニも無之、何ニも愚見廟堂江申陳不仕而ハ不慊意儀ニ御坐候。幕府ニも要路之御方（閣老・外国奉行等）豪傑相談相成候人御坐候得バ、右へ可投歟抔とも存居申候。麾下之士五位以上之人へ文通、礼式、私抔よりハ立様ニ認候義相当ニ可有之、御立場にてハ如何、矢張美（び）様ニ御認ニ御坐候哉。右之儀一寸相伺度、乍御面倒被仰越可被下候。

とある。これによると豊田は、当時執筆中だった「靖海策」の第四及び第五両策を訂正したが、どうも納得のいくようなものにならなかったらしく、青山に見せて遠慮せず存分に筆削を加えてくれるよう依頼している。また、蝦夷地について記した第六策は、一字残らず書き直したが、同地の調査がまだ不十分な状態のため江戸表に不明な点の問合せをしており、未定稿なので後日呈覧する、と記している。

豊田は、この蝦夷地の情勢が気になったらしく、ロシア人が蝦夷地・カラフトへ深く侵入し、クシュンコタンまで入って来たなどという話を聞く(28)と憂慮に堪えないので、ロシアの脅威について在上の君子まで呈書しようと考えているが、提出先は一橋様にしようか、外に誰か適当な方がいるか思案しているところであり、また幕府の閣老・外国奉行といった要路の方々の中にも、豪傑で話を聞いてもらえそうな人物はいるので、そちらにしようかとも考えているところだ、とその意中を青山に打ち明けている。そして、いわゆる「甲辰の国難」の後、まだ館務に復帰していなかったらしい豊田は、これが分を弁えない行為であることを十分認識しながらも、今は己の身分など構っているときではないので、何としても愚見を廟堂に申し述べるつもりだ、とその固い決意を表明している。加えて、身分の高い人に呈書する際の書式について、「美様」にすべきか「立様」にすべきかといった具体的なことまで青山に問い合わせていることからも、その決意の程が窺えるであろう。[29]

なお、第六策については、第二一五通目（五月二十一日付）書簡の「副啓」の部分にも、

拙文御論じ被下、別而不堪感佩奉存候。右御礼申上候。只今第六策浄写罷在候得共、蝦夷地・カラフト之儀分りかね候義有之、閣筆罷在申候。江戸表問合申候間、近く相分り可申候。相分り候而文辞定め次第、又々進覧御改竄可奉願候。御含置可被下候。

とあり、先に第四三通目書簡で一字残らず書き直したと言っていたものを現在清書中であるが、蝦夷地・カラフトのことで不明な点を江戸表に問い合わせているところなので、これが分かり次第文辞を決定し、呈示して添削をお願いするつもりだ、と繰り返し述べている。そして、第二一六通目（十一月十四日付）書簡をみると「蝦夷地之論調直し候分、進呈仕候」とあり、懸案になっていた直しが済んで青山に呈示したことが確認される。[30]

豊田は、この第六策のみならず「靖海策」については、第一七四通目（九月二十八日付）書簡に「靖海策ハ何分緩々御覧之上、御存分御塗沫可被下候様奉願候」と記し、是非とも熟覧の上、存分に筆削を加えてくれるよう懇望している。

また第一八八通目（十一月二十八日付）書簡には、

御約束之靖海策一冊進呈仕候。御咲留希望仕候。先之本ハ、御塗沫御存分ニ相願申候。フランス、私相認候とハ相違、当節跋扈甚敷、大坂へ押込可申との儀、虚説ニハ無之様子、憂慮千万無申迄候得共、宜敷御計策、追々御手段奉願候。尚重而相認、可呈愚見候。

と記し、青山に筆削を請いつつ校正を進めてきた「靖海策」の校正後の一冊を青山に進呈するとともに、先に渡した本にはなお存分に手を入れてくれるよう頼んでいる。さらに続けて、自分が先の稿本を書いた時とは異なり、最近は

フランスが跋扈するようになり、大坂辺りに押入って来るとの風説もあながち虚説とはいえないような状況になってきている、と記しているのをみると、豊田は、日本を取り巻く情勢の変化に対応するように先の稿本を書き改めたものらしい。[31]

この二通の書簡は執筆年次を確定できないが、第一五九通目（八月十一日付）書簡でも、豊田は「小生只今即拙著靖海策を校し居候処、蓋改之一字、文章之妙訣たる事を思当り申候」と記し、自分は現在「靖海策」を校正中であるが、それにしても「改」の一字が文章を書く上でいかに重要なものかを思い知らされている、と青山に述懐している。[32] 嘉永六年に執筆されたと推定される本書簡において豊田がこのように述べているということは、同四年にひととおり脱稿した『靖海全書』の校正作業が、この時点においてもまだ継続して行なわれていたことを示すものである。[33]

次に、「合衆国考」について見てみると、第二二六通目（九月二十一日付）書簡に、

小生夏来肩背平肯之疾ニ苦ミ、右ハ夥敷かき物仕候故ニ有之、是節合衆国考□（虫損）裂眦録と申者著作□□（虫損）。夷狄之情状・防禦之手段等記し候義御坐候。追而可□（虫損）呈覧候。

と記されている。これによると豊田は、夷狄の情状とその防御の手段を纏めた「合衆国考」と「裂眦録」という著作を物したことを報じ、追ってご覧に入れる、と述べている。[34]

書中に、「佐藤様御不幸云々」とある「佐藤様」とは、嘉永六（一八五三）年に死去した青山の弟で佐藤中陵の養子になった延昌のことと思われるので、[35] この書簡は、同年に執筆されたものであることが分かる。なお、当時の豊田は、夥しい著作活動の過労が祟って「肩背平肯之疾」を患い、難儀していたようである。

最後は「海寇始末」についてであるが、第一九一通目（十二月二日付）書簡に、

又前年（庚戌）作置候靖海全書中之海寇始末と申者、是度今公へ奉献度奉存候、如何。近日浄写出来次第相願、御

扱を以奉献之様可相成ハ、右之義千万奉願候。志表編修等ハ至而容易、咄嗟可弁奉存候へ共、至於防海禦戎則談何容易、来歳春汎如何相成可申也、不堪杞人湊室之憂奉存候。

とある。これによると豊田は、「庚戌」の年、すなわち嘉永三（一八五〇）年に書いた「海寇始末」を、この度今公（慶篤）に献上したいと考えているので、近日中に浄写が済み次第、貴兄にその仲介の役をお願いしたい、と青山に依頼している。書中に、「過日は小生義、不存寄志表編修被仰付、難有仕合奉存候」とあり、豊田が国史志表編修を再度拝命したのは嘉永六年十一月のことなので、本書簡は同年に執筆されたものである。そして豊田は、これに続けて、志表編修の仕事などは至って容易なことだが防海禦戎となると決して容易ではなく、「来歳春」にペリーが予告どおり再来したときには一体どのようなことになるものか、誠に杞憂に堪えないことであると記している。なお、豊田は本書簡中にも「肩背平肯之疾」に悩まされていることを記しているので、この時点でも病はまだ治癒していなかったようである。

（2）『北島志』及び『北虜志』関連の書簡の検討

豊田は、嘉永六年十二月、斉昭からロシア並びに蝦夷地の風土・人情・古今の沿革等について詳細に調査するよう命じられ、翌安政元年八月に調査結果を一書に纏めたのが『北島志』五巻である。内容は、巻一・二・三が蝦夷、巻四がカラフト、巻五が千島列島で、百余種にのぼる参考文献には蝦夷地の探検家として知られた松浦武四郎の著作等も含まれ、詳らかにし難い地名等ついては松浦に直接質して誤りのないよう期したという(36)。

以下には、先ずこの『北島志』の執筆に関する書簡について検討を加えてみることにする。

初めに第九十六通目（二月二十三日付）書簡には、

旧年御話申候様相覚申候例之蝦夷地之調之一書、実之草稿本ながら御廻申候。御存分御塗沫被下候様、偏奉願候。老公にて草稿にても秘し候様ニとの御意ニ御坐候儀、是又御話置申候通、即巻首へ右御筆之前後を抄し、貼し申候通故、何分御含可被下候。

とある。これによると豊田は、旧年（嘉永六年。翌嘉永七年は十一月二十七日から安政と改元）中、斉昭から蝦夷地について調査するよう命じられたことを青山に話していたらしい。その調査結果を纏めたものを、まだ草稿本の段階だが、と断った上で青山に見せて、存分に筆削を加えてくれるよう依頼している。また、これも先に話したことだが、たとえ草稿の段階といえども他に知られないようにせよとの老公（斉昭）の命だったので、巻首にその旨を抄記した紙片を貼付しておいた。何分よろしくご承知置きいただきたい、と記している。そして「再伸」として、

北島志大略御看過、御存分ニ御改竄にて、御返却被下候様奉存候。御多用勿論と奉存候へバ、其大紕謬之処へばかり御張込等にても宜敷御坐候。又是書甚入用之義御坐候。宜敷御察可被下候。

と記し、この本は急ぎ必要とされているものなので、ご多用中のところを甚だ恐縮ではあるが、大きな誤りの個所だけでも結構なので、張り紙等で指摘してほしい、と頼んでいる。

嘉永六年という年は、六月にアメリカのペリーが来航したのに引き続き、七月にはロシア使節プチャーチンが長崎に来航し、十二月にも再度来航した。アメリカについては既に豊田によって「合衆国考」が纏められていたので、ロシアについても同様のものが必要との判断のもとに、斉昭は豊田に急いで同書を執筆するよう命じたものと思われる。

次に第二〇六通目（七月朔日付）書簡には、

然者其節蝦夷地図、御買上ニ可相成旨御咄御坐候。如何、最早南方へ御運ニ相成候否、奉伺度候。右地図之儀、追々承候処、出来至而宜敷よし、松浦生抔申男も称賛、此節北地之儀、是又急務ニ御坐候間、何卒御早く御求ニ

相成様仕度候。過刻管庫参候間、右之者へも談置申候。最早御運ニ相成候なれば土貢無之、若又御運ニ不相成候ならバ、小生手づる有之候間、四日之御便ニ運候様可仕候。代料ハ管庫より受取可申候間、右様御承知可被下候。

右否相伺度、草率呈寸楮候。

とある。豊田が青山宅を訪れた折、青山は、「蝦夷地図」を購入するつもりであることを豊田に語ったようである。豊田は、この地図については松浦生なども大変よく出来ていると称賛しているようだし、最近は北地の問題も急務となっていることなので、早めに購入するよう青山に薦めている。そして、先ほど蔵書を管理する役人が来たので、この者ともこの件で話をしたのだが、もしまだ江戸表にこの地図購入の話を通していないようであるならば、自分につてがあるので四日の便で手配しようと思うが如何か、と提案し、その際代金は蔵書を管理する役人からもらうことにするがそれでよろしいか、と確認している。同書の「引用書目」をみると、「蝦夷地図」をはじめとする蝦夷地関連の地図が数点記述されているので、ここで取り上げられている地図もおそらくは購入されたものと思われる。

さらに豊田は、「尚々」として、

小生随分と勤勉は加参申候間、御安心可被下候。地理にハとかく不分明之義御坐候。是のミ差支申候。□書陳志・西域聞見録抔ハ不屑と奉存候。夸大之言、御一笑可被下候。又北門鎖鑰中ニ一種海之深浅を測り候書、寛永系図中松前家之処、拝借仕度候。是ハ先日も御咄申置候へ共、管庫之人物によりとやかく申候も難測間、一寸及御相談申候。宜敷管庫へ被仰含置可被下候。

と記し、自分は勤勉に仕事を進めてはいるのだが、地理に関してはとかく不案内な事が多くて難儀している、と打ち明け、『西域聞見録』(37)等の漢籍はさして役にも立たないと腐した後で、大口をたたいて申し訳ないと謝る等、青山に対しては随分と気を許したような口吻が窺える。そして続けて、「北門鎖鑰」、即ち北地の守禦にあたっている役所（函館奉行所のことか）が所蔵しているという海の深浅を測量した書物及び寛永系図中の松前家の個所を拝借したいと思っているが、蔵書担当の者の中にはとやかく言う者もいることだろうから、貴兄の方から予め話を通しておいてほしい、と依頼している。前者に関しては、その書名についても、その写しを当時水戸藩が既に所蔵していたのかどうかについても不明である。もしかすると、藩の蔵書中にはまだその写しがなく、藩庁を通して先方にこの本の借用を依頼してほしいということなのかも知れない。しかし、後者については、同書の「引用書目」中にもリストアップされているので、多分借用することができたのであろう。

そして第一五〇通目（七月九日付）書簡には、

過日ハ参上、毎度何角相願申候。遭厄紀事早速御借出し被下、御配意罷成候段、千万不堪深謝奉存候。右御礼申上候。五の冊不足、此方ニハ外ニ類本無之、致方無御坐候。丹生云々承知仕候。是ハ秘書と申程ニも無之、既ニ去年中、国友半右衛門と申候肥後之書生、勢州津ニ而、古物店様之処ニ而見懸候由咄御坐候へキ。此地抔ニ而ハ尽之秘書と存居候様子、右何分御含御扱之様奉存候。只今相認居候。

とあり、豊田は、「遭厄紀事」貸与のことで配慮してもらったことについて青山に深謝している。この本はゴロヴニンの『遭厄日本紀事』のことで、一八一一（文化八）年に国後島に海岸測量のため来航したゴロヴニンが、薪水補給に上陸したところを日本の役人に捕縛され、以後、函館・松前で二十六カ月余の幽囚生活を送り、一八一三年十月に釈放されるまでの見聞等を纏めたものである。文政四（一八二一）年、幕命により高橋景保校・馬場佐十郎訳の分担で蘭訳本からの翻訳を始め、翌年の馬場の死によって杉田立卿・青地林宗が翻訳を継続し、文政八年に訳了した。[38]

豊田は、青山をとおして借用したこの本が第五冊目を欠き、自分自身の蔵書中には類本がないので、どうにも困ったものらしい。秘書というほどのものではなく、他所では見掛けたという情報も入ってくるのに、水戸辺りでは手に入らないものと決めてかかっている様子なのを嘆いている。そして、この書簡の執筆年次は未詳であるが、書中に「只今相認居候」とあるので、おそらくは『北島志』を執筆している最中で、(39)どうしてもこの部分を見たかったのであろう、なんとかならないものかと青山に助けを求めている様子が窺える。

先に第九六通目書簡でもみたように、豊田は、この『北島志』の草稿を約三カ月というきわめて短い期間で書きあげたわけであるが、それには文献や地図の閲覧において斉昭の特別の計らいがあり、また、子の香窓（小太郎）の助力があったにもせよ、その驚異的な仕事ぶりにはまことに目を見張るものがある。そして、安政元年八月にその完成をみるや、斉昭は、夷人応接の心得までにと早速幕府にこれを呈上した。その精細な論述には老中阿部正弘や勘定奉行川路聖謨らも感服したというが、これが豊田の生前に刊行されることはなく、明治三（一八七〇）年に至って漸く「彰考館蔵梓」として公刊された。(40)

ところで豊田は、この『北島志』の姉妹編として、ロシア本国の地理事情等を詳細に記した『北虜志』八巻を安政三年に成立させている。(41)以下には、この『北虜志』執筆に係わる書簡を抽出して検討してみることにする。

先ず第一八〇通目（十月二十七日付）書簡(42)には、

俄羅斯伝をかき候ニ、波羅尼亜来聘と歟、土耳其来伐と歟相認候ハゞ、此来字、内辞ニ紛ハしく、史記十二国世家抔とハ違、華夷内外之分ニ於而不相当ニ有御坐候様、是ハ何歟歴史中ニ而御心当りも御坐候ハゞ、相伺度奉存候。都于莫斯箇窪抔と都之字認候ハゞ、是又如何ニ可有之哉。乍去ペトル以来之義、いかにも其国盛ニ相成候而、古之吐蕃・回紇等之例を以てハ記しがたき義御坐候。是又御高見相伺度、千万仰望此事奉存候。

とある。豊田は、「俄羅斯伝」を執筆するにあたり、青山に次の二点について意見を求めている。その一つは、「波羅尼亜来聘」とか「土耳其来伐」等と「来」の字を用いるのは、『史記』にみられるような十二諸侯が分立していた時代などとは異なるのであるから、「華夷内外之分」が立たなくなって不適当なのではないか、何か歴史書の中にでもこのような場合の用例がないものかという点、そしてもう一つは、「都于莫斯箇窪」等と「都」の字を認めるのは如何なものかという点である。豊田は、ロシアは「ペトル」以来国力が強大となり、とても昔の「吐蕃・回紇」等と同日には論じられないと思うのだが、貴兄の「御高見」をお聞かせ願いたい、と頼んでいる。

そして、「又白」として「今日文館ニ被為入候由、仍而御返書今日中拝見仕、明日可呈愚見、宜敷御察可被下候」と記しているところをみると、豊田は非常に急いでいたようで、今日中に青山からの返事をもらい、明日それに対する自分の意見を述べたいので何分よろしくお願いしたい、と急ぎの回答を求めているのである。

さらに、「又書添申上候」として、

> 又書添申上候。元史中ニ俄羅斯之事数ケ処相見へ、西洋翻訳書ニ符合、甚面白儀御坐候。然るに鉄木真之事跡より始め、元史記載実疎漏と可申候。是ハ何歟外書ニ、元之新興之際之事しるし候書有御坐間敷也。欽定蒙古源流之類、とても舶来有御坐間敷奉存候。右之抄録、少々聖武記ニ相見へ申候。説郛等ニ何歟有御坐間敷也。是又御示教、千万仰望仕候。

とも記している。ここで豊田は、『元史』の中に数カ所ロシアのことが書かれているが、その内容が西洋翻訳書の記述と符合していて大変面白い。しかし、「鉄木真」の事績を初めとして『元史』の記述は実に疎漏と言わざるを得ない。ついては、何か他の書物で元の新興の際の模様を記したものはないだろうか。『欽定蒙古源流』等は、『聖武記』の中にその抄録はみえるが、原物はとても舶来していないだろうし、『説郛』等の中には何かないものだろうか、と述べ、これについても青山に教示を乞うている。[43]

次に第二〇七通目（月日不明）書簡には、

然者与五郎ゟ御運申候由にて、魯西亜・普魯社（海国図志）出来、代銀云々被仰下、別而奉拝謝候。何分御本ニ相求候様可仕候。

とある。青山が与五郎（国友）をとおして購入の申請をしたらしい『海国図志』の「魯西亜」と「普魯社」の部分の版が刷り上がり、その代金について報じてきてくれたのに対して、豊田は、謝意を表すると同時に、この本が藩の蔵書とするに相応しいものであることを述べている。因みにこの本は、川路聖謨が鹽谷宕陰と箕作阮甫に命じ、清の魏源著の世界地理書である『海国図志』中の「魯西亜」と「普魯社」の部分に訓点を付けて翻刻させたもので、ともに安政二年に公刊されている(44)。当時、豊田は『北虜志』を執筆中であったのであるから、特に「魯西亜」については、そのための資料として必要と考えたものではなかろうか。

そして第一四〇通目（六月六日付）書簡には、

此度北虜志相認候ニ付、序文出来、右御承知之通、拙劣之極ニ而、幕府大吏へ御指出ニ相成候節如何ニ御坐候間、何卒御改竄、御心付之分、不残御直し可被下候。此段得貴意候。

とある。豊田は、この度『北虜志』を執筆し、その序文も出来たが、ご承知のように悪文なため、幕府の要路者に提出された際の評価如何も心配なので、気が付いた個所は残らず存分に手を入れてほしい、と青山に自序の文章の筆削を依頼している。

先に執筆した『北島志』は斉昭をとおして幕府の要路者に呈上された。そのため豊田は、この『北虜志』もあるいはそのようなことになるかも知れないと考え、粗相のないようにと、青山にも見てもらうことでより念を入れたもののようである。しかし、安政三年十月に斉昭とは馬の合わない老中堀田正睦が外国事務取扱・海防月番専任になったことも影響してか、同書が幕府に呈上された形跡は見当たらない。また、ついに梓に上せられることもなかった(45)。

第三節　青山延光の著作『赤穂四十七士伝』『南狩野史』をめぐって

（1）『赤穂四十七士伝』関連の書簡の検討

赤穂義士の伝記を集めた『赤穂四十七士伝』は、文政十二（一八二九）年の自序があることからこの頃に成立したものと見做されている。同書には天保五（一八三四）年に藤田東湖が序文を寄せているが、佐藤立軒の跋文をも得て江戸の青藜閣から刊行されたのは嘉永四（一八五一）年のことである。[46][47][48]

先述したように、豊田は、文政元（一八一八）年藤田幽谷に入門し、同三年師の推挙により彰考館に出仕したが、同十年頃から病を得て職を辞し、郷里坂野上村に帰って静養しており、再度彰考館に入って修史事業に参画したのは天保十二（一八四一）年のことであった。豊田は青山が同書を執筆していた頃には郷里にいたのであるから、当然のことながら本書簡集中に当時のものは含まれておらず、同書の内容に豊田の意見が反映されたりすることは勿論なかった。

本書簡集中の同書に係わる書簡のうち、最も古いと思われるのは第一六七通目（九月五日付）書簡である。その書中には、

然者東湖序文之義、付札遠ニ出来仕候へ共、拙家多用ニ取紛れ差上不申、今日態々御人ニ而、実慙謝之至奉存候。併是ハ一往武熊（ママ）へ御示之上ニ而、一斎へ御差出之様奉希候。是儘ニ而直様御遣ニ而ハ、定而不平ニ被存候情ニも可有御坐候様、惣而宜敷御扱可被下候。拙稿之義、肯疾ニ付、今以更ニ搆思不仕、達而御いそきニ而ハ出来兼候。是又宜敷御察可被下候。

とある。青山は、既に天保五年に藤田から寄せられていた同書の序文を豊田に示し、その意見を求めていたらしい。

豊田は、これに付札を施す作業は既に終えていたが、多忙のため届けることができずにいたところ、青山が豊田宅に使いの者を取りに寄越したようである。そのため豊田は、「実慙謝之至」と記して、失礼な結果となってしまったことを陳謝している。どうやら青山は、執筆後長い間草稿のまま寝かせておいた同書を、いよいよ刊行することに決めたもののようである。豊田によって付札を施された藤田の序文はこうして青山の手元に戻ったのであるが、豊田は、一斎（佐藤）のもとにこれを届ける前に、一応「武熊（ママ）」に見せるようにしてほしい、と青山に頼んでいる。ここにいう「武熊」とは藤田東湖のことである。藤田は、弘化元（一八四四）年のいわゆる「甲辰の国難」の際に藩主斉昭に連座して罰せられ、同四年から嘉永五（一八五二）年まで水戸竹隈の自宅で謹慎していた。[49] 豊田は、自分が手を入れたものを藤田に見せもせずに処理したのでは、藤田がこれを快くは思わないであろうことを心配したようである。そして、書中にこれを佐藤一斎に届ける云々とあるのは、青山が一斎の三男立軒に同書の跋文の執筆を依頼していたので、執筆の参考までに見せておきたいということで、父一斎を通して立軒に送り届けるつもりだったのであろう。因みに、青山と立軒の関係は、立軒が青山の父拙斎を師として学んだ間柄であった。

ところで、書中に「拙稿之義、肯疾ニ付、今以更ニ搆思不仕、達而御いそきニ而ハ出来兼候。是又宜敷御察可被下候」とあるのをみると、青山は、同書を刊行するにあたり、豊田にも序跋のいずれかを執筆してくれるよう頼んでいたようである。しかし豊田は、当時「肯疾」すなわち「肩背平肯之疾」を患い難儀していたため、なかなか執筆に取り掛かれない状態であったようで、もし急ぎということならば執筆は難しいのでその旨よろしくご理解願いたい、と書き送っている。結局、嘉永四年に刊行された同書には藤田の序文と佐藤の跋文しか付されていないので、豊田による序跋執筆の件は実現せずに終ったということのようである。

ところで、先にみたように、嘉永六年に執筆された第二二六通目（九月二十一日付）書簡にも、豊田が「肯疾」を患い難儀していたことが記されていたが、豊田のこの病はこれより先に既に始まっていたことが本書簡の記述から窺える。当時の豊田は、夥しい著作活動による過労のため、なかなか健康状態を良好に保つことが難しかったようである。

同書刊行前の書簡はこれのみで、次の第一二六通目（四月十三日付）書簡には、

然者御著述四十七士伝御揚立ニ相成候御本、御有合御坐候ハヾ、何卒一部頂戴仕度、御代料相添差上申候。是ニ而不足ニ可有御坐也難計候へ共、右ハ追而相納候様可仕候間、直様御本此者ニ御附与被下候様仕度、右之義偏奉願候。

とある。同書刊行後、豊田は、もし余部があったら一部分けてほしいと青山に依頼している。豊田は、使いの者に代金を持って行かせ、もしこれで足りないようならば、不足の分は後で支払うので、直ちにこの者に本を渡してほしいと頼んでいる。そして、この書簡を書いた五日後の四月十八日付第一二九通目書簡でも、

先日四十七士伝相願候節、一書差上申候ハ、無間違御届ケ申候半。御本御有合御坐候也如何。御代料不足之分ハ、追而相納可申候。

のように書き送り、先日の書簡は間違いなく届いたか、本の余部はあるのか、不足分の代金は後で支払う、と先便同様の内容を繰り返し述べている。これをみると、先の手紙を届けた際、使いの者に本は手渡されなかったもののようであるが、代金として持たせたお金はどうなったものか。この書簡の記述からは、現在は余部がないが増し刷りさせて届けるつもりであったのか、取り敢えず代金は青山が預かっておいたように受け取れなくもない。事の真相は分からないが、次の五月十八日付の第四三通目書簡には、

御著述四十七士伝ハ、青藜閣へ不残御渡しニ相成候様御話御坐候儀、覚居申候。此方ニハ御板木計ニ而、一冊も御留置無御坐候哉、奉伺候。一冊ニ而も宜敷間、御留置之分御坐候ハヾ、御廻り被下度奉存候。他邦へ贈り物ニ

此節入用故、宜敷御察にて御答可被仰下候。御代料早速相納可申候。

と記されている。これによると青山は、同書は江戸の青藜閣がその販売を一手に取扱っており、自分のところには板木しか残されていないと豊田に伝えてきていたようである。結局、この時点に至っても豊田はまだ同書を入手できなかったのであるが、それでも入手を諦めることはなかった。豊田としては、青山は同書の著者なのであるから手元に一部の余部もないということはあるまいと考えたものか、「他邦へ贈り物ニ此節入用」なので是非とも一部譲ってほしい、と執拗に同じ依頼を繰り返しているのである。その後豊田の要望が叶えられたかどうかは不明である。ただ、書中の末尾に「御代料早速相納可申候」と記されているところをみると、先に問題にした代金については、いつの時点か定かではないが、豊田のもとに戻されていたようである。

扨、以上にみた書簡に記されていたところから推するに、あるいは青山は、豊田に依頼した序跋についての協力が得られなかったことを、多少なりとも面白からず思っていたのではあるまいか。当時の豊田は、いまだ史館復帰が叶わないなかで『靖海全書』等の執筆を続けていたが、青山にはそれらの草稿を見せて筆削を請うなど、自分の方からはなにかと面倒な願い事をしばしば持ち掛けていた。青山としては、豊田とはそうした仲でもあったので、是非とも藤田と並んで自著に序跋何れかの文章を寄せてもらいたいと望んでいたのではなかろうか。いかに多忙かつ体調不良とはいえ、短い序跋の一つや二つ、その気になればどのようにでもなるだろう。そう思うと、一部頒けてほしいと言われても、すんなりと「はい差上げましょう」とは言えなかったものと思われる。同書の販売は確かに江戸の青藜閣を通して行っていたとしても(50)、青山家の著作物の場合、原則として紙墨はもちろん、摺り立ても製本も自前で行い、完成品の販売のみを書肆に委託するという形をとっていたようであり、注文があればたとえ小部数でも刷って頒けていたというのであるから(51)、このような推測もあながち根拠のない憶測として片付けてしまうことはできないのではあるまいか。

（2）『南狩野史』関連の書簡の検討

『南狩野史』には、「嘉永四年夏六月初五日」の日付をもつ豊田天功の序文が付されている。その中で豊田は、青山が同書中で元弘から明徳に至る南北両朝分立時代の出来事を余すところなく記すと同時に、その直筆して憚らない姿勢に共感するところあって、その序文執筆の求めに応じたことを述べている。そして、この書を熟読してその深意を極めれば、必ずや「順逆邪正」をよく弁別し、「丹心報国」の念が生じて、世道人心の振起に大きく裨益することであろう、と同書を称えている。

本書簡集中には、この豊田が執筆した序文に係わる書簡が数通含まれているので、以下において、順次それらを検討してみることにしたい。

先ず第一三七通目（五月二十五日付）書簡をみると、

過日佐々木様へ相願返璧之南狩野史、慥ニ御落手相成候義奉存候。扨小生へ御命じ序文之義ニ付、少々又々相伺申候。右御著述ハ勿論、乃至拙序文迄、皆々聖堂へ御差出相成候義歟、若ハ活字之義故写本も同様故、聖堂へハ御差出不相成候也。聖堂へ御差出之義なれバ十分言□（虫損）所欲言十分発揮、胸中之所蘊蓄候ハヾ、極而忌諱ニ触れ、後難可有之候間、右之義一寸奉伺候。仍而ハ不得已嫌疑を避け、平淡相認可申歟。ともかく右之義、御差図可被下候。

とある。豊田は、青山から同書の序文の執筆を依頼されたため、同書の稿本を借用していたらしいが、これを先日「佐々木様」に頼んで返却したようである。ここにいう「佐々木様」とは、青山の弟延之[52]のことのようで、なんらかの事情があって佐々木に会う機会があった豊田が、青山から借用していた同書の返却を佐々木に依頼したものであろう。

ところで、当時、青山は同書を活字版で出版しようと考えていたものらしく、豊田は、同書は勿論のこと、自分が書いた序文まで一緒に聖堂へ差し出すつもりでいるのか、と青山に尋ねている。[53] もしかすると、活字版ということで写本も同然のものなので、聖堂へは差し出さないのかも知れないが、もし差し出すということであるならば、自分の胸中に蓄積していることどもを存分に忌憚なく記述しているので、ややもすると忌諱に触れて後難を招く恐れもあり、こうしてお尋ねしている次第である。豊田はこう述べた後で、痛くもない腹を探られることになるのも不本意なので、予め差し障りのない表現に変えておいた方がよろしいものかと青山の考えを質している。

また、同書の刊行に関して豊田は、

又御本拝借人ハ武藤善吉ニ而、活字此方ニ而仕候義歟、又善吉弟朝比奈子之次郎なる者、江南ニ而仕候義歟。是義も少々入用御坐候□（虫損）、一寸被仰下候様奉存候。

と記し、活字に組んで刊行するのは武藤善吉のところでやらせるのか、それとも善吉の弟の朝比奈子之次郎に江戸でやらせるのか、といった立ち入ったことを、その理由は分からないが尋ねている。

そして、第一四二通目（六月十一日付）書簡には、

扨旧年ゟ御約束之南狩野史序文相認候様御願御坐候義、甚延引仕候。此節多用中なから相認申候。不遠進呈、請是正可申候。只今ハ浄写出来不申候間差上不申、右様御承知可被下候。

とある。豊田は、旧年中に執筆を約束した同書の序文の草稿が出来たので、清書が済み次第進呈するつもりであることを報じ、多用中のため甚だ延引したことを詫びると共に、草稿が届いたら添削してくれるよう依頼している。

さらに豊田は、「右ニ付種々相願度義御坐候」として、

護良親王ハ第二皇子ニ御坐候也、第三皇子ニ御坐候也。新田之嫡流貞方千葉介兼胤ニ被捕、七里浜ニ而被斬候ハ何書ニ相見へ申候也。底倉ニ而被撃候義治之子ハ、実名義隆ニ御坐候也。何ニ歟義則と有之様覚申候。覚違ニ御坐候也。小生所蔵日本史ハ旧本ニ而、謬誤多く御坐候義勿論ニ御坐候上、当節同志之者へ借置候而手元ニ無之、披索ニ差支申候。南山之皇胤ハ高福院殿と申ニ而候ニ也。右ハ何書ニ有之分正説ニ可有御坐也。上月記写し置候処、是又只今手元ニ相見へ不申、是ハ上月記ニハ、皇胤之御名載不申ニも可有御坐候。頼襄之外史、近処ゟ借来考索候処、元来此書ハ謬誤多相見へ申候へバ、其認候分、拠信とハ難仕義等御坐候。右等入用故、何卒御考索ニ而、御遣被下度奉願候。

のように記している。すなわち豊田は、青山に聞きたいこととして以下の四点を列挙する。

1、護良親王は第二皇子か、それとも第三皇子か。
2、新田の嫡流貞方が千葉介兼胤に捕えられ七里浜で斬られたことは、何の書物に記されているのか。
3、底倉で撃たれた義治の子は、実名は義隆といったのか。何かに義則とあったように記憶しているが、これは自分の記憶違いなのか。

以上の三点については、自分が所蔵している『大日本史』は旧本なので謬誤が多い上に、現在知人に貸出していて手元になく、確認が出来ない状態で困っている。

4、南山の皇胤は高福院殿と申されたのか。これは何の書物に記されているのが正しい説なのか。「上月記」は書写しておいたが、[54] これも現在手元になく、しかもこれには皇胤の御名までは記されていないだろう。また、頼襄（山陽）の『日本外史』を隣人から借りて考索したが、元来この書は謬誤が多く、その記述には信を置くことができない。

豊田は、以上の四点はどうしても明らかにする必要があるので、十分に考索して結果を回答してくれるよう青山に依頼している。果して青山からどのような内容の回答が寄せられたものか、それは不明であるが、現行本の序文を見てみると、豊田は、1については「第三皇子」説を採り、2と3に関連する個所については「新田氏の苗裔は義則、貞方に至って滅び云々」と記し、また4については「行宮の龍種は高福、行悟二王に至って尽き云々」のように記している。

さらに加えて、豊田は、

御作南狩野史も、上一巻拝見仕候様相覚申候。下巻何卒拝見仕度奉存候。右序文ニ付而も、尚又入用御坐候。何分御察、御序ニ御許借被下度奉存候。

とも記している。ここには、同書の上巻は既に見せてもらったが下巻はまだなので、序文を執筆するためには必要なことであるから、序でのときにでも見せてほしい、と書かれている。ということは、先に第一三七通目書簡でみたところの、豊田が佐々木に依頼して青山に返却した同書とは、上巻のみであったということなのだろうか。豊田は、その序文中に「余、因って平日持す所の論を挙げて、之を巻端に題す」と記しているのであるから、このような文章というものは、必ずしも本文の全体を見なくても大凡は書けるものなのかも知れない。豊田としては、より完璧を期するために下巻も見ておきたい、という程度のことだったのではあるまいか。

さらに第一四三通目（六月十三日付）書簡には、

過日申上候南狩野史之序文、今少し心ニ不歉処有之候間、今日も呈し可申、近日中改正、可奉呈覧候。右様御承知可被下候。

とある。豊田は、先頃から懸案となっている同書の序文は、まだ少々満足できないところがあり、急ぎ改正の作業を進めているので、その旨了承してほしいと頼んでいる。

しかるに、第一八一通目（十二月五日付）書簡をみると、

（前略）俄ニ奉呈一書候ハヽ、一小文作り申候。右奉呈電覧候。何卒御存分御改竄塗沫被下度、御配意憚入奉存候へ共、右之義偏奉願候。小生甚多用故、専心致思、文辞を修め候様不相成、拙劣ハ例之通宜敷御推恕被下、十分ニ御削正被下候様奉仰望候。御頼之南狩野史序文も作り置候へ共、今以清書差上不申、自分之用を奉願候義、甚憚多奉存候へ共、差懸り候故、不得已奉願候。直様此文へ御書加被下候ハヾ、実ニ大悦不過之可奉存候。

のように記されている。豊田は、青山から頼まれていた同書の序文の件がまだ片付いていないのに、一小文を作ったので添削してほしい、と青山のもとに送り届けてきたようである。そして、自分は大変忙しいので十分に推敲することができず、拙劣な文章となっているので存分に筆削を加えてほしい、と頼んでいる。勿論、まだ同書の序文執筆の約束を果たしていないことは十分気にしていたようで、誠に恐れ多いことではあるが、差し掛かったことなので止むを得ずお願いするような仕儀となった、と弁解している。先にみたように、この序文の日付は「嘉永四年夏六月初五日」となっているのであるから、本書簡執筆の約半年前の時点で既に草稿はできていたらしいのに、まだ清書したものが青山のもとに届けられていなかったのである。懸案となっている友人との約束の履行を遅らせてまで書く必要があったこの「一小文」とは、果してどのような類のものだったのであろうか。

青山が同書を活字印刷本として刊行することを考えていたらしいことは先に見たとおりであるが、結局、同書が単行で刊行されることはなく、『佩弦斎雑著』初集に収載され、「佩弦斎蔵版」として刊行されたということであるが、いつ刊行されたのか、そして現在どこに伝存しているのか等については不明である。(55)

おわりに

以上、豊田と青山が、ここで取り上げた数部の書物の編纂・翻刻・著述等をめぐって具体的にどのような遣り取りをしたかを『豊田天功書簡』中の書簡によってみてきた。その結果、気付いた点が二、三あるので、これを以下に記して本章のまとめとしたい。

先ず、豊田から青山にどのようなことを依頼し、それに対して青山がどのように応えたかであるが、豊田は、第一四九通目（七月八日付）書簡で、斉昭の子昭訓の『息距編』の序文を代作し、青山にその添削を乞うたところで、「例之御誉計ニ而ハ、小生為ニハ何ニも相成不申候。尽御叱責被下候様奉願候」と記し、誉め言葉だけでなく、忌憚のない評言を青山に求めている。「例之御誉計」とあるので、青山の評言はいつも賛辞を呈するばかりのものであったようである。山川菊栄はその著『覚書幕末の水戸藩』の中で、嘉永二年に水戸を訪問した吉田松陰が、会沢正志斎に面会した折に同席した青山を評して、その日記に「謂ゆる箟蒻党なるものか」と記していることを紹介している。加えて山川は、「大兵肥満で、小山のような身体をどっかとすえ、口数が少くて、いつも柔和な顔に微笑を浮べていた延光は、かつて人と争わず、人物評はおろか、他人の詩文の批評すら好まぬ人であった」とも記している。豊田は、青山のこのような性格を十分心得ていたことであろうが、にもかかわらず、折に触れて自分が書いた文章を青山に見せては添削を乞うている。これは如何なる理由があってのことであろうか。山川はまた、「延光と東湖は年も家も近く、幼年から親しかった。しかし性格は全く違って、東湖の才気縦横、何事にも積極的、活動的な政治家肌にひきかえ、延光は温厚寡黙、一介の読書人に甘んじて、自分は藤田とは性格も職分も違うといって政治や人事に介入することを好まなかった。東湖は内々青山の学問は風流学で何の役にもたたぬとくさしながら、表面ではその博学と才能を精いっぱいほめたたえていた」とも記している。青山とは竹馬の友であった藤田東湖が、青山の学問を内心「風流学」と貶しながらも、その博学と才能は認めていたというのである。おそらく豊田も、藤田と同じように青山を評価していたのではあるまいか。文辞の訂正等の表現上の問題においてはそれほど期待できなくとも、史実等の確認の上では大いにその博学に期するところがあることを十分心得ていたからこそ、豊田は、自ら進んで自分の文章を青山に見てもらうように心掛けていたのであろう。

しかし、残念なことに、『豊田天功書簡』にみる豊田書簡の場合は、『藤田幽谷書簡』中の藤田書簡のように、相手からの来簡の内容を一度反復した上で自分の見解等を述べるという形を採っていないため、豊田からの質問や意見に対して青山が具体的にどのように応えてきたのかを窺い知ることはできなかった。(56)

豊田は又、青山を通して、著述に必要な書物を藩の蔵書として購入してもらったり、青山自身の蔵書又は藩の蔵書の貸出において便宜を供与してもらったりしている。青山家は、延光の曾祖父興道・祖父延彝・父延于と四代に亙って史館務めをしてきた家であり、その蔵書も豊富であったようで、(57)豊田も、そのような羨ましい環境に置かれていた青山を通して、何程かその恩恵に与らせてもらっていたようである。(58)とりわけ弘化二年からの約八年間、豊田は史館の業務に復帰できずにいたわけであるから、その間に成稿した『靖海全書』をはじめとするいくつかの著書の執筆においては、資料収集の面で大変な困難があったであろうことは想像するに難くない。そこで豊田が最も頼りにしたのが青山であったものと思われる。

一方、青山の場合について見てみると、先述したような豊田書簡の性格からくる制約上、本書簡集所収の書簡によって青山から豊田にどのようなことを問い合わせてきたのか、どのような依頼をしてきたのか等を窺い知ることは困難であったが、幾通かの書簡の中には、青山が豊田に自分の書いた文章を示して添削を乞うているものもみられた。しかし、本章で検討した『赤穂四十七士伝』並びに『南狩野史』の二つの著作に関するかぎり、青山から豊田に対して序文執筆の依頼があったことを知ることができたのみである。そこで、この序文執筆依頼に関連して一つ気付いたことがあるので、以下にこれを述べておきたい。

先にみたように、『赤穂四十七士伝』の序もしくは跋の執筆を青山から依頼された際に、豊田はこれに色よい返事をせず、結局、同書に豊田の序もしくは跋が掲載されることはなかった。このとき豊田に執筆依頼の話があったのは、前出の嘉永三年の九月五日執筆と推される第一六七通目書簡中に、豊田が、依頼を受けていた序もしくは跋の執筆に、この時点においてもまだ取り掛かれないでいたことが記されているので、当然これよりも以前ということになる。一方、『南狩野史』の場合は、嘉永四年六月五日の年記を有する豊田の序文が付されており、同年執筆の第一四二通目書簡に「旧年ゟ御約束云々」とあるので、同三年に序文執筆の依頼があったことは明らかである。しかし、第一三七通目書簡が執筆された同年の五月二十五日の時点において、まだ序文の内容等について青山に相談しているところをみると、頼まれてからそれほど長い時日が経過しているようには見受けられない。つまり時系列的には、『赤穂四十七士伝』の場合の方が『南狩野史』の場合よりも先に依頼を受けていたと見做すことができるようである。してみると、ここは思うに、先に『赤穂四十七士伝』の序跋の執筆依頼に対して色よい返事をしなかったことで青山との間に好ましからぬ雰囲気が生じてしまったことを気に掛けた豊田が、『南狩野史』については序文執筆の依頼に応じ、かなり延引はしたものの、どうにかその約束を果たしたというようなことだったのではあるまいか。

ところで、豊田は元治元年に歿したが、その墓碑銘は青山が筆を執っている。その中で青山は、豊田の学問を評して「学問ノ該博、考據ノ精奥、儲積ノ深厚、辞章ノ雄健」と記し、さらに「烈公ノ時ニ当テ、天功斌卿ノ名、天下ニ聞エタリ、斌卿ハ才ヲ以テシ、天功ハ学ヲ以テシ、皆其長スル所ヲ奮テ、以テ烈公ニ事フ」とも記している。(59) その深い学識の全てをひたすら烈公（斉昭）のために捧げようとした豊田の赤心を青山がよく承知していた上に、極めて慎重かつ柔和なその性格も幸いして、ときには豊田が多少の無理難題を持ち掛けてきたりもしたが大事に至ることはなく、両者の関係は、終生、概ね良好な状態に保たれたようである。

最後に、本章で検討した諸書の編纂・執筆等に係わる書簡は、さしあたり筆者が現時点において気が付いたもののみであり、外にも資料として使用できるものが見落とされている可能性は十分に存在する。その意味では、本章は不十分なものとなってしまっているかもしれないが、豊田と青山の交友の一端を窺う一助ともなれば幸いである。

注

（1）これらの書簡集の伝来及び購入の経緯等については、同解題の第十四巻「藤田幽谷書簡」および第十五巻「豊田天功書簡」の解説を参照。

（2）豊田の伝記事項は、清水正健著『増補水戸の文籍』（水戸の学風普及会　昭和四六再版）、『水戸市史』中巻（三）、豊田天功著『松岡先生文集』（里見を知る会　平成一六）の巻末に付された鈴木暎一氏による解説文「豊田天功」等を参照。

（3）青山の伝記事項は、清水正健著『増補水戸の文籍』（水戸の学風普及会　昭和四六再版）、高須芳次郎編『水戸学大系』第八巻（水戸学大系刊行会　昭和一六）の解題、吉田一徳著『大日本史紀伝志表撰者考』（風間書房　昭和四〇）、山川菊栄著『覚書幕末の水戸藩』（岩波書店　昭和四九）、『水戸市史』中巻（三）、秋山高志著『近世常陸の出版』（青裳堂書店　平成一一）等を参照。

（4）『水戸市史』中巻（三）、鈴木暎一著『水戸藩学問・教育史の研究』前編第七章等を参照。

（5）ここに示した書簡の番号は、『国立国会図書館所蔵貴重書解題』第十五巻「豊田天功書簡」に付されている通し番号であり、以下も同様である。

（6）『水戸市史』中巻（三）を参照。

（7）昭訓については、『茨城県史料――近世政治編Ⅰ』所収の「常陸水戸徳川家譜」に、「昭訓ハ文久中京師ニ在リ累官従四位下侍従兼左衛門佐ニ至ル」とあり、その割注に元治元（一八六四）年四月、十七歳で京都で病死したことが記されている。そして、清水正健著『増補水戸の文籍』（水戸の学風普及会　昭和四六再版）の同書解説文中には、昭訓がこの序文を書いた時の年齢が十三歳となっており、これは万延元年に当たるので、この書簡が書かれたのも同年もしくはその前年あたりと推測される。

（8）『書経』商書盤庚中に「乃ち吉ならず迪ならず、顚越不恭にして、暫く遇ひて姦宄するものあらば、我乃ち劓きり、之を殄滅して遺育なく、種を茲の新邑に易へ俾むること無けん」（有朋堂書店「漢文叢書」本による）とある。

（9）『水戸市史』中巻（三）を参照。また、昭訓の『息距編』序文の本文は、清水正健著『増補水戸の文籍』の同書解説文中に読み下したものが転記されている。ここではこれに依ったが、『水戸藩史料』上編巻十六附録下に収載されている漢文のものをみると、2の「遺育易種」の個所は「無復有育易種云々」となっており、清水が転記しているものと若干異っている。

（10）岩波書店『国書総目録』、清水正健著『増補水戸の文籍』の同書解説文を参照。

（11）『水戸市史』中巻（三）を参照。

（12）国友善庵は、享和元（一八〇一）年生、文久二（一八六二）年没。名は初め尚友、後に尚克と改め、字は伯庸等。与五郎等と称し、善庵等と号した。家は代々水戸藩の鉄砲師で、高橋坦室・藤田幽谷に学び、彰考館で修史に携わった。のち弘道館教授・教授頭取代となり、侍講も勤めた（岩波書店『国書人名辞典』、吉田俊純著『後期水戸学研究序説』の付録「水戸学関係年表」等を参照）。

（13）会沢正志斎は、天明二（一七八二）年生、文久三（一八六三）年没。名は安、字は伯民、恒蔵と称し正志斎・憩斎等と号した。先祖は代々常陸久慈郡諸沢村に住して農を営んでいた。水戸藩初に水戸城下に移り、微賤の餌差の職をもって藩に仕えてきたが、父の代に至って漸く下士の列に加えられた。十歳で藤田幽谷に師事し、彰考館の写字生を経て、文化四（一八〇七）年諸公子侍読となり、後の藩主斉昭を教育した。天保二（一八三一）年彰考館総裁となり、藩校弘道館が創設されると教授頭取となった。文政八（一八二五）年に成った代表的著作『新論』は、水戸学の経典として重要視され、藤田東湖と共に幕末の思想界に多大な影響を与えた（岩波書店『国書人名辞典』、瀬谷義彦著『会沢正志斎』、岩波書店「日本思想大系」五三『水戸学』の解題等を参照）。なお、青山延光と豊田天功については、本章の「はじめに」で先述しておいたので、そちらをご参照いただきたい。

(14) 鶴峰戊申は、天明八（一七八八）年生、安政六（一八五九）年没。名は戊申、字は世霊等、彦一郎等と称し、海西等と号した。豊後臼杵の神官鶴峰宜綱の子として生まれ、父から和漢の学を教授され、のち臼杵藩儒武藤吉紀に師事、文化元（一八〇四）年には上京して綾小路俊資に和歌を、山田以文らに国学を学んだ。天保三（一八三二）年江戸に出て私塾究理塾を開き、寺門静軒らを教え、同九年には海鷗社を開いて立原杏所・安積艮斎らと交わった。同年にその学識を認められて水戸藩への出入りを許され、嘉永三（一八五〇）年には三人扶持を給せられ、江戸の藩邸の一隅に住んで和書編集所に勤務し、小山田与清らとともに『八洲文藻』『明倫和歌集』等の編纂に従事した（『水戸市史』中巻（三）、岩波書店『国書人名辞典』、鈴木暎一著『国学思想の史的研究』等を参照）。

(15) 同書刊行の経緯については『水戸市史』中巻（三）、鈴木暎一著『水戸藩学問・教育史の研究』前編第七章等を参照。因みに、同書の書名は、題箋と扉は「破邪集」、目録首と版心は「聖朝破邪集」、各巻頭は「明朝破邪集」となっている。同書に付された「例言」をみると、(1)「聖朝」等の字句及び擡頭等の書法は原刻のままとしたこと、(2)恐らくは訛誤によるものであろう難読の個所は、校合すべき他本がないので推測によって文章に手を加えることはせず、敢てそのままとしたこと、(3)収載されている多くの文章の中には学術的な深浅等がみられるが、今はそれを論ずることなく、通篇原本のまま翻刻して一字も増損していないこと、の三点が記されており、同書翻刻にあたっての基本姿勢を窺うことができる。

(16) 栗田勤著『水藩修史事略』（茨城県教育会　明治四二）を参照。

(17) 「貴兄のご実弟や石河らの秀才方」とあるうち、先ず「貴兄のご実弟」とは延光の末弟延寿のことであろう。延寿は、文政三（一八二〇）年生、明治三十九（一九〇六）年没。名は延寿、字は季卿、量四郎と称し、鉄鎗斎と号した。家学を受け、また藤田東湖に学んだ。天保十二（一八四一）年出仕して弘道館に勤め、同十四年弘道館訓導となり、弘化三（一八四六）年には彰考館に異動した。以後も弘道館もしくは彰考館に勤務し、維新後は、太政官修史局に出仕した（『水戸市史』中巻（三）、岩波書店『国書人名辞典』、吉田一徳著『大日本史紀伝志表撰者考』等を参照）。次に、「石河」とあるのは石河明善のことで、石河は、文政二（一八一九）年生、明治元（一八六八）年没。名は、初め幹克、後に幹修。字は仲安で、幹二郎と称し、明善等と号した。初めは杉山復堂に、後には会沢正志斎に学んだ。天保十二（一八四一）年出仕して弘道館に勤め、同十四年弘道館訓導となり、のち弘道館助教・郡奉行等を務めた（『水戸市史』中巻（三）、岩波書店『国書人名辞典』等を参照）。

(18)『水戸市史』中巻（三）を参照。

(19)岩波書店『国書人名辞典』、秋山高志著『近世常陸の出版』（青裳堂書店　平成一一）等を参照。

(20)「台徳大猷」とあるのは、徳川秀忠の法号「台徳院殿」及び徳川家光の法号「大猷院殿」のこと（吉川弘文館『国史大辞典』参照）。

(21)白石の著書『西洋紀聞』のことか。上・中・下三巻からなる同書の下巻は、キリシタン教義の説明とその批判に充てられている。

(22)『水戸市史』中巻（三）を参照。

(23)『水戸市史』中巻（三）を参照。

(24)茨城県立歴史館に吉田一徳氏旧蔵の同書の写本一冊がある。この本は豊田の自筆稿本のようで、訂正や書き込みが多くみられる。今この本を見てみると、巻頭書名が「海寇首末」となっている。豊田による同書の自序末には「嘉永庚戌（三年）春三月廿五日」の年記が記されているので、同書成立の時点において豊田は、書名を「海寇首末」とするつもりであったようである。しかし、それをどの時点で現在の書名に変更することにしたのかは分からない。

(25)茨城県立歴史館にある「高橋清賀子家文書」中に「観世年表」の写本がある。この本には「豊田氏／図書記」の印記があり、その裏表紙見返しには、明治十二年に豊田伴が書写した旨を記した識語が墨書されている。そして、同書の巻頭をみると、「豊田亮閲／男靖著」と記されている。これによれば、同書は、天功の子小太郎（靖）が執筆したものを天功がチェックして成ったもののようである。小太郎は天保五（一八三四）年の生まれであるから、当時はまだ弱冠十五、六歳であった。因みに、高橋清賀子氏は、天功の子小太郎の孫健彦の子である。天功の著作を中心とする史料群は、小太郎の妻芙雄からその子伴、孫健彦と受け継がれて今に至っている（茨城県立歴史館編『高橋清賀子家文書目録』の解題を参照）。

(26)『靖海全書』については、『水戸市史』中巻（三）を参照。なお、「防海新策」は岩波書店刊「日本思想大系」五三『水戸学』の中に収載されており、これには「嘉永六年癸丑六月廿三日」の年記が巻末に記されている。

(27)開国百年記念文化事業会編『鎖国時代日本人の海外知識――世界地理・西洋史に関する文献解題――』（原書房　昭和五三覆刻）を参照。

(28)文化三（一八〇六）年、ロシア船がカラフトに来てオフイトマリに上陸し、クシュンコタンの松前藩会所を襲って番人を連れ去り、また、翌四年には、ロシア人が利尻島に侵入して幕府の船を焼く、といった事件が起きている。そして、直近の蝦夷地に関する重大な出来事としては、約二十年前の天保二（一八三一）年に外国船が東蝦夷地厚岸湾に侵入して守備兵と交戦し、その報告書が同年三月に松前章広から提出された一件がある。また、同五年八月にも東蝦夷地ツカフナイに異国人が上陸し、略奪を行ったと記録されている（通航一覧続輯、吉川弘文館『日本史総合年表』等を参照）。この天保時の来船がロシア船であったか否かについては不明であるが、北方の防御を固める必要性を強く感じさせた出来事であったことは確かであろう。

(29)「美様」とは、書状で、宛名の下に付ける「様」の字の書き方のひとつ。「様」の字の旁の部分を「美」の字の草書体のように書くもの。また、「美様」は「立様」ともいうようなので、豊田がここに「立様」と記しているところは、あるいは「永様」とすべきところを誤記したものか。「永様」は、旧字体の「様」の旁の「永」の部分を楷書体ではっきりと書くもので、相手に最大の敬意を示すものとされた。「様」の書き方には、この外に「平様」というのがあり、これは「様」の字を大きく崩した草書体で書くもので、「つくばいざま」ともいわれ、多く目下の者に対して用いられた（小学館『日本国語大辞典』参照）。

(30)本書簡は、書中に第四三通目書簡同様「御賢息様御病気云々」の記述がみえるので、これと同年のものと見做される。

(31)弘化三（一八四六）年六月にフランスインドシナ艦隊司令官セシュが長崎に来航し、薪水と漂流民の救護を求めるという事件があった（歴史学研究会編『日本史年表』参照）。

(32)本書簡は、書中に「遭罹国難十余年を空過し云々」と記されていることから、いわゆる「甲辰の国難」の後十年余りが経過していること、また「御談中候御実弟様之儀抔も、其節ニ如何共御相談、相決し可申候」とあり、これは延光の弟延寿の弘道館訓導復帰に関する相談かと推されることなどから、嘉永六年に執筆されたものと推定される。

（33）茨城県立歴史館にある「高橋清賀子家文書」中の「靖海策」全九策は、「豊田氏／図書記」の印記のある刊本で、巻末に「戊午（安政五）歳十二月七日後彫生識」とある識語には、「此係庚戌（嘉永三）歳所著」なので事情が今日と異なるため、「第七第八二策丙辰（安政三）所補、第六策亦丙辰改正」等と記されている。状況の変化に対応して著作に補訂を加える作業は、この後もなお続けられたのである。

（34）茨城県立歴史館にある「高橋清賀子家文書」中に「合衆国考」の草稿があり、巻尾に「癸丑（嘉永六年）九月初五日」付の豊田の識語があるので、同書は、まさに本書簡執筆のほんの少し前に脱稿したもののようである。また、「裂眦録」は、清水正健著『増補水戸の文籍』の同書解説をみると、「米魯軍艦渡来の次第」を書いたもので、嘉永六年に成立したとされている。

（35）佐藤延昌は、文化八（一八一一）年生、嘉永六（一八五三）年没。名は延昌、字は仲卿、量二郎等と称し、松渓と号した。青山延于の次男で、佐藤中陵の養子となる。天保九（一八三八）年水戸藩に仕え、画を能くして「武器図説」等の著作がある（岩波書店『国書人名辞典』、清水正健著『増補水戸の文籍』等を参照）。

（36）『北島志』の説明に関しては『水戸市史』中巻（三）を参照。松浦武四郎は、文化五（一八一八）年生、明治二十一（一八八八）年没。名は弘、字は子重、武（竹）四郎と称し北海等と号した。伊勢の郷士松浦時春の子。天保元（一八三〇）年伊勢津藩儒平松楽斎に学び、のち京都で山本亡羊について本草学を修めた。同四年から諸国を巡って修業し、長崎で北方の事情を聞いて関心を持ち、弘化二（一八四五）年から東西蝦夷地・樺太・エトロフ島・クナシリ島を探査した。その地の防備・開拓の急務なることを水戸藩主徳川斉昭に説いて寵遇を受け、また藤田東湖・藤森弘庵・吉田松陰らと親交を結んだ。安政元（一八五四）年、幕府に蝦夷地図と『三航蝦夷日誌』を献上し、同二年から六年まで蝦夷地御用掛を勤めた。明治二年、新政府の開拓使判官に任ぜられたが、政府のアイヌ政策に同調できず、翌年辞任した（岩波書店『国書人名辞典』参照）。

（37）清の七十一撰の『西域聞見録』八巻には、乾隆四十二（一七七七）年序刊本があるが、寛政八（一七九六）年に日本に船載されて、寛政十三（一八〇一）年に江戸の須原屋茂兵衛等によって翻刻された（大庭脩著『江戸時代における中国文化受容の研究』、長澤規矩也著作集第四巻所収「初印本と後印本」等を参照)。なお、同書は『北島志』の引用書目には挙げられていないが、その姉妹編として編まれた『北虜志』の引用書目には記されている。

(38) 吉川弘文館『国史大辞典』、日蘭学会編『洋学史事典』(雄松堂出版　昭和五九)等を参照。

(39) 同書は、『北島志』と『北虜志』のどちらの「引用書目」にも記載されているが、その内容からすると、本書簡は『北島志』執筆中のものと推定することができる。

(40) 『水戸市史』中巻(三)を参照。

(41) 茨城県立歴史館にある「高橋清賀子家文書」中に「彰考館」の印記を有する同書の草稿があり、その自序には「安政三年歳次丙辰六月初五日」という年記が入っている。

(42) 本書簡は、書中に「今日国友与五郎立稿之分も御遣し、勿論愚見を尽し可申所存之処云々」とあり、これはどうやら『破邪集』翻刻に係わる記述のように思われるので、安政の二年もしくは三年に執筆されたものと推される。よって、本書簡中にいうところの「俄羅斯伝」とは、『北虜志』のことと思われる。

(43) 『欽定蒙古源流』は蒙古の小徹辰薩囊台吉撰。清の乾隆四十二年に勅命によって漢訳された。第一—三巻は全書の縁起と仏説とを記し、第四—八巻は蒙古の世系を記している(大修館書店『大漢和辞典』参照)。また『聖武記』は清の魏源の著書で、清の開国から道光年間(一八二一—一八五〇)に至るまでの天子の武功を記したもの。これら両書は、『北虜志』の「引用書目」に書名が挙げられている。そして『説郛』は、元末明初の陶宗儀撰の叢書で、経書・諸史・随筆・伝記の類を数百種収録している(近藤春雄『中国学芸大辞典』参照)が、この中の何かが「引用書目」中に記されているのかどうかについては確認できていない。

(44) 開国百年記念文化事業会編『鎖国時代日本人の海外知識——世界地理・西洋史に関する文献解題——』(原書房　昭和五三覆刻)を参照。

(45) 『水戸市史』中巻(三)を参照。

(46) 藤田東湖は、文化三(一八〇六)年生、安政二(一八五五)没。名は彪、字は斌卿、誠之進と称し東湖と号した。父幽谷から家学を受け、文政二（一八一九）年江戸に出て亀田鵬斎・大田錦城に学び、武術にも励んだ。文政十年家督を継ぎ、同十二年には斉昭を藩主に擁立する運動に奔走し、斉昭の襲封後はその腹心として藩政に参画し、諸役を歴任した。安政二（一八五五）年、側用人として斉昭を補佐していたが、折からの大地震により江戸藩邸で圧死した。藤田は、水戸学の中心人物の一人として尊王攘夷を唱え、その著『弘道館記述義』『回天詩史』等は、幕末期の政治運動に挺身した志士達に大きな影響を及ぼした（岩波書店『国書人名辞典』、『水戸市史』中巻（三）等を参照）。

(47) 佐藤立軒は、文政五（一八二二）年生、明治十八（一八八五）年没。名は棍、字は亦光、新九郎と称し、立軒と号した。佐藤一斎の三男で、青山延于（拙斎）に学び、父の没後、家塾を継いだ。因みに、立軒の父一斎は、明和九（一七七二）年生、安政六（一八五九）年没。名は坦、字は大道、捨蔵等と称し、一斎等と号した。美濃岩村藩の家老佐藤信由の第二子で、寛政二（一七九〇）年藩主松平乗保の近侍の列に加わった。同三年上方に遊学し、皆川淇園・中井竹山らの門に学んだ後、林錦峯の門に入り、錦峯没後は述斎に学んだ。文化二（一八〇五）年林家の塾頭となり述斎の嗣子檉宇をはじめ、安積艮斎・河田迪斎など師事する者が多かった。文政九（一八二六）年松平乗美が藩主になると、老臣の列に入り藩事を議したが、天保十二（一八四一）年述斎が没したので、幕府は一斎を挙げて昌平黌儒官とし、以後多くの後進を指導することとなった（岩波書店『国書人名辞典』参照）。

(48) 岩波書店『国書総目録』、秋山高志著『近世常陸の出版』（青裳堂書店　平成一一）等を参照。

(49) 西村文則著『藤田東湖』（光書房　昭和一七）巻末の「東湖年譜」を参照。

(50) 見返しに「嘉永辛亥（四年）新鐫　江都書賈青藜閣」とある茨城県立歴史館所蔵の一本（前田香径氏旧蔵）を見てみると、裏表紙見返しに「京都三条通舛家町」の「出雲寺文次郎」を初めとする十二書肆の名が刻されている。上下二冊のこの刊本には、佐藤立軒の跋文の前に会沢安（正志斎）による題辞も付されている。これに対して、同じく茨城県立歴史館所蔵の他の一本（吉田一徳氏旧蔵）を見てみると、見返しは「嘉永庚戌（三年）新鐫　水府珮弦斎蔵版」となっており、「珮弦斎雑著」の第一冊目として前者の一年前の刊記が刻されている。そして、これに付されている「佩弦斎雑著目録」は前者にも付されており、両書共、版心の書名は「佩弦斎雑著」となっている。こうしたことから考えるに、青山は、先ず「珮弦斎雑著」のなかの一書として同書の版権を確保した上で青藜閣に翻刻の許可を与え、それを受けた青藜閣では、同書を京都をはじめとする他地の十二書肆から販売するルートに乗せることにしたのではなかろうか。後者に付されていない会沢の題辞が青藜閣本にあるのは、恐らくは会沢の知名度に期待して販売部数を上げようとした青藜閣の販売戦略の現れではないかと思われる。因みに、「佩弦斎雑著目録」には、同書の外に「刀剣録」「名花有声画」「南狩野史」「三藩事略」の四書が記されており、清水正健著『増補水戸の文籍』によれば、さらに「史話」「桜史新編」「酒史新編」「騎史新編」「射史新編」の五書がこれに含まれるという。

(51) 秋山高志著『近世常陸の出版』(青裳堂書店　平成一一)を参照。

(52) 佐々木延之は、文化十三(一八一六)年生、明治四(一八七一)年没。名は延之等、字は叔卿等、鉄三郎等と称し柳菴と号した。青山拙斎の三男で佐々木家の養子となる。天保十三(一八四二)年彰考館に入り、弘化二(一八四五)年弘道館訓導となった(岩波書店『国書人名辞典』、清水正健著『増補水戸の文籍』等を参照)。

(53) 江戸時代に出版産業が発展してくると、次第に出版に対して政治的な統制が加えられるようになってきた。法制的には、享保七(一七二二)年に幕府の文化政策の一環として発令された出版条目が、その後の寛政・天保の出版取締令にも継承され、統制は次第に強化されてきた。天保の改革では、それまで検閲における第一次の責任者とされてきた株仲間が解散させられたので、新たに町奉行を頂点とする検閲体制が成立したが、嘉永四(一八五一)年三月の株仲間再興後は、学問所・医学所・天文方・蕃書調所等も動員した、より強化された検閲体制となった(岩波書店『日本古典籍書誌学辞典』を参照)。書中で『南狩野史』刊行のことが話題に上されていた本書簡は、丁度この株仲間再興の頃に執筆されたもののようなので、検閲のために昌平坂学問所へ提出するかどうかが問題とされたものであろう。

(54) 「上月記」については未詳。岩波書店『国書総目録』、同『古典籍総合目録』にも記されておらず、『大日本史』の引用書の中にもこの書名は見当たらない。

(55) 岩波書店『古典籍総合目録』をみると、茨城県立歴史館所蔵の嘉永三年版「珮弦斎雑著」の中に含まれているように記されているので調査してみたが、確認できなかった。また、岩波書店『国書総目録』にも、記されているのは写本だけである。

(56) 本書第二章の「おわりに」の中で、藤田書簡にみられる記述の仕方の特徴について記しておいた。

(57)　吉田一徳著『大日本史紀伝志表撰者考』（風間書房　昭和四〇）、瀬谷義彦著『新装水戸の斉昭』（茨城新聞社　昭和六〇）、秋山高志著『水戸の書物』（常陸書房　平成六）等を参照。

(58)　本書簡集所収の書簡中、本章では採り上げることのなかったものの中に、豊田が青山の蔵書の貸与を依頼したり、借覧させてもらったお礼を述べているものが相当数含まれていた。

(59)　ここに引用した豊田墓碑銘は、栗田勤著『水藩修史事略』（茨城県教育会　明治四二）の中で紹介されているものによる。

第九章　国立国会図書館所蔵の内藤耻叟旧蔵書

Ⅰ　内藤耻叟の略歴と国立国会図書館所蔵内藤旧蔵書の特徴

内藤耻叟は、文政十（一八二七）年に水戸藩士美濃部又三郎の次男として生まれ、後に内藤氏を継いだ。名を正直といい、弥太夫と称し、耻叟・碧海と号した。

天保十二（一八四一）年、内藤は藩校弘道館に入り、会沢正志斎・藤田東湖らに師事し、安政二（一八五五）年進仕、元治元（一八六四）年には奥祐筆頭取に、そして翌慶応元年には弘道館教授頭取に任じられている。しかし、幕末期の内藤は、藩内の激烈な内部抗争の中で幾度も失脚し、危機的な状況に陥っていることからも窺えるごとく、いわゆる文人・学者の部類に括られるような人物ではなかったようである。第二代藩主光圀以来の水戸藩の文化的大事業である『大日本史』の編纂にも、内藤は関与していない。慶応四（一八六八）年五月には、身の危険を感じて水戸を脱出し、長いこと本姓を秘しての生活を余儀なくされ、再び内藤姓を名乗れるようになったのは、明治も十年を過ぎてからのことであった。

内藤は、明治時代に活躍した歴史学者として知名度が高いが、その文人・学者としての活躍は、明治十年代の中頃以降に始まった。明治十九年から二十四年まで帝国大学文科大学教授を勤め、同二十一年には『安政紀事』を、同二十七年には『徳川十五代史』を執筆した。また、同三十二年には宮内省嘱託となって文筆活動に専心し、神宮司庁編の百科全書『古事類苑』の編纂にも関与した。

内藤の旧蔵書が、現在確認できたものだけでも六十一点、国立国会図書館の蔵書の中から見つかっている。大部分は写本であり、いわゆる善本・稀書の類は含まれていない。そのなかに、表紙に「徳川史料」と墨書した貼紙のあるものが八点みられる。それらは、かねてから江戸時代の歴史に関心を抱いていたという内藤が、『徳川十五代史』『徳川実記校訂標記』等の著作を物するために集めておいたものであろうか。また、江戸の古地図が十三点含まれているのも、この同館所蔵内藤旧蔵書の特徴の一つといえる。古地図の年代を見てみると、最も古いものでは正保頃のものがあり、承応、明暦、延宝、天和、享保、延享、宝暦、寛政、文政と続き、最も新しいものとしては天保頃のものが含まれている。これらは、徳川幕府の置かれた江戸の町の歴史的変遷を辿る上で必要であったことから収集されたものであろう。

内藤は、明治三十六（一九〇三）年に七十七歳で没しているが、同館所蔵の内藤旧蔵書は、その多くが没年以前に同館が古書肆から購入したものである。このことから、内藤が生前になにほどかの蔵書処分をしていた事実が窺える。

内藤の旧蔵書には、「内藤／耻叟／蔵書」「内藤／耻叟」（二種）の三種類の印記が押捺されている。なかには、その子璨聚（字太平、号奎堂。明治二十七年没、享年二十一）の印記である「太平」「内藤／璨聚」の押捺されているものもある。

また、内藤以外の蔵書印では、地図資料十三点中の五点に長井千足の蔵書印が押捺されているのが目に付く。そのほか押捺されている主な印記としては、幕府の地志編脩取調所の「編脩地志／備用典籍」、徳島藩主蜂須賀侯の「阿波国文庫」、屋代弘賢の「不忍文庫」、堤朝風の「正心斎／之家蔵」、小宮山楓軒の「小宮山氏／収蔵図書」、大橋訥菴の「大橋訥莽／珍蔵之記」、鹿島則文の「桜山文庫」等が挙げられる。

Ⅱ　国立国会図書館所蔵の内藤耻叟旧蔵書一覧

今後の内藤耻叟研究のための資料として何ほどかの役に立つこともあるかもしれないので、以下にその旧蔵書を逐一紹介しておくことにする。

1、南朝編年紀略　津久井尚重著　天明五自序　写本五（合三）冊　「内藤／耻叟／蔵書」押捺
　巻末に以下の墨書識語がある。
　　明治三十一年十月購入　代金五円
　　　内藤耻叟　時年七十二

2、洙泗教学解　会沢正志斎著　写本一冊（漢学）「内藤／耻叟」（一顆）・「松本／蔵書」押捺
　巻末に以下の内藤自筆の識語がある。
　　右洙泗教学解先師会沢先生晩年所著書中先君指我烈公也然則此書之成在烈公薨後可以知矣
　　　明治二十五年八月　　門生　内藤耻叟識
　また、裏表紙見返しに、「二十五年八月二十日一読了　璨聚」と朱書されている。

3、神代私記　白井宗因著　刊本八（合四）冊　「内藤／耻叟／蔵書」押捺

4、増補筒井家記（別書名：筒井氏五代之記）写本一冊　「内藤／耻叟／蔵書」・「内藤／璨聚」・「中井氏蔵」押捺

表紙に「徳川史料」と墨書された貼紙がある。

5、仰止録　小田切盛敞編　天保二成　写本三冊　「内藤／耻叟」（一顆）押捺

表紙に「徳川史料」と墨書された貼紙がある。

6、陵墓考叢　写本一冊　「内藤／耻叟」（一顆）・「編脩地志／備用典籍」押捺

7、残桜記　伴信友著　文政四自序　本居大平文政七序　写本一冊　（雑史。外に変三色虫攷・聖帝攷を付す）「内藤／耻叟」（一顆）・「大有／図書」、外に未詳印一種押捺

巻末に、「明治二十六年求め得て読了ぬ　内藤耻叟」と墨書されている。

8、酒井家御系譜考抄　小寺信正著　写本四（合二）冊　「内藤／耻叟」（一顆）押捺

9、関譏規則　辻守成等編　写本三（合一）冊　（浦賀通船規則）「内藤／耻叟」（一顆）・「若山氏／暴書記」押捺

表紙に「徳川史料」と墨書された貼紙がある。

10、常山楼集　湯浅新兵衛著　湯浅明善編　天明四刊　五（合二）冊　（漢詩文）「内藤／耻叟」（一顆）・「洋洋／居士」押捺

11、（毛詩）大序十謬・（毛詩）六義考　大田錦城著　写本一冊　「内藤／耻叟」（一顆）押捺

巻末に以下の墨書識語がある。

文政八歳次乙酉春三月二十日筆写　訒斎

12、白雀録　三宅尚斎著　宝永四及び六序　写本三冊　（随筆）「桜山文庫」・「益堂／蔵書」押捺

坤巻末に「八月七日以後補写為下巻　内藤耻叟」と墨書され、下巻裏表紙見返しにも、明治二十七年四月付の内藤の識語がある。

13、名言記　写本三（合一）冊（雑史）「内藤／耻叟」（一顆）・「万弥」、外に未詳印一種押捺

14、京都町奉行所科定類聚　写本五冊「内藤／耻叟」（一顆）押捺

15、双江先生困弁録　明聶豹撰　明羅洪先注　明岳和声校　写本二冊「内藤／耻叟」（一顆）・「大橋訥斉／珍蔵之記」押捺

16、記念草　前田菊叢編　写本三冊（石川憲之の言行録）「内藤／耻叟」（一顆）、外に未詳印一種押捺

17、大名参勤旅中異変集　写本二（合一）冊（法制）「内藤／耻叟」（一顆）、外に未詳印一種押捺

裏表紙見返しに、「天保五稔甲午／旅中異変集季烋成」と墨書されている。

18、吏務随筆　写本五冊「内藤／耻叟」（一顆）押捺

表紙に「徳川史料」と墨書された貼紙がある。

19、調布日記　大田南畝著　写本一冊「内藤／耻叟／蔵書」・「太平」・「藤定晴蔵」・「つたかね」押捺

裏表紙見返しに、「明治二十三年二月七日購価　藤璨聚　印」と墨書されている。

20、こしの山ふみ　加賀宰相室真龍院著（紀行）写本一冊「内藤／耻叟／蔵書」・「雑司谷／片山賢」・「奥村／文庫」押捺

21、大和話　押山安富著　写本一冊（地誌）「内藤／耻叟」（一顆）・「押山家蔵」押捺

22、南遊紀行　亀井道載著　安永四成　写本一冊「内藤／耻叟」（一顆）、外に未詳印二種押捺

裏表紙見返しに以下の墨書がある。

明治二十三年八月十四日収蔵

内藤耻叟年六十四

亀井南冥著肥後物語□在此書之前乎抑在此遊乎今不可詳知焉暫書以俟他日之考

23、中臣祓風水草　山崎闇斎著　写本三冊　「内藤／耻叟」（一顆）押捺

24、性命答問　東条一堂述　高島正邦記　写本一冊　（漢学）「内藤／耻叟」（一顆）押捺

巻末に、「嘉永三戌年四月朔日出来／藤原政易書／紙数八十三枚」と墨書されている。

25、随筆見聞記　写本四冊　「内藤／耻叟」（一顆）押捺

26、貴言為孝記　松永道斎著　写本三冊　（伝記）「内藤／耻叟／蔵書」・「橘中／暴書」押捺

表紙に「徳川史料」と墨書された貼紙がある。

27、遺塵抄　坂九郎左衛門著　写本三冊　（教訓）「内藤／耻叟」（一顆）・「中山」押捺

28、諸見分凡例　写本三冊　（法制）「内藤／耻叟」（一顆）押捺

各冊表紙に「信州松本」と墨書されている。

29、大坂御番所裁判至要　写本二冊　「内藤／耻叟」（一顆）押捺

30、国恤遺事　写本三冊　（記録）「内藤／耻叟／蔵書」押捺

31、都の大路　菅原（前田）夏蔭述　写本一冊　（有職故実）「内藤／耻叟」（一顆）押捺

表紙に「徳川史料」と墨書された貼紙がある。

32、御給帳（越前家）　写本二（合一）冊　（名鑑）「内藤／耻叟」（一顆）、外に未詳印一種押捺

巻末に、「文政十二己丑年／大木士文／写之／大木氏」と墨書されている。

表紙に「徳川史料」と墨書された貼紙がある。

33、府史採要（尾張）　写本六（合三）冊　（藩史）「内藤／耻叟」（一顆）・「中西氏／蔵書印」押捺

34、天和書法　写本一冊　(書道)
　巻末に以下のように朱書されている。
　　明治二十六年八月写之　原本小宮山綏介蔵書
　　　　　　　　　　　　　　内藤耻叟年六十七

35、京町中御触　刊本三冊　「内藤／耻叟」(一顆)押捺
　上：寛永六年京町中御触
　中：明暦元年京町中御触
　下：明暦二年京町中御触
　表紙に「徳川史料」と墨書された貼紙がある。

36、みちのかけはし　中村一匡著　写本一冊　(歌学)　「内藤／耻叟／蔵書」・「不忍文庫」・「阿波国文庫」・「正心斎／之家蔵」押捺

37、樋口殿之記　樋口宗氏著　写本三(合一)冊　(有職故実)　「内藤／耻叟」(一顆)押捺

38、御譲位秘抄　写本二冊　(光格天皇から仁孝天皇までの記録)　「内藤／耻叟／蔵書」、外に未詳印一種押捺

39、百樹の摘葉　上田百樹著　城戸千楯編　写本一冊
　書中に「越後国頸城郡高田／室直助平千寿所蔵」と墨書されている。
　表紙には「碧海捞珠」と墨書された貼紙がある。
　扉には「内藤耻叟蔵書」と朱書されている。

40、朝野雑記　平(篠崎)維章著　正徳元成　写本一冊　(随筆)　「内藤／耻叟／蔵書」・「松本／蔵書」、外に未詳印

一種押捺
41、晩翠軒逸話　写本一冊（随筆。佐倉藩官制を付す）「内藤／耻叟／蔵書」押捺
42、井上家記君秘録　写本三冊　和田氏備著「内藤／耻叟」（一顆）押捺
43、三春公用留　写本二冊「内藤／耻叟」（一顆）、外に未詳印一種押捺
44、漱芳閣叢書料　浅野長祚編　写本三十二（合十）冊「内藤／耻叟」（一顆）押捺
45、耆旧得聞附録　小宮山楓軒著　写本五冊（伝記）

本書中には内藤の蔵書印は押されていないが、巻一の扉の部分の朱筆が内藤の筆のように思われるのと、次の「続国史紀事本末」が本書と同じ体裁の本で、これには「内藤／耻叟／蔵書」の印記が見られることなどから、本書も内藤旧蔵書と見做していいのではあるまいか。

46、続（国）史紀事本末　青山延光著　写本八冊「内藤／耻叟／蔵書」押捺
47、武州古改江戸之図（承応二年頃の中身）写一枚「内藤／耻叟」（一顆）・「長井之印」・「千足」押捺
48、江戸方角安見総図（題箋は江戸地図、延宝頃の中身）版一枚「内藤／耻叟」（一顆）押捺
49、明暦三年江戸図　写一枚「内藤／耻叟」（一顆）・「長井／之章」・「千足」押捺
50、天和年中本所地図　写一枚「内藤／耻叟」（一顆）・「長井／之章」・「千足」押捺
51、正保江戸図　写五枚「内藤／耻叟」（一顆）押捺
52、御場絵図　写一枚「内藤／耻叟／蔵書」押捺
53、江戸大絵図　享保五　版一枚「内藤／耻叟」（一顆）・「長井之印」・「千足」押捺
54、分道江戸大絵図

乾：版一枚　「内藤／耻叟」（一顆）・「千足」押捺
坤：版一枚　「内藤／耻叟／蔵書」・「長井之印」・「千足」押捺
55、分間江戸大絵図　宝暦十一　版一枚　「内藤／耻叟」（一顆）押捺
56、分間江戸大絵図　寛政十二　版一枚　「内藤／耻叟」（一顆）押捺
57、分間江戸大絵図　文政十二　版一枚　「内藤／耻叟／蔵書」・「小宮山氏／収蔵図書」押捺
58、本所深川持場内外絵図　（天保十四）　版一枚　「内藤／耻叟／蔵書」押捺
59、設彩江戸大絵図　（延享から宝暦頃）　写一枚　「内藤／耻叟／蔵書」押捺
60、英吉利船品川沖碇泊中出張日記并書状留　安政五　写本一冊
不鮮明ではあるが内藤のものと思われる印記が押捺されている。
61、闢邪編付禦侮策　会沢正志斎著　版本一冊
巻頭に「内藤耻叟寄贈本」の印記が押捺されている。

○主な参考文献

1、吉川弘文館『国史大辞典』。
2、清水正健著『増補水戸の文籍』（水戸の学風普及会　昭和四六再版）。
3、高須芳次郎編「水戸学大系」第七巻の解題。
4、秋元信英「内藤耻叟の幕末史論――経歴と『安政紀事』の関係を中心に――」（国学院大学日本文化研究所編『維新前後に於ける国学の諸問題』所収）。
5、秋元信英「幕末・明治初期の内藤耻叟」（『国学院女子短期大学紀要』三所収）。

6、茨城県史編さん委員会編『茨城県幕末史年表』（茨城県　昭和四八）。
7、茨城県立歴史館編『茨城県史年表』（茨城県　平成八）。
8、国立国会図書館編『人と蔵書と蔵書印』（雄松堂出版　二〇〇二）。筆者は、同書の中で内藤の蔵書印を紹介しているが、その時点では内藤の旧蔵書は四十四点しか見つかっていなかった。その後、筆者の元上司、故坂下精一氏のご教示に依って地図資料の存在することを知り、これを加えることができた。
9、『蔵書印提要』（渡辺守邦・島原泰雄共編　青裳堂書店　昭和六〇）。
10、岩波書店『国書総目録』。本章では書誌事項の一部を同書によって補足した。
11、岩波書店『国書人名辞典』。
12、川瀬一馬著『日本書誌学用語辞典』（雄松堂出版　昭和五七）。

余　論　水戸藩の『大日本史』と国立国会図書館所蔵資料
――所蔵資料への書誌学的・文献学的アプローチの試み――

皆さんは、『大日本史』という書物について、学生時代に日本史の授業などで習ったことがあるものと思います。最近私は、この『大日本史』について少し調べる必要がありましたので、その序でに、当館の古典籍資料室が所管する蔵書の中に、何らかのかたちで同書と係わりのある書物がどれくらいあるものかを調べてみました。そこで、これからその調査結果を、現物をお見せしながら、また書誌学的情報等も交えつつ紹介してみようと思います。

（一）

〔本を示しながら〕さて、ここに持ってきておりますのは明治三十九年に刊行されました『大日本史』ですが、そもそも『大日本史』という書物は、水戸藩の第二代藩主徳川光圀、テレビ番組で水戸黄門としておなじみの水戸光圀が、全国各地から儒者を招いて編纂を始めました歴史書で、天皇の事績を記した本紀、天皇以外の人物についての事績を記した列伝、現在の制度史・経済史・文化史などに相当する志、役職などの一覧表である表から成っており、目録も含めて全四百二巻にのぼる大部なものです。

〔本を示しながら〕ここにその列伝の稿本が三冊あります。楠木正成と新田義貞の伝記が各一冊、それからもう一冊には藤原行房ら九名の伝記が記載されております。

楠木正成の伝は三宅観瀾の撰に成り、正徳二（一七一二）年に草稿の対読が行われていますから、その頃には脱稿していたものと思われます。楠木正成は、南北朝時代の南朝方の武将で、足利尊氏が挙兵するとこれと交戦し、摂津湊川で敗死しました。神戸の湊川神社には、「嗚呼忠臣楠子之墓」と光圀自ら書いて建てさせた正成の顕彰碑が今も残っております。この正成の伝は、現行本『大日本史』では巻一六九に収載されております。

次は新田義貞の伝ですが、これも三宅観瀾が撰しまして、元禄十三（一七〇〇）年に脱稿しております。〔本を示して〕このように表紙の右下に「三宅緝明撰／佐治元達書」と墨書されております。ここで「緝明」というのは三宅の諱です。新田義貞も正成と同様、南北朝時代の南朝方の武将で、建武三・延元元（一三三八）年に斯波高経と戦って討死しました。この義貞の伝は、現行本では巻一七二に収載されております。

〔本を示しながら〕最後のこの一冊には、表紙右上にこのように収録人名が墨書されておりますが、このうち平成輔については三宅の撰したものであることが確認できましたが、その他の人たちについてはまだ未確認の状態です。『大日本史』には、この一冊に収録されているようなそれほど有名でない人物もたくさん載っていますので、これを人名辞典として活用することもできます。

ところで、正成・義貞・成輔の伝の撰者三宅観瀾は、京都の人で、山崎闇斎のいわゆる崎門学派の浅見絅斎に学びまして、元禄十二（一六九九）年水戸藩に招かれましたが、正徳元（一七一一）年、一説によりますと新井白石に推されて、幕府に出仕しております。しかし、幕府に出仕後も水戸藩の修史事業には協力を惜しみませんでした。著書に建武の中興の得失を論じた『中興鑑言』があります。

さて、先程『大日本史』は本紀・列伝・志・表から成っていると言いましたが、このような史書の体裁は紀伝体といいまして、皆さんご承知の司馬遷が編纂した中国の歴史書『史記』がこの紀伝体でもって書かれておりまして、『大日本史』の体裁はこれに倣ったものであります。

［本を示しながら］ここに『史記』を持ってきてみましたが、これは古活字版の『史記』です。古活字版といいますのは、文禄頃から寛永頃までの約五十年間に、日本で活字を使用して出版された書物の総称ですが、この活字印刷法は、豊臣秀吉の朝鮮出兵の際、当時朝鮮で行われておりました印刷機や活字を持ち帰ったことによって、我が国でも始められ、広く行われるようになったものです。この新技術を用いて我が国で初めて刊行されたという書物は数多くありまして、この『史記』もそのうちの一つに数えられるものです。

ところで、光圀は若い時からこの『史記』を好んで読んでおりまして、そのことが、その体裁に倣った理由の一つとされているようですが、これにはもう一つ重要な理由がありました。当時幕府は、林家に命じて『本朝通鑑』という史書を編纂させておりましたが、これが中国の司馬光の『資治通鑑』に倣って編年体という体裁を採っておりまして、光圀は、幕府のこの修史事業を強く意識しておりましたことから、これに対する対抗意識も働いて、これとは異なった、そしてこれよりも編纂するのがより難しい体裁である紀伝体を採用するに至ったものであろうとされております。

この『本朝通鑑』ですが、林羅山が三代将軍家光の命を受けて編纂に着手したのが寛永二十一（一六四四）年のことで、慶安三（一六五〇）年には、神武天皇から宇多天皇までを四十巻に纏めまして、幕府に献上しております。この時の書名は『本朝通鑑』ではなく『本朝編年録』といいました。［本を示しながら］これが林読耕斎が旧蔵していた『本朝編年録』の一部です。羅山が幕府に献上したものは、明暦三（一六五七）年の大火、いわゆる振袖火事の際、江戸城本丸及び二の丸が炎上したために焼失してしまいました。この草稿には「読耕斎／之家蔵」という蔵書印が押捺されておりまして、読耕斎というのは羅山の四男春徳のことです。この本は、あるいは原本の控えとして作成しておいた副本の一部かも知れません。

羅山は、この年失意のうちに亡くなりましたが、寛文二（一六六二）年に至って、羅山の三男鵞峯に幕府から国史続修の命が下りました。そして、書名も『本朝通鑑』と改められまして、鵞峯が中心となって編纂が続けられ、寛文十（一六七〇）年に神代から御陽成天皇まで全て三百十巻が脱稿しまして、幕府に献上されました。この本は江戸時代には出版されず、明治になって八年目にようやく刊行されました。［本を示しながら］これがその本です。

そして、この『本朝通鑑』編纂の経緯を鵞峯が記録しておいたものが、［本を示しながら］この『国史館日録』です。この本の巻末には、大正戊午（七年）三月二十四日付の坪井九馬三の識語があります。坪井九馬三は東京大学で史学を教授した人で、安政五（一八五八）年に生まれ、昭和十一年に亡くなっておりますが、その坪井の識語の年次の二年後の大正九年に活版本『本朝通鑑』が国書刊行会から出版され、その中にこの『国史館日録』も収録されているのですが、その底本となりましたのが実はこの本なのです。この本の扉のところに、「再校」から「五校」まで終了した旨が朱書されておりますが、これはその刊行に当たって校正をした際に記されたものと思われます。

このように幕府の『本朝通鑑』や水戸藩の『大日本史』編纂が開始されましたこの時期は、徳川家康によって長い戦乱の時代に漸く終止符が打たれてから約半世紀が経過し、全国の政治的な統一が完成したときでした。家康は学問を奨励しまして、藤原惺窩や林羅山らを招いて書物の講義をさせたり、天下に古書を求めてこれを書写させ副本を作ったり、また、これを出版して世に普及させたりしました。この家康の好学によりまして、近世の学問は幸先の良いスタートを切ったわけですが、家康がとりわけ歴史を好んだことも影響致しまして、『本朝通鑑』の外にも、この時期に幕府の事業として大部な史書の編纂や史料の収集などが行われました。たとえば、大名から旗本・御家人にまで及ぶ武家についての系図である『寛永諸家系図伝』、家康一代の事績を記した『武徳大成記』、秀忠の事績を記した『東武実録』等が編纂されております。〔本を示しながら〕ここに『寛永諸家系図伝』を持ってきましたが、この本には「仙台／府学／図書」という蔵書印が押捺されておりますので、かつて仙台藩が所蔵していたものであることが分かります。

ところで、こうした幕府の修史事業とは別に、当時の学者によって著わされた史書もありまして、たとえば寛文九（一六六九）年に成立した山鹿素行の『中朝事実』、延宝元（一六七三）年成立の『武家事紀』等がよく知られております。〔本を示しながら〕この『中朝事実』は活字本ですが、乃木将軍から寄贈されたものでして、寄贈の際に将軍から寄せられた自筆の手紙が書中に綴じ込んであります。この本の中身は、日本国家の優秀性を皇統を明らかにしつつ説いたものです。

それから、これより少し後れて新井白石が現れまして、『藩翰譜』（万石以上の大名の家譜、元禄十五年成立）、『古史通』（白石の神代史解釈、正徳六年成立）、『読史余論』等の歴史に関する学問的業績を残しております。〔本を示しながら〕これが『読史余論』ですが、これは正徳二（一七一二）年に白石が家宣に古今の治乱の沿革を進講した際の原稿を、後に門人たちが書写して世に広めたものです。

私は、ここに『読史余論』を二部持ってきております。請求記号が「一三六―二〇九」のものと、これに「イ」印の付いた複本の二部です。複本というのは、同じものが複数ある場合に、一部を正本とし他を複本とするわけですが、今この二本を比較してみますと面白いことが分かります。まず複本記号の付いている方から奥付を見てみますと、この本が山城屋佐兵衛と和泉屋金右衛門の二書肆によって万延庚申（元年）の年に刊行されたことが分かります。次に、正本とされているものの奥付を見てみますと、内藤伝右衛門という人物が明治九年に版権を獲得したことが記されております。そこで両書の印刷面の状態を比較してみますと、「イ」印の付いている方の刷りがより鮮明である以外は全く同じなのです。ということは、実は内藤某という人物が、山城屋と和泉屋からこの本の版権を譲り受けまして、明治に入ってから印刷して売り出したのが当館で正本扱いされている『読史余論』で、これは実はこちらの「イ」印本の後刷りなのです。この後刷りの方が偶々先に受け入れられていたため、後から入手した元版の方を不用意に複本ということにしてしまったのかもしれません。このようなことも当館のような長い歴史をもつ図書館では時折り見られるわけです。

（二）

さて、話を『大日本史』の編纂に戻しますが、光圀が駒込の中屋敷に史局を開いて修史事業を始めましたのは明暦三（一六五七）年、すなわち明暦の大火で羅山の『本朝編年録』が焼失してしまった年のことで、この時期といいますのは、こうした官民あげての歴史ブームの興りつつあった時期であったわけです。この修史事業は、まず紀伝、すなわち本紀と列伝の編纂から着手されまして、延宝八（一六八〇）年頃までには神武天皇から後醍醐天皇までの本紀百四巻が脱稿し、清書して光圀に上呈されました。しかし、光圀はこれに満足しませんで、書き改めるよう史臣に命じております。それは、これに先立つ延宝四年に光圀が初めて史臣を京都に派遣して史料調査をさせてから、元禄六（一六九三）年までの間に計十三回も史臣を全国各地に派遣し、精力的に史料の収集に当たらせせまして、その結果、次第に史料が蓄積してきたことにより、自ずとそれ以前に書かれた部分の改稿の必要性が感じられるようになったためであろうとみられております。

〔本を示しながら〕たとえばこの『南行雑録』ですが、これは天和元（一六八一）年に佐々十竹らが奈良・京都方面を採訪した際の調査記録です。それから、これは『続南行雑録』で、元禄二（一六八九）年に安藤年山らが同地方を採訪した際の報告書です。これらは共に和学講談所の旧蔵書です。和学講談所といいますのは、寛政五（一七九三）年に塙保己一が幕府の許可を得て創設した機関で、教育から書物の収集、諸本の校訂・編集・出版、さらに調査研究など、いろいろな事業を併せ行いまして、なかでも『群書類従』の編集・刊行は、国学の研究の進展に大きく貢献したものとして高く評価されております。

〔本を示しながら〕次に、これは『筑紫巡遊日録』といいまして、丸山活堂が貞享二（一六八五）年四月から十一月まで、先ほども出てきました佐々十竹に従い、西国地方を史料探訪した折の紀行日記です。この時の行程を見てみますと、江戸―京都―大坂―（海路）―小倉―宇佐―柳川―諫早―長崎―天草―熊本―阿蘇―坊津―鹿児島―延岡―再度阿蘇―大宰府―下関―萩―厳島―広島―尾道―出雲大社―松江―岡山―姫路広峯神社―大坂―京都―福井―（中仙道）―江戸、となっております。

なお、館員を各地に派遣するに当たりまして光圀は、予め幕府や各藩に了解や協力を求めるとともに、公家や社寺等にはそれぞれの筋を頼りに紹介してもらった上に、礼を尽して訪問させるようにしましたので、収穫は極めて大きかったと言われております。これは、幕府が『本朝通鑑』編纂の折、幕命で諸家に記録等を提出させようとしましたが、十分に集めることができなかったのと好対照をなす事実といえます。

こうして史料収集と編纂が続けられまして、神武天皇から後小松天皇に至る本紀の部分が脱稿したのは元禄十（一六九七）年のことで、光圀が史局、これは寛文十二（一六七二）年に彰考館と命名されましたが、これを開設してから既に四十年が経過しておりました。

この後、課題は本紀から列伝の編纂に移りまして、本紀脱稿の前年の元禄九年に策定された「重修紀伝義例」という記載例に則って作業が続けられることとなりました。〔本を示しながら〕これがその義例です。これは、その後多少の変更は加えられましたが、大筋は変わっておりません。

それでは、この義例の拠って立つところの学問的自覚はどのようなものであったかといいますと、それは、当時彰考館総裁を勤めていた安積澹泊がこの義例が作られたときに書いた「書㆓重修紀伝義例後㆒」という文章中の「三難二要の説」に最も端的に表明されております。三難とは編纂上の三つの困難な問題のことで、二要というのはそれらの困難を克服するために必要な二つの心構えのことです。

先ず三難の第一は、実録、すなわち古代の正史には、編纂当時の諸事情に制約されて真実を覆い隠している場合があるから、これを批判して深く研究することなしには事実を明らかにし難いこと。第二は、実録の存在しない時代に関しては、信頼すべき文献が乏しいため、止むを得ず物語や小説の類も利用せざるを得ないが、その際には十分な注意を要すること。第三は、王朝時代の人々の行動について、時代と生活の場とを異にする者の立場から適切な判断を下すには、典礼や故事についての豊富な知識が必要であること。以上が澹泊のいう三難ですが、こうした指摘をみますと、文献の批判的解釈や歴史事象の理解のために慎重な注意の払われていたことが窺われます。

次は二要ですが、これは史実に即して詳細に記述すべきこと、及び史実を正確に記述するように心掛けて妄りに文飾を施すのは避けるべきこと、の二点です。

（三）

そして、この三難二要の学問的自覚を具体的に編纂作業において実施した結果が、諸種の文献を比較対照して史実の考証に努めるとともに、その考証の手順と史実の典拠とを逐一注記のかたちで明示する、という編修方法となって現れているわけです。

このうち後者、すなわち出典などの注記については『大日本史』を見ていただけば分かることですので、ここでは前者、すなわち諸本の校合について見てみたいと思います。諸本の校合は歴史編纂の基礎作業として不可欠の仕事ですが、水戸藩では、諸本を校合して本文を確定したものには「校正」という語を書名の頭に冠しました。そして、これを刊行したものには「校刻」という語を冠し、さらに、校訂者の意見を書き加えたものには「参考」という語を冠して区別しておりました。

まず初めの校正本ですが、これには元禄四（一七一七）年昌平坂に聖堂が建てられたときに、光圀の跋文を付して奉納され、現在も内閣文庫に残っております『校正古事記』『校正旧事本紀』等があります。

次に校刻本ですが、これには『惺窩先生文集』『舜水先生文集』等があります。［本を示しながら］これが『惺窩先生文集』です。この本は藤原惺窩の漢詩文をその曾孫為経が編集しまして、これに光圀が校訂を加えさせたもので、享保の初め頃に刊行されました。因みに、藤原惺窩は永禄四（一五六一）年に生まれ、元和五（一六一九）年に没した儒者です。初めは僧でしたが、後に朱子学を学びまして、儒学を独自に体系化して京学派を興しました。先に出てきました林羅山はその門人です。そして［本を示しながら］こちらは『舜水先生文集』です。この本は、光圀が自ら類次し史臣が編集したもので、京都の柳枝軒という書肆から正徳五（一七一五）年に刊行されました。当館所蔵のこの本は、巻一から巻八までが欠けております。また、「稽医／館印」という印記がありますが、これは水戸藩最初の郷校（領内のあちこちに設置された学校）であります「小川稽医館」の蔵書印です。この郷校は、水戸藩士で、名郡奉行として治績を残した小宮山楓軒が建議し、文化元（一八〇四）年に領内小川村に設置されました、主に医学教育のための機関です。そして、ここにいう「舜水先生」とは、中国明朝末期の人である朱舜水のことで、この人は明室復興に尽力しましたが、その成し難いのを悟って日本に移り住み、寛文五（一六六五）年光圀に招かれて水戸藩の賓客となり、同藩の学術の発展に大きく貢献した人物です。

最後に参考本ですが、［本を示しながら］これは『参考太平記』といいまして、元禄四（一六九一）年に京都の柳枝軒から刊行されたものです。その対校に使用した異本のなかには、「今出川家本」「島津家本」「北条家本」「金勝院本」等のように、現在では既に存否不明となっているものも含まれております。本書は、異文の整理・史実との照合という点で優れており、現在の『太平記』本文研究の基礎をなしたものとされております。これは大正三年に国書刊行会から翻刻されております。この外にも、参考本には『保元物語』『平治物語』『源平盛衰記』等があります。全てほぼ同時期に完成したものです。

ところで光圀は、こうした史料批判を厳密に行っていく上で必要な、いわゆる参考図書の編纂もさせております。当時『大日本史』の編纂に携わったのは主に儒臣でして、漢文の読解には精通していましたが、史料となるものは漢文で書かれたものばかりではありませんでしたので、その読解には大変な苦労が伴ったようです。また、偽書や偽筆の文書もあったりしまして、その真偽の判定のためには、どうしても参考になる、いわゆる工具書が必要だったものと思われます。たとえば［本を示しながら］この『花押藪』は、丸山活堂らが光圀の命により史上著名な人々の花押を集録したもので、元禄五（一六九二）年に刊行され、古文書の真偽を判定する上で重要な役割を果たしました。本書には続編がありまして、こちらは正徳元（一七一一）年に刊行されております。それから［本を示しながら］これは『草露貫珠』といいまして、和漢の名家の筆跡や中国・朝鮮の法帖から草書の字体を拾って集成しました草書字典であります。

光圀が岡谷充之らに編纂させたものでして、宝永二（一七〇五）年に刊行されました。初めての草書字典ということで、大いに利用されたようです。享保六（一七二一）年にその拾遺が刊行されております。それから［本を示しながら］この『諸家系図纂』は、丸山活堂によって元禄五年に編纂されたもので、通計四十四姓五百九十三氏が収録されております。これは刊行はされませんでしたが、『大日本史』の紀伝編纂に大いに利用されております。本書に押捺されております「尚徳館／蔵書印」という印記は、鳥取藩校の蔵書印です。

（四）

さて、列伝の完成が間近に迫ってきますと、人物をどのように区分し最終的に列伝のどの部分に入れるか、たとえば文学伝に入れるか孝子伝に入れるかといった問題について、館員の間でいろいろな議論が行われるようになりました。［本を示しながら］この「将軍伝私議」は、三宅観瀾が「将軍伝」を立てるべきことを提唱したものです。本書の巻末に「己丑春三宅緝明」と記されておりまして、この「己丑」は宝永六（一七〇九）年のことです。この三宅の意見に安積澹泊が賛成しまして、この年にこれが決定され、さらにこの決定に伴って「将軍家族伝」「将軍家臣伝」等も立てられることになりました。鎌倉以後の武将の伝記の取り扱い方については、かねてより館員らが頭を悩ましてきていたのですが、これでこの懸案も解決をみることになったわけです。

光圀は、元禄十三（一七〇〇）年に七十三歳で没しましたので、『大日本史』紀伝は光圀の督励と館員の精勤とにも拘らず、光圀生前には遂に完成をみるには至りませんでした。これが完成しましたのは正徳五（一七一五）年のことでして、光圀没後既に十五年が経過しておりました。先にみました林鵞峯の『本朝通鑑』が、編纂に取り掛かってから僅か六年で完成したのに比べ、このように事業が難行したのは、紀伝体という編纂の難しい史体を採用したことのほかに、この事業と併行していくつかの大部な書物の編纂を同時に進めていたことが、その理由として挙げられます。

先に紹介しました『花押藪』や『草露貫珠』のような参考図書もそうですが、外にもいくつか挙げられます。たとえば、［本を示しながら］この『扶桑拾葉集』もそのうちの一つです。これは、平安初期から江戸初期に至る間のわが国の嘉言・名文三百二編を収集し編成したもので、本文三十巻、付録・目録二巻から成っております。本書編纂の趣旨は、光圀が格調高い和文の廃れることを懼れ、優れた古典の文章を選集し和文の模範にしようとしたことにありました。光圀のこの意図したところに違わず、本書は元禄十四年に刊行されまして、国文学研究に貴重な資料を提供してきました。この本には、先に見ました『史記』と同様、榊原芳野の蔵書印が押捺されております。榊原の旧蔵書については、昭和五十八年度に当館で開催された展示会で紹介されておりますので、興味のある方はそのときの展示会目録をご覧下さい。それから、［本を示しながら］この『神道集成』ですが、これは神道に関する諸伝・雑事を集めて類別したものでして、今井桐軒らによって寛文十（一六七〇）年に編纂されました。当時の神道には、仏教その他雑多な要素が混在しており、その本質が不明瞭であったため、これを唯一神道の立場をもとに体系的に整理しようとして編纂されたものです。刊行されなかったため、藩外に大きな影響を及ぼすことはありませんでしたが、神道研究史上重要な意義をもつものと評されております。これには元禄四（一六九一）年に成った続編があります。また、［本を示しながら］この『礼儀類典』は、朝廷・公家の儀式・典礼全般の史料を部類分けしたものです。その編纂のために水戸城内に別館を設けまして、安藤抱琴を総裁として事に当たらせ、天和三（一六八三）年から元禄十四（一七〇一）年までかかって完成しました。本書は、今日においてもなお、有職故実研究や日記・記録類の資料集として大いに利用されております。この本には、庄内藩校の蔵書印「致道館／蔵書印」の印記が押捺されております。そして、［本を示しながら］こちらはこの『礼儀類典』の抄本でして、伴信友が自ら抜書きしたものに考証を加えた結果等を朱書しております。この伴信友という人は、江戸後期の若狭小浜藩士で、本居宣長死後の門人となり本居大平の指導を受けまして、国学の学問的深みを増すのに貢献したとされております。それから、〔本を示しながら〕これは『万葉代匠記』という本です。光圀は早くから『万葉集』に関心をもっておりまして、その注釈を作りたいと考え、延宝の初め頃に大和の歌学者下河辺長流という人物にその仕事を依頼したのですが、長流が病気になった後はその友人の契沖がこれに代わり、光圀からの援助を受けつつ作業を続けて、元禄三（一六九〇）年に至って完成させることができました。然るに光圀は、この契沖の注釈書を参考にして更に水戸藩独自の万葉学を樹立することを目指しまして、引き続き安藤年山らの史臣に注釈の作業を行わせました。そうして出来たのが『釈万葉集』という本ですが、これも刊行されませんでしたので、ほかの編纂書ほど一般には知られませんでした。けれども、近世における万葉学の確立に大きく貢献したと評価されております。この『釈万葉集』は、現在水戸の彰考館文庫にその清書本等が所蔵されております。

このように遅れに遅れて、正徳五年に至ってやっと完成した紀伝に、安積澹泊の手になる「論賛」という文章、これは紀伝で採り上げられた人物に対して論評を加えたもので、紀伝体という史体にはこれが付くのが一般的でしたが、この論賛が付けられて幕府への献上を済ませましたのが享保五（一七二〇）年のことでした。この紀伝の完成は多くの史臣の協力によって成ったわけですが、この編纂作業の特に後半にあって大きく貢献したのが、この安積澹泊でした。澹泊は編纂上の諸問題につき、新井白石にいろいろと相談したりしておりますが、この両者の間で交わされた書簡を、後に立原翠軒が収集して纏めたものが〔本を示して〕この『新安手簡』です。この本は木活字を使って印刷されております。前に出てきました江戸初期の古活字版に対して、江戸後期から明治初期にかけて刊行された木活字本を近世木活字本と呼んで区別しております。それはともかくと致しまして、澹泊はまた、荻生徂徠や室鳩巣などの意見も聞いたりして、紀伝や論賛執筆の参考にしております。白石も徂徠も鳩巣も、いうまでもなく当代一流の学者でした。このことからも、澹泊が、当時の学界の動向に強い関心を示していたことがよく分かると思います。

（五）

ところで、余談になりますが、テレビでお馴染みの水戸黄門漫遊記は水戸藩の第二代藩主徳川光圀を主人公にしていますが、光圀が諸国を漫遊したというのは事実ではありません。これは明治の中頃までに講談の世界で作り出されたフィクションです。光圀は、延宝二（一六七四）年水戸から江戸邸に戻る途中、房総半島の勝山から三浦半島の金沢まで舟で渡り、鎌倉・江の島を回ったのが最も遠くまで足を延ばした例で、あとは江戸と水戸とを往復する際に銚子を回ってみたり、筑波山を回ってみたり、潮来を回ってみたりした程度に過ぎません。けれども、助さん格さんにはちゃんとしたモデルがおりました。「助さん」こと佐々木助三郎は佐々介三郎（名は宗淳、号は十竹斎）のことで、この人は先にもみましたように『大日本史』編纂のための史料を探訪し、北は東北から南は九州まで全国各地を回って歩いた人です。それから「格さん」こと渥美格之丞は安積覚兵衛（名は覚、号は澹泊）のことで、この人は光圀時代の彰考館総裁中唯一の水戸藩出身者でして、『大日本史』の論賛を執筆し、紀伝の完成・幕府への進献に尽力した人物であることは先に述べたとおりであります。

また、彰考館の史臣の勤務状態がどのようなものであったのかは聊か興味の持たれるところですが、まず勤務時間についてみますと、朝八時半頃から午後二時頃までの勤務で、労働時間は大体六時間程でした。出勤日数は一日おきで、年末年始は、十二月二十三日が御用納め、一月十一日が御用始めでした。さらに、三月三日（上巳）、四月十七日

（東照宮御祭礼）、五月五日（端午）、七月七日（七夕）、八月一日（八朔）、九月九日（重陽）は閉館になり、春分、秋分、歴代藩主の忌日等の御廟祭も編纂は休みといった具合でした。

それから、館内ではお茶や煙草が出され、寒くなりますと火鉢が支給され、風呂にも入れたそうです。そればかりか酒や菓子の接待もあったそうですが、さすがにこれは天和二（一六八二）年に館員の方から辞退したとのことです。また、夕食も出されておりましたが、これは後に残業で特別遅くなったとき以外は廃止されました。昼食は初め不定期で出されておりましたが、やがて月二回と決められまして、この時には酒も出されご馳走も多かったそうですが、次第に藩の財政が逼迫してまいりまして、元禄十六（一七〇三）年に廃止され、代わりに休日が一日増やされたそうです。光圀はまた、時折り酒宴を張って館員の労をねぎらいまして、特別の骨折りで仕事が一段落ついた時など、時服とか白銀とか、その立場に応じた物を与えてその労をねぎらったそうです。そして、館員の俸禄は、最高の地位である総裁で三百石、これは水戸藩では中士格です。地位・俸禄は学力によってばかりでなく、家柄等も勘案されて決められることが多かったようですが、当時にあってはこれは止むを得ないことでして、館員は総じてかなり優遇されていたといえるようです。

（六）

さて、余談はこれくらいにしまして再び本題に戻りますが、享保五（一七二〇）年に『大日本史』紀伝が幕府に献上された後、同十九年には幕府からその出版の許可がおりました。それから、これより先の享保十二年には、五年を限って志表の部分を完成させるべき旨の藩命が下されております。けれども、この両方共なかなか実現には至りませんで、この頃からの四、五十年間、水戸藩の修史事業はさしたる進展もなく低迷を続けました。

このように停滞しておりました修史事業に中興の萌しが見えてきましたのは、天明六（一七八六）年に立原翠軒が彰考館総裁に就任して『大日本史』の編纂に専念するようになってからのことでした。この時期は、幕府の歴史書編修が再び活況を呈してまいりまして、先にみました『寛永諸家系図伝』を修正増補した『寛政重修諸家譜』、初代家康から十代家治までの歴代将軍の言行を記した『徳川実紀』、室町将軍の実録である『後鑑』等の編纂が行われました。すなわち第二次歴史ブームの起こった時期に当たります。［本を示しながら］これは『寛政重修諸家譜』です。本書は文化九（一八一二）年に完成しました近世最大の系譜でして、『徳川実紀』とともに日本近世史研究の重要な資料となっております。

ところで翠軒は、総裁に就任して初めのうちは懸案となっておりました志表の編修に熱意を示しましたが、当時の藩財政窮乏の実情や人材不足の現状等を考慮しまして、短期間でこの志表を完成させるのは無理と判断し、寛政元（一七八九）年に上書して、実現可能な紀伝の公刊を急ぎ志表は廃止すべきである旨を主張しました。これには館員の中からも反対意見が出されましたが、藩当局の採用するところとなり、この方向で紀伝の校訂が進められることとなりました。そして、和学講談所の塙保己一や京都の考証学者藤貞幹等にも校訂への協力を依頼しまして、作業は順調に進むかと思われたのですが、寛政九（一七九七）年に至って、翠軒の門人藤田幽谷が『修史始末』、［本を示して］この本ですが、この『修史始末』を著わしまして波紋を惹き起こしました。この本は、光圀の考えていた編纂の方針を明らかにすることによって、当時翠軒を中心として進められておりました修史の方向を是正しようという意図のもとに書かれたものだったのです。幽谷は、本書を師翠軒に提出した後、他にもいくつかの事情が重なりまして、彰考館編修の職を免ぜられた上、翠軒とも絶交状態となりました。こうして、幽谷は史館を去りましたが、紀伝の校訂作業は続けられまして、寛政十一（一七九九）年十二月六日、まさに光圀百年忌の日に、その廟前に紀伝浄写本八十巻が献じられることとなったのです。

ところが、越えて享和三（一八〇三）年一月には、翠軒の廃志論が否定されて志表の編纂が続けられることに決定した上に、今度は幽谷の僚友高橋坦室から論賛を削除すべきであるという提案がなされました。中国の場合と異なって革命のない我が国の史書に、天皇や公家の先祖を批判したりする論賛は付けるべきではないというのです。翠軒が中心となって鋭意校訂に努めてきて、ようやく完成したばかりの紀伝にはこの論賛が付いていたのですから、坦室のこの提案は、翠軒の仕事に抗議の意を表明したものと受け取ることができるでしょう。

そしてこの翌月、ついに翠軒は辞職に追い込まれまして、これを不満とする何人かの館員がともに史館を去りました。この事件を水戸では「史館動揺」と云っております。此の事件以後、館務は幽谷とその門人・同調者らが中心となって進められることになりました。そうして、翠軒と幽谷の対立は、この後個人的な次元を越えて党派的なものへと拡大してきましたので、藩当局はこの対立を和らげるため、文化八（一八一一）年に翠軒に『垂統大記』という史書の編纂を命じました。この編纂事業は、翠軒の弟子の小宮山楓軒が中心となって進められまして、天保十（一八三九）年に完成しております。この本は、家康から家光までの歴史を、様々な人物の伝記を類聚する手法で記述したもので、脱稿後当時の藩主斉昭に上呈されました。［本を示しながら］これがその『垂統大記』です。藩当局のこうした配慮にも拘らず、両派の対立は次第に深刻さを増してまいりまして、やがて幕末の凄惨な藩内抗争へと進展してしまうことになるわけです。

ところで、［本を示しながら］これが問題の論賛です。論賛は賛藪ともいいます。文化六（一八〇九）年に至ってその削除が正式に決定されまして、その後は安積澹泊の著作ということで、このように単行本の形で流布することになりました。このような訳ですので、現在流布している『大日本史』には論賛は付いておりません。この本は、巻末に頼山陽の跋文のある、いわゆる「山陽抄本」として流布したものでして、明治二年に京都の書肆から刊行されたものです。頼山陽は、その著『日本外史』の論賛の部分を執筆するにあたり、新井白石の『読史余論』とこの『大日本史賛藪（論賛）』とを大分参考にしたといわれております。〔本を示しながら〕ここにその『日本外史』を持ってきておりますが、この写本には文久四（一八六四）年の年記のある村瀬秋水の識語が記されております。これによりますと、この本は同書が刊行される以前に写されたものであることが分かります。村瀬秋水は幕末・明治の画家で、漢学者村瀬藤城の弟です。兄藤城が山陽の弟子であったことから、まだ未刊行であった同書の草稿を山陽から借覧して書写することができたものと思われます。

（七）

ところで、文化三（一八〇六）年頃から校訂の済んだ分を上木、すなわち版木に彫る作業に取り掛かっていましたが、同六年七月に至り本紀のうちの神武紀から天武紀までの二十六巻分が刷り上がりましたので、とりあえずこの分を幕府に献上しました。水戸藩では、次に朝廷への献上に向けて藤田幽谷に藩主治紀の上表文を代作させておりましたが、これが翌七年三月二十四日に脱稿いたしました。〔本を示しながら〕この『水城行役日記』は、当時江戸彰考館の副総裁を勤めておりました川口緑野という人物が、この年三月から五月にかけて水戸に出張した折の記録ですが、この出張の目的の一つがこの幽谷の手に成った上表文について検討を加えることでありました。こうして十二月に至りまして、紀伝の一部のみではありましたが、光圀以来の悲願となっておりました朝廷への献上を実現させることができました。

これに続く第二回目の進献は文政二（一八一九）年に行われました。そして、［本を示しながら］この「貴重書解題」第十四巻には、藤田幽谷が青山拙斎に宛てた書簡二百八十二通が翻字・収載されておりますが、この中には文政六（一八二三）年に拙斎が彰考館総裁となった年から同九年幽谷が没した年までの間の、第三回目の進献に向けての校訂・上木作業の経過が分かる書簡が数多く含まれております。なかには『大日本史』の三大特筆、これは⑴神功皇后を本紀に入れず后妃伝に列したこと、⑵大友皇子の即位を認めて天皇大友紀を立てたこと、⑶南朝の天皇を正統としたことの三つをいい、何れも皇統に関する問題になりますが、このうち三つ目の南朝正統論とも係わる『太平記』時代の諸伝の扱いについて記された書簡も含まれております。

また、この幽谷書簡集の中には、宛名人である青山拙斎が著わした『皇朝史略』という史書について言及したものがたくさんあります。この本は、中国の元の時代の曾先之が撰した『十八史略』の体裁に倣って編年体で書かれました日本の通史で、文政九年に刊行されました。『大日本史』を要約した形の本書が刊行されるに際しましては、本体の刊行がまだ済んでいないうちにこのような要約版を先に出してしまうのは如何なものかということで、いろいろと物議を醸しました。けれども、当時他に類似の書がなかったため幾度も版を重ねまして、いろいろな藩の藩校等で我が国の歴史のテキストとして大いに利用されました。［本を示して］これがその『皇朝史略』です。当館所蔵本には「青山文庫」の印記が押捺されておりますが、これは根岸武香という人物の蔵書印です。この人の旧蔵書九百五十点が当館に寄贈されまして、当館屈指のコレクションの一つとなっております。その内容は多岐にわたる上に、貴重なものがたくさん含まれております。

そして、この青山拙斎が文政三年に著わしました『文苑遺談』、［本を示して］この本ですが、これには彰考館開設以来の史臣数十名の伝記が記されております。この本は先に紹介しました『新安手簡』と同じく近世木活字本で、土肥慶蔵という人物の旧蔵本です。土肥の旧蔵書は当館に三千四百点余りありまして、彼の号を採って「鶚軒文庫」と呼ばれております。また、その内容が江戸期の漢詩文を多く含むものであることから「詩文函」ともいわれております。先にみました『惺窩先生文集』や『舜水先生文集』もこの文庫の中から採り上げたものです。

さて、文政十二（一八二九）年に徳川斉昭が水戸藩の第九代藩主に就任しまして、様々な改革を断行しましたが、その一つに藩校弘道館の開設があります。従来は彰考館が藩の教育機関としての機能も果たしてきておりましたが、天保十二（一八四一）年にこの弘道館が開設されたため、教育機能はこちらに譲ることとなりました。〔本を示しながら〕ここに『二館雑録』という本がありますが、これは青山拙斎の嗣子佩弦斎が物した雑録です。佩弦斎は、天保十四年に弘道館教授頭取となりましたが、弘化二（一八四五）年には彰考館勤務に代わりまして、『大日本史』の紀伝校訂・上木の作業に従事することとなりました。そして、光圀の百五十年忌に当たる嘉永二（一八四九）年、ついに紀伝全巻の上木を終えまして、その廟前に供えることができました。また、その三年後の嘉永五年には幕府及び朝廷への紀伝刊本全巻の進献も無事終了させました。この朝廷への献上本には斉昭の跋文が付けられておりますが、これは佩弦斎が代作したものでして、この『二館雑録』の中にその下書きが綴じ込まれております。

ところで、この青山佩弦斎には『国史紀事本末』という著書がありまして、〔本を示して〕これがそれなのですが、この本は書名からも分かりますように「紀事本末体」という体裁で書かれた日本の通史であります。この史体は、歴史事象を主題別に整理して記述するものでして、本書では『大日本史』と同じ時期が対象とされ五十八の項目が立てられております。本書は佩弦斎の自筆稿本でして、「水戸青／山氏蔵」「佩弦／先生／手写」の二印が押捺されております。紀伝体・編年体・紀事本末体の三つは「史書の三体」といわれておりますが、『大日本史』が紀伝体、『皇朝史略』が編年体、そしてこの『国史紀事本末』が紀事本末体を採っておりますので、奇しくも水戸藩の史臣の手に成る史書においてこの三体が試みられたことになります。

こうして紀伝は公刊されましたが、この時期に至るまで志表の編纂の方はほとんど進展が見られませんでした。それは、日本固有の政治制度や社会事象を記述する志類の編修には、紀伝の編修とは性格を異にする学問上の準備が求められ、きわめて難しい作業であったからなのです。けれども、天保から幕末期にかけて、藤田幽谷門下の俊秀豊田天功が精力的にこの編纂に取り組むようになりましてから、状況が一変して大いに進展しました。〔本を示しながら〕この豊田天功書簡集は全二百四十通ありますが、この書簡集の中に志類の編修について青山佩弦斎に書き送ったものが随分含まれております。この書簡集は、今はまだ先ほどの幽谷書簡集のような形で翻字・紹介されてはおりませんが、すでに下読みは終わっておりますので、近々刊行できるものと思います（注：現在は貴重書解題第十五巻として翻刻されている）。この天功とその門人栗田寛らの努力によって志表の上木が完了し、『大日本史』全四百二巻が完成しましたのは明治三十九年のことでした。水戸藩の『大日本史』の編纂事業は、明暦三年に光圀が事業を興しましてから二百五十年の歳月をかけまして、ようやくその終結の時を迎えることとなったわけです。

以上、水戸藩の『大日本史』編纂事業の流れに沿いつつ、当館所蔵の古典籍資料のほんの一部を、書誌学的情報等も交えながらご紹介してみました。当館には、他にも貴重な資料がたくさんありますので、いろいろな分野の方々に、研究の資料としてどんどん活用していただくことを願っております。

○主な参考文献一覧

本稿を纏めるにあたっては、その多くを先学の諸著作に負っているが、本稿の性格上、文中にいちいちその旨を示すことができなかった。そこで、以下にその主なものを列挙して謝意を表したい。

・『水戸市史』中巻（一）（二）（三）（水戸市史編さん委員会）。
・『茨城県史料』「近世思想編——大日本史編纂記録」（茨城県立歴史館　平成元）。
・『茨城県幕末史年表』（茨城県　昭和四八）。
・『茨城県史』近世編（茨城県　昭和六〇）。
・『訳注大日本史』（川崎紫山訳注　大日本史普及会編　昭和三九）。
・『水藩修史事略』（栗田勤著　明治四二）。
・『増補水戸の文籍』（清水正健著　昭和四六再版）。
・『大日本史紀伝志表撰者考』（吉田一徳著　風間書房　昭和四〇）。
・『水戸藩学問・教育史の研究』（鈴木暎一著　吉川弘文館　昭和六二）。
・『水戸学の研究』（名越時正著　神道史学会　一九七五）。
・坂本太郎著作集第五巻「修史と史学」（吉川弘文館　平成元）。
・福田耕二郎「大日本史のすべて」（『歴史読本』昭和五〇年五月号所収）。
・加藤繁「大日本史と支那史学」（『本邦史学史論叢』下所収）。
・伊東多三郎「江戸時代後期の歴史思想——主として国学を中心に——」（『日本における歴史思想の展開』所収）。
・相田二郎「江戸時代に於ける古文書の採訪と編纂」（『本邦史学史論叢』下所収）。
・『国立国会図書館所蔵貴重書解題』第十四巻「藤田幽谷書簡」（同館図書部編　昭和六三）。
・『国立国会図書館所蔵古活字版図録』（同館図書部編　汲古書院　平成元）。
・『国立国会図書館百科』（同館編　出版ニュース社　一九八八）。
・『図書学辞典』（長澤規矩也著　三省堂　昭和五四）。

・『長澤規矩也著作集』（汲古書院）。
・『図書学参考図録』（長澤規矩也著　汲古書院）。
・『日本書誌学用語辞典』（川瀬一馬著　雄松堂出版　昭和五七）。
・『入門講話日本出版文化史』（川瀬一馬著　日本エディタースクール編集部　昭和五八）。
・『増補古活字版之研究』（川瀬一馬著　日本古書籍商協会　昭和四二）。
・『国書総目録』（岩波書店）。
・『日本古典文学大辞典』（岩波書店）。
・『国史大辞典』（吉川弘文館）。

なお、この話をした平成元年以降に刊行された著作で、参考文献として挙げておくべきであると思われるものを以下に追加しておくことにする。

・『国立国会図書館所蔵貴重書解題』第十五巻「豊田天功書簡」（同館図書部編　平成三）。
・『人と蔵書と蔵書印――国立国会図書館所蔵本から――』（同館編　雄松堂出版　二〇〇二）。
・『稀本あれこれ――国立国会図書館の蔵書から――』（同館編　出版ニュース社　一九九四）。
・『茨城県史年表』（茨城県立歴史館編　平成八）。
・『近世常陸の出版』（秋山高志著　青裳堂書店　平成一一）。
・『国書人名辞典』（岩波書店）。

あとがき

『国立国会図書館所蔵貴重書解題』第十四巻「藤田幽谷書簡」には、江戸時代後期の水戸藩儒藤田幽谷が、同じく水戸藩儒青山拙斎に宛てた書簡二百八十二通が翻刻・収載されている。筆者は、同館古典籍課に在籍していた折に、同課の業務としてこの書簡集の翻刻作業に従事し、昭和六十三年に作業を終了し刊行することができた。本書所収の諸論稿のいくつかは、この書簡集所収の書簡を主な資料として使用している。

その第一は、第一章「文政期における水戸藩の『大日本史』編纂事業」（年次順考察）である。本章は、同館発行『参考書誌研究』第三十六号（平成元年八月）に、「文政期における水戸藩修史事業の一斑——当館所蔵『藤田幽谷書簡』の翻刻を終えて——」と題して発表した論稿を大幅に補筆訂正するとともに、文政八年以降の書簡についての考察を新たに書き加えた上で、標記のごとくタイトルを変更したものである。本章では、使用した各書簡の年代考証をし、それらを年次順に配列して、その中身について考察を加えておいた。

次の第二章「文政期における水戸藩の『大日本史』編纂事業」（主題別考察）は、第一章と同一資料を使用しているため、内容的には第一章と重複するが、ここでは、その内容をより把握しやすくするために、主題別に纏めて説明を加えた。

また、第五章「川口緑野著『台湾鄭氏紀事』刊行始末」でも、この書簡集所収の書簡をかなりの数、資料として使用している。本章は、茨城県立歴史館発行の『茨城県史研究』第六十九号（平成四年十月）に発表したものに若干の訂正を加えたものである。なお、別に本章の資料として使用した『議台湾別志』中の書簡のうち、計七通は書中に小さく畳んだ状態で綴じ込まれており、中が十分に見えないようになってしまっていた。筆者は、同書を所管している同館古典籍課に在籍中、たまたま同書の綴じ糸が切れて綴じ直しの作業をする機会があった折に、これらの書簡に目を通して翻字しておいた。そして、後日これらを熟読・精査してみたところ、重要な内容の記されている書簡であることが分かり、こうして本章の資料として使用させていただくことになったのであるが、良い機会なので、今般これらの書簡を翻字したものを本章末尾に付載することにした。

それから、第七章「津藩の『聿脩録』刊行と水戸藩」も、『藤田幽谷書簡』中の書簡を主な資料として用いて纏めたものである。

以上の論稿以外は、それぞれ別個の資料を使用して纏めたものである。第四章で使用した『島友鷗手簡』や第六章で使用した『水城行役日記』など、いずれもが先学諸賢によってまだあまり利用されていない資料である。

それらの論稿のうち第三章「小宮山楓軒の筑波紀行」は、楓軒の筑波紀行文『遊筑坡山記』を使用して纏めたものであるが、もともと「茨城県史料」付録三十二（平成五）に掲載するために物した文章なので字数に制限があり、書中の原文を引用して示すことができなかった。そこで、同書中の楓軒の筑波紀行文の部分を翻字して収載することとし、本章のタイトルには「『遊筑坡山記』の解題と翻刻」という副題を添えることにした。

また、第八章「豊田天功と青山延光の交友関係の一側面」で使用した『豊田天功書簡』は、『国立国会図書館所蔵貴重書解題』の第十五巻として平成三年に同館から翻刻されているが、この翻刻作業も、前出の『藤田幽谷書簡』同様筆者が担当したものである。なお、翻刻にあたっては、下読みの作業で非常勤職員（当時）の岡良子氏の御手を煩わせたことをここに記し、謝意を表したい。

そして、第九章「国立国会図書館所蔵の内藤耻叟旧蔵書」は、同館編『人と蔵書と蔵書印』（雄松堂出版　二〇〇二）中に収載されている内藤の蔵書印を紹介した文章を筆者が執筆した折の調査結果が基になっている。

なお、余論「水戸藩の『大日本史』と国立国会図書館所蔵資料」は、筆者が同館古典籍資料室の所管資料等について、同題目のもとに説明をする機会を持った折のメモを基にして纏めたものである。この話をしたのが偶々『藤田幽谷書簡』の翻刻・刊行を終えた年であったこともあり、話の中でこの翻刻作業のことに若干触れているので、当時のメモに多少の補訂を加え、「所蔵資料への書誌学的・文献学的アプローチの試み」という副題を添えて本書中に収載することにした。

総じて、本書所収の全ての論稿は、国立国会図書館の所蔵資料を主な資料として執筆したものである。そのうち、『藤田幽谷書簡』、『遊筑坡山記』、『議台湾別志』、『水城行役日記』、『豊田天功書簡』の諸資料は、同館の資料デジタル化事業の進展により、現在ではネット上での閲覧が可能になっている。

扨、筆者は、本書所収の諸論稿を纏めるにあたっては、基本的なスタンスとして、ひとつの資料を扨びそれを読み込むことによって、現時点において書けるだけのことを書くということ、また、でき得る限り生の資料そのものに歴史を語ってもらうということ、この二点を常に念頭に置いて作業を進めた。先学諸賢の先行論文に記された諸高説からは多くの貴重なご示唆をいただきながらも、それらに縛られてしまうことのないよう十分意を配り、とりわけ筆者自身の価値判断で資料に恣意的な解釈を加えることは極力排除しようと試みた。すなわち、資料に対してできるかぎり先入見を廃してスポットを当て、事実関係等を浮き彫りにしようと努めたつもりである。しかし、こうした手法を採ったため、論稿の内容が広がりと深みに欠けるものとなってしまったことは否めない。諸論稿をこうして一書に纏め、全体をよく吟味してみると、各論稿が、それぞれの論稿で使用した資料のやや詳細な内容紹介の域を出ていないのではないかとも思われてきて、内心忸怩たる思いがするのを禁じ得ない。先学諸賢の忌憚のないご批正をお願いする次第である。

ところで、本書を執筆・刊行するにあたっては、多くの方々のご指導・ご協力をいただいた。とりわけ、早稲田大学大学院の東洋哲学研究室でご指導を仰いだ同大学名誉教授故栗田直躬先生、同楠山春樹先生、同原田正己先生、当時早大大学院に出講されていた東京女子大学名誉教授故山根幸夫先生、それから、水戸藩の学問・教育・文化等の研究で多くの業績を挙げてこられ、ご恵贈いただいたご著書等から多くのご示唆を享受した茨城大学名誉教授鈴木暎一先生、元目白大学教授秋山高志先生、また、茨城の郷土資料と長く係わってこられ、特に資料面でのご教示をいただいた元茨城県立歴史館職員の宮沢正純氏、同小松徳年氏、同仲田昭一氏、同安典久氏、同宮田正彦氏、同猪野嘉久氏、そして、国立国会図書館在職中に古典籍・古文書等の資料等について、いろいろとご教示いただいた同館職員の五十嵐金三郎氏、朝倉治彦氏、馬場萬夫氏、中林隆明氏、相島宏氏、堀内寛雄氏（現役）、故大西寛氏、故小林花子氏、故坂下精一氏に対して、末筆ながら、ここに記して感謝申し上げます。

それから、国立国会図書館、静嘉堂文庫、国立公文書館内閣文庫、茨城県立歴史館、茨城県立図書館、彰考館文庫等の諸機関のご配慮に対して、とりわけ本書所収の諸論稿のうちの第一、三、五の各章について、本書への転載をご許可下さった国立国会図書館並びに茨城県立歴史館に対して、心よりお礼を申し上げます。

本書は、元国立国会図書館職員の五十嵐金三郎氏より（株）汲古書院の石坂叡志社長をご紹介いただき、同書院から刊行される運びとなった。仲介の労を取って下さった五十嵐氏、本書の刊行を快くお引き受け下さった石坂社長、そして編集・校正を担当され、いろいろとご助言を下さった柴田聡子氏に対して、心よりお礼を申し上げます。
最後に、筆者がこのような研究の道に進むことに理解を示し、協力を惜しまなかった亡父伸・母豊子、弟清美・幸子夫婦には衷心より感謝している。また、これまで諸事に亙って何くれとなく支えてきてくれた妻明子に心からお礼を述べたい。

平成二十五年初春

井坂清信

著者略歴

井坂　清信（いさか　きよのぶ）

昭和二十二年茨城県水戸市生まれ。早稲田大学法学部卒業、同大学大学院文学研究科東洋哲学専攻修士課程修了、博士課程単位取得。昭和五十年国立国会図書館奉職、支部東洋文庫長、資料保存課長を勤めて、平成二十年退職。

在職中は古典籍資料室・憲政資料室に長く在籍し、古典籍資料室では『貴重書解題』第十四巻「藤田幽谷書簡」、第十五巻「豊田天功書簡」の翻刻を担当し、憲政資料室では「安部井磐根文書仮目録」の作成と同文書公開に係わった。

主な論文には、「東洋文庫所蔵『プーチャチン以下露国船来朝戸田浦にて軍艦建造図巻』の筆者について」（『東洋文庫書報』第三十五号　平成十六）、「国立国会図書館所蔵の和刻本漢籍概観」（『参考書誌研究』第四十三号　平成五）、「中国における図書分類法——二劉より『随志』まで——」（『参考書誌研究』第十七号　昭和五十四）等がある。

江戸時代後期の水戸藩儒
——その活動の点描——

平成二十五年十月二日　発行

著　者　井　坂　清　信
発行者　石　坂　叡　志
印刷所　中台整版
　　　　日本フィニッシュ
　　　　モリモト印刷

発行所　汲　古　書　院
〒102-0072　東京都千代田区飯田橋二―五―四
電　話〇三（三二六五）九七六四
ＦＡＸ〇三（三二二二）一八四五

ISBN978 - 4 - 7629 - 4211 - 2　C3021